CONSEIL DE GUERRE DE REN

LE

PROCÈS DREYFUS

DEVANT LE CONSEIL DE GUERRE DE RENNES

(7 août — 9 septembre 1899)

Compte rendu sténographique
“ in extenso ”

PREMIER

TOME ~~DEUXIÈME~~

PARIS
P.-V. STOCK, ÉDITEUR
8 A 11, GALERIE DU THÉATRE-FRANÇAIS, 8 A 11

1900

LE PROCÈS DREYFUS

DEVANT

LE CONSEIL DE GUERRE DE RENNES

II

A LA MÊME LIBRAIRIE

Sceaux. — Imprimerie E. Charaire.

CONSEIL DE GUERRE DE RENNES

LE
PROCÈS DREYFUS

DEVANT LE CONSEIL DE GUERRE DE RENNES

(7 août — 9 septembre 1899)

Compte rendu sténographique
" in extenso "

PREMIER
TOME ~~DEUXIÈME~~

PARIS
P.-V. STOCK, Éditeur
8 à 11, galerie du Théâtre-Français, 8 à 11

1900

CONSEIL DE GUERRE DE RENNES

LE

PROCÈS DREYFUS

PREMIÈRE AUDIENCE

Lundi 7 août 1899.

L'audience est ouverte à 7 heures.

LE PRÉSIDENT. — La séance est ouverte. Introduisez l'accusé.

L'accusé est introduit.

LE PRÉSIDENT. — Veuillez donner lecture de l'ordre de nomination des juges et des juges suppléants.

LE GREFFIER COUPOIS donne lecture de l'ordre de nomination ainsi conçu :

« Le général commandant le 10e corps,

« Vu l'arrêt de la Cour de cassation, en date du 3 juin courant, vu l'article 10 du Code de justice militaire, qui prescrit de modifier la composition du Conseil de guerre suivant le grade de l'accusé...

« Ordonne que le Conseil de guerre de Rennes pour le jugement du procès du capitaine Alfred Dreyfus sera composé de la manière suivante :

« Président : le colonel du génie Jouaust ;

« Juges : le lieutenant-colonel Brongniart ; les commandants Merle, de Bréon et Profillet ; les capitaines Parfait et Beauvais ;

« Commissaire du gouvernement : le commandant Carrière ; commissaire adjoint : le commandant Mayence ;

« Greffier : M. Coupois.

« Vu les paragraphes 3 et 4 du même article, aux termes desquels lorsqu'une affaire paraît de nature à entraîner de longs débats, il peut être désigné dans chaque grade plusieurs juges suppléants, nomme, pour la même affaire, juges suppléants :

« Président : M. Jourdy, colonel du 10e d'artillerie ;

« Juges : MM. Lucas, lieutenant-colonel au 10e d'artillerie ; Boucher, chef d'escadrons à l'atelier de construction ; Gouchard, chef d'escadrons au 10e d'artillerie ; Peyronnet, capitaine au 7e d'artillerie ; Guignot, capitaine au 10e d'artillerie.

« Au quartier général à Rennes, le 27 juin 1899.

« Le général commandant la 10e région de corps d'armée,

« LUCAS. »

LE PRÉSIDENT. — Veuillez donner lecture de l'ordre de mise en jugement.

LE GREFFIER COUPOIS donne lecture de l'ordre de mise en jugement.

« Le général commandant la 10e région de corps d'armée,

« Vu l'arrêt de la Cour de cassation, chambres réunies, à la date du 3 juin 1899, qui casse et annule le jugement rendu le 22 décembre 1894 contre Alfred Dreyfus par le 1er Conseil de guerre du Gouvernement militaire de Paris, et renvoie l'inculpé devant le Conseil de guerre de Rennes ;

« Vu l'article 3 du Code de justice militaire, ordonne que le Conseil de guerre appelé à statuer sur les faits imputés audit capitaine Dreyfus sera convoqué pour le lundi 7 août 1899, à 6 heures du matin.

« Fait au quartier général, à Rennes, le 23 juillet 1899.

« *Le général commandant le 10e corps d'armée,*

« LUCAS. »

LE PRÉSIDENT. — Accusé, levez-vous. Quels sont vos nom et prénoms ?

LE CAPITAINE DREYFUS. — Dreyfus (Alfred).

LE PRÉSIDENT. — Quel est votre âge ?

LE CAPITAINE DREYFUS. — 39 ans.

LE PRÉSIDENT. — Quel est votre lieu de naissance ?

LE CAPITAINE DREYFUS. — Mulhouse.

LE PRÉSIDENT. — Votre grade ?

LE CAPITAINE DREYFUS. — Capitaine d'artillerie, breveté d'État-major.

LE PRÉSIDENT. — Asseyez-vous. Monsieur le Greffier, veuillez donner lecture de l'arrêt de la Cour de cassation.

LE GREFFIER COUPOIS donne lecture de l'arrêt de la Cour :

AU NOM DU PEUPLE FRANÇAIS

La Cour de cassation a rendu l'arrêt suivant, sur le réquisitoire du Procureur général, dont la teneur suit :

« Le Procureur général près la Cour de cassation expose que des pièces du dossier et notamment de l'enquête à laquelle il a été procédé par la Chambre criminelle et par les Chambres réunies, résultent les faits suivants qui résument les éléments principaux de la demande en revision du jugement du Conseil de guerre, en date du 22 décembre 1894, condamnant Dreyfus à la déportation et à la dégradation pour crime de trahison.

« Ces faits, les voici :

« 1° Le faux Henry, rendant suspect le témoignage sensationnel fait par Henry devant le Conseil de guerre ;

« 2° La date du mois d'avril assignée au bordereau et à l'envoi des documents, tant dans le procès Dreyfus que dans celui d'Esterhazy, date qui a servi de fondement à la condamnation de l'un et à l'acquittement de l'autre, tandis que, aujourd'hui, cette date est reportée au mois d'août, ce qui enlève au jugement de 1894 toute base légale ;

« 3° La contradiction manifeste existant entre l'expertise de 1894, dans le procès de Dreyfus, et celle de 1897, dans le procès Esterhazy, et de plus le nouvel avis de l'un des experts de 1894, ayant pour résultat de déplacer la majorité de l'expertise de 1894 ;

« 4° L'identité absolue avec le papier pelure sur lequel est écrit le bordereau du papier pelure ayant servi à Esterhazy pour écrire deux lettres en 1892 et 1894 reconnues par lui ;

« 5° La preuve absolue, résultant de plusieurs lettres d'Esterhazy, de ce fait qu'il a assisté aux manœuvres d'août à Châlons en 1894 et, d'autres documents de la cause, que c'est lui seul qui a pu écrire cette phrase du bordereau : « Je vais partir en manœuvres », tandis qu'il résulte d'une circulaire officielle du 17 mai 1894, non produite au procès de 1894, que Dreyfus, non seulement n'est pas allé à ces manœuvres, ni à d'autres postérieures, mais qu'il ne pouvait pas ignorer qu'il ne devait pas y aller et qu'il n'a pu, par suite, écrire cette phrase ;

« 6° Le rapport officiel de la Préfecture de police non produit aux débats de 1894, établissant que contrairement aux renseignements fournis par Guénée et retenus par l'accusation comme arguments moraux, ce n'était pas Dreyfus qui fréquentait les cercles où l'on jouait et qu'il y avait eu confusion de noms ;

« 7° La scène si dramatique qui s'est produite dans le cabinet de M. Bertulus et qui justifie les présomptions les plus graves sur les agissements coupables d'Henry et d'Esterhazy ;

« 8° La dépêche du 2 novembre 1894, sur le sens de laquelle tout le monde est d'accord aujourd'hui, non produite au procès de 1894, et de laquelle il résulte, à l'encontre d'une autre dépêche qu'on avait invoquée contre Dreyfus, que Dreyfus n'avait eu aucune relation avec la puissance étrangère visée dans cette dépêche ;

« 9° Les documents officiels qui établissent que Dreyfus n'a eu aucune relation directe ou indirecte avec aucune puissance étrangère ;

« 10° Enfin, les protestations et les présomptions graves d'innocence résultant des pièces du dossier et de la correspondance de Dreyfus, démontrant que Dreyfus n'a jamais avoué ni pu avouer sa culpabilité ;

« Et attendu qu'aux termes de l'article 443 du Code d'instruction criminelle, § 4, la revision peut être demandée... lorsque, après une condamnation, un fait viendra à se produire ou à se révéler, ou lorsque des pièces inconnues lors des débats seront représentées, de nature à établir l'innocence du condamné ;

« Attendu que tous les faits ci-dessus précités constituent des faits nouveaux ou des pièces nouvelles, dans le sens de la loi ; — que c'est donc le cas de les admettre, et de casser, par suite, le jugement du 22 décembre 1894.

« Par ces motifs,

« Le Procureur général,

« Vu les pièces du dossier et de l'enquête ;

« Vu les articles 443, § 4, 444, 445 du Code d'instruction criminelle ;

« Requiert qu'il plaise à la Cour ;

« Admettre les faits nouveaux et les pièces nouvelles ci-dessus visées comme étant de nature à établir l'innocence de Dreyfus ;

« Ce faisant, déclarer recevable au fond comme légalement justifiée la demande en revision du jugement du Conseil de guerre, en date du 22 décembre 1894 :

« CASSER et ANNULER ledit jugement, et renvoyer la cause Dreyfus, en l'état d'accusé, devant tel Conseil de guerre qu'il lui plaira désigner.

« Fait au Parquet, le 27 mai 1899.

« *Le Procureur général* :

« Signé : J. MANAU. »

LA COUR,

Ouï M. le Président Ballot-Beaupré, en son rapport, M. le Procureur général Manau, en ses réquisitions, et Me Mornard, avocat de la dame Dreyfus, ès qualités, intervenante, en ses conclusions :

Vu l'article 443, § 4, du Code d'instruction criminelle, ainsi conçu : « La revision pourra être demandée... lorsque, après une condamnation, un fait viendra à se produire ou à se révéler ou lorsque des pièces inconnues lors des débats seront représentées, de nature à établir l'innocence du condamné ; »

Vu l'article 445, modifié par la loi du 1er mars 1899 ;

Vu l'arrêt du 29 octobre 1898, par lequel la Chambre criminelle, ordonnant une enquête, a déclaré recevable en la forme la demande tendant à la revision du procès d'Alfred Dreyfus, condamné le 22 décembre 1894 à la peine de la déportation dans une enceinte fortifiée et à la dégradation militaire pour crime de haute trahison ;

Vu les procès-verbaux de ladite enquête et les pièces jointes.

SUR LE MOYEN TIRÉ DE CE QUE LA PIÈCE SECRÈTE, DITE « CE CANAILLE DE D... » AURAIT ÉTÉ COMMUNIQUÉE AU CONSEIL DE GUERRE ;

Attendu que cette communication est prouvée, à la fois par la déposition du président Casimir-Perier et par celles des généraux Mercier et de Boisdeffre eux-mêmes :

Que, d'une part, le président Casimir-Perier a déclaré tenir du général Mercier que l'on avait mis sous les yeux du Conseil de guerre la pièce contenant les mots « ce canaille de D... », regardée alors comme désignant Dreyfus;

Que, d'autre part, les généraux Mercier et de Boisdeffre invités à dire s'ils savaient que la communication avait eu lieu, ont refusé de répondre, et qu'ils l'ont ainsi reconnu implicitement;

Attendu que la révélation, postérieure au jugement, de la communication aux juges d'un document qui a pu produire sur leur esprit une impression décisive et qui est aujourd'hui considéré comme inapplicable au condamné, constitue un fait nouveau de nature à établir l'innocence de celui-ci;

SUR LE MOYEN CONCERNANT LE BORDEREAU

Attendu que le crime reproché à Dreyfus consistait dans le fait d'avoir livré à une puissance étrangère ou à ses agents des documents intéressant la défense nationale, confidentiels ou secrets, dont l'envoi avait été accompagné d'une lettre missive, ou bordereau, non datée, non signée et écrite sur un papier pelure « filigrané au canevas après fabrication de rayures en quadrillage de quatre millimètres sur chaque sens »;

Attendu que cette lettre, base de l'accusation dirigée contre lui, avait été successivement soumise à cinq experts chargés d'en comparer l'écriture avec la sienne, et que trois d'entre eux, Charavay, Teyssonnières et Bertillon, la lui avaient attribuée;

Que l'on n'avait, d'ailleurs, ni découvert en sa possession, ni prouvé qu'il eût employé aucun papier de cette espèce et que les recherches faites pour en trouver de pareil chez un certain nombre de marchands au détail avaient été infructueuses; que, cependant, un échantillon semblable, quoique de format différent, avait été fourni par la maison Marion, marchand en gros, cité Bergère, où l'on avait déclaré que « le modèle n'était plus courant dans le commerce »;

Attendu qu'en novembre 1898 l'enquête a révélé l'existence et amené la saisie de deux lettres sur papier pelure quadrillé, dont l'authenticité n'est pas douteuse, datées l'une du 17 avril 1892, l'autre du 17 août 1894, celle-ci contemporaine de l'envoi du bordereau, toutes deux émanées d'un autre officier qui, en décembre 1897, avait expressément nié s'être jamais servi de papier calque;

Attendu, d'une part, que trois experts commis par la Chambre criminelle, les professeurs de l'École des chartes Meyer, Giry et Molinier, ont été d'accord pour affirmer que le bordereau était écrit de la même main que les deux lettres susvisées, et qu'à leurs conclusions Charavay s'est associé après examen de cette écriture qu'en 1894 il ne connaissait pas;

Attendu, d'autre part, que trois experts également commis : Putois, président, et Choquet, président honoraire de la Chambre syndicale du papier et des industries qui le transforment, et Marion, marchand en gros, ont constaté que, « comme mesures extérieures et mesures du quadrillage, comme nuance, épaisseur, transparence, poids et collage, comme matières premières employées à la fabrication, « le papier du bordereau présentait les caractères de la plus grande similitude » avec celui de la lettre du 17 août 1894;

Attendu que ces faits, inconnus du Conseil de guerre qui a prononcé la condamnation, tendent à démontrer que le bordereau n'aurait pas été écrit par Dreyfus;

Qu'ils sont, par suite, de nature, aussi, à établir l'innocence du condamné;

Qu'ils rentrent, dès lors, dans le cas prévu par le paragraphe 4 de l'article 443;

Et qu'on ne peut les écarter en invoquant des faits également postérieurs au jugement, comme les propos tenus le 5 janvier, par Dreyfus, devant le capitaine Lebrun-Renaud;

Qu'on ne saurait, en effet, voir dans ces propos un aveu de culpabilité puisque non seulement ils débutent par une protestation d'innocence, mais qu'il n'est pas possible d'en fixer le texte exact et complet par suite des différences existant entre les déclarations successives du capitaine Lebrun-Renaud et celles des autres témoins;

Et qu'il n'y a pas lieu de s'arrêter davantage à la déposition de Depert, contredite par celle du directeur du Dépôt qui, le 5 janvier 1895, était auprès de lui;

Et attendu que, par l'application de l'article 445, il doit être procédé à de nouveaux débats oraux;

Par ces motifs, et sans qu'il soit besoin de statuer sur les autres moyens;

CASSE et ANNULE le jugement de condamnation, rendu le 22 décembre 1894, contre Alfred Dreyfus, par le 1er Conseil de guerre du Gouvernement militaire de Paris;

Et renvoie l'accusé devant le Conseil de guerre de Rennes, à ce désigné par délibération spéciale prise en chambre du Conseil, pour être jugé sur la question suivante: Dreyfus est-il coupable d'avoir, en 1894, pratiqué des machinations ou entretenu des intelligences avec une puissance étrangère, ou un de ses agents, pour l'engager à commettre des hostilités ou entreprendre la guerre contre la France ou pour lui en procurer les moyens en lui livrant des notes et documents mentionnés dans le bordereau sus-énoncé;

Dit que le présent arrêt sera imprimé et transcrit sur les registres du 1er Conseil de guerre du Gouvernement militaire de Paris, en marge de la décision annulée.

Fait et prononcé par la Cour de cassation, Chambres réunies, à l'audience publique du trois juin mil huit cent quatre-vingt-dix-neuf.

Présents : MM. MAZEAU, Premier Président; BALLOT-BEAUPRÉ, Président rapporteur; LOEW, TANON, Présidents; PETIT, SALLANTIN, DARESTE, LEPELLETIER, VOISIN, CREPON, SEVESTRE, GEORGE-LEMAIRE, CHAMBAREAUD, LARDENOIS, COTELLE, DENIS, FAURE-BIGUET, BERNARD, Paul DUPRÉ, DURAND, RUBEN DE COUDER, FAYE, ACCARIAS, LOUBERS, MARIGNAN, BARD, LETELLIER, DUMAS, SERRE, CHEVRIER,

REYNAUD, ALPHANDÉRY, ROULLIER, FALCIMAIGNE, FAUCONNEAU-DUFRESNE, RAU, FOCHER, FABREGUETTES, BOULLOCHE, ZEYS, GALARY, MAILLET, ATTHALIN, DUVAL, LASSERRE, DUPONT, LE GRIX, Conseillers ; MANAU, Procureur général ; MÉRILLON, Avocat général ; MÉNARD, Greffier en chef ; SAIGE et TOURNIER, Greffiers.

LE PRÉSIDENT. — Veuillez faire l'appel des témoins.

LE GREFFIER COUPOIS procède à l'appel des témoins.

Absents : le colonel du Paty de Clam, indisposé ; le commandant Esterhazy, pas de nouvelles ; Mme Pays, pas de nouvelles ; le capitaine Valdant, Lonquety, ajournés avec l'autorisation du président et de la défense ; Roche, ajourné ; Grenier, ajourné pour cause de maladie ; colonel Fleur, ajourné ; de Grandmaison, Weill, malades ; Couard, ajourné ; Belhomme ajourné ; le général Chamoin...

LE PRÉSIDENT. — Vous renoncez à son audition ?

LE COMMANDANT CARRIÈRE. — J'expliquerai au Conseil, tout à l'heure, la situation de M. le général Chamoin et de M. Paléologue.

Les témoins absents parmi ceux cités à la requête de la défense : Trarieux, ajourné ; Painlevé, ajourné ; Hadamard, ajourné ; le général Sébert, ajourné ; Scheurer-Kestner, malade ; le commandant Ducros, ajourné ; Bourgeois, ajourné.

LE COMMANDANT CARRIÈRE. — J'avais appelé en témoignage le général Chamoin et M. Paléologue, en raison de leur connaissance des dossiers secrets. Ces messieurs ont été délégués par le gouvernement pour présenter au Conseil les documents des deux dossiers secrets, dossier du Ministère de la guerre et dossier diplomatique. Il est évident que la mission que je voulais leur donner par voie de témoignage est beaucoup plus largement remplie en raison de la mission qui leur est donnée par le gouvernement. Dans ce cas, j'ai considéré qu'il était parfaitement inutile de maintenir ma demande en témoignage et j'y renonce. J'espère que la défense n'y voit pas d'inconvénient ?

Me DEMANGE. — Parfaitement

LE PRÉSIDENT. — Messieurs les témoins, vous pouvez vous retirer ; il vous est formellement interdit de rentrer dans la salle des délibérations. Je compte sur votre respect de la loi pour en observer les prescriptions.

Messieurs les témoins, vous pouvez vous retirer.

LE COMMANDANT CARRIÈRE. — Je voudrais qu'il n'y eût point d'équivoque. En raison de la longueur des débats, pour ne pas entraver le mode d'existence des témoins, M. le président veut bien leur donner toute liberté d'action en attendant qu'ils soient appelés en témoignage. Or, nous allons avoir des délais un peu longs qui résulteront tout d'abord de la communication du dossier secret. Cette communication demandera probablement quatre jours.

Les témoins devant être appelés dans l'ordre d'un tableau qui est placé dans la salle qui leur est affectée, il leur est loisible de suivre la marche des débats et de se rendre compte de l'époque à peu près probable à laquelle ils devront paraître devant le Conseil. Il faut donc que ces messieurs se tiennent au courant, par eux-mêmes ou par mandataires, de la marche des débats et, pour plus de sûreté dans le cas où l'on aurait besoin inopinément au Conseil de la présence d'un des témoins, nous les prions de vouloir bien s'inscrire sur un registre qui est au greffe de notre Conseil de guerre permanent, rue Saint-Hélier. Ils trouveront là toute la journée un greffier qui recevra leurs indications, pour que l'on puisse les retrouver au besoin à l'improviste et de façon à ce que l'on conserve toujours le contact et que les débats ne puissent être entravés par une absence quelconque. Ces messieurs voudront bien donner leur adresse dans la ville ou à l'extérieur. C'est le moyen d'assurer la marche des débats sans gêner l'existence des témoins ; c'est un *modus vivendi* pour le bien de tous et du service.

Le Président. — J'avertis l'accusation et la défense qu'en vertu de mon pouvoir discrétionnaire et par l'application de l'article 125 du Code de justice militaire, je fais citer devant le Conseil, comme témoins, MM. le lieutenant-colonel Guérin, le contrôleur Peyrolles, le capitaine Anthoine, le commandant de Mitry, d'Infreville, Germain, Kulmann, du Breuil, Villon et de Muller.

Le Président. — Le Conseil va se retirer pour délibérer sur les témoins défaillants.

La séance est suspendue.

L'audience est reprise à 7 heures 40.

Le Président. — L'audience est reprise. M. le Commissaire du Gouvernement voudra bien donner ses réquisitions au sujet des témoins défaillants. Faites entrer l'accusé.

L'accusé est introduit.

Le Commissaire du Gouvernement. — Messieurs, parmi les témoins défaillants, il n'y en a guère qu'un qui soit litigieux, c'est M. Esterhazy. Or, M. Esterhazy viendra, ou il ne viendra pas, cela dépend absolument de lui ; nous ne pouvons rien et nous ne pouvons pas prévoir si, dans un avenir quelconque, il se rendra à la convocation qui lui a été adressée par voie diplomatique. Par conséquent j'estime qu'il n'y a pas d'hésitation à avoir. Il faut passer outre aux débats, et il viendra s'il veut.

Quant aux autres témoins défaillants, dont je vais passer au Conseil les indications plus ou moins probantes, ce sont des témoins qui, en raison de leurs pérégrinations, ont été saisis trop tard par les écrits qui les convoquaient, ou bien, qui se sont trouvés malades, empêchés par des affaires urgentes, ou qui, préventivement, ont été autorisés à ne comparaître devant le Conseil qu'à une époque postérieure, après entente entre M. le Président, la défense et moi.

Par conséquent, j'espère que le Conseil voudra bien ratifier notre décision commune. Je conclus, en somme, qu'il n'y a pas lieu de se préoccuper pour le moment de ces absences, sauf à statuer plus tard, s'il était démontré qu'il y a mauvais vouloir, mauvaise volonté, de leur part, pour prendre, s'il y a lieu, des réquisitions très précises.

Je fais passer au Conseil ces indications.

Le Président. — La défense a-t-elle quelques observations à présenter?

Me Demange. — Non, monsieur le Président.

Le Président — Le Conseil va se retirer pour délibérer sur les réquisitions.

Faites sortir l'accusé.

La séance est suspendue à 7 heures 45.

La séance est reprise à 8 heures.

Le Président donne lecture de l'arrêt suivant :

« Au nom du peuple français,

« Aujourd'hui, 7 août 1899, le Conseil de guerre de la 10e région, délibérant à huis clos, sur réquisition de M. le Commissaire du Gouvernement, la défense entendue et statuant sur la question suivante : Y a-t-il lieu de renvoyer l'affaire Dreyfus à une autre séance?

« Le Conseil, considérant en ce qui concerne les témoins Couard, Fleur, Grenier, du Paty de Clam, Roche, Valdant, Lonquety, Penot, Weill, Trarieux, Painlevé, Hadamard, Sébert, Tomps, Scheurer-Kestner, Bourgeois, Ducros, etc., qu'ils ont fourni des excuses suffisantes, et en ce qui concerne les témoins cités par la défense, qu'il n'est pas élevé d'objections contre leur absence ;

« En ce qui concerne Belhomme, de Grandmaison, Meyer : attendu que leur déposition n'est pas actuellement indispensable ;

« En ce qui concerne la fille Pays : attendu que les différentes notifications faites à Paris et à Barentin n'ont pu la toucher ;

« En ce qui concerne le commandant en réforme Esterhazy,

attendu qu'il n'a pas répondu à la citation transmise par voie diplomatique; attendu que ce témoin résidant à l'étranger ne peut être contraint par les voies légales et qu'on ne peut en outre prévoir sa déposition dans un avenir quelconque ; attendu que sa déposition n'est pas indispensable à la manifestation de la vérité;

« Déclare qu'il n'y a pas lieu de renvoyer l'affaire Dreyfus à une autre séance, et en conséquence ledit Conseil ordonne qu'il sera passé outre aux débats.

« En outre, le Conseil en ce qui concerne le général Chamoin et M. Paléologue :

« Attendu que postérieurement à la citation, ces deux personnes ont été déléguées par leurs ministres respectifs pour communiquer les dossiers secrets au Conseil ; que cette mission remplit plus largement le but que s'était proposé la citation à témoins et qu'il ne convient pas de l'entraver par une procédure parallèle ;

« Le Commissaire du gouvernement et les défenseurs entendus, le Conseil décide à l'unanimité qu'il n'y a pas lieu d'entendre comme témoins cités par M. le Commissaire du gouvernement, M. le général Chamoin et M. Paléologue.

Le greffier Coupois donne lecture de l'acte d'accusation.

RAPPORT

Sur l'affaire de M. Dreyfus, Alfred, capitaine breveté au 14e régiment d'artillerie, stagiaire à l'État-major de l'armée, inculpé d'avoir, en 1894, pratiqué des machinations ou entretenu des intelligences avec un ou plusieurs agents des puissances étrangères dans le but de leur procurer les moyens de commettre des hostilités ou d'entreprendre la guerre contre la France en leur livrant des documents secrets, laquelle a fait l'objet de l'ordre d'informer donné par M. le général gouverneur militaire de Paris, le 3 novembre 1894.

M. le capitaine Dreyfus est inculpé d'avoir, en 1894, pratiqué des machinations ou entretenu des intelligences avec un ou plusieurs agents des puissances étrangères, dans le but de leur procurer les moyens de commettre des hostilités ou d'entreprendre la guerre contre la France en leur livrant des documents secrets.

La base de l'accusation portée contre le capitaine Dreyfus est une lettre-missive écrite sur du papier pelure non signée et non datée, qui se trouve au dossier, établissant que des documents militaires confidentiels ont été livrés à un agent d'une puissance étrangère. M. le général Gonse, sous-chef d'État-major général de l'armée, entre les mains duquel cette lettre se trouvait, l'a remise par voie de saisie, le 15 octobre dernier, à M. le commandant du Paty de Clam, chef de bataillon d'infanterie hors cadre, délégué le 14 octobre 1894 par M. le ministre de la Guerre, comme officier de police judiciaire, à l'effet de procéder à l'instruction à suivre contre le capitaine Dreyfus. Lors de la saisie de cette lettre missive, M. le général Gonse a affirmé à M. l'officier de police judiciaire, délégué et précité, qu'elle avait été adressée à une puissance étrangère et qu'elle lui était parvenue ; mais que, d'après les ordres formels de M. le ministre de la Guerre, il ne pouvait indiquer par quels moyens ce document était tombé en sa possession. L'historique détaillé de l'enquête à laquelle il fut procédé dans les bureaux de l'Etat-major de l'armée se trouve consigné dans le rapport que M. le commandant du Paty de Clam, officier de police judiciaire, délégué, a adressé à M. le ministre de la Guerre le 31 octobre dernier, et qui fait partie des pièces du dossier. L'examen de ce rapport permet d'établir que c'est sans aucune précipitation et surtout sans viser personne *a priori* que l'enquête a été conduite. Cette enquête se divise en deux parties : une enquête préliminaire pour arriver à découvrir le coupable, s'il était possible, puis l'enquête réglementaire de M. l'officier de police judiciaire, délégué. La nature même des documents adressés à l'agent d'une puissance étrangère en même temps que la lettre-missive incriminée permet d'établir que c'était un officier qui était l'auteur et de la lettre-missive incriminée et de l'envoi des documents qui l'accompagnaient, de plus, que cet officier devait appartenir à l'artillerie, trois des notes ou documents envoyés concernant cette arme.

De l'examen attentif de toutes les écritures de MM. les officiers employés dans les bureaux de l'Etat-major de l'armée, il ressortit que celle du capitaine Dreyfus présentait une remarquable similitude avec l'écriture de la lettre missive incriminée. Le ministre de la Guerre, sur le compte-rendu qui lui en fut fait, prescrivit alors de faire étudier la lettre missive incriminée en la comparant avec des spécimens d'écriture du capitaine Dreyfus, M. Gobert, expert de la Banque de France et de la Cour d'appel, fut commis à fin d'examen et reçut de M. le général Gonse, le 9 octobre 1894, des documents devant lui servir à faire le travail qui lui était demandé. Quelques jours après la remise de ces documents, M. Gobert demanda à M. le général Gonse, qui s'était rendu chez lui, le nom de la personne incriminée. Celui-ci refusa, naturellement, de le lui donner. Peu de jours après, M. Gobert fut invité à remettre ses conclusions et les pièces qui lui avaient été confiées, la prétention qu'il avait manifestée ayant paru d'autant plus suspecte qu'elle était accompagnée d'une demande d'un nouveau délai. Le 13 octobre matin, M. Gobert remit ses conclusions sous forme de lettre au ministre ; elles sont ainsi libellées : « Etant donnée la rapidité de mes examens, commandée par une extrême urgence, je crois devoir dire : La lettre-missive incriminée pourrait être d'une personne autre que la personne soupçonnée. » La manière d'agir de M. Gobert ayant inspiré une certaine méfiance, le ministre de la Guerre demanda à M. le Préfet de police le concours de M. Bertillon, chef du service d'identité judiciaire. Des spécimens d'écriture et une photographie de la lettre-missive incriminée furent alors remis à ce fonctionnaire, qui fit procéder à leur examen en attendant le retour des pièces confiées à M. Gobert. Dès la remise de ces pièces par M. Gobert, elles furent envoyées à M. Bertillon qui, le 13 octobre soir, formula les conclusions qui sont ainsi libellées : « Si l'on écarte l'hypothèse d'un document forgé avec le plus grand soin, il appert manifestement que c'est la même personne qui a écrit la lettre et les pièces communiquées. » En exécution de l'ordre de M. le ministre de la

Guerre en date du 14 octobre 1894, M. le commandant du Paty de Clam procéda, le 15 octobre, à l'arrestation du capitaine Dreyfus.

Avant d'opérer cette arrestation et alors que le capitaine Dreyfus, s'il était innocent, ne pouvait pas se douter de l'accusation formulée contre lui, M. le commandant du Paty de Clam le soumit à l'épreuve suivante : il lui fit écrire une lettre dans laquelle étaient énumérés les documents figurant dans la lettre-missive incriminée. Dès que le capitaine Dreyfus s'aperçut de l'objet de cette lettre, son écriture, jusque-là régulière, normale, devint irrégulière, et il se troubla d'une façon manifeste pour les assistants. Interpellé sur les motifs de son trouble, il déclara qu'il avait froid aux doigts. Or, la température était bonne dans les bureaux du ministère où le capitaine Dreyfus était arrivé depuis un quart d'heure et les quatre premières lignes écrites ne présentent aucune trace de l'influence de ce froid. Après avoir arrêté et interrogé le capitaine Dreyfus, M. le commandant du Paty de Clam, officier de police judiciaire, délégué, pratiqua le même jour, 15 octobre, une perquisition à son domicile. Cet officier supérieur n'ayant entendu aucun témoin, ce soin nous incomba, et, en raison du secret professionnel et d'Etat qui lie M. le ministre de la Guerre, l'enquête, dans laquelle nous avons entendu 23 témoins, fut aussi laborieuse que délicate.

Il appert des témoignages recueillis par nous que le capitaine Dreyfus, pendant les deux années qu'il a passées comme stagiaire à l'Etat-major de l'armée, s'est fait remarquer dans différents bureaux par une attitude des plus indiscrètes, par des allures étranges ; qu'il a, notamment, été trouvé seul à des heures tardives ou en dehors de celles affectées au travail dans les bureaux autres que le sien et où il n'a pas été constaté que sa présence fût nécessaire.

Il ressort aussi de plusieurs dépositions qu'il s'est arrangé de manière à faire souvent son service à des heures en dehors de celles prévues par le règlement, soit en demandant l'autorisation à ses chefs, pour des raisons dont on n'avait pas alors à vérifier l'exactitude, soit en ne demandant pas cette autorisation. Cette manière de procéder a permis au capitaine Dreyfus de se trouver souvent seul dans les bureaux auxquels il appartenait et d'y chercher ce qui pouvait l'intéresser. Dans le même ordre d'idées, il a pu aussi, sans être vu de personne, pénétrer dans d'autres bureaux que le sien pour des motifs analogues.

Il a été aussi remarqué par son chef de section que, pendant son stage au 4e bureau, le capitaine Dreyfus s'était surtout attaché à l'étude des dossiers de mobilisation, et cela au détriment des questions du service courant, à ce point qu'en quittant ce bureau il possédait tout le mystère de la concentration sur le réseau de l'Est en temps de guerre.

L'examen aussi bien que les conclusions à formuler au sujet de la lettre-missive incriminée appartiennent évidemment plus particulièrement aux experts en écritures ; cependant, à première vue d'abord, et à la loupe ensuite, il nous est permis de dire que l'écriture de ce document présente une très grande similitude avec diverses pièces ou lettres écrites par le capitaine Dreyfus et qui se trouvent au dossier. L'inclinaison de l'écriture, son graphisme, le manque de date et de coupure des mots en deux à la fin des lignes, qui sont le propre des lettres écrites par le capitaine Dreyfus (voir sa lettre au procureur de la République de Versailles et les lettres ou cartes à sa fiancée qui se trouvent au dossier), s'y retrouvent; en ce qui concerne la signature, elle manque parce qu'elle devait manquer. Dans sa déposition, M. le colonel Fabre, chef du 4e bureau de l'Etat-major de l'armée, dit qu'il a été frappé de la similitude d'écriture qui existe entre la lettre-missive incriminée et les documents écrits par le capitaine Dreyfus pendant son stage au 4e bureau.

M. le lieutenant-colonel d'Aboville, sous-chef du même bureau, dit, dans sa déposition, que la ressemblance de l'écriture de la lettre incriminée avec les documents de comparaison était frappante.

En ce qui concerne messieurs les experts, en nous reportant à la première phase de l'enquête, c'est-à-dire au commencement du mois d'octobre dernier, nous trouvons d'abord la lettre de M. Gobert précitée, dont la teneur est très vague, dubitative.

Le libellé des conclusions de cet expert signifie que la lettre anonyme qu'il a examinée peut parfaitement être ou n'être pas de la personne incriminée.

Il est à remarquer que Gobert a reçu, parmi les documents de comparaison écrits de la main du capitaine Dreyfus, un travail intitulé : « *Études sur les mesures à prendre en temps de guerre pour faire face aux dépenses.* » Ce document, qui comporte un exposé détaillé des ressources de la Banque de France en cas de guerre attira forcément beaucoup l'attention de M. Gobert, en raison de ce qu'il a été employé à la Banque de France et qu'il en est aujourd'hui l'expert en écritures. Le capitaine Dreyfus ayant dû, pour faire son travail, consulter le haut personnel de la Banque de France, sa présence dans cet établissement a forcément été connue d'un certain nombre d'employés. C'est même, sans doute, ce fait qui a amené M. Gobert à nous répondre, dans son interrogatoire, qu'il avait pressenti le nom de la personne incriminée, à titre de curiosité personnelle, mais que nul n'en a eu connaissance. Toujours est-il que M. Gobert, ainsi que nous l'avons dit, pour un motif ignoré encore, a demandé à M. le général Gonse, sous-chef d'Etat-major, le nom de la personne incriminée. A quel mobile a-t-il obéi en cette circonstance? On peut faire à ce sujet bien des hypothèses. Nous pouvons dire toutefois que cette demande, contraire aux devoirs d'un expert en écritures, permet de supposer que la lettre compte rendu de M. Gobert au ministre, établie d'ailleurs sans prestation de serment, et à titre de simple renseignement, a été rédigée sous l'empire de présomptions contraires à la règle suivie en la matière par les praticiens. Par suite de ce qui précède, cette lettre compte rendu nous semble entachée, sinon de nullité, au moins de suspicion. Son sens dubitatif ne lui donne d'ailleurs, au point de vue juridique, aucune valeur propre; elle ne comporte enfin aucune discussion technique permettant de comprendre sur quelles données M. Gobert a pu baser son appréciation. Nous ajouterons que M. Gobert, invité à nous fournir des explications techniques sur son examen, s'est dérobé; qu'en outre, avant de prêter serment, il nous a déclaré que, si nous l'avions convoqué pour lui confier une seconde expertise, régulière cette fois, dans l'affaire Dreyfus, il s'y refusait. Nous avons dressé procès-verbal de ce dire à toutes fins utiles ou de droit. Ainsi que nous l'avons dit précédemment, parallèlement au travail d'examen confié à M. Gobert par le ministre de la Guerre, M. Bertillon, chef du service de l'identité judiciaire, chargé aussi d'un premier examen, avait formulé, le 13 octobre 1894, ses conclusions comme il suit : « Si l'on écarte l'hypothèse d'un document forgé avec le plus grand soin, il appert manifestement que c'est la même personne qui a écrit la lettre et les pièces incriminées. » Dans son rapport du 23 du même mois, établi après un examen plus approfondi et portant sur un plus grand nombre de pièces, M. Bertillon a formulé les conclusions suivantes qui sont beaucoup plus affirmatives : « La preuve est faite, péremptoire; vous savez quelle était ma conviction du premier jour; elle est maintenant absolue, complète, sans réserve aucune. »

Le rapport de M. Charavay, expert en écritures près le tribunal de la Seine, commis après prestation de serment, comporte d'abord une discussion technique détaillée et les conclusions qui en résultent sont ainsi formulées : « Etant données les constatations notées dans le présent rapport, je, expert soussigné, conclus que la pièce incriminée n° 1 est de la même main que les pièces de comparaison de 2 à 30. »

Le rapport de M. Teyssonnières, expert en écritures près le tribunal, commis après prestation de serment, comporte comme le précédent une discussion technique détaillée des pièces à examiner; ses conclusions sont ainsi formulées : « En conséquence de ce qui précède, nous déclarons sur notre honneur et conscience que l'écriture de la pièce incriminée n° 1 émane de la même main qui a tracé l'écriture des pièces de 2 à 30. »

Le rapport de M. Pelletier, expert en écritures près le tribunal civil de première instance du département de la Seine et la Cour d'appel de Paris, commis après prestation de serment, qui portait sur la comparaison de l'écriture du document incriminé avec celle de deux personnes, comporte comme les précédents une discussion technique relativement restreinte des pièces à examiner; ses conclusions sont ainsi formulées : « En résumé, nous ne nous croyons pas autorisé à attribuer à l'une ou à l'autre des personnes soupçonnées le document incriminé. »

Il est à remarquer que messieurs les experts en écritures Charavay, Teyssonnières et Pelletier ont été mis en rapport le jour de leur prestation de serment à la Préfecture de police, avec M. Bertillon qui les prévint qu'il se tenait à leur disposition pour la remise de certaines pelures dont les photographies n'étaient pas encore terminées et qui avaient une grande importance au point de vue des comparaisons à faire entre les écritures. Des trois experts précités, deux seulement sont revenus voir M. Bertillon pour recevoir communication de ces pelures, ce sont MM. Charavay et Teyssonnières; le troisième, M. Pelletier ne s'est pas présenté et a fait son travail, qui portait cependant sur la comparaison de deux écritures au lieu d'une avec la lettre-missive incriminée, sans s'aider des documents que devait lui remettre M. Bertillon et qui offraient cependant au moins autant d'intérêt pour lui que pour ses collègues.

Le capitaine Dreyfus a subi un long interrogatoire devant M. l'officier de police judiciaire; ses réponses comportent bon nombre de contradictions, pour ne pas dire plus. Parmi elles, il y en a qui sont particulièrement intéressantes à relever ici, notamment celle qu'il fit au moment de son arrestation, le 15 octobre dernier, lorsqu'on le fouilla et qu'il dit : « Prenez mes clefs, ouvrez tout chez moi, vous ne trouverez rien. » La perquisition, qui a été pratiquée à son domicile, a amené, ou à peu de chose près, le résultat indiqué par lui. Mais il est permis de penser que, si aucune lettre, même de famille, sauf celles de fiançailles adressées à Mme Dreyfus, aucune note, même de fournisseurs, n'ont été trouvées dans cette perquisition, c'est que tout ce qui aurait pu être en quelque façon compromettant avait été caché ou détruit de tout temps. Tout l'interrogatoire subi devant M. l'officier de police judiciaire est émaillé de dénégations persistantes et aussi de protestations du capitaine Dreyfus contre le crime dont il est accusé. Au début de cet interrogatoire, le capitaine Dreyfus avait d'abord dit qu'il lui semblait vaguement reconnaître dans le document incriminé l'écriture d'un officier employé dans les bureaux de l'État-major de l'armée; depuis, devant nous, il a déclaré retirer cette allégation qui, d'ailleurs, devait tomber d'elle-même en présence de la dissemblance complète et évidente du type graphique de l'écriture de l'officier visé avec celle du document incriminé.

Une autre réponse extraordinaire, faite au cours du premier interrogatoire et maintenue devant nous, est celle relative à l'insécurité des documents secrets et confidentiels qui, d'après le capitaine Dreyfus, n'auraient pas été en sûreté parfaite au 2e bureau de l'État-major de l'armée à l'époque où il y faisait son stage. Cette allégation d'insécurité n'a été confirmée par aucun des témoins entendus à ce sujet, elle devait cependant avoir un but dans l'esprit de son auteur. Il existe enfin dans le premier interrogatoire des réponses absolument incohérentes, telles que celles-ci : « Les experts se trompent, la lettre-missive incriminée est l'œuvre d'un faussaire, on a cherché à imiter mon écriture. La lettre-missive incriminée a pu être établie à l'aide de fragments de mon écriture colligés avec soin, puis réunis pour former un tout qui serait cette lettre. L'ensemble de la lettre ne ressemble pas à mon écriture; on n'a même pas cherché à l'imiter. »

Dans l'interrogatoire qu'il a subi devant nous, les réponses du capitaine Dreyfus ont toujours été obtenues avec une grande difficulté et il est facile de s'en rendre compte par le nombre considérable de mots rayés nuls et de renvois en marge qui figurent dans le procès-verbal. Quand le capitaine Dreyfus hasardait une affirmation, il s'empressait généralement de l'atténuer par des phrases vagues ou embrouillées, essayant toujours, malgré toutes nos observations de questionner ou d'engager la conversation sans être d'ailleurs invité à formuler une réponse. Ce système, si nous nous y étions prêté, aurait pu avoir des conséquences fâcheuses pour la forme même de l'interrogatoire, étant donnée l'habileté du capitaine Dreyfus.

Si on compare les réponses que nous a faites le capitaine Dreyfus avec les dépositions de quelques témoins entendus, il en résulte cette pénible impression, c'est qu'il voile souvent la vérité et que toutes les fois qu'ils se sent serré de près, il s'en tire sans trop de difficulté, grâce à la souplesse de son esprit.

En somme, il ressort des dépositions de plusieurs témoins que le capitaine Dreyfus a souvent attiré sur lui la juste suspicion de ses camarades qui le lui ont montré d'une façon bien nette : comme le capitaine Boullenger, en ne répondant pas aux questions indiscrètes qu'il lui posa sur des affaires secrètes ou confidentielles qu'il traitait; ou encore comme le capitaine Besse, qui, le voyant travailler dans son bureau le 8 septembre dernier sur du papier particulier au lieu de le faire sur un document similaire à celui qu'il avait à mettre à jour, lui en fit l'observation; ou encore le capitaine Maistre, lui disant qu'il lui communiquerait les travaux confidentiels dont il pourrait être chargé, mais sur place et dans son bureau seulement. Il semble que ce système de furetage, de conversations indiscrètes voulues, d'investigations en dehors de ce dont il était chargé, que pratiquait le capitaine Dreyfus, était surtout basé sur la nécessité de se procurer le plus de renseignements divers possible, oraux ou écrits, avant de terminer son stage à l'Etat-major de l'armée. Cette attitude est louche et, à nombre de points de vue, présente une grande analogie avec celle des personnes qui pratiquent l'espionnage. Aussi, en dehors de la similitude remarquable de l'écriture du capitaine Dreyfus avec celle du document incriminé, cette attitude a été un facteur sérieux à son passif lorsqu'il s'est agi de le mettre en état d'arrestation et d'instruire contre lui.

La conduite privée du capitaine Dreyfus est loin d'être exemplaire; avant son mariage, depuis 1884 notamment, on le trouve en relations galantes avec une femme Bodson, plus âgée que lui, mariée, riche, donnant des repas auxquels il est convié, car il est l'ami de M. Bodson, négociant à Paris. Les relations dont il vient d'être parlé durèrent fort longtemps. A la même époque le capitaine Dreyfus est également en relations avec une femme Dida, aussi plus âgée que lui, mariée, fort riche, qui a la réputation de payer ses amants et qui, à la fin de 1890, fut assassinée à Ville-d'Avray par Wladimiroff. Le capitaine Dreyfus, qui était alors à l'Ecole de guerre et qui venait de se marier, fut cité comme témoin dans cette scandaleuse affaire, qui fut jugée par la Cour d'assises de Versailles, le 25 janvier 1891. Pendant son séjour à l'Ecole de pyrotechnie de Bourges, il a pour maîtresse une femme mariée, il en a une autre à Paris, également mariée et qu'il rencontre quand il y vient. En dehors de ces relations, avouées par le capitaine Dreyfus, parce qu'il n'a pu les nier, il était, avant son mariage, ce qu'on peut appeler un coureur de femmes, il nous l'a d'ailleurs déclaré au cours de son interrogatoire. Depuis son mariage a-t-il changé ses habitudes à cet égard ? Nous ne le croyons pas, car il nous a déclaré avoir arrêté la femme Déry dans la rue, en 1893, et avoir fait connaissance de la femme Caron au Concours hippique, en 1894. La première de ces femmes est autrichienne, parle très bien plusieurs langues, surtout l'allemand; elle a un frère officier au service de l'Autriche, un autre est ingénieur, elle reçoit des officiers : c'est une femme galante, quoique déjà âgée, le commandant Gendron nous l'a déclaré. La femme Déry figure en outre depuis plusieurs années sur la liste des personnes suspectes d'espionnage. Le capitaine Dreyfus lui a indiqué sa qualité, l'emploi qu'il occupait, lui a écrit et fait des visites et, finalement, s'est retiré parce qu'elle ne lui a pas paru catholique; ensuite il l'a traitée de sale espionne; et, après son arrestation, son esprit est hanté par l'idée qu'elle l'a trahi.

En ce qui concerne la femme Caron, bien que le capitaine Dreyfus prétende n'avoir jamais eu avec elle que des relations passagères, il est permis de croire le contraire, si on se réfère aux deux faits ci-après reconnus exacts par lui au cours de son interrogatoire : 1° une lettre écrite par cette femme, en juillet ou août dernier, au capitaine Dreyfus se terminant par ces mots : « A la vie, à la mort ! »; 2° qu'il y a environ quatre mois il a proposé à la femme Caron de lui louer une villa pour l'été, à la condition qu'elle serait sa maîtresse.

L'idée du capitaine Dreyfus en lui faisant cette offre était sans doute de faire cesser ses relations avec un médecin qui l'entretenait. La femme Caron était mariée ou passait pour l'être. Le capitaine Dreyfus nous a déclaré avoir rompu avec elle parce qu'il s'était aperçu qu'elle en voulait plutôt à sa bourse qu'à son cœur.

Bien que le capitaine Dreyfus nous ait déclaré n'avoir jamais eu le goût du jeu, il appert cependant des renseignements que nous avons recueillis à ce sujet, qu'il aurait fréquenté plusieurs cercles de Paris où l'on joue beaucoup. Au cours de son interrogatoire, il nous a bien déclaré être allé au cercle de la Presse, mais comme invité, pour y dîner; il a affirmé n'y avoir pas joué.

Les cercles-tripots de Paris, tels que le Washington-Club, le Betting-Club, les cercles de l'Escrime et de la Presse n'ayant pas d'annuaire et leur clientèle étant en général peu recommandable, les témoins que nous aurions pu trouver auraient été très suspects : nous nous sommes, par suite, dispensé d'en entendre.

La famille du capitaine Dreyfus habite Mulhouse. Ses père et mère sont décédés ; il lui reste trois frères et trois sœurs. Ses sœurs sont mariées et résident : l'une à Bar-le-Duc, l'autre à Carpentras et la troisième à Paris. Ses frères exploitent une filature à Mulhouse; l'aîné, Dreyfus, Jacques, âgé de 50 ans, n'a pas opté pour la nationalité française.

M. Dreyfus Raphaël, père du capitaine Dreyfus, a opté pour la nationalité française le 13 mai 1872, à la mairie de Carpentras (Vaucluse). Cette option a entraîné celle de ses enfants alors mineurs, ainsi qu'il appert du duplicata de l'acte d'option qui se trouve au dossier.

Le capitaine Dreyfus est venu habiter Paris en 1874; il a été successivement élève au collège Chaptal et à Sainte-Barbe, puis il a été reçu à l'École polytechique en 1878 avec le n° 182 et en est sorti sous-lieutenant d'artillerie avec le n° 128; il est ensuite allé à l'École d'application où il est entré avec le n° 58 et d'où il sortit avec le n° 32; classé comme lieutenant en second au 31e régiment d'artillerie en garnison au Mans, il y fait le service du 1er octobre 1882 à la fin de 1886, époque à laquelle il fut classé à la 11e batterie à cheval, détachée à Paris. Le 12 septembre 1889, il est nommé capitaine au 21e régiment d'artillerie, adjoint à l'Ecole centrale de pyrotechnie militaire de Bourges; le 21 avril 1890, il est admis à l'Ecole de guerre avec le n° 67, d'où il est sorti en 1892 avec le n° 9 et la mention « Très bien ». De 1893 à 1894, il est stagiaire à l'Etat-major de l'armée.

Lors des examens de sortie de l'École de guerre, le capitaine Dreyfus a prétendu qu'il devait à la cote, dite d'amour, d'un général examinateur, d'avoir eu un numéro de sortie inférieur à celui qu'il espérait obtenir; il cherche alors à créer un incident en réclamant contre cette cote et, partant, contre le général qui la lui avait donnée. Il prétendit que cette cote, qui était 5, lui avait été donnée de parti pris et en raison de la religion à laquelle il appartient; il attribue même au général examinateur en question des propos qu'il aurait tenus à ce sujet. L'incident qu'il créa n'eut pas la suite qu'il espérait, mais, depuis cette époque, il n'a cessé de se plaindre, se disant victime d'une injustice qu'il traite même à l'occasion d'infamie. Il est à remarquer que la cote dont s'est plaint le capitaine Dreyfus était secrète; on s'étonne à bon droit qu'il ait pu la connaître si ce n'est par une indiscrétion qu'il a commise ou provoquée. Comme l'indiscrétion est le propre de son caractère, nous n'avons pas lieu de nous étonner qu'il ait pu connaître cette cote secrète.

Les notes successives obtenues par le capitaine Dreyfus, depuis son entrée au service, sont généralement bonnes; quelquefois même excellentes, à l'exception de celles qui lui ont été données par M. le colonel Fabre, chef du 4e bureau de l'Etat-major de l'armée.

En ce qui concerne les voyages de Dreyfus, il résulte de ses déclarations à l'interrogatoire qu'il pouvait se rendre en Alsace en cachette, à peu près quand il le voulait, et que les autorités allemandes fermaient les yeux sur sa présence. Cette faculté de voyager clandestinement, qu'avait le capitaine Dreyfus, contraste beaucoup avec les difficultés qu'éprouvaient, à la même époque et de tout temps, les officiers ayant à se rendre en Alsace pour obtenir des autorisations ou des passeports des autorités allemandes; elle peut avoir une raison que le peu de temps qu'a duré l'enquête ne nous a pas permis d'approfondir.

En ce qui concerne les insinuations du capitaine Dreyfus sur des faits d'amorçage qui se pratiqueraient selon lui au ministère de la Guerre, elles nous semblent avoir eu pour objet de lui ménager un moyen de défense s'il était arrêté un jour porteur de documents secrets ou confidentiels. C'est sans doute cette préoccupation qui l'a amené à ne pas déguiser davantage son écriture dans le document incriminé. Par contre, les quelques altérations volontaires qu'il y a introduites ont eu pour objet de lui permettre de l'arguer de faux pour le cas plus improbable où le document, après être parvenu à destination, ferait retour au ministère par suite de circonstances non prévues par lui.

Quant aux preuves relatives à la connaissance qu'avait le capitaine Dreyfus des notes ou documents énumérés dans la lettre-missive incriminée et qui l'ont accompagnée, le premier interrogatoire aussi bien que celui qu'il a subi devant nous établissent, malgré les dénégations subtiles qu'il y a opposées, qu'il était parfaitement en mesure de les fournir.

Si nous examinons ces notes ou documents, nous trouvons d'abord la note sur le frein hydraulique de 120. L'allégation produite par le capitaine Dreyfus au sujet de cet engin tombe, surtout si l'on considère qu'il lui a suffi de se procurer, soit à la direction de l'artillerie, soit dans des conversations avec des officiers de son arme, les éléments nécessaires pour être en mesure de produire la note en question.

Ensuite vient une note sur les troupes de couverture, avec la restriction que quelques modifications seront apportées par le nouveau plan. Il nous paraît impossible que le capitaine Dreyfus n'ait pas eu connaissance des modifications apportées au fonctionnement du commandement des troupes de couverture au mois d'avril, le fait ayant eu un caractère confidentiel mais non absolument secret, et les officiers employés à l'État-major de l'armée ayant, par suite, pu s'en entretenir entre eux et en sa présence.

En ce qui concerne la note sur une modification aux formations de l'artillerie, il doit s'agir de la suppression des pontonniers et des modifications en résultant. Il est inadmissible qu'un officier d'artillerie, ayant été employé au premier bureau de l'État-major de l'armée, ait pu se désintéresser des suites d'une pareille transformation au point de l'ignorer quelques semaines avant qu'elle ne devienne officielle.

Pour ce qui est de la note sur Madagascar, qui présentait un grand intérêt pour une puissance étrangère si, comme tout le faisait déjà prévoir, une expédition y avait été envoyée au commencement de 1895, le capitaine Dreyfus a pu facilement se la procurer. En effet, au mois de février dernier, le caporal Bernollin, alors secrétaire de M. le colonel de Sancy, chef du 2e bureau de l'État-major de l'armée, fit une copie d'un travail d'environ 22 pages sur Madagascar, dans l'antichambre contiguë au cabinet de cet officier supérieur. L'exécution de cette copie dura environ cinq jours, et, pendant ce laps de temps, minute et copie furent laissées dans un carton placé sur la table-bureau du caporal précité, à la fin de ses séances de travail. En outre quand, pendant les heures de bureau, ce gradé s'absentait momentanément, le travail qu'il faisait restait ouvert (et pouvait par suite être lu), s'il ne se trouvait pas d'officiers étrangers au deuxième bureau ou inconnus de lui dans l'antichambre qu'il occupait. Ce gradé nous a déclaré dans sa déposition, mais sans préciser de dates, que le capitaine Dreyfus, qu'il connaissait, était venu quatre ou cinq fois dans cette antichambre pour voir M. le colonel de Sancy, pendant qu'il faisait son stage à la section allemande. Ce document a encore pu être lu par le capitaine Dreyfus quand il a été réintégré à la section anglaise qui s'occupait alors de Madagascar, en raison de ce qu'il a été placé temporairement dans un carton de casier non fermé.

Quant au projet de manuel de tir de l'artillerie de campagne du 14 mars 1894, le capitaine Dreyfus a reconnu, au cours de son premier interrogatoire, s'en être entretenu à plusieurs reprises avec un officier supérieur du 2e bureau de l'Etat-major de l'armée.

En résumé, les éléments de l'accusation portée contre le capitaine Dreyfus sont de deux sortes : éléments moraux et éléments matériels. Nous avons examiné les premiers; les seconds consistent dans la lettre-missive incriminée, dont l'examen par la majorité des experts aussi bien que par nous et par les témoins qui l'ont vue, a présenté, sauf des dissemblances volontaires, une similitude complète avec l'écriture authentique du capitaine Dreyfus.

En dehors de ce qui précède, nous pouvons dire que le capitaine Dreyfus possède, avec des connaissances très étendues, une mémoire remarquable; qu'il parle plusieurs langues, notamment l'allemand qu'il sait à fond, et l'italien dont il prétend n'avoir plus que de vagues notions; qu'il est de plus doué d'un caractère très souple, voire même obséquieux, qui convient beaucoup dans les relations d'espionnage avec les agents étrangers.

Le capitaine Dreyfus était donc tout indiqué pour la misérable et honteuse mission qu'il avait provoquée ou acceptée, et à laquelle fort heureusement peut-être pour la France, la découverte de ses menées à mis fin.

En conséquence, nous sommes d'avis que M. Dreyfus, Alfred, capitaine breveté au 14e régiment d'artillerie, stagiaire à l'Etat-major de l'armée, soit mis en jugement, sous accusation d'avoir, en 1894, à Paris, livré à une puissance étrangère un certain nombre de documents secrets ou confidentiels intéressant la défense nationale, et d'avoir ainsi entretenu des intelligences avec cette puissance ou avec ses agents, pour procurer à cette puissance les moyens de commettre des hostilités ou d'entreprendre la guerre contre la France.

Crime prévu et réprimé par les articles 76 du Code pénal, 7 de la loi du 8 octobre 1830, 5 de la Constitution du 4 novembre 1848, 1er de la loi du 8 juin 1850, 189 et 267 du Code de justice militaire.

Fait à Paris, le 3 décembre 1894.

Le Rapporteur,

Signé : D'ORMESCHEVILLE.

L'INTERROGATOIRE

Le Président. — Accusé, levez-vous.

Vous êtes accusé du crime de haute trahison, d'avoir livré à un agent d'une puissance étrangère les pièces énumérées dans un document dit le *bordereau*. Je vous préviens que la loi vous donne le droit de dire tout ce qui est utile à votre défense ; je préviens les défenseurs qu'ils doivent s'exprimer avec décence et modération.

Comme je viens de vous le dire, vous êtes accusé d'avoir livré à un agent d'une puissance étrangère des pièces énumérées dans le document que voici :

L'original du Bordereau est présenté au capitaine Dreyfus.

LE BORDEREAU

Sans nouvelles m'indiquant que vous désirez me voir, je vous adresse cependant, monsieur, quelques renseignements intéressants :

1° Une note sur le frein hydraulique du 120 et la manière dont s'est conduite cette pièce.

2° Une note sur les troupes de couverture. (Quelques modifications seront apportées par le nouveau plan) ;

3° Une note sur une modification aux formations de l'artillerie ;

4° Une note relative à Madagascar ;

5° Le projet de Manuel de tir de l'artillerie de campagne (14 mars 1894) ;

Ce dernier document est extrêmement difficile à se procurer et je ne puis l'avoir à ma disposition que très peu de jours. Le ministère de la guerre en a envoyé un nombre fixe dans les corps, et ces corps en sont responsables. Chaque officier détenteur doit remettre le sien après les manœuvres.

Si donc vous voulez y prendre ce qui vous intéresse et le tenir à ma disposition après, je le reprendrai. A moins que vous ne vouliez que je le fasse copier *in extenso* et ne vous en adresse la copie.

Je vais partir en manœuvres.

Le Président. — Cette pièce vous a été déjà présentée ; la reconnaissez-vous.

Le capitaine Dreyfus. — Elle m'a été présentée en 1894. Quant à la reconnaître, j'affirme que non. J'affirme encore que je suis innocent comme je l'ai déjà affirmé, comme je l'ai crié en 1894.

Je supporte tout depuis cinq ans, mon colonel, mais encore une fois, pour l'honneur de mon nom et celui de mes enfants, je suis innocent, mon colonel.

Le Président. — Alors, vous niez ?

Le capitaine Dreyfus. — Oui, mon colonel.

Le Président. — Nous allons examiner successivement les différents documents énumérés dans cette pièce.

Tout d'abord cette pièce est d'une écriture qui ressemble beaucoup à la vôtre. Les premières personnes qui l'ont vue ont été frappées de cette ressemblance; c'est même cette ressemblance qui, au ministère, vous a fait désigner comme l'auteur de la pièce en question.

Il s'agit d'abord d'une note sur le frein hydraulique du 120 et de la manière dont s'est conduite cette pièce.

La question du frein hydraulique du 120 intéresse évidemment un officier d'artillerie.

Vous êtes officier, sortant de l'Ecole de guerre et il n'y a donc rien d'impossible à ce que vous vous en soyez occupé, que vous ayez eu des indications à son sujet.

En 1890, vous étiez à Bourges.

Le capitaine Dreyfus. — Oui, mon colonel.

Le Président. — A l'École de pyrotechnie?

Le capitaine Dreyfus. — Oui, à l'École de pyrotechnie.

Le Président. — Vous deviez fréquenter les officiers de la garnison?

Le capitaine Dreyfus. — Oui, mon colonel.

Le Président. — Et par conséquent les officiers de la fonderie de Bourges.

Or, c'est en 1890, que se construisirent les premiers spécimens du frein hydropneumatique de la pièce du 120; il n'y a donc rien d'impossible à ce que dans vos conversations avec des officiers de la garnison vous en ayez eu connaissance.

Le capitaine Dreyfus. — Je connaissais le principe du frein hydro-pneumatique, et ce, dès 1889. Mais je ne connaissais pas du tout ni sa structure intime ni sa construction.

Le Président. — Mais, dans vos conversations, n'avez-vous pas eu des renseignements au sujet de ce frein ?

Le capitaine Dreyfus. — Non, mon colonel. Pas de renseignements de détails.

Le Président. — Mais vous aviez certaines indications à son sujet?

Le capitaine Dreyfus. — Oui, je connaissais le principe du frein du 120, mais la pièce, je ne l'ai pas vue, ni tirer, ni manœuvrer.

Le Président. — A l'École de guerre, vous a-t-on parlé de cette pièce du 120?

Le capitaine Dreyfus. — Je ne m'en souviens pas. Mais nous l'avons vue une fois dans la cour de l'École d'artillerie de Calais, dans un voyage que firent à Calais les officiers de l'École de guerre.

Le Président. — C'est au printemps de 1894 que les pièces de 120 ont été pour la première fois l'objet d'expériences en grand (en batteries). Immédiatement, des rapports ont été adressés au ministère. A ce moment-là, vous étiez au ministère?

Le capitaine Dreyfus. — Oui, mon colonel, à l'État-major.

Le Président. — Au commencement de 1894, vous étiez au premier bureau?

Le capitaine Dreyfus. — Non, mon colonel, au deuxième bureau.

Le Président. — En effet, au deuxième bureau. Il n'est donc nullement impossible que vous ayez eu connaissance de la manière dont s'était comporté le 120.

En tous cas, c'est une question dont on parlait au ministère, et que vos relations avec les officiers soit de la 3e section, soit de la direction technique pouvaient vous amener à connaître.

Le capitaine Dreyfus. — Je n'ai jamais eu de conversation ni avec aucun officier d'artillerie, ni avec aucun officier de la section technique; par conséquent, je n'ai jamais pu le répéter à un officier. Quant à mon séjour au 1er bureau en 1893, on ne s'occupait absolument pas des questions techniques.

Le Président. — Enfin il n'y a rien d'impossible à ce que vous ayez eu, dans des conversations de bureau, de couloir, connaissance de détails sur cette pièce?

Le capitaine Dreyfus. — Mais, au 1er bureau, jamais on ne s'occupait de questions techniques... Il n'y a rien d'impossible à ce qu'un officier, au ministère, ait entendu parler de ces choses.

Le Président. — « Quelques modifications seront apportées au nouveau plan » c'est encore une question qui est tout à fait de la compétence du ministère; ces questions ont été étudiées au ministère, au bureau dans lequel vous travailliez, c'est-à-dire dans le 4e bureau.

Le capitaine Dreyfus. — Ce n'est pas en 1894, c'est pendant le premier semestre 1893.

Le Président. — Vous étiez alors au 4e bureau, affecté au transport sur la ligne de l'Est. Vous étiez même très renseigné là-dessus.

Le commandant Bertin a été frappé de l'intérêt particulier que vous portiez à ces questions. Vous connaissiez absolument la situation des transports.

Or, lorsqu'on modifia l'organisation des troupes de couverture, en 1894, la principale difficulté était d'assurer leur transport sans bouleverser le mode de transport des autres. C'est ce qui obligea à prendre des dispositions provisoires qu'on devait changer pour adopter des dispositions définitives. Il était donc tout à fait indiqué que vous ayez pu, vous qui connaissiez très bien le plan des transports, connaître ces difficultés, vous rendre compte de ce qu'il fallait faire pour passer des anciennes dispositions aux nouvelles.

Le capitaine Dreyfus. — Pardon, mais en 1893, il n'y avait pas de nouveaux plans.

Le Président. — Je vous parle de 1894.

Le capitaine Dreyfus. — Ce n'est qu'en 1894 que le nouveau plan a été arrêté.

Le Président. — N'embrouillons pas les questions. Vos connaissances acquises en 1893 au 4e bureau vous permettaient de comprendre très bien ces questions.

Le capitaine Dreyfus. — Oui, mais je n'en étais pas chargé ; ce n'est qu'en septembre 1894 que j'ai été chargé de surveiller l'impression des documents, concurremment avec les autres ministères.

Le Président. — Quels étaient ces documents ?

Le capitaine Dreyfus. — Les tableaux d'approvisionnement.

Le Président. — Vous les avez eus pendant un certain temps ?

Le capitaine Dreyfus. — Oui, mais je ne les gardais pas ; je remettais immédiatement ces documents au chef de bureau.

Le Président. — Mais, l'année précédente, vous avez porté ces documents à l'impression ?

Le capitaine Dreyfus. — Oui, parce que, l'année précédente, j'avais été chargé de surveiller cette impression.

Le Président. — Vous les avez eus entre les mains. Il a fallu les porter à l'imprimerie du service géographique. Vous les avez eus deux fois entre les mains.

Le capitaine Dreyfus. — Je les ai rendus le soir même. On ne tire à chaque séance qu'un tableau. Le tableau du service des approvisionnements des troupes de couverture se compose d'un certain nombre de tableaux ; à chaque séance, on tire d'un tableau un certain nombre d'exemplaires.

Le Président. — Non seulement vous pouviez avoir des renseignements très précieux sur les effectifs des troupes, mais ce travail de la couverture a été préparé, en partie au moins, au 3e bureau où vous étiez depuis le 1er juillet 1894. Par conséquent, vous avez dû avoir connaissance de cette partie du travail dont était chargé le 3e bureau.

Le capitaine Dreyfus. — J'ai été au 3e bureau à la fin de 1894. J'ai demandé à mon chef de section s'il avait été chargé de travaux confidentiels en mai 1894; il a répondu : non.

Le Président. — En tout cas, vous étiez à même d'avoir des renseignements sur les troupes de couverture.

Le capitaine Dreyfus. — Il est certain que si j'en avais demandé, j'aurais pu en avoir ; mais je n'en ai jamais demandé.

Le Président. — On vous indique comme courant après les renseignements ; il est problable que vous saviez ce qui concernait les troupes de couverture.

Le capitaine Dreyfus. — Je n'ai jamais demandé rien à personne.

Le Président. — Le troisième document est une note des modifications apportées aux formations de l'artillerie. Après la suppression du service des pontonniers, il s'est trouvé y avoir deux régiments d'artillerie disponibles. Par conséquent, il a fallu distribuer les batteries soit entre les corps d'armée, soit entre les corps de nouvelle formation. Les officiers d'État-major seuls pouvaient connaître ces questions de mobilisation générale. Vous étiez parfaitement placé pour avoir ces renseignements. Avez-vous connu quelque chose au sujet de l'affectation des régiments d'artillerie ?

Le capitaine Dreyfus. — Au commencement de 1894, j'étais au 2e bureau Tout ce que je connaissais de cette situation, c'était la suppression des deux régiments de pontonniers et la création de batteries nouvelles. La discussion était ouverte pour la suppression des régiments de pontoniers; c'est tout ce que je savais.

Le Président. — Vous ne saviez pas la destination à donner à ces batteries nouvelles ?

Le capitaine Dreyfus. — J'étais au 2e bureau au commencement de 1894, dans le premier semestre.

Le Président. — Oui, mais dans le second ?... Puisque le bordereau a dû être envoyé à la fin d'août !

A ce moment, le commandant Mercier-Milon, du 2e bureau, a communiqué des renseignements au personnel.

Le capitaine Dreyfus. — Au commencement de 1894, au mois de juin.

Le Président. — Les communications ont été faites du 15 au 20 juillet, un mois avant que le bordereau ait été établi.

Le capitaine Dreyfus. — La suppression des pontonniers s'était passée au mois de mars.

Le Président. — C'est possible, mais l'affectation des batteries n'a eu lieu qu'au mois de juin. C'est à ce moment que le commandant Mercier-Milon a envoyé une note aux officiers.

Le capitaine Dreyfus. — La note n'a pas été communiquée aux stagiaires.

Le Président. — Quand on communique quelque chose aux officiers, les stagiaires en ont bien connaissance.

A la fin de 1893, n'avez-vous pas eu connaissance de renseignements envoyés par le troisième bureau au quatrième au sujet des effectifs des batteries de 120 ?

Le capitaine Dreyfus. — Non, mon colonel.

Le Président. — C'est pourtant le 3e bureau qui a envoyé ces renseignements au 4e ; par conséquent vous auriez pu les connaître.

Le capitaine Dreyfus. — J'étais à la section des manœuvres.

Le Président. — C'est possible, mais dans ces conditions-là, on sait ce qui se passe d'une section à l'autre.

Le capitaine Dreyfus. — On ne va jamais d'une section dans l'autre, sauf quand on a des renseignements à demander.

Le Président. — Au 1er bureau, vous étiez l'adjoint du commandant Besse.

Le capitaine Dreyfus. — J'ai été sous ses ordres pendant trois semaines.

Le Président. — A ce moment, il a étudié la répartition des batteries de 120 entre les différents corps d'armée, il a rédigé une note à ce sujet dont vous avez eu connaissance.

Le capitaine Dreyfus. — Je ne la connais pas.

Le Président. — Vous travailliez avec lui ; cette note a disparu, on n'a jamais pu la retrouver dans les archives du ministère. Vous n'en avez jamais eu connaissance ?

Le capitaine Dreyfus. — On n'en a jamais parlé en 1894.

Le Président. — Le quatrième document est une « note sur Madagascar ».

Pendant que vous étiez au ministère, en 1894, il a dû être fait deux études sur Madagascar ; une première, qui n'avait qu'un caractère purement géographique, a été faite au bureau ; elle était copiée par un caporal qui travaillait dans l'antichambre du colonel de Sancy. On vous a vu plusieurs fois passer pour aller chez ce colonel.

Le capitaine Dreyfus. — Je vous ferai remarquer que l'antichambre précède la porte du colonel et que, par conséquent, tout le monde est obligé de passer par là.

Le Président. — Comme c'était là que le caporal copiait cette note, il n'y a rien d'impossible à ce que ce soient les gens qui allaient et venaient dans l'antichambre qui en aient eu connaissance. Ce n'est pas une impossibilité.

En tout cas, cette note était peu importante ; c'était une simple étude géographique. Mais au mois de juillet 1894, on fit une étude plus sérieuse, on fit l'étude de l'expédition proprement dite. On étudia la route à suivre, les moyens à employer, le matériel à concentrer ; c'était, en somme, l'étude de l'expédition. Elle a été faite par différents bureaux, mais en particulier par le 3e bureau où vous étiez. En avez-vous eu connaissance?

Le capitaine Dreyfus. — Pas du tout.

Le Président. — Ainsi il s'est passé des choses dans votre bureau dont vous ne saviez rien ; vous n'étiez pas au courant de ce qui se faisait?

Le capitaine Dreyfus. — J'étais à la section des manœuvres.

Le Président. — Et vous ne saviez pas ce qui se passait dans les autres bureaux?

Le capitaine Dreyfus. — Absolument pas ; aucun officier ne m'a jamais rien communiqué.

Le Président. — Le travail a été terminé le 20 août, les épreuves définitives ont été tirées le 29 août, au moment où le bordereau a été rédigé par son auteur. Il y a donc coïncidence complète entre ce renseignement et l'établissement définitif du travail sur Madagascar. Comme vous étiez au troisième bureau, il n'y a pas d'impossibilité à ce que vous en ayez eu connaissance.

Le capitaine Dreyfus. — Il n'y a d'impossibilité à rien dans ces conditions, mon colonel.

Le Président. — Non, mais toutes ces choses réunies forment au moins des présomptions.

Nous passons au cinquième renseignement. Il s'agit d'un « projet de manuel de tir » ; avez-vous eu connaissance de ce manuel?

Le capitaine Dreyfus. — Non, mon colonel.

Le Président. — Vous n'en avez jamais eu connaissance?

Le capitaine Dreyfus. — Jamais.

Le Président. — Il y a un témoin qui prétend avoir mis à

votre disposition, pendant quarante-huit heures, un exemplaire de ce manuel de tir.

Le capitaine Dreyfus. — Je suis convaincu que c'est une erreur, attendu qu'au Conseil de guerre de 1894 j'ai demandé à l'instruction et à l'audience la comparution de ce témoin pour fixer ce point, et que, ni à l'instruction ni à l'audience, je n'ai vu comparaître ce témoin.

Le Président. — Il va comparaître au cours de ces débats.

Le capitaine Dreyfus. — Je ferai remarquer encore ceci : c'est que dans le rapport de M. le commandant d'Ormescheville, que vous venez d'entendre, il est dit que j'ai eu des conversations avec cet officier au mois de février ou de mars. Or, j'ai vu dans les dépositions de la Cour de cassation que ce projet de manuel date du 14 mars et qu'il n'a été remis à l'État-major de l'armée qu'au mois de mai. Par conséquent, je n'ai pas pu avoir au mois de mars de conversation à ce sujet.

Le Président. — C'est au mois de juillet 1894 que le commandant Jeannel a dû vous remettre un exemplaire de ce manuel.

Le capitaine Dreyfus. — Mais on parle de conversations que j'aurais eues avec lui.

Le Président. — Peu importe; ce que je vous demande, ce n'est pas ce que dit M. d'Ormescheville, ce sont vos réponses : laissez-moi vous interroger, et ne posez pas de questions.

C'est vous-même qui vous seriez plaint au commandant Jeannel que les stagiaires de l'État-major n'avaient pas connaissance de ce manuel de tir qui était entre les mains de tous les officiers de régiment, lesquels avaient demandé qu'il en fût livré. Eh bien! il en avait été délivré dix exemplaires, dont deux au bureau auquel vous apparteniez; reconnaissez-vous que, comme il fallait partager ce manuel entre les différents officiers, le commandant Jeannel vous en a prêté un exemplaire?

Le capitaine Dreyfus. — Non, mon colonel.

Le Président. — Vous niez?

Le capitaine Dreyfus. — Oui, mon colonel.

Voulez-vous me permettre une observation?

Le Président. — Oui.

Le capitaine Dreyfus. — Je vous ferai remarquer qu'en juillet 1894 je n'appartenais plus au 2e bureau de l'État-major où était le commandant Jeannel, mais au troisième bureau. Or, d'après les dépositions de la Cour de Cassation, il a été donné des manuels de tir à tous les bureaux, et je ne comprends pas...

Le Président. — Vous discuterez la question contradictoirement avec le témoin.

Le capitaine Dreyfus. — Oui, seulement c'était une observation que je voulais faire.

Le Président. — Dans le bordereau, l'auteur dit qu'il est très difficile de se procurer ce manuel. Ceci n'était pas vrai en ce qui concernait les officiers des corps d'artillerie, tandis que les officiers du ministère auquel on n'en avait envoyé que tardivement, se trouvaient précisément dans cette situation, de ne pas pouvoir avoir le manuel de tir facilement à leur disposition. Il y a là encore une coïncidence avec votre situation personnelle.

Le capitaine Dreyfus. — Mon colonel, comme je l'ai dit au Conseil de guerre de 1894, il était facile de se procurer ce manuel de tir. Il est certain qu'un officier aurait pu demander ce manuel et qu'on le lui aurait donné.

Je ne l'ai pas eu et je ne l'ai pas demandé par cette considération que je savais que je ne devais pas aller aux écoles à feu et parce que je faisais des travaux différents : par conséquent, si je n'ai pas demandé ce projet de manuel de tir, c'est que je n'en avais nul besoin, mais il était de la plus grande facilité pour un officier d'artillerie d'avoir ce projet de manuel; par conséquent, ceci ne peut s'appliquer qu'à un officier étranger à l'arme...

Le Président. — C'est de la discussion.

Le bordereau se termine par ces mots : « Je vais partir en manœuvres. »

Or, vous n'avez pas été aux manœuvres?

Le capitaine Dreyfus. — Non, mon colonel.

Le Président. — Il était d'usage que les stagiaires y aillent toujours. A quelle époque vous a-t-on prévenu que vous n'iriez pas aux manœuvres en 1894?

Le capitaine Dreyfus. — C'était, mon colonel, fin mai ou commencement de juin.

Le Président. — D'après les informations, ce serait à une date de beaucoup postérieure; ce serait le 28 août 1894 que le ministre aurait pris la décision de ne pas envoyer, en cette année 1894, les stagiaires aux manœuvres, pour des causes de service intérieur.

Le capitaine Dreyfus. — Je vous demande pardon...

Le Président. — C'est-à-dire que c'était quelques jours peut-être après la création de cette pièce dite *bordereau*.

Le capitaine Dreyfus. — Je vous demande pardon, mon colonel. D'ailleurs, au procès de 1894, j'ai demandé la production d'une circulaire officielle du mois de mai 1894, par laquelle on nous informait que nous ne devions pas aller aux manœuvres, et que nous irions faire notre stage dans les régiments d'infanterie, ceux du premier bureau en juillet, août, septembre, ceux du deuxième en octobre, novembre, décembre.

LE PRÉSIDENT. — Enfin, il y a une décision du Ministre, de septembre 1894, qui dit que les stagiaires n'iront pas aux manœuvres.

LE CAPITAINE DREYFUS. — Il y en a une du mois de mai 1894.

LE PRÉSIDENT. — Il faudra la rechercher.

Me DEMANGE. — Il doit y avoir erreur.

LE COMMANDANT CARRIÈRE, *commissaire du Gouvernement.* — Il n'y a pas d'erreur, il y a eu au mois de mai une instruction prévenant le service en principe. Mais les stagiaires devaient néanmoins aller aux manœuvres; et on n'a renoncé aux manœuvres des stagiaires, au mois de septembre, qu'en raison des travaux spéciaux qui leur incombaient par suite de la préparation d'un nouveau plan.

LE PRÉSIDENT. — C'est bien ce que je disais, et c'est bien ce que je lisais.

Dites-nous un peu les différents travaux dont vous vous êtes occupé, au 4e bureau d'État-major où vous êtes passé.

Qu'avez-vous fait au 4e bureau?

LE CAPITAINE DREYFUS. — Au 4e bureau, mon colonel, j'étais occupé à la préparation du plan. En 1893, on n'a pas fait de plan. Il y avait par conséquent des travaux de plan, au moment où j'y étais ; et à la fin du stage on nous a fait faire des travaux fictifs de transport, précisément parce que le service n'était pas très chargé.

LE PRÉSIDENT. — Est-ce qu'à propos de ce travail fictif de transport, vous n'avez pas demandé à faire non pas un travail sur des données fictives, mais un travail sur des données réelles ?

LE CAPITAINE DREYFUS. — Je ne me souviens pas du tout de ce fait, mon colonel.

LE PRÉSIDENT. — Un témoin dépose de ce fait : vous avez insisté pour faire un travail, non pas sur des données fictives, mais sur des données réelles.

LE CAPITAINE DREYFUS. — Je ne m'en souviens pas du tout, mon colonel.

LE PRÉSIDENT. — Quels sont les autres travaux que vous avez faits au 4e bureau ?

LE CAPITAINE DREYFUS. — Il n'y en a pas d'autres.

Le Président. — Vous êtes passé ensuite?...

Le capitaine Dreyfus. — Au premier bureau, mon colonel.

Le Président. — Au deuxième bureau?

Le capitaine Dreyfus. — Je suis passé d'abord par le premier bureau.

Le Président. — Peu importe.

Le capitaine Dreyfus. — Au premier bureau, je suis passé par toutes les sections; nous autres stagiaires, nous avons passé trois semaines ou quatre semaines dans chaque section. C'est le seul bureau où nous ayons passé dans toutes les sections. Nous participions au service courant dans toutes les sections où j'ai passé.

Le Président. — N'avez-vous fait aucun travail spécial?

Le capitaine Dreyfus. — Au premier bureau je n'ai fait aucun travail spécial. D'ailleurs, au bout de cinq ans, mes souvenirs ne peuvent être que très vagues. Le fait que j'ai cité tout à l'heure se rapporte à plus de six ans.

Le Président. — Alors vous ne vous souvenez pas des travaux d'études que vous avez faits?

Le capitaine Dreyfus. — Pas exactement.

Le Président. — Quels travaux avez-vous faits pendant votre passage aux autres bureaux?

Le capitaine Dreyfus. — Au deuxième bureau, j'ai fait une comparaison entre l'artillerie étrangère et la nôtre et j'ai traduit un ouvrage sur le canon de l'avenir.

Le Président. — Et au troisième bureau?

Le capitaine Dreyfus. — J'ai été employé pendant trois mois à la section des manœuvres.

Le Président. — Cet ordre de questions est épuisé, nous allons passer à un autre ordre d'idées.

Pendant votre séjour à l'École de guerre, l'on vous reproche d'avoir tenu un propos indigne d'un officier français. Vous auriez dit, qu'en somme, la France serait plus heureuse sous la domination de l'Allemagne?

Le capitaine Dreyfus. — Je n'ai jamais tenu ce propos.

Le Président. — Nous reverrons cela. A votre sortie de l'École de guerre, vous avez eu le numéro 9 après avoir gagné beaucoup de rangs. Cependant vous avez manifesté un mécontentement assez vif qui s'est traduit par des paroles très vives. Quelle était la raison de ce mécontentement?

Le capitaine Dreyfus. — J'ai établi le fait à l'instruction de 1894; j'ai demandé la comparution des personnes qui auraient été mêlées a cette affaire et qui auraient recueilli ces propos. Un de mes examinateurs à l'École de guerre aurait déclaré que l'on ne voulait pas d'officiers de notre religion à l'État-major, mais cela n'avait rien de personnel à moi; ces paroles étaient dites d'une façon générale.

Le Président. — Comment avez-vous eu connaissance de ces paroles?

Le capitaine Dreyfus. — Par un de mes camarades.

Le Président. — Cela est assez curieux.

Le capitaine Dreyfus. — Quand j'ai connu ces paroles, après les examens, je suis allé trouver le Directeur de l'École, mais je n'ai pas protesté contre la situation qui m'était faite. M. le Directeur de l'École m'a reçu d'une façon bienveillante, il m'a dit qu'il connaissait le fait et qu'il le regrettait; mais que cela ne changerait pas ma situation. J'étais d'ailleurs très content de mon rang.

Le Président. — Alors, vous avez attribué votre mauvaise note à la religion à laquelle vous apparteniez? A votre sortie de l'École de guerre, vous auriez demandé un congé pour aller en Italie. Y êtes-vous allé?

Le capitaine Dreyfus. — Non.

Le Président. — Pourquoi cela?

Le capitaine Dreyfus. — Mme Dreyfus était malade.

Le Président. — Où avez-vous été pendant ce temps?

Le capitaine Dreyfus. — Je n'ai pas quitté Paris.

Le Président. — Vous n'avez pas été à Mulhouse en 1894, pendant ce congé?

Le capitaine Dreyfus. — Je ne le crois pas, mon colonel.

Le Président. — Cependant, l'information semble l'établir. Vous avez été à Mulhouse. Non seulement vous y avez été, mais vous avez demandé un permis à l'ambassade d'Allemagne, qui vous a été refusé.

Le capitaine Dreyfus. — En 1894?

Le Président. — Non, à votre sortie de l'École de guerre, en 1892.

Le capitaine Dreyfus. — Ah! ça, je ne m'en souviens plus.

Le Président. — Et cependant, vous y avez été?

Le capitaine Dreyfus. — En 1893, oui, à la mort de mon père.

Le Président. — Pourquoi votre présence là-bas a-t-elle été tolérée alors que l'autorité allemande se montre si sévère?

Le capitaine Dreyfus. — Je vous demande pardon, pendant sept ans, les passeports m'ont été refusés.

Le Président. — Et cependant, vous y êtes allé?

Le capitaine Dreyfus. — J'y suis allé trois fois, mon colonel. J'y suis allé trois fois en me cachant, en passant par la Suisse, par Bâle. Je suis allé dans ma famille.

Le Président. — Et une fois là-bas?

Le capitaine Dreyfus. — Je ne suis pas sorti de chez moi.

Le Président. — En septembre 1886, n'êtes-vous pas allé à Mulhouse?

Le capitaine Dreyfus. — En septembre 1886? J'allais toutes les années passer mon mois de congé chez mon père, en permission régulière.

Le Président. — Y êtes-vous allé en 1886?

Le capitaine Dreyfus. — Cela, je ne m'en souviens plus. Jusqu'aux passeports, j'y allais tous les ans.

Le Président. — Eh bien, en septembre 1886, n'avez-vous pas suivi les manœuvres allemandes dans les environs de Mulhouse?

Le capitaine Dreyfus. — Non, mon colonel, jamais!

Le Président. — N'avez-vous pas suivi, à cheval, des manœuvres qui se faisaient du côté du polygone de Habsheim?

Le capitaine Dreyfus. — Non, mon colonel.

Le Président. — Vous n'avez pas tenu conversation avec un officier de dragons?

Le capitaine Dreyfus. — Jamais je n'ai causé avec un officier allemand.

Le Président. — Vous n'avez pas parlé avec eux du fusil 1886?

Le capitaine Dreyfus. — A plus forte raison, non, mon colonel!

Le Président. — Vous niez absolument. Un témoin prétend vous y avoir vu.

Vous êtes signalé surtout au 4e bureau comme ayant le désir de connaître ces détails.

Le capitaine Dreyfus. — Mon but était de m'instruire.

Le Président. — Un jeune officier, surtout quand il sort de l'École, a le droit de s'instruire, mais il y a des limites. Il ne faut pas pousser le désir de s'instruire jusqu'à l'indiscrétion; or, vous étiez quelquefois indiscret. Vous avez surtout dirigé vos investigations sur les transports des lignes de l'Est. Vous connaissiez toutes ces questions, à tel point que vous étiez à même de faire une conférence *ex abrupto* sur tous ces points.

Vous les connaissiez si bien que vous avez mis verbalement au courant le capitaine Boullenger.

Pourquoi désiriez-vous connaître tous ces détails?

Le capitaine Dreyfus. — J'ai donné en effet tous ces renseignements au capitaine Boullenger parce que je connaissais tous les numéros des lignes de transport.

Le Président. — Et la mobilisation?

Le capitaine Dreyfus. — On connaissait toutes les lignes de transport au 4e bureau, et, par conséquent, je les connaissais.

Le Président. — Vous vous intéressiez beaucoup à ces questions parce que sans doute vous aviez des motifs de les connaître, et cela à un moment où votre chef de service regrettait beaucoup votre nonchalance et votre présence au bureau à cause de cet esprit d'investigation. Vous êtes allé même bien loin, car on a été obligé de vous rappeler à l'ordre.

Un jour, au ministère, une conférence était faite sur un point extrêmement confidentiel de notre organisation militaire. On voulait vous en donner une idée, mais on ne voulait pas que vous prissiez de notes. M. le général Vanson vous recommanda même de ne prendre aucune note, et vous en avez pris.

Le capitaine Dreyfus. — Je ne connais pas cette conférence.

Le Président. — Il en est cependant question dans l'information. Je ne sais pas à quelle époque elle a eu lieu, mais vous étiez au ministère.

Le capitaine Dreyfus. — Je ne connais ni ces faits ni cette conférence.

Le Président. — Vous affirmez que vous ne connaissez pas la conférence du général Vanson sur laquelle étaient indiquées les zones de concentration et au sujet de laquelle il vous a dit : « Regardez cela, mais ne prenez aucune note, car c'est extrêmement confidentiel »?

Le capitaine Dreyfus. — Je ne me souviens pas de cela du tout.

Le Président. — Vous aimiez tellement à connaître les renseignements confidentiels et les choses cachées, que quelquefois vous employiez des moyens détournés pour les obtenir; ainsi vous avez écrit au capitaine Rémusat pour avoir des renseignements.

Le capitaine Dreyfus. — Pas du tout. Je puis affirmer que je n'ai pas écrit au capitaine Rémusat, je ne me rappelle pas ce fait.

Le Président. — Vous ne niez pas?

Le capitaine Dreyfus. — Je serais très curieux de voir cette lettre.

Le Président. — Non seulement vous lui avez écrit, mais il a dit que vous lui aviez expliqué que ces renseignements étaient désirés par un professeur de l'École de guerre.

Le capitaine Dreyfus. — C'est précisément ce fait, mon colonel, qui me paraît invraisemblable.

Le Président. — Renseignements pris, il était inexact que cela eût été demandé dans ces conditions.

Le capitaine Dreyfus. — J'en suis convaincu, il n'est pas admissible que cela m'eût été demandé à moi, car on avait bien d'autres moyens de s'informer.

Le Président. — Nous entendrons les témoins à ce sujet.

Plusieurs officiers de l'État-major de l'armée ont signalé dans leur déposition que vous leur faisiez des questions indiscrètes auxquelles ils refusaient de répondre quand ils ne détournaient pas la conversation. Vous rappelez-vous cela? Au capitaine Boullenger, par exemple?

Le capitaine Dreyfus. — Je ne me souviens que d'une chose, c'est qu'un jour j'ai demandé au capitaine Boullenger : « Qu'est-ce qu'il y a de nouveau au 4e bureau? » C'est tout!

Le Président. — N'êtes-vous pas allé à Bruxelles, en 1894?

Le capitaine Dreyfus. — Non, mon colonel.

Le Président. — Vous en êtes bien certain?

Le capitaine Dreyfus. — J'en suis certain.

Le Président. — Un témoin cependant vous a vu.

Le capitaine Dreyfus. — L'endroit est exact, mais ce voyage a été fait par moi en 1885-1886, en revenant d'une visite que j'avais faite à l'Exposition d'Amsterdam.

Le Président. — L'avez-vous vu, ce témoin? Qui est-ce?

Le capitaine Dreyfus. — M. Lonquéty.

Le Président. — Il prétend vous avoir vu dans un restaurant.

Le capitaine Dreyfus. — Le fait est exact, mais il faudrait rechercher la date exacte de l'Exposition d'Amsterdam.

Le Président. — Vous avez eu des relations avec une dame qui demeurait rue Bizet. Reconnaissez-vous ces relations?

Le capitaine Dreyfus. — Ce n'étaient pas des relations intimes.

Le Président. — Mais enfin vous avez été chez elle. Quel était le nom de cette personne?

Le capitaine Dreyfus. — W...

Le Président. — Quelle était la nationalité de cette femme?

Le capitaine Dreyfus. — Autrichienne.

Le Président. — Elle parlait naturellement l'allemand?

Le capitaine Dreyfus. — Oui.

Le Président. — Elle avait des frères, dit-on, dans l'armée autrichienne?

Le capitaine Dreyfus. — Je ne sais pas.

Le Président. — On ne vous l'a pas dit?

Le capitaine Dreyfus. — Non, mon colonel.

Le Président. — En tous cas, elle en avait. Cette dame passait pour être suspecte d'espionnage. Comment se faisait-il que vous, officier français, attaché à l'État-major de l'armée, qui étiez tenu à cause de cela à une très grande discrétion, vous fréquentiez une personnalité de nationalité étrangère, ayant des frères dans l'armée autrichienne, et étant elle-même suspecte d'espionnage?

Le capitaine Dreyfus. — J'ignorais d'abord l'espionnage et je me permettrai de vous faire remarquer que lorsque le commandant Gendron est venu déposer au procès de 1894, il a dit qu'il n'avait jamais vu cette personne sur la liste des personnes suspectes.

Le Président. — Ne vous êtes-vous pas livré à des dépenses assez importantes qu'il s'agissait de masquer par la bonne tenue des comptes de votre intérieur?

Le capitaine Dreyfus. — Jamais, mon colonel.

Le Président. — Avez-vous fréquenté quelques femmes?

Le capitaine Dreyfus. — Non.

Le Président. — Cependant on parle d'une personne à laquelle vous avez offert de lui louer une villa au bord de la mer pour la détourner d'une liaison. Est-ce vrai?

Le capitaine Dreyfus. — Oui, mon colonel, une liaison d'ordre privé, mais je ne l'ai pas fait.

Le Président. — C'était donc une dépense que vous pouviez faire?

Le capitaine Dreyfus. — J'en avais les moyens.

Le Président. — Seulement, cela ne paraissait pas pour vous comme une dépense.

Le capitaine Dreyfus. — Je n'ai jamais rien caché, mon colonel; mes comptes particuliers étaient chez moi et on n'a jamais rien trouvé dans cet ordre d'idées.

Le Président. — On a trouvé chez vous des comptes très bien tenus; or, si vous aviez des dépenses de ce genre, il vous fallait des ressources particulières. N'avez-vous pas joué?

Le capitaine Dreyfus. — Jamais.

Le Président. — Cependant, en 1894, vous reveniez d'un voyage d'État-major...

Le capitaine Dreyfus. — En juin 1894?

Le Président. — Vous avez été chargé avec un autre officier, le capitaine Duchâtelet, de ramener la colonne, et en passant dans les

Champs-Élysées, vous avez dit à cet officier : « C'est ici que demeure une telle...

LE CAPITAINE DREYFUS. — C'est regrettable.

LE PRÉSIDENT. — Si nous allions la voir, elle serait bien surprise de nous voir à cette heure-ci. » Le capitaine Duchâtelet vous fit observer que ce n'était pas à cette heure-là que l'on pouvait aller chez cette personne et vous lui dites : « D'ailleurs, je n'y tiens pas, car il y a quelques jours, j'ai perdu chez elle la forte somme. »

LE CAPITAINE DREYFUS. — J'affirme que je n'ai jamais joué.

LE PRÉSIDENT. — Ce propos est-il exact? Avez-vous tenu ce propos?

LE CAPITAINE DREYFUS. — Non, mon colonel, par la bonne raison que je n'ai jamais joué.

LE PRÉSIDENT. — Nous entendrons le capitaine Duchâtelet. N'avez-vous pas joué aux courses?

LE CAPITAINE DREYFUS. — Jamais.

LE PRÉSIDENT. — N'avez-vous pas eu un intérêt dans une écurie de courses?

LE CAPITAINE DREYFUS. — Jamais.

LE PRÉSIDENT. — Vous avez cependant dit à un officier qu'un cheval vous appartenant en partie avait eu un insuccès et que vous espériez bientôt vous rattraper sur deux jeunes chevaux que vous deviez faire courir.

LE CAPITAINE DREYFUS. — Jamais.

LE PRÉSIDENT. — Vous niez ce propos?

LE CAPITAINE DREYFUS ne répond pas.

LE PRÉSIDENT. — Nous arrivons à ce qui s'est passé depuis votre arrestation. Connaissiez-vous le colonel du Paty de Clam avant votre arrestation?

LE CAPITAINE DREYFUS. — Je ne le connaissais que de vue. Je n'ai pas eu d'autres relations avec lui.

LE PRÉSIDENT. — Il n'avait aucune espèce de raison de vous en vouloir?

LE CAPITAINE DREYFUS. — Je n'en connais aucune.

LE PRÉSIDENT. — Le commandant Henry, le connaissiez-vous?

LE CAPITAINE DREYFUS. — Non, mon colonel.

LE PRÉSIDENT. — Il n'y avait aucune espèce de motif d'inimitié entre vous et lui?

LE CAPITAINE DREYFUS. — Aucune.

LE PRÉSIDENT. — Le lieutenant-colonel Picquart, le connaissiez-vous?

LE CAPITAINE DREYFUS. — Pas plus que les autres; — je le connais dans les mêmes conditions..

LE PRÉSIDENT. — Sans relations particulières?

LE CAPITAINE DREYFUS. — Oui, mon colonel.

LE PRÉSIDENT. — Mais aussi sans difficultés? En somme, vos relations avec ces personnes étaient bonnes ou nulles.

LE CAPITAINE DREYFUS. — Oui, mon colonel.

M. LE PRÉSIDENT. — Le commandant Esterhazy, le connaissiez-vous?

LE CAPITAINE DREYFUS. — Pas du tout, mon colonel.

M. LE PRÉSIDENT. — Vous ne l'avez jamais vu?

LE CAPITAINE DREYFUS. — Jamais.

M. LE PRÉSIDENT. — Vous ne lui avez pas écrit?

LE CAPITAINE DREYFUS. — Jamais.

M. LE PRÉSIDENT. — Le commandant Esterhazy a déclaré à certain endroit avoir reçu une lettre écrite sous un nom d'emprunt lui demandant des renseignements sur le rôle de la brigade de cavalerie que commandait son père en Crimée.

Cette lettre était signée Brault. Or ce nom est précisément celui de l'officier sur l'écriture duquel vous avez appelé l'attention lorsqu'on vous a montré le bordereau.

LE CAPITAINE DREYFUS. — Quand j'ai parlé de l'écriture du bordereau, je ne savais pas quelle était la lettre incriminée; on me montrait des bouts d'écriture.

LE PRÉSIDENT. — Ce n'était pas une photographie qu'on vous montrait?

LE CAPITAINE DREYFUS. — J'ignorais totalement quel était le document incriminé; on me demandait: « Connaissez-vous une écriture qui ressemble à celle-ci? » J'ai dit: « Conduisez-moi au ministère. » On m'a répondu qu'il n'était pas possible de me conduire au ministère. On m'a dit: « Cherchez dans vos souvenirs ». J'ai cherché et j'ai dit: « Il me semble que cette écriture ressemble vaguement à celle du capitaine Brault ». Mais j'ai bien vite retiré cette allégation, parce qu'il n'était pas dans mes intentions d'incriminer personne de mes collègues.

LE PRÉSIDENT. — Croyez-vous avoir des ennemis personnels qui aient pu monter une machination contre vous?

LE CAPITAINE DREYFUS. — Non, mon colonel.

LE PRÉSIDENT. — Un jour, le commandant du Paty de Clam vous a fait venir au ministère sous prétexte de passer l'inspection générale. Il vous a fait écrire une lettre commençant par des choses insignifiantes, puis à un moment donné il vous a dicté, ou à peu près, le contenu du bordereau. Le commencement de cette lettre est de votre écriture ordinaire, mais à partir de l'endroit où l'on parle du canon de 120 court, votre écriture change de caractère, elle est moins nette et moins ferme.

Le capitaine Dreyfus. — Elle n'a jamais changé, mon colonel.

Le Président. — Lorsqu'on jette un coup d'œil sur cette lettre dont voici une photographie, on constate facilement que l'écriture depuis les mots : « 1° une note sur le frein hydraulique » jusqu'à la fin est beaucoup plus grande et plus large qu'au commencement.

(Le Président présente la photographie en question au capitaine Dreyfus).

Le capitaine Dreyfus. — L'écriture est plus large, mon colonel.

Le Président. — Elle change, elle est plus large, moins bien formée ; cela peut s'expliquer par une émotion...

Le capitaine Dreyfus. — D'abord, je vous ferai remarquer que l'élargissement des lettres commence à « je me rappelle » ; or, « je me rappelle » n'a rien qui se rapporte au bordereau. Voulez-vous me permettre de montrer la pièce ?

Le Président. — Oui.

(Le Capitaine Dreyfus passe la pièce à Me Labori).

Le Président. — Maintenant, après votre condamnation et le rejet de votre pourvoi devant le Conseil de revision, M. le lieutenant-colonel du Paty de Clam est venu vous voir au Cherche-Midi ; veuillez nous dire ce qui s'est passé dans cette entrevue ?

Le capitaine Dreyfus. — Cette entrevue, mon colonel, a duré à peu près une heure ; voici à peu près les termes dans lesquels le commandant du Paty m'a interrogé : Il a commencé par me demander des renseignements sans importance... Je cherche à répéter les paroles.

Le Président. — Reconstruisez la scène.

Le capitaine Dreyfus. — Il a commencé par me demander des renseignements sans importance, me disant : « Est-ce que vous n'auriez pas répondu pour procéder à un échange ? « J'ai répondu que non, que je n'avais eu de relations ni directement ni indirectement avec aucun agent d'une puissance étrangère, que je n'en avais connu aucun. C'est à ce moment que j'ai dit qu'on commettait une iniquité en me condamnant, qu'il était impossible de le comprendre, qu'il y avait un gouvernement qui avait des moyens d'investigation puissants et qu'il n'était pas permis d'admettre qu'un innocent soit condamné pour un crime qu'il n'avait pas commis. C'est à ce moment que j'ai demandé que le Gouvernement employât tous les moyens d'investigation dont il pouvait disposer pour faire la lumière. C'est alors que le commandant du Paty de Clam m'a répondu : « Il y a des considérations qui empêchent certaines recherches». Alors j'ai répondu : « J'espère bien qu'avant deux ou trois ans mon innocence sera reconnue.»

Le Président. — N'avez-vous pas remarqué, dans cette entrevue, que le commandant du Paty de Clam proférait des menaces contre les attachés militaires d'une puissance étrangère?

Le capitaine Dreyfus — Précisément.

Le Président. — On a parlé d'un poignard dans la gorge?

Le capitaine Dreyfus. — Je lui ai dit que je ne comprenais pas qu'on condamnât un innocent ; qu'il y avait des attachés militaires qui connaissaient le coupable, et que dussé-je leur mettre le couteau sous la gorge, je voudrais connaître le criminel. C'est à ce moment-là que j'ai prononcé ces paroles.

Le président. — Le 5 janvier, jour de la parade d'exécution, vous avez été conduit du Cherche-Midi à l'École militaire par le capitaine Lebrun-Renault. Que s'est-il passé dans le local d'attente? Et d'abord qui était présent?

Le capitaine Dreyfus. — Le capitaine Lebrun-Renault.

Le Président. — Dans ce local, vous étiez deux ou trois au plus?

Le capitaine Dreyfus. — Je ne me souviens pas.

Le Président. — N'y avait-il pas un capitaine d'État-major de la place?

Le capitaine Dreyfus. — Je ne me souviens pas.

Le Président. — Le capitaine d'Attel?

Le capitaine Dreyfus. — Je ne me souviens pas. Je me souviens d'avoir toujours vu près de moi le capitaine Lebrun-Renault.

Le Président. — Quelle conversation avez-vous eue avec lui?

Le capitaine Dreyfus. — Cette conversation a été un monologue haché. Je lui ai dit : «Je suis innocent... » Je sentais au dehors tout un peuple ému auquel on allait montrer un homme qui avait commis le crime le plus abominable qu'un soldat puisse commettre. Je me rendais compte de l'angoisse patriotique qui étreignait ce peuple, et j'aurais voulu lui crier : « Ce n'est pas moi qui suis le coupable! » Je disais : « Je voudrais crier à la face du peuple que ce n'est point moi qui suis coupable. Je voudrais essayer de faire passer dans cette foule le frisson que j'éprouve. Je voudrais lui faire comprendre que l'homme qu'elle croit avoir commis ce crime n'est point celui qui a été condamné. Je vais crier à la face du peuple mon innocence. J'ajoutais « Le Ministre le sait bien. » Cela se rapportait à ce que j'avais dit au lieutenant-colonel du Paty de Clam, lors de sa visite; je lui avais dit : « Dites au ministre que je ne suis pas coupable. »

Le Président. — N'avez-vous pas dit au lieutenant du Paty de Clam : « Le ministre sait bien que si j'ai livré des documents, ils sont sans importance, et c'était pour en avoir de plus importants? »

Le capitaine Dreyfus. — Je rappelais la conversation que j'avais eue avec le lieutenant-colonel du Paty de Clam et je disais : « Le ministre m'a envoyé le lieutenant-colonel du Paty de Clam me demander si je n'ai pas livré des documents sans importance pour en avoir de plus importants. »

Le Président. — D'après vous, ces paroles étaient celles du lieutenant-colonel du Paty de Clam...

Vous avez dit aussi : « Dans trois ans, on reconnaîtra mon innocence. » Pourquoi cette période? Si vous étiez innocent, vous pouviez espérer que votre innocence serait reconnue de suite. Que signifie cette période?

Le capitaine Dreyfus. — J'ai demandé au lieutenant-colonel du Paty de Clam, comme je viens de le dire, l'emploi de tous les moyens d'investigations. On m'a répondu : « Il y a des moyens supérieurs aux vôtres, on ne peut pas employer ces moyens ».

En même temps qu'on ne pouvait pas employer ces moyens d'investigation, on me refusait de faire immédiatement la lumière. Comme le gouvernement possédait les moyens de faire ces investigations, et du moment qu'on m'avait refusé, je ne pouvais pas espérer arriver à faire éclater mon innocence avant deux ou trois ans.

Le Président. — Mais pourquoi ce chiffre de deux ou trois ans? Un innocent doit désirer que son innocence soit reconnue le plus tôt possible.

Le capitaine Dreyfus. — Je l'ai demandé, mais on m'a refusé.

Le Président. — Pourquoi ce chiffre de trois ans?

Le capitaine Dreyfus. — Parce que je laissais une limite dubitative.

Le Président. — Vous n'aviez aucune arrière-pensée?

Le capitaine Dreyfus. — Aucune.

Le Président. — Monsieur le Commissaire du Gouvernement avez-vous une question à poser à l'accusé?

Le Commissaire du Gouvernement. — Tout à l'heure, à propos de la formation d'artillerie, je voulais préciser un point d'interrogatoire relatif à cette information.

Il me semble, en effet, qu'il y a eu tout à l'heure une confusion

La vraie question à poser était celle-ci : formation d'artillerie en campagne.

La nouvelle organisation d'artillerie et la suppression des pontonniers étaient un fait d'ordre public matériellement constaté. Cela ne pouvait pas donner matière à une communication secrète ayant un intérêt pour l'Étranger. Ce qui était intéressant à connaître, c'étaient les modifications qui seraient apportées dans la répartition nouvelle des batteries devenues disponibles par le fait de la suppression des deux régiments de pontonniers.

Voilà ce qu'il y a d'intéressant et ce qu'il fallait bien préciser, parce que le reste n'a pas le moindre intérêt.

La constitution du temps de paix n'intéresse pas, c'est la constitution du temps de guerre ; c'est l'appropriation des batteries disponibles, puis la suppression des pontonniers. Cela correspondait parfaitement à l'indication du bordereau.

Voilà ce qu'il fallait préciser.

Le Président. — Vous n'avez pas d'autres observations à présenter ?

Le Commissaire du Gouvernement. — Non, monsieur le Président, il n'y avait que la question relative à Madagascar, qui d'ailleurs ne paraît pas avoir été traitée suffisamment. Cependant il reste un peu de flottement dans la réponse de l'accusé. Le travail de la Commission mixte qui a fixé le dispositif de l'expédition de Madagascar a été arrêté dans un rapport du 20 août de M. le général Renouard. Voilà le point intéressant, parce que cela correspond bien à la communication du bordereau. Le travail du mois de décembre 1893 était un travail de pure géographie et qui n'intéressait personne, qui par conséquent ne pouvait donner matière à communication. Il s'agit donc de bien préciser ; la question se réfère bien à la communication du rapport du général Renouard au mois d'août 1894, rapport relatif à une question technique d'ordre public, d'intérêt général, rapport secret puisqu'il constituait le dispositif d'une expédition de guerre. C'est bien ce rapport qui paraît avoir été divulgué par le bordereau.

Le Président. — Avez-vous d'autres observations à présenter?

Le Commissaire du Gouvernement. — Non.

Le Président. — Les défenseurs ont-ils des observations à présenter ?

Me Demange. — Il est un point qu'il s'agit dès à présent de fixer et sur lequel il faut que nous soyons bien d'accord pour pouvoir bien discuter plus tard. Dans l'interrogatoire, M. le Président a dit à propos des mots : « Je pars en manœuvres », mots qui terminent la lettre-missive dite *bordereau*, qu'une décision de M. le Ministre de la guerre de la fin du mois d'août 1894 avait ordonné que les stagiaires n'iraient pas cette année-là aux manœuvres. J'ai parcouru le dossier très attentivement et j'ai l'honneur de demander à M. le Commissaire du Gouvernement si cette décision existe dans le dossier.

Le Commissaire du Gouvernement. — Non.

Me Demange. — J'ai lu une déposition dans laquelle il était dit que M. le ministre de la Guerre n'avait pris cette résolution à l'égard des stagiaires qu'à la fin du mois d'août. Mais quand nous avons suivi les débats en revision devant la Cour de cassation, j'ai rappelé qu'en 1894 j'avais sollicité de M. le président du Conseil de guerre de faire rechercher une note émanant du chef d'État-major de l'armée, lequel avait, dès la fin de mai ou au commencement de juin, annoncé aux stagiaires qu'ils n'iraient pas aux manœuvres cette année. J'avais posé cette question au moment — le seul — où M. le colonel du Paty de Clam avait émis l'hypothèse que le bordereau pouvait être du mois d'août, parce que nous avions soutenu tout le temps en 1894 qu'il avait été envoyé en avril. Le commandant du Paty de Clam, à un moment, ayant dit qu'il était possible que le bordereau fût d'août, l'accusé s'était levé et avait dit : « Ce n'est pas possible, puisque je savais en août que je n'irais pas aux manœuvres ». Et à ce moment j'avais sollicité l'apport de la note de M. le Chef d'État-major. Le commandant du Paty de Clam n'a pas insisté sur la date d'août. La note n'a pas été apportée en 1894, mais à la Cour de cassation, lorsque j'ai lu la déposition à laquelle fait allusion M. le Président, par laquelle on disait qu'il y avait eu une mesure prise ainsi, nous avons demandé par requête de faire venir du ministère de la Guerre les documents nécessaires, et ce que j'ai vu, c'est la communication de M. le Chef d'État-major qui indique que c'est le 17 mai qu'il a été porté à la connaissance des stagiaires qu'ils n'iraient pas aux manœuvres. Voilà le point que je voulais spécifier. Je voulais bien préciser le point. Nous discuterons ensuite.

Le Commissaire du Gouvernement. — Parfaitement. Mais nous avons un témoignage qui nous démontre clairement qu'il y a eu en effet un contre-ordre qui a été notifié le 27 ou 28 août 1894, relatif aux stagiaires qui devaient aller en manœuvres.

Le Président. — Monsieur le Commissaire du Gouvernement, nous aurions à examiner la question de la communication du dossier secret.

Avez-vous quelques observations à présenter à ce sujet ?

LE COMMISSAIRE DU GOUVERNEMENT. — Messieurs, la communication des dossiers secrets doit se faire à huis clos et dans un huis clos absolu. Je proposerai donc au Conseil de se réunir, et, cette communication devant durer probablement quatre séances, de décider, par un jugement spécial, qu'il y aura huis clos demain, pour cette communication du dossier secret du ministère de la Guerre et du dossier diplomatique du ministère des Affaires étrangères.

Cette séance aurait lieu demain, à l'heure que voudra bien indiquer M. le Président. Par conséquent, pendant quatre jours les séances publiques seraient suspendues.

LE PRÉSIDENT. — Déposez vos réquisitions, le Conseil va se réunir.

LE COMMISSAIRE DU GOUVERNEMENT. — Je demande au Conseil de décider qu'il y aura huis clos à partir de demain, à l'heure que le Conseil voudra bien indiquer.

LE PRÉSIDENT. — Nous allons prendre un jugement à ce sujet. Vous n'avez pas de réquisitions écrites à présenter?

LE COMMISSAIRE DU GOUVERNEMENT. — Je prie le Conseil de vouloir bien délibérer.

LE PRÉSIDENT. — L'audience est suspendue.

L'audience est suspendue à 10 heures 20.

L'audience est reprise.

LE PRÉSIDENT donne lecture de l'arrêt suivant :

« Au nom du Peuple français, cejourd'hui 7 août 1899, le Conseil de guerre de la 10e région de corps d'armée, délibérant à huis clos.

« Statuant sur les réquisitions du Commissaire du Gouvernement relativement à la communication du dossier secret.

« Ouï le défenseur,

Le Président a posé la question suivante :

« Y a-t-il lieu d'ordonner le huis clos, sous la réserve :

« 1° Qu'il ne sera pas pris copie des extraits de documents ;

« 2° Que les documents ne seront pas joints à la procédure;

« 3° Qu'il n'en sera pas fait état en audience publique.

« Les voix recueillies après, séparément, en commençant par le grade inférieur, le Président ayant émis son opinion le dernier,

« Le Conseil, considérant que la communication en audience publique des documents secrets pourrait être dangereuse au point de vue de la sécurité de l'État, déclare à la majorité de cinq voix contre deux qu'il y a lieu d'ordonnner le huis clos par application de l'article 113 du Code de justice militaire, ainsi conçu :

« Les audiences sont publiques à peine de nullité; néanmoins, si cette publicité paraît dangereuse pour l'ordre ou pour les mœurs, le Conseil ordonne qu'il y a lieu de prononcer le huis clos; en tout cas le jugement est prononcé publiquement;

« En conséquence, le Conseil ordonne que les assistants évacueront la salle d'audience et que les précautions seront prises pour les empêcher d'entendre ce qui aura pu être dit.

« La séance est remise à demain matin six heures et demie précises pour la communication du dossier secret; elle aura lieu à huis clos jusqu'à nouvel ordre. »

La séance est levée à onze heures.

Le Conseil de guerre s'est réuni à huis clos les 8, 9, 10 et 11 août 1899, afin d'examiner, contradictoirement avec l'accusé et ses défenseurs, les pièces du dossier secret du ministère de la Guerre et du dossier secret du ministère des Affaires étrangères.

DEUXIÈME AUDIENCE.

Samedi 12 août 1899.

L'audience est ouverte à 6 heures 30.

LE PRÉSIDENT. — Faites entrer l'accusé.

Le capitaine Dreyfus est introduit.

LE PRÉSIDENT. — Accusé, levez-vous.

J'ai à compléter sur un point l'interrogatoire que vous avez subi à la première séance.

Le 9 janvier 1895, au dépôt de l'île de Ré, le commandant du dépôt a fait, comme c'était son devoir, fouiller les effets que vous aviez emportés de la prison. Dans ces effets on a trouvé cette pièce, qui était dans la poche intérieure du gilet. C'est une copie de la pièce dite « le bordereau ». Reconnaissez-vous cette pièce comme vous ayant appartenu ?

LE CAPITAINE DREYFUS. — Oui, mon colonel.

LE PRÉSIDENT. — De qui était-elle ?

LE CAPITAINE DREYFUS. — De moi.

LE PRÉSIDENT. — Voulez-vous me dire comment et dans quelles circonstances cette pièce se trouvait en votre possession.

LE CAPITAINE DREYFUS. — C'est la pièce dont je me suis servi pendant les débats pour discuter la valeur du bordereau. Je voulais la conserver.

LE PRÉSIDENT. — L'article 112 du Code militaire vous donne le droit d'avoir copie des pièces de votre dossier. Il était donc légitime que cette pièce fût en votre possession. Pourquoi vouliez-vous la conserver ?

LE CAPITAINE DREYFUS. — Pour conserver le souvenir du texte du bordereau.

LE PRÉSIDENT. Cela n'était pas régulier; aussi vous l'a-t-on supprimée. Je voulais simplement éclaircir sur ce point; cela suffit.

LE PRÉSIDENT *à M. Carrière, commissaire du Gouvernement.* —

— Vous n'avez pas d'observation à présenter au sujet de la pièce que je viens de produire?

Le commissaire du Gouvernement. — Je vous prierai, monsieur le Président, de faire donner lecture de la pièce Ranson, de façon à ce que les juges sachent bien à quoi s'en tenir.

Le greffier Coupois. — Voici le rapport du docteur Ranson :

« M. le Gouverneur,

. . . .

« J'arrive maintenant à la partie la plus pénible et la plus délicate de notre tâche, et je vais avoir l'honneur de vous rendre compte aussi exactement et aussi fidèlement que possible, de la triste mission que nous avons eu à accomplir au cours de ce dernier voyage, en ce qui concerne le nommé Dreyfus Alfred, ex-capitaine, condamné à la déportation à vie dans une enceinte fortifiée pour crime de haute trahison.

« A. *Embarquement*. — Conformément aux iustructions de MM. les ministres des Colonies et de la Marine, le condamné Dreyfus, Alfred, a été embarqué à bord du vapeur affrété *Ville-de-Saint-Nazaire* dans le plus grand secret et dans le plus strict incognito. Afin de nous conformer aux prescriptions de MM. les ministres de l'Intérieur, de la Marine et des Colonies, une fouille minutieuse des effets et des objets appartenant au prisonnier a été faite en notre présence dans le corps de garde attenant à la cellule qu'il occupait au dépôt de Saint-Martin-de-Ré. Cette fouille est restée infructueuse et n'a amené la découverte d'aucun papier ni objet suspect.

« Il n'a été laissé à sa disposition que les vêtements qui lui étaient absolument nécessaires pour se vêtir et une couverture de voyage. Le reste a été en notre présence renfermé dans une malle et une valise *ad hoc*.

« M. le Préfet maritime de Rochefort avait décidé que Dreyfus serait embarqué sur l'aviso de l'État l'*Actif*, en même temps que les autres condamnés composant le convoi. Mais après avoir longuement conféré, M. le Directeur du dépôt, M. le lieutenant de vaisseau commandant le convoi et moi, nous avons reconnu que, vu l'état des esprits à Saint-Martin-de-Ré et la présence dans la ville des proches parents du prisonnier, il pouvait y avoir de graves inconvénients à procéder ainsi. Nous avons en même temps décidé de l'embarquer isolément et immédiatement.

« Le condamné fut conduit sous bonne escorte et en notre présence à bord d'une goélette à vapeur mouillée devant le port. Je pris place à ses côtés avec quatre surveillants choisis et M. le surveillant principal Gril dans la chambre du patron. Cette opération se fit sans aucun incident. A 4 heures 15 du soir nous faisions route vers la rade de l'île d'Aix où nous arrivions à 8 h. 30 le long de la *Ville-de-Saint-Nazaire*. Conformément aux instructions de M. le ministre des Colonies, le prisonnier fut conduit dans le bagne des femmes qui lui avait été assigné comme cellule pendant tout le cours de la traversée. Deux surveillants militaires furent commis pendant cette première nuit à sa garde et reçurent la consigne formelle de ne pas lui adresser la parole et de ne répondre à aucune des questions qui pouvaient leur être adressées quelles qu'elles soient. Cette consigne a été scrupuleusement et fidèlement observée; des rondes répétées nous ont permis de nous en assurer. Dès le lendemain et pour suivre à la lettre les instructions du département, le commandant du vapeur *Ville-de-Saint-Nazaire* et moi nous avons pris les grandes lignes d'une consigne générale pour surveiller le prisonnier et exécuter fidèlement les ordres de M. le ministre des Colonies. Nous avons en conséquence arrêté :

« 1° Que le prisonnier serait gardé à vue nuit et jour par des surveillants militaires anciens de service et offrant toutes les garanties voulues de discipline et de moralité. En conséquence, quatre surveillants de première classe furent chargés de ce service, ils se relevaient toutes les deux heures. Le poste était composé des surveillants Leblond, Thomasi, Duval et Armagneau, dont le plus jeune ne compte pas moins de 14 ans de service. Je me hâte de dire qu'ils se sont acquittés de leur tâche de façon à mériter les plus grands éloges;

« 2° La consigne leur fut donnée de ne pas perdre le prisonnier de vue une minute, de ne jamais lui adresser la parole, de ne répondre à aucune de ses questions, de surveiller ses moindres mouvements, de veiller à ce qu'il ne communique avec aucune personne, de faire écarter du panneau quiconque se présenterait et particulièrement de s'assurer qu'il n'écrivait pas. Cette consigne fut scrupuleusement observée;

« 3° Il fut convenu que la clef du cadenas de sûreté serait toujours entre les mains du capitaine et que la clef de la porte serait entre les mains du capitaine ou du surveillant de première classe;

« 4° Lorsque le prisonnier monta sur le pont, il fut tenu un compte rigoureux des instructions du département; il fit toujours sa promenade dans l'isolement le plus complet et sous la surveillance de deux de ses gardiens qui avaient alors comme consigne spéciale de s'opposer même par la force à toute tentative de suicide, et de veiller à ce qu'il ne communique à qui que ce soit, soit par geste, soit par parole.

« J'ai constaté chaque jour que cette dernière consigne était rigoureusement observée.

« 5° En ce qui concerne ses vêtements, nous nous arrêtâmes aux dispositions suivantes, qui furent toujours scrupuleusement observées : on ne laissa à sa disposition que les effets dont il avait strictement besoin pour se vêtir et les objets de toilette, savon, éponge, brosses, brosse à habits, brosse à dents, qui lui étaient absolument indispensables. Tous ces vêtements et objets avaient été au préalable scrupuleusement et minutieusement visités. Il en a été de même pour les vêtements et linge de rechange dont il a eu besoin au cours de la traversée.

« En résumé, jamais un vêtement ou objet quelconque ne lui fut remis sans avoir été, au préalable, visité jusque dans ses moindres détails. Le prisonnier ayant demandé des livres, on s'est bien gardé de lui donner ceux qui lui avaient été envoyés par sa famille au dépôt de Saint-Martin-de-Ré; on ne lui prêta que des livres de la bibliothèque du bord et encore uniquement après qu'on se fût bien assuré qu'ils ne contenaient ni papiers ni indications suspectes.

« Conformément aux intentions du département, le condamné Dreyfus fut soumis à la même alimentation et à la même discipline que les autres prisonniers.

« Pendant tout le voyage, il fit preuve du plus grand sang-froid, et je dirai plus, de la plus grande indifférence.

« Une fois seulement, son calme parut l'abandonner et, assis sur son escabeau, il sanglota pendant une dizaine de minutes et sans prononcer une seule parole. Au moment du départ, sa santé était bonne et n'a jamais été altérée; au cours du voyage du moins, il n'a jamais réclamé des soins.

« Son sommeil a été généralement bon. Par deux fois, il eut des cauchemars, dans lesquels il répéta à plusieurs reprises, sauf variantes, des phrases dont le sens était que le vrai coupable ne tarderait pas à être découvert, car sa femme payait pour cela plusieurs agents de police et dépensait, pour ce fait, 1,000 francs par mois.

« En résumé, comme vous pouvez le voir, monsieur le Gouverneur, toutes les mesures ont été prises pour seconder le plus efficacement possible les vues du Gouvernement.

« On ne saurait, à mon avis, adresser à M. le capitaine Trémoin trop d'éloges pour le zèle, le dévouement et la présence d'esprit qu'il a déployés dans l'accomplissement d'une mission qui demandait autant de tact que de volonté et d'énergie. »

LE GREFFIER COUPOIS donne ensuite lecture de la lettre suivante du Dr Ranson.

Pondichéry, 24 octobre 1898.

« Monsieur l'Inspecteur général,

« Vous avez certainement lu tout ce qui a été publié pendant le mois qui vient de s'écouler et le canard « du docteur et du notaire ». N'ayant reçu du Ministère aucune demande d'explications, j'en conclus qu'on a dû lui couper les ailes dès sa naissance. Je tiens à vous donner toutes ces explications afin que vous ne doutiez pas que j'ai fait dans cette maudite affaire tout mon devoir, rien que mon devoir. J'ai été victime en cela de l'étourderie d'un notaire et de la vengeance qu'a voulu exercer un médecin. Du reste, j'ai, dans une lettre au ministère de la Guerre, donné toutes explications nécessaires pour bien démontrer que dans le roman du Dr Favraud, le principal a été inventé, et que dans l'interview du *Gaulois*, ses réponses ont été travesties pour les besoins de la cause que défend ce journal.

« Je viens de recevoir copie de cette lettre qui remet absolument les choses au point.

« Je me hâte de vous dire comment les choses se sont déroulées durant toute la traversée de l'île de Ré à la Guyane.

« Je n'ai adressé qu'une seule fois la parole au condamné.

C'était à bord du vaisseau *La Ville de Saint-Nazaire*. Dreyfus ayant eu le mal de mer, il m'a demandé à prendre l'air sur le pont, chose que je lui ai refusée. Voilà donc les quelques mots échangés en présence du surveillant militaire chargé de sa garde, M. Gril, surveillant principal et M. le lieutenant de marine.

« Je n'ai *jamais*, pendant la durée de son séjour à bord, adressé la parole à Dreyfus; il n'a *jamais* eu recours à mes services de médecin; je ne l'ai donc pas ausculté et je N'AI RIEN TROUVÉ SUR LUI.

« Voilà maintenant la genèse du roman imaginé par le Dr Favraud.

« A mon retour de la Guyane, j'ai pensé qu'un jour on reviendrait sur cette affaire. J'ai cru devoir confier à mon notaire, sous pli cacheté, les pièces qui, à un moment donné, si j'étais attaqué sur le modeste rôle que j'ai eu dans cette affaire, prouveraient que je n'ai fait qu'exécuter les ordres qui m'avaient été donnés.

« Ces pièces sont: 1° la minute de mon rapport de traversée; 2° le reçu du condamné; 3° le reçu des fonds qui lui appartenaient et qui ont été versés à son pécule à la Caisse; 4° le reçu de ses effets et objets divers; 5° les instructions du Ministre; 6° un croquis de l'Ile du Diable fait à la hâte. Voilà tout.

« Le dossier est accompagné d'une lettre explicative. Toutes ces pièces sont bien ma propriété et n'ont rien à voir avec la culpabilité ou l'innocence de l'ex-capitaine. Naturellement, en remettant le pli au notaire, je lui ai confié ce qu'il contenait et je lui ai recommandé de l'ouvrir si je venais à mourir. Nous causâmes de cette affaire si triste, et entre autres choses, je me souviens lui avoir dit que je tenais de source certaine qu'un papier compromettant avait été trouvé à Saint-Martin-de-Ré et expédié au Ministre.

« Je tenais la chose du directeur lui-même du dépôt qui me la raconta devant un témoin dans la cour même du dépôt; c'est du reste le secret de Polichinelle, puisque le général Billot l'a déclaré du haut de la tribune législative.

« Dans un moment d'expansion, il trahit le secret professionnel en faveur de son ami, le docteur Favraud. De ce que je lui avais dit que je connaissais la découverte qui avait été faite à me faire l'auteur de la nouvelle, il n'y avait qu'un pas; le docteur Favraud n'a pas hésité à le faire afin de mettre par la plus basse vengeance son ex-ami le notaire Degalle en mauvaise posture vis-à-vis de moi et de l'opinion.

« Voilà toute l'histoire. J'ai tenu à vous la raconter en entier afin que vous ne croyiez pas que j'ai voulu m'attribuer dans cette affaire un rôle que je n'ai pas joué, et aussi parce que des insinuations ont été faites à plusieurs reprises dans différentes feuilles à ce sujet; et même un mien parent a cru devoir écrire à un journal que les papiers que j'avais remis chez un notaire étaient ma propriété propre. Du reste, M. Schmitt, ancien chef de bureau, et mon ami, sait parfaitement à quoi s'en tenir à ce sujet.

« Bien que dans cette affaire ma conscience ne me reproche rien, je ne vous cacherai pas que je suis absolument au désespoir d'avoir été ainsi jeté dans la mêlée. Les journaux demandent même qu'on me rappelle ; je ne pourrai dire que ce que je viens de relater ; comme vous le voyez, c'est bien peu de chose et cela ne jettera pas une lumière bien vive sur l'affaire. Par contre, ma rentrée en France en ce moment serait particulièrement nuisible et à nos projets et à moi et à mon avenir. Malgré tout, je crains bien qu'il ne reste contre moi quelque chose de tous ces potins de vieille portière.

« Je pense que tout doit être fini maintenant et je suis littéralement navré que dans les circonstances où je me trouve, il ait été fait tant de bruit autour de mon nom, alors que je ne demandais qu'à vivre parfaitement ignoré. Peut-être tout cela va-t-il indisposer contre moi M. le ministre des Colonies. »

LE PRÉSIDENT, *à la défense.* — Avez-vous des observations à présenter ?

Mes Demange et Labori répondent négativement.

LE PRÉSIDENT. — Faites entrer le premier témoin.

(*L'huissier introduit M. Delaroche-Vernet.*)

PREMIER TÉMOIN

M. DELAROCHE-VERNET

LE PRÉSIDENT. — Vous jurez de parler sans haine et sans crainte, de dire la vérité, toute la vérité, rien que la vérité.

M. DELAROCHE-VERNET. — Je le jure.

LE PRÉSIDENT. — Quels sont vos noms et prénoms ?

M. DELAROCHE-VERNET. — Delaroche-Vernet Paul-Henri-Philippe-Horace.

LE PRÉSIDENT. — Votre âge ?

M. DELAROCHE-VERNET. — 33 ans.

LE PRÉSIDENT. — Votre profession ?

M. DELAROCHE-VERNET. — Secrétaire d'ambassade de deuxième classe.

LE PRÉSIDENT. — Votre domicile ?

M. DELAROCHE-VERNET. — Berlin.

LE PRÉSIDENT. — Connaissiez-vous l'accusé avant les faits qui lui sont reprochés ?

M. DELAROCHE-VERNET. — Non.

LE PRÉSIDENT. — Vous n'êtes ni son parent ni son allié, vous n'êtes pas à son service et il n'est pas au vôtre ?

M. DELAROCHE-VERNET. — Non.

LE PRÉSIDENT. — Vous avez été indiqué comme pouvant donner au Conseil des indications utiles sur l'affaire Dreyfus, ou au moins sur certains côtés de cette affaire. Faites votre déposition.

M. Delaroche-Vernet. — Je ne me rends pas compte exactement... Je préférerais que vous me posiez des questions, monsieur le Président... Je vais commencer par dire ce que je sais.

Le Président. — C'est cela, et si ce n'est pas suffisant, moi ou M. le commissaire du Gouvernement qui vous a assigné, nous vous poserons des questions.

M. Delaroche-Vernet. — J'ai d'abord servi d'agent de transmission entre le ministre des Affaires Étrangères et le ministère de la Guerre au moment où on se livrait à des études sur un télégramme chiffré. Le ministère de la Guerre, le colonel Sandherr, a été tenu au courant des diverses phases par lesquelles a passé ce travail très laborieux, très minutieux et très compliqué. A la fin, un texte définitif a été communiqué comme le texte officiellement reconnu par les Affaires Étrangères. Ce texte, je l'ai vu depuis dans les journaux, et je constate qu'il est absolument conforme à celui que j'ai remis à cette époque-là entre les mains du colonel Sandherr.

Le Président. — Vous rappelez-vous le premier texte communiqué?

M. Delaroche-Vernet. — Il n'y a pas eu, à proprement parler, de premier texte communiqué, il y a eu des ébauches.

Le Président. — Qu'indiquaient ces ébauches ?

M. Delaroche-Vernet. — Elles étaient faites sur des hypothèses, et je me rappelle fort bien que la première ébauche ne contenait comme mot absolument sûr qu'un seul qui était le nom du capitaine Dreyfus, et avant, un autre groupe qui était supposé être : « capitaine », tout le reste était hypothétique et a toujours été considéré comme tel.

Le Président. — Quel était le sens de la dépêche hypothétique première?

M. Delaroche-Vernet. — On a arrêté le capitaine Dreyfus, qui n'a pas eu de relations avec l'Allemagne... Je crois que c'était cela, mais je n'en suis pas autrement sûr.

Le Président. — Dans votre service à Berlin n'avez-vous pas eu connaissance de faits qui pourraient être intéressants pour la découverte de la vérité?

M. Delaroche-Vernet. — Pendant mon séjour à Berlin, absolument pas.

Le Président. — N'avez-vous pas eu connaissance de faits, de conversations qu'il serait intéressant de faire connaître au Conseil?

M. Delaroche-Vernet. — Rien du tout.

Le Lieutenant-Colonel conseiller. — Avez-vous remis au colonel Picquart une lettre du 16 juin 1895 relative à des relations secrètes de Dreyfus avec l'État-major italien?

M. Delaroche-Vernet. — Oui, mon colonel. Je l'ai remise au colonel Picquart; et j'en suis d'autant plus sûr que la remise du service n'a pas été faite par le colonel Sandherr au colonel Picquart et que le colonel Sandherr était seul au courant de cette affaire dans le Bureau; du moins nous ne savions pas qu'il y eût une autre personne au courant; et c'est pour cela que j'ai été chargé par mes chefs de mettre le colonel Picquart au courant de cette affaire-là. Je lui ai notamment donné lecture, et peut-être même y a-t-il eu une copie remise de cette lettre où il est question du C C C.

Le Lieutenant-Colonel conseiller. — Vous n'êtes pas sûr de lui en avoir donné une copie?

M. Delaroche-Vernet. — Je ne peux pas le garantir. Cela m'est très difficile à cette distance-là; mais non seulement je l'ai mis au courant de cette affaire cette fois-là, mais encore je lui ai parlé de l'affaire à plusieurs reprises et la dernière fois que nous en avons parlé c'est lui qui m'en parla parce que les relations qui se faisaient par notre intermédiaire n'avaient pas continué. On avait laissé tomber l'affaire; la section de statistique n'avait pas l'air de montrer beaucoup d'intérêt à cette affaire, et comme nous n'envoyions plus d'argent, nous ne recevions plus de renseignements; et le colonel Picquart, un jour que j'avais été le voir pour une autre affaire, m'a lu une lettre de la correspondante en question qui lui faisait directement ses offres de service. Et je me le rappelle d'autant mieux qu'elle accusait l'intermédiaire de mauvaise fois vis-à-vis d'elle et qu'elle disait qu'elle préférait traiter directement.

J'ai alors demandé au colonel Picquart: « Mais qu'est-ce que vous comptez faire ? » Il m'a répondu : « Rien du tout. »

Je lui ai alors fait remarquer l'intérêt que présentait au point de vue des renseignements à avoir sur l'affaire qui nous occupe en ce moment-ci, l'intérêt dis-je, que pouvait présenter éventuellement, comme nous l'avions indiqué, cette correspondante.

Et il s'est borné à me répondre: « Elle demande trop cher. »

Je suis entré au Ministère en me faisant la réflexion que, dans ces conditions, c'était la preuve que l'on avait déjà surabondamment de documents et que par conséquent on n'en avait pas besoin de nouveaux.

Le Lieutenant-Colonel conseiller. — Vous n'avez pas eu l'occasion de remettre d'autres pièces au colonel Picquart?

M. Delaroche-Vernet. — Des pièces relatives à cette affaire-là? Oh! je suis persuadé que si, parce que la section de statistique avait demandé l'envoi de questionnaires. J'ai remis des réponses à ces questionnaires. Il y avait notamment une adresse que l'on indiquait en France, et qui d'ailleurs n'a jamais été vérifiée. On nous disait : « Le C C C va dans tel endroit chez un parent proche à lui ; ce parent demeure dans telle localité, dans telle rue. » Mais on n'en savait pas davantage. Et je me rappelle très bien avoir dit au colonel Picquart : « Ce serait intéressant à vérifier. Voilà une chose que l'on peut vérifier. Il y aurait même peut-être là l'occasion d'établir une surveillance qui pourrait mener à des résultats intéressants. » Je n'ai jamais su quelle suite a été donnée à cette suggestion. Je suis bien sûr de ce que j'avance.

Le Président, *sur la demande d'un capitaine conseiller.* — A quelle époque?

M. Delaroche-Vernet. — A quelle époque j'ai parlé de la lettre de la dame, au colonel Picquart?

Un Capitaine conseiller. — Oui, à quelle époque se sont passés les faits relatifs aux questionnaires?

M. Delaroche-Vernet. — Il m'est absolument impossible de le dire exactement, mais je peux garantir que c'est entre les mois de juillet et d'octobre 1895, et comme, dans l'intervalle, j'ai eu à aller en congé, on pourrait retrouver presque exactement à quinze jours près la date.

Le Président. — Monsieur le Commissaire du Gouvernement, avez-vous des questions à poser au témoin?

Le Commissaire du Gouvernement. — Je n'ai pas d'autre chose à demander.

Le Président. — Monsieur le Défenseur, quelles sont les questions que vous désirez poser?

Me Demange. — J'ai deux questions à poser. Tout d'abord au sujet des dernières indications de M. Delaroche-Vernet, pourquoi, lorsqu'à Berlin il a été interrogé par M. Paléologue en présence de M. l'Ambassadeur de France, n'a-t-il pas fourni les explications qu'il vient de nous donner au Conseil? pourquoi au contraire a-t-il déclaré catégoriquement que jamais, depuis novembre 1894, il n'avait fait aucune communication au Ministère de la Guerre?

M. Delaroche-Vernet.—Monsieur le Président, lorsque M. Paléologue est venu à Berlin, il venait me demander un certain nombre de renseignements et, puisque j'en trouve l'occasion, je suis heureux de constater l'accord parfait qui a régné entre nous deux au sujet du télégramme qui était l'objet de nos préoccupations.

Le Président. — Le télégramme du 2 novembre?

M. Delaroche-Vernet. — Oui; il m'a posé alors la question de savoir s'il n'y a pas eu d'autres documents communiqués à une date postérieure, mais dans sa pensée il s'agissait du télégramme et toute notre conversation a roulé sur le télégramme. J'en appelle là-dessus au souvenir de mon collègue et je suis certain qu'il ne me contredira pas: je dis que les questions qu'il m'a posées et les réponses que je lui ai faites avaient trait uniquement à l'affaire du télégramme du 2 novembre 1894. Puis la conversation a continué avec lui et je lui ai parlé de tout cela et notamment, le fait que la pièce C C C a été remise à la cour de Cassation a été précisément dû à la conversation que nous avons eue ensemble à l'ambassade de France à Berlin.

Me Demange. — Dans un autre ordre d'idées, monsieur le Président, je reviens sur le déchiffrement du télégramme du 2 novembre et je vous prie de poser la question suivante à M. Delaroche-Vernet: « Est-ce qu'il n'y a pas eu une seule traduction officielle du télégramme remise au ministère de la Guerre, à M. le colonel Sandherr? »

Le Président. — Vous avez entendu la question.

M. Delaroche-Vernet. — Je désirerais que la question fut précisée davantage. Il y a eu plusieurs ébauches remises; il n'y a eu qu'une traduction officielle remise, il n'y en a pas eu deux.

Le Président. — Mais il y a eu des ébauches, des essais de traduction?

M. Delaroche-Vernet. — Oui, et cela tenait en partie à ce fait que des relations personnelles et fort bonnes existaient entre le personnel du cabinet du ministre des Affaires étrangères et le colonel Sandherr, et c'est pourquoi ce dernier a été tenu au courant, je ne dirai pas minute par minute, mais au fur et à mesure que ce travail qui est très compliqué, très long, très difficultueux, se faisait.

Me Demange. — Lorsque ces ébauches ont été produites et communiquées au colonel Sandherr, ne lui a-t-on pas remis la traduction officielle en lui disant: Voilà la vraie?

M. Delaroche-Vernet. — Absolument.

Me Demange. — Est-ce qu'à ce moment M. le colonel Sandherr n'a pas fait une contre-épreuve qui a consisté à envoyer une dépêche dans les conditions que le conseil connaît et qui aurait amené le colonel Sandherr à pouvoir dire au représentant des Affaires étrangères: Votre traduction est en effet la vraie?

M. Delaroche-Vernet. — La contre-épreuve a été faite bien avant la remise de la traduction officielle, au cours même de ces ébauches et de ces épreuves dont je parlais tout à l'heure.

LE PRÉSIDENT. — C'est celle qui a servi à trouver la clef?...

Me DEMANGE. — Si je comprends bien, Monsieur le Président, à un moment donné, aux Affaires étrangères, on a pensé avoir trouvé la vérité, la vraie clef; mais le colonel Sandherr a fait de son côté une épreuve qui a confirmé ce qui avait été trouvé au ministère des Affaires étrangères. Le ministre des Affaires étrangères aurait alors remis la traduction. C'est bien cela?...

M. DELAROCHE-VERNET. — Je vous demande pardon; la contre-épreuve a servi dans les travaux; cela n'a été qu'un moyen accessoire.

Me LABORI. — Pour qu'il n'y ait aucune équivoque sur ce point, je demande à monsieur le Président de vouloir bien faire préciser par M. Delaroche-Vernet sa première réponse. Si j'ai bien entendu, il a déclaré que dans une ébauche de la dépêche du 2 novembre 1894 on avait trouvé : 1° relations avec l'Allemagne; puis 2° capitaine Dreyfus. Il est bien entendu qu'il se dégage des souvenirs de M. Delaroche-Vernet, qui sont très nets sur ce point qui a une grosse importance, que dans la première traduction on avait trouvé : « Le capitaine Dreyfus n'a *pas* eu de relations avec l'Allemagne. » Ou bien était-ce le contraire : « Le capitaine Dreyfus a eu des relations avec l'Allemagne » ?

M. DELAROCHE-VERNET. — Je crois bien me rappeler que c'était : « Dreyfus n'a *pas* eu de relations avec l'Allemagne. »

Me LABORI. — Passons à un autre point. M. Delaroche-Vernet vient de parler de plusieurs ébauches.

Mais n'est-il pas certain — et s'il en était autrement, je demanderais au conseil de vouloir bien faire appeler M. Paléologue — qu'il n'y a eu que deux versions écrites transmises au ministère de la Guerre par le ministère des Affaires étrangères?

M. DELAROCHE-VERNET. — Voulez-vous parler d'une version antérieure au texte définitif?

Me LABORI. — Je veux dire : n'y a-t-il pas eu une première version écrite qui portait le texte définitif, moins les derniers mots et dans lesquels l'erreur portait sur cette phrase : « émissaire prévenu » au lieu de : « pour éviter les commentaires de la presse »? Si j'ai bien compris les explications qui ont été données, deux versions écrites seulement ont été adressées au ministère de la Guerre par le ministère des Affaires étrangères. L'une portait : « Si vous n'avez pas eu de relations, prière de démentir; *émissaire prévenu.* » L'autre portait : « Si vous n'avez pas eu de relations, prière de démentir pour éviter les commentaires de la presse.» M. Delaroche-Vernet est-il d'accord avec moi sur ce point et peut-il dire s'il n'y avait pas eu une autre communication écrite ou non?

M. Delaroche-Vernet. — Je n'en sais rien.

Me Labori. — En vertu de votre pouvoir discrétionnaire, je vous prie, monsieur le président, de vouloir bien faire entendre M. Paléologue, afin que nous soyons fixés sur ce point qui a une importance capitale.

M. Paléologue arrive à la barre des témoins.

Le Président. — La version officielle qui a été complétée par les mots « émissaire prévenu » a-t-elle été communiquée par écrit au ministère de la Guerre ou bien n'y a-t-il eu de communication écrite qu'au sujet de la deuxième version?

Me Labori. — Je vous demande pardon, monsieur le Président, mais comme c'est moi qui ai soulevé cet incident, je désire qu'il n'y ait pas d'équivoque. Voici ce qui nous a été dit par M. Paléologue : « Deux versions ont été successivement transmises au ministère de la Guerre, et deux seulement. La première était un texte qui n'était encore qu'une ébauche parce que l'on n'était pas sûr des derniers mots : « émissaire prévenu »; la seconde était le texte définitif. » M. Paléologue veut-il se mettre d'accord sur ce point avec M. Delaroche-Vernet?

M. Paléologue. — Le conseil a vu les deux ébauches, c'est-à-dire les deux brouillons sur lesquels le travail a été fait; en raison des relations très intimes qui existaient entre le ministère des Affaires étrangères et le colonel Sandherr, ces brouillons ont été communiqués, de telle façon que le colonel pût suivre le travail de déchiffrement et M. Delaroche-Vernet dit une chose très juste en soutenant que le colonel a été tenu au courant. Mais sa mémoire ne lui permet pas de se rappeler très exactement si ce premier texte a été remis. Nous avons d'autres renseignements que ceux de M. Delaroche-Vernet que nous avons eus du chef du bureau du chiffre. Lorsque j'ai apporté devant la Cour de Cassation et devant le conseil les déclarations que l'on sait, j'ai essayé de réunir les souvenirs de tous ceux qui avaient coopéré à ce travail. Sur cette partie de la question, à savoir si les deux textes ont été remis *in manu propria* au colonel Sandherr, il y a un peu de flottement. Il n'y a rien d'étonnant à cela; car à près de cinq ans de date on ne peut se rappeler exactement un acte qui n'a pas été officiel, qui n'a pas été une remise officielle de pièces, ni enregistrée, ni régulièrement faite, mais il y a un point qui est certain et à partir de ce moment tous nos souvenirs concordent d'une façon absolue, c'est qu'une seule version a été communiquée au sens officiel, au sens administratif du mot. Cette version est celle que M. Delaroche-Vernet déclare définitive et que je déclare aussi définitive.

Non seulement le colonel Sandherr ne l'a pas contestée mais une contre-épreuve qu'il a organisée lui-même et qui se place, je crois, au 13 novembre (le conseil de Guerre a vu les pièces pendant le huis clos) lui a permis de contrôler lui-même le travail qui lui était donné.

Le Président. — Était-ce avant la remise de la dépêche ou bien après?

M. Paléologue. — Le seul flottement qui existe dans les souvenirs des personnes qui ont été mêlées à cet incident, c'est-à-dire M. Delaroche-Vernet et le chef du bureau du chiffre, porte sur la date. Est ce le 10 novembre (comme le chef du bureau du chiffre qui a toujours eu les documents sous les yeux le prétend) ou le 13 novembre, comme M. Delaroche-Vernet le croit et le rappelait? Voilà la question.

Si devant le Conseil de guerre je me suis plutôt attaché à la date du 10 novembre, c'est que je la tiens du chef du bureau actuel du chiffre qui, je le répète, a toujours eu les documents sous les yeux. Mais sur l'ensemble, M. Delaroche-Vernet et moi nous nous sommes toujours entendus et j'avoue que je ne comprends pas très bien l'importance qu'il y a à savoir s'il n'y a pas eu un texte soumis ou remis, attendu que de toute façon ce texte a été soumis tout à fait confidentiellement, puisque sur la deuxième ébauche il y a écrit à la main : « Remis à titre strictement confidentiel » parce qu'on voulait faciliter le service du colonel Sandherr, mais sur le fond même, il n'y a pas de doute, nous avons été toujours d'accord. J'ajoute que lorsque j'ai été à Berlin, c'est sur ma demande même que j'ai faite par écrit à M. le ministre des Affaires étrangères, parce qu'il me paraissait essentiel de recueillir au sujet d'un fait aussi important les souvenirs de tous ceux qui y avaient été mêlés, et nous nous sommes toujours trouvés d'accord sur le fond avec M. Delaroche-Vernet.

Me Labori. — Y a-t-il eu, monsieur le président, un seul moment où on soit arrivé de près ou de loin à la traduction que voici : *Le capitaine Dreyfus est arrêté. Le ministère de la Guerre a la preuve de ses relations avec l'Allemagne. Toutes les précautions sont prises.*

Le Président. — Ce sens s'est-il manifesté dans les différentes hypothèses de traduction?

M. Paléologue. — Non, jamais ce texte n'a été arrêté.

Le Président. — L'a-t-on seulement supposé?

M. Paléologue. — Jamais. A cela il y a une raison, c'est qu'il fallait ou *relations* ou *preuves* pour le même groupe de chiffres. Un mot exclut l'autre. Or, jamais, ni dans les souvenirs de M. Delaroche-Vernet, ni dans ceux du chef du bureau du chiffre, cette phrase n'a existé.

Me Labori. — N'était-il même pas impossible qu'on arrivât à cette traduction, puisque les deux mots *preuves* et *relations* ne pouvaient se rapporter qu'à un seul groupe de chiffres, être la traduction que d'un seul groupe de chiffres, et qu'en conséquence on ne pouvait pas les trouver tous deux dans la traduction du télégramme?

N'est-ce pas bien ainsi, monsieur Paléologue?

M. Paléologue. — Je rappellerai à mon collègue et ami, M. Delaroche-Vernet, qui n'a pas vu de documents depuis si longtemps et dont j'admire la précision de la mémoire, que les deux mots se trouvent sous le même chiffre, il faut choisir, si c'est « preuves » ce n'est pas « relations », si c'est « relations » ce n'est pas « preuves », c'est l'un ou l'autre.

Un membre du conseil de guerre. — Sur l'ébauche les mots étaient-ils écrits? Pour le même chiffre on a pu lire deux mots.

M. Paléologue. — Absolument.

Me Labori. — Il est entendu qu'on n'a pu lire les deux mots que sous le même chiffre et qu'il est impossible qu'ils se trouvent tous deux dans la même traduction?

M. Paléologue. — C'est l'un ou l'autre.

Me Labori. — Je voulais faire préciser que les deux mots pouvaient se trouver sur l'ébauche, mais qu'ils étaient tous les deux sous le même chiffre et qu'on avait essayé les deux traductions qui ne pouvaient pas se trouver toutes deux dans une traduction définitive.

M. Paléologue. — Il y avait des raisons d'ordre cryptographique pour que ce fût l'un ou l'autre, mais pas les deux.

Un membre du conseil de guerre. — Tout à l'heure, on nous a dit que dans la première ébauche il y avait un seul mot sûr, puis le reste hypothétique. Vous pouvez également témoigner du même fait?

M. Paléologue. — C'est évident.

Un membre du conseil de guerre. — C'est égal, il y a un sens.

M. Paléologue. — Le Conseil a vu le premier brouillon.

Un membre du conseil de guerre. — Nous ne nous comprenons pas.

M. Paléologue. — Je crois que, autant que je me rappelle, c'est quelque chose dans le sens indiqué par M. Delaroche-Vernet : « capitan Dreyfus che non a avuto relazione ». Cela n'a jamais été isolé. Je me rappelle vaguement que parmi les premiers mots étaient : « capitan Dreyfus che non a avuto relazione ».

UN MEMBRE DU CONSEIL DE GUERRE. — Dans cette première ébauche, il a été question du chiffre 913, qui a été traduit par « arrêté ».

M. PALÉOLOGUE. — Le Conseil a vu sur la pièce dans quelles conditions ce premier chiffre avait été interprété dans le sens de « arrestato ». Au moment où on a commencé à déchiffrer ce télégramme on a cherché ce que voulait dire ce chiffre. On s'est aperçu quelques jours plus tard que c'était un numéro d'ordre, mais au moment où ce chiffre a été traduit, on croyait que les premières lettres pouvaient être le commencement de « arrestato », mais pour le reste vous devez vous rappeler avoir vu une parenthèse et des points.

UN MEMBRE DU CONSEIL DE GUERRE. — Y a-t-il eu une autre ébauche?

M. PALÉOLOGUE. — Il n'y a pas eu d'autres ébauches que celles que le Conseil a vues, en dehors des trois pièces qui ont passé sous les yeux du Conseil.

UN MEMBRE DU CONSEIL DE GUERRE. — Il est bien entendu que, dans cette première ébauche, 913 est déchiffré?

M. PALÉOLOGUE. — Non.

UN MEMBRE DU CONSEIL DE GUERRE. — Et que, avec 913 déchiffré, et le sens hypothétique attribué au reste de la dépêche, le chiffre 913 pourrait intervenir comme faisant partie de la dépêche?

M. PALÉOLOGUE. — A la condition de le déchiffrer dans les conditions où il l'est : avec des parenthèses et des points d'interrogation.

UN MEMBRE DU CONSEIL DE GUERRE. — Quand vous avez « arrestato che non » vous comptez là-dedans 913 comme chiffre de traduction?

M. PALÉOLOGUE. — Oui.

M. LE PRÉSIDENT. — Accusé, levez-vous? Avez-vous des observations à faire sur la déposition du témoin?

LE CAPITAINE DREYFUS. — Aucune, mon colonel.

DEUXIÈME TÉMOIN

M. CASIMIR-PERIER

M. CASIMIR-PERIER (Jean-Paul-Pierre), 52 ans, sans profession.

LE PRÉSIDENT. — Connaissiez-vous l'accusé avant les faits qui lui sont reprochés? .

M. CASIMIR-PERIER. — Non, monsieur le président.

LE PRÉSIDENT. — Voulez-vous prendre la peine de vous asseoir?

M. CASIMIR-PERIER. — Je préfère rester debout,

LE PRÉSIDENT. — Vous étiez président de la République au moment de l'arrestation du capitaine Dreyfus? En cette qualité, vous avez pu avoir beaucoup de renseignements sur les circonstances, les causes de son arrestation ; je vous prie de vouloir bien les donner au Conseil.

M. Casimir-Perier. — Vous me demandez, monsieur le président, de dire la vérité, toute la vérité, je l'ai juré, je la dirai sans réticence et sans réserves, tout entière. Quoi que j'aie déjà dit dans le passé, on persiste à croire ou à dire (ce qui, malheureusement n'est pas toujours la même chose), que je connais seul des incidents ou des faits qui pourraient faire la lumière, et que je n'ai pas jusqu'ici dit tout ce que la justice aurait intérêt à connaître.

C'est faux et, pour l'établir, après avoir rappelé les faits que j'ai déjà rappelés, dans une autre enceinte, je me propose de relever certaines articulations qui ont été produites. Je veux le faire, non pas que je croie pouvoir ajouter rien d'utile à ce que j'ai déjà dit, mais par respect pour la conscience des juges et pour l'opinion des hommes de bonne foi, je ne veux sortir de cette enceinte qu'en y laissant cette inébranlable conviction que je ne sais rien qui doive être tu et que j'ai dit tout ce que je sais.

J'ai été avisé par M. le ministre de la Guerre, peu avant que les poursuites ne soient engagées, des soupçons qui planaient dans son esprit sur le capitaine Dreyfus. Il m'a fait part de ce fait que des fuites avaient été reconnues à l'État-major de la Guerre, et qu'une pièce que l'on jugeait, après comparaison, être de l'écriture du capitaine Dreyfus, avait été trouvée dans une ambassade étrangère.

Il m'a dit qu'à l'origine ses soupçons venaient de ce que cet officier n'était pas aimé de ses camarades et qu'on lui avait trouvé un esprit parfois trop chercheur et par trop inquisitorial. Il m'a dit que, du reste, une personne étrangère l'avait prévenu que ces fuites existaient à l'État-major général.

D'après la comparaison des écritures, ses soupçons s'étaient portés sur le capitaine Dreyfus.

Il m'a dit, soit que je le lui aie demandé, soit qu'il l'ait déclaré spontanément, que les documents qui auraient été communiqués à une puissance étrangère étaient à ses yeux, au point de vue de la défense, sans grande importance.

Il m'a dit aussi qu'une pièce (celle qui a été citée souvent : « Ce canaille de D. devient par trop exigeant ») avait été ou serait — je chercherai à préciser davantage — communiquée aux juges du conseil de guerre.

Je crois pouvoir affirmer que cette communication m'a été faite avant le procès.

Je n'avais pas compris que cette pièce dût être communiquée exclusivement aux juges du conseil de guerre.

L'affaire Dreyfus a donné lieu à un incident que j'ai exposé dans une autre enceinte ; mais je le rappelle ici.

Je fais allusion à l'incident diplomatique. Le 5 janvier, M. le président du conseil est venu me trouver à l'Élysée. Il m'a remis le texte d'un télégramme que M. l'ambassadeur d'Allemagne avait reçu de M. de Hohenlohe.

Dois-je en donner lecture?

Le Président. — Oui.

M. Casimir-Perier. — Voici le texte du télégramme que M. de Münster avait communiqué à M. le président du conseil et qui a été remis en mes mains.

C'est le texte même de l'ambassade d'Allemagne :

« Sa Majesté l'Empereur, ayant toute confiance dans la loyauté du Président et du gouvernement de la République, prie Votre Excellence de dire à M. Casimir-Perier que s'il est prouvé que l'ambassade d'Allemagne n'a jamais été impliquée dans l'affaire Dreyfus, Sa Majesté espère que le Gouvernement de la République n'hésitera pas à le déclarer. Sans une déclaration formelle, les légendes que la presse continue à propager sur le compte de l'ambassade d'Allemagne subsisteraient et compromettraient la situation du représentant de l'Empereur.

Signé : de Hohenlohe. »

D'accord avec M. le président du conseil et après une conversation avec lui, j'ai donné pour le lendemain dimanche 6, à une heure, rendez-vous dans mon cabinet à l'Élysée à l'ambassadeur d'Allemagne ; j'ai commencé par lui faire remarquer que la forme à laquelle on m'invitait à recourir était quelque peu insolite, que je n'étais qu'un chef d'État irresponsable et, qu'à vrai dire, c'était au ministre des Affaires étrangères, ou, en son absence, au président du conseil, que sa communication devait s'adresser, mais que je relevais dans cette dépêche que l'on ne s'adressait pas seulement au gouvernement, que l'on ne s'adressait pas seulement au chef d'État, que mon nom personnel était entré dans cette dépêche, que je devais en inférer que cette démarche qu'il faisait n'était pas une démarche d'un caractère officiel, mais que c'était de la part de l'Empereur une conversation que, par son intermédiaire, l'Empereur désirait avoir avec moi ; que, dans ces conditions, l'incident ne pouvant être qu'un incident personnel et non un incident diplomatique puisqu'il avait été fait appel à ma loyauté personnelle, l'ambassadeur serait écouté. Et je lui ai dit que la pièce que l'on a appelée le bordereau avait été trouvée à l'ambassade d'Allemagne.

Il en a paru fort surpris, me disant : « Oh ! il n'est pas possible qu'une pièce importante se soit ainsi égarée à l'ambassade d'Allemagne. » Ce à quoi je lui ai répondu : « Si vous avez jugé la pièce sans grande importance, vous l'avez jugée comme nous-mêmes. »

Je me permets d'ouvrir ici une parenthèse, pour qu'il n'y ait pas sur les paroles que je viens de prononcer un doute dans l'esprit de personne. Je n'ai pas voulu dire que je jugeais sans importance l'acte abominable qui aurait été commis, je voulais dire, parlant au représentant d'une puissance étrangère que cet acte, fort heureusement, n'avait pas mis un gouvernement étranger en possession d'un document qui pût intéresser la défense nationale.

M. de Münster m'a dit alors : « Mais comment régler cet incident? » Et ici, après la déclaration que j'avais faite en réponse à l'appel adressé à ma loyauté, la conversation a pris un caractère plus officiel et plus diplomatique. J'ai dit à M. de Münster : « Il a été fait appel à ma loyauté; vous me demandez maintenant comment régler l'incident; eh bien, dans cette dépêche il est dit que l'on demande à M. Casimir-Perier s'il est prouvé que l'ambassade d'Allemagne a été impliquée dans l'affaire Dreyfus. » J'ai répondu à l'ambassadeur que je n'impliquais pas l'ambassade d'Allemagne dans l'affaire Dreyfus, que rien n'établissait par ce que nous avions que le document ait été sollicité et que je ne rendais pas plus l'ambassade responsable des papiers qu'elle pouvait recevoir qu'on ne pouvait nous rendre responsables des papiers que nous recevions; que j'estimais que si une note devait paraître, comme il y avait eu antérieurement des notes d'Havas sur ce même point insérées dans les journaux, il y aurait sans doute intérêt à ce qu'une nouvelle note, si elle était rédigée (et c'est à M. le président du conseil et non à moi de la rédiger), ne différât pas beaucoup des notes antérieures, car s'il y avait une divergence dans les notes, on ne manquerait pas de rechercher les points de divergence et ce serait un nouvel élément de discussion.

L'ambassadeur m'a demandé sur ce point une note formelle; je lui ai répondu encore que ce n'était pas à moi de la rédiger. J'ai pris la précaution de lui dire que si une note comme celle qu'il désirait était agréée par le président du conseil, il me semblait indispensable qu'elle ne visât pas seulement l'ambassade d'Allemagne, mais toutes les ambassades et légations à Paris, car d'autres pourraient se trouver intéressées à la voir paraître; il me paraissait donc nécessaire que ce soit une affirmation qu'aucune ambassade ou légation à Paris, n'était « impliquée », puisque c'était le mot de la dépêche dans l'affaire en question.

M. de Münster m'a dit qu'il en référerait à Berlin. Il m'a demandé un nouveau rendez-vous avec M. le président du conseil, rendez-vous que je lui ai, par téléphone, assuré pour le lendemain, et, deux jours après, l'ambassadeur est venu me dire qu'il avait reçu une réponse assez tard de Berlin et que l'incident devait être considéré comme clos.

Après la condamnation, j'ai reçu dans mon cabinet le capitaine Lebrun-Renault. Le matin même où je l'ai reçu (c'était le même jour que le comte de Münster), avait paru dans un journal un article intitulé « Récit d'un témoin ». Dans cet article, le capitaine Lebrun-Renault était personnellement mis en cause, et un journaliste avait pu recueillir de sa bouche les propos qu'il aurait échangés avec le capitaine Dreyfus.

Je n'avais pas laissé ignorer au président du conseil et, je crois, au ministre de la Guerre, l'étonnement et l'indignation qu'un pareil procédé excitait en moi. J'ai dit que je ne comprenais pas comment un officier chargé d'une telle besogne avait cru nécessaire, immédiatement après l'avoir accomplie, d'aller faire des communications à la presse.

Le capitaine Lebrun-Renault a été envoyé chez moi par M. le ministre de la Guerre pour que je lui fasse comprendre à quel point cette conduite me paraissait critiquable. Il a été reçu par moi dans mon cabinet en présence du président du conseil. Il ne nous a pas parlé des aveux du capitaine Dreyfus, et la pensée ne m'est pas venue de l'interroger sur ces aveux dont, à ce moment, je n'avais pas entendu parler.

J'ajoute que l'article du *Figaro* pour lequel je reprimandais cet officier mettait dans la bouche du capitaine Dreyfus, depuis le commencement jusqu'à la fin, une protestation en faveur de son innocence, de sorte que la pensée de parler d'aveux au capitaine Lebrun-Renault ne m'est assurément pas venue.

Je veux maintenant relever quelques affirmations qui ont été produites, certains incidents qui ont été totalement dénaturés. Je repète que, si je n'ai pas parlé de ces faits ou de ces incidents devant la Cour de cassation, c'est que j'estimais que, quand des questions sont posées une à une à un témoin, il n'a qu'à répondre aux questions qui lui sont successivement posées, qu'il n'est ni un avocat, ni un accusateur public, et qu'il n'a pas à suppléer à celui qui l'interroge. Vous m'avez, monsieur le président, posé la question dans des termes qui me font un devoir d'autant plus impérieux de ne rien cacher de ce que je puis savoir.

Le commandant Picquart est venu une, ou peut-être deux fois à l'Elysée. Il était chargé par M. le Ministre de la Guerre de me rendre compte des débats du procès du capitaine Dreyfus. J'ai souvenir d'avoir vu le commandant Picquart une fois; mais je n'ai retenu de ce qu'il m'a dit que cette seule déclaration, que les démonstrations de M. Bertillon n'avaient pas fait une grande impression sur les membres du conseil de guerre. (*Sourires.*)

Le 14 et le 15 décembre, j'ai reçu M. Bertillon sur les instances du ministre de la Guerre qui jugeait très curieuse sa démonstration, très intéressantes et très concluantes ses comparaisons d'écriture; et je dois avouer que je les ai jugées différemment. (*Nouveaux sourires.*)

Ce n'est que 14 jours après la condamnation que j'ai eu connaissance d'un dossier; je ne sais même pas si je puis dire du dossier. J'ai dû le faire expressément réclamer au ministre de la Guerre. Je répète que la condamnation est du 22 décembre et que c'est le 5 janvier, à l'occasion de l'entretien que je devais avoir le lendemain avec l'ambassadeur d'Allemagne que j'ai réclamé la communication de ce dossier. J'ai dû le feuilleter rapidement, et au seul point de vue de l'incident diplomatique, puisque la condamnation était prononcée et qu'à ce moment-là elle paraissait définitive. Avant la condamnation, aucun dossier n'avait été placé sous mes yeux, aucun dossier n'avait été communiqué au Conseil des ministres. J'ai dit à quelle date le général Mercier m'avait fait part de ses premiers soupçons, ou du moins m'avait fait part pour la première fois de ses soupçons à l'égard du capitaine Dreyfus.

Le général Mercier — je l'ai dit — m'en avait fait part peu avant l'arrestation du capitaine Dreyfus et ce qui fait que sur ce point mes souvenirs sont très précis, c'est que jamais le général Mercier ne m'en a entretenu quand j'étais absent de Paris, à la campagne. Je suis rentré à Paris le 3 octobre, et, si j'ai bonne mémoire, l'arrestation est du 15 ; de sorte que la première fois que le général Mercier m'en a entretenu doit nécessairement se placer entre le 3 octobre et le 15 octobre.

S'il y a eu, comme cela ressort des dépositions des Ministres, des entretiens entre eux au sujet de l'affaire Dreyfus, ils ont été tenus en dehors de moi et c'est en dehors de moi également qu'un conseil de cabinet tenu place Beauvau a décidé de déférer Dreyfus à la justice militaire.

Le 14 décembre, MM. Waldeck-Rousseau et Reinach sont venus successivement dans mon cabinet m'entretenir du désir de la défense que le huis clos ne fût pas prononcé et de l'engagement que prenait la défense d'observer dans les questions diplomatiques une grande réserve si les débats avaient eu lieu autrement qu'à huis clos.

J'ai répondu à M. Waldeck-Rousseau, comme à M. Joseph Reinach que je ne pourrais que transmettre leur désir, que, personnellement, je ne pouvais rien pour y donner satisfaction.

Je ne connais pas, je n'ai jamais connu, je n'ai jamais vu aucun membre de la famille Dreyfus.

Le 16 novembre, j'ai reçu dans mon cabinet, à l'Elysée, Me Demange, qui est venu m'entretenir de la grâce du condamné à mort Boulay dont il était le défenseur. Le nom de Dreyfus n'a pas été prononcé, il n'a pas été dit entre Me Demange et moi un mot du procès. MM. Waldeck-Rousseau et Reinach sont donc les seuls qui m'aient, à certain moment, exprimé, au nom de la défense, le désir que les débats soient publics, et la réponse que j'avais faite est, je le répète, que je n'y pouvais rien.

Comment le capitaine Dreyfus a-t-il écrit une lettre où il est question d'un engagement pris par moi et que j'ignore? Mais étant donné le rôle qu'on veut me faire jouer, je suis en droit d'exiger qu'on s'explique sur cet incident.

Ce n'est pas l'homme privé qui s'en émeut ; pour l'honneur de la magistrature que j'ai occupée, pour l'honneur de la République, je ne laisserai pas dire que celui qui a été président de la République et chef de l'armée a échangé sa parole avec un capitaine accusé de trahison. (*Applaudissements.*)

Le Président.— Je prie le public de s'abstenir de toute manifestation, quelle qu'elle soit ; si cela se renouvelait, je ferais évacuer la salle.

M. Casimir-Perier. — J'ai fidèlement et complètement relaté le seul incident diplomatique que j'ai connu. Il était fait appel à ma loyauté personnelle. J'ai répondu à l'ambassadeur d'Allemagne en disant la vérité sans détours, estimant que c'était la seule explication qui fût digne de celui qui parlait au nom de la France. Mais rien dans cet incident diplomatique n'a pu peser sur mes résolutions ultérieures. L'incident n'a été, à ma connaissance, que ce que j'ai dit et rien n'a déterminé, ne pouvait déterminer ma démission.

Ici, et quoi qu'il en coûte, j'ai le devoir d'ajouter un mot. Parmi les considérations et les faits qui ont déterminé ma retraite, et que j'ai pu taire puisque, en les taisant, je ne faisais de tort qu'à moi même, il est un fait qui a, avec l'incident diplomatique dont j'ai parlé, un lien trop étroit pour que je m'expose au reproche de ne l'avoir point indiqué.

M. le ministre des Affaires étrangères était, au moment de l'incident diplomatique, absent de Paris. Je savais qu'il avait eu avec l'ambassadeur d'Allemagne des entretiens au sujet de l'affaire Dreyfus, mais, malgré mes observations antérieures, il s'était abstenu de me les faire connaître.

Ce n'est ici ni l'heure ni le lieu d'expliquer dans quelle mesure j'estime que la présidence de la République est dépourvue de moyens d'action. Je me trouvais dès lors exposé à m'entendre dire un jour, dans des circonstances peut-être plus graves, par un ambassadeur étranger que mes déclarations n'étaient pas conformes à celles du ministre des Affaires étrangères de France.

Voilà une des considérations qui ont pesé sur ma conscience, mais, je le répète, l'incident diplomatique avec l'Allemagne n'y a été pour rien.

Cette affirmation formelle, je la devais devant un tribunal de soldats, non pas comme une explication personnelle, mais comme une satisfaction donnée au plus respectable et au plus noble des sentiments, celui de la dignité nationale.

Le 14 juin dernier, je ne rappelle cet incident que pour que ma conscience ait cette satisfaction de n'avoir rien caché, le 14 juin dernier, je me suis rendu chez M. Krantz, ministre de la Guerre, uniquement pour l'entretenir de ce fait qu'un journal avait publié une interview dans laquelle un officier supérieur me mettait en cause. J'ai dit au ministre que je n'avais guère l'habitude de relever ce qui pouvait être dit de moi, mais que la personnalité de cet officier me faisait un devoir de m'assurer de l'exactitude des propos qui m'étaient prêtés. M. Krantz s'est immédiatement mis à ma disposition pour me renseigner, et deux ou trois heures après il m'a fait savoir que l'officier supérieur qu'on avait fait parler n'avait pas même prononcé mon nom. C'est cet incident qu'on a dénaturé quand on a dit que je m'étais rendu chez M. le ministre de la Guerre pour lui donner mon sentiment sur l'affaire Dreyfus. Cela est faux, le Ministre ne m'a pas demandé mon sentiment sur l'affaire Dreyfus et je n'avais pas à le lui faire connaître. Je crois, monsieur le Président, n'avoir rien de plus à vous dire, et je demeure à la disposition complète du Conseil de guerre. Je souffre de ne pouvoir mieux le seconder dans l'œuvre de justice qui lui est confiée, car il faut que de cette enceinte sorte enfin pour ce pays la reconciliation et la paix. J'ai juré de dire la vérité, toute la vérité, j'ai dit la vérité, toute la vérité. Chef d'Etat ou simple citoyen j'ai toujours, dans mon respect pour la France, pensé qu'elle est libre de ses arrêts et qu'elle doit l'être d'elle-même.

Un membre suppléant du conseil de Guerre. — Je voudrais demander à M. Casimir-Perier de bien préciser les faits qui lui ont fait, étant président de la République, appeler M. Lebrun-Renault chez lui.

M. Casimir-Périer. — Je répète, — si je l'avais dit, je me serais trompé — que je n'ai pas fait appeler le capitaine Lebrun-Renault chez moi. J'avais lu un article qui m'avait paru d'une extrême inconvenance. J'ai fait part de cette inconvenance et des sentiments que cette inconvenance faisait naître en moi, devant le président du conseil, et, je crois, devant M. le ministre de la Guerre, et M. le ministre de la Guerre m'a offert de m'envoyer le capitaine Lebrun-Renault. C'est dans ces conditions que je l'ai reçu.

Le Président. — Quel est cet article?

M. Casimir-Perier. — J'ai l'article. Dois-je donner lecture de l'article du *Figaro?*

Le Président. — Si vous voulez.

M. Casimir-Perier. — Voici l'article du *Figaro*, portant la date du 6 janvier 1895, qui était intitulé « Récit d'un témoin » :

« A sept heures vingt minutes, un escadron de la garde républicaine, commandé par le capitaine Lebrun-Renault, arrivait à la prison du Cherche-Midi pour prendre possession du condamné. Deux gendarmes l'emmenèrent au greffe et se disposèrent à le fouiller.

— Est-ce bien utile? demanda Alfred Dreyfus, en les arrêtant d'un geste, avec, aux lèvres, un triste sourire.

— C'est l'ordre, répondit l'officier.

On trouva dans les poches fouillées quelques menus objets et des cigarettes, qu'on laissa au condamné. Puis les gendarmes lui présentèrent les menottes.

— Est-ce l'ordre aussi de me mettre ces machines? interrogea Dreyfus.

Sans répondre, sur un geste du capitaine Lebrun-Renault, les gendarmes passèrent les menottes aux poignets de Dreyfus, qui ne put réprimer un court mouvement de révolte.

Cette opération terminée, le condamné se tourne vers l'officier qui, impassible, assistait à ces lugubres apprêts.

— Vous voyez, mon capitaine, dit-il, tous les galons sont décousus, ils ne tiennent que par un fil; les boutons aussi, et aussi les bandes du pantalon. Oserai-je vous demander de prier l'adjudant de faire vite quand nous serons là-bas? On peut bien déchirer tous ces vêtements, ils ne me serviront plus à présent.

Et comme le capitaine ne répondait pas, il ajouta :

— Je vous regarde en face, vous voyez, mon capitaine, et, si j'ose le faire, c'est que je suis innocent ; ma condamnation est le plus grand crime de ce siècle ; on le verra bien, du reste, dans trois ans. J'ai une famille qui va s'occuper de moi et qui arrivera à prouver mon innocence. On regrettera bien alors la peine qu'on m'inflige aujourd'hui.

Cette protestation : « ma condamnation est le plus grand crime du siècle », est revenue à diverses reprises, sur les lèvres du condamné. Il la répétait encore au moment où, quelques instants plus tard, on allait le conduire à la parade d'exécution.

A huit heures moins le quart, le cortège quittait la prison du Cherche-Midi, pour gagner l'Ecole militaire. Deux cavaliers de la garde républicaine, revolver au poing marchaient en tête, suivis d'un peloton. Le capitaine commandant l'escadron précédait la voiture cellulaire attelée de quatre chevaux, dans laquelle Dreyfus avait pris place avec deux gendarmes. La voiture était flanquée à droite et à gauche de cavaliers. Un second peloton fermait la marche.

C'est dans cet ordre que le convoi arriva à l'Ecole militaire à huit heures moins dix. Dreyfus fut conduit dans une des salles de l'Ecole et laissé sous la garde du capitaine Lebrun-Renault. C'est là, dans cette pièce, que la conversation suivante s'engagea :

— Vous n'avez pas songé au suicide, monsieur Dreyfus ?

— Si, mon capitaine, répondit Dreyfus, mais seulement le jour de ma condamnation. Plus tard, j'ai réfléchi, je me suis dit qu'innocent comme je le suis, je n'avais pas le droit de me tuer ; on verra dans trois ans, quand justice me sera rendue.

— Alors, vous êtes innocent ?

— Voyons, mon capitaine, écoutez. On trouve dans un chiffonnier d'une ambassade un papier annonçant l'envoi de quatre pièces. On soumet le papier à des experts. Trois reconnaissent mon écriture, deux déclarent que l'écriture n'est pas de ma main, et c'est là-dessus qu'on me condamne.

A dix-huit ans, j'entrais à l'Ecole polytechnique, j'avais devant moi un magnifique avenir militaire, cinq cent mille francs de fortune et la certitude d'avoir dans l'avenir cinquante mille francs de rente. Je n'ai jamais touché une carte de ma vie ; donc je n'ai pas de besoins d'argent. Pourquoi aurais-je trahi ? Pour de l'argent ? Non. Alors, pourquoi ?

— Et qu'est-ce que c'était que ces pièces dont on annonçait l'envoi ?

— Une très confidentielle et trois autres moins importantes.

— Comment le savez-vous ?

— Parce qu'on me l'a dit au procès. Ah ! ce procès à huis clos, comme j'aurais voulu qu'il fût public et qu'il eût lieu au grand jour ! Il y aurait eu certainement un revirement d'opinion.

— Lisiez-vous les journaux en prison ?

— Non aucun. On m'a bien dit que la presse s'occupait de moi et que certains journaux profitaient de cette accusation ridicule pour se livrer à une campagne antisémite. Je n'ai rien voulu lire.

Puis raide, comme insensible, il ajouta :

— A présent, c'est fini, on va m'expédier à la presqu'île Ducos. Dans trois mois, ma femme viendra m'y rejoindre.

— Et, ajouta le capitaine Lebrun-Renault, avez-vous l'intention de prendre la parole tout à l'heure?

— Oui, je veux protester publiquement de mon innocence.

Devant cette déclaration nettement formulée, le capitaine fit informer le général Darras de la résolution de Dreyfus. Elle avait d'ailleurs été prévue, et un roulement de tambour devait lui couper la parole en cas de besoin.

Il était neuf heures moins dix lorsque quatre artilleurs entraient dans la salle.

— Voici les hommes qui viennent vous prendre, monsieur, dit le capitaine Lebrun-Renault.

— Bien, capitaine, je les suis. Mais, je vous répète, les yeux dans les yeux, je suis innocent.

Et il suivit les soldats.

On sait le reste.

Signé : Eugène Clisson.

Voilà le compte-rendu de la conversation qu'aurait tenue le capitaine Lebrun-Renault. Elle avait paru dénoter, de la part de cet officier, une méconnaissance totale de ses devoirs.

J'en ai fait part au ministre de la Guerre, qui m'a offert de recevoir le capitaine Lebrun-Renault. Quant à ma conversation avec lui, je l'ai relatée.

Le Président. — M. le général Mercier a déclaré qu'il vous avait parlé des aveux du capitaine Dreyfus?

M. Casimir-Perier. — C'est exact.

Le Président. — Pourquoi n'avez-vous pas cru devoir en parler?

M. Casimir-Perier. — Le général Mercier, je l'affirme, m'a parlé des aveux du capitaine Dreyfus après que j'avais reçu M. Lebrun-Renault. Je l'affirme de la façon la plus formelle et la plus positive. Il ne m'a parlé du procès qu'incidemment, quatre ou cinq jours après la dégradation.

Le Président. — Monsieur le commissaire du gouvernement, avez-vous quelques observations à présenter?

Le commissaire du gouvernement. — Non.

Me Demange. — Monsieur le président, M. le président Casimir-Perier vient de répondre à une question que j'entendais lui poser, mais j'ai été devancé par un des membres du Conseil. En effet, devant la Cour de cassation, M. le général Mercier avait dit ceci :

« M. le capitaine Lebrun-Renault m'a fait part des aveux du capitaine Dreyfus. Comme cela était très important, je lui ai donné l'ordre de rapporter ces propos au Président de la République et au président du Conseil.

« D'après le capitaine Lebrun-Renault, le capitaine Dreyfus aurait dit :

« Si j'ai livré des documents à l'étranger, c'était pour en obtenir de plus importants ». Je lui donnai ordre d'aller rapporter ce propos au Président de la République et au Président du Conseil. »

Or, d'après la déclaration de M. Casimir-Perier, M. Lebrun-Renault n'a rien dit et M. le général Mercier n'a pas, à ce moment-là, avisé M. le Président de la République.

M. Casimir-Perier. — Je ne sais pas et je ne nie pas que M. le général Mercier ait dit au capitaine Lebrun-Renault de faire cette déclaration, mais j'affirme qu'il ne l'a pas faite.

Me Demange. — Voulez-vous me permettre de donner sur cet incident quelques explications au conseil?

En 1894, quelques jours avant la comparution du capitaine Dreyfus devant le conseil de guerre et après que j'avais eu connaissance du dossier, je souhaitais une audience publique; je comprenais les inconvénients qui pouvaient résulter d'une publicité d'audience pendant les dépositions des témoins parce que je ne pouvais pas garantir qu'il n'échapperait pas à un des témoins une parole qui aurait permis à ce moment de savoir où avait été pris le document; et il y avait un intérêt diplomatique et international supérieur à ce que l'Allemagne fût entièrement dégagée. Je désirais donc cette publicité. Je l'avais demandée à certains ministres avec lesquels j'étais en relation et ils m'avaient fait entendre que ce serait difficile à obtenir. Comme je n'avais pas l'honneur de connaître M. le président Casimir-Perier, j'ai demandé à mon confrère et ami, M. Waldeck-Rousseau qui pouvait, plus facilement que moi, voir M. le Président de la République, de se rendre chez M. Casimir-Perier, de lui exposer mon désir qui était celui-ci : huis clos pour les dépositions des témoins, publicité pour les plaidoiries. Je disais que le gouvernement pouvait être sûr de la discrétion de M. le commandant Brisset, commissaire du gouvernement; et comme j'étais totalement inconnu de M. le président Casimir-Perier, j'avais prié M. Waldeck-Rousseau de vouloir bien lui attester et mon honnêteté et, ajouterai-je, ma prudence. Je lui faisais dire ceci : « Je plaiderai l'affaire Dreyfus comme une affaire ordinaire et je ne rechercherai pas si les documents sont arrivés ou non entre les mains d'une puissance étrangère. Je ne me préoccuperai pas de cette question; je supposerai que ces documents ont bien été reçus. Je plaiderai cette affaire comme une affaire d'assises ordinaire; je rechercherai seulement quel a été l'envoyeur. »

M. Waldeck-Rousseau fit cette démarche et voici la réponse qu'il me rapporta : « M. le Président de la République transmettra votre désir au Conseil des ministres. Personnellement, il ne peut prendre de décision; il m'a peut-être ajouté que M. le Président de la République comprenait mon désir et que s'il avait été seul maître peut-être y aurait-il accédé. »

Voilà seulement ce qui m'avait été indiqué; mais je dois ajouter, et il faut le faire, que quand j'ai vu le capitaine Dreyfus, je lui ai fait part de ma démarche et je lui ai simplement communiqué cette réponse : « M. le Président de la République en référera au Conseil des ministres; mais j'espère que si le Conseil des ministres demande à M. Casimir-Perier son opinion personnelle, elle sera favorable à ma demande. »

Voilà ce que j'ai dit au capitaine Dreyfus et je laisserai le capitaine Dreyfus répondre à cette autre question relative à un engagement qui aurait été pris. Mais qu'il me soit permis de dire que j'ai lu les lettres du capitaine Dreyfus et qu'à aucun moment je n'ai vu qu'il ait parlé d'un engagement pris par M. le Président de la République vis-à-vis de lui; ce que j'ai lu, c'est qu'il a rapporté exactement ce que je disais tout à l'heure, à savoir ma démarche, la promesse de M. le Président de la République de porter cette démarche à la connaissance du Conseil des ministres et la réflexion du capitaine Dreyfus disant : le Conseil a refusé, je ne sais pourquoi.

S'il y a eu quelque part imprimé qu'un engagement aurait été pris par M. le Président de la République vis-à-vis du capitaine Dreyfus, cela n'a pas été sous la plume du capitaine Dreyfus, cela a été dit par ceux auxquels faisait allusion tout à l'heure M. Casimir-Perier, qui écrivent souvent ce qu'ils ne croient et ce qu'ils ne pensent pas.

M. Casimir-Perier. — Je remercie Me Demange, mais ma satisfaction n'est pas complète et je demande formellement que cet incident soit tiré au clair. Je le répète, ce n'est pas de moi qu'il s'agit, mais de la fonction que j'ai remplie et, parlant devant des officiers, ils comprendront le sentiment qui m'anime.

Eh bien, j'ai lu des lettres au bas desquelles il y avait « Dreyfus » et dans lesquelles il était dit que le Président de la République, en échange de la parole du capitaine Dreyfus, de ne pas nommer la puissance chez laquelle le bordereau avait été saisi, avait pris l'engagement (que je n'ai pas tenu, était-il ajouté, cela ressort des faits) que le huis clos ne serait pas prononcé.

J'ai lu cette affirmation sous la signature du capitaine Dreyfus.

Eh bien, monsieur le président, je n'invoque rien de mon autorité passée; j'invoque la dignité de la fonction que j'ai remplie et je demande à ne pas sortir de cette audience avant que l'on sache qui a menti ici. Je l'exige.

Le Président, *au capitaine Dreyfus.* — Quelle observation avez-vous à faire à la déposition du témoin?

Le capitaine Dreyfus. — Les paroles que j'ai pu reproduire dans une lettre dont je ne me rappelle pas les termes ont certainement été dénaturées. Les paroles que vient de prononcer M. le Président de la République sont des paroles exactes. Jamais je n'ai pu dans ma pensée prétendre qu'il y ait eu un engagement quelconque pris par lui et qu'il ne l'ait pas tenu. Je comprends très bien l'indignation de M. Casimir-Perier, mais une pareille pensée ne m'est jamais venue.

Voulez-vous me permettre d'expliquer ma pensée? Voilà comment ma pensée était venue.

Me Demange m'avait demandé, au moment des débats, en faisant transmettre par M. Waldeck-Rousseau la demande de publicité des débats, que cette publicité eût lieu à condition qu'on ne soulèverait pas la question de l'origine des documents. J'avais donné ma parole d'honneur que je ne soulèverais pas cette question, que je m'inclinerais devant les intérêts supérieurs que vient de vous expliquer Me Demange; et alors on disait qu'on avait transmis cette parole. Dans ma pensée, c'était vis-à-vis de la défense, ce n'était pas vis-à-vis de M. le Président de la République qu'il y avait parole engagée. Mais jamais je n'ai eu la pensée qu'il pût y avoir un engagement quelconque entre lui et moi qu'il n'ait pas tenu, jamais, jamais, jamais!

Le Président. — Vous reconnaissez fausses ces lettres dans lesquelles il est dit que M. le Président de la République aurait pris des engagements vis-à-vis de vous?

Le capitaine Dreyfus. — Dans tous les cas, cette pensée aurait été complètement dénaturée.

M. Casimir-Perier désire-t-il une autre explication?

M. Casimir-Perier. — Le Conseil de guerre a sans doute entre les mains, il peut facilement avoir les lettres écrites par le capitaine Dreyfus. Je demanderai très respectueusement à M. le Président, au conseil de guerre, de vouloir bien faire rechercher la lettre à laquelle je fais allusion. Cela peut être dans l'intérêt de l'accusation; je n'ai pas à me prononcer sur ce point; je regarde plus haut et plus loin; je n'ai pas à me prononcer sur le fait de savoir à qui cet incident bénéficiera. J'ai été personnellement assez traîné dans la boue pour me soucier peu des accusations qu'on a fait peser sur ma personne; mais il y a en France une dignité qui a droit au respect, que j'ai momentanément détenue et que je ne laisserai pas salir. Je demande qu'on relise les lettres du capitaine Dreyfus et l'on retrouvera celle à laquelle je fais allusion. A la suite de cela, je demande à être entendu de nouveau.

Le Président. — La recherche sera faite. Lecture sera donnée de la lettre si on la trouve.

Me Demange. — M. Casimir-Perier ne pourrait-il pas fixer à peu près l'époque?.

M. Casimir-Perier. — La première publication a été faite par le journal *L'Eclair* il y a trois mois, entre deux et quatre mois, et depuis, vous n'ignorez pas, maître Demange, que, depuis quelques jours surtout, on a évoqué cet incident, et que de nouveaux articles de journaux ont paru à cet égard, s'appuyant sur les lettres qui, au bas, d'une façon apocryphe ou vraie, portaient la signature du capitaine Dreyfus.

Le Président. — On recherchera cette lettre.

Me Demange. — C'est dans les journaux que M. le président Casimir-Perier aurait lu la lettre, alors?

M. Casimir-Perier. — Oui, je l'ai lue dans plusieurs journaux, elle a été publiée par plusieurs journaux. On a dit qu'un président de la République avait échangé sa parole avec le capitaine Dreyfus avec cette aggravation qui est sérieuse, c'est qu'après l'avoir donnée, il ne l'avait pas tenue.

Le capitaine Dreyfus. — Du tout! Je proteste absolument, quant à moi! Je proteste absolument! Jamais, jamais, je n'ai dit cela!

M. Casimir-Perier. — Je ne dis pas que le capitaine Dreyfus l'ait dit, mais je dis que le fait a été invoqué et je dis que si le fait était vrai et que si j'avais pris cet engagement, je ne l'aurais pas tenu puisque les débats avaient eu lieu à huis clos.

Le Président. — La lettre sera recherchée, si vous pouvez donner des indications sur les moyens de faciliter cette recherche?

M. Casimir-Perier. — Je ferai tous mes efforts pour faciliter les recherches du conseil.

Le Président. — Vous n'avez pas d'autres observations?...

TROISIÈME TÉMOIN

M. LE GÉNÉRAL MERCIER [1]

LE PRÉSIDENT. — Vos noms et prénoms?

LE GÉNÉRAL MERCIER. — Mercier, Auguste.

LE PRÉSIDENT. — Votre âge?

LE GÉNÉRAL MERCIER. — Soixante-cinq ans.

LE PRÉSIDENT. — Votre grade? Votre situation militaire?

LE GÉNÉRAL MERCIER. — Général de division en retraite [2].

LE PRÉSIDENT. — Connaissiez-vous l'accusé avant les faits qui lui sont reprochés?

LE GÉNÉRAL MERCIER. — Je crois, monsieur le Président, que j'ai connu le capitaine Dreyfus en 1890 à l'Ecole de pyrotechnie comme inspecteur général; auparavant je ne le connaissais pas [3].

LE PRÉSIDENT. — Comme vous étiez ministre de la Guerre lorsqu'a eu lieu l'arrestation du capitaine Dreyfus, vous devez par conséquent connaître toutes les circonstances, toutes les causes et tous les motifs de cette arrestation; je vous prie de donner au Conseil toutes les indications possibles.

LE GÉNÉRAL MERCIER. — Ma déposition sera forcément un peu longue.

LE PRÉSIDENT. — Huissier, mettez un siège à la disposition du général.

LE GÉNÉRAL MERCIER. — Je vais chercher à l'abréger en passant rapidement sur les circonstances que je supposerai être déjà connues du Conseil par des publications qui ont été faites à la suite des procès précédents. Mais je vous prierai, dans le cas où mes explications paraîtraient trop brèves ou insuffisantes sur certains points, de vouloir bien me demander de les compléter.

Lorsque j'ai pris possession du ministère de la Guerre (c'était au commencement de décembre 1893 [4]), dès les premières semaines le colonel Sandherr, chef de la section de statistique, me prévint que la situation devenait de plus en plus grave au point de vue de l'espion-

1. Le Compte rendu sténographique que nous publions est le seul qui ait un caractère officiel. Il a été recueilli, par les Sténographes de la *Ligue française pour la défense des Droits de l'homme et du citoyen*, MM. Corcos frères, et colligé par eux chaque jour avec les sténographes du Ministère de la guerre. Le général Mercier ayant fait paraître en brochure une édition revisée de cette sténographie, nous indiquons aux bas des pages les principales modifications apportées par lui au compte rendu officiel. (*Note de l'éditeur.*)

2. « Général de division du cadre de réserve. » (*Compte-rendu sténographique revisé par le général Mercier*, ERRATA.)

3. « J'ai vu le capitaine Dreyfus en 1890 à l'Ecole de pyrotechnie dont j'ai passé l'inspection militaire; mais je ne l'ai pas remarqué. » (*Ibid.*)

4. « C'était à la fin de 1893. » (*Ibid.*)

nage, qu'il y avait un vaste système d'espionnage organisé autour de nous, qu'autrefois le chef de l'espionnage allemand était un civil mais que depuis quelque temps cet employé civil avait disparu et que le chef de l'espionnage allemand était désormais l'attaché militaire à Paris, le colonel de Schwartzkoppen. Il me prévint, en outre, qu'il était puissamment secondé par l'attaché militaire italien le commandant Panizzardi. Il me dit qu'il existait à Paris, un bureau d'espionnage très bien organisé sous la direction du colonel de Schwartzkoppen; qu'il en existait un autre à Bruxelles sous la direction du colonel de Schmettau[1], attaché militaire à Bruxelles, et enfin qu'il y en avait un à Strasbourg et que ces trois bureaux d'espionnage avaient des relations fréquentes entre eux.

Pour confirmer cette déclaration du colonel Sandherr, je demanderai à M. le Président du Conseil de guerre de vouloir bien faire lire la pièce que voici[2].

Le greffier Coupois *donne lecture de la pièce suivante*[3] :

Paris, 30 novembre 1897.

« On avait déjà émis bien des fois pareille supposition que le traître est autre[4] que Dreyfus et je ne serais pas revenu là-dessus si depuis un an je n'avais appris par des tierces personnes que des attachés militaires allemand et italien auraient soutenu la même thèse dans les salons à droite et à gauche. Je m'en tiens toujours et encore aux informations publiées dans le *Temps* au sujet de l'affaire Dreyfus. Je continue à les considérer comme justes et estime que Dreyfus a été en relations avec des bureaux confidentiels allemands de Strasbourg et de Bruxelles, que le grand État-major allemand cache avec un soin jaloux même à ses nationaux. »

Le Président. — Quelle est la date de cette pièce?

Le général Mercier. — 30 novembre 1897[5].

Me Demange. — Puisque la pièce est lue, je demande qu'on en ordonne le dépôt.

Le Président. — Parfaitement.

(*La pièce est déposée.*)

Le général Mercier. — J'ajoute et je suis obligé d'ajouter; car

1. « Du colonel de M... » (*Compte rendu revisé par le général Mercier.*)
2. « Je demanderai au président du Conseil de vouloir bien faire lire l'extrait que voici d'un rapport adressé à son gouvernement par le colonel Schneider, attaché militaire de l'ambassade d'Autriche à Paris. » (*Ibid.*) — (**Ceci a été l'objet d'un incident que l'on trouvera page 144.**)
3. « Rapport Schneider. » (*Ibid.*)
4. « N'est autre... » (*Ibid.*)
5. Cette réponse et la question qui la précède sont supprimées dans le *Compte rendu revisé par le général Mercier.*

cette remarque aura une certaine importance dans la suite de ma déposition, j'ajoute que Sa Majesté l'empereur d'Allemagne s'occupait personnellement de ces affaires d'espionnage, et que, dans certains cas exceptionnels, les chefs de cet espionnage dans les centres comme Paris, Bruxelles et Strasbourg correspondaient même directement et personnellement avec l'empereur.

Je suis obligé de faire cette déclaration tout de suite: elle ressort de la lecture de certaines pièces du dossier secret et notamment d'une lettre qui a été écrite par X..., prédécesseur du colonel de Schwartzkoppen, à l'empereur d'Allemagne.

Cette remarque n'est pas oiseuse; comme je vous le disais, elle a son importance, car elle vous servira à apprécier l'importance de la déclaration de M. Mertian de Muller sur ce qui s'est passé au château de Potsdam en novembre 1894 (j'y reviendrai tout à l'heure); elle vous servira aussi à apprécier l'importance de la lettre du 17 novembre [1] 1895, que je verserai au débat tout à l'heure. Je demandai au colonel Sandherr de mettre à ma disposition une pièce qui pût me servir de document authentique pour montrer comment le système d'espionnage était pratiqué en France par le colonel de Schwartzkoppen. Le colonel Sandherr me remit alors la pièce suivante dont je prie M. le Président de vouloir bien faire donner lecture.

Le greffier Coupois *donne lecture de la pièce suivante :*

Paris 29/12 1893, soir.

(En allemand et au crayon, de la main du lieutenant-colonel de Schwartzkoppen.)

« Cher Suskind,

« Au moment de partir je reçois la réponse de Sancy [2] au sujet du nettoyage des armes Schombin. J'emporte la chose et [3] répondrai de Berlin. Idem pour les journaux et coupures de journaux. L'homme des fortifications de la Meuse m'a laissé complètement en plan ; s'il devait venir pendant mon absence et s'il apporte quelque chose, vous pouvez sur sa demande lui donner une avance de 300 francs au maximum, sans cela pas un sou. Il faut qu'il apporte au moins : 1° le reste des forts de la Meuse; 2° les deux plans de Toul; 3° le dossier « chargeur » ; 4° le dessin de Manonvilliers; 5° le dessin de gare; 6° les fortifications de Malzéville.

« Si Lamer [4] venait, donnez-lui la même chose, mais, ne donnez

1. « 17 janvier... » (*Compte rendu revisé par le général Mercier.*)
2. « de S... » (*Ibid.*)
3. Ces quatre mots sont supprimés dans le *Compte rendu revisé par le général Mercier.*
4. « La mère... » (*Ibid.* ERRATA.)

aucune avance sans livraison. S'il vous arrivait quelque chose, donnez le dessin du chargeur à Panizzardi et envoyez-moi le tout le plus tôt possible. On pourrait peut-être envoyer pour cela [1] un courrier de cabinet à Berlin.

« Mes meilleurs vœux pour la nouvelle année. J'espère qu'elle vous apportera l'épaulette à franges et que vous resterez ici [2]. Mille amitiés et au revoir.

« Je descendrai au Kaiserhof. Tout à vous

« SCHWARTZKOPPEN. »

UN MEMBRE DU CONSEIL DE GUERRE. — Quelle date?

LE GREFFIER. — 29 décembre 1893 soir.

LE GÉNÉRAL MERCIER. — Cette lettre ne laissait subsister aucune espèce de doute. En conséquence j'allai prévenir M. le Président de la République Casimir-Perier ; je lui remis l'original de cette lettre et je le priai de bien vouloir intervenir auprès des ambassadeurs des puissances étrangères, lorsqu'une circonstance favorable se présenterait, pour obtenir que ce système d'espionnage cessât, en lui faisant observer qu'il pouvait en résulter de très graves inconvénients et que, du reste, la partie n'était pas égale, puisque nous, nous interdisions d'une façon absolue à nos attachés militaires français à l'étranger de faire de l'espionnage.

Nous avions nécessairement un système d'espionnage organisé à l'étranger, mais il était constitué par des agents spéciaux et il était interdit à nos agents de s'en occuper. M. le Président de la République me répondit que la question était délicate, qu'il tâcherait de saisir une occasion favorable [3] pour en parler au comte de Münster, ambassadeur d'Allemagne. Il me pria de lui laisser cette lettre, ce que je fis [4]. Cette lettre n'a pas reparu au ministère de la Guerre [5]. Je crois qu'elle a été égarée lorsque M. Casimir-Perier a quitté la présidence du Conseil et a pris successivement la présidence de la Chambre et la présidence de la République. Elle a été réclamée au ministère des Affaires étrangères, à M. Paléologue, elle n'a jamais été retrouvée, et il n'en existe que la copie au ministère de la Guerre. Du reste, messieurs, je ne vous surprendrai pas en vous disant que ce système d'espionnage était parfaitement connu en Allemagne, et,

1. Ces treize mots sont supprimés dans le *Compte rendu revisé par le général Mercier*.
2. Cette phrase est supprimée. (*Ibid.*)
3. « Favorable » est supprimé dans le *Compte rendu revisé par le général Mercier*.
4. Ces quatre mots supprimés. (*Ibid.*)
5. Cette phrase, depuis « *Je crois* jusqu'à: *Elle a été réclamée* » a été supprimée par le général Mercier dans le *Compte rendu sténographique revisé*.

lorsque M. de Schwartzkoppen, qui fut plus tard nommé colonel et ensuite commandant d'un des régiments de la garde impériale à Berlin, prit le commandement de ce régiment, ce régiment a été désigné dans l'armée allemande sous le nom de régiment Dreyfus. Dans ces conditions je recommandai au bureau des renseignements de redoubler de surveillance.

J'augmentai sensiblement la proportion des fonds secrets mis à sa disposition, et je le priai de me tenir au courant de tout ce qu'il pourrait saisir en fait de renseignements relatifs à l'espionnage.

A ce propos, messieurs, je vous demanderai de faire une digression.

On a voulu présenter le bureau des renseignements comme une espèce de petite jésuitière, ayant des passions religieuses ou politiques et se laissant influencer ou guider [1] par ces passions. C'est absolument inexact.

Le bureau des renseignements était composé, autant que possible, d'officiers alsaciens ou en tout cas parlant l'allemand et connaissant les armées étrangères.

Généralement, [2] c'étaient, comme je vous l'ai dit, des Alsaciens, ou bien qui avaient servi dans le 2e bureau de l'État-major, et qui y avaient acquis la pratique des armées étrangères.

La meilleure preuve qu'ils n'étaient animés d'aucun mauvais sentiment de passion religieuse, c'est qu'il entrait dans la composition de ce bureau des officiers de toutes les religions : le commandant Lauth, que le Conseil de guerre entendra, est un protestant; le commandant Burckhardt, qui était au même bureau au moment où je suis arrivé au ministère de la Guerre, était aussi un protestant; enfin M. Weil, qui appartint à une époque antérieure au bureau des renseignements, était israélite, et dans sa déposition à la cour de Cassation, il a déclaré que jamais de sa vie il n'avait été l'objet d'aucune contrariété de la part de ses camarades du bureau des renseignements relativement à sa religion.

Le bureau des renseignements me livra successivement les pièces suivantes : d'abord un télégramme auquel il a été répondu par une lettre dont le memento a été livré au ministère de la Guerre par notre agent à l'ambassade allemande. Voulez-vous, monsieur le Président, qu'on donne lecture de cette pièce? C'est une traduction, naturellement; le texte est en allemand.

1. « Ou guider » supprimé dans le *Compte rendu révisé par le général Mercier.*
2. « C'étaient des officiers qui connaissaient la mobilisation, ou qui avaient servi, etc. » (*Compte rendu revisé par le général Mercier.*)

LE GREFFIER COUPOIS *donne lecture du télégramme du 25 décembre 1893* :

« Choses, aucun signe d'Etat-major. »

Memento de la réponse (commencement de mai 1894) :

« Doute. Preuves. Lettres de service. Situation dangereuse pour moi avec un officier français. Ne pas conduire personnellement négociations. Apporter ce qu'il a. Absolu[1]. Bureau des renseignements (*ces trois mots écrits en français*). Aucunes relations avec corps de troupes. Importance seulement sortant du Ministère. Déjà quelque part ailleurs. »

LE GÉNÉRAL MERCIER. — Vous voyez, messieurs, que le colonel de Schwartzkoppen reçoit un télégramme dans lequel on semble lui reprocher que les renseignements qu'il transmet ne portent pas le caractère d'authenticité indiquant qu'ils proviennent de l'Etat-major. Il répond à cela qu'il va faire ou qu'il a fait la preuve en se faisant produire la lettre de service, mais que ces négociations sont difficiles à faire directement avec un officier français ; il ajoute qu'il vaut mieux n'avoir aucune relation avec les corps de troupe, que les documents n'ont d'importance qu'autant qu'ils proviennent du ministère; enfin il ajoute ces mots : « Déjà quelque part ailleurs », qui semblent indiquer que la personne à laquelle il fait allusion a déjà rendu des services à l'Allemagne quelque part ailleurs.

C'est une remarque qui a son importance, puisque vous savez que le capitaine Dreyfus, tout en étant poursuivi pour les faits relatifs au bordereau, est soupçonné d'avoir, en 1890, à l'École de pyrotechnie, fait la livraison de l'instruction sur le chargement de l'obus à mélinite livré à l'Allemagne et fait, en outre, livraison à l'Allemagne du secret de l'obus Robin.

Le document suivant, qui est fourni par le bureau des renseignements, est la lettre qu'on a appelée la lettre Davignon, parce que le nom du colonel Davignon y est contenu.

LE GREFFIER COUPOIS *donne lecture de la lettre Davignon ainsi conçue :*

Lettre Davignon. Janvier 1894. « Je viens encore d'écrire au colonel Davignon ; si vous avez occasion de parler de la question avec votre ami, faites-le particulièrement, en façon que Davignon ne vient pas à le savoir[2]. »

LE GÉNÉRAL MERCIER. — Vous voyez, messieurs, qu'il résulte de

1. Absolue. (*Compte rendu sténographique revisé du général Mercier.*)

2. «...de façon que Davignon ne vienne pas à le savoir. » (*Compte rendu revisé par le général Mercier.*) En outre, cette lettre, le témoin l'a donnée incomplète, il y manque la dernière phrase que voici : « Du reste, il n'y répondrait pas ; car il faut jamais faire voir qu'un agent s'occupe de l'autre. » NOTE DE L'EDITEUR.

cette lettre-là que le colonel Schwartzkoppen a, ou va avoir, un ami au 2e bureau, et que le commandant Panizzardi lui recommande particulièrement, s'il s'adresse à cet ami pour avoir des renseignements, de faire en sorte que le colonel Davignon, auquel on demande les mêmes renseignements, puisqu'il est au même bureau, ne vienne pas à le savoir. Il y a donc intérêt à ce que le colonel Davignon ne connaisse pas les relations qui existent entre le colonel Schwartzkoppen et un ami inconnu[1] qu'il a au 2e bureau. Et cet intérêt ne peut être justifié que par des relations illicites[2] avec des amis dont est le capitaine Dreyfus.

Cette lettre est du commencement de 1894 : or le capitaine Dreyfus a pris le service au 2e bureau le 1er janvier 1894, et y est resté jusqu'au 1er juillet 1894. Peu après, à la même époque, c'est-à-dire au premier trimestre 1894, on a saisi aussi une lettre du commandant Panizzardi adressée au colonel de Schwartzkoppen, dans laquelle il le prévient qu'il va avoir à sa disposition l'organisation militaire des chemins de fer français. Eh bien, cette organisation militaire des chemins de fer français ne pouvait provenir que du 4e bureau. Or, le capitaine Dreyfus avait été au 4e bureau pendant tout le deuxième semestre 1893. Cette lettre du commandant Panizzardi est du commencement de 1894.

Le capitaine Dreyfus était non seulement au 4e bureau, mais il était attaché à la section technique[3] qui était la plus importante au point de vue des transports stratégiques, et à la fin de son stage au 4e bureau on avait fait aux stagiaires une conférence sur l'organisation militaire des chemins de fer français, conférence qui ne se faisait que tous les ans à la fin du stage accompli par les officiers détachés dans ce bureau. La lettre suivante, qui me fut remise par le service des renseignements, est la lettre connue sous le nom de la lettre : « Ce canaille de D... »

La lettre est passée à M. LE GREFFIER COUPOIS *qui en donne lecture.*

16 avril 1894.

Mon cher ami,

« Je regrette bien de ne pas vous avoir vu avant votre départ ; du reste, je serai de retour dans huit jours. Ci-joint, douze plans que ce canaille de D... m'a remis pour vous. Je lui ai dit que je

1. « Inconnu » supprimé. (*Compte rendu revisé.*)
2. Le général Mercier, dans le *Compte rendu sténographique revisé*, a supprimé ce membre de phrase : « avec des amis dont est le Capitaine Dreyfus. »
3. « Technique » supprimé dans le *Compte rendu revisé par le général Mercier.*

n'avais pas l'intention de reprendre les relations. Il prétend qu'il y a eu un malentendu et qu'il ferait tout son possible pour vous satisfaire. Il dit qu'il s'était entêté et que vous ne lui en voulez pas. Je lui ai répondu qu'il était fou et que je ne croyais pas que vous voudriez reprendre les relations avec lui.

« Faites ce que vous voudrez. Au revoir, je suis très pressé. »

« ALEXANDRINE. »

LE GÉNÉRAL MERCIER. — Messieurs, on a vivement contesté que cette lettre pût être attribuée à Dreyfus. On a donné de cela différentes raisons. On a dit d'abord que le sans-gêne avec lequel la personne dont il s'agit était traitée ne pouvait pas s'appliquer à un personnage aussi utile pour les Allemands que l'était un officier de l'Etat-major général.

Je ne crois pas que cette raison puisse être bonne. Il est évident que plus la position d'un agent de trahison est élevée, plus ceux qui s'en servent doivent avoir de mépris pour lui lorsqu'il trahit son pays. Quant au sans-gêne avec lequel ils le traitent, ce sans-gêne peut être justifié par cette considération qu'ils l'ont complètement à leur discrétion et qu'ils peuvent à un certain moment le brûler, le vendre, le livrer à son gouvernement. Cette idée-là peut expliquer certains faits qui seront portés à votre connaissance; elle peut expliquer que celui qui commet une trahison de ce genre-là, non seulement prend des précautions pour pouvoir démentir dans le cas où cette trahison viendrait à être accidentellement connue, mais prend aussi des précautions extrêmement minutieuses pour pouvoir nier dans le cas où ses propres complices, ceux qui exploitent sa trahison et en profitent, viendraient [1] à être vendus et à être livrés à son gouvernement.

Une autre considération que l'on a fait valoir à l'appui de cette idée que la lettre ne pouvait être attribuée à Dreyfus, a été la déclaration que le comte Tornielli a faite à M. le sénateur Trarieux.

Eh bien, messieurs, en fait de diplomatie, je crois qu'il faut accepter avec une très grande réserve des déclarations de cet ordre. Naturellement je n'entends pas dire du mal de M. Tornielli personnellement, mais je dirai que parfois notre propre diplomatie a été obligée de faire des déclarations absolument contraires à la vérité [2]. Je vous rappellerai en outre que le comte de Münster, lors de l'af-

1. « Viendraient à le vendre ou à le livrer à son gouvernement. » (*Compte rendu revisé par le général Mercier.*)

2. Le général Mercier ajoute ici, dans le *Compte rendu sténographique revisé :* « et je serai obligé de mentionner un fait de cette nature dans la suite de ma déposition ».

faire Boutonnet, avait donné sa parole d'honneur que le traître Boutonnet n'avait pas de relations avec l'attaché militaire d'Allemagne, et que les faits sont venus lui donner un démenti. Je ne dis pas qu'il soit de mauvaise foi [1], mais il était mal renseigné. Par conséquent [2], il faut examiner avec une extrême méfiance ces démentis de la diplomatie étrangère, qui peuvent être opposés par raison d'Etat et, dussent même ces démentis venir d'une bouche impériale ou royale, je vous demanderai de ne les accepter qu'avec une extrême réserve.

Du reste, nous allons prendre la diplomatie italienne en pleine contradiction avec elle-même. Il se trouve au dossier secret une lettre de M. le commandant Panizzardi à Schwartzkoppen, lettre qui a été reçue, paraît-il, en 1894, mais qui avait été laissée de côté et qui n'est entrée dans le dossier secret qu'en 1896; car je n'ai pas connu cette lettre. En voici le texte :

Lettre de Panizzardi à Schwartzkoppen. Mars 1894.

« Le docteur m'a défendu de sortir. Ne pouvant aller chez vous demain, je vous prie de venir chez moi dans la matinée; car D... m'a apporté beaucoup de choses très intéressantes. Il faut partager le travail, ayant seulement 10 jours de temps. »

On dit donc dans cette lettre : « D... m'a apporté des choses très intéressantes. » Or, le comte Tornielli a dit, dans ses déclarations à M. Trarieux, que l'initiale D dans la lettre *ce canaille de D*... devait être attribuée à un alcoolique nommé Dubois qui effectivement avait livré certaines choses à l'Italie, mais qui n'avait jamais rien livré d'intéressant. Si donc Dubois n'a jamais rien livré d'intéressant, l'initiale D. ne peut pas s'appliquer à lui. A qui donc s'applique-t-elle? Vous voyez qu'il y a là une contradiction.

Lorsque nous avons reçu la lettre *ce canaille de D*... je soupçonnai d'abord Dubois que l'on connaissait pour donner de mauvais renseignements; il a été l'objet d'une surveillance très attentive, mais on a reconnu qu'il ne pouvait être en rien la personne indiquée dans la lettre. On a soupçonné aussi un garçon de bureau du nom de Duchet qui, lui aussi, paraissait avoir des allures un peu louches, un peu méfiantes. On a reconnu que ces allures provenaient uniquement de ce que lui aussi se trouvait souvent en état d'ébriété et que dans cet état il cherchait à éviter de se faire prendre en

1. « Lui. » (*Compte rendu révisé.*)
2. *Variante :* « Il faut mettre une extrême méfiance vis-à-vis de ces démentis. » (*Ibidem.*)

flagrant délit. Ces deux pistes ont été abandonnées et on a reconnu que l'initiale D. ne pouvait pas s'appliquer à ces deux personnages.

Il y a une raison particulière pour que, au moment où cette lettre nous est arrivée, on ait pu attribuer au capitaine Dreyfus la livraison des plans directeurs de Nice; cette raison est celle-ci: pendant le mois de mars 1894, je me suis très vivement préoccupé de la situation de la place de Nice qui en ce moment avait été divisée en trois groupes. Cette organisation ne me paraissait pas rationnelle et j'avais l'intention de mettre la question à l'étude. Du 1er au 7 avril, j'ai fait un voyage à Nice pour me rendre compte par moi-même de l'état des choses.

J'étais accompagné de M. le commandant Legrand, actuellement officier d'ordonnance de M le Président de la République; mais ce voyage n'a été connu que plusieurs jours après qu'il avait pris fin. A ce moment, pendant le mois de mars 1894 et pendant que j'étudiais la question de Nice, un très grand nombre de documents relatifs aux plans directeurs circulaient dans les divers bureaux du ministère auxquels je demandais des renseignements, notamment dans les 1er et 3e bureaux. Voici la liste des documents qui existaient au dossier de 1894 et qui existent encore au ministère de la Guerre dans un dossier comprenant les années 1894, 95 et 96. Ce sont des cartes au 20,000e, au 50,000e et au 80,000e parmi lesquelles se trouve précisément le plan directeur de Nice. Je verse ces documents aux débats. Vous voyez que le ministère de la Guerre pendant le mois de mars 1894 était richement approvisionné en documents relatifs à Nice et il était[1] naturel, puisque une fuite s'est produite, de dire qu'elle a pu partir du ministère de la Guerre.

A cette même époque, c'est-à-dire à la fin du premier trimestre 1894, des communications nous ont aussi été faites par une personne haut placée dans la diplomatie étrangère et qui était surtout très bien placée pour recueillir des renseignements près des attachés militaires étrangers; cette personne était en relations avec un de nos agents, l'agent Guénée, et voici des communications qu'elle a faites successivement à l'agent Guénée, d'abord, ensuite au commandant Henry.

Le général Mercier fait passer une pièce.

Le Président. — Toujours la même chose, versée au dossier ?

Le général Mercier. — Versée au dossier.

Me Demange. — Voulez-vous me permettre de demander à M. le

1. « Assez naturel... » (*Compte rendu revisé par le général Mercier.*)

général Mercier d'élever un peu la voix; nous ne l'entendons même pas du banc de la défense.

Le greffier Coupois *donne lecture de la pièce suivante :*

COMMUNICATIONS VERBALES DE X...

1° A l'agent Guénée, mars 1894.

« Il faut vous rappeler ce que je vous ai déjà dit au sujet des relations qui existent entre Schwartzkoppen et Panizzardi. Dites bien à ces messieurs que ces relations prennent chaque jour un caractère qui semble plus intime, et tout ce que fait l'un est immédiatement transmis à l'autre[1]; ils travaillent en quelque sorte en commun. Dites bien de ma part au commandant Henry qui pourra le répéter au colonel, au ministère de la Guerre : il y a lieu de redoubler de surveillance car il résulte de ma dernière conversation avec eux qu'ils ont dans les bureaux de l'Etat-major un officier qui les renseigne admirablement. Cherchez, Guénée ; si je connaissais le nom je vous le dirais.

2° A l'agent Guénée, au commencement d'avril.

Vous avez un ou plusieurs loups dans votre bergerie, cherchez. Je ne saurais trop vous le répéter ; je suis certain du fait.

3° Au commandant Henry, en juin 1894 :

Un officier du 2e bureau de l'Etat-major, ou ayant appartenu en tous cas à ce bureau, en mars et avril, renseigne Schwartzkoppen et Pannizardi. Je suis sûr de ce que je dis, mais je ne connais pas le nom de l'officier. Du reste, si je le connaissais, je ne vous le dirais pas.

Le général Mercier. — Ces renseignements[2] nous indiquent qu'au commencement de 1894 un de nos agents travaillait en même temps pour les gouvernements allemand et français. Il y en a un certain nombre comme cela. Cet agent, lorsqu'il recevait des demandes de renseignements à fournir[3], venait les apporter au ministère de la guerre et demandait quelle réponse il devait faire.

On lui dictait des réponses, en mélangeant un peu de vrai et un peu de faux[4] et il envoyait ces réponses au gouvernement allemand. Il était payé pour cela. A la fin de 1893, le gouvernement allemand lui a dit qu'il ne voulait plus de ses services, attendu que le gouvernement allemand constatait que les renseignements qu'il lui

1. « Tout ce qui est appris par l'un est communiqué à l'autre. » (*Compte rendu revisé.*)

2. D'autres renseignements concordaient avec ceux-là. Au commencement de 1894, etc. (*Compte rendu sténographique revisé par le général Mercier.*)

3. « A fournir » supprimé. (*Ibid.*)

4. « Et beaucoup de faux... » (*Ibid.*, ERRATA.)

donnait ne concordaient pas avec les renseignements très précis qu'il recevait du ministère de la Guerre.

Le Président. — A quelle époque?

Le général Mercier. — Ça se passait à la fin de 1893.

Vous voyez que tous ces renseignements faisaient très fortement soupçonner que des fuites se produisaient au ministère de la Guerre même. On organisa une surveillance d'abord sur le personnel inférieur, on l'organisa même sur des officiers, et le général Roget vous dira dans sa déposition qu'il a été l'objet de certaines suspicions et qu'il a été marqué un instant au crayon rouge. Mais ces recherches n'aboutirent pas et, dans tous les cas, le capitaine Dreyfus, à ce moment, ne fut aucunement soupçonné. Par conséquent, lorsque se produisit la livraison du bordereau, la surprise et l'émotion furent considérables, car, il était évident, du moment où le bordereau nous fut communiqué, que la preuve était faite et que la trahison provenait du ministère de la Guerre même. Ce bordereau nous a été remis par ce qu'on a appelé la « voie ordinaire », c'est-à-dire par notre agent ordinaire à l'ambassade d'Allemagne; il nous a été remis à la fin de septembre 1894. Je crois qu'on pourra préciser plus strictement la date, lorsque Mme Henry et le commandant Lauth déposeront devant vous. Je crois que c'est entre le 20 et le 25 septembre qu'on peut fixer cette date. Parmi cinq pièces qui ont été remises en même temps que le bordereau, il y en avait une du commencement d'août et les autres s'échelonnaient, 21-24-26 août, jusqu'au 2 septembre; il y a eu cinq pièces remises en même temps que le bordereau, six en tout. La dernière en date était du 2 septembre. La déposition de Mme Henry et la déposition du commandant Lauth vous fixeront sur la manière dont le bordereau a été remis au colonel Henry et dont il a été reconstitué par lui; il a été remis en morceaux, reconstitué par lui le soir même du jour où il lui a été remis, et il a été porté au bureau des renseignements, ou le lendemain, ou le surlendemain matin, suivant que le jour où il l'a reçu a été un samedi ou un autre jour de la semaine.

Le Président. — Je vous demande de préciser un point : l'agent qui se procurait les documents, les remettait-il directement au commandant Henry, ou y avait-il un agent intermédiaire?

Le général Mercier. — Il n'y avait pas d'agent intermédiaire, c'était l'agent lui-même qui les remettait directement au commandant Henry. Du reste, monsieur le Président, si le Conseil désire connaître ce témoin et l'interroger, je suis à sa disposition.

Le bordereau ayant été remis au commandant Henry, présenté

par lui à son chef, le colonel Sandherr et au général de Boisdeffre, nous fîmes immédiatement tirer plusieurs photographies de ce bordereau pour les répandre dans les différentes directions du ministère et les différents bureaux de l'État-major général, et y savoir si l'écriture paraîtrait s'appliquer à celle de quelques-uns des officiers de ces bureaux. Les premières recherches ne donnèrent aucun résultat; on fut assez long avant de trouver de qui il pouvait être question comme auteur du bordereau. Ce ne fut que presque à bout de recherches, que le colonel Fabre et le commandant d'Aboville purent observer une grande ressemblance entre l'écriture du bordereau et l'écriture du capitaine Dreyfus, qui avait été employé à leur bureau pendant six mois et venait précisément de quitter le ministère de la Guerre pour faire son stage, d'octobre 1894 à janvier 1895, dans un régiment d'infanterie de la garnison de Paris. On fit venir sa feuille d'inspection générale, où il y avait des mots écrits de sa main, et la ressemblance de son écriture frappa le colonel Fabre et le commandant[1].

On prit alors des pièces de comparaison, c'est-à-dire des documents de la main de Dreyfus qui existaient dans les différents bureaux de l'État-major, et tous ceux qui furent appelés à voir ces pièces de comparaison furent frappés de leur similitude avec l'écriture du bordereau. Quand on me les apporta, je fus frappé et je puis dire que je fus d'autant plus frappé, que je ressentis une impression terrible.

Les soupçons se portaient, en effet, sur un des officiers le plus en évidence de l'armée française, malgré son jeune âge. C'était un officier qui portait l'uniforme que j'ai porté moi-même pendant tant d'années et enfin qui était lui-même enfant de l'Alsace, à laquelle me rattachent personnellement tant de liens et dans laquelle j'ai passé mon enfance. Mais le crime paraissait ne pas être douteux à première vue.

Cependant, comme il s'agissait d'un fait qui intéressait au plus haut point l'armée, je me conformai à la tradition qui existait au ministère de la Guerre. Cette tradition consistait en ce que chaque fois qu'une question intéressait l'armée d'une façon importante, le ministre de la Guerre allait directement chez le Président de la République, auquel il en rendait compte personnellement avant même d'en saisir le Conseil des ministres.

Je me conformai à cette tradition. J'allai chez M. Casimir-Perier,

1. Ces trois derniers mots supprimés dans le *Compte rendu revisé par le général Mercier.*

président de la République, en lui portant le bordereau et une ou deux pièces de comparaison.

Je lui montrai les écritures; il fut extrêmement frappé comme moi de leur similitude. Je lui exposai ce que j'avais l'intention de faire et il m'approuva dans ma manière de faire [1].

C'est alors que je me rendis chez M. le Président du conseil des ministres, M. Dupuy. Nous convînmes avec lui que dans une question aussi délicate, qui pouvait intéresser la diplomatie extérieure et amener des complications et qui, d'autre part, pouvait produire une très grande émotion en France et surtout dans l'armée, nous convînmes que nous procéderions avec la plus grande discrétion et avec la plus grande réserve et que, avant d'en saisir directement le Conseil des ministres tout entier, nous formerions pour ainsi dire un petit conseil des ministres, composé des quatre ministres intéressés, c'est-à-dire du président du Conseil, ministre de l'Intérieur, du ministre des Affaires étrangères, du garde des Sceaux, ministre de la Justice, et enfin du ministre de la Guerre.

C'est, en effet, dans ce petit conseil que fut fait le premier examen de la question.

M. Hanotaux était alors ministre des Affaires étrangères. Il nous fit alors immédiatement des objections très sérieuses; il nous représenta que les relations avec les puissances extérieures pouvaient être gravement compromises, si on mettait ces puissances directement en question. Nous nous rendîmes dans une certaine mesure à ces observations; mais nous convînmes simplement que des mesures seraient prises pour éviter de nommer les puissances et de les faire intervenir directement, s'il y avait une suite judiciaire à donner à l'affaire.

Dans ces conditions, nous convînmes de faire une enquête très discrète. Je demandai un expert à M. le garde des Sceaux, qui me désigna M. Gobert, expert de la Banque de France. Je fis venir M. Gobert immédiatement et je lui montrai le bordereau ainsi que les pièces de comparaison.

A première vue, il dit que le doute [2] ne lui paraissait pas possible et qu'il croyait pouvoir affirmer que [3] le bordereau était de l'écriture de la personne incriminée. Cependant, il procéda à un examen du

1 «...il m'approuva en principe... » (*Compte rendu sténographique revisé par le général Mercier.*)

2. «...Que le doute n'était pas possible...» (*Compte rendu sténographique revisé par le général Mercier.*)

3. «...Que c'était de la main de Dreyfus. Cependant... » (*Compte rendu sténographique revisé par le général Mercier.*)

bordereau plus approfondi. Cet examen se prolongea. M. Gobert vint deux jours après et chercha à savoir le nom de l'officier, de la personne que nous soupçonnions. On refusa de le lui dire. Quelques jours après, on alla chez lui et il prévint [1] qu'il croyait savoir qui c'était, mais que son travail n'était pas encore fini.

Il croyait savoir qui c'était, et c'était possible, parce que, parmi les pièces de comparaison, se trouvait un mémoire fait par le capitaine Dreyfus sur les moyens de se procurer les fonds nécessaires au moment d'une mobilisation [2], et comme naturellement la Banque de France était un des principaux établissements qui devaient fournir des fonds, comme l'on avait été prendre des renseignements à la Banque de France, M. Gobert, expert à la Banque, avait pu se mettre en rapports avec la personne qui a donné les renseignements et pu savoir de qui il était question. Bref, M. Gobert, à ce moment, savait de qui il était question, je crois, et il refusa de se prononcer, c'est-à-dire qu'il dit que l'écriture pourrait être d'une autre personne que de la personne incriminée. C'était donc une opinion [3] neutre, dont il n'y avait pas à tenir compte.

J'ai demandé un autre expert au ministre de l'Intérieur. Il me désigna M. Bertillon. M. Bertillon procéda à une rapide expertise, et sa conclusion fut que les écritures étaient identiques. Je me décidai alors à procéder à l'arrestation de Dreyfus, mais toujours avec le plus grand secret, de manière à ne pas alarmer l'opinion avant qu'il y eût présomption suffisante, et de manière à dégager [4] aussi l'honneur de l'armée française. Cette décision fut prise en conseil restreint des ministres, comme je vous l'ai indiqué tout à l'heure, et le président du Conseil mit à ma disposition M. Cochefert. Je désignai alors, sur la proposition du général de Boisdeffre, le commandant du Paty de Clam comme officier de police judiciaire, pour faire l'enquête préparatoire, et je lui signai un ordre d'arrestation à la date du 14 octobre, en lui prescrivant de faire venir le capitaine Dreyfus sous prétexte d'inspection générale, et à son arrivée [5] au ministère de la Guerre, le lendemain

1. « Qu'il croyait savoir quel était l'auteur de la pièce soumise à expertise. C'était possible parce que, parmi les pièces de comparaison, se trouvait un mémoire, etc. . » (*Compte rendu revisé par le général Mercier.*)

2. «...Mobilisation et que, naturellement, la Banque de France entrait pour beaucoup dans les établissements qui devaient fournir des fonds, que l'on avait été prendre des renseignements à la Banque de France, et que M. Gobert, expert de la Banque, etc...» (*Ibidem.*)

3. «...Un rapport neutre ». (*Ibid.*)

4. « Ménager... » (*Ibid.*)

5. Le général Mercier, dans le *Compte rendu sténographique revisé,* a supprimé les mots: « sous prétexte d'inspection générale et à son arrivée. »

matin, de le soumettre à une épreuve qui consisterait dans la dictée que vous connaissez, et de l'arrêter si son trouble devenait évident.

L'épreuve de la dictée a eu lieu en présence du commandant du Paty de Clam et de M. Cochefert. Le trouble parut évident à ces deux messieurs. On arrêta le capitaine Dreyfus et on le tint en état d'arrestation dans un des bureaux du ministère de la Guerre. On vint me prévenir du résultat de cette épreuve. J'ai demandé même, je me rappelle, à ce moment-là à M. Cochefert : « Vous qui avez une grande habitude de ces arrestations et de voir des coupables, quelle est votre impression personnelle? Le considérez-vous comme coupable? »

M. Cochefert me répondit que son impression personnelle, autant qu'il pouvait se prononcer, était pour la culpabilité.

Je donnai l'ordre alors d'incarcérer Dreyfus au Cherche-Midi et de procéder à une perquisition chez lui. Puis le commandant du Paty de Clam et M. Cochefert se livrèrent à une enquête préalable. D'autre part, je demandai à mon collègue, M. le ministre de la Justice, de me désigner trois experts. Les trois experts en écritures désignés furent MM. Teyssonnières, Charavay et Pelletier. M. Bertillon restait aussi expert et se mettait à la disposition des trois autres pour faciliter leurs recherches par des épreuves et des agrandissements photographiques.

M. Pelletier refusa de se servir des lettres [1] que lui offrait M. Bertillon. Les deux autres acceptèrent. M. Pelletier, en outre, eut une petite histoire qui me mit un peu en défiance contre lui; se trouvant appelé en même temps à deux réunions qui devaient avoir lieu l'une pour des expertises et une autre pour je ne sais quelle affaire judiciaire, il écrivit à chacune des deux réunions, qu'étant obligé de se trouver à l'autre, il ne pouvait pas se trouver à celle dans laquelle sa présence était indispensable à l'audience. Cela me mit un peu en défiance contre lui, de sorte que quand il conclut contre l'identité de l'écriture du capitaine Dreyfus avec celle du bordereau, son témoignage nous parut un peu suspect.

Au contraire, les témoignages de M. Teyssonnières et de M. Charavay étaient formels tous les deux, et ils étaient appuyés en outre par le témoignage de M. Bertillon, qui avait continué pendant ce temps-là ses recherches, et les avait même beaucoup développées. Par conséquent, nous nous trouvions en face [2] de plusieurs expertises,

1. « De l'aide... » (*Compte rendu revisé.*)
2. « En face d'un rapport neutre de M. Gobert, de trois rapports affirmatifs, etc... » (*Ibid.*)

de trois rapports affirmatifs, de MM. Teyssonnières, Charavay et Bertillon, et d'un rapport négatif, celui de M. Pelletier.

Dans ces conditions, il y avait présomption suffisante. Cependant j'aurais préféré que l'enquête continuât deux ou trois jours, lorsque des indiscrétions furent commises, je ne sais pas par qui. Les journaux parlèrent de l'arrestation à mots couverts d'abord, puis d'une façon complètement ouverte. Il était important de ne pas laisser l'opinion publique s'égarer [1]. Je demandai alors au président du Conseil, M. Dupuy, de convoquer d'urgence un conseil de cabinet. Il se rendit à mon désir et le conseil de cabinet fut convoqué pour le lendemain, jour de la Toussaint, quoique ce fût jour de fête [2]. Dans ce conseil de Cabinet, la situation fut exposée au Conseil tout entier, c'est-à-dire à tous les ministres. Je rendis compte de la situation, des expertises, de la position de la question, et il fut décidé à l'unanimité que le capitaine Dreyfus serait à ce moment-là déféré à la justice militaire. Voici, à ce sujet, la déposition de M. le garde des sceaux Guérin, devant la Cour de cassation, dont je demande de vouloir bien donner lecture.

Le commandant Carrière, *commissaire du gouvernement.* — C'est la déposition d'un témoin qui est appelé et je pense qu'il vaudrait mieux s'abstenir de la lecture.

Le général Mercier. — On a créé une légende en disant que des dissentiments avaient éclaté, à ce moment là, à l'intérieur du Cabinet. C'est absolument inexact et, pour cela, je demanderai qu'on donne lecture d'une lettre que voici de M. Charles Dupuy, président du Conseil, et qui sera versée aux débats.

Le greffier Coupois *donne lecture de la lettre suivante:*

Chambre des Députés. Paris, le 20 octobre 1897.

« Mon cher Général,

« Vous savez que je ne m'émeus guère des dires des journaux, cependant je crois devoir mettre sous vos yeux un article du *Nouvelliste de Bordeaux* où je suis représenté comme vous ayant créé toutes sortes de difficultés dans l'affaire Dreyfus, et comme vous ayant mis dans la nécessité de faire intervenir le Président de la République pour réduire mon opposition et vaincre mon mauvais vouloir.

« Je ne sais qui peut avoir intérêt à faire dire des choses

1. Cette phrase: « Il était important de ne pas laisser l'opinion publique s'égarer, » a été supprimée dans le *Compte rendu sténographique revisé par le général Mercier.*
2. « Jour de fête, étant donnée la situation... » (*Ibid.*)

pareilles, ni quel but en poursuivent les auteurs. La seule chose qui m'importe c'est que, rappelant vos souvenirs, vous puissiez dire que loin d'entraver votre œuvre si difficile je m'y suis associé et l'ai facilitée de mon mieux.

« Personne n'a eu à intervenir, n'est-il pas vrai? pour que, sur votre demande et sans une minute d'hésitation, je convoque, le jour même de la Toussaint, une réunion spéciale du Conseil des ministres, réunion où des poursuites contre Dreyfus ont été décidées à l'unanimité. Au sortir de cette réunion, nous sommes allés tous deux en faire connaître les résultats à M. Casimir-Perier qui n'y assistait pas et qui, dès lors, n'a eu aucunement à intervenir, ni dans la discussion, ni dans la décision.

« Je ne me rappelle que ce fait entre tant d'autres, car c'est le fait essentiel, celui d'où tout le reste dépend.

« Vous me ferez plaisir en me retournant le factum du *Nouvelliste* et vous voudrez bien m'excuser de vous en avoir infligé la lecture. »

Le général Mercier. — Par conséquent, vous voyez que M. Dupuy me demande, dans cette lettre, de lui décerner un certificat d'antidreyfusisme, certificat que je me suis empressé de lui envoyer, car il le méritait complètement à cette époque [1].

Vous voyez donc que le gouvernement était complètement d'accord, que M. le Président de la République était prévenu de ce que nous faisions, vous le voyez par la lecture de cette lettre.

Le capitaine Dreyfus, à ce moment-là, a été livré à la justice militaire. Il semblerait que je doive dès maintenant procéder à l'examen des charges qui découlent du bordereau et des interrogatoires qui ont eu lieu en 1894, mais je vous demande la permission, avant de le faire, d'achever cette espèce d'historique, résumé de la question, qui vous facilitera peut-être la compréhension de tout ce que je vous dirai ensuite.

On a d'abord parlé, à ce moment-là, des négociations qui auraient eu lieu entre Dreyfus d'une part et M. le Président de la République d'autre part. Ces négociations sont mentionnées dans des rapports et des lettres dont je vous demande la permission de vous donner lecture :

Agissements de Dreyfus à l'île du Diable.

Le 7 octobre 1897, Dreyfus dit à M. le directeur [2] :

« Au moment de mon procès, j'ai, par l'intervention de Me Demange, engagé ma parole d'honneur envers le Président de

1. Cet alinéa est modifié comme suit dans le *Compte rendu sténographique revisé par le général Mercier* : « Ainsi, M. Charles Dupuy me demandait de lui décerner, pour lui et pour le cabinet qu'il présidait, un certificat d'antidreyfusisme que je m'empressai de lui donner; car il y avait entièrement droit à cette époque. »

2. « Au directeur Révillon... » (*Compte rendu revisé.*)

la République, M. Casimir-Perier, de ne jamais dévoiler l'origine de la fameuse lettre qu'on m'attribue, qui m'a fait condamner et que tous les experts n'ont pas voulu certifier être de moi.

« Mon frère est un couillon, lui et ma famille sont des couillons. Depuis si longtemps ils n'ont abouti à aucun résultat ; ils dépensent une partie de leur fortune et ils ont quatre agents[1] à leur disposition. »

Le 17 septembre 1897 :

« Je veux savoir à quoi m'en tenir sur les promesses qui m'ont été faites après ma condamnation. ».

Le 24 novembre 1898 (Lettre à M. Deniel) :

« Monsieur le gouverneur,

« Lors du premier Conseil de guerre, j'avais demandé à M. Casimir-Perier, président de la République, la publicité des débats. Après m'avoir fait donner ma parole de me soumettre à certaines conditions trop naturelles, trop légitimes, M. le président de la République me fit répondre, par l'intermédiaire de Me Demange, qu'il se confiait à ma parole et qu'il demanderait la publicité des débats. Elle ne fut pas cependant accordée. Pour quel motif ? Je l'ignore. Cette parole que j'avais donnée à M. Casimir-Perier, je l'ai tenue.

« Alfred Dreyfus. »

M. Casimir-Perier. — C'est ce qui a été publié dans les journaux, c'est la pièce à laquelle je faisais allusion et sur laquelle j'exigerai qu'on s'explique.

Le général Mercier. — Ce que j'affirme, c'est qu'à ce moment-là il n'a été aucunement question de cela, que je ne connais rien qui puisse me faire croire que M. le président de la République ait fait ce qui est mentionné dans cette lettre...

M. Casimir-Perier. — Je vous remercie de ce certificat.

Le général Mercier. — ... Que le huis clos a été demandé par le gouvernement au président du Conseil de guerre comme une nécessité de la situation politique et que je n'ai jamais entendu dire qu'un membre du gouvernement ait fait une tentative d'opposition.

Il est nécessaire que je parle ici de deux incidents qui se sont produits précisément au moment où l'arrestation du capitaine Dreyfus est devenue publique. Il y a eu l'incident de ce qu'on a appelé la dépêche Panizzardi, et ensuite il y a eu l'incident de M. Mertian de Müller. L'incident de la dépêche Panizzardi, vous le connaissez : c'est une dépêche chiffrée adressée par le commandant Panizzardi au chef d'État-major de l'armée italienne, dépêche

1. « ...Et ils ont des agents à leur disposition... » (*Compte rendu revisé.*)

chiffrée qui a donné lieu, de la part du ministère des Affaires étrangères, à deux traductions successives. Autant qu'il m'en souvienne, ces deux traductions m'ont été apportées à un jour ou deux au plus de distance. La première semblait indiquer nettement que la culpabilité de Dreyfus était bien connue du gouvernement italien; la seconde était plus vague. Lorsque la seconde traduction me parvint, je me dis : ou bien que la première était réellement inexacte, comme le ministre des Affaires étrangères me l'affirmait, ou bien que le ministre des Affaires étrangères avait des raisons extrêmement sérieuses, extrêmement puissantes, de désirer que cette dépêche ne fût pas connue du public et des gouvernements étrangers. Dans les deux cas, je jugeai que je n'avais qu'une chose à faire, c'était de ne tenir aucun compte de cette dépêche. La dépêche Panizzardi, avec sa première traduction ou avec sa deuxième traduction, n'est entrée pour rien dans le procès de 1894.

Le second incident est l'incident relatif à M. Mertian de Müller qui, je crois, est cité comme témoin, mais qui, d'après ce que j'ai lu dans les journaux, croit ne pas devoir venir [1].

Vous savez que M. Mertian de Müller, se trouvant en visite au château de Potsdam, le 2, le 3 ou le 4 novembre 1894, je crois, vit sur la table du cabinet de l'empereur un numéro de la *Libre Parole* portant le timbre du cabinet de l'empereur, et sur lequel étaient écrits au crayon rouge les mots : « *Capitaine Dreyfus ist gefangen* » : « le capitaine Dreyfus est pris. »

Eh bien, messieurs, prenons la deuxième traduction de la dépêche Panizzardi dans laquelle on dit : « si vous n'avez pas eu de relations avec le capitaine Dreyfus » et prenons ce second incident : « le capitaine Dreyfus est pris » ; n'est-il pas étrange que les deux gouvernements, avec qui précisément le capitaine Dreyfus est accusé d'avoir eu des relations, soient prévenus de cette façon? On dit simplement : « le capitaine Dreyfus », on ne donne pas d'explication, on a l'air de considérer le capitaine Dreyfus comme une connaissance, comme une personne que tout le monde connaît et sur laquelle il n'y a pas besoin de donner de détails. J'appelle toute votre attention là-dessus, et c'est précisément pour vous montrer l'importance du témoignage de M. Mertian de Müller que je vous ai indiqué tout à l'heure que l'empereur d'Allemagne s'oc-

1. «... Les journaux, ne croit pas pouvoir venir... » (*Compte rendu sténographique revisé par le général Mercier.*)

cupe souvent[1] personnellement des affaires exceptionnelles d'espionnage; il n'est donc pas étonnant qu'il ait été personnellement prévenu à ce moment-là.

On m'a fait, au mois de novembre 1894, deux reproches[2] : on m'a reproché d'abord d'avoir exprimé, dans une ou plusieurs interviews[3], ma croyance à la culpabilité du capitaine Dreyfus. Je trouve que ce reproche est puéril et qu'en définitive, puisque je déférais le capitaine Dreyfus à la justice militaire, c'est que je croyais à sa culpabilité; sans cela j'aurais été moi-même criminel de me conduire de pareille façon vis-à-vis d'un des officiers placés sous mes ordres, à qui je devais protection par cela même qu'il était sous mes ordres.

Le second reproche est plus grave : il consiste dans la communication[4] de pièces secrètes au Conseil de guerre.

La communication de pièces secrètes au Conseil de guerre a été mise en avant par la Cour de cassation comme premier motif d'annulation du jugement; elle a été basée sur deux arguments : l'un tiré de la déposition de M. Casimir-Perier devant la Chambre criminelle. Or, que dit la déposition de M. Casimir-Perier? M. Casimir-Perier dit qu'il ne se souvient pas bien si je lui ai parlé de la pièce *ce canaille de D...* avant le jugement ou après; il dit, en outre, qu'il n'a jamais compris qu'il fût question de communiquer des pièces au Conseil de guerre sans les communiquer à la défense.

Mais, alors, si M. Casimir-Perier ne se souvient pas bien de ce que je lui ai dit, si M. Casimir-Perier n'a pas compris ce que je lui ai dit, quel argument sérieux sa déposition peut-elle fournir à la Cour de cassation pour une chose aussi sérieuse[5] que la revision du procès de 1894?

D'autre part, la Cour de cassation se base sur ce que j'ai refusé de répondre[6], et elle interprète mon silence comme la reconnaissance de la communication des pièces. Cela est absolument inexact. Je n'ai pas refusé de répondre, j'ai répondu au contraire à la Chambre criminelle, courtoisement mais très nettement, que je ne

1. Le mot *souvent* est supprimé dans le *Compte rendu sténographique revisé par le général Mercier.*
2. « ... Deux reproches intéressants... » (*Idem.*)
3. Dans le *Compte rendu sténographique revisé par le général Mercier*, le membre de phrase : « dans une ou plusieurs interviews » a été supprimé.
4. « Dans la livraison de pièces... » (*Compte rendu revisé.*)
5. « Aussi grave... » (*Ibid.*)
6. Variante : « D'autre part, la Cour de cassation se base sur ce que je n'ai fait aucune réponse. » (*Ibid.*)

voulais pas répondre à cette question parce que je ne lui reconnaissais pas le droit de me la poser. J'étais le premier témoin appelé par la Chambre criminelle, et j'espérais que les considérations que je lui exposais l'amèneraient à se maintenir dans le chemin qui lui avait été tracé par M. le Garde des Sceaux, c'est-à-dire dans l'examen des faits[1] nouveaux constitués par les différences d'appréciation des experts en écriture d'une part, et par le faux Henry de l'autre. Je lui ai fait observer que M. le Garde des Sceaux ne l'avait pas saisie de la communication de pièces secrètes, quoique Mme Alfred Dreyfus lui eût demandé de saisir la Chambre criminelle de ce point-là. Par conséquent ce n'était pas par erreur, c'était volontairement que le Garde des Sceaux ne l'en avait pas saisie; je ne lui reconnaissais donc pas le droit de m'interroger là-dessus et mon silence n'était donc pas un silence sur la question; du moins on n'avait pas le droit de l'interpréter comme on l'a interprété. Je ne voulais pas répondre parce que je considérais l'œuvre de la revision comme une épreuve dangereuse infligée à notre pays et que je ne voulais même pas donner un prétexte pour lui imposer cette épreuve. Maintenant que la chose est faite, je n'ai plus aucune raison de me taire; car vous ne me faites pas l'injure de supposer que des considérations d'intérêt ou de sécurité personnelle soient de nature à m'empêcher un seul instant d'accomplir ce que je considère comme mon devoir.

Pour se rendre compte de ce que j'ai fait en 1894, il faut se rappeler exactement quelle était la situation politique à ce moment-là. M. Hanotaux l'a définie en disant dans sa déposition devant la Chambre criminelle, que la situation diplomatique devenait très délicate et qu'à un certain moment elle a été périlleuse. M. Casimir-Perier, dans sa déposition devant la Chambre criminelle, a parlé de la démarche quelque peu insolite qui avait été faite auprès de lui par l'ambassadeur d'Allemagne, M. le comte de Münster. Il a même exposé, devant la Cour, la façon quelque peu insolite aussi dont il a cru pouvoir dédoubler sa personnalité en deux personnages bien distincts : un personnage officiel se retranchant derrière son irresponsabilité constitutionnelle, derrière la raison d'État pour refuser de répondre à la question de M. de Münster; et un autre personnage privé, s'empressant de donner à M. de Münster les renseignements que comme personnage officiel il avait cru devoir lui refuser.

Mais M. Casimir-Perier n'a pas été jusqu'au bout dans sa dépo-

1. « Des deux faits... » (*Compte rendu revisé par le général Mercier.*)

sition. Il n'a pas dit que ce même jour, nous sommes restés lui, Président de la République, M. Charles Dupuy, président du Conseil, et moi, ministre de la Guerre, de huit heures du soir à minuit et demi dans son cabinet, à l'Élysée, attendant le résultat des communications télégraphiques qui s'échangeaient entre l'empereur d'Allemagne et le comte de Münster. Nous sommes restés pendant quatre heures et demie à attendre si la paix ou la guerre allait sortir de cet échange de communications.

(*M. Casimir-Perier fait un geste de dénégation. Sensation*[1]).

LE GÉNÉRAL MERCIER, *continuant*. — J'avais été prévenu, en effet, dans l'après-midi, que la situation était très grave, que M. de Münster avait l'ordre de son souverain de demander ses passeports si on ne faisait pas droit à ses réclamations.

J'étais par conséquent allé chez M. le Président de la République en donnant l'ordre au chef d'État-major, M. le général de Boisdeffre, de se rendre au ministère de la Guerre et de m'y attendre avec le nombre d'officiers nécessaires pour expédier immédiatement, si besoin était, des télégrammes prescrivant la mise en vigueur des mesures préparatoires de la mobilisation. Vous voyez, messieurs, que nous avons été à deux doigts de la guerre.

(*M. Casimir-Perier fait un geste pour demander la parole*[2]).

LE GÉNÉRAL MERCIER, *continuant*. — Ce n'est qu'à minuit et demi que M. le Président de la République m'a prévenu que M. le comte de Münster acceptait définitivement, et son souverain aussi, l'insertion d'une note assez vague et mettant les ambassades hors de cause; et c'est à cela que je faisais allusion tout à l'heure, quand je vous disais qu'il fallait ne pas prendre toujours pour argent comptant les assertions de la diplomatie, car il est certain que cette assertion n'était pas absolument exacte mais qu'elle était dictée par la raison d'État.

Eh bien ! à ce moment-là, devions-nous désirer la guerre? devais-je, moi, ministre de la Guerre, par conséquent homme du gouvernement (et gouverner c'est prévoir), devais-je désirer, pour mon pays, une guerre entreprise dans ces conditions? Je n'hésite pas à dire non, et pour plusieurs raisons : D'abord, des raisons militaires : nous étions à ce moment-là en pleine transformation du plan de mobilisation (je reviendrai là-dessus tout à

1. Cette parenthèse a été supprimée dans le *Compte rendu sténographique revisé par le général Mercier*.

2. Cette parenthèse a été supprimée dans le *Compte rendu sténographique revisé par le général Mercier*.

l'heure à propos du bordereau) ; en outre, nous savions que l'Allemagne avait commencé la transformation de ses canons à tir rapide, qu'elle était même assez avancée dans cette transformation, et je venais seulement d'obtenir du Parlement les premiers fonds nécessaires à la construction de quelques batteries pour faire une expérience en grand sur les canons à tir rapide, qui ont été mis complètement en service depuis. Nous étions, par conséquent, en état d'infériorité absolue. Au point de vue diplomatique, l'empereur Alexandre III venait de disparaître. Son successeur, l'empereur Nicolas, paraissait animé d'excellentes intentions, mais, en définitive, nous ne savions pas encore s'il ratifierait pleinement[1] les conventions militaires conclues et signées avec son prédécesseur par M. Casimir-Perier, président du Conseil et ministre des Affaires étrangères, à ce moment. Au point de vue diplomatique, nous avions une crainte, une[2] très grave incertitude devant nous ; nous ne savions pas si la Russie marcherait avec nous. Enfin, pour notre situation morale devant l'Europe, il est incontestable que les prétextes, les mobiles sous lesquels aurait commencé cette guerre, ne nous mettaient pas dans une situation avantageuse ; les premiers incidents ne faisaient pas bon effet. Il est certain que nous pouvions arguer que nous étions dans le cas de légitime défense, que, sentant le sol miné sous nos pieds, nous n'avions pas d'autres moyens que la contre-mine pour nous défendre, mais cela, ce sont des raisonnements, et, dans le déchaînement de passions et d'intérêts qu'entraînerait une déclaration de guerre entre l'Allemagne et la France, les raisonnements qu'on ferait seraient pour peu de choses, on peut dire pour rien.

Ainsi, messieurs, je devais, par intérêt, et aussi par dévouement[3] pour mon pays, faire tout ce qui était possible pour éviter la guerre.

D'autre part, devais-je laisser les juges du Conseil de guerre dans l'ignorance des charges qui pesaient sur Dreyfus ? Ces charges vous les connaissez ; ce sont différentes pièces secrètes, dont je vous ai fait donner lecture. Je vous en ai fait donner lecture pour en arriver à ce point-ci : Ces pièces constituaient, à ce moment, ce qu'on appelait le dossier secret. J'avais fait faire de ces pièces un commentaire pour mon usage personnel, et j'estimais qu'il était

1. « Pleinement », supprimé dans le *Compte rendu revisé.*

2. « ... Une crainte, une incertitude devant nous... » (*Compte rendu sténographique revisé par M. le général Mercier.*)

3. « Par intérêt national et par dévouement... » (*Ibid.*, ERRATA).

indispensable que les juges prissent connaissance de ces pièces et de ce commentaire.

Pouvais-je recourir au secret relatif du huis clos? Messieurs, je n'ai pas confiance dans les huis clos et je crois que les révélations, les publications illicites, scandaleuses, que vous avez eues dans ces derniers temps, vous ont complètement édifiés à cet égard. La presse arrive à être en possession de tout ce qu'elle veut, et elle le publie.

Ce ne sont pas les menaces du gouvernement qui l'en empêchent : voilà la vérité. Dans ces conditions, je fis ce qui avait déjà été fait dans la plupart des affaires d'espionnage, aussi bien devant les tribunaux civils que devant les tribunaux militaires; cela avait été fait notamment dans l'affaire Turpin et sans aucune protestation de la part de personne, bien que la chose eût été connue. Je mis sous pli cacheté les pièces secrètes dont je vous ai donné communication ainsi que le commentaire qui y était relatif, et je l'envoyai le deuxième jour, je crois, ou en tout cas le matin du troisième, au président du Conseil de guerre en lui faisant dire que je n'avais pas le droit de lui donner un ordre positif, mais que je lui donnais un ordre moral, sous ma responsabilité, d'en donner communication aux juges du Conseil de guerre parce que j'estimais qu'il y avait là des présomptions graves dont il était indispensable qu'ils eussent connaissance. Vous avez cité le colonel Maurel comme témoin; il vous renseignera sur ce qui s'est passé au Conseil de guerre. J'avais une déclaration écrite de lui; je ne vous la remets pas. Dans son témoignage, il vous dira lui-même ce qui s'est passé et quelle est son impression. Ce que je puis vous dire, c'est que je ne l'ai pas vu, que je ne l'ai même pas revu après le jugement. Il m'a renvoyé sous pli cacheté les pièces que je lui avais envoyées et j'ai ignoré jusqu'à tout récemment s'il en avait ou non donné communication au Conseil de guerre. Ce n'est qu'après la séance de la Chambre du 5 juin de cette année, séance où ma mise en accusation devant la Haute Cour de justice a été demandée, que je me suis cru en droit d'aller trouver le colonel Maurel et de me renseigner sur ce qui s'était fait au Conseil de guerre. Je ne l'ai su qu'à ce moment. Voilà, messieurs, la vérité sur la communication des pièces secrètes.

La condamnation du capitaine Dreyfus ayant été prononcée, le Conseil de revision ayant statué sur l'arrêt du Conseil de guerre, je considérais comme indispensable de tâcher d'obtenir du capitaine Dreyfus l'indication de ce qu'il avait dû [1] livrer à l'Allemagne,

1. « Pu... » (*Compte rendu revisé.*)

non seulement par le bordereau qui, lui déjà, donnait quelques indications précises, mais qui indiquait aussi bien nettement que ce n'était pas un acte isolé, qu'il y avait eu d'autres livraisons de pièces et d'autres trahisons commises. Je tenais, surtout au moment où nous étions en pleine élaboration du plan de mobilisation, à me renseigner autant que possible sur ce qui avait été livré par le capitaine Dreyfus. Je lui envoyai donc le commandant du Paty de Clam, le 31 décembre, avec mission de lui dire que, sa condamnation étant prononcée et définitive, je ne pouvais rien à ce point de vue, mais que le Gouvernement pouvait encore quelque chose pour l'application de la peine et qu'à ce point de vue, par exemple, pour le choix du lieu de déportation, pour la facilité qu'il pourrait avoir de l'habiter avec sa famille ou avec certaines personnes de sa famille, le Gouvernement pourrait montrer de l'indulgence si, de son côté, il voulait entrer dans la voie du repentir et s'il disait notamment au ministre de la Guerre de quels documents l'Allemagne avait été mise en possession par son fait.

Voilà la mission que j'ai donnée au commandant du Paty de Clam. Le commandant du Paty de Clam s'est acquitté de cette mission, et m'a envoyé, le 31 décembre, la lettre suivante :

Le greffier Coupois *donne lecture de la lettre suivante :*

Paris, le 31 décembre 1894.

« Monsieur le Ministre,

« J'ai l'honneur de vous rendre compte que je suis resté près d'une heure en tête à tête avec Dreyfus. Il n'a rien voulu avouer, me déclarant qu'avant tout il ne voulait pas plaider les circonstances atténuantes. Il désire partir le plus tôt possible, se faire oublier, vivre tranquille avec sa femme et ses enfants à la presqu'île Ducos. Il espère que d'ici à cinq ou six ans les choses s'arrangeront et qu'on découvrira le mot de l'énigme qu'il ne peut expliquer. Il se dit l'objet d'une fatalité : quelqu'un lui a pris son nom, son écriture, ses papiers, et s'est fait passer pour lui auprès des agents étrangers.

« En dehors de cela, il a causé tranquillement avec moi, me disant qu'il savait bien quelle était ma conviction, et qu'il ne cherchait pas à l'ébranler. Il a pris son parti de tout, y compris la dégradation, qu'il considère pourtant comme un très dur moment à passer.

« Je regrette de n'avoir pas mieux réussi dans ma mission.

« J'ai l'honneur d'être...

« Du Paty de Clam. »

Le général Mercier. — Il n'y a là qu'une expression qui puisse paraître un peu douteuse, c'est celle de : « plaider les circonstances atténuantes », je crois.

Le greffier Coupois, *citant la phrase.* — « Il ne voulait pas plaider les circonstances atténuantes. »

Le général Mercier. — Plaider les circonstances atténuantes, bien entendu, il ne s'agit pas de plaider, puisque le procès est complètement terminé. Cette expression-là ne peut avoir qu'une signification, c'est-à-dire que le capitaine ne veut pas faire de révélations qui amèneraient pour lui des atténuations de peine. Je ne crois pas qu'il y ait d'autres interprétations que celle-là. (*Murmures*[1].)

Le capitaine Dreyfus, le lendemain 1er janvier, m'adressa la lettre suivante, qui m'arriva par l'intermédiaire du gouverneur de Paris, le général Saussier :

Le greffier Coupois *donne lecture de la lettre suivante :*

Paris, 1er janvier 1895.

« Le général Saussier, gouverneur de Paris, à M. le Ministre de la Guerre. » — Cabinet du Gouverneur de Paris.

« Monsieur le Ministre,

« J'ai l'honneur de vous adresser, ci-jointe, une lettre qui m'a été transmise ouverte par M. le commandant des prisons militaires de Paris, et qui vous est destinée :

1er janvier 1895.

« Le capitaine Dreyfus, détenu à la prison militaire du Cherche-Midi à M. le Ministre de la Guerre.

« Monsieur le Ministre,

« J'ai reçu par votre ordre la visite de M. le commandant du Paty de Clam auquel j'ai déclaré que j'étais innocent, et que je n'avais même jamais commis aucune imprudence. Je suis condamné; je n'ai pas de grâce à demander, mais au nom de mon honneur qui, je l'espère, me sera rendu un jour, j'ai le devoir de vous prier de vouloir bien poursuivre vos recherches. Moi parti, qu'on cherche toujours, c'est la seule grâce que je sollicite.

« Alfred Dreyfus ».

Le général Mercier. — Vous voyez qu'il n'est aucunement question, dans ces deux lettres-là, que je croie à l'innocence du condamné, comme on a essayé de le prétendre au moment de la scène des aveux. Si j'avais fait dire au capitaine Dreyfus que je

1. Cette parenthèse est supprimée dans le *Compte rendu sténographique revisé par le général Mercier.*

croyais à son innocence ou que je croyais qu'il avait livré des documents peu importants pour en avoir de plus importants, il est évident que dans sa lettre il ne manquerait pas de faire allusion à ce fait-là. Il n'y fait pas la moindre allusion. Il dit simplement qu'il n'a jamais commis la moindre imprudence. Or, le fait de parler des imprudences qui auraient pu être commises ne vient pas de l'entrevue qu'il a eue avec le commandant du Paty de Clam. Dès le premier jour de son arrestation, on a mis ce point-là en lumière devant lui. Voici l'interrogatoire de M. Cochefert du 15 octobre 1894 :

Le général Mercier donne lecture de l'interrogatoire de M. Cochefert :

« M. Cochefert. — N'avez-vous jamais confié à quelque personne étrangère à l'armée, à une femme notamment, des notes, des documents de la nature de ceux dont nous vous parlons, et dont il aurait pu être fait un mauvais usage contre la Patrie?

« Le capitaine Dreyfus. — Jamais, je l'affirme à nouveau, je n'ai commis la plus légère faute, ni même un acte de légèreté dans le sens que vous indiquez. »

Le général Mercier, *continuant.* — Vous voyez donc que l'attention du capitaine Dreyfus s'était depuis longtemps portée sur cette question d'imprudence ou de légèreté, et ce n'est pas le résultat de son entrevue avec le commandant du Paty de Clam qui a été l'origine de cette phrase-là.

En définitive, rien dans ces lettres n'indique qu'il ait été question de la part du ministre de croire à l'innocence du capitaine Dreyfus, qu'il ait été question, de la part du Ministre, de croire à de l'amorçage pratiqué par le capitaine Dreyfus.

Et certainement, s'il en avait été question entre Dreyfus et le commandant du Paty de Clam, c'était une chose trop importante pour que, dans la lettre qu'il a écrite, il n'y eût pas fait allusion. Du reste, que signifierait l'amorçage fait par un officier français à l'étranger? Comment! un officier français va remettre des notes à un officier étranger qui lui en remettrait aussi? C'est inadmissible. L'amorçage se pratique par des gens qui reçoivent de l'argent pour cela et font ce métier à l'étranger.

J'arrive maintenant à la question des aveux. Je sais [1] que le capitaine Dreyfus a fait trois sortes d'aveux. Il y a eu les aveux en présence du brigadier Depert; je n'en parle pas. Il y a eu les aveux

1. « Vous savez que... » (*Compte rendu revisé.*)

indirects faits en présence du commandant du Paty de Clam quand il s'est écrié, quoiqu'il n'ait jamais été question d'attachés militaires dans le procès de 1894 : « Ces deux attachés militaires, je voudrais leur planter un poignard dans la tête [1]. »

Enfin, il y a eu les aveux devant le capitaine Lebrun-Renault; le capitaine Lebrun-Renault est cité en témoignage; il vous expliquera lui-même ce qui s'est passé; ce que je puis vous dire c'est qu'aussitôt que j'ai appris par la presse les aveux qu'on attribuait au capitaine Dreyfus j'ai fait venir le capitaine Lebrun-Renault. Il vint chez moi le lendemain de la scène de la dégradation. Je lui fis répéter exactement ce qu'il avait entendu, ce qui s'était passé. Il vous le dira lui-même; je n'insiste donc pas là-dessus, mais j'insiste sur le fait que le résultat de ce qu'il m'a dit a été de me donner la conviction complète que les aveux avaient été faits. La preuve que cette conviction était complète de ma part est que je jugeais que la chose valait la peine d'être portée immédiatement à la connaissance de M. le Président de la République et de M. le président du Conseil, et que je donnais l'ordre à M. le capitaine Lebrun-Renault de se rendre immédiatement chez eux. M. Lebrun-Renault vous dira de quelle façon peu agréable il a été reçu par l'entourage de M. le Président de la République et ce qui s'est passé. Mais M. le Président de la République a dit devant la chambre criminelle que je lui avais envoyé M. Lebrun-Renault pour qu'il le réprimandât de son indiscrétion. La mémoire de M. le Président de la République l'a sans doute trompé; mais en tout cas, vous, officiers, vous ne pouvez ignorer que moi, ancien ministre de la Guerre, si j'ai un reproche à faire sur un acte de discipline, j'ai autorité, j'ai qualité pour le faire moi-même et vous ne pouvez pas penser un seul instant que je puisse faire intervenir la haute personnalité de M. le Président de la République. J'ai envoyé M. Lebrun-Renault au Président de la République et au Président du Conseil pour leur répéter la scène des aveux. Or, cette scène extraordinaire ne leur a pas été répétée, pourquoi? Parce que M. le Président de la République et M. le Président du Conseil, encore sous l'émotion très vive de la scène que je vous ai racontée et des menaces de guerre imminente avec l'Allemagne, étaient hypnotisés...

(M. Casimir-Perier proteste et se lève à demi pour demander la parole [2].)

1. « Dans la gorge. » (*Compte rendu revisé.*)
2. Cette parenthèse est supprimée dans le *Compte rendu sténographique revisé par le général Mercier.*

Le général Mercier, *continuant.*— ... par ces questions, et qu'ils voulaient à toute force étouffer des aveux dans lesquels le nom de l'Allemagne était prononcé. Je dois reconnaître que ces aveux, à ce moment-là, tout en donnant une satisfaction morale à ceux qui les entendaient comme le Président de la République, n'avaient aucune utilité extérieure ni intérieure. A l'extérieur ils pouvaient nous créer de très grandes difficultés; à l'intérieur ils ne nous étaient d'aucune utilité ; car le gouvernement à ce moment-là n'était pas attaqué par ses adversaires comme ayant montré trop de sévérité vis-à-vis du capitaine Dreyfus. Il était attaqué en particulier par M. Jaurès...

(*M. Jaurès se lève pour protester et fait de vives dénégations* [1].)

Le général Mercier, *continuant.* — ... qui je crois est en ce moment ici et par M. Millerand, le ministre actuel, le membre du cabinet actuel, pour n'avoir pas fait fusiller le capitaine Dreyfus; et dans la séance de la Chambre où cette attaque a eu lieu, M. Jaurès a été expulsé *manu militari* de la Chambre pour la violence de ses attaques; et dans cette même séance, j'ai déposé un projet de loi sur l'espionnage et la trahison punissant de mort ces deux crimes [2], projet qui depuis lors en est encore là. Vous voyez donc que ces aveux n'avaient pas d'importance à ce moment; comme la loi sur la revision n'était pas encore votée, on n'en a pas fait dresser un procès-verbal régulier parce qu'ils ne paraissaient devoir être d'aucune utilité judiciaire.

Voici maintenant, comme épilogue de ce récit, une lettre du comte de Münster au colonel Schwartzkoppen, écrite de Berlin le 17 janvier 1895.

Je prie M. le greffier d'en donner lecture.

Le greffier Coupois *donne lecture de la lettre suivante :*

Lettre du comte de Münster au colonel Schwartzkoppen écrite de Berlin le 17 janvier 1895, le lendemain de la démission de M. Casimir-Perier.

« En ce qui concerne Dreyfus, on est tranquille [3]; on finit tout de même par trouver que j'ai bien agi. Ce qui dernièrement a pu mettre l'Empereur en colère à propos de cette question, nul ne le sait ici, pas même Hohenlohe... »

Il y a plusieurs mots rayés.

Le général Mercier. — Cette traduction est un peu trop libre

1. Cette parenthèse est supprimée dans le *Compte rendu sténographique revisé par le général Mercier.*

2. « Ce dernier crime... » (*Ibid.*)

3. « On est tranquillisé... » (*Ibid.*, errata.)

et je l'ai fait remplacer par une traduction littérale et exacte. Elle n'est peut-être pas très française, mais c'est bien exact.

Le greffier Coupois, *lisant*. — ... « C'est probablement un nigaud, un dandy d'aide de camp qui aura jasé, c'est peut-être un dandy d'aide de camp, de ceux qui ne savent rien en dehors de leurs brandebourgs, peuvent et doivent deviner comme cela a transpiré dans le monde[1]. »

Le général Mercier. — Vous voyez que cette phrase est un peu embrouillée; mais en définitive, il y a la révélation d'un fait qui s'est passé entre l'empereur d'Allemagne, le comte de Münster et le colonel Schwartzkoppen, qui n'est connu de personne à Berlin, pas même de Hohenlohe, comme le dit la lettre, fait qui a motivé un violent accès de colère de l'Empereur, et tout cela à propos de l'affaire Dreyfus. Vous voyez bien que l'affaire Dreyfus était pour beaucoup dans ce qui s'est passé à ce moment à la cour d'Allemagne et quoiqu'il y ait là un mystère qui ne nous est pas tout à fait expliqué, vous voyez qu'on y connaissait l'affaire Dreyfus. On s'y intéressait vivement; on y prenait une très grande part, et il s'est produit des faits très graves à ce moment.

J'ai quitté le ministère précisément à cette époque-là, le cabinet dont je faisais partie ayant été renversé le 14 janvier et j'ai cessé mes fonctions de ministre de la Guerre, le 27 janvier.

A partir de cette époque, je suis resté absolument et complètement étranger à tout ce qui s'est passé au ministère de la Guerre. Je dois cependant vous signaler une chose, c'est qu'au commencement de juin 1894, j'étais prévenu par mon successeur le général Zurlinden que je ferais bien de m'abstenir d'aller à une invitation que j'avais acceptée d'un ancien officier nommé M. d'Orval[2]; je fus prévenu confidentiellement que cet officier était soupçonné de trahison. Naturellement, je me rendis au désir du général Zurlinden et je m'intéressai après aux suites de cette affaire; je sus que M. d'Orval avait été, sur les instances de M. Grumbach, de la Sûreté, l'objet d'une très grande suspicion et avait été soupçonné de trahison vis-à-vis de l'étranger.

Ces soupçons-là continuèrent jusqu'en novembre 1895; ils passèrent ensuite à une autre personne, M. le commandant Donin de

1. « Peut-être un dandy d'aide de camp (de ceux qui, dans leur futilité, ne savent rien en dehors de leurs brandebourgs), peut et doit deviner comment cela a transpiré dans le monde. » (*Compte rendu sténographique revisé par le général Mercier.*)

2. Le général Mercier, dans le *Compte rendu sténographique revisé*, orthographie le nom de M. d'Orval avec un D majuscule: Dorval.

Rozières, et enfin à un autre officier M. le capitaine Dervieux. Voilà donc trois personnes dont le nom commence par un D et qui ont été successivement l'objet de suspicions et de surveillances qui du reste n'ont abouti à aucun résultat. Ce n'est qu'en avril 1896 que les recherches se sont définitivement fixées sur le commandant Esterhazy.

Vous voyez qu'on commençait dès la condamnation de Dreyfus à chercher à lui substituer un autre coupable[1] et qu'on cherchait d'abord, probablement en raison de l'initiale D qui se trouve plusieurs fois dans le dossier secret, à lui substituer trois personnages dont le nom commençait par un D. Ce n'est qu'ensuite, en 1896, qu'on s'attacha à la piste Esterhazy et que la campagne commença alors, en grand, à coups de millions, comme vous le savez.

Je tiens à cet égard à vous dire un propos que le général Jamont m'a autorisé à répéter devant vous. Ayant été voir M. de Freycinet, le lendemain du jour où il quittait le ministère de la Guerre, M. de Freycinet lui dit : « Le gouvernement dont je faisais partie et que je quitte sait que 35 millions sont venus rien que d'Allemagne et d'Angleterre pour soutenir l'effort[2] de la campagne dreyfusiste. »

Si vous voulez bien me le permettre maintenant, je prendrai quelques minutes de repos.

Le Président. — L'audience est suspendue, elle sera reprise à 10 heures.

(*L'audience est suspendue à 9 heures 40 ; elle est reprise à 10 heures.*)

Le général Mercier. — J'arrive maintenant à l'examen des charges proprement dites qui pèsent sur le capitaine Dreyfus, et en particulier à l'examen du bordereau.

Je diviserai cet examen en deux parties, l'examen technique et l'examen cryptographique.

Je vous demande la permission, monsieur le Président, d'avoir le bordereau sous les yeux.

Le premier examen d'ensemble peut déjà donner quelques indications sur son auteur. Les expressions comme : note, formation, plans nouveaux, indiquent tout de suite quelqu'un qui est au courant des habitudes et des usages du Ministère. Au ministère, tout ce qui se fait par échange de communications d'un

1. « Attribuer cette trahison à un autre coupable et qu'on chercha d'abord... » (*Compte rendu revisé.*)

2. « L'effet... » (*Ibid.*)

bureau à un autre, d'une direction à une autre, toute transmission de renseignements au ministre porte le nom de note.

Quant au mot formation, je le discuterai en détail tout à l'heure; c'est aussi un mot employé d'une façon courante au ministère pour désigner l'affectation et la répartition des unités tactiques au moment de la mobilisation.

Il est donc employé dans un sens différent très différent même de celui qui est employé dans les régiments [1].

Enfin, l'expression plan nouveau, mot technique pouvant permettre d'élaborer un nouveau plan de concentration. Ce n'est pas un prochain plan, c'est toujours le « plan nouveau ». C'est comme cela qu'il est désigné [2].

Ces trois expressions semblent désigner tout de suite un officier appartenant au service de l'État-major. Cette opinion est corroborée par les indications du bordereau, puisque trois sur cinq des questions qui y sont mentionnées sont du ressort des bureaux de l'Etat-Major général.

Une autre indication qu'on peut en tirer c'est que la note est écrite par un officier d'artillerie. Il y a encore là une expression très significative, c'est quand on dit que le ministère de la Guerre en a envoyé un certain *nombre fixe dans les corps.*

Dans les corps, un officier d'artillerie seul peut parler comme cela quand il s'agit de régiments d'artillerie. Si c'eût été un officier d'une autre arme il aurait dit : « dans les *corps d'artillerie* ou dans les *régiments d'artillerie.* » Cette expression indique donc très nettement qu'il s'agit d'un officier d'artillerie, que c'est un officier d'artillerie qui est l'auteur du bordereau.

Cette opinion est, du reste, corroborée en ce sens que trois des documents sur cinq concernent le service de l'artillerie. Je sais que cette opinion a été combattue par le général Sebert et par le commandant Hartmann, qui ont prétendu qu'un officier d'artillerie n'aurait pas dit « le canon de 120 », il aurait dit « le canon de 120 court » ; n'aurait pas dit « le frein hydraulique », mais aurait dit « le frein hydropneumatique »; n'aurait pas dit que la pièce s'est conduite de telle façon, mais aurait dit « s'est comportée ». Je crois que pour des officiers très distingués d'ailleurs comme le général Sebert et

1. Cet alinéa est supprimé dans le *Compte rendu sténographique revisé par le général Mercier.*

2. Cet alinéa est modifié comme suit dans le *Compte rendu sténographique revisé par le général Mercier :* « Enfin l'expression « plan nouveau » est couramment employée au ministère, à l'exclusion de toute autre, pour désigner un plan de concentration en cours d'élaboration. »

comme le commandant Hartmann, mais qui sont surtout des officiers de bureau, nourris dans le sérail de la nomenclature, cette objection peut avoir de la valeur; mais non pour des officiers de régiment, pour des officiers de service. Il arrivera à chaque instant qu'ils emploieront l'expression « hydraulique » au lieu de « hydropneumatique », « canon de 120 » au lieu de « canon de 120 court », surtout quand il s'agit de batteries de campagne; il ne peut pas y avoir le moindre doute que ce soit du 120 court qu'il est question, et il n'est pas besoin de préciser. Quant à dire qu'une pièce s'est conduite ou comportée de telle façon, c'est absolument la même chose, c'est une affaire de préférence.

L'autre indication que l'on peut retirer du bordereau est que si le bordereau a été fait par un officier du ministère, il a probablement été fait par un officier qui a passé par les divers bureaux du ministère; parce que les documents qui y sont mentionnés et qui émanent du ministère émanent de différents bureaux. Ainsi la note sur Madagascar émane ou du deuxième bureau ou du troisième; la note sur les formations émane ou du premier bureau ou du troisième, et la note sur les troupes de couverture émane du premier bureau ou du quatrième. Cela est évident pour qui connaît la répartition du travail dans l'intérieur du ministère, et cela saute aux yeux. Vous voyez donc que les quatre bureaux sont atteints par les trois documents qui proviennent évidemment du ministère, et qui sont mentionnés au bordereau; il y a donc des chances pour qu'ils émanent d'un officier ayant passé par les quatre bureaux, par conséquent d'un stagiaire.

Voilà quelques indications d'une manière générale; il y en a d'autres qui deviennent déjà plus personnelles; ce sont certaines locutions. Je vous en signale trois. D'abord, au sujet du manuel de tir, le bordereau dit : « Ce dernier document est extrêmement difficile à se procurer. » Cela n'est pas français. On aurait dit en français : « Il est extrêmement difficile de se procurer ce document. » Mais l'expression employée dans le bordereau est une expression commerciale et industrielle; on dit couramment dans le commerce et l'industrie : tel article est difficile à se procurer. Il n'est pas surprenant qu'une tournure vicieuse[1] de ce genre-là se soit trouvée sous la plume du capitaine Dreyfus, qui, par son éducation et par ses habitudes de famille, appartient à l'industrie.

Autre locution : « à moins que vous ne vouliez que je le fasse

1. « Une tournure de ce genre... » (*Compte rendu revisé.*)

copier in-extenso et ne vous en adresse la copie. » Le français correct serait : et que je vous en adresse la copie. Or ce « ne » se retrouve dans des lettres du capitaine Dreyfus ; Me Labori, dans l'audience du 21 février 1898, a lu une lettre datée du 5 décembre 1897, où se trouve cette phrase : « Mais ce dont je n'ai pas le droit de douter, c'est que tous les concours ne me soient donnés et que cette œuvre de justice et de réparation ne se poursuive et ne s'accomplisse. » Voilà le même mot par superfétation ; ce mot n'est pas français ; mais c'est une habitude de langage ; en français on dit : « je doute qu'il vienne » ou bien « je ne saurais douter qu'il vienne ».

Voici une autre expression encore plus significative : M. Havet lorsqu'il a déposé en faveur du capitaine Dreyfus au procès Zola, a critiqué l'expression : « Sans nouvelles m'indiquant que vous désirez me voir, je vous adresse cependant... etc. » Un lettré comme Dreyfus, dit M. Havet, ne se permettrait pas une expression aussi incorrecte que celle-là. Or, dans la lettre du 27 mai 1895, mentionnée dans la brochure de M. Bernard Lazare, à la page 300, on lit ceci : « Quoique sans nouvelles depuis mon départ de France, j'espère cependant qu'au moment où tu recevras cette lettre... » Il y a là une locution absolument conforme à celle du bordereau, locution signalée par M. Havet comme ne pouvant pas se trouver sous la plume de Dreyfus.

Voilà donc trois locutions qui portent une marque personnelle, et qui donnent déjà une présomption pour que le bordereau soit l'œuvre du capitaine Dreyfus. Remarquez, en outre, que ce bordereau, comme je l'ai dit tout à l'heure, n'est pas le premier acte de trahison. Il y a eu des trahisons [1] antérieures. Celui qui écrit ce bordereau sait très bien que la personne à qui il s'adresse a confiance dans ce qu'il envoie ; aussi ne se donne-t-il pas la peine d'envoyer des documents authentiques, ce qui serait dangereux, et préfère-t-il envoyer des notes rédigées par lui-même ; car il sait que sa position le met à même d'envoyer des notes dans lesquelles on peut avoir toute confiance. Remarquez en outre que c'est un professionnel de la trahison, qu'il n'en est pas à son coup d'essai.

M. Casimir-Perier a dit dans sa déposition que je lui avais dit que les documents énumérés au bordereau étaient sans importance. C'est une erreur de mémoire de M. Casimir-Perier. Je n'ai pas pu lui dire cela, parce qu'il est évident pour tout le monde que certains de ces documents, par exemple celui relatif aux troupes de couver-

1. « Livraisons... » (*Compte rendu revisé.*)

ture, sur lequel je reviendrai en détail tout à l'heure, sont des documents de la première importance. D'ailleurs vous entendrez comme témoin M. le lieutenant-colonel Bertin-Mourot; il vous mentionnera que le jour même de la condamnation, avant qu'elle ne fût prononcée, pendant que se faisaient les plaidoiries, il vint me trouver, tout ému, de la séance du conseil de Guerre pour m'en faire part; il était employé au quatrième bureau, le bureau des transports stratégiques, et il me fit part de son énorme inquiétude en présence de ce qui se passait au Conseil de guerre et de la conviction qu'il avait de la culpabilité de Dreyfus.

Il me dit :

« Des choses de la première importance ont été livrées à l'Allemagne par le capitaine Dreyfus; était-on en mesure d'y parer? »

Je jugeai même la chose assez importante pour envoyer le commandant Bertin-Mourot à M. le Président de la République pour lui faire part de ses inquiétudes et pour le tenir au courant de ce qui nous préoccupait.

M. le commandant Bertin dans sa déposition vous rapportera son entretien avec M. le Président de la République[1].

D'une manière générale, messieurs, lorsque le capitaine Dreyfus a été interrogé en 1894, (je crois que cela a été la même chose cette année-ci), il a nié tout ce qui, dans le bordereau, pouvait être un grief contre lui : il nie avoir eu connaissance de la pièce de 120 dont il a eu connaissance à Bourges; il nie avoir eu connaissance du projet de manuel de tir qu'il a eu entre les mains; il nie avoir eu connaissance d'autres choses encore dont il a eu connaissance. Il y a là un système de dénégations générales et universelles. Je tiens à faire remarquer la contradiction qui existe entre ce système général de dénégations et les conclusions que la défense a tirées de certains témoignages comme ceux du général Sebert, du commandant Hartmann et du commandant Ducros, le système de ces témoins consistait au contraire à dire que les documents dont on attribue la livraison au capitaine Dreyfus étaient dans les mains de tous, tout le monde les connaissait. Mais il aurait été le seul à ne pas les connaître! pourquoi donc le soupçonner, lui en particulier, d'avoir livré ces documents?

Il y a là une contradiction que je soumets à votre apréciation.

A ce sujet, je veux d'abord établir devant vous que le capitaine Dreyfus était un officier extrêmement chercheur, extrêmement

1. Cet alinéa a été supprimé dans le *Compte rendu sténographique revisé par le général Mercier.*

intelligent, très au courant de tout et qui, partout, se procurait des renseignements, même en dehors de ce qui concernait son service spécial. Vous recevrez à cet égard la déposition du capitaine Junck qui vous dira comment il lui voyait tracer des graphiques de la concentration des armées; vous recevrez aussi la déposition du commandant Duchâtelet qui vous dira les questions qu'il lui posait sur le timbre rouge. Je n'insiste pas sur les dépositions que vous recevrez de première main des témoins eux-mêmes. Il y en a une cependant sur laquelle je veux appeler votre attention : c'est celle du général Roget qui vous dira qu'à un dîner de voyage dÉ'tat-major à Charmes, le capitaine Dreyfus, dans le courant du dîner, a parlé des expériences qui se faisaient dans les commissions d'artillerie et en a parlé d'une façon si compétente et si intéressante, qu'il a tenu le dé de la conversation jusqu'à la fin du dîner, et qu'à l'issue du dîner le général de Miribel s'est promené seul en tête à tête avec lui pour continuer cette conversation.

Vous voyez donc que le capitaine Dreyfus était admirablement au courant des expériences d'artillerie qui se faisaient et cela aura son utilité lorsqu'il s'agira tout à l'heure du canon de 120.

Mais, voici d'autres témoignages qui ne seront pas apportés directement devant vous.

Par exemple celui du général Vanson. M. le Président du conseil de Guerre a interrogé dernièrement le capitaine Dreyfus sur ce qui s'était passé à une conférence faite par le général Vanson. Le capitaine Dreyfus a nié complètement — à en juger par la publication faite par les journaux — avoir aucun souvenir de cette conférence.

Voici le récit complet fait de la main du général Vanson que cette conférence a eu lieu. C'est un peu long à lire.....

Le Président. — Il faut le lire.

Le greffier Coupois donne lecture de la lettre suivante :

« Paris, 16 juin 1899.

Le général Vanson, directeur du Musée historique de l'armée à M. le général Mercier, ancien ministre de la Guerre.

« Mon général,

« Vous m'avez fait hier l'honneur de me demander de vous remettre une note, précisant mes souvenirs sur un fait à moi personnel, que vous avez cité dans une de vos dépositions d'après le dire d'un de mes amis. J'ai été déjà, l'an dernier, interrogé sur ce fait, par le général Gonse, sous-chef d'Etat-major général de l'armée. De mon récit, il avait conclu comme moi que le fait ne constituait pas la preuve d'un acte de trahison de la part de l'accusé Dreyfus; et cette conclusion me préserva de comparaître dans cette singulière affaire si ténébreuse.

« Aujourd'hui, en présence des attaques dont vous êtes l'objet comme ancien ministre de la Guerre, il est de mon devoir de mettre à votre disposition tout ce que je sais sur l'incident dont il s'agit. Je crois même devoir vous dire aussi les impressions qu'il m'a laissées.

« Au printemps de 1893, étant à la retraite depuis 1887, je reçus à Nancy une lettre du 21 avril, me rappelant à Paris pour y diriger un exercice d'Etat-major sur la carte, organisé par le général de Miribel, et qui eut lieu au ministère de la Guerre du 12 au 18 mai. J'avais à cette époque une lettre de service pour être, en cas de mobilisation, chef d'État-major d'une armée de réserve, et il s'agissait d'étudier en détail la concentration et les premières marches de cette armée sur les bases du plan alors en vigueur.

« L'État-major de l'armée et ceux des différents corps d'armée et divisions étaient représentés par un certain nombre d'officiers brevetés, affectés pour la plupart, comme moi, aux emplois correspondants lors de la mobilisation. Un excellent officier, M. le colonel Bardol, mort récemment, chef d'Etat-major du 9e corps, et qui fonctionnait, au moment dont je parle, comme chef du 3e bureau de l'Etat-major de l'armée, m'était adjoint, et avait préparé l'exécution de cet exercice d'Etat-major. Le capitaine d'artillerie breveté Dreyfus, alors stagiaire à l'Etat-major général de l'armée, faisait partie du petit groupe d'officiers de cet État-major représentant celui de l'armée de réserve en question. Il fut chargé par moi, sur la proposition motivée du lieutenant-colonel Bardol, du service des chemins de fer et des étapes. Ce groupe particulier travaillait plus directement sous mes yeux. Pour les réunions générales, le lieutenant colonel Bardol avait, en qualité de chef du 3e bureau, apporté et disposé sur une longue table une vaste carte au 1/80000, rassemblée *ad hoc*, et où se voyait figuré l'ensemble des débarquements du principal groupe d'armées, pour une guerre avec l'Allemagne.

« Cette carte était remportée chaque jour au 3e bureau. Il ne m'appartenait pas de censurer ou de restreindre les méthodes d'instruction de l'Etat-major de l'armée, méthodes beaucoup plus libérales assurément que celles en usage lorsque j'étais moi-même chef du 2e bureau[1].

(*Le greffier Coupois, qui éprouve une grande difficulté à lire le texte exact de cette lettre, croit lire les mots suivants :*)

« ...Lorsque j'étais moi-même chef du 2e bureau, et, comme tel... affirmant... de toute connaissance du plan général. Mais cette carte, contenait (*le greffier Coupois se reprend*), contenant de si graves révélations, ne cessa de fixer mon attention.

« Bien entendu, j'avais, au début de l'exercice, fait remarquer aux officiers placés momentanément sous mes ordres combien les documents qui leur étaient communiqués étaient importants et essentiellement confidentiels. Je me souviens même de leur

1. «... du deuxième bureau, et, comme tel, privé de toute connaissance du plan général » (*Compte rendu sténographique revisé par le général Mercier.*)

avoir dit qu'au sortir de nos séances ils devaient pour ainsi dire les oublier, en ce qui concernait tout au moins le secret du déploiement stratégique. Je pensais d'ailleurs, je l'avoue, que de semblables recommandations, que je rappelais pour le principe, étaient au fond superflues pour de véritables officiers d'État-major qui devaient connaître leur métier et leurs obligations morales. A la fin d'une de nos séances, en présence de plusieurs officiers du groupe central, restés à travailler chacun de leur côté, j'aperçus le capitaine Dreyfus, placé par rapport à moi à l'extrémité opposée de la longue table sur laquelle était établie la carte de déploiement, et qui paraissait prendre des notes sur cette carte. Je lui fis aussitôt à très haute voix : « Que faites-vous donc là, capitaine Dreyfus? » Il me répondit du ton le plus naturel : « Je prends les points de rassemblement. » Et, comme je m'exclamais en lui rappelant mes recommandations, il ne s'excusa qu'en disant : « C'est tellement intéressant, mon général! » En même temps il déchira et jeta le papier sur lequel il avait commencé à écrire les noms des principales localités.

« Il ne peut avoir oublié, lui, cet incident. Le fait que cet officier commettait cette grave indiscrétion en public et même sous mes yeux me parut exclure toute intention coupable car, dans le cas contraire, il aurait probablement cherché à dissimuler son acte et en tous cas, avec l'excellente mémoire dont il était doué et avec sa connaissance de la frontière, il ne lui était certainement pas impossible de retenir le dispositif général du déploiement, de manière à l'écrire au sortir de la séance.

« De même par son service dans les différents bureaux d'État-major de l'armée, il pouvait retenir et s'assimiler les renseignements les plus importants sur la durée de la mobilisation et de la concentration.

« Telles sont les observations que je fis à M. le général Gonse lorsqu'il me demanda de lui raconter l'incident, et elles déterminèrent notre commune conclusion. Mais, tout naturellement, ce trait particulier qui indiquait une tendance d'esprit toute spéciale, me revenait à la mémoire toutes les fois que j'entendais parler de l'accusé.

« Il en résulte que je le racontai plusieurs fois, et c'est ainsi qu'il s'ébruita lors du procès, chacun s'efforçant de savoir la vérité.

« Dans le même ordre d'idées, je crois devoir, mon général, compléter la présente note par certaines observations contemporaines du fait dont il s'agit.

« En me présentant les noms des quatre officiers d'État-major de l'armée, dont il se proposait de former mon Etat-major, M. le lieutenant-colonel Bardol m'avait prévenu que le capitaine Dreyfus, choisi pour le service des étapes, avait éveillé l'attention de quelques officiers, par ses investigations répétées, « jointes peut-être, » disait le colonel, « à ce qu'il était israélite », mais il ajouta que personnellement il n'accordait pas d'importance à ces impressions ou préventions toujours bien fâcheuses.

« Je répondis que je ne pouvais pas considérer comme suspect un officier admis à l'État-major de l'armée, et que la question religieuse devait être écartée avec le plus grand soin quant aux nombreux israélites servant dans notre armée. Celui-là étant instruit et travailleur me paraissait donc bien choisi pour la question compliquée de la direction des étapes. Toutefois j'étudiai plus particulièrement le capitaine Dreyfus pendant les quelques jours que dura l'exercice et, peut-être, à la vérité, sous l'influence des confidences que j'avais reçues, je crus apercevoir dans son attitude générale une certaine raideur. J'eus même occasion de constater une amertume peu dissimulée dans les appréciations comparatives qu'il se laissa aller à formuler un jour, sur les deux armées française et allemande, appréciations peu convenables dans la bouche d'un officier en service, mais que je m'attachai simplement à réfuter en opposant mon expérience assez longue des deux armées à la sienne, qui ne datait que de nos revers.

« Quoi qu'il en soit, le capitaine Dreyfus me laissa l'impression d'un officier instruit et sérieux, bien qu'assez étranger à l'ancien esprit de notre armée, et, afin qu'il ne se crût point mis à l'index, je lui dis en le remerciant de son travail que, le cas échéant, je le verrais encore avec plaisir sous mes ordres.

« Je n'ai plus eu, depuis le printemps 93, l'occasion d'entreren rapport avec l'accusé. Je ne l'avais jamais vu auparavant, et c'est tout ce que je puis dire sur son compte. »

Signé : « Général Vanson. »

Le général Mercier. — Je n'attache pas plus d'importance qu'il ne convient au récit qui figure dans cette pièce et qui indique, non pas un acte de trahison, mais un acte d'indiscrétion allant jusqu'à la désobéissance. J'ai tenu cependant à apporter cette pièce, parce que, dans son interrogatoire, le capitaine Dreyfus a nié formellement le fait.

Le capitaine Junck vous parlera des facilités qu'avait le capitaine Dreyfus à dessiner des graphiques relatifs à la concentration.

Voici un autre témoignage qui corrobore le précédent. C'est celui du capitaine de Pouydraguin qui a été camarade de Dreyfus au 4e bureau. La lettre contient une erreur de date, il faut lire 1894 au lieu de 1896.

Le greffier Coupois *donne lecture de la pièce suivante :*

« Dans le premier mois du premier semestre de 1896...

Le général Mercier. — 1894...

Le greffier Coupois — ...les six stagiaires attachés au 3e bureau, dont je faisais partie, travaillaient dans une petite salle située sous les combles des bâtiments de la bibliothèque au-dessous du 2e bureau. Cette salle est occupée actuellement par les archivistes et les secrétaire du 3e bureau.

« Dans le courant du premier trimestre de cette année, le capitaine Dreyfus, qui faisait partie de l'autre série des stagiaires, alors au 2e bureau, étant venu dans la salle où je me trouvais, la conversation est venue à s'engager sur la concentration des armées françaises à la frontière de l'Est, concentration que nous connaissions tous, au moins dans les grandes lignes.

« Le capitaine Dreyfus, entre autres[1], critiquait les dispositions prises et, prenant un morceau de fusain qui traînait sur la table, se mit à dessiner à l'appui de ses dires, en quelques traits, sur une carte des chemins de fer fixée au mur, la position générale de nos armées. La conversation étant finie, et Dreyfus sorti, j'ai remarqué que le tracé au fusain était resté sur la carte; je me suis levé pour l'effacer avec la paume de ma main en faisant la réflexion mentale que, même sans une autre indication, il était imprudent de laisser ce croquis sur le mur. Le souvenir de la paume de ma main noircie fixe ce détail dans ma mémoire très nettement. Je n'ai, du reste, attaché sur le moment aucune importance à cet incident, car nous avions tous passé au 4e bureau, et nous connaissions tous la concentration qui figurait dans les notes du plan que nous avions à notre disposition. La plupart d'entre nous étaient d'ailleurs pourvus de fonctions en cas de mobilisation qui rendaient nécessaire la connaissance de cette concentration. »

Le général Mercier. — Un autre témoignage est celui du capitaine de Saumer qui, étant à l'École de Pyrotechnie avec le capitaine Dreyfus, constate que se trouvant dans l'omnibus de l'École avec Dreyfus, ce dernier se plaignit à lui d'avoir été mis à la porte du bureau du capitaine Barbier, sous-directeur de l'École, parce qu'il y était à une heure où il n'aurait pas dû y être, et paraissait y faire des choses indiscrètes.

Ce témoignage est mentionné dans une pièce qui fait partie du dossier secret et qui est relative à la livraison de la circulaire relative au chargement des obus à mélinite.

Enfin, je demanderai à M. le Président du Conseil de guerre, en vertu de son pouvoir discrétionnaire, de vouloir bien citer M. Ferret, ordonnateur aux pompes funèbres, 82, rue Mouffetard, à Paris. M. Ferret était en 1894 dans la garde républicaine et il était employé comme secrétaire au ministère de la Guerre. Il témoignera qu'un jour où le capitaine Dreyfus était déjà muni d'une feuille de route, et, par conséquent, en état d'absence du ministère de la Guerre et à une heure où il ne devait pas être dans les bureaux, c'est-à-dire entre 1 heure et 2, il l'a vu cependant ouvrant toutes les armoires d'un bureau qu'il désignera, étalant sur une table recouverte d'une couverture de liège des graphiques relatifs aux troupes de couverture et en donnant connaissance à une personne étrangère au ministère de la Guerre.

1. « Entre autres » supprimé dans le *Compte rendu revisé*.

Le Président. — En vertu de notre pouvoir discrétionnaire et en vertu de l'art. 125 du code pénal militaire, nous ordonnons que le témoin Ferret sera appelé à comparaître devant nous.

Le général Mercier. — Je citerai encore le témoignage du commandant Cuignet qui témoignera devant vous que le capitaine Dreyfus est venu lui demander de lui faire une conférence qui a duré jusqu'à 3 heures 1/2 [1] pour l'initier à ce qu'on appelle les dispositifs de mines, c'est-à-dire aux dispositifs pris sur les différents ouvrages d'art de la frontière pour les détruire en cas d'invasion de l'ennemi. Le capitaine Dreyfus avait beaucoup insisté pour que cette conférence lui fût faite, quoique ce ne fût pas son service, et il prit constamment des notes [2].

Je cite tous ces faits pour bien constater que le capitaine Dreyfus était au courant de tout, et que, quand il se retranche derrière son ignorance, il commet un mensonge.

J'ajoute qu'un seul témoignage est en contradiction avec ces témoignages-là : c'est celui du commandant Ducros disant, dans sa déposition devant la Chambre criminelle, que Dreyfus n'était pas si porté que cela à se mettre au courant des nouveautés, puisqu'il avait refusé de venir voir son canon à lui, quoique le capitaine Ducros lui ait plusieurs fois offert de monter au mont Valérien pour voir tirer son canon [3]. Pour moi, c'est un témoignage de plus de ce que j'affirme. Le capitaine Dreyfus était parfaitement au courant de tout, il savait parfaitement qu'à ce moment-là le canon Ducros venait d'être rejeté par moi. J'avais trouvé le canon du colonel Deport infiniment préférable et, par conséquent, j'avais laissé de côté le canon du commandant Ducros, quoiqu'il réalisât un progrès très sérieux [4] sur ce que nous avions en ce moment-là. Eh bien! le capitaine Dreyfus ne se préoccupait pas d'aller voir le canon du commandant Ducros parce qu'il savait très bien que ce n'était pas celui qui était destiné à devenir notre canon.

Maintenant, j'aborde la discussion des points énumérés dans le bordereau :

1. « Qui a duré trois heures à trois heures et demie. » (*Compte rendu revisé*, errata.)

2. Le général Mercier, dans le *Compte rendu sténographique revisé*, ajoute ici la phrase suivante : « M. le commandant Bertin, dans sa déposition, vous rapportera son entretien avec M. le Président de la République. »

3. Ce dernier membre de phrase depuis : « puisqu'il avait refusé » jusque « tirer son canon » est supprimé dans le *Compte rendu revisé par le général Mercier*.

4. « Très sérieux », supprimé dans le *Compte rendu revisé*.

J'aborde la discussion du manuel de tir[1]. J'en dirai très peu de mots parce que la discussion ne peut donner que des résultats assez confus en raison du très grand nombre des exemplaires qui ont été distribués à ce moment-là et que de plus, puisque le manuel de tir n'a pas été livré par le fait même du texte du bordereau il ne constitue pas un fait de trahison proprement dit. Cependant, je dois appeler l'attention sur ce que les termes de la phrase du bordereau relative au manuel de tir se prêtent très bien à la situation qu'occupait le capitaine Dreyfus à ce moment. On a distribué, entre le 16 mars et le 15 mai, des manuels dans les régiments d'artillerie, à raison de trois manuels par batterie; on en a fait envoyer [2] six exemplaires à l'État-major général, qui avaient été répartis : un au chef d'État-major, un à chacun des bureaux et un au service géographique. On fit des observations à la direction de l'artillerie le 26 mai et on lui demanda de donner [3] des manuels de tir pour l'usage des stagiaires qui pouvaient être appelés à aller aux écoles à feu. La direction de l'artillerie envoya, le 28 mai, 10 nouveaux exemplaires de manuel de tir, qui furent répartis entre les différents bureaux, et le 1er bureau, dont faisait partie le capitaine Dreyfus, en reçut trois le 28 mai. Le colonel Jeannel déposera devant vous qu'il mit ces manuels sous clef et qu'il en remit un, de sa main, au capitaine Dreyfus, qui le lui rendit 48 heures après environ [4]. Quand le capitaine Dreyfus a dit, dans son interrogatoire, qu'il ne pouvait pas avoir eu le manuel, puisqu'il n'était pas à ce bureau, c'est une erreur, puisque c'est le 28 mai que ces manuels sont arrivés et que Dreyfus y est resté jusqu'au 1er juillet. Je remarquerai en outre que la dernière phrase :

« Si vous voulez y prendre ce qui vous intéresse et vous tenir [5] à ma disposition après, je le prendrai à moins que vous ne vouliez que je le fasse copier... » s'applique assez bien encore à la situation. « Je le prendrai, » cela veut dire que, sachant qu'il devait aller aux manœuvres (je l'établirai tout à l'heure), il pouvait prendre le manuel c'est-à-dire le demander à son chef de bureau et qu'il lui serait remis sans discussion [6]. Cette phrase s'applique parfaitement à son

1. Cette phrase est modifiée de la façon suivante dans le *Compte rendu sténographique revisé par le général Mercier*. « J'en dirai très peu de mots : le manuel de tir n'a réellement pas été livré par le fait même du texte du bordereau. Il ne constitue pas un fait de trahison proprement dit, puisque le manuel n'a pas été envoyé. Cependant j'en dirai... »
2. « En août... » (*Compte rendu revisé par le général Mercier*.)
3. « Le 26 mai on nous demanda de donner, etc.» (*Idem*.)
4. « Environ » supprimé dans le *Compte rendu revisé*.
5. Dans le bordereau il y a : « et *le* tenir ». (Note de l'Éditeur.)
6. Ces sept derniers mots sont supprimés dans le *Compte rendu revisé*.

départ pour les manœuvres. Et remarquez qu'elle a été écrite sous l'impression de ce mot de manœuvres puisqu'elle suit les mots : « chaque officier détenteur doit remettre le sien » après les mots : « Je vais partir [1] en manœuvres » ; on voit donc bien qu'il parle des manœuvres.

Je passe à la note sur le frein hydraulique du 120 et sur la manière dont s'est conduite cette pièce.

On a essayé, messieurs, d'établir une confusion entre le frein modèle 1883 et le frein modèle 1891. Cette confusion ne peut être soutenue devant vous, car vous êtes fixés sur ces questions-là : le frein de 1883 est un frein d'affût destiné à limiter le recul [2], le frein modèle 1891 est un frein de pièces destinées à régulariser le recul de la pièce sur son affût immobilisé (ou presque), puis à repousser automatiquement cette pièce dans sa position première.

Le frein modèle 1883 était largement dans le domaine courant. Le frein modèle 1891 était, au contraire, tenu dans le plus grand secret contrairement à tout ce qui a été dit par le commandant Hartmann. Vous avez vu, dans la note du général Deloye, que les détails relatifs au frein hydropneumatique de 1891 n'ont été envoyés à la section technique de l'artillerie que le 8 juin 1894, et à ce moment-là il n'y avait que trois ou quatre officiers de la fonderie de Bourges, une demi-douzaine d'officiers de la Commission d'expérience de Bourges et de Calais, trois dessinateurs à la fonderie de Bourges, et deux ouvriers spécialistes de cette fonderie qui connaissaient ce frein. Il n'y avait donc que ce personnel très restreint qui fût au courant de la fabrication et de l'organisation intérieure de ce frein hydropneumatique [3] modèle 1891.

La meilleure preuve que je puisse vous en donner, c'est qu'à ce moment je poussais très activement la construction du matériel Deport. Or, le colonel Deport vint me faire part de petites difficultés qu'il trouvait dans le fonctionnement de son frein et il me demanda l'autorisation de prendre connaissance du frein modèle 1891. Je lui signai un ordre pour se rendre à Bourges et en envoyai à la fonderie de Bourges un autre pour donner communication du frein 1891 au colonel Deport. Vous voyez par conséquent que le colonel qui était à la tête d'un de nos plus grands établissements de l'arme, d'un des services les plus importants, puisqu'à ce moment on s'occu-

1. « Doit remettre le sien après les manœuvres » et « Je vais partir, etc. » (*Compte rendu revisé*, ERRATA.)

2. « Destiné à limiter le recul » supprimé dans le *Compte rendu revisé*.

3. « Hydropneumatique » supprimé dans le *Compte rendu revisé par le général Mercier*.

pait de la confection de notre matériel à tir rapide, ne connaissait pas le détail du frein modèle 1891, et il a fallu un ordre spécial pour qu'il pût en recevoir connaissance de la fonderie de Bourges.

Cela vous indique bien combien ce frein était tenu secret.

Le capitaine Dreyfus a été à Bourges, à l'Ecole de pyrotechnie, depuis le premier octobre 1889 jusqu'au premier novembre 1890, c'est-à-dire pendant la période où se faisaient les expériences relatives à la pièce de 120 et à son frein hydropneumatique, puisque ces expériences ont commencé en 1887. Avec l'esprit chercheur que vous lui connaissez, avec les connaissances qu'il avait et dont il a fait preuve, il est incontestable qu'il a dû s'initier aux détails du fonctionnement et de la construction du frein de 120 ; il était en tous cas mieux placé que tout autre officier ne pouvait l'être.

Nous arrivons maintenant à celui que l'on veut substituer à Dreyfus.

On a essayé de prétendre que le commandant Esterhazy, puisque nous arrivons à ce moment à lui, pouvait avoir connaissance du frein de 120.

Le commandant Esterhazy, à ce moment, était major dans un régiment d'infanterie à Rouen. Il n'y a pas d'artillerie à Rouen, il y a, je crois, un simple capitaine qui commande l'artillerie de la place. Ce capitaine constate d'ailleurs que jamais le commandant Esterhazy n'est venu lui parler d'artillerie, ni du frein hydropneumatique. Ce n'est donc pas à Rouen [1] que le commandant Esterhazy aurait pu se renseigner.

Où aurait-il pu se renseigner? Il a été aux écoles à feu du camp de Châlons du 5 au 9 août, écoles à feu de la troisième brigade (son régiment faisait partie du troisième corps d'armée). Dans ces écoles à feu, le canon de 120 n'a pas été tiré, il ne l'a été qu'après. Il y a eu des manœuvres de masse qui ont duré du 11 au 22 août; dans ces manœuvres, on a tiré avec des batteries de 120. Mais comme le capitaine Le Rond, que vous avez cité comme témoin, en a déjà déposé devant la Chambre criminelle, de très grandes précautions ont été prises pour empêcher les officiers d'approcher de la batterie et d'examiner ces canons. Il constate qu'étant officier d'ordonnance, il a été envoyé lui-même au galop pour faire écarter trois colonels d'artillerie qui étaient autorisés cependant à assister à ces tirs, mais qui s'étaient approchés de trop près d'une batterie de 120. Il vous dira que lui, capitaine, n'a jamais vu autrement que du

1. « Donc pas là que le, etc. » (*Compte rendu revisé par le général Mercier.*)

haut de son cheval fonctionner ces pièces, et qu'il lui était impossible de donner un détail sur la manière dont elles fonctionnaient et sur leur confection.

Du reste, le commandant Esterhazy n'a pas assisté aux manœuvres de masse, contrairement aux affirmations de Me Mornard, au réquisitoire et au rapport devant la Cour de cassation. Il n'y a pas assisté, car le commandant Esterhazy a repris ses fonctions de major à Rouen le 13 août, et si le Président du Conseil de guerre veut bien ordonner de faire une enquête officielle dans le régiment dont il faisait partie, pour constater cette date, elle lui sera confirmée officiellement. Par conséquent il n'a pas assisté aux manœuvres de masse et alors vous ne voyez aucune possibilité sérieuse pour lui d'être au courant de la façon dont la pièce de 120 s'était conduite [1].

Je ferai observer en passant que, par conséquent la lettre datée du 11 août du camp de Châlons, du commandant Esterhazy, disant qu'il allait encore y passer quatre ou cinq jours, et la lettre [2] datée du 17 septembre, de Rouen, disant qu'il rentrait du camp de Châlons, contiennent un mensonge.

Je passe maintenant à la note relative à Madagascar.

Il y a eu au ministère de la Guerre deux notes relatives à Madagascar. Le commandant Mollard avait été chargé pendant le dernier semestre de faire un travail d'hiver sur Madagascar ; son travail a paru bien fait et a été envoyé au ministère de la Guerre au deuxième bureau.

Messieurs, je vous demande pardon de revenir un instant sur le canon de 120, en ce qui concerne la manière dont la pièce s'est comportée. Le capitaine Dreyfus l'avait vu d'abord tirer à Bourges et, de plus, il a pu avoir dans l'intérieur du ministère des renseignements par la [3] section technique sur la façon dont se comportait la pièce de 120, au fur et à mesure que les écoles à feu commençaient — et elles ont commencé à la fin du mois d'avril [4], la section technique recevait des renseignements, et le capitaine Dreyfus a reconnu dans ses interrogatoires qu'il était en relation avec certains officiers de la section technique, notamment le colonel Naquet qui était à ce moment employé à la section technique; il avait donc plus de facilités que tout autre pour avoir des rensei-

1. Cette phrase, à partir de : « Par conséquent... » est modifiée de la façon suivante, dans le *Compte rendu sténographique revisé par le général Mercier:* « Ainsi, vous ne voyez aucune possibilité sérieuse pour le commandant Esterhazy, d'être au courant de la façon dont la pièce de 120 s'était conduite. »
2. « ...la lettre du 17 septembre, contiennent un mensonge. » (*Compte rendu revisé par le général Mercier.*)
3. « Renseignements apportés à la section, etc. » (*Idem.*)
4. « Le 28... » (*Ibidem.*)

gnements sur la manière dont se conduisait la pièce de 120.

Je reviens à la note sur Madagascar : il y a eu deux notes sur Madagascar. L'une au premier trimestre de 1894; c'était une note qui résumait le travail d'hiver du commandant Mollard, qui contenait des renseignements statistiques [1], topographiques, géographiques et quelques renseignements militaires sur l'armée hova. En somme, il n'y avait rien là qui fût intéressant et qui méritât d'être communiqué à une puissance étrangère. Le capitaine Dreyfus était à ce moment-là au deuxième bureau (puisqu'il s'agit du premier trimestre 1894) et par conséquent il était à même d'avoir connaissance de cette note mieux que personne. Mais, à mon avis, ce n'est pas la note qui a dû être envoyée [2].

Au commencement du mois d'août, lorsque M. Le Myre de Villers a été envoyé en mission à Madagascar, nous avons prévu au ministère la possibilité [3] d'une expédition à Madagascar et nous nous sommes préparés à cette éventualité. Une commission a été nommée comprenant un membre de chacun des ministères intéressés : c'était M. Ranson [4], le consul de France, pour le ministère des Affaires étrangères; le commandant du Paty de Clam, du troisième bureau pour le ministère de la Guerre; le commandant de Beylié, de l'infanterie de marine, pour le ministère de la Marine; et le commandant Andry qui à ce moment était chef de bureau au ministère des Colonies, pour le ministère des Colonies. Cette commission mena très rapidement son travail parce qu'il lui était facilité par les résultats obtenus par une commission précédemment établie au ministère de la Marine et qui avait été présidée par l'amiral Gervais. Elle commença ses travaux dans les premiers jours du mois d'août et, le 20 août, elle avait complètement terminé ses travaux.

Le rapport a été terminé et tiré à divers exemplaires à la date du 29 août. Ce rapport comprenait l'établissement complet de l'expédition, le choix du port de débarquement, les procédés de tactique employés vis-à-vis de l'armée hova, les ressources pécuniaires nécessaires, les transports projetés [5] et surtout la composition du corps expéditionnaire pour les deux ministères de la Marine et de la Guerre, par conséquent le nombre et la nature des troupes qui, tirées du ministère de la Marine et du ministère de la Guerre,

1. « Contenait surtout des renseignements techniques, topographiques, etc.) (*Compte rendu revisé.*)
2. « Qui a été envoyée... » (*Idem.*)
3. « Probabilité. » (*Ibidem.*)
4. « Ranchot... » (*Ibidem,* ERRATA.)
5. « Employés... » (*Ibidem.*)

devaient être envoyées à Madagascar, et devenaient par conséquent indisponibles pour le cas d'une guerre en Europe et d'une mobilisation générale.

Il y avait donc là des renseignements d'un assez grand intérêt pour nos adversaires éventuels, et bien certainement cette note a dû être envoyée[1]. Eh bien, à ce moment-là, cette note était entre les mains du commandant du Paty de Clam qui était au troisième bureau, et à ce moment, au mois d'août 1894, Dreyfus était au troisième bureau : il a pu avoir soit par conversation avec du Paty de Clam, soit en faisant des recherches indiscrètes[2] dans l'entourage du colonel du Paty de Clam, connaissance de tous ces documents relatifs à Madagascar. Et à propos de recherches indiscrètes, vous verrez, par le témoignage du capitaine V..... [3], que le capitaine Dreyfus avait l'habitude de venir au ministère de la Guerre à des heures auxquelles les autres officiers n'y étaient pas, c'est-à-dire que, alors que les officiers du ministère de la Guerre partent en général pour déjeuner à onze heures et demie, midi et rentrent à deux heures, le capitaine Dreyfus, généralement, déjeunait chez lui, arrivait au bureau vers onze heures et demie et y restait seul jusqu'à deux heures.

Je passe aux formations de l'artillerie.

Comme je vous l'ai dit, le mot formation a deux sens différents. Dans le règlement des manœuvres, il s'applique aux manières dont sont disposées les troupes pour les manœuvres. On dit : formation en colonne, formation en bataille, formation de combat, etc... Au ministère de la Guerre il s'emploie dans un sens tout différent; comme je vous l'ai dit, le mot formation s'emploie au ministère de la Guerre dans le sens de la répartition des unités au moment d'une mobilisation, et c'est dans ce sens-là, du reste, qu'il est employé aussi dans les cours qui sont professés à l'école de guerre et notamment dans le cours qui a été professé par le colonel de Germiny, précisément pendant que le capitaine Dreyfus était à l'École de guerre.

Au conseil de guerre de 1894, le mot formation n'a pas été discuté, mais depuis, après la déposition du commandant Hartmann, la défense s'est emparée de ce mot et a prétendu que cela s'appliquait uniquement à la question de manœuvres.

Il est très vrai qu'en 1894 on a essayé, dans différentes brigades

1. « Et c'est bien certainement cette note qui a dû être envoyée. » (*Compte rendu revisé par le général Mercier*, ERRATA.)

2. « Soit par des indiscrétions dans... » (*Idem.*)

3. « Par le témoignage d'un officier du ministère... » (*Ibidem.*)

d'artillerie, des modifications au règlement sur les manœuvres des batteries attelées. Ces modifications ont abouti, en effet, à l'adoption du règlement de 1895 qui est encore en vigueur en ce moment. Mais ces modifications du règlement des batteries à pied ne pouvaient avoir qu'un intérêt restreint pour une puissance étrangère, et si cette puissance étrangère avait demandé ces modifications, ce n'est pas sous le titre de formation qu'elle les aurait demandées.

La preuve en est que le 27 septembre 1894 nous avons saisi, il nous a été livré par un de ces agents à double emploi dont je vous parlais récemment, un questionnaire que l'Allemagne avait remis à cet agent afin de pouvoir prendre des renseignements sur ces questions-là. Voici quel était ce questionnaire :

Questionnaire du 27 septembre 1894. — Composition des batteries du régiment de corps de Châlons. Combien de batteries 120? Quels obus tirent-elles? Quels sont les effectifs des batteries? Manuel de l'artillerie de campagne? Réglette de correspondance? Mobilisation de l'artillerie? Nouveaux canons? Nouveaux fusils? Formation des armées, des divisions, des brigades de réserve? Fort de Manonvilliers? Projet de règlement sur les manœuvres et batteries attelées.

Voilà donc un document qui prouve que l'Allemagne demande des renseignements sur le projet de règlement des manœuvres de batteries attelées; il ne s'agit pas de formation; mais en revanche, deux lignes avant, elle demande des renseignements sur les formations des armées, des divisions, des brigades de réserve. Vous voyez donc que ces documents sont importants et que l'Allemagne ne s'y trompe pas [1]. Du reste, il y a une question qui intéressait bien plus l'Allemagne en 1894 que la question de quelques modifications aux manœuvres de l'artillerie; c'est la question des modifications que l'on introduisait tantôt dans la mobilisation de l'artillerie, tantôt dans son organisation par la suppression du service des pontonniers et par le passage de ce service, de l'artillerie au génie. Au mois de mars 1894, j'avais déposé un projet de loi à ce sujet; il a été voté à la fin du mois de mai après quelques retards provenant de la chute du cabinet et promulgué à la fin de juin; par conséquent, à cette époque, le ministère de la Guerre se préoccupait de la mise en application de ce changement de régime; de nombreuses notes s'échangeaient entre la troisième direction de l'artillerie

1. Cette phrase est modifiée de la façon suivante dans le *Compte rendu sténographique revisé par le général Mercier* : « Vous voyez donc que l'Allemagne emploie le mot formation absolument dans le même sens que nous l'adoptons nous-mêmes. Du reste, etc. »

et le premier bureau. Le résultat fut complètement mis à jour à la date du 4 juillet. A cette date, une lettre-circulaire fut envoyée par le ministre à[1] différents commandants de corps d'armée au sujet des modifications introduites dans l'artillerie par la suppression des régiments de pontonniers, par la création de deux régiments d'artillerie, par la suppression d'une batterie à cheval dans les groupes affectés aux divisions de cavalerie, par l'augmentation des batteries de 120 dans les groupes de campagne. Cette lettre faisait partie d'un envoi dont les différentes pièces étaient mentionnées dans un bordereau comprenant, avec la lettre du 4 juillet, vingt tableaux concernant des formations de campagne de l'artillerie, d'autres tableaux donnant la composition des régiments actifs d'artillerie, d'autres tableaux donnant la composition des régiments territoriaux d'artillerie. Ce bordereau se terminait par l'observation suivante : « Les présents documents permettant de se rendre compte de l'ensemble de nos formations de campagne doivent être tenus secrets. » Ainsi la lettre du 4 juillet est celle qui met en branle tout ce qui doit être modifié dans l'artillerie ; remarquez qu'elle contient dans son texte deux fois le mot formation appliqué dans le sens que nous lui attribuons : formation de campagne de l'artillerie. Cette lettre du 4 juillet parvint le 8 juillet dans les différents bureaux. A ce moment, le capitaine Dreyfus venait d'arriver au troisième bureau depuis le 1er juillet. Or, il est absolument inadmissible que le capitaine Dreyfus qui appartenait à l'artillerie, qui, plus que tout autre, était intéressé même au point de vue de son avancement à connaître les modifications qui se faisaient dans l'artillerie, ne se soit pas mis au courant de ce document qui était d'usage universel dans le troisième bureau. D'ailleurs, il y a encore un renseignement plus précis : c'est la déposition du capitaine Junck qui a dit qu'à cette époque le capitaine Dreyfus lui avait fait part du contentement qu'il avait éprouvé à faire un voyage en tramway avec le colonel Lefort, du 1er bureau de l'État-major, lequel l'avait mis au courant de toutes les nouvelles formations de l'artillerie. Le témoignage du capitaine Junck est corroboré par une lettre du général Lefort adressée au général Gonse, que je verse au dossier.

Nancy, 20 juillet 1899.

« Mon général,

« Il est exact que Dreyfus a eu avec moi une conversation au sujet des changements apportés en 1894 à la mobilisation des régi-

1. « Aux... » (*Compte rendu revisé*, ERRATA.)

ments d'artillerie. En me rendant au Ministère, l'après-midi, — ce devait être en juillet-août 1894, — Dreyfus s'est trouvé avec moi sur la plate-forme du tramway de l'Alma à la gare de Lyon. Nous étions seuls sur cette plate-forme. Comme la loi réorganisant l'artillerie et le génie venait d'être votée depuis quelques semaines, la conversation s'engagea à ce sujet. Je crois que mon interlocuteur commença en me demandant si le premier bureau avait eu à cette occasion beaucoup de travail. Je répondis affirmativement en ajoutant que la mobilisation nouvelle réalisait de fort utiles progrès, surtout au point de vue de la couverture. Dreyfus parut y attacher beaucoup d'intérêt.

« Ces souvenirs sont encore bien présents à ma mémoire et je me rappelle parfaitement que cet entretien s'est terminé un peu avant d'arriver au bureau des tramways de la place de la Concorde. Je n'ai pas pu entrer dans des détails et donner des renseignements très précis, comme Dreyfus l'a dit au capitaine Junck. D'ailleurs la conversation n'a pas duré très longtemps, puisque le trajet entre l'Alma et la Concorde en tramway est assez court, et que la question d'artillerie n'a pas été visée de suite.

« Depuis la fin de 1894, j'ai souvent rapproché cette conversation des demandes réitérées faites au deuxième bureau par des attachés militaires, demandes dont le colonel Colleneau m'a parlé à plusieurs reprises. J'ai même eu sous les yeux une lettre d'un des attachés. J'ai l'honneur, mon général, de vous envoyer ces renseignements que j'ai tenu à vous adresser de suite, et que je préciserai ou compléterai, si vous le désirez.

Général LEFORT.

Vous voyez donc, messieurs, qu'il est incontestable que le capitaine Dreyfus a pu avoir et a eu connaissance des documents relatifs aux formations de l'artillerie. Et alors, comment se fait-il que dans un interrogatoire de 1894, rappelé dans le rapport de M. Ballot-Beaupré à la Cour de cassation, il nia avoir jamais eu connaissance d'aucune modification aux formations de l'artillerie?

Au contraire, messieurs, ici — il faut toujours vous[1] mettre en présence de l'hypothèse d'Esterhazy, qui est présentée par la défense, — si vous supposez qu'Esterhazy est le vrai coupable, comment aurait-il pu avoir connaissance de ces documents, qui sont confidentiels ou même secrets, d'après les indications du bordereau, autrement alors que par la connivence avec un officier de l'État-major général? Lui personnellement se trouvait absolument dans l'impossibilité de les avoir, et je ne vois aucune hypothèse vraisemblable à faire à ce sujet.

J'arrive à la discussion sur les troupes de couverture, et ici je vous demande de vouloir bien fixer tout spécialement votre atten-

1. « Toujours *se* mettre... » (*Compte rendu sténographique revisé par le général Mercier.*)

tion; car si, jusqu'à présent, pour tout autre chose, comme pour le Manuel de tir, comme pour le canon de 120, comme pour les formations de l'artillerie, on peut admettre qu'un nombre plus ou moins grand d'officiers étrangers au ministère a eu connaissance de ces renseignements, ici, au contraire, vous allez vous trouver en présence d'une discussion qui va faire ressortir nettement, brutalement, que la trahison a été préparée dans le ministère même. Impossible de supposer autre chose, et encore un très petit nombre d'officiers seulement du ministère peuvent être soupçonnés d'être les auteurs de cette trahison.

Pour bien suivre cette discussion, messieurs, il faut dès le principe se rendre compte de la disjonction de deux ordres d'idées qui d'habitude sont connexes et qui ont été séparées spécialement en décembre 1894 par suite de circonstances exceptionnelles que je vais vous exposer.

Je veux parler de la confection du plan général de mobilisation et de concentration des armées d'une part, et la confection du plan spécial de concentration des troupes de couverture. En général, ces deux choses sont connexes. En 1894, vous allez voir comment on a été amené à les séparer. Quand j'ai pris possession du ministère au mois de décembre 1893, nous étions sous le régime du plan de concentration général n° 12, qui comportait un dispositif spécial des troupes de couverture. Or, ce dispositif des troupes de couverture, je me trouvais par hasard le connaître bien, parce que j'avais eu l'honneur de commander pendant trois ans une division de couverture. J'avais été frappé par des défauts que présentait ce dispositif des troupes de couverture au point de vue de l'émiettement des forces et de l'absence d'unité dans le commandement.

Je mis donc immédiatement la question à l'étude et, le 21 décembre 1893, je saisis de la question le conseil supérieur de la Guerre qui adopta mes propositions pour faire un meilleur groupement des troupes de couverture et les placer sous une direction unique, sans cependant modifier complètement la composition de ces troupes de couverture. Ces modifications furent mises en vigueur à partir du 1er mars 1894; dès ce moment, il était admis qu'elles ne devaient être que provisoires pour deux raisons : d'abord parce que le 5 février j'avais fait adopter par le conseil supérieur de la Guerre que le plan général de concentration et de mobilisation allait être remplacé par un nouveau plan, et que ce plan de concentration générale comportait un dispositif spécial pour ces troupes de couverture. De plus on avait décidé certains changements de garnison, surtout pour les régiments de cavalerie, qui devaient avoir lieu à l'issue des manœuvres et par conséquent à la fin de septembre. Ces changements devaient entraîner des modifications dans le transport des troupes de couverture.

Ainsi, nous nous trouvions au mois de mars 1894, au moment où on mettait en vigueur les modifications que j'avais fait adopter. Nous nous trouvions en présence de cette situation d'être obligés de changer certaines choses au dispositif des troupes de couverture au 1er octobre, en raison des changements de garnison, et d'autre part, d'être obligés de changer les dispositifs des troupes de couverture au 1er avril 1895, puisqu'à ce moment le nouveau plan dont on avait décidé la réfection venait d'entrer [1] en vigueur.

Alors, pour économiser du temps et du travail, on chercha si on ne pourrait pas trouver un dispositif des troupes de couverture qui puisse s'appliquer au 1er octobre à l'ancien plan et au 1er avril au nouveau plan, de manière à ne pas être obligé de le refaire. Cette étude fut faite dans les bureaux de l'État-major général. Il sembla que ce travail pût être réalisé et, malgré les observations très sérieuses faites par le 3e bureau [2], il fut en effet réalisé. Le travail relatif à cette confection d'un plan unique, d'un dispositif unique des troupes de couverture, fut fait entre les deux bureaux et fini le 22 mai. A cette date, le 3e bureau envoya au 4e un tableau contenant la nomenclature complète des troupes de couverture avec l'indication de leurs zones de concentration et de leurs points de débarquement. Communication de ce travail fut donnée au 6e corps, le 25 mai ; et, le 21 juin, le Ministre envoya aux différents corps d'armée l'état des troupes de couverture qu'ils avaient à fournir, mais en leur indiquant simplement la date et l'heure, sans leur indiquer ni la destination, ni l'affectation.

J'appelle toute votre attention sur ce que ces deux communications du 25 mai au 6e corps, et du 21 juin aux différents corps, relatives aux troupes de couverture, ne portaient aucune mention que des modifications devaient être faites plus tard au dispositif des troupes de couverture, parce qu'à ce moment on croyait fermement, à l'État-major général, que ces modifications ne seraient pas nécessaires ; le secret n'existait donc pas encore, mais, en juillet et août, on s'aperçut, à mesure qu'on creusait l'idée première, qu'on ne pourrait pas arriver à faire un dispositif [3] et le 13 mai, la der-

1. « Devait entrer... » (*Compté rendu revisé par le général Mercier.*)
2. « Par le 3e bureau le principe fut adopté à la date du 22 mai. — A cette date le 3e bureau envoya au 4e, etc. » (*Idem.*)
3. « Un dispositif applicable en même temps aux deux plans, et, le 13 août

nière note relative à cet égard fut envoyée par le 3 bureau au 4e bureau.

On demandait au 4e bureau d'organiser des transports pour comprendre dans les troupes de couverture cinq bataillons de chasseurs de réserve et d'autres troupes non comprises jusqu'à présent. C'est à ce moment que la chose éclata. On ne put pas arriver à faire un dispositif des troupes de couverture. On renonça à l'idée d'en faire un; on demandait qu'on fasse [1] faire un dispositif applicable au 1er octobre qui se rapprochait le plus près possible de celui qui devrait être mis en vigueur le 1er avril [2], et l'impression des instructions relatives aux troupes de couverture commence le 30 août. Les modifications sont apportées aux commandants des corps d'armée intéressés, le 17 octobre, par des officiers de l'État-major général de l'armée, qui rapportent, en échange, les anciens documents. C'est, par conséquent, le 17 octobre seulement que les commandants de corps d'armée reçoivent l'avis que le nouveau plan relatif aux troupes de couverture va être mis en vigueur à partir du 20 octobre, mais que quelques modifications devront être apportées par le nouveau plan. C'est seulement à cette date du 17 octobre que les commandants de corps d'armée en reçoivent avis. Or, l'Allemagne en avait reçu avis six semaines auparavant.

Ainsi, messieurs, voilà un document de la première importance : celui qui est relatif aux troupes de couverture ; ces troupes de couverture sont destinées à former le rideau de protection derrière lequel doit se faire, en toute sécurité, la concentration des armées. Ce sont ces troupes de couverture qui doivent essuyer le premier choc, soit offensivement soit défensivement, et c'est de ces premiers engagements, soit au point de vue matériel, soit au point de vue moral, que dépendront dans une certaine mesure les grandes batailles qui suivront. Eh bien! le secret du dispositif est fourni à l'Allemagne six semaines avant que les commandants du corps intéressés en soient prévenus, et, comme pour mieux accentuer la marque de fabrique, on met, entre parenthèses: « Quelques modifications seront apportées par le nouveau plan ». C'est-à-dire un secret intime, un secret de famille, qui n'est encore connu que de quelques officiers d'État-major de l'armée, ceux employés au 3e bureau et ceux du 4e, employés à la section de l'Est. Eh bien! où était le capitaine Dreyfus? [3] Le capitaine Dreyfus était

la dernière note, etc. » (*Compte rendu revisé par le général Mercier*, ERRATA.)

1. « On se contenta de faire, etc. » (*Idem.*)
2. « 1895... » (*Ibidem*, ERRATA.)
3. « Où ? » (*Compte rendu revisé par le général Mercier.*)

au 3e bureau depuis le 1er juillet; il entendait parler couramment, autour de lui, des difficultés qu'on avait à adopter un dispositif unique des troupes de couverture, pouvant s'appliquer en même temps aux corps 12 et 13, et[1] c'est lui précisément qui était chargé de surveiller l'impression des premiers documents relatifs à la couverture[2], et il faut signaler, à ce sujet, un incident caractéristique qui se produisit. Le capitaine Dreyfus reçoit l'ordre de faire imprimer ces documents au service géographique de l'armée. Il est de principe que le service géographique imprime au ministère de la Guerre tous les documents confidentiels. Au lieu d'aller au service géographique, il va au service intérieur. Ce travail est mal fait, dans de mauvaises conditions; le chef de bureau, à qui on le présente, le rejette. Le lendemain, il reçoit en même temps une plainte du colonel de la Noë, directeur du service géographique, qui se plaint qu'on lui a immobilisé une presse sans en faire usage, et dit au capitaine Dreyfus : « C'est vous qui avez fait l'erreur, vous aurez à la réparer. Faites détruire les documents que vous avez fait mal exécuter, et retournez demain au service géographique. »

Cette erreur, messieurs, est-elle naturelle? Est-il possible que Dreyfus ignorât l'existence du service géographique et son emploi?

Le capitaine Dreyfus connaissait parfaitement ce service; il était depuis dix-huit mois au ministère de la Guerre lorsqu'on l'a chargé de cette impression; il savait parfaitement que des documents sans importance, des feuilles courantes du ministère de la Guerre sont lithographiées au service intérieur, mais que tous les documents confidentiels sont imprimés au service géographique; il ne pouvait pas y avoir d'erreur naturelle, et il est plus que vraisemblable que c'est pour se procurer la facilité de conserver un ou plusieurs de ces documents confidentiels qu'il a commis cette erreur volontaire.

Messieurs, on a prétendu qu'il était possible à un officier qui irait au camp de Châlons et se trouverait en communication avec un grand nombre d'officiers du 6e corps, d'avoir des renseignements sur les troupes de couverture, et de coordonner tout cela de manière à faire un tout, un dispositif. Je tiens à détruire l'hypothèse de la possibilité de cette chose dans votre esprit.

Les documents relatifs aux troupes de couverture sont élaborés

1. « En même temps aux 12e et 13e corps de concentration et c'est lui ». (*Compte rendu revisé par le général Mercier.*)
2. « Le 30 août... » (*Idem.*)

dans le plus grand secret au 3e bureau ; les solutions en sont adoptées par le chef d'État-major général ; l'impression des documents se fait au service géographique dans le plus grand secret sous la surveillance d'un officier de l'État-major général qui en fait tirer le nombre d'exemplaires nécessaires, et qui fait immédiatement détruire les planches devant lui. Il rapporte ce nombre d'exemplaires au chef d'État-major général qui les fait mettre sous plis cachetés pour les différentes autorités auxquelles ces exemplaires sont destinés. Ces plis ne sont pas confiés à la poste, ils sont portés par des officiers de l'état-major général directement aux officiers généraux intéressés, et ces officiers de l'État-major général rapportent en échange les anciens plis. Quant aux officiers généraux, ils gardent par devers eux, et dans le plus grand secret, les documents qui leur sont communiqués.

J'ai commandé pendant trois ans une division de couverture. Je puis vous certifier que mon chef d'état-major était seul au courant de certaines choses qu'il avait été indispensable de lui dire, mais qu'il ne connaissait peut-être pas le quart des documents secrets, et quant aux autres officiers de l'état-major, pas un ne savait de quoi il s'agissait ; il en est de même de tous les autres. Les corps de troupe n'ont pas connaissance des documents relatifs à la couverture, excepté un petit nombre qui sont tout à fait sur l'extrême frontière, qui peuvent être surpris dès la première heure par les hostilités, et doivent savoir, en cas d'urgence, ce qu'ils ont à faire. Il n'y a que cette exception, qui est extrêmement rare.

Il est donc impossible que les renseignements sur les troupes de couverture puissent être donnés par un autre officier qu'un officier d'État-major général.

En tout cas, même en admettant que les documents aient pu être rassemblés au camp au mois d'août 1894, ces documents n'auraient pu contenir une indication telle que « des modifications sont apportées par le nouveau plan », puisque cette information secrète n'était connue de personne dans les corps de troupes ni dans les états-majors de corps d'armée ; c'était un secret qui appartenait uniquement à l'État-major général.

On a si bien senti cela que quand on a voulu attribuer au commandant Esterhazy l'envoi des documents mentionnés dans le bordereau, on a été obligé de lui supposer la complicité d'un officier du ministère de la Guerre. Naturellement, de suite, on a mis[1] un

1. « Mis un mort en avant... » (*Compte rendu revisé par le général Mercier.*)

nom en avant et on a dit : c'est le colonel Henry qui trahissait avec Esterhazy.

Il n'est pas possible, pour qui connaît le fonctionnement intérieur du ministère de la Guerre, de s'arrêter un instant à cette supposition.

D'abord le colonel Henry était, par ses aptitudes, par son instruction générale, peu apte à connaître les différentes questions qui se traitaient dans les bureaux de l'État-major de l'armée.

De plus, le service des renseignements à l'État-major de l'armée est un service absolument spécial, les officiers vont rarement dans les autres bureaux, seulement quand ils ont un renseignement particulier à y demander. Et ils ne pourraient pas le faire souvent sans que ce fût remarqué et signalé.

Du reste, la manière dont le bordereau a été remis au commandant Henry, la manière dont il a été transmis par le commandant Henry à ses chefs et qui sera exposée devant vous, ne permettent pas de s'arrêter un seul instant à cette hypothèse. Eh bien, nous arrivons maintenant à la dernière phrase : « Je vais partir en manœuvres. »

J'ai déjà appelé votre attention sur ce que le mot manœuvre est employé successivement par deux phrases du bordereau. On dit : « Le ministère de la Guerre en a envoyé un certain nombre dans les corps ; ces corps en sont responsables et chaque officier détenteur doit remettre le sien après les manœuvres. » Puis ensuite : « Je vais partir en manœuvres. »

Il est donc bien certain que ce sont les mêmes manœuvres dont il est question dans les deux phrases, or, il est nettement indiqué que ce sont des manœuvres auxquelles les officiers de corps [1] de troupe prennent part, donc il ne peut s'agir ni des manœuvres de cadre ni des manœuvres de corps de troupes comme [2] on a pu l'affirmer à un certain moment.

On a dit aussi que l'expression partir en manœuvres était caractéristique, je crois qu'on a cité une lettre du commandant Esterhazy où il disait : « Je pars en manœuvres de cadre. »

Par cela même qu'il indique qu'il s'agissait de manœuvres de cadre, cela montre bien qu'il aurait spécifié si cela devait être des manœuvres de cadre. Et puis, l'expression partir en manœuvres appartient à tout le monde, et dans le monde militaire, on dit : partir en campagne, partir en manœuvres, partir en tournée

1. « Les officiers de troupe... » (*Compte rendu revisé par le général Mercier.*)
2. « De cadres ni des écoles à feu comme on a pu l'affirmer, etc. (*Idem.*)

d'inspection, sans que cela puisse être considéré comme la caractéristique de tel ou tel officier.

Le commandant Esterhazy, par le fait, n'a pas été aux manœuvres puisqu'il était major et qu'il ne pouvait pas être question pour lui d'y aller, tandis qu'au contraire le capitaine Dreyfus n'a pas été aux manœuvres, mais a dû croire jusqu'au dernier moment qu'il irait, et voici par suite de quelles circonstances.

Jusqu'en 1894, les officiers de l'État-major général de l'armée étaient soumis à un régime spécial au point de vue des stages, et étaient dispensés des stages annuels de trois mois auxquels les autres stagiaires [1] des autres états-majors étaient astreints dans les corps de troupe des armes différentes de celle à laquelle ils appartenaient; on les envoyait simplement passer quelques semaines dans les corps de troupes, généralement au moment des manœuvres.

Comme les stages étaient réglementés par la loi sur l'état-major et comme je voulais, en toutes circonstances, rester dans l'observation exacte des lois, je prescrivis, en 1894, que les officiers stagiaires de l'état-major de l'armée comme les autres, seraient soumis aux prescriptions de la loi sur l'état-major, et qu'ils feraient leur stage de trois mois dans les corps de troupe.

Cette décision a été mentionnée dans une note en date du 17 mai, et cette note a dû être communiquée dans les différents bureaux, car au moment du voyage d'État-major, dans le mois de juin, tous les officiers stagiaires d'État-major en avaient connaissance. Mais, cette note ne prescrivait pas du tout que les officiers stagiaires d'État-major n'iraient pas aux manœuvres. Au contraire, beaucoup d'entre eux, à ce moment-là, ont fait parvenir des demandes soit officielles, soit officieuses, pour aller à telles ou telles manœuvres où ils désiraient être envoyés de préférence. Il y a eu même deux officiers du groupe des stagiaires dont faisait partie le capitaine Dreyfus, le capitaine Jeannin et le capitaine de Pouydraguin, qui ont été envoyés aux manœuvres, à la dislocation des troupes, après la revue de Châteaudun. Quant au capitaine Dreyfus, il devait tout spécialement croire qu'il irait aux manœuvres, parce qu'il était attaché à la section des manœuvres. Le commandant de cette section, le commandant Mercier-Milon, n'avait pas demandé à aller aux manœuvres de France, parce qu'il avait obtenu d'aller aux manœuvres du 19e corps en Algérie, manœuvres qui se faisaient en octobre ; le commandant Mercier-Milon restait, par

1. « Auxquels les stagiaires. » (*Compte rendu revisé par le général Mercier*, errata.)

conséquent, attaché au bureau en septembre, et le capitaine Dreyfus, qui lui était adjoint, pouvait se croire autorisé à demander à aller aux manœuvres, et croire qu'il irait, puisque son commandant était là pour assurer le service. Il paraissait plus spécialement désigné qu'un autre, parce qu'il était attaché à la section des manœuvres.

A quelle époque exacte a-t-il su qu'il n'irait pas aux manœuvres? C'est assez difficile à préciser. Cependant, j'ai une affirmation du capitaine Junck, qui a cru lui aussi à ce moment qu'il irait aux manœuvres; or, le capitaine Junck a demandé à aller en permission dès qu'il a su qu'il n'irait pas aux manœuvres, et il est parti en permission le 1er septembre. Toutes ces permissions, messieurs, étaient obtenues rapidement, parce qu'il n'y avait pas de titres de permission à signer : c'était une simple autorisation verbale que l'officier demandait à son chef de bureau.

Par conséquent on peut fixer à un jour ou deux au plus le temps qu'il lui a fallu pour demander sa permission, et il est donc extrêmement vraisemblable que le capitaine Junck a su qu'il n'irait pas aux manœuvres le 30 août. Or, le capitaine Dreyfus a pu encore le savoir plus tard que cette date-là car il pouvait s'attendre jusqu'au dernier instant à être envoyé dans un état-major de manœuvres, lesquelles ne fonctionnent qu'au moment où une grande agglomération de troupes se produit.

Messieurs, la discussion technique du bordereau a donc abouti à ce résultat qu'elle met hors de doute que celui qui a livré les documents écrits dans le bordereau est un officier de l'État-major général de l'armée, que cet officier ne peut être choisi même que dans un très petit nombre des officiers du 3e et du 4e bureau. Joignez à cela les considérations que je vous ai développées pour la pièce du 120, joignez à cela que les documents relatifs à la pièce du 120 indiquent un officier d'artillerie, un officier qui a pu être au courant des expériences faites sur le canon de 120, joignez-y cette considération que le capitaine Dreyfus, qui se trouve parmi les officiers pouvant être soupçonnés de son bureau, est le seul qui soit allé à Bourges et qui ait pu avoir connaissance des expériences relatives au canon du 120, joignez à cela que le capitaine Dreyfus se trouvait au 2e bureau quand la première note sur Madagascar a été faite, joignez à cela qu'il se trouvait au 3e bureau quand la seconde note sur Madagascar a été faite, joignez à cela qu'il se trouvait au 3e bureau quand la note relative aux formations de l'artillerie a été faite et qu'il a eu des renseignements spéciaux sur ces formations de l'artillerie par le colonel Lefort, et vous arriverez déjà à cette conviction morale que la loi vous demande de considérer comme une condition nécessaire et suffisante pour la condamnation.

Appuyez cette conviction morale sur [1] les nombreuses fuites qui se sont produites partout où le capitaine Dreyfus a passé, que je n'ai fait que rappeler et sur lesquelles je suis prêt à vous donner des renseignements plus complets si vous le demandez : 1° à l'École de pyrotechnie, en 1890, l'instruction de mai 1889 sur le chargement des obus à mélinite; 2° à l'École de pyrotechnie, lorsque fut adopté un obus qui rappelle le schrapnell [2] ; le secret relatif à l'obus Robin, c'est-à-dire le chargement avec des balles agglomérées dans de la poudre comprimée que les Allemands adoptent en février 1891. Ajoutez à ce renseignement que le capitaine Dreyfus a cherché par des moyens frauduleux, tout au moins mensongers, auprès du capitaine Rémusat à se procurer des renseignements complémentaires; ajoutez enfin les fuites qui se sont produites à l'État-major général et dont je n'ai pas fait mention encore, du premier semestre 1893 au 1er bureau, d'une note sur l'emploi de l'artillerie lourde de campagne, note en date du 27 mars 1893, dont la copie se trouve encore dans les archives de l'État-major général, mais dont la minute a disparu du 1er bureau; or, cette minute était ou du commandant Bayle, aujourd'hui décédé, ou du capitaine Dreyfus qui lui était adjoint à cette époque. Ajoutez encore qu'en 1895, nous avons été prévenus que l'Allemagne était au courant de la formation de notre artillerie lourde de campagne; ajoutez enfin cette fuite que je vous ai déjà signalée au 4e bureau lorsque le commandant Panizzardi écrit à Schwartzkoppen : « Je vais être mis en possession de l'organisation militaire des chemins de fer français », exactement au moment où Dreyfus quittait le 4e bureau et avait été mis lui-même au courant de cette organisation.

J'arrive maintenant à l'examen cryptographique du bordereau. (*Mouvements divers.*)

Dans l'examen cryptographique du bordereau, nous distinguons trois choses, le papier, l'écriture, et la fabrication artificielle du bordereau. Pour le papier, j'avais ouvert une petite enquête pour mon compte personnel sur le fameux papier pelure; je l'ai poursuivie pendant trois jours, mais j'ai dû m'arrêter parce que j'ai été prévenu que M. le commissaire du gouvernement en faisait une de son côté, et que je ne voulais pas entraver sa liberté d'action. Mal-

1. « Par. » (*Compte rendu revisé par le général Mercier.*)
2. « A l'Ecole de Pyrotechnie le secret relatif à l'obus, etc.» (*Idem.*)

gré cela, pendant ma courte enquête, j'ai été mis en possession de renseignements qui montrent que la Cour de Cassation a été un peu abusée par les renseignements qu'on lui a donnés. On lui a dit qu'en 1894 le papier pelure, tel que celui sur lequel est écrit[1] le bordereau, n'était pas de fabrication courante. Eh bien, M. Marion lui-même, un des trois experts de la Cour de cassation, a dit que, si on s'était adressé à lui au lieu de s'adresser à un de ses employés, il n'aurait pas donné une réponse aussi affirmative, que le bordereau (*sic*) était de fabrication courante[2], mais qu'il n'était pas très fréquent; on ne le faisait guère que sur demande. La preuve qu'il était de fabrication courante, c'est que j'en ai fait fabriquer devant moi chez M. Rivage qui habite rue Lauzun, 15, à Paris. C'est une grande feuille dont j'ai pris un morceau comme échantillon.

Le témoin présente au Conseil un morceau de carton filigrané.

Le général Mercier. — C'est le filigrane qui sert précisément à fabriquer ce bordereau. On applique des feuilles de papier sur ce filigrane; on fait passer au laminoir et le filigranage du papier se fait instantanément comme cela.

M. Émile Laroche qui fabriquait plus spécialement du papier pelure à Larochandry jusqu'en 1894, m'a fait connaître que la fabrication du papier pelure filigrané, comme le bordereau, pouvait être estimée à 50,000 feuilles par an à Paris. Cette affirmation est à peu près d'accord avec la déclaration de M. Marion qui estime à dix ou douze mille feuilles la quantité qu'il fabrique; mais il y a cinq autres fabricants que lui; par conséquent, vous voyez, nous tombons à peu près sur le même chiffre. Il est donc, je crois, tout à fait abusif de prétendre qu'il y avait une grande difficulté à se procurer ce papier pelure. Du reste voici un article d'une personne qui ne peut pas être suspectée d'être des nôtres. (*Mouvement.*)

Il est de Mme Séverine.

Cet article conclut ainsi :

« Il y a donc six ans, les secrétaires de rédaction, correcteurs de l'*Éclair*, du *Journal*, de l'*Echo de Paris*, du *Matin*, de la *Fronde*, etc., et bien d'autres témoins le peuvent attester, il y a donc six ans que je me sers couramment du papier du bordereau. Je l'employais depuis cinq ans lorsqu'il fut déclaré dans l'enquête

1. « ...tel que celui employé pour le bordereau. » (*Compte rendu revisé par le général Mercier.*)

2. Le général Mercier, dans son *Compte rendu sténographique revisé*, a modifié la phrase de la façon suivante : «... employés, il n'aurait pas affirmé si positivement que le papier du bordereau n'était pas de fabrication courante; il aurait simplement dit que l'usage n'en était pas fréquent, et qu'on ne le quadrillait que sur demande. La preuve qu'il était... etc. »

Esterhazy, au procès Esterhazy, que ledit papier était introuvable ! »

Messieurs, ce n'est pas un témoin à charge qui dit cela, c'est Mme Séverine qui certainement...

J'ajouterai que j'ai reçu deux lettres d'un curé d'une petite commune, de Marçon. Ce curé se nomme M. Boulay. M. Boulay constate dans ces deux lettres qu'en 1886 il a acheté au Mans une grande quantité de papier pelure tout à fait identique à celui du bordereau ; et il l'a acheté au Mans chez un nommé M. Calais ; j'ai fait prendre des renseignements chez ce dernier qui m'a dit que, de 1880 à 1890, il avait eu de ce papier en vente. C'est une coïncidence, je le veux bien, mais je fais remarquer que le capitaine Dreyfus était précisément au Mans en garnison à cette époque.

(*Le capitaine Dreyfus croise nerveusement les bras.*)

Par conséquent, il est bien établi que le papier pelure n'est pas si rare qu'on veut bien le dire. Maintenant on a trouvé deux lettres du commandant Esterhazy sur du [1] papier pelure ; c'est un fait qu'une de ces lettres contenait un mensonge flagrant ; mais peu importe pour nous ; ces deux lettres forment une charge accablante, et M. Ballot-Beaupré dans son rapport s'exprime ainsi :

« Si, par hypothèse, les deux lettres sur papier pelure quadrillé saisies en 1898 étaient signées Dreyfus, ne serait-ce pas une charge accablante contre lui ? La justice veut que ce soit en sa faveur un argument d'une force et d'une énergie égales lorsqu'elles sont signées Esterhazy. »

Eh bien, je ne suis pas jurisconsulte, mais je ne puis pas, avec mon simple bon sens, partager cette opinion, parce que si on avait trouvé deux lettres signées Dreyfus, ces deux lettres viendraient s'ajouter à une quantité d'autres témoignages concordants et convergents dans le même sens, tandis qu'au contraire ces deux lettres d'Esterhazy sont en désaccord complet avec toutes les considérations que je vous ai fait valoir et qui démontrent qu'Esterhazy ne peut pas être l'auteur de la livraison des documents contenus dans le bordereau. Il y a donc là une différence considérable [2].

Maintenant, le général Roget a exprimé des doutes sur l'authenticité de ces deux lettres. La Cour de Cassation croit à cette

1. « Sur un papier pelure ; » (*Compte rendu revisé par le général Mercier.*)

2. « Désaccord complet avec le reste. Beaucoup de considérations que je vous ai fait valoir démontrant qu'Estherazy ne peut pas être l'auteur de la livraison des documents. Il y a donc là une différence. » (*Idem.*)

authenticité, mais je n'en suis pas absolument convaincu. Je ne sais pas si le Conseil de guerre a fait faire une enquête à ce point de vue, mais la manière dont on se les est procurées inspire à elle seule de fortes suspicions.

Voici une circulaire, une lettre de M. Rieu, le tailleur chez lequel on a saisi une lettre du commandant Esterhazy.

M. Rieu explique dans cette circulaire qu'il a fait un procès à l'agent d'affaires chez qui on est venu prendre cette lettre. Je crois qu'il serait utile qu'on lût la circulaire d'abord et ensuite la lettre de M. Rieu :

LE GREFFIER COUPOIS *donne lecture de la circulaire suivante :*

« 4 juillet 1899.

« Mon nom ayant été mêlé à l'affaire Dreyfus à propos de lettres d'Esterhazy qui se trouvent au dossier, permettez-moi de vous fournir quelques explications à ce sujet.

« Voici comment les choses se sont passées exactement :

« Mon père, qui s'est retiré des affaires en 1894, en me cédant sa maison, avait une créance sur le commandant Esterhazy, qui lui devait un millier de francs depuis dix ans déjà. De 1894 à 1897, mon père ne put rien obtenir du commandant Esterhazy, malgré ses demandes réitérées.

« En octobre 1897, M. Paul Schmidt, directeur d'un cabinet d'affaires, qui s'occupe de créances litigieuses, vint chez moi et me dit : « J'ai appris que vous avez une créance sur le commandant « Esterhazy, que malgré tout ce que vous avez pu faire, vous « n'avez rien recouvré de cette créance. Si vous voulez me la con- « fier, j'espère que je pourrai arriver à vous la faire payer, car je « m'occupe spécialement de ces sortes d'affaires. »

« J'en référai mon père qui chargea M. Schmidt du recouvrement de cette créance, et comme cela se fait en pareil cas, lui a remis plusieurs lettres d'Esterhazy, dans lesquelles celui-ci reconnaissait devoir ce qui lui était réclamé.

« Les lettres étaient nécessaires à M. Schmidt pour faire des démarches dans le but de recouvrer la créance. Il les a eues en sa possession pendant un an.

« Veuillez remarquer qu'à cette époque, octobre 1897, il était impossible de prévoir que la lettre jouerait un rôle quelconque dans l'affaire Dreyfus.

« Au mois de janvier 1899, on me prévint que l'*Aurore* un matin disait qu'une lettre adressée par Esterhazy à M. Rieu, tailleur, 21, rue de Richelieu, et écrite sur papier pelure, était entre les mains de la Cour de Cassation. Nous n'y comprenions rien, mon père et moi, car nous ne comprenions pas ce qui s'était passé, M. Schmidt nous l'ayant laissé ignorer.

« Interpellé à ce sujet, il dit que le 8 novembre 1898, un commissaire de police était venu chez lui de la part de M. Atthalin lui demander ces lettres en le menaçant d'un mandat d'amener s'il ne les communiquait pas; que la Cour de Cassation ayant les plus grands pouvoirs, il lui avait été impossible de ne pas donner ces lettres.

« Dans quelles conditions cette cession avait-elle été opérée, c'est ce qui sera, je l'espère, établi dans le procès que je suis en train d'intenter à M. Schmidt.

« Il ressort de tout ce qui précède que j'ai été victime d'une suite d'événements complètement indépendants de ma volonté, et que je ne pouvais prévoir, comme je l'ai dit à mes clients, à qui j'ai expliqué tout cela verbalement, et qui ont bien voulu s'en rendre compte ne doutant pas de ma bonne foi. C'est pourquoi j'ose espérer, monsieur, que vous voudrez bien me favoriser de vos ordres, comme par le passé.

(*Rires.*)

« Vous pouvez être assuré que tous mes efforts tendront à mériter votre confiance.

« Veuillez agréer, monsieur, l'assurance de mes sentiments dévoués.

Signé : « RIEU. »

Lettre du 3 août 1899.

« Mon Général,

« J'ai l'honneur de vous adresser sous ce pli la lettre circulaire dont je vous ai parlé ce matin : vous remarquerez que dans cette lettre, en rapportant les paroles de M. Schmidt, je n'ai pas parlé d'une indication qu'il m'avait donnée en ce qui concerne le ministère de la Guerre[1], parce que mon avoué m'avait conseillé de ne pas mettre ces paroles dans la lettre-circulaire.

« Les paroles exactes de Schmidt ont été les suivantes : Après m'avoir dit qu'il avait appris que j'avais une créance sur le commandant Esterhazy, il ajouta : « On fait beaucoup de bruit sur « le nom du commandant Esterhazy en ce moment. Pour éviter le « scandale, je crois que le ministère de la Guerre payera ses dettes; « j'ai des moyens d'action pour entreprendre cette affaire et je crois « que ce serait le moment opportun. » Je suis prêt à affirmer le fait[2] sous la foi du serment. Cela se passait au moment où Mathieu Dreyfus venait de faire paraître dans les journaux le fac-similé du bordereau et où l'on publiait plusieurs lettres de l'écriture du commandant Esterhazy. Il serait facile de savoir si Schmidt à fait des démarches au ministère de la Guerre. S'il n'en a pas fait, c'est qu'il m'a trompé et il s'est servi de cette raison pour avoir mes lettres.

« Veuillez agréer, mon Général, etc...

« *Signé :* RIEU. »

1. « Je n'ai pas parlé de la raison spécieuse qu'il m'avait donnée à l'égard du Ministère de la Guerre, etc. » (*Compte rendu revisé par le général Mercier.*)

2. « Affirmer ce qui précède sous serment, etc. » (*Idem.*)

Par conséquent, la lettre sur laquelle je viens de m'expliquer a été enlevée à M. Rieu par des moyens plus que suspects. M. Rieu se croit autorisé à intenter un procès et à donner à l'affaire la suite qu'elle comporte.

L'agent d'affaires a conservé pendant plus d'un an ces lettres et elles ne sont sorties de ses mains que lorsque le papier du bordereau lui-même a été connu et mis entre les mains de la défense.

Je ne puis pas m'empêcher de considérer qu'il y a là des choses extrêmement suspectes.

Le Président. — En avez-vous encore pour quelques instants ?

Le général Mercier. — J'en ai encore pour un quart d'heure environ.

Le Président. — Continuez.

Le général Mercier. — J'avais l'intention de prendre successivement les différentes expertises et de les discuter ; je ne les discuterai pas, pour gagner du temps. Je me contenterai de faire remarquer que M. Charavay, après avoir prononcé très formellement en 1894 que le bordereau était du capitaine Dreyfus, s'est rétracté timidement d'abord devant la Chambre criminelle de la Cour de Cassation, et formellement ensuite par une lettre adressée à M. Monod. M. Charavay a trouvé son chemin de Damas d'une façon bien étrange, car M. Charavay, à la fin de 1897, a été pris comme expert pour expertiser la lettre du *uhlan* du commandant Esterhazy avec MM. Belhomme et Couard [1]. Il a donc eu entre ses mains l'écriture du commandant Esterhazy ; il l'a si bien eue entre ses mains que dans le rapport [2] minute qui a été fait et que M. Belhomme pourra vous montrer, presque toutes les observations techniques relatives à l'écriture du commandant Esterhazy sont de la main [3] de M. Charavay. Il est donc étrange que M. Charavay qui en 1894 avait si bien étudié l'écriture du capitaine Dreyfus, qui en [4] 1897 avait si bien étudié l'écriture du commandant Esterhazy, et qui n'avait pas conçu le moindre doute à cette époque-là, ait subitement en 1899 changé d'avis comme vous savez.

J'ajouterai aussi qu'il y a une irrégularité qui me semble un peu choquante dans ce qu'a fait la Cour de Cassation lorsqu'elle a choisi trois nouveaux experts pour expérimenter l'écriture du bor-

1. « Belhomme et Varinard. » (*Compte rendu revisé par le général Mercier.*)
2. « Il l'a donc eu entre les mains. Dans le rapport minute, etc... » (*Idem.*)
3. « Même. » (*Ibidem.*)
4. Cette ligne entière n'existe pas dans le *Compte rendu revisé par le général Mercier.*

dereau en prenant trois experts, professeurs à l'École des Chartes dont je ne mets aucunement en doute ni l'honorabilité, ni la compétence, mais qui s'étaient déjà prononcés publiquement au procès Zola pour attribuer l'écriture du bordereau à Esterhazy par le simple vu du fac-similé. Il me semble qu'il aurait été plus correct de ne pas prendre des experts qui avaient déjà formulé une opinion antérieure. Mais je laisse de côté toutes ces considérations relatives aux écritures, parce que je considère qu'elles ont peu d'importance, attendu que quelle que soit la personne qui a fait le bordereau, quelle que soit la personne qui l'a écrit, je persiste [1] à croire qu'il est écrit de la main du capitaine Dreyfus parce que l'écriture [2] du bordereau ressemble à celle de trois personnes, le capitaine Dreyfus, M. Mathieu Dreyfus, le commandant Esterhazy; mais l'écriture du capitaine Dreyfus diffère de l'écriture du bordereau par certaines dissemblances qui sont toutes empruntées à l'écriture de membres de la famille Dreyfus: vous trouverez toutes ces dissemblances soit dans l'écriture de M. Mathieu Dreyfus, soit dans l'écriture de Mme Alfred Dreyfus, soit dans l'écriture d'une personne qui signe Alice.

En tout cas je persiste à croire que le bordereau est du capitaine Dreyfus attendu qu'il résulte pour moi de l'examen technique du bordereau qu'il ne peut pas être d'Esterhazy et qu'il va résulter de l'examen cryptographique du bordereau qu'il est du capitaine Dreyfus [3]

Pour cet examen cryptographique je n'entrerai pas dans le détail, n'étant pas compétent à ce sujet ; mais je tiens à fixer votre attention sur ce point : c'est que le bordereau est une véritable épure géométrique dont les lignes sont tracées suivant une loi déterminée, de même que dans chaque ligne tous les mots sont placés suivant une loi déterminée, de même dans chaque mot toutes les lettres sont placées suivant une loi déterminée. Ces lois ont été trouvées après plusieurs années de recherche aussi persévérantes que sagaces ; on vous en donnera de nombreuses preuves matérielles. Je ne veux appeler votre attention que sur deux expé-

1. « Peu d'importance. Je persiste à croire, etc. » (*Compte rendu revisé par le général Mercier.*)

2. « Quoique l'écriture. » (*Idem.*)

3. Cet alinéa est modifié de la façon suivante, dans le *Compte rendu sténographique revisé par le général Mercier :*

« Je persiste donc à croire que le bordereau a été écrit par le capitaine Dreyfus, mais je n'attache pas grande importance à cette question parce que, même si le bordereau a été écrit par un autre, son examen cryptographique va démontrer qu'il n'a pu l'être que sous l'inspiration du capitaine Dreyfus. »

riences qui sautent aux yeux et qui frapperont vos esprits. D'abord M. Bertillon en appliquant les procédés de repérage aux lignes, aux mots, aux lettres, pourra produire en votre présence le bordereau de telle façon qu'il se superpose exactement sur l'original. C'est la meilleure démonstration qu'on puisse faire de ce système. Remarquez qu'il ne s'agit pas ici de l'écriture, il s'agit du placement des lignes, des mots et des lettres ; quelle que soit l'écriture, l'image se superposera. Cela est tellement frappant que si Esterhazy était venu déclarer qu'il est l'auteur du bordereau, j'aurais demandé qu'on le lui fît faire devant vous pour bien vous montrer qu'il ne le pouvait pas.

Seconde preuve matérielle. Si dans le bordereau tous les mots sont placés suivant une loi déterminée et ont été calqués sur un gabarit formé avec un mot clé en faisant défiler devant un appareil photographique successivement tous ces mots avec l'observation de la même loi qui a servi à les tracer, on y voit les images se superposer les unes aux autres et cette superposition devra vous reproduire le mot clé. Vous connaissez cette expérience. On la fera[1] sous vos yeux et vous verrez apparaître avec une netteté suffisante pour former votre conviction le mot qui sera révélateur pour vous et accusateur pour le capitaine Dreyfus, le mot qui est en même temps le procédé mécanique de la trahison et probablement aussi sa raison psychologique, le mot *intérêt ;* et ce mot intérêt ne sera pas écrit d'une façon quelconque, il sera reproduit par la photographie de telle façon que si vous en prenez un calque, ce calque se mettra sur le mot intérêt, trouvé entre les mains du capitaine Dreyfus.

Ce mot *intérêt* se trouve dans une lettre de son frère, lettre sans date, qui paraissait remonter à un an d'existence et qui, au moment, où elle a été saisie était la seule qui fût en possession de Dreyfus sauf une lettre assez étrange relative à l'achat d'un fusil de chasse. Il y a donc là un fait matériel, qui sera mis devant vos yeux et qui prouve que le bordereau a été fait avec ce mot clé qui était en la possession du capitaine Dreyfus.

Je disais tout à l'heure que l'intérêt formait peut-être aussi la raison psychologique de la trahison. Je ne veux pas insister là-dessus, car le temps me presse et j'ai promis à M. le Président de finir rapidement. Je dirai seulement que vous entendrez deux témoignages qui vous prouveront que l'idée de patrie n'était pas la

1. « On a réalisé cette ingénieuse expérience, on en mettra les résultats sous vos yeux, etc. » (*Compte rendu revisé par le général Mercier.*)

même chez le capitaine Dreyfus que chez nous. Vous aurez le témoignage du général Lebelin de Dionne, disant que le capitaine Dreyfus trouvait tout naturel de dire, à l'Ecole de guerre, que « les Alsaciens-Lorrains étaient plus heureux sous la domination allemande que sous la domination française ». Vous aurez aussi le témoignage du colonel Bertin-Mourot, qui vous dira qu'un jour où il parlait du désespoir qu'il avait éprouvé, en dormant à la Schlucht, à voir cette frontière et les Alsaciens-Lorrains enlevés à leur Dieu et à leur ancienne Patrie, le capitaine Dreyfus présent à cet entretien dit au colonel Bertin : « Ah ! mais pour nous autres juifs, ce n'est pas la même chose ; en quelque pays que nous soyons, notre Dieu est partout avec nous. » Il y a là une absence de sentiment de la Patrie qui jure avec les déclamations que vous verrez contenues dans certaines lettres du capitaine Dreyfus et dont voici un échantillon ; c'est un mensonge de plus à ajouter à son actif et dont il est bon que vous teniez compte.

Le greffier Coupois *donne lecture de la lettre suivante :*

De la prison de Cherche-Midi, sans date, n° 8 du rapport Crépieux-Jamin, n° 5 du rapport Moriaud, brochure Bernard Lazare, page 278 et 279.

« Après avoir travaillé toute sa vie dans un but unique, dans le but de la revanche contre cet infâme ravisseur qui nous a enlevé notre chère Alsace, tu te rappelles que, me trouvant, il y a une dizaine d'années à Mulhouse et ayant entendu, le 5 septembre, une musique allemande célébrant l'anniversaire de Sedan, ma douleur fut telle que je mordis mes draps de colère et que je me jurais de consacrer toutes mes forces, toute mon intelligence à servir mon pays contre celui qui insultait ainsi à sa douleur. »

Je ne m'occuperai pas de la conduite privée du capitaine Dreyfus. Des témoignages vous seront donnés, vous en tirerez des conclusions, je ne m'occupe pas du mobile de la trahison ; le mobile de la trahison peut avoir de l'intérêt, au point de vue psychologique. Je me préoccupe du fait matériel et brutal. Pour moi, la trahison ressort clairement ; d'abord des contradictions et des mensonges perpétuels de l'accusé ; elle ressort avec une certitude morale de l'examen technique du bordereau ; elle ressort avec une certitude matérielle de l'examen cryptographique de ce même bordereau. Elle ressort des aveux.

Dans ces conditions, je vais terminer ma déposition déjà bien longue en vous remerciant précisément de m'avoir permis de la faire aussi longue.

J'ajouterai seulement un mot. Je ne suis pas arrivé à mon âge sans avoir fait la triste expérience que tout ce qui est humain est sujet à l'erreur. D'ailleurs si je suis faible d'esprit, comme l'a dit M. Zola, je suis du moins un honnête homme et le fils d'un honnête homme. Par conséquent, quand j'ai vu commencer la campagne pour la revision, j'ai suivi avec une anxiété poignante toutes les polémiques, tous les débats auxquels a donné lieu cette campagne. Si le moindre doute avait effleuré mon esprit, messieurs, je serais le premier à vous le déclarer et à dire devant vous au capitaine Dreyfus : Je me suis trompé de bonne foi...

LE CAPITAINE DREYFUS, *se levant, avec force.* — C'est ce que vous devriez dire. (*Applaudissements.*) [1]

LE GÉNÉRAL MERCIER. — Je viendrais dire au capitaine Dreyfus : « Je me suis trompé de bonne foi, je viens avec la même bonne foi le reconnaître et je ferai tout ce qui est humainement possible pour réparer une épouvantable erreur. »

LE CAPITAINE DREYFUS. — C'est votre devoir !

LE GÉNÉRAL MERCIER. — Eh bien, non, ma conviction depuis 1894 n'a pas subi la plus légère atteinte, elle s'est fortifiée par l'étude plus approfondie du dossier [2], elle s'est fortifiée aussi de l'inanité des résultats obtenus pour prouver l'innocence du condamné de 1894, malgré l'immensité des efforts accumulés, malgré l'énormité des millions follement dépensés.

LE PRÉSIDENT. — Vous avez terminé ?

LE GÉNÉRAL MERCIER. — Oui [3].

Me Demange se lève pour poser une question.

LE PRÉSIDENT. — L'audience sera reprise lundi matin.

LE COMMANDANT CARRIÈRE. — M. Delaroche-Vernet vous demande l'autorisation de s'absenter. Si le Conseil le veut bien, je n'y vois pas d'inconvénient.

Me DEMANGE. — La question que je voulais vous poser avait trait précisément à la dépêche et peut-être serait-il nécessaire que M. Delaroche-Vernet...

1. Ces deux parenthèses sont supprimées dans le *Compte rendu sténographique revisé par le général Mercier*.
2. « Plus complète et plus approfondie de la cause. Elle s'est, etc. » (*Compte rendu revisé par le général Mercier*.)
3. Ici se termine le *Compte rendu sténographique revisé par le général Mercier*.

Le Président. — M. Delaroche-Vernet attendra. Les débats sont suspendus, et seront repris lundi matin à 6 h. 1/2.

M. Casimir-Perier. — A la suite de la déposition de M. le général Mercier je demanderai au conseil à être entendu à nouveau et je préférerais que ce soit contradictoirement avec lui.

L'audience est levée à midi.

Note complémentaire du 2e renvoi de la page 76 :

Le *Figaro*, qui publiait chaque jour un compte rendu sténographique des débats, a reçu le 17 août la dépêche suivante :

Figaro, Paris.

Ems, 17 août, 10 h. 20.

Lettre du 30 novembre 1897, attribuée à moi et reproduite dans le **Figaro**, *le mercredi 16 août, est un faux.*

Colonel SCHNEIDER.

Cette dépêche, publiée dans son numéro du 18 août, était suivie des lignes que voici :

« Nous transmettons cette dépêche au colonel Jouaust, président du Conseil de guerre de Rennes, qui n'hésitera certainement pas à mettre le général Mercier et le général Roget en demeure de s'expliquer sur la production de ce faux. « F. »

Puis, le 19 août, il publiait la note suivante :

« Dans l'audience du 14 août, le général Mercier s'est plaint que la sténographie eût déformé certains de ses propos jusqu'à les rendre inintelligibles.

« A l'appui de cette surprenante déclaration, il signalait aux journaux qui reçoivent ses confidences l'omission d'un membre de phrase important dans sa déposition de l'avant-veille, c'est celui où, citant la « pièce accablante » dont il allait donner lecture, il nommait son auteur, le colonel Schneider, attaché militaire d'Autriche-Hongrie.

« L'aventure est piquante, le lendemain du jour où il est établi que ce document est un faux !

« Or, il résulte des vérifications qui ont été faites que ce membre de phrase n'a pas été prononcé par M. Mercier. Il a dit ceci : « Pour « confirmer cette déclaration du colonel Sandherr, je demanderai à « M. le président du Conseil de guerre de bien vouloir lire cet extrait « suivant » ; et, aussitôt après, M. le greffier Coupois donna lecture de la lettre signée du colonel Schneider.

« Ajoutons que ces paroles ont été exactement reconstituées après confrontation des notes de nos sténographes et des sténographes du ministère de la Guerre. Nous ne rectifions les allégations tendancieuses de nos confrères que pour prouver l'exactitude de notre compte rendu ; cette prétendue erreur est d'ailleurs la seule qu'ils aient relevée.

« Et elle est amusante, au lendemain du démenti officiel de l'ambassade d'Autriche et du colonel Schneider.

« Ajoutons que c'est précisément l'omission qu'a faite le général Mercier du nom de l'auteur de la lettre versée aux débats qui n'a pas permis au colonel Schneider de protester dès le jour même de la déposition du général Mercier, c'est-à-dire le 12 août.

« Ce n'est qu'en lisant le *Figaro* du mercredi 16 août, à Ems, qu'il a vu, avec la surprise que l'on devine, que la dépêche, à lui inconnue, lue sur la demande du général Mercier, lui était attribuée.

« Et le jour même le démenti nous était télégraphié.

« F. »

Et enfin, dans son numéro du 23 août :

« Le colonel Schneider, attaché militaire à l'ambassade d'Autriche-Hongrie, est arrivé hier à Paris et nous a adressé la lettre suivante :

AMBASSADE
D'AUTRICHE-HONGRIE
—
Attaché militaire.

22 août 1899.

« *Monsieur le rédacteur en chef du* FIGARO,

« Le 17 de ce mois, j'adressais au *Figaro* le télégramme suivant :

« Lettre du 30 novembre 1897, attribuée à moi et reproduite « dans le *Figaro* le mercredi 16 août, est un faux. »

« Puisque vous avez bien voulu le publier, je vous prie aujourd'hui d'y ajouter ceci :

« Le 30 novembre 1897, mon opinion était *absolument contraire* à celle qui se trouve exprimée dans la pièce en question.

« L'apposition de la date susdite et de ma signature au texte que l'on m'attribue constitue un faux.

« Ce faux subsisterait même dans le cas où, ce dont je ne puis juger sans l'avoir sous les yeux, le texte lui-même émanerait de moi à une autre date.

« Agréez, monsieur le rédacteur en chef, etc.

« *Signé :* Colonel SCHNEIDER. »

TROISIÈME AUDIENCE

Lundi 14 août 1899.

M. le Président déclare la séance ouverte à 6 *h.* 35.

Le Président. — Au cours de la dernière séance, il s'est produit des manifestations bruyantes en présence desquelles j'aurais fait évacuer tout ou partie de la salle, si nous ne nous étions trouvés à la fin d'une audience, au moment où cette mesure n'aurait pas eu d'efficacité réelle. Mais je préviens l'assistance que je ne tolérerai aucune manifestation dans quelque sens que ce soit et de quelque nature qu'elle soit.

Je ferai expulser les perturbateurs individuels, si on peut les reconnaître; sinon je ferai évacuer les parties de la salle où les désordres auront eu lieu.

Les manifestations dont je parlais tout à l'heure se sont produites principalement samedi sur les bancs de la presse. Je rappelle à ses représentants que si on leur a fait une place très large dans cette enceinte, c'est dans l'intérêt de leurs lecteurs et afin que le plus grand nombre possible de journaux puissent rendre compte des débats de cette affaire qui passionne peut-être un peu trop l'opinion publique.

Si la présence de nombreux journalistes, animés de sentiments contraires et prêts à les manifester, devait être une cause de désordre et devait empêcher les débats de se poursuivre dans le calme qui est nécessaire à leur impartialité, je n'hésiterais pas à faire évacuer la salle et au besoin à faire supprimer le service de la Presse.

J'espère, messieurs, que vous ne me forcerez pas à avoir recours à cette mesure de rigueur.

A ce moment un mouvement se produit au fond de la salle près des portes d'entrée : quelqu'un vient de réclamer un médecin pour Me Labori blessé.

Me Demange. — Monsieur le président, une douloureuse nouvelle vient de se répandre ici.

Il a été dit que mon confrère, Me Labori, était blessé.

Le Président. — Cela est profondément regrettable.

Me Demange. — Je n'en ai pas la certitude et je demande au Conseil de vouloir bien ne reprendre l'audience que lorsque nous saurons si Me Labori peut venir ou non. Monsieur le président a-t-il des indications à ce sujet? Quant à moi, je n'en ai pas.

Le Président. — Non.

Me Demange. — Je demanderai, par conséquent, au Conseil de faire vérifier si Me Labori peut venir ou non et de suspendre l'audience jusqu'à ce que nous ayons des indications fermes à ce sujet.

Le Président. — Je fais droit immédiatement à cette demande du défenseur. La séance est suspendue jusqu'à ce que nous soyons renseignés.

La séance est suspendue à six heures quarante.

REPRISE DE LA SÉANCE

L'audience est reprise à sept heures et demie.

Le Président. — Faites entrer l'accusé.

Le capitaine Dreyfus est introduit.

Le Président. — Un triste événement vient de se produire qu'on ne saurait trop blâmer. Je prie l'assistance, dans ces circonstances pénibles, de vouloir bien observer le calme. Il me serait personnellement pénible d'être obligé d'user de mesures de rigueur en pareille circonstance.

Me Demange. — J'ai l'honneur de vous indiquer qu'on espère que les blessures ne seront pas graves et que Me Labori pourra bientôt revenir prendre sa place devant vous.

Le Président. — Maître Demange, j'espère ainsi que vous que les blessures ne seront pas graves et que, dans quelques jours, Me Labori sera en mesure de reparaître devant nous.

Le général Mercier est introduit.

Le Président. — Avez-vous quelque chose à ajouter à la déposition que vous avez faite avant-hier?

Le général Mercier. — Monsieur le président, j'ai une simple petite rectification à faire. J'ai remis au Conseil, dès le début de la séance, la copie d'une lettre qu'on appelle la « Lettre de l'homme des forts de la Meuse », en disant que l'original n avait pas été retrouvé.

M. Paléologue m'a prévenu depuis que cet original existait au ministère des Affaires étrangères.

Par conséquent, il n'est pas revenu au ministère de la Guerre, mais il se trouve au ministère des Affaires étrangères.

Le Président. — Avez-vous eu, pendant votre séjour au ministère de la Guerre, la preuve que les documents énumérés au bordereau soient parvenus aux mains d'une puissance étrangère?

Sont-ils parvenus aux mains de la puissance à laquelle ils étaient destinés?

En a-t-on eu des traces?

Le général Mercier. — Pendant ma présence au ministère de la Guerre, je n'en ai eu aucune trace.

Le Président. — Y avait-il des fuites au ministère avant l'arrivée du capitaine Dreyfus?

Le général Mercier. — Bien certainement.

Le Président. — Y en avait-il à l'État-major général?

Le général Mercier. — Je ne les ai pas connues, mais il y avait des fuites.

Le Président. — Ont-elles cessé après son arrestation?

Le général Mercier. — Monsieur le président, j'ai quitté le ministère de la Guerre immédiatement après la condamnation du capitaine Dreyfus.

Le Président. — Et vous n'avez pas été à même de savoir si ces fuites avaient cessé?

Le général Mercier. — Je n'ai pas été à même de savoir cela.

Le Président. — Avez-vous eu connaissance que le commandant Esterhazy ait été employé à un titre quelconque, permanent ou occasionnel, par le service des renseignements?

Le général Mercier. — Non, monsieur le président; jamais, à ma connaissance, le commandant Esterhazy n'a été employé par le service des renseignements. J'ai ignoré même complètement son nom jusqu'en 1896 ou 1897.

Le Président. — Savez-vous si le colonel Sandherr était en relations personnelles avec lui et s'il a pu profiter de ces relations et de celles que le commandant Esterhazy lui-même avait dans le monde parisien pour l'employer au profit du service des renseignements?

Le général Mercier. — Je viens de vous dire que j'ignorais complètement même le nom du commandant Esterhazy, par conséquent...

Le Président. — Parfaitement. Le commandant Esterhazy a d'abord nié être l'auteur du bordereau; il a même été acquitté régulièrement et définitivement du chef de l'accusation qui pesait sur lui en ce sens. Depuis quelque temps, dans diverses circonstances et notamment dans des documents qui ont été saisis par mes ordres entre les mains d'un journal du matin, le commandant Esterhazy a déclaré être l'auteur du bordereau.

Que pensez-vous de cette déclaration ?

Le général Mercier. — Je crois que c'est un mensonge. J'ai dit dans ma déposition que je persistais à croire pour mon compte personnel que l'écriture du bordereau était celle du capitaine Dreyfus, et j'ai ajouté que, quand même ce serait l'écriture d'un autre, l'examen du bordereau imposait la conclusion qu'il avait été fait sous l'inspiration du capitaine Dreyfus.

Un membre du Conseil de guerre. — Mon général, n'a-t-on jamais fait l'hypothèse que le bordereau sur papier calque pouvait être la copie d'un bordereau original?

Le général Mercier. — J'ai vu cette hypothèse dans les journaux; mais elle n'a jamais été faite à ce moment-là au ministère de la Guerre. Nous avons toujours admis que le document sur papier pelure était bien le document original du bordereau.

Le même membre du Conseil de guerre. — C'est bien dans une ambassade étrangère qu'on l'a trouvé?

Le général Mercier. — Dans une ambassade étrangère.

Le Président. — Monsieur le Commissaire du Gouvernement, avez-vous quelques questions à poser au témoin?

Le Commissaire du Gouvernement. — Non, monsieur le président.

CONFRONTATION ENTRE M. CASIMIR-PERIER ET M. LE GÉNÉRAL MERCIER

Le Président. — Monsieur le défenseur, avez-vous une question à adresser au témoin par mon intermédiaire?

Me Demange. — Oui, monsieur le président.

Mais auparavant, je désirerais que M. le Président Casimir-Perier fût rappelé, car mes questions ne seront utiles qu'après que M. Casimir-Perier aura été entendu.

Mes questions doivent porter sur les trois points suivants :

1o M. le Président Casimir-Périer a déclaré que les pièces contenues dans le bordereau étaient sans importance. M. le général Mercier, au contraire, à l'audience d'hier, a donné cette opinion que les pièces peuvent intéresser la sûreté du pays;

2o M. le Président Casimir-Perier a déclaré que M. le capitaine Lebrun-Renault ne lui avait pas parlé d'aveux et qu'il ne lui avait pas été envoyé pour lui en parler. Sur ce point, également, M. le général Mercier est d'une opinion différente.

Enfin, en troisième lieu, M. le général Mercier a dit que s'il avait fait une communication secrète, c'était parce qu'il y avait des intérêts supérieurs, des dangers de guerre, qu'il ne voulait pas livrer, même à une audience à huis clos, des pièces comme celles qui ont été remises au Conseil.

M. le général Mercier a appuyé sur ce fait qu'il y avait eu un soir, à l'Élysée, une très grande émotion. Je désirerais que M. Casimir-Perier fût entendu sur ces points, parce que, suivant les réponses, mes questions dépendront précisément de la contradiction ou de l'accord qui existera entre ces messieurs.

Le Président. — Monsieur Casimir-Perier, voulez-vous bien venir?

M. Casimir-Perier se présente à la barre.

Le Président. — Maître Demange, vous voulez que j'interroge M. Casimir-Perier sur l'importance des documents qui auraient été livrés à l'Allemagne ?

Me Demange. — Oui, monsieur le Président.

M. Casimir-Perier. — Tout d'abord, je n'ai pas souvenir d'avoir reçu le colonel ou le commandant Bertin.

Un point est très précis dans ma mémoire. C'est que le général Mercier, ou spontanément, ou sur une demande de moi, m'a dit que ces documents étaient sans grande importance. Ce sont les expressions mêmes dont je me suis servi.

J'affirme l'exactitude absolue de ma mémoire. M. le général Mercier a même ajouté qu'il suffisait de prendre au ministère de la Guerre quelques mesures pour que ces documents n'eussent plus aucune importance.

Le général Mercier. — En ce qui concerne la visite du commandant Bertin-Mourot à M. le Président de la République, son souvenir est très net; il est appelé en témoignage; il en déposera devant vous.

En ce qui concerne les documents, je persiste à penser que je n'ai pas pu dire à M. le Président de la République qu'ils avaient peu d'importance, parce que, comme je vous l'ai déclaré, tous les documents et en particulier celui relatif aux troupes de couverture, pouvaient révéler les secrets les plus graves pour notre mobilisation.

Un membre du Conseil de guerre. — J'ai vu dans le dossier de la Cour de cassation que, lorsque le bordereau est parvenu au ministère de la Guerre, il s'était produit comme une sorte d'affolement, une angoisse véritable.

Le général Mercier. — Je l'ai dit dans ma déposition devant le

Conseil de guerre, ici. Je n'ai pas employé l'expression affolement, mais j'ai parlé de l'angoisse qui nous avait étreints, à ce moment-là, car il n'y avait pas à douter que nous avions un traître à l'État-major dans l'intérieur même du ministère.

Le Président. — Le second point est relatif aux aveux.

(*A. M. Casimir-Perier.*) Voulez-vous préciser le but de la visite du capitaine Lebrun-Renault, qui vous avait été envoyé par le ministre de la Guerre?

Vous a-t-il parlé des aveux?

M. Casimir-Perier. — Je répète, monsieur le président, que le capitaine Lebrun-Renault n'a jamais, devant moi, parlé sous aucune forme, et dans aucune mesure, des aveux. Lorsqu'il est venu à l'Élysée, je n'avais entendu parler par personne des aveux.

Le général Mercier m'en a parlé incidemment, un ou deux jours après, mais il n'en a pas parlé au Conseil de cabinet, ou tout au moins j'en doute.

M. le sénateur Guérin pourrait sur ce point être utilement interrogé.

Quant aux conditions dans lesquelles le capitaine Lebrun-Renault est venu à l'Élysée, je précise en vous confirmant ce que j'ai dit hier. Le capitaine Lebrun-Renault est venu à l'Elysée à la suite de l'article du *Figaro* dont j'ai donné lecture.

Le général Mercier a dit que son autorité suffisait pour adresser au capitaine Lebrun-Renault les observations qu'il importait de lui faire à propos de cette communication à la presse.

Le général Mercier a oublié que, si j'avais exprimé sur ce point un désir, celui de voir moi-même, pour ce fait, le capitaine Lebrun-Renault, le général Mercier étant mon subordonné, n'avait qu'à obéir aux ordres qu'il recevait de moi.

J'ajoute que M. Charles Dupuy était présent lorsque le capitaine Lebrun-Renault est venu à l'Élysée.

Vers le mois de février 1898, M. Charles Dupuy, qui s'étonnait comme moi de cette légende des aveux, tout au moins en ce qu'ils auraient été recueillis par nous, a rencontré le capitaine Lebrun-Renault.

Il a causé avec lui de cet incident et voici la lettre que m'a écrite M. Charles Dupuy, à la suite de son entretien avec le capitaine Lebrun-Renault. Le capitaine Lebrun-Renault a déjà été entendu. Il le sera à nouveau. Ceci constituera sa troisième déposition.

« Quant à moi, m'écrit M. Charles Dupuy, j'ai vu le capitaine Lebrun-Renault. Il est venu à l'Élysée le dimanche 6 janvier 1895. La dégradation avait eu lieu la veille.

« Il y a été appelé parce que le *Figaro* du 6 lui prêtait des propos qui nous avaient paru fort déplacés.

« Il s'en est expliqué ou plutôt excusé, et il ne nous a rien dit de précis. A coup sûr, il n'a pas redit le propos : « Si j'ai livré des « pièces. »

« Quand je lui ai dit qu'il était resté muet sur ce point, il m'a répondu : « — Tiens, je ne vous l'ai pas dit? Ah ! ma foi, je ne dois « pas avoir beaucoup parlé, j'étais intimidé et troublé, et je ne « demandais qu'à m'en aller. D'ailleurs, j'avais révélé la chose au « général Gonse et au ministre de la Guerre.

« — Enfin, lui ai-je dit, quelle impression vous a faite votre « venue à l'Élysée? Vous êtes-vous bien rendu compte du but pour « lequel le ministre vous y avait envoyé?

« — Ah! pour cela, oui; c'était pour m'y faire donner un « savon! »

L'expression était plus forte, mais c'est bien le sens. J'ai l'honneur de déposer cette lettre.

Le Président. — Vous n'avez rien à ajouter?

M. Casimir-Perier. — Ce que j'ai dit me paraît suffire.

Le général Mercier. — Monsieur le Président, je n'ai aucun souvenir que M. le Président de la République m'ait exprimé le désir de voir le capitaine Lebrun-Renault.

La *Cocarde* et le *Temps* du 5 janvier ont, dès le soir même de la dégradation, publié la scène des aveux.

C'est en raison de cette publication que, dès le soir du 5 janvier, j'ai fait faire des recherches pour faire comparaître le capitaine Lebrun-Renault devant moi.

Il m'a été amené le lendemain matin par le général Gonse et il m'a répété, en présence du général Gonse, la scène des aveux.

C'est alors que je lui ai donné l'ordre, en présence du général Gonse, de se rendre chez le Président de la République et chez le président du Conseil pour leur répéter ce qu'il m'avait dit.

Le capitaine Lebrun-Renault en déposera devant vous. Le général Gonse en déposera également.

M. Casimir-Perier. — Je n'ai qu'un mot à ajouter. C'est que si le capitaine Lebrun-Renault avait été envoyé chez moi, à l'Élysée, sans que je susse pour quel motif, je lui aurais demandé ce qu'il y venait faire.

Le général Mercier. — Je demande la permission de répondre un mot à ce que vient de dire M. Casimir-Perier.

J'ai donné dans ma déposition la raison pour laquelle M. Casimir-Perier pensait à ce moment-là à tout autre chose qu'à faire répéter les aveux.

M. Casimir-Perier. — Ce que j'ai dit suffit.

Le Président. — Vous n'avez rien à ajouter, monsieur ?

M. Casimir-Perier. — J'estime que ce que j'ai dit suffit.

Me Demange. — M. le général Mercier a dit que M. le président Casimir-Perier avait l'intention d'étouffer les aveux : c'est la phrase que j'ai recueillie avant-hier. M. le Président Casimir-Perier vient de dire qu'il n'avait rien à ajouter à ce qu'il avait dit ; mais il n'a certainement pas eu la pensée d'étouffer les aveux.

M. Casimir-Perier. — Je n'en ai pas entendu parler ; je n'en ai entendu parler qu'un jour ou deux après la venue du capitaine Lebrun-Renault qui ne m'en a pas parlé, qui n'en a pas ouvert la bouche ni devant moi ni devant le président du Conseil.

Quant aux intentions que me prête le général Mercier, les circonstances sont trop tristes et trop tragiques pour que, dans l'intérêt de mon pays, je veuille passionner le débat. Je suis maître de moi et de ma conscience.

Le Président. — J'estime, moi aussi, qu'il est bon d'abandonner ce point qui n'a qu'un rapport indirect avec la question. Maître Demange, quelle est votre troisième question ?

Me Demange. — Je voudrais demander à M. Casimir-Perier quel jour exactement s'est produite cette émotion qui a fait retenir à l'Élysée, jusqu'à minuit, M. le Président de la République et le président du Conseil et où le ministre de la Guerre se tenait prêt à envoyer des ordres de mobilisation ? Quel jour cela s'est-il passé ?

M. Casimir-Perier. — Je crois que la question serait mieux posée au général Mercier qu'à moi.

Le Président. — Le général a déposé à ce sujet et a fait connaître que c'était dans la soirée du 6.

Le général Mercier. — J'ai accepté ce que disait M. Casimir-Perier : que c'était la soirée du 6. Je n'ai pas de souvenirs précis à cet égard-là.

M. Casimir-Perier. — Je n'ai parlé d'aucune soirée, moi, et le général Mercier n'a pas eu à accepter ce que j'ai dit d'une soirée. Je n'ai parlé d'aucune soirée.

Le général Mercier. — J'ai accepté que c'était dans la journée du 6 que le comte de Münster avait rendu visite au Président de la République.

Le Président. — Et que c'était dans la soirée du 6 que vous aviez été convoqué à l'Élysée.

M. Casimir-Perier. — C'est un des points sur lesquels je désirerais le plus vivement m'expliquer. Je n'ai aucun souvenir de cette scène tragique se terminant à minuit par une communication qui aurait été faite par l'ambassade d'Allemagne.

Sur tout ce qui est l'incident diplomatique, il a été traité par moi seul. Le général Mercier, que j'avais nommé ministre de la Guerre, n'avait pas à intervenir dans les questions diplomatiques, et s'il y était intervenu, je l'aurais rappelé à son devoir.

Il n'a pas eu à intervenir dans les conversations avec M. de Münster, et le fait de l'absence de M. le ministre des Affaires étrangères à ce moment-là a été la cause que c'est moi seul qui ai conféré avec M. de Münster. Si quelqu'un, par conséquent, a pu avoir des impressions et des renseignements, ce n'est pas le général Mercier, c'est moi. Or, dans la soirée du 6, moi, je n'étais pas troublé : je ne sais pas qui l'était. Je ne critique aucun de ceux qui ont pu l'être, mais, je déclare que de mon entretien avec M. de Münster il ressortait un calme complet à ce moment-là.

J'ajoute que si l'incident avait été aussi tragique qu'on l'a représenté, il est invraisemblable que l'incident entre l'ambassadeur d'Allemagne et moi se soit clos par une demande adressée par mon intermédiaire à M. le président du Conseil d'avoir à rédiger, le lendemain, la note qui devait clore l'incident.

Si l'ambassadeur d'Allemagne avait jugé que la communication que je devais faire était d'une gravité telle qu'elle dût amener des complications internationales, il en aurait référé à Berlin avant de prendre rendez-vous avec le président du Conseil pour rédiger une note. J'ajoute du reste que ce qui confirme sur ce point la précision absolue de ma mémoire, ce qui supprime la scène si douloureuse et si tragique de l'Élysée, c'est que nous n'avons pas eu de nouvelles le soir à minuit; que c'est sur le texte de la note que l'ambassadeur en a référé à Berlin et que c'est — ceci est facile à constater, ceci se passait le 6 — que c'est, au plus tôt, le 8 que la note concertée entre le président du Conseil et l'ambassadeur d'Allemagne a paru dans les journaux.

Si on avait eu le 6 des nouvelles disant que l'incident était clos, on n'aurait pas attendu le 8 pour faire paraître une note.

Je n'ai pas autre chose à dire.

Je répète que le général Mercier était ministre de la Guerre ; que s'il y avait eu des complications extérieures, c'est après une entente entre le ministre des Affaires étrangères, revenu à Paris, et M. le président du Conseil, qu'il aurait reçu des ordres de moi. Il n'y a eu aucune espèce de dépêche échangée avec aucune puissance amie ; on peut rechercher dans le dossier des Affaires étrangères. On n'en trouvera pas. Je répète donc que cet incident a été grossi dans la mémoire de M. le général Mercier. Qu'il ait pu y avoir à ce moment, dans certains esprits en France, quelque émotion, je le comprends; et si, dans ma déposition précédente, je n'en ai pas parlé, c'est qu'il me semble que, quand des questions comme celles-là sont réglées et touchent à des rapports internationaux, il est préférable de les passer sous silence. Il y a des points sur lesquels il est inutile et douloureux de s'appesantir.

Le général Mercier. — M. Casimir-Perier admet par conséquent la vérité de ce que j'ai dit en ce qui touche l'existence de cette soirée pendant laquelle M. le président du Conseil et moi sommes restés à l'Élysée.

Or, M. Casimir-Perier vient de vous dire que j'étais ministre de la Guerre, que les Affaires étrangères ne me regardaient en rien et que, s'il y avait eu des complications diplomatiques, ce n'était pas au ministre de la Guerre qu'on se serait adressé. C'est vrai.

Aussi que faisais-je dans cette soirée à l'Élysée?

J'y étais comme ministre de la Guerre, ayant au besoin un devoir à remplir, et c'était précisément parce que les complications diplomatiques étaient telles, et que mon rôle comme ministre de la Guerre pouvait devenir imminent, que j'étais là. Quant à ce qui s'est passé dans cette soirée, il est très vrai que je n'ai pas été mis au courant des négociations qui se poursuivaient entre M. le comte de Münster et M. Casimir-Perier.

M. Casimir-Perier dit qu'il agissait comme ministre des Affaires étrangères.

Je n'en sais rien. Il me semble que, comme Président de la République, il n'avait pas à se substituer au ministre des Affaires étrangères. Le ministre des Affaires étrangères, s'il était absent, avait un titulaire qui était là pour le remplacer.

Moi, j'étais ministre de la Guerre, et c'est comme ministre de la Guerre que j'étais à l'Élysée; et ce que vient de dire M. Casimir-Perier est la confirmation de ce que j'ai dit.

Quant aux ordres donnés au ministère de la Guerre, M. le général de Boisdeffre, qui est cité devant vous comme témoin, en déposera.

M. Casimir-Perier. — Je tiens à dire un mot, parce que je ne veux pas que mes paroles soient dénaturées cinq minutes après que je les ai prononcées.

Je n'ai pas dit que j'agissais comme ministre des Affaires étrangères. J'ai dit le contraire.

J'ai dit que le ministre était revenu à Paris et que c'était après m'être concerté avec lui et le président du Conseil que j'aurais donné, s'il y avait eu lieu, des ordres au général Mercier. Voilà ce que j'ai dit il y a cinq minutes.

Me Demange. — Sur ce point, une question à M. le général Mercier.

Le général Mercier vient de dire au Conseil que M. de Boisdeffre renseignerait le Conseil sur les ordres que M. le général Mercier lui avait donnés dans cette journée du 6 janvier...

Or, j'ai lu dans la procédure, aux dépositions de M. le général Gonse et de M. Cavaignac, que M. de Boisdeffre était absent le 6 janvier.

Le général Mercier, *vivement.* — Alors c'est que la soirée n'aurait pas eu lieu le 6 janvier.

... *Se reprenant.* — Je vous demande pardon.

Me Demange. — Comment cela se concilie-t-il?

Le Président. — M. de Boisdeffre était-il présent le 6 janvier ?

Le général Mercier. — Il était certainement à Paris ce soir-là ; il en déposera lui-même.

Quant à la date du 6, je vous ai dit que j'acceptais cette date, mais je n'ai pas un souvenir précis à cet égard.

M. Casimir-Perier. — Je n'ai jamais assigné la date du 6 janvier à la soirée. J'ai assigné la date du 5 à la communication faite par M. le ministre, et la date du 6 à la conversation avec M. de Münster. Je n'ai assigné aucune date à une soirée de l'Élysée. J'ai dit que cette soirée n'était pas restée dans mon esprit.

Le Président. — L'incident diplomatique a eu lieu le 6 janvier?

M. Casimir-Perier. — L'incident diplomatique a eu lieu le dimanche 6 janvier à une heure de l'après-midi.

Me Demange. — Je prierai seulement le Conseil de retenir cette date du 6 janvier et la déclaration du général Mercier que le général de Boisdeffre y était.

Le général Mercier. — Nous verrons.

M. Casimir-Perier. — Je désirerais m'expliquer maintenant sur l'incident qui est né entre Me Demange et moi.

Le Président. — Cela ne touche pas le général Mercier. Je vous rappellerai après pour cela.

M. Casimir-Perier. — Alors, monsieur le Président, j'aurai un mot à dire touchant la déposition du général Mercier. Je serai extrêmement bref. Je veux simplement dire ceci, en ne passionnant pas le débat : c'est qu'avant-hier, M. le général Mercier s'est appliqué le plus possible à me faire intervenir dans l'affaire qui occupe actuellement le Conseil.

J'ai dit à cet égard que j'avais été fort peu au courant, que j'avais eu peu de renseignements. Ma pensée a été très exactement rendue par une lettre qui a été apportée ici par le général Mercier et qui est maintenant déposée au greffe.

C'est la lettre qui lui a été écrite par M. Charles Dupuy et où il est dit que le Président de la République est resté étranger aux discussions comme à la décision.

Je sais très bien que l'on s'étonne beaucoup qu'un chef d'État n'ait pas été tenu plus au courant, et j'ai souffert de cette légende en ce sens qu'après avoir déposé en justice, on a longtemps cru que je ne disais pas tout ce que savais.

Eh bien ! on sera moins surpris lorsque je signalerai ce simple fait qui établira quelles étaient les relations anormales d'un subordonné vis-à-vis d'un chef d'État ; quand je dirai ici que M. le général Mercier, ministre de la Guerre, qui, hier, a établi la théorie de la déférence qu'il a professée pour le chef de l'État, au mois d'août 1894, a licencié les hommes de deux classes, soit 60,000 hommes de l'armée française, sans en prévenir le chef de l'État, et en lui laissant le soin de l'apprendre par le *Journal officiel*.

Le Président. — Ceci n'a guère de relation avec l'affaire qui nous occupe.

M. Casimir-Perier. — J'accepte votre observation. Cet incident n'a aucun trait à l'affaire.

Je n'insiste pas, mais je vous ferai remarquer qu'il est quelque peu insolite qu'un chef d'État soit appelé à déposer sur ce qui touche à l'exercice de sa magistrature; que j'ai même hésité à comparaître devant la justice, et que, si je l'ai fait, c'est à la fois par respect pour elle et par amour pour mon pays. Mais lorsqu'il s'agit de cette magistrature que j'ai remplie, je ne puis pas admettre, quand elle est en cause, que je n'aie pas le droit et le devoir de la défendre.

Le général Mericer. — Monsieur le président, j'ai simplement à vous dire que, si j'ai été appelé à parler de M. le Président Casimir-Perier et du rôle qu'il a rempli à certains moments dans l'affaire qui nous occupe, c'est parce que j'ai juré de dire la vérité, toute la vérité, et que, par conséquent, quand M. Casimir-Perier a joué un rôle à ce moment, j'ai dû vous le signaler. Je vous demande d'ajouter un simple mot pour répondre à ce que vient de dire M. Casimir Perier.

Le fait auquel fait allusion M. Casimir-Perier avait été délibéré en Conseil des ministres, sous la présidence de son prédécesseur, M. Carnot. Quand M. Casimir-Perier a pris la succession de M. Carnot, comme il s'est décidé à conserver le ministère Charles Dupuy, je devais supposer que M. Dupuy avait mis au courant M. Casimir-Perier du fait en question et des décisions qui avaient été prises en déposant le projet de budget, puisque le projet prévoyait le renvoi non de 60,000 hommes, mais d'un certain nombre de milliers d'hommes.

Me Demange. — J'ai encore quelques questions à poser à M. le général Mercier. Monsieur le président préfère-t-il que je pose mes questions immédiatement au Conseil?

Le Président. — Faites. Nous rappelerons ensuite M. Casimir-Perier en ce qui concerne l'autre incident.

Me Demange. — Ma première question à M. le général Mercier est celle-ci :

M. le général Mercier voudrait-il expliquer au Conseil comment, dans son esprit, il lie par une relation de cause à effet l'émotion patriotique née le 6 janvier, à la suite de l'incident diplomatique, et la communication secrète faite le 21 ou le 22 décembre au plus tard?

Je demande à M. le général Mercier comment des faits qui se seraient passés dans la journée du 6 janvier 1895 l'ont décidé à faire une communication secrète le 22 décembre 1894?

Le général Mercier. — J'ai à répondre que ce qui s'est passé le 6 janvier est l'épilogue d'une crise qui durait depuis longtemps.

M. Hanotaux vous dira combien la situation était délicate, combien elle était périlleuse. Ce sont ses propres expressions.

Me Demange. — Monsieur le président, je regrette de faire revenir M. Casimir-Perier; mais je vous prie de lui demander si, avant la journée du 6 janvier et à la suite d'une démarche de M. le comte de Münster, il n'y avait pas eu une entente parfaite entre les gouvernements allemand et français, de telle sorte qu'il n'y avait plus aucune inquiétude?

M. Casimir-Perier. — Si j'ai bien compris la question de Me Demange, elle est celle-ci : Y aurait-il eu des pourparlers antérieurs à mon entrevue avec M. de Münster?

Me DEMANGE. — Est-ce qu'avant le 6 janvier, M. de Münster n'avait pas vu M. le président Casimir-Perier? est-ce qu'à la suite de cette entrevue toute inquiétude n'avait pas été effacée de l'esprit et du représentant du gouvernement allemand et du représentant du gouvernement français?

M. CASIMIR-PERIER. — Avant l'entrevue avec M. l'ambassadeur d'Allemagne que j'ai rapportée, il n'avait jamais été question entre lui et moi de l'affaire Dreyfus. Par conséquent, il n'avait jamais été question de complications pouvant naître de cette affaire. J'ai dit avant-hier, dans ma déposition, qu'il y avait eu des entretiens sur ce point entre le ministre des Affaires étrangères et M. de Münster, mais qu'il n'y en avait eu aucun entre M. de Münster et moi.

Me DEMANGE. — Très bien! Je n'ai pas d'autre question à poser sur ce point à M. Casimir-Perier.

La seconde question, que j'ai à prier M. le Président de vouloir bien poser à M. le général Mercier est celle-ci :

Il a été établi devant le Conseil que la traduction de la dépêche de l'agent que nous continuons d'appeler l'agent B...

J'ouvre ici une parenthèse pour vous demander, monsieur le président, si — étant donné que M. le général Mercier a fait, pour ainsi dire, le dépouillement du dossier secret — nous devons continuer à nous servir de cette initiale B.?

LE PRÉSIDENT. — Vous devez continuer.

Me DEMANGE. — Eh bien, je demande à M. le président de vouloir bien poser la question suivante au général Mercier :

Étant donné que, le 11 ou le 13 novembre au plus tard, la traduction exacte de la dépêche que l'agent B. avait envoyée à son gouvernement était parvenue au ministère de la Guerre, pourquoi le général Mercier n'a-t-il pas fait verser cette dépêche, sur le texte de laquelle il ne pouvait y avoir de doute, au dossier judiciaire de 1894, puisque cette dépêche venait à la décharge de l'accusé?

LE GÉNÉRAL MERCIER. — De quelle dépêche veut parler Me Demange?

LE PRÉSIDENT. — De la dépêche du 2 novembre 1894, de l'agent B. à son gouvernement.

LE GÉNÉRAL MERCIER. — Du 2 novembre 1894?

LE PRÉSIDENT. — Oui, de celle que vous avez supprimée du dossier, comme étant incertaine.

LE GÉNÉRAL MERCIER. — Elle n'est jamais entrée dans le dossier. Voici ce qui s'est passé, je crois l'avoir dit dans ma déposition : j'ai reçu une première traduction de cette dépêche qui paraissait nettement indiquer que le gouvernement italien était au courant de la culpabilité de Dreyfus. Un jour ou deux après, j'ai reçu une seconde traduction de cette dépêche conçue dans des termes n'indiquant pas d'une manière formelle la culpabilité. Dans ces conditions-là, je me suis dit : ou que réellement on s'était trompé dans la première traduction et que la seconde était seule bonne, ou que le ministère des Affaires étrangères avait les raisons les plus sérieuses pour désirer qu'il ne soit pas fait usage de cette première traduction. Par conséquent, je n'ai fait usage ni de la première ni de la seconde traduction. Il n'en a pas été fait mention dans le procès de 1894, et ni l'une ni l'autre de ces deux traductions n'ont figuré dans le dossier secret qui a été envoyé en communication aux juges.

Me DEMANGE. — Je disais, en posant ma question, qu'il était établi que la traduction exacte de la dépêche avait seule été communiquée d'une manière officielle au ministère de la Guerre et qu'il n'y avait plus de doute à ce sujet.

Si M. le général Mercier déclarait qu'il y a encore un doute dans son esprit, je prierais le Conseil de faire appeler M. Paléologue.

LE PRÉSIDENT. — M. le général Mercier vous a donné son appréciation. Nous avons examiné en audiences secrètes les pièces dont il s'agit. Nous sommes fixés.

Me DEMANGE. — Oui, monsieur le président; mais je voudrais qu'il fût dit en audience publique, par M. Paléologue qu'un seul texte a été communiqué officiellement au ministère de la Guerre et que le texte précédent, c'est-à-dire le texte douteux, n'avait été qu'une ébauche préalablement remise au colonel Sandherr à titre officieux et amical, et non à titre officiel, mais que le texte officiel, c'est-à-dire le texte vrai, a été uniquement celui qui excluait le capitaine Dreyfus.

LE PRÉSIDENT. — Nous avons déjà eu l'occasion de nous expliquer à ce sujet pendant la déposition de M. Delaroche-Vernet.

Me DEMANGE. — Voulez-vous demander à M. le général Mercier si le colonel Sandherr ne lui a pas fait part de la contre-épreuve qu'il avait fait subir à la dépêche de l'agent B. pour contrôler cette communication faite par le ministère des Affaires étrangères?

LE PRÉSIDENT. — Vous avez entendu la question?

LE GÉNÉRAL MERCIER. — Je n'en ai pas souvenir. Tout ce que je puis affirmer, c'est que, ébauche ou non, une première traduction m'a été apportée comme venant du ministère des Affaires étrangères, avec cette restriction que cette traduction était douteuse.

Puis une seconde traduction m'a été apportée, complètement différente de la première.

Le Président. — Persistez-vous à faire appeler M. Paléologue?

Me Demange. — Je voudrais qu'il fût constaté par M. Paléologue qu'il n'y a eu qu'une seule traduction officielle.

M. Paléologue est introduit.

Le Président. — En quelques mots, monsieur Paléologue, voulez-vous, pour ne pas prolonger cette question, nous dire s'il n'y a eu qu'une seule traduction?

M. Paléologue. — D'une façon officielle et administrative, il n'y a eu qu'une seule version. Le 13 novembre, un télégramme de contre-épreuve, préparé par M. le colonel Sandherr, a été envoyé, et cette contre-épreuve lui a donné la certitude que le texte était strictement traduit.

Ce qui est possible, et cela expliquerait peut-être l'incertitude de M. le général Mercier, c'est que, lorsque les transmissions se sont faites au ministère de la Guerre, les explications n'aient pas été données d'une façon suffisante.

Mais ce que je puis affirmer, c'est que pour le ministère des Affaires étrangères, un seul texte a existé, et que ce texte a été contrôlé par M. le colonel Sandherr lui-même d'une manière formelle et absolue.

Le général Mercier. — Au point de vue du ministère des Affaires étrangères, je n'ai aucune observation à faire, mais au point de vue du ministère de la Guerre, je tiens à affirmer que deux traductions m'ont été successivement apportées comme venant du ministère des Affaires étrangères.

Le Commissaire du Gouvernement. — Je demande à préciser. Il ne faudrait pas qu'il y eût de confusion. Le Conseil sait bien qu'une première interprétation de la dépêche a été donnée à titre officieux au colonel Sandherr qui l'a communiquée.

Me Demange. — A titre officieux?

Le Commissaire du Gouvernement. — ... et que, plus tard, officiellement, on a communiqué une traduction de la dépêche qui est devenue définitive, après quelques hésitations sur les trois derniers mots.

Voilà la question, très nettement posée, afin qu'il n'y ait pas d'ambage ni d'incertitude dans les esprits.

Me Demange. — Comme M. le Commissaire du Gouvernement a fait une observation, je demande à en faire une.

Il n'y aura pas d'ambages, c'est entendu; c'est pour cela que je veux adresser une nouvelle question à M. le général Mercier qui est celle-ci :

M. le colonel Sandherr est-il venu dire à M. le général Mercier : « Voici le véritable texte qui nous est apporté par les Affaires étrangères. J'ai fait une contre-épreuve qui me permet d'affirmer que ce texte est vrai » ?

Le général Mercier. — Je n'ai aucun souvenir qu'on m'ait parlé d'une contre-épreuve. On m'a seulement apporté un second texte en me disant que c'était le texte envoyé par le ministre des Affaires étrangères.

Le Président. — Le premier vous avait été présenté comme un texte provisoire?

Le général Mercier. — Oui, monsieur le président, on me l'a présenté comme offrant quelques doutes sur le déchiffrement des derniers mots.

Me Demange. — Vous comprenez, monsieur le président, que je ne vais pas reprendre la déposition de M. le général Mercier; cela fera l'objet de ma discussion.

Sa déposition est une argumentation dont je prendrai les points spéciaux. Pour le moment, j'arrive à ma troisième question, et je demande au général Mercier s'il n'a pas reconnu qu'il y avait un commentaire accompagnant les pièces secrètes et pourquoi il a détruit ce commentaire?

Le général Mercier. — Parce que j'avais fait faire ce commentaire pour mon compte personnel, et qu'il ne pouvait figurer au dossier judiciaire, lequel était entre les mains de la justice militaire, lorsque ce commentaire m'est revenu avec les six ou huit pièces qu'il contenait. J'ai rendu ces six ou huit pièces au colonel Sandherr.

Il n'y avait pas de dossier secret constitué à ce moment-là ; ces six ou huit pièces appartenaient à des dossiers différents, étaient dans des armoires différentes. On les a remises dans ces armoires, et le commentaire a été détruit.

Me Demange. — Voulez-vous, monsieur le Président, demander au général Mercier, qui a été ministre de la guerre, comment il peut considérer qu'une pièce qu'il a fait communiquer au conseil de guerre, secrètement, c'est vrai, mais dont le conseil de guerre a dû faire état dans sa délibération, comment il peut considérer qu'une pièce semblable soit une propriété personnelle, c'est-à-dire la propriété d'un particulier ?

Le général Mercier. — Le Conseil de guerre, à ce moment-là,

avait terminé sa mission. Le Conseil de revision avait terminé sa mission. Quant à la loi de revision de 1895, elle n'était pas votée. Il n'y avait par conséquent plus de suites judiciaires à donner au procès de 1894. Toutes les pièces ont été dispersées, remises en place, et le commentaire qui n'avait plus de place particulière a été détruit.

Me DEMANGE. —Alors que l'émotion qui a précédé la demande en revision s'est produite, une copie du commentaire aurait été remise par M. le général Gonse au général Mercier et M. le général Mercier l'aurait détruite parce qu'il considérait cela comme une propriété privée. Ce commentaire nous aurait été utile pour le débat d'aujourd'hui; et quand j'ai demandé au général Mercier pourquoi il l'avait détruit, c'est que je voulais savoir s'il y avait dans ce commentaire une raison particulière pour le faire disparaître.

LE PRÉSIDENT, *au général Mercier*. — Aviez-vous une raison particulière?

LE GÉNÉRAL MERCIER. — Il n'y avait aucune raison particulière, sauf qu'à ce moment la campagne pour la revision était commencée et que, comme je vous l'ai dit, par des considérations patriotiques, j'estimais qu'il ne fallait fournir aucun prétexte pouvant faire décider la revision.

Me DEMANGE. — Le Conseil appréciera. Je discuterai plus tard.

LE PRÉSIDENT, *au capitaine Dreyfus*. — Avez-vous des observations à faire?

LE CAPITAINE DREYFUS. — Dans l'interrogatoire, on m'avait demandé si j'avais assisté à une conférence de M. le général Vanson ou Ranson. Également, dans les dépositions de la Cour de cassation, il avait été parlé d'une conférence Ranson. Dans l'audience de samedi, j'ai compris enfin la question.

Il s'agit d'un voyage fictif d'état-major qui a été fait à l'état-major de l'armée.

Il a été fait, en effet, un voyage fictif topographique dont j'ai oublié le nom comme je ne me souvenais plus de celui du général Vanson ou Ranson. Ce travail a duré six ou huit jours. J'étais sous les ordres supérieurs du lieutenant-colonel Bardol ou Barnot dont on cite le nom également, d'une façon différente, à plusieurs reprises.

Je tenais à rectifier ce point. Nous étions une vingtaine d'officiers appelés pour ce voyage fictif. Il y avait des officiers venus d'un peu partout: officiers de troupe, officiers venant d'états-majors de province. J'ai participé à ce travail, j'étais sous les ordres directs d'un chef de bataillon de génie détaché au service d'état-major; ce voyage fictif a duré quelques jours.

Le général Mercier. — Voulez-vous, Monsieur le Président, me permettre de vous faire une observation sur la façon dont se fait la sténographie des dépositions? La sténographie de ma déposition est telle qu'il y a des moments où elle est absolument incompréhensible.

Le Président. — Il y a ici deux sténographies : une sténographie particulière et une sténographie officielle. La sténographie officielle, la seule sur laquelle je puisse exercer un contrôle, n'est pas encore parue. Celle qui a paru est la sténographie particulière de la presse. Avez-vous d'autres observations à faire?

Le général Mercier. — Non, je n'ai pas d'autres observations à présenter.

Le capitaine Dreyfus. — La conférence finale résumant les travaux du voyage fictif d'état-major dont je parlais tout à l'heure a été faite par M. le général de Miribel, chef d'état-major général de l'armée.

Le Président. — Monsieur Casimir-Perier, voulez-vous revenir?

M. Casimir-Perier. — Je voudrais faire une observation au sujet de la lettre signée « Dreyfus... », dont j'avais parlé avant-hier au cours de la déposition du général Mercier. C'est à cette lettre que je faisais allusion. Il est dit dans cette lettre, qui porte la signature d'Alfred Dreyfus, — qui est vraie ou fausse, je n'en sais rien, j'ai dit que je l'avais lue dans les journaux ; elle a paru dans l'*Eclair* pour la première fois vers le mois de février ou d'avril dernier; — il est dit dans cette lettre :

« J'avais demandé à M. Casimir-Perier... »

Je ne cite pas toute la lettre, puisque le Conseil la connaît. Je commence par dire que M. Dreyfus ne m'a rien demandé.

J'ai reçu M. Waldeck-Rousseau, qui m'a parlé de Me Demange, qui ne m'a pas parlé d'une demande du capitaine. Ce n'est pas au capitaine que j'ai répondu, mais à MM. Waldeck-Rousseau et Reinach.

Me Demange. — Je crois que je donnerais satisfaction sur ce point à M. Casimir-Perier si le Conseil voulait me permettre une explication.

M. Casimir-Perier. — Je m'arrête immédiatement.

Me Demange. — La lettre à laquelle M. Casimir-Perier fait allusion m'était inconnue ; c'est ce qui fait qu'avant-hier, quand il en a parlé, je lui avais répondu qu'elle ne pouvait pas porter la signature de Dreyfus.

Je l'ai fait rechercher. On s'est donné beaucoup de mal au greffe pour la trouver, et on me l'a communiquée. L'ayant en communication, j'ai été voir Alfred Dreyfus et je lui ai demandé les explications nécessaires. Je les apporte aujourd'hui en son nom.

Je dois rappeler ici, comme on l'avait dit à la précédente audience, que je suis très persuadé que l'état de l'opinion n'aurait point été ce qu'il a été, si le réquisitoire du commissaire du gouvernement et ma plaidoirie en 1894 avaient pu être prononcés en public. J'avais prié, n'ayant pas personnellement accès à l'Élysée, mon confrère Waldeck-Rousseau de voir le Président Casimir-Perier et de lui demander d'intervenir auprès du Conseil des ministres pour obtenir la publicité des débats. M. Waldeck-Rousseau m'avait rapporté que M. Casimir-Perier avait accueilli ma demande avec bienveillance, mais qu'il ne pouvait pas statuer. Bien entendu, à ce moment-là, c'était une prière que j'adressais à M. Casimir-Perier; il ne pouvait pas être question de négociation, mot que j'ai trouvé dans la déposition du général Mercier, pas plus qu'il ne pouvait être question d'un engagement ou d'un marché, si vous voulez, que j'aurais fait avec le Président de la République. C'eût été une inconvenance de ma part et on voudra bien m'accorder qu'elle n'est pas entrée dans mon esprit.

Je suis revenu trouver Alfred Dreyfus, et je lui ai dit :

« Le président Casimir-Perier a accueilli ma demande favorablement. J'espère qu'il aura foi dans la parole que je lui ai donnée, que je ne trahirais aucun secret pouvant compromettre la sécurité de l'État, et j'espère dans son intervention bienveillante auprès du Conseil des ministres. »

Ai-je donné trop d'espérance à Dreyfus? C'est possible. C'était un accusé et c'est un peu notre rôle de les consoler et de les encourager.

Voilà qu'en 1898, Alfred Dreyfus apprend par le gouvernement, par câble, que la demande de revision est déclarée recevable par la Cour de cassation.

Il écrit alors la lettre dont M. Casimir-Perier a lu un extrait; vous avez la lettre tout entière, elle est un peu plus longue.

Cette lettre est adressée au gouverneur et alors, dans cette lettre, il fait appel à M. de Boisdeffre pour obtenir la publicité des débats.

Il rappelle, à l'aide de souvenirs qui ne sont pas des souvenirs exacts, — mais vraiment, au bout de quatre ans on peut le lui pardonner! — qu'il y avait eu une parole engagée, et il rappelle dans les termes que vous savez, que M. Casimir-Perier vous a lus tout à l'heure, la démarche que j'avais faite en 1894.

Eh bien! je veux prendre toute la responsabilité de cela, car je ne voudrais pas que cela pût retomber sur ce malheureux capitaine.

J'exprime donc mes regrets à M. le président Casimir-Perier, en lui assurant que je n'ai jamais parlé d'engagements, qu'il n'a jamais été question d'engager des négociations entre le capitaine Dreyfus et M. le Président de la République. Jamais il n'a, bien entendu, été question de cela.

J'ajouterai seulement que je m'étonne qu'une lettre adressée par le capitaine Dreyfus au gouverneur de la colonie, lettre que nous avons eu tant de peine à retrouver en original, se soit retrouvée dans les mains d'un témoin, le général Mercier, et surtout qu'elle ait été publiée dans un journal qui s'appelle l'*Éclair*.

Voilà ce que je constate, et je le regrette précisément parce qu'on a voulu en faire une arme de polémique contre M. le président Casimir-Perier.

M. Casimir-Perier. — Monsieur le Président, je n'ai rien à ajouter. Je remercie Me Demange qui m'a donné satisfaction complète. (*Mouvement prolongé.*)

M. le général Billot est introduit.

QUATRIÈME TÉMOIN

M. LE GÉNÉRAL BILLOT

Le Président. — Quels sont vos nom et prénoms?

Le général Billot. — Billot, Jean-Baptiste.

Le Président. — Quel est votre âge?

Le général Billot. — Soixante et onze ans demain.

Le Président. — Quel est le service auquel vous êtes affecté?

Le général Billot. — Général de division hors cadre, en activité pour avoir commandé en chef devant l'ennemi.

Le Président. — Connaissiez-vous l'accusé avant les faits qui lui sont reprochés?

Le général Billot. — Non, monsieur le Président.

Le Président. — Vous n'êtes pas au service de l'accusé et il n'est pas au vôtre?

Le général Billot. — Non, monsieur le Président.

Le Président. — Veuillez nous donner connaissance des faits que vous connaissez sur l'affaire Dreyfus.

Le général Billot. — Voulez-vous me permettre de m'asseoir?

Le Président. — Avancez un siège au général.

Un siège est avancé.

Le général Billot. — Monsieur le Président, j'ai connu l'affaire Dreyfus comme tout le monde, avant de prendre le ministère de la guerre.

Cette affaire m'avait profondément ému comme touchant aux intérêts les plus sacrés de l'armée; mais je n'avais été initié à aucun détail et par conséquent lorsque, le 30 avril 1896, je suis arrivé au ministère de la Guerre, j'étais absolument étranger à cette affaire. J'avais, à mon âge, consenti à rentrer au pouvoir parce que, comme membre du Conseil supérieur de la guerre, je m'étais aperçu que certaines lacunes existaient dans notre plan de défense nationale, notamment pour la réfection de notre artillerie, pour la solidité de l'armée, que l'on tendait à pousser vers le nombre en sacrifiant la qualité, et enfin pour les idées générales qui présidaient à la préparation à la guerre.

C'est donc à regret que sur la fin de ma carrière je suis revenu au pouvoir, mais j'ai pensé que j'avais un devoir à remplir.

L'occasion s'en présentait. Je n'ai pas hésité.

L'affaire Dreyfus, par conséquent, était loin de mes pensées, et effectivement, pendant plusieurs mois, j'ai pu avec calme me livrer aux travaux difficiles de la préparation à la guerre. Dans les premiers jours de mon ministère, un homme que j'ai profondément aimé, que j'estime toujours, mon collègue au Sénat, M. Scheurer-Kestner, vice-président de la Haute Assemblée, est venu à mon banc me demander confidentiellement si je ne voudrais pas m'occuper de l'affaire Dreyfus.

Si je parle de ce détail intime, c'est parce que M. Scheurer-Kestner lui-même a donné l'exemple et que des lettres de lui à moi ont été publiées dans les journaux.

Je dirai tout, mais en restant dans la modération, dans la réserve complète qui est due à un vieil ami et qui est due aussi à ma dignité personnlle.

Je répondis à M. Scheurer-Kestner que je n'entendais pas me mêler de cette affaire : « Je ne la connais pas bien, et elle ne me semble rien de bon. »

J'ai su depuis, par la déposition faite par M. Scheurer-Kestner, dans le procès Esterhazy, qu'il avait demandé amicalement la même chose à M. de Freycinet, notre ami commun, et que M. de Freycinet lui avait fait la même réponse.

Plus tard, bien longtemps après, le 24 mai 1897, M. Scheurer-Kestner écrivit à un de mes anciens officiers de prédilection, le lieutenant-colonel Bertin.

Il lui écrivait de Thann, pour lui donner un rendez-vous à Bellevue, près de Belfort, pour causer d'affaires graves.

Le lieutenant-colonel Bertin se rendit à ce rendez-vous. M. Scheurer-Kestner, pressé par la même idée, fit ses confidences au colonel Bertin, lui disant de tâcher de me saisir de son opinion sur le procès Dreyfus.

Le 27 mai, au mariage de Mlle de Miribel, auquel assistait le colonel Bertin, il demanda à me voir et, dans la soirée, me mit au courant de la pensée de M. Scheurer-Kestner.

Je lui dis que, quant à moi, j'étudiais très sérieusement cette affaire, que je voulais me rendre compte de la vérité, et que je ne pouvais faire qu'une seule chose : engager M. Scheurer-Kestner à une prudence extrême.

M. Scheurer-Kestner, — j'ai oublié de le dire en commençant — qui habitait Thann, était lié de relations anciennes avec la famille Dreyfus de Mulhouse. Il avait été sollicité par les membres de cette famille de s'occuper de cette affaire.

Je reviens à ce que j'avais l'honneur de dire : M. le lieutenant-colonel Bertin me vit et, à différentes reprises, M. Scheurer-Kestner chercha à se mettre en relation avec moi, pour poursuivre le but qu'il recherchait lui-même.

En 1897, comme j'étais allé aux manœuvres du général de Négrier, le colonel Bertin vint me rapporter que M. Scheurer-Kestner, le regardant avec des yeux d'acier, lui avait dit :

— Dreyfus est innocent, je poursuivrai sa réhabilitation ! dites-le au ministre !

Le colonel Bertin, qui est de ces officiers d'état-major qui se distinguent par les qualités principales de ce genre de service, qui sont l'impersonnalité, la fidélité, l'abnégation et le dévouement, me transmit textuellement les paroles de M. Scheurer-Kestner. Je lui dis de prier mon ami, dans son intérêt personnel, dans l'intérêt de la patrie, dans l'intérêt de la vérité, de ne pas faire de démarches téméraires sans avoir vu et consulté son vieil et fidèle ami.

M. Scheurer-Kestner (tout cela d'ailleurs a couru dans la presse), suivit fidèlement les indications qui lui étaient transmises de ma part, et quand il vint à Paris, il vint s'asseoir à ma table en vieil ami de vingt-neuf ans.

On a dit qu'il avait passé quatre heures dans mon cabinet. Il a passé deux heures à ma table et deux heures au billard du ministère, une heure dans mon cabinet.

On a dit qu'il m'avait saisi de la question, qu'il m'avait fait des propositions.

Permettez-moi de remettre tout cela au point. Il a voulu me saisir de la question, je lui ai répondu :

— Je suis ministre de la Guerre. Le garde des Sceaux, seul, peut être saisi d'une demande de revision de procès, la loi est formelle, et il ne peut être saisi que dans des conditions déterminées, soit par les intéressés, soit par la famille. Dans ces conditions, incompétent moi-même, je ne pourrais pas accepter le poids d'une demande de revision :

— Je veux au moins, dit-il, que tu saches ce que j'ai sur le cœur.

— Je lui dis : « Non. Je n'ai accepté cet entretien qu'à l'a condition qu'il resterait secret. Or, comme tout s'ébruite, et qu'il n'y a plus de secret de nos jours, je ne tiens pas du tout à recevoir tes confidences. »

Il insista. Il fut convenu que notre entretien en resterait là, et alors il me dit : « Dreyfus n'est pas coupable. Le coupable, c'est Esterhazy. La preuve, c'est que j'ai deux lettres de lui. Regarde cette écriture. »

Je lui répondis : « Je ne suis pas expert en écritures. Ce n'est pas mon métier. Je suis à l'état d'enquête permanente depuis plus d'un an sur cette affaire. Pour Esterhazy, il y a trois ou quatre écritures autres que la sienne qui ressemblent à celle du bordereau. Par conséquent, si tu n'as pas autre chose, tiens-toi tranquille. »

Alors, il me glissa dans l'oreille : « Tâche de faire une enquête personnelle. Fais-la toi-même ; je te donne quinze jours. »

— Mais oui, lui dis-je, je fais l'enquête depuis un an. J'y travaille. Je ne peux pas faire une enquête autrement qu'une enquête confidentielle, absolument secrète. Je ne suis pas saisi d'une demande en revision et il n'y a que le garde des Sceaux qui puisse en être saisi.

— Eh bien, cherche quinze jours.

Il me donnait quinze jours quand la Cour de cassation a mis huit mois pour faire son enquête.

J'ai cherché toujours, lorsque avant l'expiration du quinzième jour, le cinquième jour même, le 15 novembre, je vis dans les journaux la lettre qui m'était adressée par M. Scheurer-Kestner et la plainte de M. Mathieu Dreyfus.

— J'oubliais de dire ceci : en me quittant, il me dit : « Consulte Picquart ». Je ne lui avais pas parlé de Picquart. Cette indication là me fit penser que M. Picquart avait dû le mettre au courant de ses investigations secrètes, au courant desquelles j'avais été mis comme ministre de la Guerre, et lui comme chef du bureau des renseignements.

Puisqu'il y a une déposition de M. Picquart, puisque l'enquête de la Cour de Cassation, que le Conseil a eue sous les yeux, relate ces faits, je ne commettrai pas d'indiscrétion en disant ce qui s'est passé entre le colonel Picquart et moi. Je l'ai déjà dit, du reste, à la Cour de Cassation.

Je peux d'abord dire au Conseil de guerre que je n'ai pas grand'chose à modifier à ma déclaration devant la Cour. Les faits qui se sont produits depuis que j'ai déposé n'ont pas été de nature à modifier ma manière de voir.

Le colonel Picquart, qui a servi sous mes ordres aux manœuvres du Nord, pour lequel j'avais une profonde estime, qui est intelligent, perspicace, qui m'avait rendu de grands services et sur lequel j'avais le droit de fonder des espérances dans l'intérêt de l'armée, le colonel Picquart m'a renseigné très bien.

Seulement, j'étais entré au ministère, ayant, par des travaux de M. Jules Roche sur une armée voisine et sur l'artillerie de cette armée, des renseignements précis que je croyais vrais et qui ont été contredits, quand je suis entré au ministère, par les données que j'ai trouvées au service des renseignements.

On croyait que nos voisins en étaient toujours aux essais, aux expériences. Je craignais, au contraire, que nous fussions devancés. Je prescrivais tous les jours de chercher. On ne trouvait pas; on croyait toujours nos voisins aux expériences. Je ne m'endormais pas cependant, et pour rendre à chacun ce qui lui est dû, un homme de génie, nommé Deport, ayant trouvé une pièce nouvelle, un homme de haute initiative, nommé Mercier, ayant deviné que cette pièce avait de la valeur, avait commencé les expériences.

Et moi qui ne suis ni graphologue, ni expert en écriture, mais simplement un ministre de la Guerre et un général en chef, j'ai vu à quelque chose à faire. J'ai cru que je devais concentrer toute mon activité sur le point de savoir où en étaient nos voisins et ce que nous avions à faire.

Je puis en parler aujourd'hui. Les résultats sont connus, et M. de Freycinet a pu dire à la tribune de la Chambre que nous avions une artillerie de campagne hors de pair.

C'est le prix, cela, de vingt-six mois de ministère. J'en étais aux indications de M. Picquart. M. Picquart, au bout de peu de temps, signalait au général Gonse et au général de Boisdeffre, ses deux chefs, les indications qu'il avait sur Esterhazy. Il leur montra un *petit bleu,* aujourd'hui bien connu, en leur disant que c'était certainement la preuve que cet officier supérieur avait des relations avec un agent étranger.

Il leur proposa même d'envoyer à Esterhazy une dépêche pour lui tendre un piège.

Ils refusèrent.

Non content de cet essai, il s'adressa directement au ministre. Le ministre l'écouta et, lui montrant un fauteuil qui était devant lui, il lui dit : « Non, colonel Picquart. Il ne faut pas faire de ces choses-là.

« Il y a quinze ans, quand j'étais ministre de la Guerre, M. le préfet de police Camescasse m'avait proposé de tendre un piège de cette nature à un officier de l'armée française. Il m'avait même dit que le piège était déjà tendu et que, dans une heure, l'officier allait y tomber.

« J'ai répondu : « Vous n'avez pas le droit de faire une chose pareille. Dans tous les cas, si vous en avez le droit, étant données vos mœurs et vos habitudes de police, moi, chef de l'armée, je n'ai pas le droit de faire à un officier supérieur une chose pareille, parce que celui à qui on tend un piège de cette nature a toujours le droit de se dire, au fond de sa conscience : « Je luttais entre le bien et le mal, et si mon chef ne m'avait pas amorcé, je n'aurais pas succombé. »

Voilà pourquoi j'ai repoussé les propositions de M. Picquart.

A la même époque, — et j'ai donné ces renseignements à la Cour de Cassation, — des lettres interceptées sans mon ordre, à la poste, sans réquisition légale, m'ont été montrées, et en présence du général Boisdeffre et du général Gonse, j'ai dit au colonel Picquart : « Je ne veux pas de ces procédés, je n'en veux pas! Ils vous conduiraient aux galères! Ils compromettraient le ministre ! »

J'ignorais alors la déposition de M. Delaroche-Vernet, qui, pour moi, a été un trait de lumière.

J'ignorais que M. Picquart ne voyait pas d'un bon œil les renseignements qui pouvaient être de nature à charger M. Dreyfus.

Quoi qu'il en soit, j'avais vu dans la presse des fuites, — je n'en fais pas un reproche à M. Picquart, les murs mêmes deviennent des phonographes par le temps qui court et celui qui répondra d'un secret aura une prétention bien grande, — mais, quoi qu'il en soit, à tort ou à raison, je rattachai à des indiscrétions commises sur l'affaire Dreyfus des tentatives instantes faites par M. Picquart auprès de moi et auprès de ses chefs.

Le chef d'État-major général, M. le général de Boisdeffre, avait été lui-même frappé de ces coïncidences.

Il m'avait demandé d'éloigner le colonel Picquart, pour le soustraire au milieu dans lequel il vivait et aux influences qui pouvaient s'exercer sur lui, et comme il faisait cas de cet officier supérieur, il m'avait proposé de l'envoyer au Tonkin où il s'était déjà distingué.

Je résistai d'abord, puis je finis par céder

Mais comme M. Picquart pouvait rendre des services, je l'ai déjà dit à la Cour de Cassation, des services utiles à la défense nationale, et comme le service d'espionnage et de renseignements sur les frontières : frontières de l'Est, frontières des Alpes et en Tunisie, était insuffisamment organisé, comme j'entrevoyais des périls, notamment du côté de la Tunisie, je commençai par lui donner une mission confidentielle sur les frontières de l'Est, sur la frontière d'Italie et enfin en Tunisie.

Le colonel partit, et comme par enchantement, pendant un an, la campagne qui s'agitait autour de ce malheureux procès s'amortit et cessa presque.

Voilà, je crois, ce que j'ai à dire sur le rôle du colonel Picquart.

On a dit, et je le répète, on a dit dans la presse — j'ai déjà protesté devant la Cour de Cassation — on a dit : « Le colonel Picquart a été envoyé en Tunisie et à Gabès pour y trouver, dans le sud de l'Afrique, la destinée de Morès. »

Je tiens à dire devant le Conseil de guerre que ces procédés ne sont ni dans nos mœurs ni dans le caractère du général Billot.

M. Picquart avait été envoyé pour remplir une mission honorable et honorée. Jamais personne n'a songé à un moyen de cette nature. On n'a jamais songé à se débarrasser de lui.

On a dit la même chose pour M. Dreyfus. On a même dit que je lui aurais fait prendre une autre route.

Il y a du vrai, je l'ai dit devant la Cour de Cassation, je ne le nie pas.

Mais chacun apprécie les choses à sa manière ; les faits qui se sont déroulés depuis bientôt deux ans ne sont pas de nature à me faire changer d'avis.

J'estime que le culte de la patrie et de l'armée et les secrets de la défense nationale ont droit à des égards tels qu'on ne doit pas dévoiler à l'Europe entière nos plans de mobilisation, nos services de renseignements et nos secrets les plus chers. Et je me plais à rendre hommage aux qualités de l'armée française, fidèle, silencieuse, disciplinée, absolument fidèle et qui ne veut pas de traîtres dans son sein. J'estime que, si par hasard elle en rencontrait un, il y a des moyens honnêtes, modernes, qui peuvent être employés sans soulever et agiter un pays, agiter les passions comme elles le sont en ce moment. Il y a un remède : la démission, l'éloignement et l'envoi en mission.

Le capitaine Dreyfus. — Oui, mais à condition qu'il soit coupable!

Le général Billot. — Je sais qu'on a dit: « Qu'on en revient avec un grade supérieur ». Oui, mais il y a un moyen de le mériter. Il faut revenir avec des notes telles qu'on mérite ce grade supérieur. Il faut le mériter par des actes d'héroïsme, car l'héroïsme peut tout effacer, excepté, cependant, ce que vous savez.

Voilà ce que je peux dire. Maintenant, messieurs, je reviens à ma déposition.

J'ai donc été saisi par M. Mathieu Dreyfus d'une dénonciation contre Esterhazy. Le gouvernement auquel j'avais l'honneur d'appartenir en délibéra et, comme nous étions à l'état d'enquête permanente, nous n'avons pas été surpris par cette dénonciation.

On nous dit que nous aurions dû intenter un procès en diffamation au dénonciateur. Ce n'était pas notre idée. Ce n'est pas notre idée encore aujourd'hui.

M. Esterhazy étant soupçonné, M. Esterhazy étant surveillé, nous avons prescrit au général Saussier une enquête criminelle.

J'ai eu occasion de déclarer devant les Chambres que, lorsqu'un ministre de la Guerre, qui remplit les fonctions de garde des sceaux pour la justice militaire, a l'honneur et le bonheur d'avoir sous ses ordres un homme comme le général Saussier, dont le dévouement, l'expérience, le grand caractère sont connus et appréciés de tous, il n'a pas besoin d'intervenir comme commissaire du gouvernement dans les détails.

Il manquerait d'ailleurs à son devoir. Il empiéterait sur les droits du chef de la justice militaire. Il lui laisse donc le soin de faire les instructions nécessaires.

Le général Saussier a donné les ordres nécessaires pour faire l'enquête prescrite.

Cette enquête m'a été remise ; je l'ai trouvée insuffisante. J'ai donné des ordres nouveaux et le général Saussier a prescrit de faire une nouvelle enquête et a conclu à laisser en liberté provisoire le commandant Esterhazy. La nouvelle enquête faite, le gouvernement a pensé qu'un ordre d'informer devait être donné. L'ordre d'informer a été donné par le gouverneur de Paris et l'instruction a été suivie devant le Conseil de guerre. Cette instruction concluait à un non-lieu.

Le gouvernement dont j'avais l'honneur d'être membre, réuni autour du Chef de l'État, le 1er janvier 1898, inclinait à accepter cette solution. Mais, fidèle aux prescriptions de la loi, ne voulant empiéter à aucun degré sur les prérogratives légales du gouverneur de Paris, il a conféré avec le général Saussier et lui a laissé la liberté que la loi lui accorde sans peser sur lui d'aucune manière. Le général Saussier a médité longuement et a dit ce mot : *Alea jacta est*. Il a donné l'ordre de mise en jugement. Vous connaissez les faits qui se sont déroulés. On a parlé de machinations, d'entente, de collusion. Le ministre de la Guerre, fidèle à son mandat, fidèle à la loi, non seulement n'a pas vu un juge ou un commissaire du gouvernement, mais toutes ses relations se sont passées par la voie légale, par l'intermédiaire du gouverneur de Paris, qui avait toute l'autorité nécessaire, toute la vigilance pour voir ce qui se passait.

A la suite de l'acquittement d'Esterhazy est intervenue la lettre de Zola, *J'accuse*, dans laquelle il déclarait qu'il recourrait aux moyens révolutionnaires pour obtenir la revision.

J'avoue que j'inclinais très fort pour ne pas accepter la lutte révolutionnaire. Déjà, à plusieurs reprises, M. Méline, président du Conseil, et le ministre de la Guerre qui a l'honneur de parler devant vous, avaient invité M. Scheurer-Kestner et la famille Dreyfus à s'adresser à la seule autorité compétente pour aboutir à la revision.

Ils s'y étaient toujours refusés, soit qu'ils n'eussent pas confiance dans le pouvoir exécutif, soit qu'ils n'eussent pas les moyens nécessaires pour aboutir à la revision.

Dans ces conditions, j'étais moins disposé que jamais à accepter la lutte révolutionnaire proposée par M. Zola. Le gouvernement en décida autrement. J'avais une tâche à remplir, et c'est pour ne pas déserter mon mandat, qui était d'aboutir au résultat que je cherchais et que j'ai obtenu, que j'ai fait une plainte contre M. Zola.

Dans la lettre de M. Zola, plusieurs griefs étaient soulevés : les chefs de l'armée, le ministre de la Guerre lui-même, étaient traînés dans la boue. J'ai pensé que nous avions l'âme assez haute et que nous étions trop supérieurs à de si basses injures pour nous y arrêter. Mais le Conseil de guerre ne pouvait être suspecté. Nous étions tellement certains et nous sommes encore tellement certains de la loyauté des juges, de leur indépendance toujours intacte, que dans tous les griefs de M. Zola nous n'avons choisi que celui-là pour le porter devant la justice.

Le procès Zola s'est déroulé dans les conditions que vous savez. Une condamnation est intervenue. La cour suprême pensa que le ministre de la Guerre n'avait pas qualité pour porter plainte au nom d'un Conseil de guerre, et que c'est le Conseil de guerre, en assemblée générale, qui doit porter plainte. Elle a cassé le jugement. Respectueux avant tout des lois de mon pays, soumis à la justice, quoique trente années d'expérience des lois militaires et du Parlement ne m'eussent fait voir nulle part qu'un Conseil de guerre pouvait se réunir en assemblée générale, pour délibérer, autrement que sur un ordre de mise en jugement, j'ai transmis au gouverneur de Paris l'arrêt de la Cour de cassation.

Messieurs, voilà les faits que j'ai cru pouvoir soumettre au Conseil de guerre, voilà le rôle que j'ai suivi dans cette affaire.

Maintenant, voici les faits qui m'ont guidé dans cette douloureuse mission, je l'ai dit à la Cour de cassation, je le répète devant le Conseil de guerre. Je ne suis ni un commissaire du gouvernement, ni un avocat, j'étais un ministre.

Je n'étais pas un expert en écriture, je n'étais pas un spécialiste; j'étais par devoir obligé de me tenir dans les régions élevées du pouvoir pour me servir des organes que la loi, que le bon sens mettaient à ma disposition.

Quels étaient ces organes?

D'abord le chef d'État-major, le sous-chef, le chef du bureau des renseignements, les différents officiers que j'ai pu consulter discrètement, sans faire de scandale ni faire une brèche à l'autorité de la chose jugée.

Ces enquêtes, comme je l'ai dit, ont été faites par moi. Je l'ai dit, parmi les soins d'un ministre de la Guerre portant le fardeau que j'ai porté et ayant accompli la tâche que j'ai remplie, l'affaire Dreyfus aurait dû compter pour un vingtième; elle a absorbé quelquefois le cinquième de mon temps, au détriment des intérêts généraux de la patrie. Vous savez que nous avons eu des interpellations nombreuses, des recherches nombreuses, des pertes de temps considérables. Malgré cela, nous n'avons pas perdu le « Nord », comme on dit. Le Nord, quel était-il? C'était la chose jugée, la confiance dans les camarades qui, à l'unanimité, avaient condamné l'accusé, c'était le jugement confirmé par le Conseil de revision. Et, n'étant pas saisi légalement d'une demande en revision, quel était le devoir du gouvernement auquel j'appartenais? Était-il nécessaire de prendre l'initiative d'une revision, alors qu'il croyait la chose bien jugée, alors qu'aucune preuve ne lui était fournie de nature à troubler sa conviction? Non, et qu'est-ce qui le prouve? C'est que, lorsqu'après le faux Henry le ministère Brisson a saisi la Commission de la demande en revision de l'affaire Dreyfus enfin déposée, la Commission s'est prononcée contre. A plus forte raison avant les faits extraordinaires et douloureux qui m'ont surpris plus que personne, toute revision eût été refusée; le ministre qui aurait pris l'initiative d'une chose pareille, qui a jeté le trouble dans le pays, eût manqué à tous ses devoirs. Voilà, messieurs, dans quelles conditions j'ai quitté le pouvoir.

Si vous voulez, je parlerai sur le fond même de la question, après vous avoir expliqué que je ne suis ni un expert en écritures, ni un avocat, mais je suis simplement un ministre. Je vous dirai que ce bordereau dont, paraît-il, Esterhazy se reconnaît l'auteur après l'avoir nié, contient cinq chefs : Une note sur la couverture, une note sur la pièce de 120, une note sur les formations de l'artillerie, une note sur Madagascar et une autre note sur le manuel de tir. Il appartiendra aux témoins spéciaux et techniques de vous donner leur avis en toute bonne foi. Quant à moi, les renseignements que j'ai recueillis, l'ensemble des déductions que j'ai faites, dussé-je encore encourir les railleries d'un magistrat éminent par la situation qu'il occupe, les recoupements que j'ai faits, m'ont conduit à conclure ce que j'ai déjà déclaré aux Chambres, c'est-à-dire que je ne vois pas que le condamné puisse trouver dans l'examen du bordereau, comme je l'ai dit à la Cour de cassation, des présomptions d'innocence. Un fait nouveau s'est produit pour moi. Ce fait m'a vivement frappé. Le 21 avril 1899, j'allais à Caen, lorsque j'ai fait la rencontre d'un homme d'une haute valeur, d'une indépendance complète, d'une notoriété très grande. Je l'ai rencontré encore, il y a deux jours, à Saint-Malo.

Cet homme a appelé mon attention sur un témoin qui est cité : M. Denis Villon, négociant à Lyon. Le conseil l'entendra. Ce négociant, se trouvant à la fin de mars ou au commencement d'avril 1894 dans une capitale étrangère, déjeunait à onze heures du matin dans une salle à manger attenante à une salle plus grande où se trouvaient deux officiers supérieurs ou généraux appartenant à l'État-major de ce pays. Ils parlaient français pour ne pas être compris du serviteur de leur pays, qui ne comprenait que sa langue nationale.

Le négociant s'intéressa à leur conversation. Ils parlaient de l'armée française et de ses progrès, de son artillerie, de la pièce de 120.

M. Denis Villon qui, dit-il, a été artilleur, et qui venait, je crois, de faire ses 28 jours, s'intéressa vivement à cette conversation et, entendant sans être vu, il suivait, palpitant, cet entretien, lorsqu'un des deux officiers dit :

— C'est égal, c'est écœurant tout de même, de voir des officiers de l'État-major français vendre ainsi leur pays.

— Que veux-tu, mon ami, que nous y fassions, nous avons tout à y gagner. C'est un bien pour nous. Ainsi, dans quelques jours, Dreyfus va nous envoyer le plan de mobilisation et ce sera autant de gagné!

La conversation continua et, sur ces entrefaites, un étranger étant entré dans l'hôtel, la conversation cessa, et le négociant partit pour continuer son voyage.

Messieurs, ce renseignement — entre plusieurs autres — est un de ceux qui n'ont pas diminué les présomptions légitimes que l'autorité de la chose jugée avait laissées dans mon esprit. Par conséquent, je n'ai rien à retirer des déclarations que j'ai faites à la Cour de Cassation.

Le Président. — N'avez-vous rien à ajouter?

Le général Billot fait un signe de tête négatif.

Le Président. — Monsieur le défenseur, avez-vous des questions à poser?

Me Demange. — M. Barthou était ministre de l'Intérieur dans le même cabinet que M. le général Billot.

M. Barthou, que nous n'avons pas voulu faire venir pour ce détail, M. Barthou a dit ceci : « J'ai le souvenir précis d'avoir entendu M. le général Billot, au moment du procès Zola, dire qu'il avait eu, pendant plusieurs jours, des doutes sur la culpabilité de Dreyfus et qu'il n'en avait pas dormi pendant plusieurs nuits. »

M. le général Billot veut-il dire s'il a eu en effet des doutes, à quel moment ils se seraient évanouis, et ce qui les aurait fait disparaître?

Le général Billot. — Je remercie M. le président et M. le défenseur de me permettre de combler une lacune dans ma déposition. Effectivement, les paroles relevées par M. Barthou et par un autre témoin, M. Poincaré, sont parfaitement exactes. Il est évident et il est certain que, lorsque le colonel Picquart est venu à différentes reprises jeter dans mon esprit des doutes, me montrer des écritures relatives à l'affaire, j'ai passé plusieurs nuits sans sommeil, et ce n'est pas seulement à cette époque-là, c'est à toutes les époques où l'affaire Dreyfus a été agitée.

Cherchant avant tout la vérité, la cherchant d'une manière absolue, j'ai été très ému de ces écritures. Et j'ai oublié, à ce sujet, de dire au Conseil un faitqui ne manque pas de gravité, et sur lequel j'appelle son attention. Agité, oui! ému, oui! mais calme et cherchant la vérité, j'ai eu à ce moment des doutes. Je l'ai dit au colonel Picquart qui me donnait ces doutes. J'ai dit : « Ce n'est pas seulement vers Esterhazy qu'il faut chercher : dans ce moment, je suis l'objet de sollicitations étranges qui me viennent de tous les côtés. » Je l'ai dit à la Cour de Cassation, vous l'y trouverez dans les deux volumes : « M. Weill, que vous m'avez signalé comme suivi et observé par votre service, Monsieur Picquart! il remue ciel et terre; le marquis de Maison, M. Jules Roche, le comte de Montebello, le baron de Levaity, le général Giovanninelli, le général Saussier, gouverneur de Paris, veulent faire entrer au ministère de la Guerre le commandant Esterhazy, au service des renseignements, dans un bureau quelconque. A plusieurs reprises, M. de Maison, mon officier d'ordonnance, neveu du marquis de Maison, qui a eu des relations avec M. Weill, m'en a parlé. »

J'ai dit alors : « Qu'on envoie donc une demande hiérarchique pour faire admettre Esterhazy au ministère de la Guerre. » Pas de demande hiérarchique, mais des démarches. J'étais exaspéré. Dans un moment d'humeur de ma part comme j'en ai quelquefois, — M. Grenier en a déposé; ce n'était pas fait pour être porté devant les Tribunaux, ce n'était pas compatible avec la majesté de la justice, mais enfin, j'avais dit ce que je pensais... — donc, dans un moment d'humeur, j'avais dit à Picquart :

— Le commandant Esterhazy, fût-il même l'auteur du bordereau, était incapable d'avoir par lui-même les documents énumérés dans le bordereau. N'y a-t-il pas eu une main qui lui a fourni ces documents? La main de Dreyfus? je ne le sais pas; mais il y a quelquefois un intermédiaire? Il faut rechercher les relations qui existeraient entre un troisième et celui qui est à la source des renseignements, celui qui les donne; chercher de tous côtés. »

Deux mois durant je fis chercher. On ne trouva pas. Ce fut un des motifs, et si j'avais connu la déposition de M. Delaroche-Vernet, ç'en aurait été un autre, ce fut un des motifs qui me déterminèrent à accéder à la demande de M. le chef d'État-major de donner une mission spéciale à M. Picquart.

Oui, j'ai eu non pas des doutes, mais des hésitations, des nuits sans sommeil : j'en ai encore quelquefois, entendez-vous bien ! parce que dans cette affaire, où, pour moi, jusqu'à ce jour, la culpabilité de l'accusé reste, il y a des choses que je ne sais pas; il y a des choses que tout le monde ignore; il y a les variations du commandant Esterhazy. Il y a d'autres choses qui me sont inconnues. Je suis, je crois, aussi perspicace qu'un autre; mais, je le répète, j'étais ministre, chargé d'un lourd fardeau, et si un de mes prédécesseurs ou de mes successeurs, remarquable par son génie et son intelligence, M. de Freycinet, a pu dire : « Il y a trente jours que je suis ministre, il y en a vingt-neuf que je m'occupe de l'Affaire! » eh bien, non, je n'ai pas été absorbé à ce degré, mais j'ai eu assez de soucis non pour donner tout mon temps à l'Affaire, mais pour en donner ce que mon devoir me dictait. Je crois en mon âme et conscience que je lui ai donné ce que je devais, et mes convictions n'ont pas changé.

Me Demange. — Dans la même déposition, M. Barthou ajoute ceci : « La découverte du faux Henry a été pour moi comme pour tant d'autres dans cette affaire une sorte de lumière rétrospective qui en a éclairé bien des coins; et j'ai aujourd'hui l'impression que les doutes du général Billot ont dû se produire au moment de l'enquête Picquart, comme j'ai l'impression aussi que le faux Henry a été fabriqué pour dissiper ces doutes. J'ajoute d'ailleurs, etc., etc. »

Voudriez-vous demander, monsieur le président, à M. le général Billot, si en effet ce serait le faux Henry qui aurait inspiré ses doutes, comme le suppose M. Barthou?

Le général Billot. — J'ai déjà répondu à la Cour de Cassation sur ce sujet que le faux Henry était un élément qui était venu s'ajouter à l'ensemble de ceux trouvés par les recherches que je faisais pour éloigner le doute et établir la conviction, mais que cet élément n'avait pas été décisif.

Mon impression, quand ce document a été présenté, a été la suivante : J'ai trouvé sa production trop opportune; et je dirai très nettement au Conseil de guerre qu'en matière d'espionnage, sur trois espions il y en a toujours deux qui sont doublés; par conséquent, en général, tout document relatif à l'espionnage est, à un certain degré, suspect.

C'est par recoupement, je répète ce mot et je le dis comme un vieux chef qui a fait la guerre et qui a dirigé le service des renseignements, c'est par recoupement qu'on arrive à la vérité.

On a prétendu que nous avions su que la pièce Henry était un faux. Jamais de la vie! Dans 1,200 pièces venant de l'espionnage, il n'est jamais arrivé à un ministre de prendre la loupe et de se faire expert en écritures pour savoir si telle ou telle pièce est vraie ou fausse. C'est au service des renseignements à voir cela.

Le faux Henry, je l'ai dit à la Cour de cassation, lorsqu'il a été révélé, m'a profondément surpris et affligé, car je ne croyais pas qu'un officier supérieur de l'armée française fût capable de commettre un acte de cette nature, dans un but quelconque, et surtout pour tromper ses chefs.

Me Demange. — Je voudrais que M. le général Billot, comme tous les généraux et officiers qui viendront témoigner ici, veuille bien penser qu'il ne peut y avoir aucune relation entre ce qu'ils ont pu lire dans la presse et qui a pu les émouvoir, et la défense de Dreyfus.

La défense de Dreyfus, que je défends ici, que je représentais avec mon confrère Me Labori que j'ai la douleur de ne pas voir auprès de moi, n'est pas l'écho de ce qui a pu être dit dans la presse. Voilà ce que je voudrais que les généraux sussent bien.

Un membre du Conseil de guerre. — Vous avez dit à un moment donné, général, dans votre déposition, que M. Delaroche-Vernet avait été pour vous un trait de lumière?

Le général Billot. — Oui.

Le même membre du Conseil de guerre. — Voulez-vous expliquer ces mots « trait de lumière »?

Le général Billot. — Eh! quand j'ai vu, dans cette déposition, le peu d'empressement de la part de M. Picquart à chercher les charges qui désignaient Dreyfus... Il est question, n'est-ce pas? dans cette déposition, d'une femme qui a écrit une lettre dans laquelle le nom de Dreyfus est prononcé et où on dit qu'il a des accointances avec un major d'une nation étrangère? C'est bien cela, n'est-ce pas?

Le membre du Conseil de guerre. — Oui.

Le général Billot. — Eh bien! voilà le trait de lumière!

Le Président, *au capitaine Dreyfus*. — Avez-vous quelque chose à dire sur la déposition qui vient d'être faite?

Le capitaine Dreyfus. — Je veux répondre que les allégations, apportées ici, du dénommé Villon, sont d'odieux mensonges!

Le Président. — Vous dites?

Le capitaine Dreyfus. — Du dénommé Villon, du dénommé Villon, ai-je dit, mon colonel!

Le Président. — Il n'a pas déposé, il déposera.

La séance est suspendue à huit heures cinquante.

Reprise de la séance.

CINQUIÈME TÉMOIN[1]

M. Eugène GODEFROY CAVAIGNAC, 46 ans, ingénieur des Ponts et chaussées.

La séance est reprise à neuf heures dix.

M. Cavaignac est introduit et prête serment.

Le Président. — Voulez-vous bien faire votre déposition?

M. Cavaignac. — Monsieur le Président, j'ai été amené dans plusieurs circonstances à engager ma responsabilité tout entière dans l'affirmation de la culpabilité de l'accusé qui est ici.

Je pense que ce que le Conseil attend de moi, c'est que j'indique ici, très succinctement, mais sans aucune restriction, les motifs qui m'y ont amené.

J'ai une première déclaration à faire : j'ai suivi minutieusement l'enquête de la Cour de Cassation, j'ai suivi minutieusement les contradictions auxquelles ont été soumises les déductions auxquelles j'étais arrivé, et, après cet examen, je déclare encore ici, aujourd'hui, que j'associe ma responsabilité à celle des hommes qui, en 1894, ont eu à protéger le pays et l'armée contre un acte de trahison.

J'en indiquerai les raisons dans les conditions que je viens de dire. Pour éviter les redites, je n'aurai pas à rentrer dans l'examen minutieux des faits dont la plupart vous ont été exposés dans la déposition que vous avez entendue avant-hier.

Je voudrais seulement dégager ce qui, après l'épreuve de la contradiction, demeure à mes yeux établi comme un motif de conviction.

Le premier point sur lequel j'ai eu des renseignements et des documents positifs, le premier point qui a fixé ma conviction, c'est ce qu'on a appelé les aveux de l'accusé. Je rappellerai très sommairement les faits. En dehors même des témoignages qui confirment les paroles du capitaine Lebrun-Renault, en dehors même des attestations persistantes faites sous la foi du serment et signées par lui, il existe un document écrit contemporain où sont relatées ces dé-

1. M. Cavaignac a publié en brochure, à Rennes, le compte-rendu sténographique revisé de sa déposition. Comme nous l'avons fait au sujet de la déposition du général Mercier, nous indiquons ici, en note, les divergences qui existent entre le texte de M. Cavaignac et celui enregistré par les sténographes.

clarations. C'est là lettre écrite et datée du 6 janvier par le général Gonse. Cette lettre a été écrite par le général Gonse immédiatement après l'issue de l'entretien du ministre avec le capitaine Lebrun-Renault. Elle a été envoyée au général de Boisdeffre qui se trouvait en ce moment absent. Je rappelle tout d'abord les termes de cette lettre dans ses passages essentiels :

« Le ministre sait que je suis innocent ; il me l'a fait dire par le commandant du Paty de Clam, il y a trois ou quatre jours, dans la prison, et il sait que, si j'ai livré des documents[1], ils sont sans importance et que c'était pour en obtenir de sérieux des Allemands. »

Tel est le texte du document écrit contemporain. A côté de la déclaration du capitaine Lebrun-Renault existe celle du commandant d'Attel. Le commandant d'Attel est mort, mais sa déclaration[2] est attestée par trois témoins : par le commandant Anthoine, par le commandant de Mitry et par l'archiviste principal de 1er classe Wunenburger.

Tels sont les faits.

Quelles sont les objections qu'on y a opposées?

Tout d'abord, on a nié les faits eux-mêmes qui établissent les déclarations du capitaine Lebrun-Renault qui ont été faites ; puis on a essayé d'expliquer la phrase que contient la lettre du général Gonse.

En dernier lieu, nous nous trouvons devant cette affirmation — qu'il importe d'examiner et de discuter — devant cette affirmation que ce ne serait pas une phrase prononcée par le condamné[3] lui-même, mais que ce serait une phrase qui lui aurait été dite par le commandant du Paty de Clam et qu'il n'aurait fait que répéter.

M. le général Mercier, dans sa déposition, a établi, et je n'y reviens pas, que cela n'est pas vraisemblable. D'une part, parce que le commandant du Paty de Clam n'avait pas l'ordre de prononcer cette phrase, et ensuite qu'il semblait résulter de lettres qui ont été écrites, à la suite de l'entretien de l'accusé avec le commandant du Paty de Clam, que cette phrase n'aurait pas été prononcée.

Mais il ne s'agit pas seulement d'établir si le fait est vraisemblable ou non. Il s'agit d'établir s'il est vrai.

Eh bien ! messieurs, sur ce point, voici ce que j'ai à dire :

Quels sont les motifs qu'on a allégués pour écarter ce témoignage et pour dire que la phrase avait été non pas prononcée par

1. « Des documents, ce sont des documents sans importance... » (*Compte rendu revisé par M. Cavaignac.*)
2. « Déposition. » (*Ibid.*).
3. « L'accusé. » (*Ibid.*).

l'accusé lui-même, mais répétée par lui? J'ai cherché [1] minutieusement les termes de l'arrêt de la Cour de cassation. J'ai lu minutieusement le rapport de M. Ballot-Beaupré: le motif sur lequel on [2] s'appuie, messieurs, c'est que dans sa déposition devant la Cour de cassation, M. le capitaine Lebrun-Renault, à la phrase que contient la lettre du général Gonse, du 3 janvier, a substitué une phrase où le verbe est à l'imparfait.

« Le ministre savait que si j'avais livré des documents.., »

D'où la conclusion que la phrase aurait été prononcée non pas directement, mais en style indirect. Ce sont là, je le crois sincèrement, des subtilités [3] roulant sur les mots d'une phrase qu'on peut en effet discuter. Je considère pour ma part qu'il est extrêmement difficile de rétablir minutieusement les mots mêmes qui peuvent avoir été employés. Si j'avais à me prononcer sur ce point, je dirais que le témoignage du 6 janvier daté d'une façon indiscutable est celui qui doit compter [4]; mais il y a autre chose; et c'est cela qui a porté la conviction dans mon esprit, il y a autre chose que les termes mêmes qui peuvent avoir été employés. Il y a les déclarations concordantes de deux témoins dont le témoignage ne présente et ne peut présenter aucune tare; de deux témoins qui ne se connaissaient pas, et qui non seulement ont entendu les mots, mais tous deux sont d'accord pour les interpréter comme un aveu de culpabilité de l'accusé. Vous relirez, messieurs, non seulement la lettre du général Gonse, mais la déposition du capitaine Lebrun-Renault devant la Cour de Cassation. Après avoir reproduit cette phrase où l'imparfait était substitué au présent, et lorqu'il lui fut demandé s'il avait réellement recueilli les aveux de l'accusé, il déclara très nettement, et à deux reprises, qu'il avait entendu l'accusé avouer qu'il avait livré des documents [5]. Vous vous reporterez également au témoignage de l'archiviste de 1re classe M. Wunenburger que vous pourrez même entendre, et qui déclare que lorsqu'il a rencontré le capitaine d'Attel dans les

1. « Lu. » (*Compte rendu revisé par M. Cavaignac.*)
2. « Le rapporteur. » (*Ibid.*).
3. « Des subtilités. Elles roulent sur les termes, sur... » (*Ibid.*).
4. « 6 janvier, le témoignage contemporain est, d'une façon indiscutable, celui qui doit compter. »
5. Cette phrase, dans le *compte rendu sténographique revisé par M. Cavaignac*, est modifiée de la façon suivante :

« Lorsque le capitaine Lebrun-Renaud eut prononcé cette phrase, ou l'imparfait a été substitué au présent, on tenta d'aller plus loin; il lui fut demandé s'il avait réellement recueilli les aveux de l'accusé. Il répondit très nettement, et à deux reprises, qu'il avait recueilli de l'accusé l'aveu que celui-ci avait livré des documents. »

couloirs de la Place de Paris, il lui a demandé : « Comment les choses se sont-elles passées? » et qu'il lui a répondu : « Bien, il a avoué. »

Ainsi, et je terminerai par là sur ce point : je déclare, quant à moi, que je crois qu'il y a lieu de tenir compte de toutes les infirmités du témoignage humain lorsqu'il s'agit de condamner un homme ; mais je crois aussi que, lorsque deux témoins qui ne se connaissaient pas, qui ne se sont pas concertés, font des déclarations concordantes, sans que leur témoignage n'ait pu être ébranlé sur ce point, que non seulement ils ont entendu des mots déterminés, mais qu'ils n'ont pas hésité à comprendre ces mots comme un aveu de culpabilité, je déclare, dis-je, qu'il m'est impossible, dans ma conscience, de faire abstraction de semblables témoignages, et qu'ils établissent[1] d'une façon positive que, dans un moment de défaillance passagère, l'accusé en essayant d'excuser son crime a laissé échapper une phrase qui l'établit indiscutablement. Voilà ce que j'avais à dire sur ce premier point, qui a tenu une place dans ma déclaration devant la Cour de Cassation[2].

J'arrive au second point. C'est la discussion technique du bordereau et les conclusions qui peuvent s'en dégager. Sur ce point, la discussion a été rendue facile et elle sera abrégée par les explications qui ont été déjà fournies au Conseil. Lorsqu'on examine le bordereau, lorsqu'on examine les renseignements sur lesquels il porte, on arrive tout d'abord à ces conclusions : la première, c'est que les deux derniers, le projet de Manuel de tir et la note sur Madagascar, sont des renseignements qui pouvaient être confidentiels, qui pouvaient avoir un intérêt d'actualité ou de curiosité pour les gouvernements étrangers, mais qui ne sont peut-être point des documents tout à fait essentiels au point de vue du secret et de l'intérêt qu'ils présentent. Mais, lorsqu'on examine les trois premiers, on arrive à des conclusions absolument opposées. Ces trois documents portent tous les trois sur les sujets essentiels, les sujets les plus vitaux qui ont été traités à l'État-major général dans le printemps et dans l'été de 1894. Et je ne pouvais, en relisant la déposition de M. le général Mercier, me défendre encore de faire cette réflexion que, pour vous mettre au courant des faits sur lesquels portaient ces trois chapitres, M. le général Mercier a dû devant vous expliquer minutieusement quelles étaient les disposi-

1. « A mes yeux... » (*Compte rendu revisé.*)
2. « Qui a tenu, etc... » est supprimé dans le *Compte rendu revisé.*

tions essentielles que lui, ministre, avait dû prendre en 1894 sur la concentration, sur la couverture, sur tous les sujets qui sont le nœud même et la vie de la défense nationale.

Le premier renseignement, la note sur le frein hydraulique du 120 et sur la manière dont la pièce s'est conduite, la note sur les troupes de couverture et la phrase qui la suit, la note sur les modifications des formations de l'artillerie [1], forment comme une table des matières essentielles qui se traitaient en 1894 à l'État-major général. On a dit que si les sujets étaient sérieux, les notes pouvaient ne pas l'être. On a dit qu'il n'y avait aucune conclusion à tirer de ce que les sujets étaient sérieux et que les renseignements donnés, et que l'on ignorait, pouvaient ne pas l'être. Je crois ce raisonnement en lui-même bien difficile à admettre. Mais il y a plus, et je suis d'autant plus obligé d'appeler l'attention du Conseil sur ce point que, dans le rapport même de la Cour de Cassation, dans le rapport de M. Ballot-Beaupré, j'ai trouvé sur ce point une erreur fondamentale. M. le rapporteur Ballot-Beaupré a écarté la discussion technique du bordereau; il l'a écartée en déclarant — retenez bien cette expression — que l'on ne connaissait que sur un seul point la nature des renseignements fournis. C'était en ce qui concerne le Manuel de tir, et que sur ce point il avait été unanimement reconnu que, si les renseignements étaient confidentiels, ils étaient sans importance. Messieurs, ceci est une erreur : sur d'autres sujets, et sur l'un d'eux qui est essentiel notamment, on connaît non seulement la nature du sujet traité, mais on connaît encore la nature des renseignements livrés. On sait qu'un renseignement a été donné, dans le paragraphe premier, sur la manière dont s'est conduite la pièce de 120. On sait, ce qui est beaucoup plus important, qu'en ce qui concerne la note sur les troupes de couverture, le bordereau contient lui-même, par lui seul [2], indépendamment des documents qui y étaient joints, un acte de trahison fondamental et funeste; c'était dans la phrase : « Quelques modifications seront apportées dans le nouveau plan. »

Sur ce point, messieurs, vous savez par la déposition de M. le général Mercier que cette phrase se calquait, se modelait d'une façon saisissante sur les faits qui s'étaient passés au sein de l'État-major général dans le courant du mois d'août 1894. Les idées s'étaient modifiées sur l'emploi des troupes de couverture. Le général Mercier avait été amené à penser qu'aux troupes de couverture

1. « De l'artillerie, ces trois paragraphes forment... » (*Compte rendu revisé.*)
2. « Par lui seul. » (Supprimé dans le *Compte rendu revisé.*)

disséminées, réparties par corps d'armée[1], il importait de substituer un groupe unique de troupes de couverture. Il avait donc donné l'ordre d'appliquer cette disposition, en même temps qu'on élaborait dans les conditions qu'il a rappelées le nouveau plan de concentration. C'est en cherchant à faire cadrer les modifications du dispositif de couverture avec les modifications du nouveau plan, que l'on fut amené, après de longs pourparlers, à établir un *modus vivendi* provisoire, et à décider que quelques modifications seraient apportées dans le nouveau plan.

La phrase en elle-même, la phrase du bordereau, et non pas des documents qui y sont annexés, mais du bordereau lui-même, traduit donc l'avis de l'État-major général dans le courant d'août sur un point essentiel; et là, contrairement à ce qui a été affirmé, dans le rapport de la Cour de cassation, le bordereau lui-même (et non pas les documents) contient un acte de trahison fondamental et funeste. Je n'ai pas besoin, messieurs, de m'étendre longuement pour démontrer devant vous, devant un tribunal compétent, que cet acte, la livraison d'une décision prise à l'État-major général, prise non pas par écrit, non pas sur une feuille de papier, mais prise dans les négociations les plus intimes de la direction, qu'une décision qui n'était pas écrite, mais qui était résultée des négociations mêmes qui s'étaient produites entre les chefs de l'État-major général; qu'une décision de cette nature ne pouvait être connue que par une trahison sortie de l'État-major général lui-même.

C'est l'évidence même, pour ceux qui savent comment ces questions se traitent, et l'idée qu'un major d'un régiment d'infanterie en garnison à Rouen a pu écrire la phrase et livrer ce renseignement, qui est dans le bordereau, ne peut venir[2] à personne.

Il est établi par la force de l'évidence, par le texte du bordereau lui-même, que la trahison est sortie du cœur de l'État-major général, et que — on peut même en tirer un argument pour établir les mobiles de l'acte — que l'acte de trahison en question serait étranger, comme celui d'un officier ennemi, établi au cœur de l'État-major général, et y puisant à pleines mains les renseignements les plus essentiels et les plus vitaux de la défense nationale.

Il ne peut y avoir sur ce point aucun doute, et il n'y a eu aucun doute au moment même où, en 1894, le bordereau est arrivé au ministère de la Guerre. Mais, messieurs, à côté de ces conclusions qui sont une déduction de notre esprit, il y a un fait que vous

1. « Par armée. » (*Compte-rendu revisé.*)
2. « Ici. » (*Compte rendu revisé.*)

connaissez par la déposition de M. le général Mercier et qui vient, par un témoignage qui n'a plus rien à faire après les déductions que nous pouvons tirer du bordereau, par une voie entièrement différente, qui vient confirmer ces déductions avec une force nouvelle et irrésistible.

Ce sont ces documents que le colonel Sandherr fit enregistrer et dater, et dans lesquels un agent diplomatique, un des rares agents diplomatiques[1] disposés à servir les intérêts de la France au lieu de les combattre, apportait, avec une précision qui a dû vous frapper l'esprit, l'affirmation qu'il y avait dans les bureaux de l'État-major général un homme[2] qui renseignait admirablement les gouvernements étrangers.

Il faut rappeler dans leur précision les termes mêmes de ces lettres, de ces rapports.

Dans le premier, dans celui du mois de mars, vous vous rappelez quels sont les termes :

« Dites bien à ces messieurs qu'il y a lieu de redoubler de surveillance ; il résulte de ma dernière conversation avec le capitaine de Süsskind que les attachés allemands ont dans les bureaux de l'État-major général un officier qui les renseigne admirablement. »

Et le rapport du mois d'avril suivant dans lequel le même agent, revenant sur sa déclaration, disait :

« Voilà encore une preuve que vous avez un ou plusieurs loups dans la bergerie; cherchez, vous trouverez; je suis certain du fait. »

Ainsi, messieurs, il est établi, comme je le disais, non seulement par les déductions qu'on peut tirer du bordereau, mais par des documents d'une importance capitale, il est établi par deux sources qui se confirment et concordent, que la trahison est sortie, en 1894, du cœur même de l'État-major.

Quelles conclusions y a-t-il lieu d'en tirer et à quelles conclusions cela peut-il nous amener?

A quelles conclusions cela peut-il nous amener d'abord en ce qui concerne l'accusé?

Messieurs, vous avez vu qu'avec la discussion technique du bordereau, en discutant un à un ses éléments, on arrive à serrer de singulièrement près la personnalité du coupable.

Il faut, sur ce point, rapprocher de la démonstration que je viens de faire les faits suivants :

1. « Étrangers. » (*Compte rendu revisé.*)
2. « Un officier. » (*Ibid.*)

L'accusé était le seul officier de l'État-major général qui eût été à la fonderie de Bourges au moment où s'y établissaient les tables de construction du 120 court.

L'accusé s'est trouvé partout où il pouvait connaître les renseignements qui sont visés dans le bordereau, il est le seul officier de l'État-major général qui se soit trouvé partout — et ici je parle des tables de construction du 120 — partout où pouvaient être obtenus ces renseignements.

Il est établi, par la déposition du colonel Lefort, que Dreyfus a connu les renseignements relatifs aux modifications des formations de l'artillerie.

Il est établi, par la déposition du lieutenant-colonel Jeannel, que Dreyfus a demandé le Manuel de tir de l'artillerie.

Il est établi qu'il a eu à porter des documents relatifs à la couverture à l'imprimerie du service géographique, que les documents se sont égarés, et qu'il les a conservés vingt-quatre heures en sa possession.

Il est établi qu'il se livrait à des actes d'indiscrétion qui ont frappé et choqué un grand nombre[1] de ses camarades. L'un de ces actes est tout à fait capital : c'est celui dans lequel, d'après la déposition du capitaine Rémusat, il a demandé des renseignements secrets sur la fabrication de l'obus Robin, en déclarant — ce qui n'était pas exact — qu'il était chargé par ses chefs de les demander.

Je ne rappelle pas, parce que vous les entendrez, tous les points sur lesquels ses camarades ou ses chefs viennent déclarer ses habitudes d'indiscrétion, mais il est un point que je veux relever' parce qu'il me paraît avoir une gravité considérable.

L'accusé nie ces faits, il les nie tous, ou presque tous.

On peut admettre sans doute, il faut admettre même, que des manques de mémoire peuvent faire effacer certains faits de l'esprit d'un homme qui y a assisté, mais il est un point[2] où c'est inadmissible ; c'est en ce qui concerne la déposition du général Lefort. Il me paraît bien difficile qu'un officier ait connu les mesures prises à la suite de la loi sur les pontonniers et la création de nouvelles batteries, et ait déclaré ne pas les connaître.

Mais il y a un point, et c'est le seul que je retiendrai, où cela est tout à fait impossible, c'est en ce qui concerne la concentration.

Eh bien ! le capitaine de Pouydraguin déclare qu'il a vu l'accusé dessiner le schéma de la concentration dans un des bureaux de

1. « Choqué tous ses camarades... » (*Compte rendu revisé.*)
2. « Il est des circonstances où... » (*Ibid.*).

l'État-major général, et l'accusé, en 1894, au lendemain même du fait, a déclaré qu'il n'avait jamais connu les dispositifs et les zones de concentration.

Eh bien! messieurs, il n'est pas possible, pour moi, qu'un officier qui a connu (et cela est l'évidence même) les zones de concentration des armées déclare sincèrement ne pas les avoir connues s'il les a connues.

La contradiction qui est établie sur ce point, entre le capitaine de Pouydraguin et l'accusé, me paraît un élément fondamental. L'accusé a nié avoir connu des renseignements qu'il avait connus, et il a dû avoir intérêt à apporter cette négation.

Mais, messieurs, en dehors même de ce qui est personnel à l'accusé, il y a à tirer du fait que j'ai établi — du fait qui paraît établi jusqu'à l'évidence — que la trahison est sortie de l'État-major général, il y a d'autres conclusions qui ont une importance fondamentale.

On a bien senti qu'en présence des charges qui pesaient sur l'accusé, on n'arriverait à les ébranler qu'en substituant à la réalité qui avait motivé le jugement du premier Conseil de guerre une autre réalité. Et nous avons vu, messieurs, ce phénomène qui a pu nous surprendre : c'est que des hommes qui se disaient mus par le souci de la justice et de la vérité, qui se disaient mus par le souci d'épargner à un innocent une accusation injuste, ont essayé successivement toutes les hypothèses et toutes les accusations; ont essayé — on pourrait le dire — les traîtres les uns après les autres, pour substituer leurs hypothèses successives, distinctes, à la réalité qui avait motivé le jugement du premier Conseil de guerre.

Eh bien! messieurs, ces hypothèses (et c'est un point important aussi) sont ruinées, d'une façon fondamentale, par la démonstration que je viens de faire : il est inadmissible, je l'ai dit tout à l'heure et je le répète, il est inadmissible que le major d'un régiment d'infanterie ait écrit la phrase :

« Quelques modifications seront apportées dans le nouveau plan. »

Et cette démonstration est tellement évidente, que j'ai été amené à dire et que je le répète encore ici, qu'alors même qu'il serait établi (et je vais m'expliquer tout à l'heure sur ce point) que le bordereau est de l'écriture d'Esterhazy; qu'alors même qu'il serait établi que les documents ont été portés par le commandant Esterhazy, le commandant Esterhazy n'aurait pu être, dans la circonstance, qu'un intermédiaire ou qu'un complice secondaire.

C'est l'évidence même que la trahison ne peut être venue de lui, qu'elle est venue de l'État-major général.

Il y a un autre point qu'il faut rapprocher de celui-là et qui a une importance qui n'est pas nulle [1] : c'est un point qui n'était pas établi au moment où nous sommes venus déposer devant la Cour de Cassation, mais qui l'est aujourd'hui d'une façon irréfutable.

Lorsque nous nous sommes présentés devant la Cour de Cassation, dans les hypothèses différentes qu'on envisageait, on disait que le bordereau pouvait être une pièce fictive, ne correspondant pas à un acte de trahison réel, et je me rappelle bien que M. le procureur général devant la Cour de Cassation profitait, je pourrais dire qu'il abusait de ce que nous ne pouvions pas nommer l'agent que vous connaissez, je crois, aujourd'hui, l'agent qui a apporté le bordereau. M. le procureur général voulait abuser, dis-je, de ce que nous ne le nommions pas, pour dire, en parlant du bordereau :

« Singulière discrétion et qui autorise sur ce point comme sur les autres toutes les inquiétudes. »

Eh bien ! cela a été au moins le résultat de l'enquête de la Cour de Cassation d'établir, à côté de la première constatation évidente que je viens de faire, avec une évidence non moindre que l'acte de trahison a été réellement accompli.

Cela résulte tout d'abord des renseignements que vous avez recueillis sur les procédés mêmes par lesquels les pièces auraient [2] été livrées ; cela aussi résulte de deux autres documents fondamentaux ; cela résulte du mémento qui vous a été présenté, dans lequel l'attaché militaire allemand a écrit ces mots : « Ce que je puis vous certifier verbalement, c'est que le bordereau, en allemand, le *schriftstück*, est parvenu réellement entre les mains de l'un des attachés militaires, et retourné de là au bureau des renseignements. »

Cela résulte encore d'une autre déclaration sur laquelle il faut appeler l'attention ; cela résulte de la déclaration qui est contenue dans une déposition sur laquelle j'aurai tout à l'heure à dire un mot, et dont je ne veux retenir, pour l'instant, que ceci : c'est la déposition de M. Trarieux, devant la Cour de Cassation, dans laquelle il est dit que l'ambassadeur d'Italie a déclaré que les documents désignés par le bordereau avaient été réellement livrés [3] à l'ambassadeur d'Allemagne.

1. Variante : « Il y a une autre constatation certaine, établie aussi jusqu'à l'évidence, à rapprocher de celle-là, et qui a une importance qui n'est pas moindre. » (*Compte rendu sténographique revisé par M. Cavaignac.*)
2. — « Ont. » (*Ibid.*).
3. « Communiqués à l'attaché militaire... » (*Ibid.*).

Messieurs, je pourrais citer autre chose. Je pourrais citer la lettre Davignon, mais je ne veux pas surcharger cette discussion parce qu'il m'apparaît que le point que je viens de viser établit d'une façon indiscutable que l'acte de trahison a été réellement commis[1].

Cela est si vrai qu'après avoir essayé quelques contestations sur ce point, on a dû le reconnaître, le rapport de la Cour de Cassation lui-même l'admet et l'établit.

Ainsi, messieurs, il est indiscutable, à l'heure où je parle, que l'acte de trahison a été accompli, que le bordereau a été livré, que les documents qui y sont joints ont été livrés, et il est établi que la trahison est sortie de l'État-major général.

Cela ruine d'une façon fondamentale toutes les hypothèses qu'on a essayé de substituer successivement au jugement du premier Conseil de guerre.

Messieurs, j'ai terminé sur ce point ; c'est ce que je voulais dire sur la discussion technique du bordereau. J'aurais terminé ma déposition sur ce point, si je n'avais encore à m'expliquer sur une question qui s'y rattache, sur la question des écritures.

Que reste-t-il? Il reste ce fait que l'écriture du bordereau, d'après les éléments qui ont été recueillis par la Cour de Cassation dans son enquête, serait l'écriture d'Esterhazy.

Messieurs, je suis amené à m'expliquer sur ce point, parce que ma conviction a été modifiée depuis que j'ai déposé devant la Cour de Cassation.

Je dois dire que lorsque j'ai examiné, sur la pièce même, l'écriture du bordereau, je ne suis pas arrivé à me faire une conviction définitive sur ce point. J'ai pensé que l'écriture du bordereau ressemblait[2] de très près à celle de l'accusé, et peut-être de plus près encore à celle du commandant Esterhazy.

Si ma conviction de la culpabilité était entière, c'est parce qu'elle était indépendante de cette question de l'écriture.

Aux éléments d'appréciation dont nous pouvions disposer à ce moment, l'enquête de la Cour de Cassation en a ajouté d'autres. A la similitude des écritures, elle a ajouté la découverte de deux lettres qui auraient été écrites par le commandant Esterhazy sur un papier exactement semblable à celui du bordereau.

1. Ce paragraphe est transformé comme suit dans le *Compte-rendu revisé* : « Je pourrais citer autre chose. Je pourrais citer la lettre qu'on appelle la lettre Davignon, mais je ne veux pas surcharger cette déposition, car je crois avoir suffisamment établi, par ce que je viens de dire, établi jusqu'à l'évidence, que l'acte de trahison a été réellement commis, que le bordereau et les documents qui y sont visés ont été réellement livrés à l'étranger. »

2. « Je pense que l'écriture du bordereau ressemble... » (*Compte rendu revisé.*)

Je n'ai sur ce point qu'une chose à dire et qu'un point à signaler à l'attention du Conseil.

Je le signale non pas que je veuille en tirer, à l'heure actuelle, des conclusions [1], mais parce que je ne l'ai vu signalé nulle part et qu'il me paraît devoir retenir l'attention du Conseil.

J'ai eu sous les yeux non pas une de ces lettres, mais une photographie d'une des lettres qui ont été apportées à la Cour de Cassation. J'ai été frappé d'un fait qui n'a pas été signalé publiquement et qui n'a pas été discuté publiquement.

Une des lettres, celle qui a été adressée à M. Rieu, porte, autant que j'ai pu en juger par la photographie, présente une particularité tout à fait singulière. En regardant la photographie, on s'aperçoit qu'une bande de timbres-poste, — et messieurs, vous pourrez vous reporter à l'original même, et je répète que je n'ai vu qu'une photographie, — on s'aperçoit, dis-je, qu'une bande de timbres-poste semble avoir été employée à coller la lettre elle-même à travers une ouverture sous une feuille sous-jacente. Le fait est tellement apparent que, je le répète, je ne veux pas en tirer de conclusions, il est tellement apparent sur la photographie qu'il me parait avoir une explication naturelle ; mais comme ce fait n'a été signalé nulle part, je le signale. Une bande de timbres-poste a collé la lettre elle-même à travers une ouverture pratiquée dans cette lettre sur une feuille de papier sous-jacente, dont un morceau paraît être resté adhérent à la bande de timbres-poste [2].

Une explication naturelle saute immédiatement aux yeux [3] : c'est que la feuille aurait été collée sur une feuille sous-jacente et l'hypothèse d'un calque se présente naturellement à l'esprit. Je répète cependant que si je signale ce fait, c'est parce qu'il n'a pas été discuté publiquement. Il est tellement apparent que je crois qu'il doit avoir une explication naturelle et que je ne veux pas en tirer de conclu-

1. « Définitives. » (*Compte rendu revisé.*)

2. Ce paragraphe est transformé de la façon suivante dans le *Compte rendu revisé :*

« Une des lettres, celle qui a été adressée à M. Rieu, porte, autant que j'ai pu en juger par la photographie, une particularité tout à fait singulière. Le fait est tellement apparent que, je le répète, je ne veux pas en tirer de conclusions, n'ayant vu que la photographie.

« Mais comme ce fait n'a été signalé nulle part, je le signale. Une bande de timbres-poste a collé la lettre elle-même à travers une ouverture pratiquée dans cette lettre sur une feuille de papier sous-jacente, dont un morceau paraît être resté adhérent à la bande de timbres-poste. »

3. Variante : « Une explication se présente immédiatement à l'esprit : » (*Compte rendu sténographique revisé par M. Cavaignac.*)

sions. Mais ce qui a modifié mon état d'esprit sur la question des écritures, c'est un point plus important qui se rattache aux expériences de M. Bertillon dont je veux dire un mot. J'exposerai au Conseil quelles sont exactement les impressions que m'ont données mes conversations avec M. Bertillon et l'étude des documents qu'il a présentés. J'ai vu M. Bertillon, pour la première fois, au moment où j'ai commencé mon enquête au ministère de la Guerre, et une des premières choses qu'il m'ait dites, c'est qu'il était arrivé à la conviction qu'Esterhazy s'était habitué pendant quatre années à imiter l'écriture du bordereau. J'en demande pardon à M. Bertillon, mais je suis ici pour dire ce que j'ai pensé.

A ce moment, j'ai pensé alors que M. Bertillon n'avait pas le sens commun, et je n'ai même pas pris, occupé comme je l'étais à ce moment-là, les loisirs, les heures ou les journées d'études qui sont nécessaires pour pénétrer ses déductions.

Plus tard, je l'ai fait. J'ai étudié le cahier dans lequel M. Bertillon a résumé ses observations. Je n'ai pas été convaincu. Je ne trouvais pas de lacunes dans les déductions de M. Bertillon, mais je n'arrivais pas à cette conclusion, et je crois que mon impression a été celle de beaucoup de gens à la fois incompétents en graphologie et impartiaux que le même procédé appliqué à d'autres pièces d'écriture n'aurait pas donné de résultats analogues ou comparables.

Messieurs, je dois à la vérité de dire, parce que cela m'amène à modifier la conviction que j'avais exprimée précédemment devant la Cour de cassation, je dois à la vérité de dire que lorsque j'ai rencontré, il y a quelques jours, M. Bertillon, et lorsqu'il m'a mis sous les yeux les constatations nouvelles qu'il a faites sur le bordereau, mon impression a été complètement modifiée sur la question des écritures. Je n'y insiste pas, parce que ces déductions vous seront exposées à vous-mêmes et que vous aurez à les apprécier vous-mêmes, plus attentivement et plus minutieusement encore que je n'ai pu le faire moi-même. J'ai terminé, messieurs, sur ce point l'exposé des motifs de conviction que j'avais cités devant la Cour d Cassation, et sur ce qui m'en paraît subsister après les contradiction auxquelles ils ont été soumis. Mais j'ai encore quelque chose à ajouter, parce que devant la Cour de cassation je n'avais pas pu m'expliquer sur le dossier secret, parce que les documents qui le composent n'avaient pas encore été livrés à la Cour de Cassation. Mais j'avais déclaré qu'il y avait à mes yeux dans le dossier secret des éléments de conviction sur lesquels je demandais à être appelé à m'expliquer. Sur ce point aussi je compléterai devant vous la déposition que j'ai faite devant la Cour de Cassation[1]. J'ai déjà été amené à citer quelques-unes des pièces du dossier secret. J'ai déjà été amené, dans ce que je viens de dire, à en citer quelques-unes sur lesquelles je n'avais pu m'expliquer de la même façon devant la Cour de cassation. Nous avons, messieurs, avec le dossier secret, à discuter des allégations qui ont été formulées publiquement par l'étranger sur la culpabilité de l'accusé. Je pense qu'on n'apportera pas ces allégations devant vous, mais on les a apportées ailleurs et il me paraît important de ne rien laisser qui ne soit discuté. Messieurs, il y a eu plusieurs manifestations de l'étranger sur cette question; il y a eu les démentis officiels qui ont été donnés. Ces démentis officiels, messieurs, ils valent ce que valent des démentis officiels, mais nous avons dans le dossier secret quelque chose qui en infirme, à soi seul, singulièrement la valeur. Les démentis officiels laissent très facilement passer la vérité à travers les mailles de leurs formules, mais nous avons ici dans le dossier secret lui-même quelque chose de plus. Nous avons la preuve que les gouvernements étrangers n'étaient pas renseignés exactement par leurs agents.

Vous vous reporterez à la pièce dans laquelle l'attaché militaire italien, inquiet d'une enquête faite par son gouvernement, demande à l'attaché militaire allemand d'intervenir dans cette enquête, parce que, dit-il, sa correspondance avec son chef d'État-major général est réservée, et que l'enquête qui se poursuit pourrait lui causer des ennuis.

On pourrait peut-être tirer des conclusions analogues, mais plus difficilement, je le reconnais, de la lettre de M. de Münster. Mais sur ce point nous avons la preuve formelle que, pour l'un des gouvernements étrangers au moins, les attachés militaires ne renseignaient pas complètement et exactement leurs gouvernements.

J'ajoute d'ailleurs qu'il n'est pas besoin de supposer que les démentis officiels qui ont été publiés sont directement contraires à la vérité.

Il est fort possible que l'acte de trahison ait été accompli par l'accusé, sans qu'il fût lui-même en rapport avec les organes des gouvernements; cela est fort possible.

Si je ne voulais pas restreindre ma déposition et si je ne voulais me borner aux points qui me paraissent établis, si je voulais

1. « M'expliquer au cas où le dossier serait communiqué. Je n'ai point été appelé et je compléterai devant vous la déposition que j'ai faite devant la Cour de Cassation. » (*Compte rendu revisé.*)

discuter des vraisemblances, je dirais qu'il me paraît relativement facile, avec le dossier secret, de reconstituer d'une façon très vraisemblable les conditions mêmes dans lesquelles l'acte de trahison s'est accompli.

Il me paraît extrêmement vraisemblable que les pièces ont été envoyées par des intermédiaires dans un des bureaux étrangers dont on a parlé, et qu'elles sont revenues de là à l'ambassade d'Allemagne où elles ont été saisies.

Mais je répète que je ne cite ce fait que pour démontrer — ce qui ne me paraît pas difficile à faire — que les démentis officiels laissent souvent passer la vérité à travers des formules calculées à cet effet. Mais, messieurs, nous avons autre chose que les démentis officiels des gouvernements à discuter.

Il s'est produit un fait, qui est, je crois, sans précédent. Un ambassadeur étranger est venu devant un Tribunal français, par l'intermédiaire d'un sénateur français, affirmer, déclarer, reconnaître, avouer que les attachés militaires profitaient de l'immunité diplomatique pour pratiquer l'espionnage en France.

Messieurs, je ne dirai pas ici, parce que ce n'est pas le lieu, je ne dirai pas quel est le sentiment que peut inspirer un acte semblable, mais je suis obligé, parce que je ne veux rien laisser passer sans le discuter, je suis obligé d'examiner les termes de cette déposition.

Elle est d'abord en contradiction formelle avec une autre déclaration d'un autre ambassadeur qui a été rapportée dans la déposition de M. Paléologue devant la Cour de Cassation.

L'ambassadeur d'Allemagne déclare qu'il n'est pas vraisemblable que le bordereau ait été saisi à l'ambassade d'Allemagne, et qu'il n'a jamais connu Esterhazy.

L'ambassadeur d'Italie déclare qu'il a été pour l'attaché militaire allemand un trait de lumière, et qu'il possède un très grand nombre de lettres écrites par Esterhazy.

Il y a sur ce point, entre les deux dépositions, une contradiction évidente, singulière[1].

J'ajouterai qu'il y a une contradiction, et elle n'est pas des moins singulières, dans la déposition même de M. Tornielli.

M. Tornielli déclare que le bordereau a été un trait de lumière, et aussitôt après — dans la même phrase pour ainsi dire — il déclare qu'il a fallu pour se convaincre, pour attribuer le bordereau à Esterhazy, qu'il a fallu se rapporter à des spécimens d'écriture

1. « Une contradiction manifeste. » (*Compte rendu revisé.*)

que l'attaché militaire avait entre les mains, c'est-à-dire que, pour se convaincre de ce fait qu'il affirme de cette façon, de l'aveu même de l'ambassadeur d'Italie, les attachés militaires étrangers ont été obligés de procéder à une de ces expertises d'écritures dont on a tant parlé dans ce procès.

Messieurs, ce sont là des faits qu'il était, je crois, important de noter.

Mais il y a une autre constatation qui est plus considérable et plus décisive à mes yeux : c'est la contradiction tout à fait frappante qui existe entre le langage que tiennent publiquement les gouvernements étrangers et le langage que vous pouvez juger qu'ils tiennent dans les documents qui ne sont pas faits pour la publicité.

Vous rapprocherez du langage public certains éléments des dossiers secrets, qui sont tout à fait capitaux à ce point de vue, et vous rapprocherez la manière dont on parlait de l'accusé dans les chancelleries et dans les ministères étrangers, au lendemain même de son arrestation.

L'arrestation fut connue le 1er novembre et, dès le lendemain, qu'est-ce que nous trouvons ?

Nous trouvons d'abord la dépêche du 2 novembre dont on a tant parlé et dont le texte, pour moi, resté officiel, me paraît appeler l'attention.

Je doute. Il ne me paraît pas être facile au moins d'admettre qu'on eût parlé de cette façon d'un homme qu'on n'eût point connu.

« Si le capitaine Dreyfus n'a pas eu de relations avec vous », dit la première phrase de la dépêche du 2 novembre ; on n'en parle pas comme d'une personne qu'on ne connaîtrait pas.

Je ne voudrais pas exagérer l'importance que j'attache à cette remarque, mais il y en a d'autres qui sont plus décisives. Vous aurez le témoignage de M. Mertian de Muller qui viendra établir qu'il a vu, deux ou trois jours après l'arrestation, à Potsdam, un journal où étaient écrits ces mots : *Dreyfus est arrêté.* Vous trouverez dans le dossier secret la lettre du colonel de Leczinski, de l'état-major général à Berlin, qui, écrivant à l'attaché militaire allemand, après s'être plaint de ce que l'état-major général français ne renseignait pas suffisamment les attachés militaires allemands, ajoute : *Ou bien Dreyfus jouerait-il un rôle dans cette affaire ?*

Messieurs, je déclare, que quant à moi, ce n'est pas le langage qu'il me paraît qu'on tiendrait d'un homme qu'on ne connaîtrait pas.

Il me paraît singulier... tout à fait singulier, qu'au lendemain de la publicité donnée à cette arrestation, il se trouve tout à coup que dans les ambassades, dans les ministères étrangers, à Berlin, à Rome, à Paris, chez les attachés militaires, on parle de l'accusé comme d'une vieille connaissance.

Messieurs, ce fait me paraît singulier, et il faut qu'il ait paru bien important, puisque le témoin honorable, M. Mertian de Muller, viendra déclarer devant vous qu'une tentative de subornation a été faite vis-à-vis de lui, pour l'amener à modifier sa déposition sur ce point.

Mais, messieurs, nous avons quelque chose qui est plus décisif. C'est le rapport de l'attaché militaire austro-hongrois, qui vous a été présenté dans la déposition de M. le général Mercier.

Je voudrais, et c'est par là que je terminerai, appeler votre attention sur les conclusions qui me paraissent se dégager de ce rapport.

Messieurs, un attaché militaire, qui est l'attaché militaire d'une grande puissance, qui était, en 1894, à Paris; qui était lié aux attachés militaires par des liens dont vous avez trouvé plus d'une trace dans les dossiers secrets, par ces liens tout à fait intimes d'hommes qui travaillaient en quelque sorte en commun; cet attaché militaire, dans un rapport confidentiel à son gouvernement, où on ne tient plus le langage qu'on tient lorsqu'on parle publiquement, écrit ceci :

« *On avait bien des fois émis de pareilles suppositions que le traître pût être un autre que Dreyfus. Je n'y reviendrais pas si, depuis un an, je n'avais appris, par des tierces personnes, que les attachés militaires italiens et allemands soutiennent cette thèse à droite et à gauche. Pour moi, je m'en tiens, toujours et encore aux informations publiées dans le temps, au sujet de l'affaire Dreyfus, estimant que Dreyfus a été en relations avec les bureaux d'espionnage que le gouvernement allemand entretient à Strasbourg et à Bruxelles et qu'il dissimule avec un soin jaloux, même à ses nationaux.* »

Messieurs, je tire de cette pièce deux constatations qui me paraissent considérables : la première, c'est qu'à l'heure où, au ministère, on commençait ce travail dissimulé que vous connaissez pour trouver un traître autre que Dreyfus, à la même heure les attachés militaires étrangers commençaient cette campagne dont parle l'attaché militaire austro-hongrois.

Et l'attaché militaire austro-hongrois, qui est en mesure d'être renseigné, déclare qu'il n'attache pas foi à ces déclarations, qu'il considère[1] néanmoins que l'acte de trahison a été accompli et que le coupable est Dreyfus.

C'est là une constatation qui me paraît avoir une importance considérable. J'ai terminé ma déposition.

J'ai exposé aussi brièvement que j'ai pu, mais sans restriction, les motifs pour lesquels ma conviction s'est faite et pour lesquels je n'ai pas hésité, avec le sentiment très vif et très profond, je vous assure, des responsabilités qui sont attachées à toutes déclarations semblables dans cette affaire, à engager ma responsabilité.

Je terminerai, comme j'ai commencé, la déposition que je viens de faire en déclarant que je l'associe encore aujourd'hui tout entière à celle des hommes qui, en 1894, ont eu à protéger leur pays contre la trahison.

Le Président. — Pourriez-vous donner au Conseil quelques indications sur le faux Henry et la manière dont il a été découvert?

M. Cavaignac. — Les faits qui se rapportent à la découverte du faux Henry sont exposés tout entiers dans un rapport que j'ai fait dresser le jour même et dans l'interrogatoire du lieutenant-colonel Henry qui est à votre disposition, je pense.

Désirez-vous que je rappelle à nouveau les faits?

Le Président. — Dites simplement les conclusions que vous en avez tirées et quelle impression cette découverte a produite.

M. Cavaignac. — Voici les faits, tels qu'ils se sont passés :

M. le commandant Cuignet vint un soir du milieu du mois d'août me déclarer qu'il avait fait sur une pièce, qui est intitulée « le faux Henry », une observation qui le troubla singulièrement. Il avait reconnu que sur certains morceaux, le quadrillage était d'une couleur différente de celle du quadrillage des autres morceaux.

Le commandant Cuignet voyait cette différence de coloration avec une netteté absolue et il la signala au général Roget qui l'observa lui-même avec un peu plus de difficulté, mais qui ne fut pas convaincu par ce premier examen.

Le lendemain, le général Roget me soumit cette observation et je ne pus apercevoir la différence de coloration qui avait frappé le commandant Cuignet; mais je lui prescrivis, en présence de l'émotion que cette découverte m'avait causée, de procéder à des opérations que je déterminai très nettement et qui devaient arriver à faire sur ce point la conviction absolue.

1. « ... déclare lui-même qu'il ne considère pas comme convaincante cette attitude nouvelle des attachés militaires allemand et italien, qu'il considère... » (*Compte rendu revisé.*)

Il était en effet évident que si les morceaux d'une pièce étrangère avaient été rapportés dans le faux Henry, il était évident qu'en rapprochant les morceaux l'un de l'autre, il devait être impossible, si les morceaux ne venaient pas de la même pièce, de faire coïncider à la fois les découpures, les rayures verticales du quadrillage et les rayures horizontales du quadrillage.

Le commandant Cuignet procéda à ce travail minutieux. Il décalqua tous les morceaux des deux pièces; il y rapporta le quadrillage; il fit le rapprochement exact, et il devint ainsi évident (j'avoue que, pour ma part, la différence de coloration du quadrillage ne m'était pas apparue assez nettement pour me convaincre) que les morceaux de l'une des pièces avaient été rapportés dans l'autre et ne lui appartenaient pas.

C'est ainsi que je suis arrivé à me faire une conviction absolue, et c'est cette conviction obtenue ainsi qui m'a permis d'obtenir dans l'interrogatoire l'aveu du lieutenant-colonel Henry.

Cet interrogatoire, je n'y insiste pas, parce que vous en avez le compte rendu minutieux entre les mains; il a été en quelque sorte sténographié par le général Roget, à qui j'avais confié cette mission, et qui a noté au fur et à mesure les réponses du lieutenant-colonel Henry sur des notes qui ont été conservées et figurent encore au dossier.

M. le Président m'a demandé quelle conclusion je pensais qu'il y avait lieu de tirer du faux Henry en ce qui concerne l'affaire soumise aujourd'hui au conseil de Guerre.

Je dirai que je considère que cette affaire, postérieure aux faits dont est saisi le Conseil, ne peut avoir aucune influence sur l'appréciation de faits antérieurs de deux ans. J'ajouterai que cette appréciation n'est pas la mienne seulement, mais qu'elle a reçu une confirmation éclatante par l'arrêt même de la Cour de Cassation.

Le faux Henry a été le motif allégué pour faire la revision. On n'avait pas jugé les précédents motifs suffisants, et c'est seulement à la suite du faux Henry que la procédure en revision a été entreprise.

Eh bien! sur ce point, la Cour de Cassation, dans son arrêt, n'a pas même fait une allusion au faux Henry. Il n'en est pas fait mention. Il n'en est pas question. Je trouve dans ce fait que le faux Henry n'est pas mentionné dans l'arrêt de revision la confirmation, venant d'une source impartiale et non suspecte, de cette appréciation qui est la mienne, à savoir que le faux Henry doit demeurer étranger à l'appréciation des faits dont le Conseil est actuellement saisi.

Le Président. — Vous avez dit que les documents énoncés au bordereau étaient arrivés réellement à l'ambassade d'Allemagne. Voulez-vous me dire sur quoi vous vous êtes appuyé ?

M. Cavaignac. — Je me suis appuyé sur deux éléments principaux du dossier secret.

Je me suis appuyé sur le memento d'un attaché militaire allemand qui a été placé sous vos yeux dans cette pièce, qui commence par les mots : « Dreyfus Bois... » et où le bordereau est évidemment visé par les mots « der schriftstück » l'attaché militaire déclare : « Je peux affirmer verbalement que le bordereau est parvenu dans les mains de l'un des attachés militaires étrangers et revenu de là au bureau des renseignements. »

J'ajoute que j'ai retenu encore, comme décisif sur ce point, les déclarations qui, sur ce point, ne me paraissent pas suspectes, d'un ambassadeur d'une puissance étrangère, qui déclare d'une façon positive qu'il sait par l'attaché militaire allemand, que les documents visés au bordereau sont réellement parvenus à l'ambassade d'Allemagne et au gouvernement allemand.

Cette déclaration me paraît décisive sur ce point, et j'ajouterai que là encore mon impression est confirmée par la conclusion à laquelle est arrivé le rapporteur lui-même de la Cour de Cassation, qui déclare très nettement que sa conviction est faite, à lui aussi.

Le Président. — Dans sa déposition à la Cour de cassation, le capitaine Cuignet dit :

« Je sais que des rapports ont été faits à M. Cavaignac par des personnes qui avaient rencontré Dreyfus à Bruxelles. »

M. Cavaignac. — Le fait que vise le capitaine Cuignet se rapporte à la déclaration d'un témoin que le conseil de Guerre entendra, je crois, M. Lonquety.

Voici sur ce point les faits que j'ai connus personnellement :

Une personne, M. d'Ocagne, est venue me déclarer un jour qu'elle avait rencontré M. Lonquety et que M. Lonquety, industriel à Boulogne, ancien élève de l'École polytechnique, lui avait affirmé avoir une fois rencontré l'accusé à Bruxelles et « avoir eu l'impression — je répète ici ce qu'a dit M. d'Ocagne — avoir eu l'impression que l'accusé se dissimulait et se cachait de lui. »

M. d'Ocagne m'a même répété l'impression qu'avait eu M. Lonquety, à savoir « que l'accusé se trouvait en ce moment en tournée extra-conjugale ». Ce sont les mots employés par M. d'Ocagne en me rapportant à cette conversation.

J'ai demandé à M. Lonquety de venir s'entretenir de ce fait

avec moi. M. Lonquety a confirmé d'une façon précise le fait de la rencontre à Bruxelles, et il m'a déclaré que, quant à l'impression dont il avait parlé à M. d'Ocagne, il ne pouvait pas l'affirmer d'une façon assez précise pour pouvoir en témoigner en justice.

Il m'a déclaré que quant à la date, il n'avait pas un souvenir positif, mais qu'il ferait les recherches nécessaires dans ses livres établissant la date de ses voyages à Bruxelles.

A la suite de ses investigations, il m'a déclaré que d'après les vérifications auxquelles il s'était livré — sans pouvoir, m'a-t-il dit, apporter sur ce point une certitude tout à fait absolue — que, d'après les vérifications qu'il avait faites, la rencontre devait se placer au milieu de 1894.

Un membre du Conseil de guerre, *interpelle le témoin.* — Vous avez parlé d'un lettre en allemand que vous avez traduite et commençant par les mots : « Dreyfus Bois... ». La traduction se continue puis j'y trouve : « Ce que je puis assurer verbalement »

J'ai étudié de plus près le texte et je me suis aperçu que le mot traduit par *verbalement* devait plus vraisemblablement dire *sous serment*. L'affirmation est plus positive. Je tenais à appeler votre attention sur cette erreur de traduction.

M. Cavaignac. — Je dirai alors quelle est mon impression au sujet de cette traduction et, désirant ne retenir que les faits essentiels, je n'avais parlé que de la fin du memento. Voici ce que j'ai à dire sur ce memento avec plus de détails.

Le texte que je vais citer est en allemand. C'est le texte exact. Le voici :

« *Dreyfus Bois... Ich Kann hiernicht... der Schriftstück in die Hande des Deutschen M. D. oder des groszen Generalstabs in Berlin gelangt ist...* », ce qui peut se traduire de deux façons. On peut traduire : « Je ne puis (et c'est ce qui me paraît le plus vraisemblable), je ne puis dire ici comment le bordereau (ou que le bordereau) est arrivé au grand état-major allemand... » ou on peut encore supposer : « — Je ne puis être assuré que le bordereau est parvenu au grand état-major allemand ».

Il y a évidemment là une incertitude qui plane sur le commencement de la phrase, par suite des mots qui manquent. La fin, au contraire, est tout à fait positive.

« *Dass kann ich ober mündlich versichern dasz er wirklich in die Hande eines der M. A. gelangt ist und von dort an das Nachrichten bureau zurüch.* » Ce qui veut dire : « *Ce que je peux assurer verbalement, c'est que le bordereau est parvenu réellement entre les mains de l'un des attachés militaires et est retourné de là au bureau des renseignements.* »

La question posée par l'un des membres du Conseil porte sur l'adverbe *verbalement, mündlich*. Je lis M. N. avec une apostrophe entre les deux lettres. On peut lire aussi en caractères allemands *ei*, ce qui donne *eidlich, sous la foi du serment* Je lis plutôt *m n* avec une apostrophe. Ce n'est peut-être pas très usuel; c'est admissible; en tous cas, quelle que soit l'interprétation de ce mot, il y a l'affirmation. C'est ce que je retiens de la pièce et qui est tout à fait indépendant de l'interprétation qu'on peut donner au mot *mündlich*; c'est l'affirmation certaine que la pièce est parvenue entre les mains de l'un des attachés militaires et de là au bureau des renseignements.

Me Demange. — Depuis que nous nous sommes réunis, j'ai étudié ce point. J'ai pris un dictionnaire allemand et j'ai trouvé un troisième mot qui veut dire « finalement ».

M. Cavaignac. — On peut en effet lire un *L* et un *N*.

Me Demange. — J'ai deux ou trois questions à poser à M. Cavaignac; mais auparavant j'ai une observation à présenter au Conseil et à M. le Président.

C'est pour la première fois que je vois dans une Cour de justice des témoins transformés en accusateurs.

J'ai entendu, à l'audience de samedi, la dissertation de M. le général Mercier, et aujourd'hui le discours de M. Cavaignac. La justice voudrait assurément, puisqu'ils accusent, que la défense pût immédiatement relever les différents points de leurs accusations, mais cela n'est pas possible. Je crois, j'en suis même sûr, trouver devant le Conseil un crédit pour répondre à ces diverses accusations. Je ne laisserai rien sans réponse, vous pouvez avoir toute confiance, monsieur le Président, que je mesurerai mon simple bon sens avec leur haute et puissante logique.

J'ai cependant à poser quelques questions qui ont trait à des faits qui ont émaillé le discours de M. Cavaignac.

Je vous prie, monsieur le Président, de demander à M. Cavaignac, qui, aujourd'hui, a voulu démontrer par le bordereau la culpabilité de Dreyfus, pourquoi, le jour où il est monté à la tribune de la Chambre pour donner aux représentants du pays les raisons qui lui faisaient croire à cette culpabilité, il n'a pas dit un mot du bordereau.

M. Cavaignac. — Je n'ai pas dit un mot du bordereau, parce que je parlais devant une assemblée politique où j'avais le choix des éléments à apporter et où j'ai apporté les éléments qui me paraissaient à ce moment les plus décisifs.

J'ai déclaré et je déclare encore à l'heure actuelle, que l'élément le plus décisif pour mon esprit, celui qui a fait ma conviction à lui seul, est celui qui a trait aux aveux. Comme homme politique, j'ai cru devoir saisir le pays des éléments qui me paraissaient essentiels, et je suis quelque peu surpris de l'observation qui m'est faite en ce moment, alors que la politique que j'ai représentée et que je m'honore d'avoir représentée n'est pas la politique de la raison d'État, mais bien celle qui consistait à apporter devant le pays tout entier et à livrer à sa discussion les éléments qui, dans ma conscience, établissaient la culpabilité de l'accusé.

Je l'ai fait sous ma responsabilité, j'ai apporté seulement les éléments de conviction qui me paraissaient essentiels.

J'ai substitué à la politique de la raison d'État la politique du grand jour. Je m'en honore et je suis quelque peu surpris qu'on me le reproche de ce côté.

Me Demange. — Je ne fais pas de politique, et quand je pose une question, c'est simplement pour apprécier la valeur du bordereau.

Je me dis que si le bordereau a tant de valeur aux yeux de M. Cavaignac, pourquoi n'en a-t-il pas parlé aux députés ?

Le Président. — Il était libre, à la tribune, du choix des arguments.

Me Demange. — Comme argument décisif plus important que le bordereau, M. Cavaignac a produit trois pièces.

Je lui demande si aujourd'hui il reconnaît que sur ces trois pièces deux sont fausses et la troisième ne s'applique pas au capitaine Dreyfus ?

M. Cavaignac. — Certainement non. Je ne reconnais nullement aucune autre pièce comme fausse.

J'ai déclaré devant la Cour de cassation, et je maintiens ma déposition sur ce point, que j'avais des réserves à faire sur deux autres pièces et que je considérais comme douteux qu'elles s'appliquassent à Dreyfus. Je n'ai pas été plus loin.

Je dis et je maintiens que j'ai sur les deux autres pièces des réserves à faire en ce qui concerne leur applicabilité à Dreyfus.

Ces réserves, j'en indiquerai les motifs au Conseil.

Il s'agit d'un des documents du dossier secret dans lequel on indiquait que des plans directeurs ont été livrés contre argent comptant, contre des sommes minimes, à un attaché militaire allemand.

C'est le point qui m'amène à dire que je doute que ces deux

pièces soient applicables à Dreyfus parce que je ne suis pas certain que la livraison des plans directeurs à laquelle elles se réfèrent, lui soit imputable.

Ces réserves, je les ai faites d'ailleurs, moins formellement, je le reconnais, devant la Chambre.

Je les ai faites en déclarant que du moment où le coupable n'était visé que par une initiale, il ne pouvait pas être certain que les pièces s'appliquassent à lui.

Me DEMANGE. — Oui. Il y avait des réserves pour ces pièces. Il n'y en avait pas pour le faux.

Ma dernière question est celle-ci : J'ai entendu M. Cavaignac parler de la lettre relative aux aveux, que le général Gonse aurait écrite au général de Boisdeffre. Cette lettre serait du 6 janvier. Or, j'ai entendu précédemment, à l'occasion de la discussion entre MM. Casimir-Perier et Mercier, M. le général Mercier nous dire que M. le général de Boisdeffre était à Paris le 6 janvier.

S'il était à Paris, comment M. le général Gonse lui a-t-il écrit une lettre ?

M. CAVAIGNAC. — Le fait de l'absence est certain, et je pense qu'il sera tout à fait facile de le vérifier.

Me DEMANGE. — Le général Mercier a dit que certainement le général de Boisdeffre était là le 6 janvier.

M. CAVAIGNAC. — Voici le point que j'affirme, quant à moi, et qui sera tout à fait facile à vérifier : c'est l'absence du général de Boisdeffre au moins dans la journée.

LE PRÉSIDENT. — M. le général de Boisdeffre, que nous entendrons, est plus à même que quiconque d'éclaircir ce fait.

Me DEMANGE. — Il y a là certainement une contradiction.

LE PRÉSIDENT. — Nous l'éclaircirons avec M. le général de Boisdeffre qui pourra donner des explications définitives.

Me DEMANGE. — Parfaitement, monsieur le Président.

LE PRÉSIDENT. — Accusé, levez-vous, avez-vous des observations à faire ?

LE CAPITAINE DREYFUS. — Je n'ai qu'une observation à faire. Je suis étonné, quand on est venu publiquement affirmer ses convictions sur un faux, qu'on vienne encore aujourd'hui apporter des arguments dont la Cour de Cassation a fait justice.

LE PRÉSIDENT. — Faites entrer le témoin suivant.

SIXIÈME TÉMOIN

M. LE GÉNÉRAL ZURLINDEN

Zurlinden, général de division, cinquante-neuf ans.

LE PRÉSIDENT. — Voulez-vous dire quels sont les faits dont vous avez pu avoir connaissance au sujet de l'affaire qui nous occupe ?

LE GÉNÉRAL ZURLINDEN. — Au commencement de 1895, j'ai été appelé à succéder au général Mercier comme ministre de la Guerre. L'affaire Dreyfus était terminée. Je n'ai pas eu à m'en occuper. Je suis intervenu dans cette affaire pour la première fois en septembre 1898. Le faux Henry, qui venait d'être révélé, avait profondément troublé le pays. J'ai cru qu'il était de mon devoir d'accepter le ministère de la Guerre pour pouvoir examiner si, comme je le prévoyais, le faux Henry entraînait la revision du procès Dreyfus et, si cela était, pour demander, pour réclamer cette revision au nom de l'armée elle-même.

L'étude que je fis me démontra bientôt que mes prévisions n'étaient pas fondées ; que la revision n'était pas légalement justifiée par le faux Henry. Depuis, cette revision a été prononcée par la Cour de Cassation. Quelle est aujourd'hui mon opinion ? Je vais le dire aussi brièvement que possible au Conseil, en lui donnant d'abord quelques observations générales très courtes, et ensuite les principaux arguments qui fixent ma conviction. Les affaires de trahison sont toujours difficiles. En général, la clef de ces procès est entre les mains de la puissance au profit de laquelle la trahison a été faite. Il est certain que, dans l'état ordinaire, il est impossible de songer à demander à cette puissance de nous livrer les preuves du crime commis contre nous à son instigation et à son avantage.

Elle a, au contraire, tout intérêt à chercher, dans les limites tracées par l'honneur, à sauver celui qui l'a servie.

Agir autrement serait ruiner son système d'espionnage.

Cette réflexion de bon sens montre que, dans les affaires de trahison, quand on reçoit des documents de l'étranger, qu'ils soient favorables ou défavorables à l'accusé, il faut les examiner avec au moins autant de soin que ceux qui viennent de l'intérieur.

Dans l'affaire actuelle, nous avons entre les mains non pas les pièces elles-mêmes qui ont été livrées à l'étranger, mais l'énonciation de ces pièces.

Le bordereau, ce bordereau est une preuve matérielle dont la valeur est incontestable et incontestée.

Elle a été examinée à tous les points de vue.

Les deux points de vue les plus importants, ce sont ceux de l'écriture ainsi que l'ont démontré les expertises nombreuses qui ont été jugées nécessaires, ensuite le point de vue de la provenance probable.

La discussion technique du bordereau, cette discussion technique donne à ceux qui connaissent les hommes et les choses de l'armée des indications des plus utiles, des plus probantes, qui peuvent ne pas être saisies par ceux qui ne sont pas du métier, ou n'en connaissent qu'une partie. Elles peuvent laisser leur esprit dans le doute.

L'arrêt de la Cour de Cassation montre que ce doute existe dans l'esprit de plusieurs des magistrats qui composent cette Cour. Il est probable même que quelques magistrats qui composent cette Cour croient, dès à présent, à l'innocence de l'accusé.

Mais comment oublier, d'autre part, que les hommes qui se sont succédé au ministère de la Guerre, qu'ils appartiennent au Parlement ou à l'armée, se sont tous convaincus de la culpabilité de cet accusé, et qu'il en a été de même de tous les officiers qui ont examiné de près et à fond cette affaire?

Je crois qu'il ne serait pas raisonnable, qu'il serait injuste de dire que tous ils ont été poussés par l'esprit de corps, par l'amour-propre, par une idée exagérée de l'armée. Ces sentiments-là seraient non seulement exagérés, ils seraient criminels comme l'acte lâche et odieux qui vient d'être commis dans le voisinage de cette enceinte.

L'honneur de l'armée n'a rien à voir dans cette scène. Comme la nation, l'armée n'a qu'un intérêt ici, mais un intérêt bien haut : c'est de voir la lumière éclater, c'est de voir ces débats planer au-dessus des colères et des passions, et de savoir enfin si, oui ou non, le Conseil de guerre a devant lui un officier qui a trahi sa patrie.

En ce qui me concerne en dehors du dossier secret, voici les principaux arguments qui ont formé ma conviction.

Lorsque, en 1894, le bordereau est tombé entre les mains du ministre, les chefs de service, les hommes expérimentés, les hommes de métier qui ont eu à l'examiner, n'ont pas hésité un instant à dire que l'auteur de ce document devait être recherché uniquement parmi les officiers du ministère de la Guerre, soit de la direction d'artillerie, soit de l'État-major de l'armée.

C'est uniquement parmi ces officiers, et au hasard, qu'on a cherché le traître. Si on avait tenu compte d'un renseignement qui était parvenu quelque temps auparavant au ministère, au sujet de l'existence du traître parmi les officiers se trouvant au 2e bureau en juin 1894, on aurait pu resserrer les recherches et examiner plus particulièrement les écritures des officiers qui se trouvaient à ce moment au 2e bureau.

On aurait pu encore, en tenant compte d'un renseignement qui est également au dossier secret, chercher plus particulièrement le traître parmi les officiers qui se trouvaient au 4e bureau à la fin de 1893.

Enfin, on aurait pu faire une discussion technique approfondie du bordereau, comme elle a été faite depuis, avec tant de soin et d'autorité par le général Roget; je n'insisterai pas sur cette discussion : elle sera certainement répétée plusieurs fois devant le Conseil.

Je me bornerai à rappeler, en ce qui me concerne, qu'elle me démontre, qu'elle m'a démontré que l'auteur du bordereau doit se trouver parmi les officiers stagiaires d'artillerie du 2e bureau.

Le capitaine Dreyfus se trouvait dans ces trois groupes ainsi limités. C'était là une vérification des plus importantes; mais, je me hâte de le dire, ce n'est qu'une vérification faite après coup, car la découverte de l'accusé a été faite tout à fait inopinément, et au dernier moment.

En 1894, on n'avait rien trouvé ni à la direction de l'artillerie ni dans trois des bureaux de l'État-major de l'armée, lorsqu'on donna au colonel Fabre, le chef du 4e bureau, l'idée de rechercher parmi les écritures des officiers stagiaires qui avait passé par ce bureau. Le colonel Fabre découvrit presque immédiatement que l'écriture du capitaine Dreyfus ressemblait d'une manière frappante à celle du bordereau. Ce fut là le point de départ des mesures qui furent prises contre le capitaine Dreyfus.

De sorte que la similitude des écritures est réellement le point de départ incontestable de cette affaire.

Cette similitude des écritures a été reconnue en 1894 par trois experts sur cinq, et encore un des deux experts qui n'ont pas reconnu cette similitude, a-t-il admis que l'écriture du capitaine Dreyfus et celle du bordereau avaient l'air d'être de la même famille.

En 1897 est survenue l'affaire Esterhazy. De grands efforts ont été faits pour substituer le commandant Esterhazy au capitaine

Dreyfus comme auteur du bordereau; et, en effet, l'écriture d'Esterhazy ressemble beaucoup à celle de ce document. Cependant, messieurs les experts du procès 1897 ne l'ont pas reconnue.

Depuis, un grand nombre d'experts officieux et officiels ont reconnu que le bordereau était réellement Esterhazy. Le magistrat rapporteur de la Cour de Cassation est moins net. Il établit néanmoins que des faits nouveaux tendent à établir que le bordereau pourrait ne pas être de Dreyfus.

Enfin, tout dernièrement, le commandant Esterhazy lui-même, qui cependant, devant le conseil d'enquête qui avait à examiner sa réforme, avait déclaré qu'on lui avait offert 600,000 francs pour se déclarer l'auteur du bordereau, le commandant Esterhazy vient de faire publier par les journaux qu'en effet il avait écrit le bordereau sous la dictée du colonel Sandherr.

Ces constatations sont bien faites pour troubler ceux qui croient à la culpabilité du capitaine Dreyfus. J'y ai beaucoup réfléchi. Ma conviction n'a pas été ébranlée.

D'un côté, il est impossible, et mon esprit se refuse à admettre que l'agent étranger qui a reçu le bordereau ait pu avoir l'idée de s'adresser au commandant Esterhazy, au risque de compromettre son gouvernement, au risque de compromettre sa propre situation à Paris, pour demander à cet officier supérieur d'un corps de troupes des renseignements sur les nouvelles formations de l'artillerie, sur les modifications du plan de couverture, et enfin sur le projet d'expédition à Madagascar.

Cet agent étranger est un des officiers les plus distingués et les plus instruits du grand État-major de son pays; il connaît à fond l'armée française. Qu'aurait pu lui apprendre le commandant Esterhazy, un chef de bataillon d'un corps de troupes, sur ces questions qui venaient d'être traitées tout récemment et dans le plus grand secret par l'État-major?

A mon avis, la version de la trahison indiquée par le bordereau fait par le commandant Esterhazy lui-même est invraisemblable.

Je ne puis admettre non plus que le commandant Esterhazy ait écrit le bordereau sous la dictée du colonel Sandherr. Ce serait admettre qu'à ce moment, c'est-à-dire avant l'arrivée du bordereau au ministère, le service des renseignements avait déjà entre les mains des indications sur la trahison du capitaine Dreyfus.

Cela est complètement faux.

La découverte du capitaine Dreyfus a été faite inopinément et au dernier moment.

Je le répète, si le colonel d'Aboville, sous-chef du 4e bureau, était rentré de permission quelques jours plus tard, le colonel Fabre n'aurait pas eu l'idée de regarder parmi les stagiaires. Il se serait rendu compte de l'inanité de ses recherches, et le bordereau aurait été se perdre dans les archives du ministère.

Cette constatation montre qu'il est impossible d'admettre une machination de la part des bureaux de la Guerre pour imputer la trahison au capitaine Dreyfus.

Elle ruine également cette version personnelle du commandant Esterhazy.

Au contraire, la discussion technique du bordereau, je le rappelle, tend à démontrer que, suivant toute probabilité, le traître doit être cherché parmi les quatre officiers d'artillerie stagiaires de deuxième année.

Mais l'écriture du bordereau peut-elle être attribuée au capitaine Dreyfus?

Le capitaine Dreyfus a-t-il écrit le bordereau?

Je crois fermement que oui.

Lors de ma lettre du 15 septembre 1898 au garde des Sceaux, qui se trouve au dossier judiciaire, dans l'enquête de la Cour de Cassation, au moment de ma déposition devant la Cour de Cassation, mon opinion personnelle sur cette question de l'écriture était basée sur les constatations que j'avais faites moi-même, que l'écriture de Dreyfus ressemblait d'une manière frappante, comme physionomie générale, à l'écriture d'une minute ou de certaines minutes qui se trouvent au dossier judiciaire et qui, certainement, ont été écrites couramment, les ratures en font foi.

Mon opinion était également basée sur les premières constatations, sur les premières expertises en écritures, que rien n'avait encore ébranlées.

Depuis, on a fait remarquer (c'est une bien petite remarque, du reste) que le mot artillerie, dénomination de l'arme dans laquelle a servi Dreyfus, avait joué un grand rôle dans cette affaire.

C'est la ressemblance du mot artillerie du bordereau avec le même mot de la feuille des notes du capitaine Dreyfus qui a fait découvrir cet officier par le colonel Fabre. C'est également la ressemblance très étrange du mot artillerie du bordereau avec le même mot d'une minute qui se trouve au dossier, et qui a trait à la réserve des grands parcs d'artillerie.

Un officier d'artillerie a souvent à écrire le nom de son arme. Il est impossible qu'à la fin sa main ne prenne des habitudes pour écrire ce mot, comme cela a lieu pour la signature. Et il n'est pas étonnant que, lorsqu'on a à examiner plusieurs copies d'un officier d'artillerie, il soit plus facile d'y reconnaître l'écriture du mot artillerie que celle d'un mot moins souvent employé.

Mais, je le répète, c'est une très petite remarque auprès de celle par laquelle je vais terminer ma déposition et sur laquelle j'appelle l'attention du Conseil.

La publication de l'enquête de la Chambre criminelle de la Cour de Cassation, par le *Figaro*, a appelé l'attention du public sur les expertises en écriture et lui a donné de nombreux éléments de discussion.

A cet égard, elle a appelé notamment l'attention sur la démonstration de M. Bertillon.

En ce qui me concerne, je savais que M. Bertillon était un fonctionnaire d'une compétence universellement reconnue et admise au point de vue des investigations criminelles.

L'enquête de la Chambre criminelle m'a montré que son chef de service, M. Lépine, le regarde comme doué d'une perspicacité touchant, sur certains points, au génie. J'ai vu également à cette enquête que M. Bertillon maintenait énergiquement ses conclusions de 1894.

Puis j'ai appris que plusieurs officiers, le capitaine d'artillerie Valerio, le commandant Port, du génie, et d'autres avaient été frappés par certains caractères scientifiques de la démonstration de M. Bertillon, dans laquelle on doit faire entrer la géométrie, les calculs de probabilités, et qu'ils avaient eu la curiosité de vérifier cette démonstration.

Les rapports de l'un de ces officiers me sont passés entre les mains et j'ai eu à les transmettre au ministre, il y a quelques mois, comme gouverneur militaire de Paris. Ces rapports m'ont vivement frappé, et voici les observations que j'ai recueillies et que je crois de mon devoir de signaler au Conseil.

L'écriture du bordereau présente incontestablement un caractère de régularité géométrique qu'il est impossible de rencontrer dans une écriture ordinaire, non repérée. Quand on superpose le bordereau à une feuille de papier quadrillé à cinq millimètres et demi en usage courant à l'État-major, on est frappé par certaines coïncidences, par certaines régularités constantes d'espacement, lesquelles ne peuvent s'expliquer, de la part de l'auteur du bordereau, que par l'emploi d'un sous-main présentant un tracé basé précisément sur ce quadrillage à cinq millimètres.

M. Bertillon a rétabli ce tracé et il a expliqué toutes ou presque toutes les particularités de cette écriture.

Son tracé, où le mot clé est « intérêt », est fait sur un canevas d'un millimètre un quart. Ce canevas se déduit facilement du quadrillage de cinq millimètres dont j'ai parlé au Conseil.

Il est facile de le diviser en quatre, en trois, en deux.

Le commandant Port, lui, croit que c'est ce canevas lui-même de 1 millimètre 25 qui a servi de tracé et qui peut servir de tracé sans l'emploi du mot-clé. Ce tracé, placé sous le papier transparent du bordereau, a dû servir à guider la plume de son auteur. Son emploi permet à un homme exercé d'écrire couramment. Il ne modifie pas d'une manière sensible l'aspect général, la physionomie de l'écriture, mais joint à certaines transformations voulues de certaines lettres, il est fait pour troubler profondément les experts et il permet en outre de donner à celui qui s'en sert des moyens de se défendre, de troubler la justice en cas d'arrestation.

Quoi qu'il en soit, certains mots de cette écriture toute spéciale, toute particulière du bordereau, peuvent se superposer trait pour trait aux mêmes mots d'une lettre signée Mathieu, trouvée au domicile du capitaine Dreyfus, au moment où on l'a arrêté, ainsi que de certaines minutes écrites par le capitaine Dreyfus pendant qu'il était à l'État-major de l'armée et qui se trouvent au dossier judiciaire.

Il me paraît impossible d'expliquer ces constatations autrement que par la culpabilité du capitaine Dreyfus. Il y a là, à mon avis, une preuve matérielle de premier ordre qu'il importe de vérifier. C'est une preuve géométrique.

Elle a trait à des documents dont on ne peut suspecter l'authenticité, qui n'ont pas été versés au dossier pour les besoins de la cause, car ils y existent depuis le début de l'affaire.

Enfin, en terminant, je ferai remarquer au Conseil que M. Bertillon, ce fonctionnaire des plus honorables, des plus compétents, a maintenu avec la plus grande énergie depuis quatre ans ses premières convictions et cela malgré toutes les railleries dont il a été abreuvé, au risque de perdre sa situation.

Je ferai remarquer aussi que les officiers, dès que la presse leur a indiqué la démonstration de M. Bertillon, qui ont vérifié cette démonstration, s'y sont ralliés et qu'ils sont venus à l'aide de M. Bertillon pour la vulgariser et pour la mettre à la portée d'un plus grand nombre d'esprits.

Cette démonstration est venue se joindre aux éléments de conviction que j'avais retirés de l'étude du dossier judiciaire, de l'étude du dossier secret et de la démonstration technique du bordereau.

Je maintiens donc mes premières déclarations, et je crois à la culpabilité.

J'ai terminé ma déposition. Je dis au Conseil, non sans tristesse, mais avec fermeté et en toute conscience, ce que je crois être la vérité et ce que je sais de cette affaire.

Me Demange. — Il est un point que je voudrais bien mettre en relief. M. le général Zurlinden a bien dit que, si M. le colonel d'Aboville était rentré quelques jours plus tard, M. le colonel Fabre n'aurait pas fait des recherches du côté des stagiaires ; par conséquent, la teneur du bordereau en elle-même ne révélait pas qu'il s'agissait nécessairement d'un stagiaire.

Le général Zurlinden. — Je ne veux pas dire que votre démonstration me paraît fondée, je veux dire simplement que M. le colonel Fabre n'avait pas réfléchi à ces questions.

Je crois même que le colonel Fabre ne se rappelle pas bien si c'est lui qui a eu cette idée de chercher parmi les stagiaires ou bien si elle lui a été inspirée par M. le colonel d'Aboville.

Je crois cependant que c'est le colonel d'Aboville qui a donné au colonel Fabre cette idée de rechercher parmi les stagiaires.

Me Demange. — J'avais entendu dire au général Zurlinden que les hommes expérimentés du ministère de la Guerre avaient eu, à l'inspection du bordereau, la pensée que c'était quelqu'un du ministère qui était l'auteur du bordereau ?

Le Général Zurlinden. — Mais alors, ces hommes expérimentés qui ont vu le bordereau n'avaient pas pensé qu'il s'agissait d'un stagiaire, parce que la démonstration complète, technique du bordereau n'a été faite que longtemps après, depuis la condamnation.

On ne l'avait pas faite immédiatement.

Me Demange. — Depuis quand l'a-t-on faite ? Depuis la condamnation ?

Le général Zurlinden. — Depuis la condamnation.

Me Demange. — Bien.

Le Président, *à l'accusé*. — Avez-vous quelque chose à répondre ?

Le capitaine Dreyfus. — Je ne puis répondre naturellement à tous les points de l'argumentation ; mais il me semble avoir entendu, dès le début de la déposition, qu'on disait qu'il faudrait avoir, pour établir la vérité, les quatre notes du bordereau. (*D'une voix forte.*) Je m'associe à ces paroles, mon colonel, parce que je ne demande que le vérité : eh bien ! oui, qu'on les obtienne, les quatre notes du bordereau, et la vérité éclatera, tout le monde sera éclairé.

Je le répète, je ne demande que la vérité.

SEPTIÈME TÉMOIN

M. LE GÉNÉRAL CHANOINE

LE PRÉSIDENT. — Vos nom et prénoms ?

LE GÉNÉRAL CHANOINE. — Charles Chanoine.

LE PRÉSIDENT. — Votre âge ?

LE GÉNÉRAL CHANOINE. — Soixante-trois ans et dix mois.

LE PRÉSIDENT. — Vos grades ?

LE GÉNÉRAL CHANOINE. — Général de division, ancien ministre de la Guerre.

LE PRÉSIDENT. — Veuillez nous faire connaître tout ce que vous savez au sujet de l'affaire Dreyfus, de manière à éclairer le Conseil ?

LE GÉNÉRAL CHANOINE. — Les faits sur lesquels je pense l'éclairer sont de deux sortes, ainsi que je l'ai exposé à la Cour de Cassation.

Quand j'ai pris le portefeuille de la Guerre, je ne croyais pas avoir à m'occuper de l'affaire, attendu que par une décision du gouvernement, elle avait été remise entièrement à trois autorités judiciaires, qui étaient le garde des Sceaux, la Commission permanente de revision de la Cour de Cassation et enfin la Cour de Cassation elle-même en dernier ressort.

Un des faits qui ont déterminé mon opinion sur l'affaire est que la Commission permanente de revision de la Cour de Cassation, peu de temps après mon entrée au ministère de la Guerre, a émis un avis d'après lequel le Conseil de 1894 avait bien jugé, et l'avis de cette Commission était qu'il n'y avait pas lieu de revision.

Je ne parle pas de ce qui s'est passé depuis. Cette décision de la Commission permanente de revision était, à mes yeux, un argument puissant, attendu que le Parlement lui-même, dans ses discusions, s'était occupé des magistrats qui avaient fait partie de cette commission. C'est ce qui prouve quelle importance avait l'opinion de ces magistrats.

Cette Commission, je le répète, en émettant son opinion, avait exercé sur moi une grande influence, attendu qu'elle avait déclaré qu'il n'y avait pas lieu à revision.

Après avoir examiné toutes les pièces du procès, je sais que, depuis, il est survenu bien d'autres choses, mais depuis ma déposition devant la Cour de Cassation au mois de novembre, un renseignement complémentaire m'a été demandé par les moyens de la Cour, et, depuis cette époque, je n'ai pas été appelé de nouveau.

Voilà donc un premier ordre d'idées qui avait déterminé mon opinion.

J'arrive ensuite aux pièces que j'ai eu la possibilité d'examiner comme ministre de la Guerre.

La transmission du dossier à la Cour de Cassation, malgré l'avis de la Commission de revision, paraissant, au moins en partie, porter la question sur le terrain politique, j'ai eu à étudier la question.

Ainsi que je l'ai dit à la Cour de Cassation, j'ai appris par tous les renseignements que ma qualité de ministre me donnait la facilité d'avoir, qu'une surveillance précise avait été exercée vis-à-vis d'un grand nombre de personnes touchant au ministère.

Cette surveillance s'était exercée sur tous les officiers, et peu à peu elle avait fini par se concentrer sur une personne.

C'est ainsi que fut amenée l'arrestation du prévenu. De plus, l'ensemble des documents qui ont été mis à ma disposition, que par conséquent j'ai consultés malgré le caractère, forcément incomplet, de documents de cette espèce, ces renseignements, dis-je, m'ont amené à constater que des documents avaient été détournés, qu'ils ne pouvaient l'avoir été que par un officier et par un officier compétent et parfaitement au courant du service de l'État-major de l'armée.

J'arrive à un point sur lequel je puis avoir une opinion particulière, c'est la question des graphiques de la guerre et des troupes de couverture. J'ai fait partie, comme officier supérieur, du 4e bureau de l'État-major de l'armée, j'ai travaillé à la confection de ces documents, qui ne sortaient pas d'un cercle extrêmement restreint d'officiers compétents, qui étaient les commissaires du réseau et les chefs de service.

Il me paraît absolument dificile qu'un document de cette nature puisse avoir été détourné autrement que par le fait d'un des officiers qui collaboraient à la confection de ces documents. C'est là le point qui a contribué à fixer mon opinion.

Le Président. — Vous n'avez pas autre chose à dire au Conseil?

Le général Chanoine. — Voilà à peu près tout ce que j'avais à dire, mon colonel.

Me Demange. — Je désire poser une seule question.

Si j'ai bien compris tout à l'heure, M. le général Chanoine nous a dit qu'on lui avait appris, au ministère de la Guerre, qu'une surveillance avait été exercée sur un grand nombre d'officiers et que cette surveillance avait fini par se fixer sur le capitaine Dreyfus. C'est bien là ce que vous avez dit?

Le général Chanoine. — J'ai dit que cette surveillance avait été exercée sur un très grand nombre de gens, parmi lesquels se trouvaient des officiers, et que peu à peu cette surveillance avait fini par se concentrer sur un nombre plus restreint de personnes parmi lesquelles s'est trouvé l'accusé, et qu'ainsi, finalement, a été motivée son arrestation.

Me Demange. — Voulez-vous demander, monsieur le président, à M. le général Chanoine qui lui a fourni cette indication absolument nouvelle, car personne n'a dit jusqu'à présent (on a même dit le contraire) que l'on eût surveillé Dreyfus avant son arrestation.

Le général Chanoine. -- Je ne dis pas que le capitaine Dreyfus ait été surveillé avant son arrestation. Je dis que beaucoup de personnes avaient été surveillées. On ne savait pas qui était le traître. Après avoir cherché plus ou moins longtemps, ces recherches ont fini par amener l'arrestation.

Le Président. — On avait surveillé le personnel subalterne des bureaux. Les indications données par les indicateurs étrangers amenaient à faire surveiller le personnel des bureaux.

Le général Chanoine. — C'est ce que j'ai dit.

Me Demange. — Je voulais parler seulement depuis le bordereau, car c'est bien le bordereau qui a été la base de l'accusation contre le capitaine Dreyfus.

Le général Chanoine nous a dit qu'il avait étudié l'affaire au ministère de la Guerre. J'ai l'honneur de lui demander si, en effet, c'est uniquement le bordereau qui a été la base de l'accusation ou si, au contraire dans son esprit, certaines démarches auraient été constatées par la surveillance et auraient amené l'arrestation de l'accusé.

Le Président. — Me Demange demande si l'arrestation a été amenée uniquement par la ressemblance de l'écriture du bordereau ou bien par des indications personnelles portant sur d'autres points et venant d'ailleurs ?

Le général Chanoine. — Je ferai remarquer au Conseil et à la défense que je n'ai examiné l'affaire que plusieurs années après et que sur ce point je ne puis pas répondre d'une façon ferme.

Me Demange. — En résumé, M. le général Chanoine ne sait que ce qu'on lui a dit au ministère. Il ne sait rien personnellement.

Le général Chanoine. — La question que j'ai exposée en dernier lieu au Conseil est celle pour laquelle je possède une compétence antérieure. Elle a trait aux transports de mobilisation.

Un commandant, membre du Conseil. — Si j'ai bien compris, vous avez dit qu'un des motifs principaux de votre conviction était qu'on avait fait remarquer que des fuites se produisaient au ministère de la Guerre. A propos de ces fuites, l'officier coupable a-t-il été défini d'une manière exacte?

Le général Chanoine. — Je ne vois pas très bien la portée de la question. Qu'il y ait un auteur, un coupable, on ne peut pas le contester; on peut dire que c'est certainement un officier et un officier compétent, sans cela il n'aurait pas eu à sa disposition les graphiques de guerre et les documents relatifs à la couverture.

Maintenant, quant à l'identité...

Le général Chanoine fait un geste de doute.

Me Demange. — J'insiste, monsieur le Président, sur la réponse à la question de M. le commandant.

M. le général Chanoine parle des graphiques de guerre. Il n'a pas été dit qu'il y ait eu des documents matériellement détournés.

Le Président. — Non; mais on a pu avoir connaissance de ces documents.

Le général Chanoine. — Tout ce qui concerne les troupes de couverture rentre dans la catégorie de ces documents.

Me Demange. — Mais il n'y a pas eu de documents détournés.

Le général Chanoine. — On a pu en tirer une note sur les troupes de couverture.

Le Président, *au témoin.* — C'est bien de l'accusé ici présent que vous avez entendu parler?

Le général Chanoine. — Parfaitement!

Le Président. — Accusé, levez-vous. Avez-vous des observations à faire?

Le capitaine Dreyfus. — Rien, mon colonel; je n'ai rien à ajouter aux précédentes.

HUITIÈME TÉMOIN

M. HANOTAUX
ancien ministre des Affaires étrangères.

M. Hanotaux. — Monsieur le président, j'ai déjà déposé devant la Cour de cassation, j'y ai dit la vérité, toute la vérité. Je suis à la disposition du Conseil si quelques explications nouvelles peuvent être données à l'appui de ce que j'ai dit devant la Cour de cassation.

Le Président. — Les membres du Conseil n'ont pas en droit connaissance du dossier. Seuls, le Commissaire rapporteur et le Président le connaissent, il est donc nécessaire que vous fassiez votre déposition.

M. Hanotaux. — Je me permettrai de faire observer au Conseil que je n'ai jamais eu connaissance, ni comme ministre ni comme particulier, du dossier, des éléments de l'accusation ni de la condamnation.

Tout ce que j'ai su et qui se rapporte à l'affaire Dreyfus, je l'ai connu comme ministre des Affaires étrangères, ayant fait partie de deux cabinets, le cabinet Dupuy et le cabinet Méline, qui avaient à s'occuper de cette affaire. Tout ce que j'ai su comme ministre des Affaires étrangères se trouve dans le dossier qui a dû être communiqué au Conseil, soit sous forme de documents officiels, soit sous forme de notes qui sont le plus souvent écrites de ma main.

Je m'en réfère à ce dossier, des documents écrits ayant toujours, bien entendu, beaucoup plus de précision et beaucoup plus de certitude que l'effort de la mémoire après plusieurs années déjà écoulées.

Je m'en réfère à ce dossier en tant qu'il vous est livré *in extenso* et avec le caractère de documents originaux, notamment les notes qui sont, je le répète, écrites de ma main.

En ce qui concerne le début, les origines de l'affaire Dreyfus, le Conseil me permettra de dire que voici ce dont je me souviens :

Le cabinet Dupuy s'est constitué vers le mois de juin 1894. Je n'étais pas membre du Parlement. Je n'étais donc pas désigné pour être ministre des Affaires étrangères. Je n'étais qu'un administrateur ; cependant M. Dupuy m'offrit de faire partie de son cabinet; malgré les objections que je viens de vous indiquer, il insista, le président Carnot insista.

Je lui faisais cependant remarquer comment ce fait de ne pas être membre du Parlement pouvait m'enlever une partie de l'autorité que doit avoir le ministre des Affaires étrangères dans un cabinet. On passa outre.

Le cabinet Dupuy eut à faire face immédiatemement à de très graves difficultés extérieures. Je les rappellerai d'un mot, car je crois qu'il est bon que le Conseil soit au courant de la situation où nous nous trouvions.

C'était une négociation laborieuse et très difficile avec l'Angleterre et avec la Belgique au sujet de l'affaire du Congo.

Nous étions à peine aux affaires que la grave difficulté de Madagascar nous était posée et que nous devions envisager immédiatement la perspective d'une expédition longue et difficile.

Quelques temps après, au début de novembre 1894, l'empereur Alexandre III mourait ; c'est encore un événement qui devait naturellement préoccuper très vivement le cabinet dont il s'agit.

Enfin, les affaires de Chine éclataient au même moment, et il n'était pas possible de ne pas prévoir qu'elles pouvaient prendre un très grand développement.

Nous avions donc, comme vous le voyez, à faire face à de très grosses difficultés extérieures, très complexes.

C'est au milieu de ces événements que l'affaire Dreyfus vint encore compliquer la situation. Elle prend naissance vers le milieu d'octobre 1894.

Je dirai au Conseil que, pour ce qui concerne les origines de cette affaire en tant que je les ai connues, j'ai, le 7 décembre 1894, par suites de certaines circonstances que j'indiquerai également au Conseil, écrit une note dans laquelle j'exposais l'origine de cette affaire, en tant qu'elle m'était connue. Le Conseil me permettra-t-il de donner lecture de cette note ?

Le Président. — A la condition que vous la versiez au procès.

Me Demange. — Elle l'est. Nous avons la copie de toutes les notes dont M. Paléologue a donné connaissance.

M. Hanotaux. — Je dois indiquer dans quelles circonstances j'ai été amené à écrire cette note. Elle est, comme j'ai eu l'honneur de le dire tout à l'heure au Conseil, datée du 7 décembre 1894.

Le 6 décembre, c'est-à-dire la veille, j'ai eu à discuter devant le Sénat le vote des crédits pour l'expédition de Madagascar.

J'étais extrêmement souffrant. J'ai eu grand'peine à prendre la parole devant le Sénat. Je suis rentré chez moi très souffrant ;

je me suis alité le 8 ou le 9, et j'ai été très gravement malade d'une influenza compliquée d'une pleurésie jusqu'au 26 décembre, jour où j'ai quitté Paris pour me rendre à Cannes.

La nuit du 5 au 6 janvier 1895, c'est donc le lendemain de la discussion du Sénat — et alors que je me trouvais dans l'état de santé que je vous indique, — j'ai écrit la note dont je vais maintenant vous donner lecture.

Il y avait inséré sur l'enveloppe intérieure : « 7 décembre 1894. Note personnelle confiée à M. Nisard qui la mettra dans l'armoire de la direction politique. Signé : G. Hanotaux, Paris 7 décembre 1894. »

M. Hanotaux donne lecture de la note :

« Le jeudi 11 octobre, le général Mercier, à l'issue du Conseil des ministres, nous réunit chez M. Dupuy avec M. Guérin (c'est-à-dire que nous étions quatre : MM. Dupuy, Guérin, Mercier et moi), et nous fit part de la découverte qu'on avait faite dans les papiers détournés de l'ambassade d'Allemagne, d'une lettre paraissant émaner d'un officier français et par laquelle des documents importants intéressant la mobilisation étaient offerts à l'attaché militaire de ladite ambassade.

Quelques jours avant, au Conseil, le général avait demandé à M. Guérin de lui indiquer le nom d'un expert en écritures patenté. Celui-ci avait désigné un M. Gobert. Mais on ne nous avait pas dit dans quel but on avait recours à ses lumières.

Dans la réunion des quatre ministres, le général Mercier précisa l'objet de son enquête et, en communiquant les documents dévoilant son origine, il nous dit que d'une comparaison faite entre les écritures il était amené à conclure que l'auteur de la communication était probablement un officier attaché à l'État-major dont il ne nous dit pas le nom. Il nous demanda notre avis sur ce qu'il restait à faire. Sans insister sur le détail de la conversation et en m'en tenant uniquement à mon rôle, je déclarai au général Mercier que s'il n'y avait pas d'autre preuve que celles à laquelle il faisait allusion et une comparaison d'écriture à laquelle nous ne pouvions procéder, puisque nous n'avions nulle compétence, il me paraissait de toute impossibilité d'ouvrir une poursuite judiciaire. Je fis valoir énergiquement les considérations d'intérêt public et national qui s'opposaient à une pareille procédure et j'obtins de lui l'engagement que s'il ne trouvait pas d'autres preuves contre l'officier dont il s'agissait et dont nous ignorions le nom, la poursuite n'aurait pas lieu. Cependant il fut décidé que le garde des Sceaux et le ministre de l'Intérieur mettraient à la disposition du ministre de la Guerre le moyen de procéder à une perquisition, qu'on essayerait de rendre secrète, chez l'officier en question. Le soir de ce même jour, cette affaire m'ayant préoccupé toute la journée, je demandai par téléphone à M. le général Mercier de vouloir bien me recevoir. Il me dit qu'il partait le lendemain pour les manœuvres, et me pria de venir le voir après le dîner. Dans cet entretien, je lui exposai toutes les raisons qui militaient contre l'idée d'une poursuite et même d'une enquête quelconque ayant pour base le document dont il s'agit. Je le priai instamment de renoncer à une procédure qui pouvait nous entraîner vers les plus graves difficultés internationales. La conversation dura plus d'une heure. Au cours de cet entretien il me dit que le général Saussier, consulté, était contraire aux poursuites, alléguant que tout était préférable au déshonneur jeté sur un officier français et aux soupçons qui en rejailliraient sur tous nos officiers. Cependant, le général Mercier ne crut pas devoir se rendre à mes prières et aux conseils du général Saussier. Il me donna les deux raisons suivantes :

1° La loi ordonne de poursuivre l'espionnage et la trahison. J'ai des présomptions assez fortes pour supposer l'un ou l'autre. Je dois obéir à la loi ;

2° Le fait est déjà connu par tous les officiers qui ont été mêlés au début de l'enquête, connu d'un ou des deux experts qui ont eu à procéder à la vérification des écritures. Il est vrai qu'ils ne connaissaient pas le nom de l'officier.

Dans ces conditions, un scandale en sens inverse se produirait, et nous serions accusés d'avoir pactisé avec l'espionnage.

Après de nouvelles insistances, je ne pus rien obtenir, et des ordres étaient donnés déjà pour qu'un officier de police judiciaire procédât à la perquisition chez l'officier soupçonné.

A diverses reprises, au cours des conversations que j'ai eues avec le général Mercier, j'ai rappelé l'engagement pris...

Au fur et à mesure que l'enquête se déroulait, on affirmait que la culpabilité devenait de plus en plus évidente et que la conviction des personnes qui connaissaient les faits était faite, et cependant on n'alléguait aucun document autre que celui cité précédemment.

Il y a plusieurs semaines déjà que j'ai rappelé au Président de la République et au président du Conseil les engagements pris au sujet de l'usage du document en question, mardi dernier 4 décembre. Nous sommes aujourd'hui restés à l'issue du conseil avec MM. Casimir-Perier et Dupuy, pour leur faire part des engagements pris à ce sujet.

Aujourd'hui encore, 7 décembre, sur le vu d'un article de journal, j'ai vu M. Dupuy et je lui ai rappelé tous les faits qui précèdent.

Il a parfaitement reconnu que les faits, dans la première réunion des quatre ministres, s'étaient passés comme je le lui ai dit.

Il m'a déclaré qu'il n'avait jamais pu saisir qu'une seule fois le général Mercier à part et lui parler à fond de cette affaire.

J'ai raconté les faits qui précèdent au fur et à mesure à M. Nisard, directeur des affaires politiques, dont on pourrait au besoin invoquer le témoignage. Je lui confie ce récit qu'il mettra dans l'armoire secrète de la direction politique et ne devra communiquer que sur ma demande expresse. »

Au dos de cette seconde enveloppe jaune, il y a écrit, de la main de M. Nisard :

« Note remise au directeur politique par le ministre, décembre 1894, strictement confidentielle à M. Nisard. Je la rends à M. Nisard, 20 décembre 1894. Hanotaux. »

Au dos de cette seconde enveloppe grise, il y a de ma main : « Note remise à M. Nisard pour l'armoire de la direction politique. »

J'ai dit en même temps que le document original était resté entre les mains de M. Nisard et que je ne voyais aucun inconvé- à ce qu'il fût versé au dossier, et que je ne croyais pas devoir le retirer.

Au moment où j'écrivais cette note je prévoyais qu'il était facile de prévoir des difficultés. Ces difficultés n'ont pas tardé à éclater.

Dès le milieu de novembre 1894, d'abord dans les conversations auxquelles on attachait une importance secondaire, puis dans une série d'autres conversations beaucoup plus importantes et qui se trouvent enregistrées au dossier, une des ambassades nous a fait des observations sur les bruits qui se répandaient que ladite ambassade était mêlée à cette affaire et que le document initial pouvait provenir des papiers de ladite ambassade.

Deux ou trois notes ont été rédigées en commun avec l'ambassade en question pour donner le caractère véritable aux bruits qui s'étaient répandus, ou les rectifier, et pour faire en sorte que l'émotion ne grandît ni d'un côté ni de l'autre; mais ces notes qui ont été publiées dans l'*Agence Havas* et dans tous les journaux à cette époque ont été rédigées à la suite des échanges de vue auxquels je fais allusion et dont la trace se trouve au dossier.

On a dit que ces échanges de vue n'avaient pas été exposés à qui de droit. Ils ont été si parfaitement racontés à qui devait les connaître que, encore une fois, ils ont donné lieu à des publications dans l'Agence Havas et à des polémiques dans tous les journaux. A cette époque il n'était possible de rien dissimuler de ces faits puisqu'ils étaient publics. Il n'y avait aucune raison d'ailleurs de les dissimuler.

Le système que je soutenais était de ne pas poursuivre ; il y avait eu devant le conseil deux opinions ; j'étais de celle qui consistait à indiquer de graves difficultés. Il n'y avait donc aucune raison à vouloir ne pas faire connaître des conversations qui, précisément, étaient comme l'origine des difficultés que j'avais indiquées dès le début.

Ces échanges de vue se sont terminés aux approches du procès, à l'époque où, par suite de l'état de santé que je vous indiquais, j'étais alité et où j'ai été ensuite obligé de partir pour Cannes.

C'est dans la période de mon séjour à Cannes qu'a eu lieu l'incident qui a été raconté ici, entre M. le Président de la République et un ambassadeur, et sur lequel je n'ai eu quant à moi d'autres renseignements que ceux qui m'ont été fournis par le télégraphe, par le chef de mon cabinet, M. Révoil.

M. Révoil, d'ailleurs, prenait note avec le plus grand soin de tous les incidents qui se passaient en mon absence. Ces notes sont versées au dossier; elles ont dû être mises sous les yeux du Conseil qui a pu être renseigné avec la plus parfaite exactitude.

Au cours de l'échange de vues qui avait eu lieu entre M. Charles Dupuy, chargé par intérim du ministère des Affaires étrangères en mon absence, et moi qui étais à Cannes, il y a eu un certain nombre de façons d'agir qui ont été examinées. Vous trouverez dans un télégramme de M. Dupuy et dans un télégramme que j'ai envoyé à M. Dupuy le fait que, quant à moi, j'étais d'avis de s'expliquer clairement du fond de l'affaire, de façon à savoir réellement en présence de quoi nous nous trouvions.

J'aurais désiré procéder moi-même à cet échange de vue dans de certaines conditions et je le disais dans le télégramme du 5 janvier, qui est au dossier, par lequel j'annonçais mon retour à Paris.

Mais quand je suis arrivé à Paris, les échanges de vues dont je viens de parler étaient terminés et l'incident était clos.

Voilà, messieurs, tout ce qui me paraît important dans mes souvenirs. J'ai été seul, au Conseil, de l'avis de ne pas procéder, je ne dis pas seulement aux poursuites, mais à une enquête, car c'était là l'objet de ma préoccupation.

Je sentais bien qu'une fois l'enquête commencée, il serait difficile de ne pas donner suite. Le Conseil a passé outre.

C'était une question politique. Je me plaçais à un point de vue politique. Je ne pouvais pas me placer à un autre point de vue. Je me plaçais au point de vue des responsabilités. J'ajoute que ces responsabilités ont été réelles, et qu'à un moment donné, elles ont donné lieu aux plus grandes appréhensions; non seulement au moment des discussions que je rappelais tout à l'heure, mais encore au moment de ces échanges de vues avec l'ambassadeur.

Car il se trouvait à ce moment-là deux faits qui, rapprochés, ont dû et devaient émouvoir le gouvernement. Le premier, c'était cette démarche si singulière et si insolite qui vous a été exposée. Le second, c'était, le même jour (coïncidence absolue), le rappel de l'ambassadeur d'Italie, M. Ressman.

Il y avait là deux faits considérables qui coïncidaient et qui pouvaient émouvoir, comme j'étais ému moi-même, des personnes qui avaient la responsabilité à cette époque.

Je dois ajouter, d'ailleurs, que le rappel de M. Ressman n'avait rien à faire avec l'affaire Dreyfus, il s'agissait de démêlés (on l'a su plus tard) entre le président du Conseil ou le ministre des Affaires étrangères d'alors, M. Blanc, et M. Ressman; mais, à ma connaissance, le rappel de M. Ressman, qui offrait une coïncidence extrêmement singulière, n'avait cependant trait en quoi que ce soit à l'affaire qui nous préoccupait en ce moment-là.

Voilà, messieurs, tout ce que je sais en ce qui concerne les origines du procès. N'ayant pas été mêlé à la suite de cette affaire, je n'ai plus rien à dire, à moins que la défense ne veuille me poser des questions.

Le Président. — Permettez-moi de vous en poser une.

D'abord, voudriez-vous vous expliquer sur les lettres écrites par M. Monod et rapportant les propos que vous auriez tenus relativement à Dreyfus?

M. Hanotaux. — Monsieur le Président, je suis en situation de débattre avec le plus grand soin et avec la plus grande précision l'affirmation de M. Monod.

Je crois, quant à moi, après avoir fait un effort, ayant lu les nombreux documents que M. Monod a publiés sur ces affaires, qu'il a fait une confusion entre ces inquiétudes sur le point de vue politique, sur les conséquences politiques de l'affaire, inquiétudes auxquelles j'avais peut-être fait allusion dans une conversation avec lui, et le point de la culpabilité ou de l'innocence du capitaine Dreyfus.

Je ne pouvais avoir ni l'intention ni la possibilité de viser cette question de l'innocence ou de la culpabilité, parce que, encore une fois, je n'avais pas vu les documents en dehors du rapide aperçu du bordereau auquel je faisais allusion dans les notes que j'ai lues tout à l'heure.

Mais ce que j'avais très précis à l'esprit, ce sont les craintes, les grandes inquiétudes que cette affaire nous avait données. C'est tellement vrai, que M. Monod lui-même dit, dans la lettre qu'il a essayé d'expliquer, ce qui s'était passé dans un second entretien (je reviendrai tout à l'heure sur le premier) : « *M. Hanotaux nous a varlé des affaires de Kiel et de Madagascar et de l'affaire Dreyfus.* ».

Rien que de cette énumération, il ressort bien qu'il s'agissait des préoccupations auxquelles je faisais allusion, car si j'avais eu de sérieuses préoccupations au sujet de Kiel et de Madagascar, il n'y avait là rien de commun avec une question de culpabilité ou d'innocence, et cette énumération explique bien que, assis à ma table avec un ami, je faisais allusion aux peines et aux soucis qui peuvent être le lot d'un ministre, et cela sans viser aucunement la question de l'innocence ou de la culpabilité.

M. Monod dit qu'il y a eu entre lui et moi deux occasions de rencontre dont il a retenu cette impression. La première serait un déjeuner qui aurait eu lieu chez moi, le 26 décembre 1894, date qu'il donne dans une lettre qu'il m'a envoyée depuis.

Le 26 décembre 1894, j'étais, si je ne me trompe, en route pour Cannes. Je dis si je ne me trompe, parce qu'il peut y avoir là une simple question d'heure.

Je m'étais alité le 10 ou le 12, et j'avais passé quinze jours chez moi. J'avais un point pleurétique, ainsi que pourrait en témoigner le docteur Pozzi, qui m'a soigné.

J'étais donc loin d'avoir des réceptions chez moi ; quant à mon secrétaire, M. Willox, il affirme ne pas se souvenir de ce déjeuner Mais M. Monod dit qu'il m'aurait posé la question de ce que je pensais de la culpabilité ou de l'innocence et que je n'aurais pas répondu ; qu'il aurait considéré cela comme un aveu et qu'en descendant, mon secrétaire lui aurait mis la main sur le bras, en lui disant : « Nous croyons que le général Mercier a commis une épouvantable gaffe. »

Quant à l'avis de M. Willox, je lui ai demandé s'il avait tenu ce propos; il m'a dit qu'il ne l'avait pas tenu. Il pourra déposer devant le Conseil de guerre. Voilà pour le premier déjeuner.

Il y a un second déjeuner auquel assistait M. Albert Sorel, de l'Académie française. On a demandé à M. Sorel s'il avait conservé le souvenir des déclarations de M. Monod. Ses versions ont varié. Je crois qu'il s'en tient à celle qu'il avait toujours tenu l'affaire Dreyfus comme un affreux roman.

Qu'on demande à M. Sorel ! Quant à moi, je crois, je suis certain de n'avoir fait allusion auprès de M. Monod qu'aux préoccupations patriotiques que j'avais eues et je crois que M. Monod a confondu ces préoccupations avec ses propres préoccupations patriotiques ou d'autres pensées qui étaient les siennes et qu'il n'avait pas découvertes et auxquelles il n'avait pas fait allusion.

Le Président. — En résumé, vous ne vous êtes pas prononcé sur la question de l'innocence ou de la culpabilité de Dreyfus? Vous n'avez parlé que de l'opportunité des poursuites?

M. Hanotaux. — Je me permettrai seulement de vous lire un passage d'une lettre de M. Monod, du 16 décembre, dans laquelle il me dit :

« Je ne veux en rien vous mêler à ces polémiques, mais je ne me permettrai jamais de répéter ce que vous m'avez dit dans l'intimité. Je suis assez désolé de voir ce qu'on raconte avec des embellissements de toute sorte; si jamais j'écris quelque chose à la suite de mes recherches et de mes doutes sur l'affaire Dreyfus, ce sera dans un lointain avenir. Je vous soumettrai mon travail pour que vous me signaliez les erreurs certaines qu'il y aura dans ce mémoire. »

Vous voyez, il fait allusion aux erreurs certaines qu'il y aura dans son mémoire : il dit que si jamais il le fait ce ne sera que plus tard, alors qu'il publiera ses renseignements sur l'affaire Dreyfus.

Me Demange. — Voudriez-vous, monsieur le président, demander à M. Hanotaux s'il se rappelle qu'il y a eu le 2 novembre 1894 une dépêche d'un attaché militaire que nous appelons l'attaché mili-B (je pense que M. Hanotaux connaît sa dénomination exacte). A-t-il connaissance de cette dépêche?

Le Président, *à M. Hanotaux.* — Avez-vous connaissance d'une dépêche envoyée par un agent étranger B à son gouvernement?

M. Hanotaux. — C'est une dépêche traduite?

Me Demange. — Oui, c'est une dépêche traduite.

M. Hanotaux. — Du 2 novembre 1894?

Le Président. — Oui.

M. Hanotaux. — J'en ai eu parfaitement connaissance.

Me Demange. — Voulez-vous, monsieur le Président, avoir l'obligeance de demander à M. Hanotaux s'il sait qu'il y a eu des hésitations, des flottements pour la traduction de cette dépêche?

M. Hanotaux. — Il y a toujours beaucoup de flottements dans une traduction de cette nature. Lorsqu'on essaye d'aborder le document, le flottement est la règle.

Me Demange. — J'ai posé cette question à M. le ministre Hanotaux, parce que j'ai lu dans sa déposition devant la Cour de cassation, à la page 641 :

« La traduction de la dépêche a dû m'être communiquée par le service au moment où elle a été faite. Elle ne m'a pas frappé. Elle ne m'a pas paru avoir une sérieuse importance. Vous venez de me dire, monsieur le Président, continuait M. Hanotaux, qu'il y avait eu hésitation ou flottement sur la traduction de ce document. Je n'ai eu connaissance que de la traduction arrêtée par le bureau. »

M. Hanotaux. — Oh! parfaitement.

Me Demange, *continuant sa lecture :*

« D'ailleurs, il est traditionnellement dans cette matière des communications de bureau à bureau entre les deux ministères. Je déclare que cette dépêche est la seule de cette nature dont j'ai eu connaissance et que sa traduction est la seule qui ait été communiquée au Ministère de la guerre. »

M. Hanotaux. — Parfaitement, par moi. Mais j'ai fait la réserve des communications de bureau à bureau qui existaient absolument à mon insu, du travail en commun dont on ne me rendait aucun compte. Je ne savais pas que les officiers vinssent au Ministère.

Me Demange. — Est-ce que monsieur le ministre des Affaires étrangères Hanotaux s'est entretenu personnellement avec M. le ministre de la Guerre de cette dépêche et de doutes qu'il y avait eus sur sa traduction?

M. Hanotaux. — Je n'ai aucun souvenir à ce sujet. Mais je ne le crois pas.

Le Président, *à l'accusé.* — Avez-vous des observations à faire?

Le capitaine Dreyfus. — Aucune.

(M. Hanotaux demande s'il doit verser au débat la note du 7 décembre dont il a parlé.

Le Président répond affirmativement.

M. Hanotaux fait observer que, sur la copie qu'il a en ce moment entre les mains, il y a certaines mentions indiquant bien qu'elle a été communiquée à M. Nisard et revêtue de sa signature (*ne varietur*).

Le commissaire du Gouvernement. — MM. Casimir-Perier, Cavaignac, Hanotaux et Delaroche-Vernet me font savoir qu'ils désireraient être autorisés à se retirer; pour ma part, je n'y vois pas d'inconvénient.

Me Demange. — Comme ce procès est assez fertile en incidents, je demanderai seulement que ces messieurs veuillent bien laisser leur adresse au greffe, pour que l'on sache où ils se trouveront.

Le commissaire du Gouvernement. — Cette réserve toute naturelle est de droit.

Le Président. — L'autorisation qui est demandée par ces messieurs est accordée à la condition qu'ils veuillent bien répondre à une nouvelle convocation s'il y avait lieu. L'audience est levée et les débats seront repris mercredi matin, à six heures et demie.

L'audience est levée à 11 h. 50.

QUATRIÈME AUDIENCE

Mercredi 16 août.

Le président déclare la séance ouverte à 6 *h.* 30.

Le capitaine Dreyfus est introduit.

Me Demange. — Monsieur le président, messieurs, j'ai eu l'honneur de remettre, entre les mains de M. le président du conseil de Guerre, une requête du capitaine Alfred Dreyfus vous demandant de vouloir bien surseoir jusqu'à lundi à l'audition des témoins. Avant-hier, lorsque mon vaillant confrère Me Labori a été si odieusement et si lâchement frappé, nous ne pouvions connaître la gravité de la blessure et demander alors un sursis, c'était solliciter un ajournement indéterminé. Aujourd'hui, les médecins apprennent que lundi prochain Me Labori pourrait reprendre sa place à la barre. Dans ces conditions, je viens appuyer la requête de M. le capitaine Dreyfus. Il y a, cela est vrai, deux défenseurs; mais personne ne s'en étonnera, lorsqu'on constate également que ce n'est pas seulement un adversaire que j'ai en face de moi. Vous avez déjà entendu deux réquisitoires. Vous en entendrez encore d'autres, avant même que M. le commandant Carrière prenne la parole. La tâche est donc assez lourde pour être partagée entre deux. Or, ce n'est pas seulement pour la discussion orale qu'il fallait deux avocats; il fallait encore un concours nécessaire pendant l'audition des témoins pour les questions à leur poser.

Dans ces conditions, je vous demande de vouloir bien attendre jusqu'à lundi pour continuer l'audition des témoins. Exception faite, cependant, pour un ou deux témoins qui pourraient être entendus aujourd'hui sans inconvénient, car les points sur lesquels ils doivent être interrogés n'entrent pas dans la tâche que s'est attribuée Me Labori. En conséquence, je vous demande de surseoir. Je sais qu'il y a une question de procédure, qu'un article du code de justice militaire ne permet au conseil de Guerre de surseoir que quarante-huit heures. Dans le cas où vous voudriez bien faire droit à notre demande, il serait nécessaire de vous réunir uniquement pour ouvrir les débats une ou deux fois au moins d'ici à lundi prochain; mais je sais que vous n'êtes animés que d'un désir, celui de rendre la justice, et ce n'est donc pas une misérable question de procédure qui nous arrêtera dans la décision que vous aurez à prendre.

Le Commissaire du Gouvernement. — Messieurs, je vais vous lire la déclaration des médecins, qu'on vientde me remettre :

« Les médecins soussignés estiment qu'il n'est pas impossible que Me Labori soit en état de reparaître à l'audience le lundi 21 août prochain. »

Eh bien! messieurs, ce serait déjà grave de demander l'ajournement jusqu'à lundi, si nous avions une certitude; ce serait très grave au point de vue de l'intérêt public. Le monde entier attend. De nombreux témoins sont convoqués. Les considérations, les considérations d'ordre public qui m'ont poussé, moi, l'homme le plus ignorant de l'affaire il y a deux mois, qui m'ont poussé à accélérer la mise en train du procès, quelle que fût mon incapacité, et pour répondre à un vœu national, cet intérêt-là auquel j'ai sacrifié peut-être les intérêts de l'accusation dont j'étais chargé, nous le compromettrions, dans les circonstances où nous sommes, en procédant à un ajournement motivé seulement par des conditions de défense qui sont d'ordre secondaire. Quoi qu'en dise mon honorable contradicteur, la défense est en bonnes mains. A coup sûr, Me Demange connaît l'affaire. Il l'étudie depuis cinq ans. Moi, j'ai le dossier depuis deux mois. Je n'ai pas eu le temps de le parcourir; je le sais fort mal et me trouve en très mauvaise posture pour présenter l'accusation. Qu'il y ait des témoins qui, avec leur autorité, puissent être dangereux pour la défense, je le veux bien. Ils sont plus dangereux que moi, bien certainement. Mais, est-ce une raison suffisante pour ajourner les débats dont on attend partout la marche avec inquiétude?

Je crois que la défense est très largement, très suffisamment armée contre une accusation qui ne l'est pas du tout. Et, par conséquent, s'il y avait avant ce malheureux événement qu'on ne saurait trop flétrir et que je regrette pour moi profondément, s'il y avait avant ce malheureux événement une disproportion énorme entre la défense et l'accusation, cette disproportion, tout en s'affaiblissant par la disparition d'une des unités de combat (*Mouvement.*), ne serait pas amoindrie au point de mettre la défense en péril. La défense est en bonnes mains et j'estime que nous pouvons en toute équité continuer les débats.

Me Demange. — Il y a une part de mission à remplir dans la défense par Me Labori. Cette part, il ne peut la remplir que si nous entendons et interrogeons les témoins.

Le Président. — Le Conseil va se retirer pour délibérer.

La séance est suspendue.

L'audience est reprise à 7 h. 10.

M. le président donne lecture du jugement, rendu à l'unanimité, ordonnant la continuation des débats:

Au nom du peuple français,

Ce jourd'hui 16 août 1899, le conseil de Guerre de la 10e région de corps d'armée, délibérant à huis clos;

Vu la requête présentée par l'accusé Dreyfus (Alfred), tendant à obtenir la suspension des débats en raison de l'impossibilité où se trouve un de ses défenseurs d'y assister;

Ouï, la défense en ses moyens;

Ouï, le Commissaire du Gouvernement en ses réquisitions, tendant à ce qu'il soit passé outre aux débats,

Le président a posé la question suivante :

Y a-t-il lieu de suspendre les débats?

Les voix recueillies séparément en commençant par le grade inférieur et par le plus jeune dans le grade, le président ayant émis son opinion le dernier,

Le Conseil,

Attendu que, d'après l'article 129 du Code de justice militaire, ainsi conçu :

« Les débats ne peuvent être suspendus plus de quarante-huit heures sans être recommencés en entier »;

Attendu qu'il résulte du certificat des médecins qui donnent leurs soins au défenseur en question qu'il ne sera pas, dans les circonstances les plus favorables, en état d'assister aux débats avant lundi 21 août;

Que dans ces conditions la suspension des débats entraînerait forcément l'obligation de les recommencer entièrement;

Considérant que l'affaire soumise au Conseil exigera de longs débats et l'appel de nombreux témoins;

Que, dans ces conditions, il y a un intérêt majeur à ce que les débats soient poursuivis sans interruption;

Déclare à l'unanimité qu'il n'y a pas lieu de suspendre les débats;

Par application de l'article 129 du Code de Justice militaire, ainsi conçu :

« Les débats ne peuvent être suspendus plus de quarante-huit heures sans être recommencés en entier »,

Enjoint au Commissaire du Gouvernement de faire donner

immédiatement en sa présence lecture du présent jugement à l'accusé, devant la garde assemblée sous les armes.

Le Président. — La séance continue.

NEUVIÈME TÉMOIN

M. GUÉRIN, *sénateur*.

M. Guerin, sénateur, est introduit.

Le Président. — Veuillez faire connaître au Conseil les faits qui sont à votre connaissance et qui seraient de nature à nous fixer sur l'accusation.

M. Guérin. — J'ai été quelque peu surpris, monsieur le président, d'avoir été cité comme témoin, car je ne sais absolument rien du fond de l'affaire. Je ne connais que les circonstances dans lesquelles les poursuites ont été, en 1894, engagées contre Dreyfus, et j'ai fait de ces circonstances le récit devant la chambre criminelle de la Cour de cassation. Il est d'ailleurs conforme à celui que vous avez entendu l'autre jour de la bouche de M. le général Mercier, à part quelques divergences de détail qui s'expliquent et par le temps écoulé et par ce fait que je n'ai conservé de ces événements aucune trace écrite. Si le Conseil désire que je recommence le récit que j'ai fait devant la Cour de cassation, je suis à sa disposition.

Le Président. — Le Conseil ne connaît pas la procédure devant la Cour de cassation. Messieurs les membres du Conseil sont comme des jurés devant la Cour d'assises. Ils ne connaissent l'affaire que par les dépositions qui sont faites en séance. Il est donc nécessaire que vous fassiez votre déposition à nouveau.

M. Guérin. — Voici en deux mots ce qui s'est passé en 1894.

Dans la seconde moitié du mois d'octobre, sans que je puisse préciser bien exactement la date, un jour à l'issue du Conseil des Ministres qui s'était tenu au ministère, M. le président du Conseil me pria de passer dans son cabinet. J'y fus rejoint par M. le général Mercier, qui était alors ministre de la Guerre, par M. Hanotaux, ministre des Affaires étrangères. Dans ce conseil restreint, M. le général Mercier fit part que, depuis quelque temps, on avait observé à l'état-major des fuites, des disparitions de documents et que, notamment à une époque récente, un de nos agents, dans une ambassade que vous me permettrez de ne pas citer, avait trouvé, dans la corbeille à papiers de l'attaché militaire, une lettre non datée, non signée, qui est connue sous le nom de bordereau, note contenant l'énumération d'un certain nombre de documents intéressant la défense nationale ; qu'on avait trouvé cette note déchirée en plusieurs morceaux; qu'on l'avait portée au ministère de la Guerre et qu'on l'avait reconstituée et photographiée.

Cette découverte, le Conseil le comprendra, avait jeté une très vive émotion à l'État-major. Et il paraît que la nature des documents qui figuraient au bordereau indiquait manifestement, d'après le général Mercier, qu'elle ne pouvait émaner que d'un officier de l'État-major. De là l'émotion extrême qui s'empara de ces officiers. On chercha, on se livra à une enquête et on ne découvrit rien, lorsque le colonel Fabre, revenant des manœuvres, et à qui on avait montré le bordereau, fut frappé par l'aspect de l'écriture et dit : « Mais c'est l'écriture du capitaine Dreyfus, qui était attaché... » Au 4e bureau ou au 3e bureau ? Je ne me rappelle plus bien.

On avait poursuivit l'enquête et on avait procédé à cette épreuve, l'épreuve de la dictée, cette épreuve que le Conseil connaît. On a fait venir le capitaine Dreyfus et on lui a dicté quelques phrases insignifiantes d'abord, et ensuite les documents du bordereau.

On avait aperçu que son visage avait trahi à ce moment une émotion extrême, et cette épreuve avait, paraît-il, jeté la conviction dans les esprits de ceux qui s'y étaient livrés.

Quoi qu'il en soit, de la similitude des écritures, du résultat de cette épreuve, du fait surtout de la nature des documents du bordereau rapprochés des différents bureaux de l'État-major auxquels avait appartenu le capitaine Dreyfus, de ces faits résultait pour le général Mercier que le capitaine Dreyfus seul avait eu entre les mains les documents en question et que seul, par conséquent, il avait pu les livrer.

Alors le général Mercier dit qu'il avait l'intention d'ouvrir une information régulière contre le capitaine Dreyfus. M. Hanotaux qui était présent, fit quelques objections tirées du lieu où avaient été trouvés les documents et des complications diplomatiques qui, le cas échéant, pourraient surgir. Elles ne furent pas de nature à arrêter le général Mercier, qui persista dans sa résolution. Nous ne pouvions pas cependant, messieurs, à nous quatre, autoriser notre collègue, le ministre de la Guerre, à ouvrir une information, et il fut convenu qu'on réunirait le Conseil des ministres à quelques jours de là pour le saisir de la question, pour lui soumettre les éléments d'appréciation que le général Mercier nous avait soumis et prendre son avis. C'est ce qui eût lieu le 1er novembre. Un Conseil spécial fut réuni ce jour-là. J'avais dit dans ma déposition à la Cour de cassation que je ne savais pas si le Conseil des ministres s'était réuni au ministère de l'intérieur ou à l'Élysée, sous la présidence de M. Casimir-Perier. J'ai vu que M. le président de la République a déclaré l'autre jour, devant vous, que le Conseil ne s'était pas tenu à l'Élysée, mais bien au ministère de l'Intérieur. Il doit être dans la vérité, et ses souvenirs sont plus précis que les miens. Quoi qu'il en soit, dans ce Conseil, M. le général Mercier nous exposa de nouveau les raisons qui le faisaient soupçonner le capitaine Dreyfus. Il nous apporta le bordereau. Il l'examina et à l'unanimité, je crois, il fut convenu que le général Mercier ouvrirait une information judiciaire contre le capitaine Dreyfus. C'est, messieurs, tout ce que je sais. L'affaire a suivi son cours. L'information vous le savez, a abouti au renvoi du capitaine Dreyfus devant le Conseil de guerre, à sa condamnation.

Je n'ai pas besoin de vous dire que, du jour où l'autorité militaire a été saisie, je me suis, moi, ministre de la Justice, complètement désintéressé de l'affaire. Je n'en ai pas suivi les phases. J'ai été complètement étranger à la procédure et je n'ai su que par le public et par les journaux ce qui s'était passé.

C'est ce que j'ai déclaré à la Cour de cassation.

Le Président. — Pourriez-vous nous dire quelques mots également sur le point qui concerne M. Gobert ?

M. Guérin. — C'est une question qui m'a été posée à la Chambre criminelle. M. Gobert, paraît-il, dans sa déposition, a déclaré que je l'avais fait appeler à mon cabinet pour lui demander quelques renseignements sur l'affaire Dreyfus, et qu'il m'aurait dit : « Le gouvernement est en train de commettre une grave faute, en poursuivant le capitaine Dreyfus. »

Je n'aurais rien répondu à cette appréciation de M. Gobert mais, au moment où M. Gobert quittait mon cabinet, je lui aurais recommandé la plus grande discrétion, lui disant que le gouvernement avait l'intention de tenir cette affaire dans le plus grand secret pour éviter les commentaires de la presse et surtout les appréciations du journal *La Libre Parole*. Voila la question qu'on m'a posée à la Cour de cassation et que vous me faites l'honneur de me poser à nouveau.

Eh bien ! j'ai répondu et ne puis répondre autre chose que ceci : Je ne me rappelle pas si j'ai reçu M. Gobert ; si je l'ai fait appeler ou s'il est venu spontanément. Mais ce que je puis affirmer c'est que s'il est venu, je ne lui ai certainement pas tenu le langage qu'il me prête.

A quelle époque se passait cette conversation ? M. Gobert ne l'a pas dit. Est-ce avant, pendant ou après les poursuites? Je n'en sais rien. Je n'avais aucun renseignement à demander à M. Gobert, par la raison que du jour où l'autorité militaire a été saisie, je me suis complètement désintéressé à cette affaire. Je n'avais donc aucun renseignement à lui demander ou à lui fournir, et je n'avais aucune confidence à lui faire sur les sentiments et l'attitude du gouvernement. Le gouvernement ne se préoccupait nullement de l'attitude de la presse, pas plus que du journal *La Libre Parole.*

Voilà, messieurs, ce que j'avais à répondre à la question.

LE PRÉSIDENT. — Monsieur le commissaire du Gouvernement, vous n'avez aucune observation à présenter ?

LE COMMISSAIRE DU GOUVERNEMENT. — Non, monsieur le président.

LE PRÉSIDENT, *s'adressant au témoin.* — C'est bien de l'accusé ici présent que vous avez entendu parler ?

M. GUÉRIN. — Je ne le connaissais pas. C'est la première fois que je le vois.

LE PRÉSIDENT. — C'est bien de l'accusé Dreyfus que vous avez entendu parler ?

M. GUÉRIN. — Oui, monsieur le président.

LE PRÉSIDENT. — Accusé, levez-vous. Avez-vous une observation à faire à la déposition du témoin?

LE CAPITAINE DREYFUS. — Aucune, monsieur le président.

M. GUÉRIN. — Je demanderai au Conseil de vouloir bien me permettre de m'absenter en raison d'affaires pressantes qui me rappellent.

LE PRÉSIDENT. — Votre avis, monsieur le commissaire du Gouvernement ?

LE COMMISSAIRE DU GOUVERNEMENT. — Je n'y vois pas d'inconvénient.

LE PRÉSIDENT. — Et l'avis de la défense ?

Me DEMANGE. — Je n'y vois aucun inconvénient, à moins que le Conseil n'estime qu'une confrontation avec M. Gobert est nécessaire. Quant à moi, je ne m'oppose pas à la demande du témoin.

LE PRÉSIDENT, *au témoin.* — Je vous donne l'autorisation de vous retirer dans les conditions ordinaires. Vous laisserez votre adresse au greffe et, si une confrontation est nécessaire, vous prendrez l'engagement de revenir immédiatement.

M. GUÉRIN. — Je vous remercie, monsieur le président.

LE PRÉSIDENT. — Introduisez le témoin suivant.

DIXIÈME TÉMOIN

M. LEBON, *ancien ministre.*

M. Lebon (André), 40 ans, propriétaire à Paris, prête serment.

Le Président. — Connaissiez-vous l'accusé avant les faits qui lui sont reprochés?

M. Lebon. — Non.

Le Président. — Vous n'êtes ni son parent, ni son allié, vous n'êtes pas à son service, ni lui au vôtre?

M. Lebon. — Non.

Le Président. — Vous n'avez pas déposé devant la Cour de cassation? Vous n'avez jamais été appelé à déposer ni en 1894, ni depuis lors?

J'ignore à quel point de vue M. le commissaire du gouvernement entend vous faire interroger. Je vous prie de nous dire tout ce que vous connaîtrez et que vous jugerez utile pour éclairer le Conseil.

Le Commissaire du Gouvernement. — J'ai tout d'abord fait appeler M. Lebon comme témoin de moralité. Il a pu recueillir des renseignements à ce sujet au cours de son administration des colonies. Puis, il est quelque peu mis en cause par certains organes de publicité, au sujet de la détention du capitaine Dreyfus à l'île du Diable, et j'ai pensé qu'il était bon que le Conseil pût être édifié sur les circonstances qui se sont produites au courant du ministère de M. Lebon relativement au capitaine Dreyfus.

M. Lebon. — En ce qui concerne le fond même de l'affaire, monsieur le président, je n'ai rien à dire qui puisse éclairer le Conseil. Je n'ai pas fait partie du cabinet qui a fait le procès de 1894. J'ai fait partie de deux ministères depuis cette époque, en 1895 et de 1896 à 1898. L'un et l'autre de ces ministères, malgré les démarches nombreuses privées ou publiques dont ils ont été l'objet, ont toujours considéré qu'ils n'avaient pas à se saisir du dossier de l'affaire, qu'ils avaient à assurer l'exécution des jugements rendus et qu'ils ne devaient pas substituer leur autorité et l'appréciation du pouvoir exécutif à celle de la justice. Le jugement de 1894 est resté la vérité légale pour ces deux gouvernements et pour moi en particulier. Je dirai pour moi surtout. Comme chef de l'administration pénitentiaire coloniale, depuis le 30 avril 1896 jusqu'au

31 mai 1898, il est resté la vérité intangible. J'ajoute que le respect que je devais avoir professionnellement pour un jugement rendu par la justice de mon pays, était étayé, était soutenu par mon opinion personnelle. Mais cette opinion personnelle, comme je viens de vous le dire tout à l'heure, n'est pas un témoignage direct. C'est une opinion de seconde main que je me suis formée en écoutant la plupart des témoins que vous avez déjà entendus et que vous entendez encore.

Et tout ce que je puis vous dire, c'est qu'alors même que mon opinion n'eût pas été ce qu'elle était et ce qu'elle demeure encore, les mesures si rigoureuses soient-elles, si pénibles soient-elles, que j'ai été obligé de prendre en septembre 1896, les seules mesures que j'ai prises qui aient eu une réaction quelconque sur le régime de l'accusé d'aujourd'hui, en mon âme et conscience, je déclare que, si demain je me trouvais en présence d'un homme condamné pour le même crime et dans les mêmes circonstances où je me trouvais à cette époque, je n'hésiterais pas à les prendre encore.

Quelles étaient ces circonstances? C'est sur ce point spécial, je crois, que M. le commissaire du Gouvernement a manifesté le désir de me voir répondre. J'ai promis de dire toute la vérité, je vais la dire tout entière.

Jusqu'au mois d'octobre 1896, l'attitude de l'accusé a été parfaitement soumise et résignée ; c'est seulement à cette date du mois d'octobre 1896 qu'une modification que je n'ai pas à apprécier, puisque les faits et les documents sont sous les yeux du Conseil, s'est manifestée dans sa conduite et dans son esprit. Les faits sont consignés dans un rapport de l'administration pénitentiaire; ce n'est pas un rapport du commandant du pénitencier, c'est un rapport d'inspection, émanant d'un homme qui n'avait pas l'habitude de fréquenter l'accusé.

Pourquoi donc en 1896 — le Conseil me permettra d'insister sur ce point, pour répondre d'un mot à des interpellations dont j'ai été l'objet — en 1896, un an plein avant le commencement de ce qu'on a appelé l'agitation dreyfusiste, ai-je pris des mesures extrêmement rigoureuses? Voici dans quelles circonstances. Je suis entré au ministère des Colonies le 30 avril 1896; quelques jours après, je recevais une lettre de mon prédécesseur immédiat, M. Guieysse, me demandant de vouloir bien faire poursuivre une enquête qu'il avait prié l'administration des postes et télégraphes de faire sur un télégramme qu'il avait expédié le mois précédent à la Guyane, et qui n'était jamais parvenu à destination. L'enquête fut poursuivie. Son résultat fut que l'on pouvait suivre le télégramme jusqu'à sa sortie de France, mais qu'à partir du moment où il avait emprunté le fil anglais, on ne pouvait savoir ce qu'il était devenu. Ce télégramme avait trait au service de la déportation. Ceci, et quelques incidents secondaires dans le détail desquels je crois inutile d'entrer pour le moment, laissait une impression que, autour du service de la déportation, il y avait une organisation de délations, d'interceptions, qu'enfin des efforts étaient faits pour sortir des règles posées par mon prédécesseur. Quelques jours plus tard, un hasard de conversation appela mon attention sur les défauts que présentait le concessionnaire d'un certain service public intéressant l'administration pénitentiaire de la justice.

Il est préférable de ne pas prononcer de nom propre, sauf à l'indiquer par écrit à la défense, avec désignation du service intéressé. Il s'agit d'un tiers dont le nom n'a pas été mêlé jusqu'ici à l'affaire, sur le compte duquel j'ai à donner des renseignements de nature à nuire à sa considération, et je ne crois pas utile de livrer son nom à la discussion de la presse. Encore une fois, je me tiens à la disposition des défenseurs pour donner son nom par écrit, et on trouvera au ministère des Colonies les pièces sur lesquelles s'appuyaient mes appréciations. Cet homme était donc chargé d'un service public. Il était en rappports intimes avec l'administration pénitentiaire de la Guyane[1]. Au point de vue de son passé, au point

1. Après avoir pris connaissance de la déposition de M. André Lebon, ancien ministre des Colonies, M. E. Monteux, directeur des Transports maritimes des Guyanes, a fait parvenir au colonel Jouaust, président du Conseil de guerre de Rennes, la lettre suivante :

« Paris, 16 août 1899.

« *A Monsieur le colonel Jouaust, président du Conseil de guerre, à Rennes.*

« Monsieur le président,

« J'ai connaissance à l'instant même de la déposition de M. Lebon. Une partie de cette déposition me vise ; c'est celle où il est question d' « un homme chargé d'un service public en rapports intimes avec l'administration pénitentiaire, et qui étudiait la possibilité de faire évader le prisonnier Dreyfus. »

« Je proteste avec indignation contre cette déposition qui en tout point est fausse, diffamatoire et calomnieuse.

« Ne voulant pas que M. Lebon se serve de mon nom pour couvrir ses actes, j'ai l'honneur de vous déclarer que je suis à l'entière disposition du Conseil de guerre pour rétablir la vérité sciemment altérée par l'ex-ministre et pour donner au Conseil, sur tous les points, les renseignements et éclaircissements qui pourraient lui paraître utiles.

« Agréez, etc.

« E. Monteux. »

Comme note complémentaire nous ajoutons ce qui suit, publié par le *Figaro* dans son n° du 22 août :

« A la suite des accusations portées contre lui par M. André Lebon devant le Conseil de guerre de Rennes, M. Monteux avait chargé MM. Charvein,

de vue de sa moralité, au point de vue de ses relations actuelles, il ne présentait aucune espèce de garantie, de sécurité. Comme passé c'était un ancien officier démissionnaire dans des conditions telles que la dernière note qui figurait à son dossier militaire était qu'il était bien regrettable qu'on eût accepté sa démission, et qu'on aurait dû le faire sortir par la mauvaise porte.

Depuis dix ans que sa démission avait été acceptée, il avait vécu d'expédients jusqu'au moment où il s'était rendu adjudicataire du service dont je parle.

Il n'avait point les ressources nécessaires pour exécuter ce service et il avait cherché un commanditaire. Où ? En Allemagne ! Si

ancien gouverneur de la Guyane, et Lamure, ingénieur, de demander réparation à l'ancien ministre des Colonies.

Les témoins de M. Monteux lui ont adressé la lettre suivante :

« Paris, le 21 août 1899.

« Cher ami,

« A la suite de la déposition faite par M. André Lebon par-devant le Conseil de guerre de Rennes, dans la séance du 16 courant, vous vous êtes jugé calomnié par ses accusations et vous nous avez chargés d'obtenir de lui une réparation par les armes.

« M. Lebon étant absent de son domicile, nous l'avons invité par lettre à nous mettre en rapport avec deux de ses amis.

« Nous recevons aujourd'hui la réponse ci-jointe, par laquelle il refuse de constituer des témoins, sous le prétexte qu'aucun mot prononcé par lui devant le Conseil ne vous signalait à l'attention du public.

« En conséquence, nous considérons la mission que vous nous aviez confiée comme terminée, et nous vous prions d'agréer, cher ami, avec nos regrets, l'assurance de notre haute estime et de notre amitié bien dévouée.

« *Signé :* CHARVEIN,
LAMURE. »

Voici la lettre de M. Lebon, dont il est question plus haut :

« Abbaye d'Allonne, le 20 août 1899.

« Monsieur,

« Je reçois aujourd'hui seulement votre lettre recommandée du 18 courant.

« Il a plu à votre client de se reconnaître dans un passage de la déposition que j'ai faite le 16, sous la foi du serment, devant le Conseil de guerre de Rennes, alors qu'aucun mot ne le signalait particulièrement à l'attention du public.

« J'estime ne lui devoir aucune réparation, et je refuse de constituer des témoins.

« Veuillez agréer, messieurs, mes salutations distinguées.

« *Signé :* André LEBON. »

M. Monteux a répondu en ces termes à la lettre de MM. Charvein et Lamure :

« Mes chers amis,

« M. Lebon a tenté à Rennes la justification de ses actes par le mensonge et l'injure. Je ne crois pas que ce personnage, si peu recommandable dans sa vie privée et dans sa vie publique, ait réussi.

« Je vous remercie de la démarche inutile dont vous avez bien voulu vous charger.

« *Signé :* MONTEUX. »

bien, que, de l'ensemble des renseignements que j'avais à ce moment, à la suite de certains rapports de police qui m'ont été faits, j'avais eu l'impression très nette que, soit par son origine, soit par les intentions qu'il manifestait, cet homme étudiait la possibilité de faire évader le prisonnier qui était confié à la garde de l'administration pénitentiaire.

Cependant, tant que je suis resté dansla période des recherches, je n'ai pris aucune mesure. Il ne m'était pas possible de faire résilier le contrat dont cet homme était titulaire, sous peine d'exposer l'Etat à une indemnité extrêmement considérable.

En revanche, je pouvais, en étudiant le détail du cahier des charges, arriver soit à résilier le contrat en disant qu'il n'avait pas été exécuté, soit tout au moins supprimer la partie du service qui me préoccupait le plus particulièrement.

C'est le 6 août 1896 — j'insiste sur cette date au point de vue de ce qui va suivre — que sont parties mes premières instructions à la Guyane, en vue de faire cette évolution dans l'organisation du service, évolution qu'il n'était pas possible de faire rapidement en raison même des conditions que je viens d'indiquer suffisamment au Conseil.

Je rappelle incidemment au Conseil qu'il faut vingt-cinq jours environ pour qu'une lettre partie de Paris arrive à Cayenne. Or, cette lettre partie le 6 août ne pouvait arriver à destination que dans les premiers jours de septembre. En même temps, et par une coïncidence au moins curieuse, le 10 août, le gouverneur de la Guyane m'écrivait qu'un bâtiment américain avait stationné pendant vingt-quatre heures devant les îles du Salut, qui ne sont ni un endroit de commerce ni un port de refuge, sans qu'aucun motif plausible pût être donné à ce stationnement.

Telles sont les circonstances sous l'impression desquelles je me trouvais le 2 septembre 1896, au moment où les journaux ont annoncé qu'un bâtiment avait essayé de faire évader le prisonnier qui était confié à mes soins. C'est alors que, pour la première fois, sous l'empire de préoccupations tout autres que celles qui m'ont été prêtées, j'ai pris les mesures très rigoureuses et très pénibles que l'on m'a suffisamment reprochées pour que je ne sois pas obligé d'entrer dans le détail de leur exposé.

Dans une publication que j'ai lue récemment et sur le caractère incomplet de laquelle je me suis permis d'attirer l'attention de M. le président du Conseil de guerre, publication qui a paru dans le *Matin* et dans le *Temps*, on dit que les mesures que j'ai prises à ce moment étaient absolument inutiles parce que la meilleure défense de l'île du Diable (on cite un passage d'un rapport du 10 octobre) était dans sa disposition géographique.

Je sais parfaitement que telle était l'opinion d'un fonctionnaire de l'administration placé sous mes ordres. Mais ce n'était pas l'opinion de tous, à telle enseigne que le gouverneur qui venait de quitter Cayenne, et qui, à ce moment, était en France, disait à qui voulait l'entendre qu'il jugeait l'évasion extrêmement facile. Il me l'avait dit à moi-même. C'était encore l'opinion qui était consignée dans des documents officiels que j'ai demandés également à M. le président du Conseil de guerre de vouloir faire verser au dossier, notamment dans un rapport très détaillé de M. Deniel, du mois de novembre de la même année, et dans un rapport de transmission de M. le directeur par intérim de l'administration pénitentiaire, lequel, sans s'associer à l'opinion un peu pessimiste peut-être de M. Deniel, disait qu'en tout cas, au point de vue de sa responsabilité et de sa sécurité, il aurait préféré qu'au lieu d'installer le service de la déportation à l'île du Diable, ont l'eût installé à l'île Royale, à côté du quartier des transportés. Ce n'était pas non plus l'opinion d'un inspecteur des colonies qui n'appartenait pas au personnel pénitentiaire, qui n'avait pas la façon de voir un peu particulière de ce personnel et qui avait été envoyé en tournée régulière à la Guyane. L'année suivante, il fit, sur le manque de précautions, même après certains travaux que j'avais ordonnés, des constatations telles que je fus obligé, le 5 juillet 1897, d'envoyer un blâme à l'administration de la Guyane au sujet de son incurie. Par conséquent, je crois qu'au point de vue technique, j'avais tout au moins le droit d'avoir une opinion différente de celle d'un de mes subordonnés, ma propre opinion s'appuyant sur celle de plusieurs autres de mes subordonnés. Telles sont les mesures que j'ai ordonnées à ce moment. Je rappelle, pour éclairer le Conseil, que toute l'organisation du service de la déportation, sauf les deux points dont je vais parler, est antérieure à mon entrée au ministère des Colonies.

C'est le cabinet qui avait fait le procès de 1894 (et M. Delcassé était alors ministre des Colonies), qui a demandé une loi spéciale pour installer les services relatifs à la déportation, non plus seulement à la presqu'île Ducos, où un autre condamné se trouve en ce moment (ou du moins se trouvait, car il a fini son temps depuis quelques semaines), mais à l'île du Diable.

C'est un de mes prédécesseurs qui, exécutant très strictement sur ce point la volonté du législateur exprimée par la loi du 11 février 1895, a organisé le système de l'isolement complet, et qui a, le premier, pour des motifs que j'approuve quant à moi, interdit à Mme Dreyfus de rejoindre son mari. Tout ceci est antérieur à mon administration. Les seuls points qui me concernent sont les suivants : J'ai donné ordre de construire, autour de la case du condamné, une palissade qui permît de mettre à l'abri d'une tentative d'enlèvement venant du dehors, et pendant que ces travaux s'exécutaient — c'est ici que j'ai été le plus attaqué et que je demande la permission au Conseil sans abuser de son temps, d'exprimer les motifs qui m'ont dicté cette mesure — pendant que ces travaux s'effectuaient, j'ai donné ordre qu'on mît au prisonnier, pendant la nuit, ce qu'on appelle la double boucle, c'est-à-dire la mise aux fers.

Messieurs, j'ai beaucoup hésité à prendre ce dernier parti. Je l'ai pris cependant, voici pourquoi :

Je ne croyais pas aggraver particulièrement les souffrances du prisonnier qui m'était confié et je ne crois pas les avoir aggravées, car je n'ai jamais su qu'il se fût plaint des conséquences de la mise aux fers qui a eu lieu à cette époque. J'ajoute que, si un désordre quelconque un peu sérieux m'avait été signalé à cette occasion, ou à toute autre occasion, dans sa santé, je n'aurais pas manqué de modifier les règles générales du régime auquel il était soumis. En outre, si j'ai pris cette mesure, c'est que, par sa nature même, elle me donnait une garantie de plus que si une tentative d'évasion se produisait, je n'aurais pas en redouter les conséquences. Enfin, je demande pardon au Conseil de lui indiquer ce fait, car je suis amené à mettre en cause des ordres antérieurs à mon administration, les ordres qui avaient été donnés étaient tels qu'à la moindre alerte, on devait tirer sur le prisonnier. Or, il va de soi que, par le fait seul qu'il était mis dans l'impossibilité de s'associer à une tentative d'évasion, si elle se produisait, les chances eussent été moins grandes que si l'ont eût eu à recourir avec précipitation à des mesures aussi extrêmes. Voilà, à proprement parler, les seuls ordres que j'ai donnés, et voilà les motifs pour lesquels je les ai donnés.

Il y a une autre catégorie de mesures que j'ai dû prendre : ce sont celles qui avaient trait à la correspondance du condamné.

Le Conseil sait que, dans toutes les administrations pénitentiaires, quelles qu'elles soient, aussi bien métropolitaines que coloniales, la correspondance de tout condamné est soumise au con trôle le plus rigoureux, et, sur les feuilles qui servent à la correspondance, en France même, on voit rappelées les observations essentielles.

Il est interdit aux condamnés de correspondre avec des personnes autres que les membres de leur famille ; il est interdit aux condamnés de parler dans leurs lettres d'autre chose que de leurs affaires de famille, et l'administration se réserve le droit de retenir tout ou partie de leur correspondance, tant à l'arrivée qu'au départ.

Tel était le régime institué avant mon arrivée, en ce qui concernait la correspondance de l'accusé. J'oublie cependant un détail : étant données les circonstances particulières de l'affaire, étant donné surtout que l'on avait vécu, pendant de longs mois, et de longues années même, avec l'idée qu'il y avait eu des complices pour le crime de 1894, la correspondance, tant à l'arrivée qu'au départ, n'était transmise qu'après avoir été soumise à l'appréciation du ministère de la Guerre.

Pourquoi ai-je été amené à modifier ces choses, toujours à la même époque, c'est-à-dire dans la première semaine de septembre 1896 ? C'est à la suite des circonstances suivantes :

On a parlé dans le public de ce qu'on appelle le faux Weyler. J'avoue que ce nom m'a assez surpris la première fois que je l'ai vu imprimé, attendu que l'original du document ne comporte pas d'*y*, et la première version que nous y avons trouvée, c'est « Weirr », ou tout au plus, à raison d'un paraphe un peu compliqué qui le termine, « Weiré ».

Je ne donne aucune conclusion : ce document est inséré, je crois, intégralement dans le dossier de la Cour de cassation. Il est donc inutile que j'en reproduise les termes devant le Conseil. Je dois dire qu'il nous a beaucoup surpris, beaucoup inquiétés, et que je n'ai pas été le seul ; aussi bien, puisqu'il paraît que je suis suspect, je suis obligé de profiter des témoignages autour de moi, je dirai même en face de moi. Je n'ai pas été le seul à être inquiété par ce télégramme ; si vous voulez bien vous référer à la déposition de M. le colonel Picquart devant la Cour de cassation, le 28 novembre dernier, vous verrez qu'il dit en propres termes tout ce qu'il m'avait dit à moi dans mon cabinet. Il y dit, en propres termes, que l'arrivée de ce document nous a causé une très grande inquiétude, car, disait le rapport que je recevais, les conciliabules de la famille Dreyfus, tout me faisait croire — je n'en sais pas les termes exacts — tout me faisait croire que la famille Dreyfus préparait un scandale.

Ce n'est que plusieurs semaines après, à une époque que j'ignore, et qu'on ne m'a pas fait savoir, que le colonel Picquart est arrivé à la conviction que ce document constituait un faux qui était l'œuvre d'un individu quelconque. Messieurs, j'ai partagé, et d'autant plus, les opinions de M. le colonel Picquart, à ce moment, qu'elles étaient les miennes, et qu'elles concordaient avec toutes les circonstances que je viens de vous relater, et que le colonel Picquart ignorait ; car il est assez curieux que nous soyons arrivés tous deux, par deux ordres de recherches parallèles, à une conclusion à peu près identique.

Quel était mon devoir strict, à ce moment? Mon droit eût été de suspendre la correspondance du condamné ; je l'ai fait pendant quelques semaines, mais ensuite, j'ai trouvé que ce traitement était vraiment trop rigoureux, et j'ai décidé que, désormais, toutes les lettres qu'il recevrait de sa famille, et les nouvelles données à sa famille, seraient transmises en copie au lieu de l'être en original, de façon à éviter tous les procédés de correspondance spéciale, soit à l'aide d'encre sympathique, soit par l'emploi de mots et de grilles que nous avions des raisons de croire employées dans cette correspondance.

J'ai dit, messieurs, que nous avions des raisons de croire — ici, je préviens tout de suite le Conseil que c'est ma conviction profonde — que, presque pendant tout le temps, il y a eu des moyens de correspondance autres que ceux qui étaient légalement contrôlés par l'administration ; mais je suis dans l'impossibilité de le prouver, car à aucun moment je n'ai saisi de correspondance autre que cette lettre Weyler sur laquelle des soupçons sont nés, par la suite, permettant de l'affirmer.

Ce qui m'a confirmé dans mon impression, — je maintiens le mot impression, parce que je ne peux pas fournir la preuve de ce que j'avance, — c'est l'impression également consignée dans le rapport du 7 octobre 1897, auquel je faisais allusion tout à l'heure, celle du directeur de l'administration pénitentiaire de la Guyane. C'est un petit fait d'abord, que je savais depuis longtemps, et ensuite une lettre dont je me suis souvenu très récemment, à la suite de la publication qui en a été faite.

Le fait est celui-ci. Dans les tout derniers temps de mon séjour au ministère des Colonies, un surveillant de l'île du Diable, dont les allures étaient suspectes, fut déplacé. Parmi les choses qui le rendaient suspect, était le train de vie un peu supérieur à ses ressources, qu'il menait depuis quelque temps. Interrogé par ses chefs à cet égard, il déclara qu'il venait de recueillir une succession dans une commune qu'il désigna, du département de la Charente-Inférieure. Une enquête faite par l'intermédiaire du Parquet montra qu'aucune succession ne s'était ouverte et qu'aucun accroissement de patrimoine n'avait pu survenir légitimement au profit de ce surveillant.

La lettre à laquelle je fais allusion et que je retrouve dans les journaux est une lettre du 2 mars 1898 adressée par l'accusé au ministère de la Guerre et débutant par ces mots : « Il y a quelques mois, on m'a dit... » et rentrant dans la discussion des faits du procès de 1894. Or, je ne sais pas quelle est l'origine de la première phrase, je ne sais pas qui a pu parler ni comment. Mais ce que j'affirme, c'est que, dans la correspondance qui a été contrôlée par l'administration, aucun renseignement de cette nature n'avait pu parvenir jusqu'à l'accusé. En effet, suivant les règles usitées en pareil cas, chaque fois que ses correspondants se bornaient à lui donner des encouragements, à lui assurer confiance, à lui remonter le moral, on laissait passer. Mais quand un correspondant entrait dans des précisions trop grandes au sujet de la campagne qui s'est préparée en France à ce moment, ce passage était supprimé. Par conséquent, ce n'est point par la correspondance officielle contrôlée par l'administration que ces faits avaient pu parvenir à la connaissance de l'accusé.

Telles sont, messieurs, les diverses circonstances en présence desquelles je me suis trouvé, et les motifs des ordres que j'ai donnés, je les ai indiqués en commençant. Quelles que puissent en être les conséquences, quelque pénible qu'ait été ma situation à un certain moment, surtout au moment où j'avais à prendre ces décisions, je n'hésiterais pas demain, si je me trouvais en présence d'une condamnation pour un fait identique, d'un ensemble de circonstances analogues, je n'hésiterais pas, sous ma responsabilité pleine et entière, à recommencer et à agir comme j'ai fait en 1896. On a prêté à mes actes de cette époque des mobiles que je ne veux même pas discuter devant le Conseil. Mes mobiles ont été exclusivement techniques. Mes conclusions ont été rigoureuses, je le reconnais, je les ai appréciées moi-même, mais j'ai cru devoir le faire et je le ferais encore en pareille circonstance.

Le Commissaire du Gouvernement. — Le témoin veut-il donner une appréciation sur le fait particulier que présentent les brouillons de correspondance de l'accusé pendant son séjour à l'île du Diable? Ce fait particulier est caractérisé par ceci, c'est qu'une lettre de dix lignes, de caractère insignifiant, donne lieu perpétuellement à des brouillons successifs qui ne diffèrent entre eux que par quelques mots interchangés, légèrement modifiés, et cela ne correspond pas évidemment, à notre avis, à une conception normale de l'esprit humain. On ne conçoit pas beaucoup un homme d'une intelligence élevée, qui correspond avec sa femme pour lui donner connaissance des détails vulgaires de son existence, écrivant une lettre très simple qui donne matière à des brouillons qui se chiffrent jusqu'à trente-trois.

M. Lebon. — La circonstance que cite M. le Commissaire du Gouvernement est précisément une de celles qui nous ont fait croire pendant longtemps qu'il y avait un système de position de mots dans les lettres et d'application de grille, parce que, comme il n'y avait pas de variantes sensibles entre les diverses éditions d'une même lettre, nous ne pouvions pas expliquer que l'accusé fît plusieurs essais avant d'arrêter un texte définitif. Mais je dois dire que, malgré toutes les recherches faites de mon temps par des cryptographes, il a été impossible de vérifier les soupçons et d'arriver à découvrir un moyen de correspondance particulier, à supposer qu'il existât de ce côté.

Me Demange. — Puisque M. le Commissaire du Gouvernement, préalablement à la discussion, vient de faire une observation au Conseil, je demande la permission d'en faire une également. Tout d'abord, messieurs, je constate que je marche de surprises en surprises en ce débat ! Avant-hier c'étaient des témoins qui accusaient. Aujourd'hui, voici un témoin qui vient se défendre. M. Lebon se présente ici pour faire son apologie. Il nous a dit qu'il avait la conscience tranquille : je le laisse avec la tranquillité de sa conscience. (*Mouvement prolongé.*)

En ce qui concerne M. le Commissaire du gouvernement, il a posé une question et il a fait un commentaire. Il a trouvé extraordinaire qu'avant d'écrire à sa femme, Dreyfus, qui ne pouvait écrire qu'une fois par mois, ait consigné chaque jour, sur un brouillon, les pensées qui venaient à son esprit et les sentiments qui étaient dans son cœur. Je fais cette simple réflexion : Voilà un homme qui est isolé, qui est dans une véritable tombe, qui a été à certains moments dans les conditions que M. Lebon vous expliquait tout à l'heure, mais qui dans la pensée de M. Lebon n'ont certainement pas dû causer la moindre souffrance à l'accusé. Eh bien ! je me demande s'il y a quelque chose d'étonnant à ce que chaque jour, chaque heure, chaque minute, cet homme mette sur le papier toutes les pensées dont il était rempli en songeant à sa femme et à ses enfants? Le Conseil appréciera! Je n'ai fait cette observation que parce que M. le Commissaire du Gouvernement a parlé de ce point en le commentant. J'ai fait, moi, une très scrupuleuse observation de la procédure, et je réserve pour ma discussion tout ce que j'ai à dire. Mais je ne laisserai rien passer de ce qui viendra du ministère public sans répondre, et ma question est celle-ci:

Voulez-vous demander à M. le ministre des Colonies pourquoi il a fait parvenir à Alfred Dreyfus la fausse lettre Weyler, en la faisant imiter dans les conditions telles (le Conseil a la lettre entre les mains) qu'on voit peu de différence ou plutôt, moi je n'en ai pas vu.

LE PRÉSIDENT, *à M. Lebon.* — Voulez-vous donner des explications à ce sujet?

M. LEBON. — Je voudrais simplement répondre un mot à l'observation qui vient d'être présentée par l'organe de la défense. J'ai depuis dix-huit mois gardé assez présents ces événements pour que, quand je suis amené à m'expliquer devant la justice de mon pays, je puisse dire qu'à aucun moment il n'est entré dans la pensée d'aucun des agents de l'administration pénitentiaire de faire subir à l'accusé des traitements inutiles, inutilement sauvages, inutilement féroces, pour employer le vocabulaire qu'on a usité depuis quelque temps. J'ai donc quelque droit de protester de la loyauté de mes intentions et de celles de mes subordonnés.

Quant au fait spécial sur lequel M. le Président m'interroge en ce moment, je dois dire que la lettre est arrivée au ministère des Colonies par la poste, comme la plupart des lettres adressées à l'accusé. Depuis quelque temps, on surveillait très étroitement cette correspondance, et, en regardant ce document horizontalement, c'est-à-dire en faisant glisser un rayon de lumière sur ce document, on s'aperçut que, dans les interlignes de l'écriture apparente, il y avait un point lumineux qui révélait l'existence de quelques lignes écrites à l'encre sympathique. Nous ne possédions pas les moyens nécessaires pour révéler cette encre sympathique; j'ai prié la Préfecture de police de vouloir bien mettre à ma disposition une personne capable de faire cette révélation, et, en même temps, j'ai avisé M. le ministre de la Guerre, lui demandant de vouloir bien me mettre en rapport avec le service des renseignements.

La révélation a été faite à la Préfecture de police, par M. Bertillon. Vous savez que quand on révèle l'encre sympathique, c'est, en général, à l'aide de la lumière, de la chaleur, d'une façon quelconque. Or, le document a été altéré; il portait des traces de brûlure, si bien que, quand le document m'a été rapporté avec sa version authentique, je me trouvai dans l'impossibilité absolue d'en faire un usage quelconque. J'ai rappelé tout à l'heure au Conseil l'impression que ce document même avait faite sur M. le colonel Picquart. J'ai vu successivement, à l'occasion de cet incident, M. Gribelin, d'abord, je crois, M. le colonel Picquart était absent de Paris, puis M. le colonel Picquart. Ce document soulevait deux questions: L'une, qui ne relevait que de moi, c'était de savoir dans quelle mesure je devais en faire état pour modifier le régime de la correspondance institué à l'île du Diable; la seconde, qui était beaucoup plus grave, était de savoir si véritablement il y avait, comme on le croyait alors, des complices, et s'il y avait lieu de saisir la magistrature civile, car le signataire de la lettre étant un homme que rien n'indiquait comme devant être un militaire, c'était à la magistrature civile qu'il fallait transférer le document et confier l'enquête. Or, messieurs, avant de faire une démarche aussi grave, il était nécessaire, il était indispensable de s'assurer qu'il y avait quelque chose derrière ce document, et c'est alors que nous avons prié le service compétent — le fait a été d'ailleurs raconté en détail dernièrement — de reproduire exactement le document qui avait été altéré dans son original, de façon à le faire transmettre à destination et à voir si vraiment nous aurions par là une indication quelconque permettant d'ouvrir, s'il y avait lieu, une nouvelle information judiciaire.

Me Demange. — Monsieur le président, sur cette copie, il y a aussi l'écriture à l'encre sympathique.

M. Lebon. — Sur l'exemplaire qui a été transmis, elle existait.

Me Demange. — C'est celui-là qui a servi et, alors, quand il est arrivé, qu'est-ce que cela a démontré? L'épreuve a-t-elle réussi?

M. Lebon. — Elle a été négative, maître Demange. Je répondrai à toutes les questions.

Me Demange. — Il est résulté de l'épreuve que Dreyfus était absolument étranger à toute manœuvre de ce genre.

M. Lebon. — On trouverait également dans les dossiers du ministère des Colonies, si, comme je le crois, on les a versés au procès, que le document est parvenu à l'île du Diable, qu'il a été rangé par l'accusé dans son tiroir, mais qu'il n'y a jamais eu de réponse permettant de saisir l'autorité judiciaire, ce que je n'eusse pas manqué de faire, s'il y avait eu une réponse.

LE PRÉSIDENT. — Monsieur le défenseur a-t-il quelque chose à ajouter?

Me DEMANGE. — Non.

LE PRÉSIDENT. — Accusé, levez-vous. Connaissez-vous la personne qui vous a écrit cette lettre Weyler ou Weirr?

LE CAPITAINE DREYFUS. — Pas du tout, mon colonel.

LE PRÉSIDENT. — Quelle impression vous a produite cette lettre, quand vous l'avez reçue?

LE CAPITAINE DREYFUS. — Je n'y ai rien compris, je n'ai pas pu lire la fin; ce n'est qu'arrivé ici, en France, qu'on est arrivé à me faire déchiffrer la fin.

LE PRÉSIDENT. — Vous ne savez pas qui vous a envoyé cela?

LE CAPITAINE DREYFUS. — Non, mon colonel, absolument pas.

LE PRÉSIDENT. — Avez-vous une observation à faire à la déposition du témoin?

LE CAPITAINE DREYFUS. — Je ne viens pas ici, mon colonel, parler des tortures ou des souffrances atroces qu'on a fait subir pendant cinq ans à un Français et à un innocent. (*Mouvement.*) Je ne suis ici que pour défendre mon honneur, mon colonel. Je ne parlerai donc, mon colonel, de rien de ce qui s'est passé, pendant cinq ans, à l'île du Diable. (*Profonde sensation.*)

M. André Lebon demande au Conseil l'autorisation de s'absenter.

M. LEBON. — Puis-je me retirer?

LE PRÉSIDENT. — Monsieur le commissaire du Gouvernement et la défense voient-ils un inconvénient à ce que le témoin se retire?

Me Demange fait signe que non.

LE COMMISSAIRE DU GOUVERNEMENT. — Je n'y vois pas d'inconvénient.

LE PRÉSIDENT. — Vous pouvez vous retirer dans les mêmes conditions que les autres témoins, c'est-à-dire en laissant au greffe votre adresse, de façon à permettre de vous convoquer s'il était nécessaire.

Me DEMANGE. — Monsieur le président, avant que vous ne fassiez appeler un autre témoin, je vous prierai de faire donner lecture d'un document. M. le ministre Lebon vient de faire allusion à certains rapports du ministère; je vous prierai de vouloir bien ordonner, en vertu de votre pouvoir discrétionnaire, et pour éclairer messieurs les juges, la lecture du rapport que M. le ministre de la Guerre a fait verser au dossier, et qui émane du ministère des Colonies.

C'est le rapport fait par le chef du cabinet du ministre des Colonies à son ministre et qui est le résultat des divers renseignements fournis pendant les cinq années que Dreyfus a passées à l'île du Diable. La lecture de ce rapport serait utile en ce moment.

Le Greffier Coupois *donne lecture du document suivant :*

RAPPORT OFFICIEL

SUR LE SÉJOUR DE DREYFUS A L'ILE DU DIABLE

Monsieur le ministre,

J'ai l'honneur de vous adresser, ci-dessous, l'exposé que vous avez bien voulu me demander du régime auquel a été soumis le capitaine Dreyfus pendant ses quatre années de détention, et de l'attitude du condamné. Les éléments de ce travail ont été puisés dans les rapports qui étaient adressés mensuellement par les surveillants-chefs de l'île du Diable à l'administration locale de la Guyane, et qui comprennent, dans les colonies spéciales, les observations du commandant supérieur des îles du Salut, du directeur de l'administration pénitentiaire et du gouverneur de la Guyane. Ces rapports étaient ensuite transmis au département.

⁂

La loi du 25 mars 1873 dispose (art. 1er) que les condamnés seront soumis, dans le lieu assigné à la déportation, aux mesures nécessaires tant pour prévenir leur évasion que pour garantir la sécurité et le bon ordre dans le sein de la colonie, et ailleurs que le déporté conduit hors de France et interné dans un lieu déterminé y jouit de toute la liberté compatible avec la nécessité d'assurer la garde de sa personne et le maintien de l'ordre.

Nous observons, au sujet du régime subi par Dreyfus, deux phases bien distinctes : l'une concerne la période comprise entre le commencement du mois de mars 1895, époque de l'arrivée de Dreyfus à la Guyane, et le 3 septembre 1896, date de la nouvelle d'une prétendue évasion ; l'autre se rapporte à la période écoulée entre la période susvisée, du 3 septembre 1896 jusqu'au départ de Dreyfus.

Pendant la première période, Dreyfus jouissait, dans la partie de l'île qui lui avait été réservée, d'une certaine liberté. Mais à la fin de 1896, on prit à son égard des mesures extrêmement rigoureuses, motivées, dans l'esprit de ceux qui les décidèrent, par des craintes d'évasion.

A son arrivée à l'île du Diable, les dispositions suivantes furent prises :

La case affectée au déporté est en pierres. Elle a quatre mètres sur quatre. La porte est munie d'un barreautage en fer. La fenêtre est grillée également. La porte ouvre sur un tambour de deux mètres sur trois, accolé à la façade principale de la case. Ce tambour est fermé par une porte pleine, en bois. C'est dans ce tambour, absolument inattaquable du dehors, que se tient le surveillant militaire, de garde la nuit, qui ne pourra perdre le prisonnier de vue pendant son sommeil, la case étant nécessairement éclairée. (*Rapport du 7 mars* 1895.)

Cinq surveillants sont chargés de la garde de Dreyfus. Le condamné n'aura la faculté de circuler le jour que dans la partie de l'île comprise entre le débarcadère et le petit vallon où se trouvait le campement des lépreux ; il lui sera fait défense absolue de franchir cette limite, sous peine d'être immédiatement renfermé dans sa case pendant un certain nombre de jours à fixer ultérieurement. J'ai donné l'ordre de planter le poteau indicateur de la limite.

Dreyfus sera renfermé la nuit dans son logement, à partir du coucher du soleil jusqu'au jour. La correspondance de Dreyfus sera l'objet de la plus minutieuse attention. A l'arrivée, les lettres devront être ouvertes et vérifiées par le commandant supérieur des îles du Salut, personnellement, transmises à l'île du Diable sous pli fermé et cacheté à la cire. Elles seront contre-vérifiées par le surveillant en chef Poully et remises par lui au destinataire. Il sera opéré de la même façon pour les lettres écrites à destination de l'extérieur par Dreyfus. (*Rapport du* 1er *avril* 1895.)

Il est formellement interdit au déporté d'adresser la parole à qui que ce soit, les surveillants exceptés, à qui il aura la faculté de présenter ses demandes. (*Rapport du* 10 *mai* 1895 : article 11 de la consigne générale.)

Dreyfus reçoit la nourriture réglementaire du soldat aux colonies, sans le vin. — Nous ne pensons pas qu'il puisse recevoir un traitement plus favorable. (*Rapport du* 30 *mai* 1895.)

Il convient de remarquer qu'aux termes d'un arrêt du Conseil privé, en date du 7 mai 1895, la ration des condamnés à la déportation comporte le vin tous les jours (art. 1er), mais on ne peut l'allouer qu'aux condamnés qui travaillent (art. 3). Or, dans le rapport du mois de juillet 1895, il est constaté que Dreyfus a demandé à s'occuper de travaux de menuiserie, et qu'un refus catégorique du directeur lui a été opposé, sous prétexte que les outils pourraient constituer des moyens d'évasion.

***

A la fin de l'année 1896, le régime auquel était soumis Dreyfus devient plus rigoureux encore.

On entoure la case d'une palissade, de laquelle il est interdit au condamné de sortir, et, en même temps, sa correspondance est soumise à une surveillance minutieuse. Il en est de même de celle qui lui est adressée ; la transmission en est opérée en copie ; les lettres suspectes sont retenues et les passages à double entente sont supprimés. (*Note du* 21 *septembre* 1896.)

Le 4 septembre 1896, l'administration locale de la Guyane reçoit l'ordre de « maintenir jusqu'à nouvel ordre Dreyfus dans sa case avec double boucle de nuit ; d'entourer le périmètre de son promenoir, autour de la case, d'une solide palissade avec sentinelle extérieure, en plus de celle du tambour ». (*Télégramme du 4 septembre* 1896.) D'autres prescriptions suivaient, telles que le stationnement d'une goélette dans la rade des îles du Salut et l'interdiction de l'accès de l'île du Diable.

En outre, « par mesure de précaution, furent suspendus tous envois de lettres destinées au condamné Dreyfus, toute expédition de denrées ou d'effets quelconques, à l'exception de ceux qu'il se procurera par l'intermédiaire des fonds versés à son pécule ». (7 *septembre* 1896.)

Conformément aux instructions ci-dessus, Dreyfus est mis pendant la nuit à la double boucle, du 6 septembre au 20 octobre. (*Télégramme du* 21 *octobre, du gouverneur de la Guyane*.)

La case elle-même est entourée d'une solide palissade de 2m,50 de hauteur et de 16m,30 de longueur sur 12 mètres de largeur.

Entre la palissade et le mur de la case, il y a une distance de 5 mètres (côtés tambour et cuisine) et 2m,50 à l'est et à l'ouest.

A l'est de la palissade de défense, a été construite une deuxième palissade de 40 mètres de longueur sur 16m,30 de largeur. C'est le promenoir du déporté.

La hauteur de la palissade ne permet pas au détenu de voir la mer. (*Rapport du* 12 *novembre* 1896.)

Ces précautions étaient-elles indispensables?

La topographie des lieux et les difficultés d'accès de l'île du Diable constituent par elles-mêmes les meilleures des garanties, en interdisant de façon absolue toute tentative d'approche, par ruse ou par force, du lieu d'internement du déporté. (*Rapport du gouverneur de la Guyane du* 8 *octobre* 1896.)

Dans le courant de janvier 1897, remise est faite à Dreyfus des colis adressés par Potin, et dont l'envoi avait été suspendu par décision du 8 septembre 1896.

*
* *

J'arrive à l'alerte du 6 juin 1897. On sait combien étaient sévères les instructions données aux surveillants :

Dès le début de l'alerte, la consigne exclusive du surveillant de garde consiste à prévenir, *même par les moyens les plus décisifs*, l'enlèvement ou l'évasion du déporté. (*Consigne du* 1er *janvier* 1897.)

En outre, Dreyfus avait été averti que, « à la moindre démonstration active de sa part ou de celle de l'extérieur, il pouvait même courir le risque de la vie ». (*Rapport du* 7 *mars* 1895.)

Les alertes occasionnées, dans le personnel des surveillants, par l'apparition d'une voile à l'horizon pouvaient donc être fatales au déporté; celle du 6 juin 1897 en est une preuve.

Le 6, à 8 h. 53 du soir (8 h. 50 à l'île du Diable, qui n'a pas la même heure à cause du service du garde de nuit, ainsi que je l'ai fait connaître par un rapport spécial), une fusée était lancée de l'île du Diable. Aperçue par moi dans la cour de mon logement, je courus au téléphone pour l'appel aux armes à l'île Royale, et pour ordonner les préparatifs pour les secours à apporter. Au même instant, le surveillant principal m'avisait qu'une forte goélette, ayant le cap Sud-Ouest, venait d'entrer dans le golfe formé par l'île Joseph et l'île du Diable. Je lui ordonnai de tirer dessus à blanc (une salve de trois coups de fusil, le canon-revolver étant masqué par la palissade du déporté), et à balle si elle continuait à avancer malgré l'avertissement. Mais, aux premiers coups de feu, une forte brise se levant à ce moment, elle vira de bord et mit le cap Nord-Ouest, c'est-à-dire qu'elle retourna du côté d'où elle venait, se mettant hors de portée de fusil.

Pendant ce temps, nos ordres ayant été ponctuellement exécutés à l'île Royale, je m'embarquais dans un canot, avec huit surveillants armés du fusil et du revolver. La chaloupe à vapeur, de son côté, allumait ses feux.

Arrivés à 9 h. 25 à l'île du Diable, une demi-heure après le lancement de la fusée, je trouvai le canon-revolver en batterie, les surveillants à leur poste de combat, — quelques-uns en simple tricot, mais en armes.

Le déporté, qui s'était réveillé en sursaut et s'était dressé sur son lit aux coups de feu, s'était aussitôt étendu sur le dos et ne bougeait plus.

Le surveillant de garde croit avoir vu ses prunelles dardées sur lui.

La goélette s'étant éloignée immédiatement, aucune mesure de rigueur n'avait été prise à son égard.

Après avoir désigné leur poste à chacun des surveillants de secours, je gravis le mamelon avec le surveillant principal afin de scruter l'horizon ; nous aperçûmes la goélette qui, à nouveau, avait fait demi-tour et se dirigeait, par bonne brise, à l'est, vers Cayenne.

Quoi qu'il en soit, cette alerte était nécessaire pour nous permettre de connaître sur quels éléments nous pouvions compter en cas de danger et nous rassurer sur l'exécution du service et de la consigne à l'île Royale et à l'île du Diable. (*Rapport de M. Deniel, du 27 juin* 1897.)

Une enquête fut faite sur les manœuvres de la goélette en question.

Il résulte de tous les renseignements recueillis que la déposition du capitaine Nash (commandant de la goélette anglaise *Nepouset*, du port de la Barbade) est exacte et, dans ces conditions, l'incident qui s'est produit doit être attribué à un cas de force majeure et ne saurait révéler aucune manœuvre, aucune intention de tenter ni un coup de main ni un enlèvement. (*Rapport de M. Deniel, gouverneur de la Guyane, en date du* 10 *juin* 1897.)

***

En août 1897, la palissade du promenoir est démolie pour être affectée à la construction de la palissade de la nouvelle case. Le déporté est, par suite, réduit à se promener dans la première enceinte qui entoure sa case et dont les dimensions sont de seize mètres sur douze mètres.

Le 25 août 1897, Dreyfus est transféré dans sa nouvelle case, au sommet du mamelon.

Elle est divisée en deux parties par une solide grille de fer. D'un côté, le déporté; de l'autre, le surveillant de garde, qui ne peut le perdre de vue un seul instant et qui, lui, ne peut être aperçu du dehors... Des fenêtres grillées avec de forts barreaux en fer que le déporté ne peut atteindre, laissent passer le jour et la lumière... Une palissade en bois à bouts pointus, de deux mètres quatre-vingts de hauteur, entoure la case. Elle repose sur un mur en pierres sèches, mi-maçonnerie, haut de deux mètres à deux mètres cinquante, sur les façades sud-est et ouest, qui masque complètement la vue. (*Rapport du 26 août* 1897.)

Néanmoins, cette nouvelle case était plus saine que l'ancienne, où « l'on avait édifié contre la porte de la case un tambour destiné au surveillant de garde, empêchant ainsi, dans une large mesure, la ventilation de se produire. Ensuite, on avait placé une première, puis une seconde palissade, pour isoler la case. »

De ce moment, il n'y avait plus d'air.

Le logement était même devenu très humide, dans ce pays où l'humidité est un des plus grands ennemis de l'Européen. (*Rapport du* 10 *décembre* 1897.)

... Prévenu à cinq heures et demie du matin qu'il allait changer de local, Dreyfus répondit : « Je m'en doutais bien un peu! » Cela est possible, car en voyant la démolition de la deuxième enceinte, dont les matériaux ont été employés, il a dû certainement réfléchir et se demander ce que cela voulait dire, d'autant que, pendant quelques jours, il n'a pu circuler que dans la toute petite enceinte qui entourait sa case... Arrivé dans sa nouvelle maison, après l'avoir examinée, scrutée plutôt, il me dit : « Ah! on va m'enterrer ici! » (*Rapport de M. Deniel, du* 25 *août* 1897.)

En dernier lieu et à partir du 20 décembre 1898, Dreyfus fut autorisé à circuler, sous la surveillance de ses gardiens, en dehors de la palissade, dans le périmètre du camp retranché, chaque jour, de neuf heures du matin à onze heures, et de deux heures à cinq heures de l'après-midi.

J'arrive à l'attitude de Dreyfus pendant ses quatre années de détention. Elle est nettement caractérisée : il n'a cessé d'attester son innocence, de réclamer « la lumière complète sur l'effroyable erreur judiciaire dont il était la victime ». Sa tendresse pour les siens ne s'est pas démentie un seul instant; il a gardé une attitude soumise, sans une velléité de révolte ou une tentative d'évasion.

Le 7 mars 1895, avant de le transférer de sa cellule de l'île Royale à la case de l'île du Diable, on l'avertit que toute tentative pour le faire échapper à l'application de sa peine serait réprimée avec la dernière rigueur. Il répond « qu'il se soumettait sans réserve... »

— Je jure sur l'honneur, car mon honneur est, croyez-le, resté intact en tout ceci, que j'attendrai avec résignation le moment où mon innocence sera reconnue. Je ne suis pas coupable; il n'est pas possible qu'on n'en fasse pas la preuve bientôt.

En prononçant ses paroles, les larmes sont visiblement montées aux yeux de Dreyfus. (*Rapport mensuel, mars* 1895.)

Le 2 juillet 1895, Dreyfus, interrogé sur son état de santé, répond :

— Je me porte bien pour le moment... C'est le cœur qui est malade... Rien... » Ses paroles deviennent inintelligibles et sont coupées par des sanglots. Il pleure abondamment pendant un quart d'heure environ. (*Rapport mensuel de juillet.*)

Le 12, à divers reproches qu'on lui adresse, il déclare « qu'il voudrait calmer ses nerfs..., qui ne pourront l'être que lorsque son innocence sera reconnue ». (*Rapport de juillet.*)

Le 15 août, Dreyfus, en réponse à une demande du commandant supérieur, dit en sanglotant :

— M. le colonel du Paty m'avait promis, avant mon départ de France, de faire poursuivre les recherches; je n'aurais pas pensé qu'elles pussent durer aussi longtemps. J'espère qu'elles aboutiront bientôt. (*Rapport d'août.*)

Le 31, ne recevant pas de lettres de sa famille, il s'est mis à pleurer, disant :

— Voici dix mois que je souffre horriblement... (*Rapport d'août* 1895.)

Le 7 septembre :

Il reçoit dix lettres et pleure abondamment en les lisant.

Le 2, vers six heures, le condamné a eu un spasme; il s'est mis à sangloter, disant que cela ne pouvait pas durer plus longtemps, que son cœur finirait par éclater. (*Rapport de septembre* 1895.)

Le 2 octobre, il reçoit quatorze lettres, se met aussitôt à les lire et dit, après quelques instants de réflexion :

— Il y a longtemps que je me serais logé une balle dans la tête, si je n'avais pas ma femme et mes enfants. (*Rapport d'octobre* 1895.)

Même émotion en novembre 1897. Il a reçu quinze lettres et pleure en les lisant.

Le 31 décembre, il demande à télégraphier à sa femme : « Reçu lettres, santé bonne, baisers. » Mais le directeur de l'administration supérieure estime « qu'il n'y a aucune raison de donner suite à la demande du condamné ». (*Rapport de décembre* 1895.)

En janvier 1896, après le départ du commandant supérieur chargé de lui annoncer le rejet de sa supplique au Président de la République, on entend le condamné dire à haute voix :

— Ma demande a été rejetée par le Président; je m'y attendais. D'après les lettres que j'ai reçues dernièrement, je voyais bien qu'on me cachait quelque chose... Pauvre humanité !... On discute, tandis qu'un homme qui est innocent reste entre quatre murs ! Parfois j'ai des envies de tout démolir et de me démolir moi-même... Non ce n'est pas cela qu'il faut que je fasse. Je dois aller jusqu'au bout, pour ma femme et pour mes enfants... Cependant, tout a une fin... (*Rapport de janvier* 1896.)

En août 1896, au commencement du mois, il reçoit sa correspondance. « Il a beaucoup pleuré en la lisant. » (*Rapport d'août* 1896.)

Son attitude générale est toujours la même : soumise et déférente. (*Septembre* 1896.)

Il n'a jamais formulé aucune plainte ni réclamation. (*Avril* 1896.)

Il passe une grande partie de ses journées, assis à l'ombre derrière sa case, un livre entre les mains; on l'entend parfois sangloter et on le voit souvent cacher ses larmes. (*Juillet* 1896.)

Le 9 août, à la lecture des lettres qui lui sont parvenues par le courrier, « il a beaucoup pleuré », et il a réclamé des livres, pour tâcher d'oublier, car je ne peux penser, dit-il, qu'avec une excessive douleur au cerveau, et je ne peux même pas relire les lettres de ma femme. » (*Rapport d'août* 1896.)

Cependant, la résignation dont il a fait preuve jusqu'alors disparaît un instant, lors du refus qui lui est opposé de mettre à sa disposition sa pharmacie.

— On n'a pas le droit, crie-t-il, de me faire ainsi mourir à petit feu, en m'infligeant tous les supplices! Je suis une victime expiatoire, et si j'ai réclamé une pharmacie, c'est que je crois avoir le droit, à un moment donné et choisi par moi, de mettre fin à une agonie qui se prolonge comme à plaisir. J'ai par moments mon cerveau qui éclate, ma tête qui part. Je perds ma lucidité et je crains la folie. Je suis une victime... S'il y a des coupables, ils sont au ministère de la Guerre, qui m'a désigné comme victime pour cacher les infamies commises. (*Rapport du 7 octobre* 1897.)

Déjà, en mai de la même année, on l'avait entendu dire à haute voix :

— Je suis sûr que l'on s'intéresse à moi en haut lieu et que la vérité finira par se découvrir. C'est pour cela que je veux vivre, car je sens que, moi fini, ma femme tomberait immédiatement. Vous devez bien comprendre que je ne crains pas la mort : je l'ai envisagée de près bien des fois. Ma famille voudrait la revision de mon procès ; mais ce n'est pas ce qu'il faut. C'est la découverte de la vérité : c'est la réhabilitation pleine et entière. » (*Rapport du 6 mai* 1897.)

Enfin, sur un brouillon de lettre, déchiré par le condamné, on a pu lire la phrase suivante :

Je déclare que non seulement je suis innocent, mais que je demandais la lumière, tant sur la lettre incriminée que sur les papiers anonymes, aussi atroces que mensongers qui ont été joints au dossier. (*Rapport du 10 mars* 1898.)

Le 11 décembre 1897, Dreyfus sort une seconde fois de sa réserve. Il veut savoir à quoi s'en tenir « sur les promesses qui lui ont été faites après sa condamnation » et, n'obtenant pas de réponse, s'écrie :

— Docteur, je suis à bout de forces; ce que je crains le plus, c'est de perdre la tête. Or, je préfère mourir que de perdre la raison et de divaguer. Je m'en vais... Je vous demande donc les moyens de me soutenir pendant un mois encore. Si alors je ne reçois pas de nouvelles de ma famille, ce sera la fin. Je ne crains pas la mort, du reste!... Soulagez-moi!... (*Rapport de décembre* 1897.)

L'année 1898 et les premiers mois de 1899 se passèrent pour

le condamné dans les alternatives de joie et de désespérance.

Il cherche à deviner, dans les regards et les paroles de ses gardiens, le résultat des démarches de sa famille, l'issue du procès en revision engagé devant la Cour suprême. Il ne cessa d'entretenir une correspondance nombreuse avec les siens. Pendant ses quatre années de détention, il a écrit plus de mille lettres adressées soit à sa femme ou à son frère, soit au Président de la République, aux ministres, au général de Boisdeffre, etc., et il a remis, conformément au règlement, plusieurs milliers de brouillons de lettres inachevées.

Sa correspondance et celle des siens est si troublante que le commandant supérieur des îles du Salut en défend la lecture aux gardiens, de crainte que leur surveillance ne perde de sa rigueur.

Tel est l'exposé sommaire des diverses phases de l'attitude de Dreyfus, ainsi qu'elle ressort des rapports des surveillants en chef qui se sont succédé à l'île du Diable et qui, dépourvus d'instruction pour la plupart, natures rudes et primitives, se sont bornés à consigner, jour par jour, heure par heure, les paroles et les gestes du condamné confié à leur garde. C'est la vie même de Dreyfus qui s'est déroulée à nos yeux.

Les notes quotidiennes insérées dans les rapports mensuels n'ont pas produit sur le commandant supérieur des îles du Salut l'effet qu'il était permis d'en attendre.

M. Deniel a, en effet, complété quelquefois, paraphrasé toujours, les rapports des surveillants-chefs, et essayé d'interpréter non seulement pour lui-même, mais, ce qui est plus grave, dans les rapports adressés à des chefs, les actes du déporté, à l'effet d'en dégager les mobiles.

Exécuteur de la loi, il s'est, sans que personne l'en ait prié ou l'y ait encouragé, érigé en criminaliste.

Dreyfus pleure-t-il? C'est qu'il joue la comédie.

Ecrit-il à sa femme et à ses enfants? C'est par intérêt et vil calcul, pour qu'on s'occupe de le faire évader.

Parle-t-il de se délivrer par la mort de l'effroyable martyre qu'il subit? M. Deniel ne voit là qu'une feinte pour dissimuler ses véritables projets.

Si Dreyfus garde une attitude douce et soumise, c'est par lâcheté morale d'un coupable qui sait son crime avéré.

Quand, dans une de ces révoltes instinctives de l'être dont nous connaissons deux manifestations, il crie son innocence, adjure le chef de l'État, les ministres, le chef de l'État-major, de réparer l'effroyable erreur judiciaire dont il est victime, c'est alors par haine, et ce qui est cri de douleur est qualifié par M. Deniel d'attitude hautaine et ironique.

On le voit, l'interprétation donnée aux faits et aux gestes de Dreyfus n'est jamais en sa faveur.

Quoi qu'il fasse, « ses actes sont considérés comme des indices de sa culpabilité, provenant d'une nature foncièrement basse et haineuse »; c'est ce qui ressort des longs commentaires de M. Deniel, autant qu'il est possible d'en saisir la pensée, dans des phrases comme la suivante :

« Obsédé par cette vision de la liberté qu'on fait luire à ses yeux, qu'il veut atteindre et qui lui semble insaisissable, son esprit s'impatiente, s'inquiète, s'agite en face de son impuissance de ne pas savoir à quoi s'en tenir au juste, de ne pas connaître à quel point en sont les projets de sa famille, à quelle branche il doit s'accrocher, quelle doit être sa contenance.

« Son imagination, voguant alors dans l'infini au milieu du vide qui l'entoure, entrecoupé seulement par la présence d'un surveillant lunatique, se plonge dans une méditation agitée qui l'entraîne dans une promenade folle, désordonnée, pendant laquelle il se livre à de pénibles pensées d'où s'échappent parfois des mots et des gestes de colère. » (*Rapport du* 26 *novembre* 1897.)

Comment ont été appliquées les instructions ministérielles? Quelle interprétation un tel homme a-t-il pu donner aux surveillants placés sous ses ordres?

Toutes les suppositions sont possibles.

M. Deniel ne conçoit même pas que le condamné puisse se plaindre de son sort.

Dans ce cas, « c'est qu'il veut apporter sa pierre par une nouvelle infamie à cet édifice monstrueux, érigé en dissolvant de la nation, pour tâcher d'innocenter par le trouble des esprits un forfait qu'aucun crime, aussi épouvantable qu'il puisse être, ne peut égaler par un rapprochement quelconque et dont l'immensité est sans borne ». (*Rapport du* 26 *janvier* 1898.)

Mais M. Deniel ne se laisse point prendre à ses démonstrations : il a conscience de sa valeur, de sa perspicacité, il nous le confesse ingénument : « Il (le condamné) a affaire à forte partie, qui, guidé par le devoir, la discipline, le dévouement, saura déjouer par le calme, le sang-froid qu'il oppose à ses projets qui se trouvent ainsi annihilés par le silence ». (*Rapport du* 26 *janvier* 1898.)

Il ne veut pas s'attendrir :

« La lecture des lettres de sa famille pouvait être troublante pour le chef du détachement aussi bien que pour les surveillants, je remets moi-même sa correspondance au condamné. »

M. Deniel s'est exagéré l'importance de ses fonctions.

Il s'est cru investi d'une mission supérieure, et pour la remplir il renouvelait dans chaque rapport mensuel l'assurance qu'il était prêt « à faire le sacrifice de sa vie et de sa santé ».

Esprit aussi mal équilibré que vaniteux, il n'a pas tardé à attacher au plus petit incident une portée considérable.

La moindre voile aperçue à l'horizon, le plus léger sillon de fumée rompant la monotonie du ciel dans le lointain, étaient autant d'indices certains d'une attaque possible provoquant des mesures de rigueur et des précautions nouvelles.

Il est certain qu'une surveillance ainsi entendue, dont l'intensité haineuse devait certainement se traduire dans l'attitude des gardiens était de nature à aggraver le régime.

Les appréciations fantaisistes que M. Deniel a lui-même émises par monomanie de la culpabilité et « la certitude qu'il avait de posséder au suprême degré l'intuition des hommes et des choses » (*Rapport du 26 janvier* 1898) paraissent donc devoir être négligées.

Telle était même l'opinion d'un des directeurs de l'administration pénitentiaire qui, connaissant l'exagération habituelle de M. Deniel et la tournure particulière de son esprit, se gardait bien, au milieu des hypothèses qui, le cas échéant, pouvaient être envisagées, de rechercher une cause à l'état psychologique de Dreyfus. Il croyait préférable de s'abstenir plutôt que « de se laisser entraîner dans le domaine quelque peu fantaisiste des suppositions ». (*Rapport du 26 décembre* 1897.)

***

Les rapports mensuels des gardiens-chefs nous donnent les indications suivantes :

Le 15 mai 1895, quelques jours après son arrivée à l'île du Diable, Dreyfus se déclare malade. Le 29, « dans la journée, il déclare avoir eu deux fortes crises, comme au commencement du mois ».

En octobre 1895, « interrogé sur son état de santé, il répond que, malgré la maladie de cœur dont il est atteint, il se porte assez bien ».

En décembre 1895, « il se plaint de maux de tête, de fièvre ».

« Le 12 février 1896, il se plaint de syncopes, d'étouffements. Il parle de battements de cœur, d'afflux de sang au cerveau, et il ajoute : « Vous n'y pouvez rien ; c'est le résultat de mon état moral. » Il a demandé qu'on fît venir le médecin pour le visiter; mais, comme il ne paraissait pas malade, cela lui a été refusé ».

En avril 1896, « Dreyfus subit plusieurs crises nerveuses ».

En juin 1896, « il a eu de violents accès de fièvre, accompagnés de congestion au cerveau. Une nuit, vers onze heures et demie, en essayant de se lever, il est tombé, la face sur un petit baquet placé dans le fond de sa case. Dans sa chute, il a eu le visage et le front écorchés. Le surveillant de garde a dû le relever... Sur sa demande, le condamné, qui ne peut plus manger de conserves, a reçu des œufs. Il refuse de prendre une potion tonique que le médecin lui a ordonnée, sous le prétexte qu'il se sent trop faible pour la supporter. Dreyfus s'affecte beaucoup; aussi dépérit-il tous les jours.

En juillet 1896, « Dreyfus, très fatigué après un accès de fièvre, déclare ne pouvoir préparer ses aliments et demande à les recevoir chaque jour de l'hôpital, à titre remboursable ».

En octobre 1896, le « condamné a eu plusieurs crises nerveuses ».

Plusieurs mois se passent; « la santé du déporté est très ébranlée; il se plaint de palpitations du cœur, de douleurs de tête, de crispations nerveuses ». (*Rapport du 26 mai* 1897.)

« Le 12 avril, il a eu une crise de faiblesse momentanée, et il semblait avoir beaucoup de peine à se mouvoir, à un moment donné. »

Bien que sa santé ne soit pas mauvaise, on constate cependant chez lui un affaiblissement aussi corporel qu'intellectuel. Le silence continuel auquel il est soumis a été aussi d'une grande influence sur sa langue. Il n'a répondu au médecin qu'en faisant des efforts pour articuler. Les phrases ne venant plus directement, il était obligé de reprendre les mots pour exprimer sa pensée. (*Rapport du 12 avril* 1897.)

Le 1er octobre, à huit heures du matin, le déporté Dreyfus est tombé dans sa case, en syncope, qui a duré trois minutes environ. Médecin, après examen, a déclaré que déporté Dreyfus a dû présenter très probablement crise névropathie cérébro-cardiaque, d'origine morale, déterminée par refus mettre pharmacie à sa disposition. Le 29 matin, contre son ordinaire, déporté Dreyfus avait vivement fait protestation à ce sujet. Crise courte durée. »

(*Télégramme adressé à directeur administration pénitentiaire par commandant îles du Salut.*)

Le 17 décembre 1897, Dreyfus est souffrant et fiévreux. Il parle :

« Je suis malade, d'où mon état moral inexprimable. J'ai la fièvre. Je ne tiens plus debout, je suis rendu !... Docteur, je suis à bout de forces. Ce que je crains le plus, c'est de perdre la tête ; or, je préfère mourir que de perdre la raison et de divaguer. Je m'en vais... »

En mars 1898. « Dreyfus est toujours dans un grand état d'énervement et, le moral influant sur le physique, sa santé est moins satisfaisante. » (*Rapport du 23 mars* 1898.)

« Les troubles cardiaques (palpitations, étouffements, etc.) sont toujours les mêmes et, au dire du déporté, seraient même plus accentués. (*Rapport du 15 avril* 1898.)

Le 11 novembre 1898, « il a eu un accès de fièvre paludéenne bien caractérisée ».

La nuit, le 23 janvier, entre autres, il est hanté par des cauchemars, il crie, « il se redresse sur son séant, haletant, puis il s'étend à nouveau sur son lit, sans prononcer une parole, mais non sans avoir parcouru la chambre d'un regard anxieux. » (*Rapport de janvier* 1899.)

Enfin, depuis les premiers mois de sa détention jusqu'à sa rentrée en France, Dreyfus a dû faire un usage constant d'une potion calmante, au chloral, et, vers la fin, absorber des pilules d'opium, afin de calmer l'éréthisme cérébral et les troubles cardiaques dont il souffrait.

En résumé, on peut dire que la santé de Dreyfus, toujours chancelante, fut généralement, grâce à l'énergie morale du déporté aussi satisfaisante qu'il était possible de l'espérer, eu égard au climat et aux conditions de vie.

Le chef du cabinet du ministre des Colonies,

Jean DECRAIS.

M. LEBON. — Voulez-vous me permettre, monsieur le président, de présenter quelques observations sur ce rapport ?

M. Lebon est rappelé à la barre.

M. Lebon. — Je ne connaissais pas encore le document dont il vient d'être donné lecture. Je n'en connaissais que des extraits.

Je constate, avec regret, que l'original est encore pire, comme tendance, que les extraits eux-mêmes.

Je constate, d'abord, que plus de la moitié des faits et des documents qui sont cités dans ce rapport sont antérieurs ou postérieurs à mon administration, et que je n'ai rien à en dire.

Mais, sur les faits qui me concernent, je tiens à faire les observations suivantes :

Le rapport n'est pas inexact en ce sens que je ne conteste la matérialité d'aucune de ces assertions, ni d'aucun de ces documents; mais il est à tout le moins partial, pour ne pas dire autre chose, parce qu'il est incomplet.

J'ai déjà rectifié sur un point, en ce qui concerne les conditions d'habitation à l'île du Diable ; je me permettrai de le compléter d'après mes souvenirs sur deux autres points.

On mentionne avec grand soin que l'accusé n'avait pas droit à la ration de vin, à partir du moment où il est arrivé à l'île du Diable. On néglige de dire que sa famille versait 500 francs par mois à son pécule, et que cela dépassait tellement les besoins, que j'ai été obligé d'avertir cette famille qu'il fallait arrêter ces versements, parce qu'il y avait plus de quatre mille francs disponibles.

Il avait, sur ce pécule, la nourriture qu'il demandait.

Je n'ai pas à discuter les qualités de psychologue plus ou moins grandes que peut avoir M. Deniel. Mais il y a une chose que j'affirme, c'est que la conclusion que l'on en tire est absolument fausse, attendu qu'il n'y a pas eu l'ombre d'une mesure de rigueur prise, pendant que j'étais là, à partir de l'arrivée de M. Deniel aux îles du Salut. Par conséquent, si sa psychologie était erronée, cela est possible, mais elle ne s'est pas traduite par des actes de bourreau.

J'ajoute, en ce qui concerne les propos que l'on a relevés avec grand soin et qui sont exacts, car ils sont la reproduction des protestations d'innocence que l'accusé a faites depuis 1894 jusqu'à maintenant, dans sa correspondance tout entière, que, de même que les agents transmettaient avec grand soin tout ce qui, en bien ou en mal, était observé par eux dans la conduite de l'accusé, de même l'administration centrale des colonies ne conservait pas par devers elle la connaissance de ces propos et de ces rapports.

Et comme c'était son devoir le plus strict, elle versait à l'autorité compétente tous les documents. Celle-ci remettait aux destinataires tout ce qui était lettres individuelles et à l'autorité compétente, en l'espèce le ministère de la Guerre, tout ce qui pouvait, de près ou de loin, avoir trait au fond de l'affaire.

J'en arrive, messieurs, à la partie la plus pénible et la plus douloureuse de ce que j'ai à dire. On a relevé, avec grand soin, un certain nombre d'indispositions dont l'accusé a souffert au cours de son séjour. Je me permettrai de faire observer que, sur ces indispositions, il y en a cinq seulement qui se sont produites pendant que j'étais là. Je ne veux pas en discuter l'importance, mais j'affirme, et je le fais sous la foi du serment que j'ai prêté tout à l'heure, qu'à aucun moment, sauf peut-être pour l'accès de fièvre de juin 1896, le service médical de l'île Royale ne m'a signalé comme sérieux ou comme grave l'état de l'accusé et que, s'il l'eût fait, s'il eût demandé une modification quelconque dans son régime, je n'eusse pas manqué de l'ordonner immédiatement, quelles qu'en eussent été les conséquences par ailleurs.

J'ajoute, puisque aussi bien je suis amené à discuter des choses que j'aurais voulu laisser dans l'ombre, que j'ai eu, moi, à un certain moment, des inquiétudes au sujet de la santé de l'accusé. Les derniers rapports de l'année 1897 dénotaient chez lui beaucoup de fébrilité, d'agitation. Le 24 janvier, sur le vu de ces rapports, sans que rien ne m'eût été signalé de la Guyane, j'ai télégraphié quelle était mon impression et comme quoi il y avait lieu de multiplier les visites médicales. J'ai reçu en réponse à ces télégrammes un rapport écrit du 3 février dans lequel il est dit textuellement :

« La santé du condamné (il était alors condamné) ne laisse rien à désirer. »

J'ai reçu un télégramme du 24 février dans lequel on me disait :

« La santé du condamné est infiniment meilleure qu'il y a un an. »

Vous pouvez demander ces documents ; ils sont aux archives des colonies.

Le 8 mars suivant, M. Scheurer-Kestner, pour la première et unique fois, s'est adressé à moi pour me demander au nom de la famille, inquiète, disait-il, de la santé de l'accusé, quelles étaient les nouvelles que j'avais.

Le 9, j'ai écrit à M. Scheurer-Kestner, en lui copiant textuellement les dernières nouvelles qui m'étaient parvenues.

Le 10, il m'en a remercié ; personne n'en a rien dit — et c'est à ce moment même que l'on a commencé la campagne que vous savez pour dire que nous faisions, de propos délibéré, mourir Dreyfus à l'île du Diable.

Le Président. — Monsieur le défenseur a-t-il des observations à présenter?

Me Demange. — Je n'ai rien à dire à cela.

Le Président. — Introduisez le témoin suivant.

ONZIÈME TÉMOIN

Mme VEUVE HENRY

Mme veuve Henry, 26 ans, sans profession, prête serment.

Le Président. — Madame, vous n'avez pas encore été appelée à déposer, mais nous avons pensé que, dans votre vie commune avec votre mari, vous pouviez avoir recueilli de lui bien des renseignements intéressants au sujet de cette affaire. Je vous prierai de vouloir bien les faire connaître au Conseil.

Mme veuve Henry dépose d'une voix très faible qui parvient très mal au public.

Mme veuve Henry. — Je vous dirai comment mon mari a reçu et reconstitué le bordereau. C'était à la fin de septembre 1894. Je ne me souviens pas...

Ici quelques mots qu'il est matériellement impossible d'entendre.

Un soir, après le dîner, mon mari se mit à dépouiller les papiers qui lui avaient été remis, quelques instants auparavant, vers neuf heures et demie à peu près. Je me retirai laissant mon mari à sa besogne. Il était à peu près onze heures quand, inquiète de ne pas le voir, je vins lui demander pourquoi il travaillait plus tard que de coutume. Il me répondit, en me désignant des petits papiers épars devant lui et une lettre qu'il achevait de reconstituer au moyen d'un petit rouleau de papier étroit et transparent de papier gommé :

« — J'ai trouvé ici des choses graves que je dois finir de voir ce soir. »

Et il finit, en effet. Quelques instants après, il est entré dans la chambre en tenant dans la main un morceau de papier et la lettre qu'il venait de reconstituer. Il mit le tout dans son chapeau, comme il le faisait généralement, pour être sûr de ne pas l'oublier le lendemain matin. Il posa le tout sur la table de nuit.

Le lendemain matin, il ne monta pas à cheval comme de coutume. Je lui demandai pourquoi. Il me répondit qu'il avait besoin de voir le colonel le plus tôt possible.

Le Président. — Le colonel Sandherr ?

Mme veuve Henry. — Oui, monsieur; plus tard, un soir que mon mari se livrait encore au même travail de dépouillement, alors que je lui demandais s'il trouvait quelquefois des choses intimes, il me dit :

« — Oui, quelquefois des choses intimes, drôles, mais aussi quelquefois des choses graves. C'est comme cela que j'ai trouvé le bordereau. Tu te rappelles le soir où j'ai travaillé plus tard que de coutume ? »

Je lui demandai alors quelle avait été son impression en trouvant le bordereau. Il me répondit qu'il avait été stupéfait, mais que, cependant, depuis quelque temps il y avait des fuites au ministère de la Guerre et que c'est avec ce bordereau, pendant l'enquête qui avait suivi sa découverte, qu'on avait trouvé le coupable.

Mais lorsqu'il a trouvé le bordereau il ne savait pas du tout qu'il était de Dreyfus.

C'est ensuite le colonel Fabre, je crois, qui a reconnu l'écriture, mais mon mari ne savait pas qui avait écrit le bordereau.

Le Président. — Votre mari ne connaissait pas Dreyfus ?

Mme veuve Henry. — Quand mon mari est rentré du Cherche-Midi, après avoir accompagné Dreyfus, je lui ai demandé pourquoi il était sorti en uniforme, contrairement à son habitude. Il me dit :

— « Je viens d'accomplir la mission la plus pénible qu'un soldat puisse avoir à remplir, celle de conduire un officier au Cherche-Midi. »

Et, comme je ne comprenais pas très bien, il ajouta : « Je viens d'y conduire un officier accusé du crime épouvantable de trahison. » Et, sans me nommer le capitaine Dreyfus : « Je t'en prie, n'en parle pas. C'est une affaire qui doit rester secrète pendant un certain temps. C'est un malheureux, un père de famille. »

Donc, il ne connaissait pas Dreyfus.

Le Président. — Dans la dernière lettre que votre mari vous a écrite, il est dit : « Quel malheur d'avoir rencontré de pareils misérables ! »

Mme veuve Henry. — Mon mari m'écrit : « Sauf toi, je vois que tout le monde va m'abandonner, et, cependant, tu sais dans l'intérêt de qui j'ai agi. »

Mais il ne m'a pas parlé de misérables.

Le Président. — Eh bien ! dans cette phrase : « Tu sais dans l'intérêt de qui j'ai agi », qui croyez-vous qu'il ait visé ?

Mme veuve Henry. — Mon mari n'entendait désigner personne

en particulier. Il a agi dans l'intérêt du pays. D'ailleurs, dans sa lettre précédente, il me dit :

« Tu sais bien que je n'ai jamais agi, depuis trente-trois ans, que dans l'intérêt de la patrie. »

En outre, je connaissais bien ses sentiments. Je savais bien qu'il agirait dans l'intérêt du pays. Il avait laissé échapper quelques expressions qui indiquaient bien quel était son état d'esprit. Il a fait un faux, en présence des agissements du colonel Picquart, pour sauver l'armée qui se trouvait dans une impasse terrible par la mauvaise foi de ses ennemis. Parfaitement !

LE PRÉSIDENT. — Savez-vous si le colonel Henry connaissait Esterhazy en 1894 ?

Mme VEUVE HENRY. — Il n'avait jamais vu, ni entendu parler du commandant Esterhazy avant qu'il en soit parlé dans les journaux.

J'ai vu le commandant Esterhazy ; il est venu cinq ou six fois à la maison, au moment de son duel avec le colonel Picquart. Auparavant, mon mari n'en avait jamais entendu parler ; et comme je lui demandais s'il le connaissait, il m'a répondu :

— « Je l'ai connu autrefois au ministère de la guerre, quand j'étais ordonnance du général Zurlinden, mais il y a longtemps; depuis, je l'ai perdu de vue. »

LE PRÉSIDENT. — Vous n'avez jamais entendu parler de dettes du colonel vis-à-vis du commandant Esterhazy ?

Mme VEUVE HENRY. — Jamais ! jamais !

UN MEMBRE DU CONSEIL DE GUERRE. — Ce papier que votre mari dépouillait le soir, tard, vous rappelez-vous si c'était du papier épais ?

Mme VEUVE HENRY. — Je n'ai pas vu le bordereau de près.

LE MÊME MEMBRE DU CONSEIL DE GUERRE. — Mais vous l'avez vu travailler sur ce papier ?

Mme VEUVE HENRY. — Il avait des papiers de toutes sortes... Il était onze heures du soir, je n'ai pas vu.

UN AUTRE MEMBRE DU CONSEIL DE GUERRE. — Voulez-vous nous dire, s'il vous plaît, si, dans le bureau où travaillait le colonel Henry, il y avait une table ?

Mme VEUVE HENRY. — C'était dans la salle à manger.

LE MÊME MEMBRE DU CONSEIL DE GUERRE. — Il y avait une table, quand vous y étiez, vers onze heures du soir, et que le colonel Henry était occupé à travailler ? Ce papier était sur la table ?

Mme VEUVE HENRY. — Sur la table, tous les papiers étaient épars. Il y avait une toile cirée, qui couvrait toute la table.

Le même membre du Conseil de guerre. — N'y avait-il pas une partie de la table qui était dégarnie de la toile?

Mme veuve Henry. — Non. Je tiens à dire, au sujet du faux, que mon mari a cru, dans l'intérêt de la patrie, pouvoir se servir des éléments verbaux qui lui avaient été donnés quelques jours auparavant pour ajouter une preuve nouvelle, convaincante et matérielle au dossier qui existait déjà. Vous m'avez compris?

Me Demange. — Non.

Mme veuve Henry. — Des renseignements verbaux qui lui avaient été donnés quelques jours auparavant.

Le Président, — C'est bien de l'accusé, ici présent, que vous entendez parler? Ces renseignements verbaux, votre mari vous en avait-il parlé auparavant? Mais encore, qui lui avait donné ces renseignements?

Mme Henry fait un geste d'ignorance.

Le Président. — Accusé, levez-vous.

Avez-vous des observations à présenter?

Le capitaine Dreyfus. — Non, aucune.

Le président. — La séance est suspendue pendant un quart d'heure.

La séance est reprise.

Le Président. — Faites entrer l'accusé.

Le capitaine Dreyfus est introduit.

Le Président. — Monsieur le commissaire du gouvernement, quel témoin désirez-vous faire entendre?

Le Commissaire du Gouvernement. — M. Villon est signalé comme étant dans un état de santé qui pourrait faire craindre qu'il ne puisse pas rester. Alors, comme c'est un témoignage tout à fait incident, on pourrait l'entendre maintenant, si vous le jugez à propos, sans inconvénient, et cela dégagerait la situation.

Me Demange. — Je n'ai pas très bien entendu le nom du témoin.

Le commissaire du Gouvernement. — C'est M. Villon.

C'est un témoin cité par M. le Président en vertu de son pouvoir discrétionnaire.

Me Demange. — Et que demande monsieur le commissaire du gouvernement?

Le Commissaire du Gouvernement. — Ce témoin est signalé comme étant dans un état de santé qui ne permet pas de supposer qu'il puisse rester longtemps. Il pourrait tomber plus gravement malade et on serait empêché de l'entendre.

Me Demange. — M. Villon est un des témoins cités par M. le Président en vertu de son pouvoir discrétionnaire. Je crois pouvoir vous dire que j'ai l'intention de faire entendre des témoins dont la confrontation avec M. Villon sera nécessaire.

Quant à moi, je souhaiterais que M. Villon ne fût entendu que lorsque les témoins qui pourraient être confrontés avec lui seront entendus. Or, d'après l'ordre indiqué, M. Villon devait être entendu après les témoins cités à la requête de la défense; par conséquent, je ne m'étais pas préoccupé de faire citer les témoins de la défense qui doivent être confrontés avec lui. Dans ces conditions je demande de ne pas faire entendre M. Villon maintenant.

Le Président. — Puisque vous voyez des inconvénients à son audition immédiate, on l'entendra à la place qui lui est assignée.

DOUZIÈME TÉMOIN

LE GÉNÉRAL ROGET [1]

On introduit le général Roget.

Le général Roget, 53 ans, général de brigade commandant la 28e brigade d'infanterie à Belfort.

Le Président. — Connaissiez-vous l'accusé avant les faits qui lui sont reprochés?

Le général Roget. — Je l'ai eu sous mes ordres en 1893.

Le Président. — Vous avez eu l'occasion d'étudier à fond le dossier de l'affaire Dreyfus, par conséquent, vous êtes à même de nous dire beaucoup de choses utiles. Veuillez faire votre déposition.

Le général Roget. — Monsieur le président, j'ai établi devant la Chambre criminelle de la Cour de cassation qu'il y avait eu des fuites au ministère de la Guerre en 1893 et en 1894.

Ces fuites étaient prouvées par des documents nombreux.

En 1894, on en avait attribué un certain nombre à Dreyfus; depuis ce temps on a découvert un officier supérieur d'infanterie du nom d'Esterhazy et on a voulu lui faire endosser la trahison qu'avait commise Dreyfus.

J'ai établi que la trahison existait au cœur du ministère de la Guerre et à l'État-major de l'armée; que la plupart des fuites étaient

1. Comme pour la déposition du général Mercier, il a paru une brochure contenant le Compte rendu sténographique revisé des dépositions de M. Cavaignac et de M. le général Roget. Comme nous l'avons fait pour les dépositions du général Mercier et de M. Cavaignac, nous signalons les principales diffénces de textes. (*Note de l'éditeur.*)

imputables à Dreyfus; que certaines d'entre elles le désignaient spécialement; que certains actes de trahison qui n'avaient pas été connus au moment de son procès en 1894, pouvaient aussi lui être imputés; que son attitude aux débats, sa manière de nier, même les faits les plus certains, étaient une charge contre lui; qu'il avait fait des aveux qui, pour n'avoir pas été constatés dans une forme juridique, n'en constituaient pas moins une charge accablante, et enfin que d'autres éléments de conviction, venus après le procès, avaient confirmé sa culpabilité.

En ce qui concerne Esterhazy, il n'y a absolument qu'une charge contre lui, à savoir la similitude d'écriture et la similitude, qu'on a découverte récemment, du papier pelure, sur lequel il écrivait à certains correspondants.

Je n'ai pas l'intention de revenir sur une démonstration que le Conseil connaît; il s'est d'ailleurs, produit depuis l'arrêt de la Cour de cassation, ou en même temps que cet arrêt, un fait nouveau : c'est l'aveu fait par Esterhazy qu'il est l'auteur du bordereau.

M. Esterhazy fait cet aveu par intermittence, de temps en temps. Il donne chaque fois une version nouvelle et toutes ces versions inexactes sont accompagnées de circonstances dont je peux démontrer la fausseté.

Elles ont toutes, cependant, un point commun.

M. Esterhazy veut bien reconnaître qu'il est l'auteur matériel de l'écriture, mais il ne veut pas se reconnaître un traître. Il repousse loin de lui la trahison. Comme a dit M. Grenier: c'est un condottiere, mais il ne veut pas avoir trahi sa bande.

J'ai dit devant la Chambre criminelle que si Esterhazy venait déclarer qu'il est l'auteur du bordereau, je ne le croirais pas parce qu'on lui avait offert [1] 600,000 francs pour le dire. Je ne veux pas affirmer qu'il les a acceptés, mais les versions qu'il donne sont inexactes, et je vais le prouver.

La première a consisté à dire qu'Esterhazy était l'agent du colonel Sandherr. J'ai déjà réfuté cette version. Je pourrais me reporter à ce que j'ai dit devant la Chambre criminelle.

J'ajouterai cependant ceci: c'est qu'au service des renseignements du ministère, il existe un registre journal sur lequel sont portés tous les fonds versés aux agents et sur lequel sont inscrits les noms d'emprunt de ces agents. Sur ce registre sont indiqués très exactement, à un centime près, toutes les sommes versées.

1. « Offert, d'après ce qu'il a raconté lui-même. » (*Compte rendu revisé par le général Roget.*)

Or, la section de statistique démontre que jamais une somme d'argent n'a été payée à M. Esterhazy.

Eh bien ! en supposant — ce qui est assez difficile à admettre — qu'il ait travaillé gratuitement, il se serait fait au moins rembourser les frais que lui auraient occasionnés le service qu'il avait fait. Or, jamais, je le répète, aucune somme n'a été versée au commandant Esterhazy.

Dans la seconde version, M. Esterhazy a déclaré qu'il avait fait le bordereau par ordre du colonel Sandherr.

Une accusation pareille au sujet du colonel Sandherr me paraît, à moi, sans aucun fondement.

Je peux dire qu'il en était absolument incapable, je l'affirme, et aucune des personnes qui ont connu le colonel Sandherr ne pourrait porter cette accusation contre lui.

Elle est inadmissible parce que le colonel Sandherr a été le dernier du bureau qui ait connu le bordereau.

En effet, le bordereau est arrivé par ce que j'ai appelé « la voie ordinaire » dans un rapport qui est au dossier, déchiré en menus morceaux, reconstitué par Henry, apporté par Henry à neuf heures du matin au ministère de la Guerre, montré par Henry, avant que le colonel Sandherr ne le vît, à trois officiers qui peuvent en témoigner : le commandant Matton actuellement chef d'escadrons à Clermont-Ferrand, le commandant Lauth et l'archiviste Gribelin.

Tous les trois ont vu le bordereau, le matin, lorsqu'il a été apporté par le colonel Henry au ministère, à neuf heures.

Le colonel Sandherr ne l'a vu qu'à dix heures du matin, lorsqu'il est arrivé au ministère.

D'ailleurs, pourquoi Sandherr aurait-il pu faire écrire ce bordereau par Esterhazy ?

La version qu'on surveillait Dreyfus antérieurement à l'arrivée du bordereau est fausse.

Jamais on ne l'a soupçonné.

Quand la pièce : *Ce canaille de D...* est arrivée au ministère, on a fait des enquêtes sur diverses personnes, notamment sur un employé subalterne, dont le nom commençait aussi par un D. On a abandonné cette enquête et on ne savait pas qui concernait la pièce.

Cela a été parfaitement reconnu à la Cour de cassation et constaté dans le rapport de M. Ballot-Beaupré.

Entre la pièce *Ce canaille de D...* et le bordereau, il n'est arrivé aucune pièce révélatrice des fuites du ministère de la Guerre.

Il y a eu un renseignement verbal donné à Henry, mais aucune fuite. Par conséquent, on n'a pas fait porter cette enquête sur Dreyfus et il est inadmissible qu'on ait eu l'idée de forger une pièce quelconque pour donner un corps à la trahison et une base à l'accusation.

L'ex-commandant Esterhazy a fourni alors une nouvelle version qui ne tient pas plus debout que les autres : c'est celle d'une pièce entièrement volée à l'ambassade, chez le concierge de l'ambassade, concierge avec lequel le ministère de la Guerre n'a jamais eu aucune relation — je suis prêt à l'établir !

Cette pièce aurait été rapportée au ministère. On aurait choisi Esterhazy pour en faire le décalque. On aurait renvoyé l'original à l'ambassade. Et c'est ce décalque qui, déchiré et reconstitué, aurait servi de base à l'accusation.

Cette version n'est pas plus admissible que les autres, attendu qu'on ne connaît pas ce concierge et qu'il n'est jamais arrivé de cette ambassade un document original entier.

On dit maintenant qu'Esterhazy raconte qu'il n'est pas l'auteur du bordereau.

Je ne sais pas ce que le commandant Esterhazy ne racontera pas, même d'ici la fin du procès. Il est possible qu'il prépare encore quelque surprise. Elle ne m'émeuvra pas plus que les autres manœuvres qu'il a faites jusqu'à présent.

Il y a une autre manœuvre [1] qu'on pourrait examiner et qui n'a pas été produite par Esterhazy, mais qui a été lancée dans la presse, sur laquelle la Cour de cassation a paru travailler un instant : c'est celle de la complicité d'Henry et d'Esterhazy.

Je demande aussi à m'expliquer là-dessus. L'instruction à la Chambre criminelle (il y a eu des tâtonnements de la part de la défense) paraît avoir passé par trois thèses. Dans la première, on a voulu faire peser la suspicion sur le bordereau lui-même ; dès lors, le bordereau étant une pièce suspecte, il n'y avait plus de trahison, partant plus de traître.

Cette thèse n'a pas pu être soutenue.

La seconde, celle qu'aurait découverte M. Picquart, c'est que les documents livrés par le bordereau pouvaient être recueillis par n'importe qui, n'importe où.

Malheureusement, il s'est produit contre cette thèse devant la Cour, des témoignages tellement probants, que l'on a cherché la solution dans une autre voie.

C'est alors que s'est produite la version de la complicité d'Henry et d'Esterhazy.

1. « Une autre hypothèse. » (*Compte rendu revisé.*)

Je n'ai qu'un mot à dire pour la faire tomber; c'est que c'est Henry qui a apporté lui-même le bordereau. Si Henry avait été complice d'Esterhazy, on ne s'expliquerait pas qu'il ait livré lui-même la pièce qui pouvait le faire prendre.

Cela est établi d'une façon incontestable.

Il n'y a plus alors, pour étayer cette complicité, que la scène qui se serait passée le 18 juillet dans le bureau de M. Bertulus.

J'ai dit à la Cour de cassation ce que je pensais de cette scène.

Je ne crois pas que je sois obligé d'y revenir devant le Conseil de guerre.

Le Président. — Les juges du Conseil de guerre ne sont pas censés avoir connaissance des dépositions faites devant la Cour de cassation. Le président seul a connaissance du dossier.

Le Commissaire du Gouvernement. — Le débat est ici exclusivement oral, mon général. Nous sommes comme à la Cour d'assises : l'instruction écrite ne compte pas.

Le général Roget. — Monsieur le Commissaire du Gouvernement, je m'incline. Je suis d'ailleurs prêt à répondre à toutes les questions que l'on me posera.

Il y a eu trois entrevues du colonel Henry avec M. Bertulus.

Je dois d'abord commencer par dire comment le colonel Henry a été amené à aller chez M. Bertulus. Cela se passait sous le ministère Cavaignac, et j'avais l'honneur d'être chef de cabinet du ministre. Je suis par conséquent bien renseigné.

M. Cavaignac un soir, à l'Élysée, je crois, apprit qu'on avait arrêté le commandant Esterhazy et Mme Pays. Il l'apprit par hasard.

Le lendemain, au ministère, il dit : « Puisqu'on a fait une perquisition chez Mme Pays, il serait bon de savoir si le commandant Esterhazy n'aurait pas chez lui des documents qui pourraient intéresser le ministère de la Guerre. »

Il avait été en effet à un moment donné en possession de divers documents, notamment de celui que l'on a appelé[1] « le document libérateur » et qui n'est pas autre chose que la photographie de la pièce *Canaille de D...*

Puisque le commandant Esterhazy avait eu cette pièce, il pouvait en avoir d'autres. M. Cavaignac dit : « Il faudrait envoyer quelqu'un pour assister au dépouillement des papiers saisis. » Je fus chargé de demander à l'État-major général un officier pour

1. « En possession du document que l'on a appelé... » (*Compte rendu revisé.*)

remplir cette mission. Je me suis adressé au général Gonse, dans les attributions duquel ce service rentrait. On a discuté un instant le nom du colonel Henry. Le général Gonse a dit : « C'est Henry qui va habituellement faire des opérations de cette nature. Il n'y a pas de raison pour ne pas le prendre. »

Cela se passait dans la première quinzaine du mois de juillet.

C'est donc le colonel Henry qui a été envoyé chez M. Bertulus avec mission d'assister au dépouillement des papiers saisis chez Mme Pays, 49, rue de Douai.

Henry est venu prendre mes ordres avant de partir parce que c'était une mission spéciale qu'il accomplissait au nom du ministre. Il me dit notamment ceci : « Si M. Bertulus veut me faire causer sur ce que je sais, dois-je répondre? »

J'ai répondu : « Cela n'a aucun inconvénient, répondez. »

En quoi j'ai eu tort. Je m'en suis bientôt aperçu.

J'en ai rendu compte au ministre qui me dit : « Vous avez eu tort; Henry va remplir une mission officielle, il n'a pas à causer avec M. Bertulus. »

Ce qui était exact.

Je me le suis tenu pour dit.

Le colonel Henry est allé une première fois le 18 juillet chez M. Bertulus.

Il en est revenu peu de temps après.

Il est allé, je crois, chez le général Gonse.

Ce qu'il y a de certain, c'est que le colonel Henry et le général Gonse sont arrivés tous deux dans mon cabinet; le général Gonse m'amenant Henry et disant : « On n'a pas pu dépouiller la correspondance saisie parce qu'il faut que cela se passe en présence des avocats. Le colonel Henry n'a fait que causer avec M. Bertulus. Il a désiré vous voir. Je vous l'amène. »

Ces faits se sont passés dans mon cabinet.

J'ai fait répéter à Henry cette scène.

Henry était extrêmement calme, comme je le suis en ce moment.

D'ailleurs il a raconté que M. Bertulus avait été charmant pour lui, il lui avait parlé de l'instruction qu'il dirigeait à ce moment; à propos des télégrammes *Blanche* et *Speranza*, il lui avait parlé de du Paty de Clam, et à ce propos il avait témoigné un grand amour pour l'armée et fait part du grand désir qu'il avait que, dans cette affaire, du Paty de Clam ne fût pas compromis; et enfin il lui aurait dit ceci : « Dites au général Roget, d'ailleurs, que je suis tout à fait avec lui et que, pour le lui prouver, je lui communiquerai toute mon instruction. Dites-lui qu'il vienne et je suis prêt à la lui communiquer. »

J'ai écouté cette conversation. Cela ne m'a rien inspiré du tout, cette proposition!

Je n'avais aucunement besoin de prendre connaissance de l'instruction que dirigeait M. Bertulus. Nous n'étions mêlés en rien à cette question. J'avais à peine connaissance de ces affaires.

J'ai répondu à Henry : « Eh bien! quand vous verrez M. Bertulus, vous le remercierez beaucoup de ma part, mais vous lui direz que l'instruction qu'il dirige à la suite de la plainte en faux pour les télégrammes *Blanche* et *Speranza* ne m'intéresse en aucune façon, et que je n'ai aucun besoin par conséquent d'aller prendre connaissance de son instruction. »

J'ai ajouté pour Henry : « Je me méfie un peu de cette proposition qui pourrait être un piège tendu.

« Si on me voyait aller moi, chef du cabinet du ministre, chez M. Bertulus, on pourrait tirer cette conséquence, que nous sommes inquiets de ce qui se passe, et que le ministre m'a envoyé.

« Demain, mon nom serait dans la presse avec toute espèce de commentaires. »

Je suis allé trouver M. Cavaignac, séance tenante. Je lui ai raconté la conversation qu'Henry venait de me rapporter.

M. Cavaignac m'a dit : « Vous avez très bien fait; du reste, vous ne pourriez pas aller chez M. Bertulus sans mon autorisation. Dans les circonstances où nous sommes, vous avez très bien fait de refuser. »

Voilà donc tout ce que je sais de l'entrevue qui s'est passée entre M. Bertulus et Henry le 18 juillet.

Quand on m'a donné lecture à la Cour de cassation de la déposition de M. Bertulus et du parti merveilleux qu'il avait tiré de la scène qui se serait passée entre lui et Henry, j'ai été un peu étonné et je dois même dire indigné.

J'ai alors démontré que l'émotion qui[1] aurait été produite sur Henry par la vue des pièces qu'il avait plus tard apportées au ministère, était inconcevable, attendu que les mots qui auraient figuré sur ces pièces n'y étaient pas. Mais je vous demande pardon, je n'exposerai pas bien la question si je continue dans cette voie.

Je dois d'abord pour me faire comprendre parler de l'entrevue du 21 juillet.

1. « Qui, d'après M. Bertulus,... » (*Compte rendu revisé.*)

Il y a eu, en effet, une seconde entrevue le 21 juillet, entrevue dans laquelle, précisément alors, Henry a assisté au dépouillement des papiers en présence d'Esterhazy, de la femme Pays et, je crois, de deux avocats.

Me Tézenas y était. Je ne sais pas si M. Jeanmaire était présent.

C'est à la suite de cette seconde entrevue que Henry a rapporté au ministère de la Guerre trois pièces.

Ces trois pièces étaient : une lettre écrite en anglais sur papier vergé, format de papier à lettre ordinaire.

Une seconde lettre sur papier format écolier, qui était la traduction de la première, traduction presque littérale. Cependant il y avait dans une marge quelques explications sur un point qui était un peu abrégé dans le texte ; et, enfin, une troisième pièce, sur papier format écolier également, qui était un résumé de l'autre. En un mot on avait pris tous les faits qui étaient détaillés dans cette première pièce, et on en avait fait une petite note de quelques lignes, comme une sorte de memento.

Ces trois pièces m'ont été rapportées par Henry dès qu'il est revenu de son entrevue chez M. Bertulus.

Je les ai examinées et je suis monté immédiatement chez le ministre de la Guerre qui était M. Cavaignac.

M. Cavaignac a vu également ces trois pièces. Nous les avons lues : elles étaient absolument insignifiantes.

Henry les avait rapportées en raison de ce que, dans l'une de ces lettres, il était question d'un agent d'une puissance voisine de la France et qui est attaché militaire à Bruxelles, et des entrevues que le capitaine Dreyfus aurait eues avec cet agent à Bruxelles. C'est parce que le nom de cet agent était en toutes lettres sur les pièces que celles-ci ont été rapportées.

Nous n'avions pas connaissance que le capitaine Dreyfus eût jamais eu d'entrevues avec cet agent à Bruxelles et nous n'avions pas attaché à ce fait d'autre importance que celle d'un racontar quelconque d'Esterhazy.

Les pièces ont été rapportées parce que le nom de l'agent y était, uniquement pour cela.

Il y avait à la suite un certain nombre de racontars plus ou moins calomnieux, sur les uns et sur les autres : sur le général Billot, sur Me Labori, sur M. Scheurer-Kestner, sur M. Gobron, gendre, je crois, de M. Scheurer-Kestner.

Il est probable que c'était un memento fait pour alimenter la chronique scandaleuse. M. Cavaignac m'a dit : « Cela ne signifie rien, faites-en ce que vous voudrez. »

Il m'a rendu ces papiers qui ont été déposés par moi dans un cartonnier de son bureau. Ils y sont restés sans que personne y fasse aucune espèce d'attention, jusqu'au moment où j'ai quitté le ministère de la Guerre.

A ce moment-là, j'ai fait le dépouillement des papiers que j'avais, provenant de services différents. J'en avais de toutes provenances, de toutes les directions.

J'ai fait rendre à chacune ce qu'il lui revenait, et c'est ainsi que j'ai fait remettre au service des renseignements — au milieu d'un tas de papiers plus ou moins indifférents — les trois pièces rapportées de la perquisition.

Je les ai fait remettre enveloppées dans une fiche de moi, au crayon bleu, avec du papier à en-tête du ministère de la Guerre sur lequel j'avais écrit : « *Papiers saisis chez Mme Pays et rapportés par Henry au ministère de la Guerre.* »

J'ai donc vu, avec surprise, dans la déposition de M. Bertulus, qu'Henry avait éprouvé une émotion violente quand on lui avait présenté ces papiers, et que cette émotion aurait été produite sur Henry par ce fait qu'il était question, dans ces pièces, d'une entrevue qui aurait eu lieu à Bâle avec un agent qu'on a appelé l'agent R C et dont tout le monde aujourd'hui connaît le nom : Richard Cuers.

Il y aurait donc eu sur les pièces le mot Bâle et le nom Richard Cuers.

J'ai été tout à fait surpris de constater que jamais ces noms n'y avaient été. Il n'y avait jamais eu ni le mot « Bâle » ni les lettres « R C » sur les papiers rapportés par Henry.

Je ne m'explique donc pas ce qui a pu causer l'émotion d'Henry.

Voici comment j'ai été amené à déposer devant la Cour de cassation sur ces faits.

Après la déposition de M. Bertulus, le président de la Chambre criminelle a fait demander au ministère les pièces dont il s'agit. Personne ne les avait vues, on ne savait pas ce qu'elles étaient devenues, et cela n'avait rien d'étonnant puisqu'elles n'avaient été vues que par M. Cavaignac et par moi.

Le ministre de la Guerre d'alors, M. de Freycinet, me convoqua à son cabinet, un dimanche, à dix heures du matin, et me demanda si j'avais connaissance de ces pièces.

Je lui répondis que oui, qu'Henry me les avait remises, que je les avais montrées à M. Cavaignac, et je lui fis séance tenante la description de ces pièces avec ce qu'il y avait dedans.

Je lui donnai les raisons pour lesquelles on les avait rapportées et pour lesquelles on n'en avait tiré aucun parti et je fis même un rapport écrit qui date du même jour.

Ce rapport est au ministère de la Guerre.

On a retrouvé postérieurement, le lendemain je crois, au service des renseignements, d'après les renseignements que j'avais donnés, les trois pièces dont j'ai parlé et qui, ainsi que je l'ai dit, étaient dans une fiche de moi, écrite au crayon bleu.

Jamais donc, à aucun moment, les mot « Bâle » et « Richard Cuers » n'ont été sur cette pièce et je ne m'explique pas ce qui a pu causer l'émotion d'Henry.

J'ai dit ensuite, à propos du même fait, qu'Henry n'avait pas pu dire à M. Bertulus que le colonel du Paty de Clam était l'auteur des télégrammes *Blanche* et *Speranza*, parce qu'il n'en savait rien.

Enfin j'ai parlé à la Chambre criminelle des entrevues subséquentes qui ont eu lieu chez M. Bertulus, notamment l'entrevue du 21 juillet.

J'ai montré que M. Bertulus avait toujours traité le colonel Henry de la même manière, très affectueusement, lui passant le bras sous le sien, l'appelant « Mon cher ami », ce qui serait une attitude singulière, si le commandant lui avait avoué, comme le dit M. Bertulus, qu'Esterhazy était l'auteur du bordereau, qu'il était presque son complice, puisque Henry lui aurait dit : « N'insistez pas! n'insistez pas! »

Le 26 juillet, une autre entrevue eut lieu en présence du commandant Esterhazy, de Mlle Pays, de Me Tézenas et du capitaine Junck, qui avait été délégué par le ministre pour voir s'il n'y avait pas des papiers « intéressant la défense nationale » et qu'il y aurait lieu d'emporter.

L'attitude de M. Bertulus vis-à-vis d'Henry fut la même.

Ici se place une scène qui s'est passée avec M. Bertulus et sur laquelle je crois qu'il n'est pas la peine d'insister, car elle est étrangère à l'affaire.

Le seul fait important est qu'Henry avait causé pendant un certain temps avec M. Bertulus dans son cabinet de toute espèce de choses.

Je n'en ai plus le souvenir très présent à l'esprit et je ne croyais pas avoir à en parler devant vous.

La conversation avait pris une tournure de plaisanterie générale et, en finissant cette conversation, Henry dit en riant, à M. Bertulus :

« Il y a là des journalistes qui sont dans les couloirs. Je vais sortir avec vous[1]. Ils vont croire que je suis arrêté. »

On peut interroger là-dessus les témoins de la scène, voilà comment elle s'est passée exactement.

En sortant du cabinet de M. Bertulus, celui-ci les a reconduits et, devant le capitaine Junck, s'adressant à Henry, il dit, en parlant d'Esterhazy : « Eh bien! cet homme, je le connais à fond. Au point de vue de l'argent, on peut en dire tout ce que l'on voudra; c'est un aventurier, c'est un rasta, mais au point de vue de la trahison, il n'y a rien ».

Voilà ce que M. Bertulus a dit à Henry et au capitaine Junck, le 26 juillet, huit jours après la scène du 18 dans laquelle Henry lui aurait avoué qu'Esterhazy était l'auteur du bordereau, ce qui n'est pas vrai.

Le capitaine Junck déposera à ce sujet; M. le général Gonse en déposera également; attendu qu'Henry et le capitaine Junck après l'entrevue du 26 juillet, sont allés immédiatement voir M. le général Gonse, qui était alors en traitement aux Frères Saint-Jean-de-Dieu, où il venait de subir une petite opération.

Ils lui rendirent compte de ce qui s'était passé dans le cabinet de M. Bertulus.

Depuis que j'ai déposé devant la Chambre criminelle et que j'ai exprimé mon étonnement au sujet de la déposition de M. Bertulus, il s'est produit un fait nouveau qui est le suivant :

M. Bertulus a déposé deux fois devant la Chambre criminelle, le 6 et 10 décembre.

Le 6 décembre, on lui a dit : « Mais, avez-vous consigné dans votre instruction cette scène si capitale qui s'est passée entre Henry et vous, dans votre cabinet, le 18 juillet? »

M. Bertulus répond : « Non, je n'ai pas consigné cela dans mon instruction, parce que cela y était étranger, mon instruction portant sur les faux *Blanche* et *Speranza.* »

A la séance du 10 décembre, sur la demande d'un conseiller, M. le président pose cette question à M. Bertulus : « Vous nous avez dit que vous n'aviez pas consigné ces faits dans votre instruction parce qu'ils ne l'intéressaient pas ; mais en avez-vous rendu compte au procureur de la République et au procureur général? »

M. Bertulus répond :

1. « Avec Junck ». (*Compte rendu revisé.*)

« D'une manière très régulière, toutes les fois qu'un incident grave se passait dans mon cabinet, je descendais chez le procureur de la République et je lui en rendais compte. »

Je ne sais pas ce qu'ont dit le procureur de la République et le procureur général; mais je suis certain qu'ils n'ont pas confirmé cette déclaration de M. Bertulus, parce que, quand M. Bertulus a été entendu devant les chambres réunies de la Cour de cassation, il a été obligé de revenir sur la déclaration qu'il avait faite devant la Chambre criminelle et de reconnaître que, n'ayant pas agi comme juge d'instruction, il n'avait rendu compte de ces faits ni au procureur de la République ni au procureur général.

Du reste, si j'ai évoqué cette version de la complicité d'Henry et d'Esterhazy, je n'y attache aucune espèce d'importance.

La Cour de cassation n'y en attache elle-même aucune.

Elle n'a d'ailleurs pas retenu, ou du moins, je parle du rapport de M. Ballot-Beaupré, cette déposition de M. Bertulus. Par conséquent, toutes les hypothèses qu'on a émises pour qu'Esterhazy soit l'auteur du bordereau sont inadmissibles, aussi bien celles qu'il a données lui-même que celles qu'on a trouvées.

Je vais plus loin.

Je répète ce que j'ai dit devant la Chambre criminelle :

Si l'on venait me prouver qu'Esterhazy a écrit le bordereau, je ne croirais pas encore que c'est lui le traître, parce qu'il lui a été impossible de se procurer les documents[1] qui sont énumérés au bordereau (*Protestations*) [2].

Je ne recommencerais pas devant le Conseil cette démonstration qui a été faite avant moi, par le général Mercier notamment, d'une façon plus compétente que je ne pourrais le faire. Je dirai seulement qu'Esterhazy n'est pas même l'auteur de l'écriture du bordereau.

Ce n'est pas lui qui l'a écrit. (*Mouvements divers.*)

Le bordereau est d'une écriture truquée. (*Mouvement.*)

Elle a été truquée par Dreyfus. M. Bertillon a trouvé la loi de cette écriture. D'autres témoins ont repris la démonstration de M. Bertillon, ils l'ont complétée; ils viendront produire cette loi devant le Conseil.

Le bordereau est d'une écriture géométrique.

Il a été écrit avec un « mot clef » construit lui-même avec les dimensions de l'échelle au 80^{mm} et il n'a pu être truqué que par

1. « Les renseignements. » (*Compte rendu revisé.*)
2. « (*Mouvements divers*) ». (*Ibid.*)

Dreyfus, parce qu'on a trouvé les caractères de l'écriture dans certains mots truqués eux-mêmes, des minutes qu'il faisait au ministère de la Guerre comme stagiaire.

Je n'ai pas personnellement à déposer sur cette question. Le Conseil entendra les témoins qui, plus compétents que moi, lui donneront, je pense, la preuve matérielle que le bordereau est de Dreyfus.

Avant de passer à la question des documents qui ont été livrés et sont énumérés au bordereau, je voudrais traiter devant le Conseil une autre question, qui a son intérêt.

On a cru devoir, dans cette affaire, invoquer aussi les témoignages des étrangers, de ceux que M. Trarieux a appelés les « témoins nécessaires. »

Je crois, bien qu'il soit un peu étrange de recourir à de tels concours dans un procès de cette nature, que nous ne devons pas nous refuser à cette discussion[1].

Dans ce rapport, il est dit de la façon la plus formelle que Dreyfus n'a été en relations ni avec A ni avec B.

Je commence par déclarer de la façon la plus formelle, pour que mes paroles ne puissent prêter à aucune fausse interprétation, que je n'entends pas ici suspecter la bonne foi de ceux qui ont été entendus. Je tiens pour certain qu'ils sont persuadés de la vérité de leurs déclarations. Mais je ne tiens pas, néanmoins, leurs déclarations pour exactes. Ils pourraient, tout comme nous, avoir été trompés ou s'être trompés. Il est tout aussi légitime de soumettre leurs témoignagnes à la critique, qu'il l'est de contrôler les nôtres. Si les militaires ne sont pas infaillibles, — ce à quoi ils ne prétendent pas ! — ni les diplomates et ni les savants ne le sont plus qu'eux.

Je m'arrête d'abord à la déposition de M. Casimir-Perier. Je ne parle pas de sa déposition devant le Conseil de guerre, je parle de celle qu'il a faite devant la Chambre criminelle, bien que je connaisse aussi celle qu'il a faite ici, par le compte rendu qu'en ont donné les journaux.

Je lis, dans cette déposition, que le 6 janvier 1895, un ambassadeur — venant au nom de son gouvernement demander un démenti officiel au sujet de l'affaire Dreyfus — recevait la confidence que la pièce, « émanant de cet officier ou paraissant émaner

1. « Bien qu'il soit étrange de recourir à de tels concours dans un procès de cette nature, nous ne nous refuserons pas à cette discussion. » (*Compte rendu revisé par le général Roget*)

de cet officier », c'est l'expression dont s'est servi M. Casimir-Perier, avait été trouvée à l'ambassade.

L'ambassadeur conteste qu'une pièce importante ait pu être soustraite à l'ambassade; il est certain qu'il était de bonne foi. Il est non moins certain, cependant, que la pièce en venait, et elle en venait comme beaucoup d'autres. Et si l'on continue à contester dans les journaux que cette *voie ordinaire* ait procuré des documents sérieux, je dirai que du temps de l'attaché militaire A lui-même, j'entends l'attaché militaire qu'on a désigné sous le nom de A — je ne veux pas prononcer de nom, le ministre me l'a défendu, j'appellerai donc A et B les deux attachés militaires en cause, — du temps de l'attaché militaire A [1], il est venu un très grand nombre de lettres; que j'ai eu entre les mains une correspondance, tout à fait intime, compromettante pour l'honneur d'une tierce personne. Je n'ai pas à en dire plus. Quand on laisse traîner des papiers de cette nature, on peut laisser traîner des pièces révélatrices de trahison.

Je constate également dans cette déposition que, si le 6 janvier 1895, l'ambassadeur s'étonne de ce qu'une pièce ait été trouvée à l'ambassade, il ne fait aucune remarque sur ce que cette pièce désigne Dreyfus. N'était-ce pas le moment cependant de déclarer qu'on n'avait pas eu affaire à lui? N'était-ce pas l'heure où la déclaration devait nécessairement se produire alors qu'on voulait protester contre l'immixtion qui avait lieu et alors qu'on recevait la confidence [2] que la pièce provenait de son ambassade?

Cette déclaration ne se produit pas. On n'était pas pourtant pris à l'improviste. La conversation est du 6 janvier 1895, il y avait sept semaines que Dreyfus était arrêté, deux mois que son nom était connu, trois semaines que son procès avait commencé; c'était au lendemain de l'exécution du jugement.

Il ne faut pas oublier que, dans une circonstance analogue, ainsi que l'a rappelé M. le général Mercier dans sa déposition, le même ambassadeur n'avait pas craint, sur la foi d'un attaché probablement moins scrupuleux que A, d'engager sa parole qu'on ne connaissait pas Boutonnet, alors que nous étions sûrs du contraire; et, quelques jours après, le sieur Boutonnet avouait.

Je prie le Conseil de retenir cet acquiescement tacite de la première heure, acquiescement dont la cause me paraît être qu'on ne

1. « De l'attaché militaire A lui-même, il est venu... » (*Compte rendu revisé.*)

2. « Se produire alors que l'ambassadeur venait nier toute immixtion de son pays dans l'affaire et qu'il recevait la confidence que... » (*Ibid.*)

savait point jusqu'à quel point nous étions armés et qu'on ignorait ce qui s'était passé dans le huis clos du Conseil de guerre.

Voilà ce qui s'est passé dans le pays auquel appartient l'attaché A. Je dois ajouter, pour préciser que mon raisonnement est basé sur la déposition de M. Casimir-Perier, auquel on a posé, à la Chambre criminelle, la question dans les termes suivants :

« Avez-vous connaissance que, soit à ce moment, soit postérieurement, il y ait une déclaration quelconque de la part de ce gouvernement disant qu'on ne connaissait pas Dreyfus? »

M. Casimir-Perier a répondu :

« Il n'y a eu aucune déclaration de ce genre. Le nom de Dreyfus n'a été prononcé que pour désigner l'affaire dont il s'agissait. »

C'est là-dessus que je base mon raisonnement. Du côté de l'attaché B, on envoie le 2 novembre 1894 la dépêche qui a donné lieu à tant de controverses. Je n'ai pas l'intention de la discuter. Moi, je n'ai pas été mêlé du tout à cette discussion ; je prends le texte tel qu'il est officiellement donné maintenant :

« Si le capitaine Dreyfus n'a pas eu de relations avec vous là-bas, il conviendrait de charger l'ambassadeur de demander[1] un démenti officiel, pour éviter tout commentaire de presse ».

On a tiré de ce texte, dans une autre enceinte de justice, une preuve d'innocence de Dreyfus. J'y vois simplement ceci : la demande d'un démenti officiel faite par l'attaché militaire.

Quant au texte lui-même, il m'inspire la réflexion suivante : si j'étais attaché militaire à Rome ou à Pékin, et si on arrêtait un officier italien ou chinois pour un crime de trahison, si je ne connaissais pas cet officier, si je n'avais jamais eu de relations avec lui, il ne me viendrait jamais à l'idée de croire que mon chef d'État-major puisse avoir des anxiétés[2], et encore moins de lui télégraphier sans autre explication, avant d'être mis en cause[3] : « Si le capitaine X... est arrêté, etc... »

Mais il y a quelque chose de plus curieux, c'est que, en même temps qu'on télégraphiait ce texte, on faisait des rapports à l'ambassadeur. Il y en a au dossier secret que vous avez vus, l'attaché B y commente ce que publiaient les journaux français, et il s'attache à établir que ce n'était pas pour son propre compte que

1. « De donner démenti officiel pour éviter les commentaires de la presse... » (*Compte rendu revisé.*)

2. « D'État-major ait pu en avoir sans que je le sache, et encore moins... » (*Ibid.*)

3. « Explication, sans être mis personnellement en cause... » (*Ibid.*)

Dreyfus trahissait, mais pour le compte de la puissance à laquelle appartient l'agent A. *

Il est bien singulier qu'alors que les attachés A et B travaillaient en commun presque tous les jours, l'attaché militaire B ne connût pas les agents de A. et qu'il fût obligé de se retrancher derrière les journaux français pour dire que c'était pour le compte du gouvernement de A que Dreyfus trahissait! [1] Le fait, d'autre part, est contesté dans le rapport adressé par l'attaché militaire à son gouvernement et au commandant en second de l'État-major le 1er novembre.

Où est la vérité dans ces affirmations? Car leur contradiction est certaine.

On a dit à l'ambassadeur : « Ce n'est pas pour nous que Dreyfus

1. Tout le passage suivant jusqu'aux mots : « Où est la vérité dans... » est modifié comme suit dans le *Compte rendu revisé :*

« D'autre part, dans un rapport qui a été produit *postérieurement* et qui aurait été adressé le 1er novembre 1894, par l'attaché B. au commandant en second de l'État-major, ledit attaché déclare formellement que Dreyfus n'était en relations ni avec lui ni avec A. »

---

* Dès que le *Figaro*, donnant la sténographie *in extenso* de cette déposition, est arrivé à Rome, le colonel Panizzardi lui a adressé la dépêche suivante démentant formellement cette déposition :

« FIGARO-PARIS.

« Rome, 17 août, 10 h. 45 soir.

« Je vous prie, en hommage à la vérité, de bien vouloir publier dans votre journal la déclaration suivante :

« *M. le général Roget, d'après le compte rendu de la séance du Conseil de guerre, aurait déclaré qu'à l'époque de l'arrestation du capitaine Dreyfus, j'aurais adressé à M. Ressman un rapport dans lequel j'aurais déclaré que le colonel de Schwartzkoppen était en relations avec Dreyfus.*

J'affirme que ce rapport n'a jamais existé, j'affirme que cette déclaration n'a jamais existé : je n'ai jamais appris le nom du capitaine français qu'à l'époque de son arrestation, comme, du reste, je l'ai déclaré par écrit et par voie officielle, sur mon honneur de soldat et de gentilhomme.

« Colonel PANIZZARDI. »

Dans son n° du 24 août, le *Figaro* publiait la note complémentaire suivante :

« La fille d'Alphonse Peyrat, ancien député et sénateur de la Seine, ancien vice-président du Sénat, Mme la marquise Arconati-Visconti, veut bien nous communiquer l'extrait d'une lettre que lui adressait, peu de temps avant sa mort, M. l'ambassadeur Ressman :

« Je sens la mort qui vient, écrivait Ressman, mais elle ne me fait pas peur.
« Je souffre tant! Je n'ai qu'un regret : c'est de mourir avant de voir proclamer
« l'innocence de ce malheureux Dreyfus! »

« Cette lettre de Ressman et la dépêche du colonel Panizzardi se contrôlent, comme on voit, et se confirment absolument.

« M. le général Roget a vraiment l'affirmation imprudente.

« D. »

travaillait, c'est pour le gouvernement de A. » Et on dit à son gouvernement[1] : ce n'est ni pour A ni pour moi.

Je n'ai pas connaissance[2] qu'à aucun moment un démenti officiel se soit produit de la part de ce gouvernement. Je puis me tromper, mais je n'en ai pas eu connaissance.

Voilà ce qui se passe à la première heure.

Plus tard, on apprend que les attachés militaires A et B répandent dans les salons, à droite et à gauche, le bruit de l'innocence de Dreyfus.

Tout au moins, voilà ce que dit un de leurs collègues dans une pièce qui est versée au dossier. Nous arrivons ainsi à la fin de 1896, au moment où les journaux parlent de la pièce : « *Ce canaille de D...* » et publient le fac-similé du bordereau.

A ce moment, d'après les renseignements qui ont été fournis à M. Trarieux, une vive lumière se produit dans l'esprit des attachés, qui, en effet, disent que, si des documents ont été livrés à l'attaché militaire A, ils n'ont pas été livrés par Dreyfus, mais ils l'ont été par Esterhazy.

On s'attache même à une expertise et à la publication du fac-similé du bordereau pour démontrer qu'il n'en fut pas l'auteur.

Cette explication, qui s'est produite, montre donc que la lumière a jailli dans l'esprit des attachés militaires à partir du moment où les journaux ont parlé de la pièce « *Ce canaille de D...* », et ont publié le fac-similé du bordereau[3].

Il est à remarquer d'ailleurs que, postérieurement un gouvernement fait la déclaration officielle qu'il ne connaissait ni Esterhazy, ni Dreyfus, ce qui n'est pas très bien[4].

Je suis surpris d'un autre côté que les agents A et B, qui voient en 1894 arrêter un officier pour crime de trahison, qui en connais-

1. « Au commandant en second de l'État-major... » (*Compte rendu revisé.*)

2. « J'ajoute d'ailleurs que malgré cette demande de démenti je n'ai pas... » (*Ibid.*)

3. « A ce moment, d'après les renseignements qui ont été fournis à M. Trarieux, une vive lumière se produit dans l'esprit des attachés ; ils se rendent compte seulement alors qu'une confusion a été commise et que Dreyfus a été victime d'une erreur; en effet, les documents énoncés au bordereau ont bien été livrés à l'attaché A, mais ils l'ont été par un autre officier que Dreyfus, c'est-à-dire par Esterhazy.

« Et c'est le fac-similé du bordereau, c'est-à-dire la ressemblance entre l'écriture de ce document et celle d'Esterhazy qui leur fait connaître, à eux, l'officier français qui aurait trahi pour leur compte. » (*Compte rendu revisé.*)

4. Ce paragraphe est modifié de la façon suivante dans le *Compte rendu revisé :*
« Il est à remarquer d'ailleurs que, postérieurement, le gouvernement auquel appartient l'attaché A. déclare qu'il ne connaissait ni Esterhazy ni Dreyfus, ce qui ne concorde pas très bien. »

sent un autre qui trahit pour eux, n'aient pas la moindre idée, un moment, qu'on puisse s'être trompé.

On dirait vraiment que le nombre des officiers français qui trahissent est tel qu'on ne puisse pas s'y reconnaître.

Mais il y a quelque chose qui me paraît plus probant que cela. L'attaché militaire A., dans l'esprit duquel la lumière ne s'est faite qu'en novembre 1896, faisait, au mois de janvier 1895, une enquête pour savoir comment la trahison avait été découverte.

Au mois de janvier 1895, dans une pièce qui figure au dossier secret, une sorte de *note* ou *memento*, on passe en revue tous les noms des attachés et employés, même des agents subalternes de l'ambassade, sans oublier un portier dont le fils est Français.

On trouve dans cette pièce des phrases suggestives, telles que celle-ci : « Hanotaux malin se réjouit de ce que l'ambassade dément. Il faut que l'ambassade démente. »

Puis, des noms d'officiers ou d'agents qui, tous, ont été inculpés dans des affaires de trahison en divers pays.

C'est une enquête sur la trahison.

Dans cette pièce figure deux fois le nom de Dreyfus.

Il y figure avec des mots qui rappellent certains mots du bordereau.

Le nom d'Esterhazy n'y figure pas.

Le nom d'Esterhazy ne figure nulle part, dans aucune pièce. (*Mouvement, murmures.*)

Il n'y a quoi que ce soit qui fasse allusion à ce nom.

J'ai eu sous les yeux toutes les pièces qui sont au service des renseignements au ministère de la Guerre (je ne peux pas en évaluer le nombre). Ces pièces révèlent un service de contre-espionnage très bien fait, permettant de faire prendre des gens tels que Boutonnet, Guillot [1], etc., qui ont tous été condamnés pour trahison; mais, dans ces pièces-là, il n'y en a aucune qui puisse être attribuée à Esterhazy, sauf le *petit bleu* si extraordinairement découvert par Picquart. (*Murmures* [2].)

Voilà en ce qui concerne le bordereau.

Si je prends les explications fournies à M. Trarieux en ce qui concerne la pièce *Ce canaille de D...*, j'éprouve alors des inquiétudes encore plus vives.

Les renseignements que l'on donne sont enveloppés de pas mal de précautions oratoires. Le Conseil sait peut-être que, jusqu'au

1. « Tels que Eyrolles, Boutonnet, Guillot, Greiner, etc. » (*Compte rendu revisé.*)
2. « *Murmures sur quelques bancs.* » (*Ibid.*)

moment où j'ai déposé devant la Chambre criminelle, on avait cru, sur la foi de M. Picquart, que la pièce : *Ce canaille de D...* était de l'attaché militaire B.

J'ai établi qu'elle était de l'attaché militaire A.

Eh bien! il y a eu erreur d'attribution dans l'esprit des attachés. B déclare n'avoir pas reçu cette lettre.

C'est possible.

Or, A ne se rappelle pas l'avoir écrite, mais il se rappelle fort à propos quel est l'individu qui imitait admirablement son écriture. Cet individu, c'est Lemercier-Picard [1].

Il a bon dos, Lemercier-Picard, il est mort! (*Mouvement.*)

Seulement, il n'y a qu'un malheur, c'est que jamais il n'a été un agent du ministère de la Guerre, et que jamais il ne lui a apporté aucun document. (*Murmures* [2].)

J'ai voulu le prouver devant la Chambre criminelle.

Les magistrats qui avaient connu de l'affaire, M. Atthalin notamment, m'ont dit que c'était inutile, attendu que tout le monde savait que Lemercier-Picard était un escroc et un imposteur.

Je suis prêt, quand même, à prouver devant le Conseil qu'on ne connaît pas Lemercier-Picard au ministère de la Guerre.

On n'ose pas dire cependant tout à fait que la pièce soit fausse.

Si elle est vraie, elle pourrait [3] concerner une autre personne que Dreyfus, avec laquelle A et B étaient en relations.

Cette personne n'était pas un employé de la guerre, c'était un civil qui fournissait à l'attaché A des cartes et plans topographiques assez difficiles à se procurer dans le commerce. (Je prends les termes mêmes de la déposition de M. Trarieux.)

Enfin on finit par dire le nom de celui qui livrait ces documents : c'est [4] un nommé Dubois.

Il y a encore un malheur à cette explication. C'est que nous connaissons parfaitement Dubois; que le nom de Dubois est toujours en toutes lettres dans la correspondance des attachés militaires; que jamais son nom ne se trouve dans la correspondance

1. Les trois derniers paragraphes sont modifiés comme suit dans le *Compte rendu revisé* :

« Eh bien! il n'y a pas eu erreur d'attribution dans l'esprit des attachés. A. sait bien qu'il est l'auteur de la lettre, mais il ne se rappelle pas l'avoir écrite ; il croit dans tous les cas qu'elle n'a pas été envoyée.

« Quant à B., il déclare ne l'avoir pas reçue.

« Mais A. se rappelle en plus fort à propos qu'il y avait un individu qui imitait admirablement son écriture ; cet individu, c'est Lemercier-Picard. »

2. « *Murmures sur quelques bancs* » (*Idem.*)

3. « Vraie, on insinue qu'elle pourrait... » (*Ibidem*)

4. « Ce serait un... » (*Ibidem.*)

relative à la livraison des plans directeurs ; que Dubois est un pauvre diable qui voulait livrer le secret de la poudre sans fumée, et qu'il n'a jamais été pris au sérieux par personne.

Voilà l'explication. (*Murmures*[1].)

Eh bien! si on ne trouve pas d'autre personne pour dire à qui s'applique l'initiale D, à qui s'applique-t-elle?

Du reste, je ne veux pas tirer grand parti de céla. Je n'ai pas dit devant la Cour de cassation qu'elle s'appliquât à Dreyfus. J'ai dit simplement qu'elle pouvait le désigner, parce qu'il avait des facilités pour se procurer les plans directeurs.

Maintenant, je crois qu'il ne faut pas attacher une grande importance aux déclarations de M. Trarieux. Le témoignage de M. Trarieux est un témoignage de quatrième main. Il le tient de T... qui le tient de B... lequel le tient de A... Et nous, quand nous en apportons un de deuxième main, c'est à peine si on l'accepte! Je ne tiens pour suspecte la déclaration de personne; seulement je dis que quand des renseignements[2] absolument désintéressés, comme les miens, sont apportés, je ne comprendrais pas que l'on donnât la préférence aux déclarations de personnes qui ont bénéficié de la trahison.

Il est une partie de la discussion que la Cour de cassation a complètement éliminée du débat : c'est la discussion technique du bordereau. Il s'est produit devant la Cour de cassation des témoignages contradictoires. La thèse que les documents auraient pu être recueillis par n'importe qui, n'importe où, a fini, je crois, par contre balancer la thèse contraire. Dans tous les cas, on n'a pas fait état dans l'instruction de la discussion technique. Je crois que c'est une erreur.

En 1894, on ne s'est pas appesanti sur ce point. On ne contestait pas alors que les documents vinssent du ministère de la Guerre, de sorte que quand s'est produite, pour la première fois, la thèse de la culpabilité d'Esterhazy, quand on a voulu que cette trahison, qui révèle un officier de l'État-major de l'armée, pût être imputable à un officier de troupe, il a bien fallu soutenir la doctrine que les documents étaient sans valeur.

Cette doctrine s'est produite surtout au procès Zola.

Je ne sais pas si elle s'est produite au procès Esterhazy. Je n'y étais pas.

Il se passait à huis clos. Il n'y a rien d'étonnant, par conséquent,

1. « *Murmures sur quelques bancs.* » (*Compte rendu revisé.*)
2. « Témoignages. » (*Compte rendu revisé.*)

à ce qu'au ministère de la Guerre, à ce moment-là, on se soit documenté pour prouver le contraire. Eh bien! la doctrine que les documents sont sans valeur est très difficile à soutenir. Elle se heurte d'abord à une objection capitale : ce sont les fuites qui existaient au ministère de la Guerre et qu'elle n'explique pas, à moins qu'Esterhazy n'ait eu un complice au ministère de la Guerre.

Il y a une autre objection extrêmement importante, c'est que le destinataire de ces pièces n'est pas un homme à qui on puisse envoyer des renseignements sans valeur. Il sait parfaitement ce que valent les documents. Il est capable de les apprécier. Il est capable même de les contrôler. Enfin, il ne faut pas oublier que le bordereau commence par cette phrase : « Sans nouvelles indiquant que vous désirez me voir, je vous adresse, cependant... », ce qui prouve que l'auteur du bordereau était en relations déjà avec le destinataire.

S'il était en relations avec le destinataire, je ne croirai jamais que ce destinataire reçût des documents sans valeur, c'est-à-dire continuât des relations aussi dangereuses pour lui que pour l'agent, à seule fin de recueillir les échos des cafés de Mourmelon et ce qui traînait dans la presse militaire française, ce qu'il pouvait lire lui-même!

Voilà donc les deux objections capitales et de principe qui peuvent être faites à cette thèse. On peut encore en faire d'autres.

On a dit au ministère de la Guerre, dès que le bordereau a été trouvé, qu'il désignait un officier de l'État-major de l'armée et aussi un artilleur. Plus tard, on a dit aussi probablement un stagiaire. Qu'il désigne un officier de l'État-major de l'armée, M. Picquart dit qu'on a trouvé cela *a priori!* Je le crois, en effet, cela a frappé les yeux de tout le monde; seulement, on a trouvé aussi *a posteriori*. Rien que la phrase « sur les troupes de couverture » donne sa marque d'origine certaine. Les études sur la couverture ne se font qu'à l'État-major de l'armée. Personne ne peut savoir, en dehors de cet État-major, qu'un plan, qui n'est pas encore fait, apportera des modifications à des travaux qu'on élabore. Le bordereau désigne un officier d'artillerie, parce que trois des documents sur cinq intéressent l'artillerie: l'un intéresse le matériel, un autre la mobilisation, un troisième le tir. Tout ce qui est important dans la vie de l'artillerie, matériel, mobilisation, tir, est touché par le bordereau. Il est donc bien surprenant qu'un officier d'infanterie fournisse trois documents comme ceux-là sur l'artillerie et aucun autre sur l'infanterie, alors qu'il y avait aussi dans le plan en études des transformations intéressantes concernant l'infanterie.

Il faudrait aussi que cet officier d'infanterie fût particulièrement versé dans les connaissances en artillerie. Eh bien! mais tout semble, en ce qui concerne Esterhazy, prouver le contraire. On a essayé beaucoup, M. Picquart a essayé beaucoup de se procurer des renseignements et des documents à ce sujet. Il a fait venir... Mais avant de parler de son enquête, je veux dire que le commandant Esterhazy était en relations tous les jours à Rouen avec le capitaine Boone. Le capitaine Boone était à l'État-major du 3e corps d'armée. Il était capitaine d'artillerie. Le capitaine Boone et Esterhazy se voyaient[1] presque tous les jours au cercle; ils causaient presque tous les soirs au cercle. Il est singulier que jamais le commandant Esterhazy n'ait posé aucune question sur la mobilisation ou sur les services de l'artillerie au capitaine Boone.

Le capitaine Boone était détenteur à Rouen, et il était l'unique détenteur, du manuel de tir qui existait dans cette ville, attendu que Rouen n'était pas une garnison d'artillerie. On n'avait envoyé un exemplaire de ce manuel qu'au général commandant le corps d'armée. Le capitaine Boone fut détenteur pendant un certain temps de ce manuel : jamais Esterhazy ne lui en a parlé et jamais le capitaine Boone ne lui a prêté son projet de manuel. Le capitaine Le Rond, qui a conduit le commandant Esterhazy sur le champ de tir de Châlons, dit également que jamais Esterhazy ne lui a parlé du projet de manuel et que, s'il l'avait demandé à quelqu'un, c'est à lui, Le Rond, qu'il se serait certainement adressé.

On a fait venir le sieur Mulot au ministère de la Guerre, du temps de M. Picquart. On a voulu lui faire dire qu'il avait copié une partie du projet du manuel de tir pour Esterhazy. On lui a présenté le projet de manuel, et il ne l'a pas reconnu, et il a dit qu'il avait fait une copie dans un livre beaucoup plus gros. M. Picquart se plaignait de ce qu'on n'eût pas entendu, à l'instruction Ravary, d'autres secrétaires d'Esterhazy, Ecalle et Bousquet. A la Chambre criminelle, ils ont été entendus. Eh bien! MM. Ecalle et Bousquet ont fait des dessins de fusil. On aurait voulu que ce fusil fût le fusil Lebel : on a posé des questions à ce sujet à Ecalle, qui a dit qu'il ne connaissait pas très bien le fusil Lebel, qu'il avait été soldat, qu'il ne pourrait pas dire si c'était lui, que le magasin à cartouches lui paraissait avoir reçu une grande transformation, que cela ne devait donc pas être lui[2].

1. « Et se parlaient... » (*Compte rendu revisé.*)
2. Dans le *Compte rendu sténographique revisé par le général Roget*, cette phrase et l'alinéa suivant ont été modifiés de la façon suivante :
« On aurait voulu que ce fusil fût le fusil Lebel : on a posé des questions à

Il est probable que la vérité se trouve dans cette version que le commandant Esterhazy était un homme ambitieux, qui se mettait en avant, qui faisait des conférences, qui voulait arriver lieutenant-colonel.

Il n'y a qu'à lire, pour en être convaincu, les lettres qu'il a écrites à M. Jules Roche, qui indiquent que c'était un ambitieux assoiffé d'avancement.

M. le capitaine Le Rond a été appelé au ministère de la Guerre par M. Picquart. Il lui a raconté tout ce qu'il savait sur Esterhazy, et il lui a même donné à lire une lettre assez curieuse qu'Esterhazy lui avait écrite en 1895.

Dans cette lettre, le commandant Esterhazy disait au capitaine Le Rond qu'il avait posé à ses camarades, en revenant des écoles à feu, une question qui témoignait de connaissances médiocres en matière de tir d'artillerie, et il demandait s'il n'avait pas dit de bêtises dans une question qu'il avait posée à cet égard et si on ne pourrait pas se procurer un commentaire sur ce point. M. Esterhazy avait écrit une lettre au capitaine Le Rond, mais ce qu'il y a de très curieux, c'est que le colonel Picquart n'en a pas parlé au général Gonse. Il a eu simplement soin de lui dire qu'Esterhazy avait demandé, postérieurement aux écoles à feu, des renseignements au capitaine Le Rond [1].

Ecalle. Ecalle a déclaré qu'étant jeune soldat à ce moment-là, il ne connaissait pas encore très bien le fusil Lebel et qu'il ne saurait pas dire si c'est ce fusil qu'il a dessiné. Mais il a donné un renseignement de détail qui prouve clairement que ce n'était pas ce fusil. En effet, dans l'arme dessinée, les cartouches étaient rassemblées près de l'auget. C'était donc probablement un fusil à chargeur, alors que le fusil Lebel est une arme dans laquelle le magasin est placé dans le fût.

« L'explication qu'a donnée Esterhazy est donc probablement vraie. C'était un modèle de fusil qu'il voulait présenter au ministre. En effet, le commandant Esterhazy était un homme ambitieux, qui se mettait en avant, qui faisait des conférences, qui voulait arriver lieutenant-colonel. »

1. Dans le *Compte rendu sténographique revisé par le général Roget*, cet alinéa est modifié de la façon suivante :

« Dans cette lettre, le commandant Esterhazy disait au capitaine Le Rond avoir parlé à ses camarades des effets du tir des obus allongés et leur avoir dit à ce sujet que ces obus couvrent de leurs projectiles une zone de 800 mètres de largeur. Il se demandait, avec raison, s'il n'avait pas dit une énorme bêtise et priait le capitaine Le Rond de vouloir bien rectifier ses souvenirs sur ce point ; il lui demandait en même temps s'il ne pourrait pas trouver dans le commerce un livre traitant des effets du tir de l'artillerie, analogue à ceux qu'ont publiés, sur les effets du tir de l'infanterie, les généraux Philbert et Paquier.

« Or, cette lettre, M. le capitaine Le Rond l'avait communiquée au colonel Picquart qui en avait pris photographie et, chose étrange ! le colonel Picquart n'a jamais montré cette lettre au général Gonse. Mais il a eu bien soin de lui dire, sans spécifier, que postérieurement aux écoles à feu, Esterhazy avait écrit au capitaine Le Rond, pour avoir des renseignements complémentaires. »

Voilà quelle était la force d'Esterhazy en matière de tir d'artillerie. Je ne voudrais pas revenir devant le Conseil sur la discussion technique des diverses notes du bordereau, comme je l'ai dit tout à l'heure, mais cependant je pourrais ajouter sur certains points quelques considérations personnelles. En ce qui concerne la pièce de 120 et le frein, la doctrine de la défense a été d'abord qu'il s'agissait du frein[1] modèle 1883. C'était insoutenable. Alors, on a trouvé un officier supérieur d'artillerie, le commandant Hartmann, qui, se faisant son conseiller technique, a cherché à établir devant la Chambre criminelle que le canon de 120 court avait été adopté en 1890, qu'il était connu de cette année, pièces et freins compris, par une puissance étrangère, à la suite de la trahison du sieur Boutonnet; que le frein hydropneumatique n'était pas secret en 1894; qu'un officier d'une arme quelconque pouvait fournir une note sur le canon de 120 en 1894, et que, par son langage, la note du bordereau révélait qu'il n'émanait pas d'un artilleur.

Je reconnais parfaitement la compétence du commandant Hartmann. Je déclare même qu'il est plus compétent que moi qui ne suis pas artilleur; aussi, n'est-ce pas moi qui ferai cette discussion avec lui, et je m'en rapporte à l'autorité du général Deloye qui possède une compétence indiscutable, non pas seulement comme artilleur, mais aussi comme chef de bureau du matériel[2]. Car, depuis un nombre important d'années, il n'est pas de pièce qui ne lui soit passée entre les mains. Il est cité, et vous l'entendrez. Ainsi, il a établi dans sa note, en reprenant tous les points de la déposition de M. Hartmann, que le canon de 120 court avait été adopté en 1891, bien qu'on l'ait appelé modèle 90, qu'il n'était pas connu par la trahison du sieur Boutonnet, attendu que la section technique ne possédait pas ces renseignements, au moment où la trahison s'est produite, que le frein hydropneumatique était secret en 1894.

Il en a donné une preuve convaincante, c'est celle du colonel Deport. Il a établi ensuite qu'un officier quelconque ne pouvait faire une note sur le frein à ce moment, et que les expressions que l'on considérait comme révélatrices du langage autre que celui d'un artilleur, étaient au contraire caractéristiques à ce point de vue. Je n'ai pas à revenir là-dessus; je prendrai deux points qui n'exigent

1. « à glycérine... » (*Compte rendu revisé.*)

2. Les quatre lignes précédentes sont modifiées comme suit dans le *Compte rendu revisé* :

« Indiscutable, non pas seulement comme directeur de l'artillerie, mais aussi parce qu'il a été, à cette direction, chef du bureau du matériel, ce qui fait que, depuis un nombre important d'années, il n'est pas de questions concernant le matériel de l'artillerie qui ne lui soient passées entre les mains. »

pas une compétence technique et qui sont du service de l'État-major autant que du service de l'artillerie.

M. le commandant Hartmann s'étonne de ce que Dreyfus, connaissant le frein et la pièce 120 court dès 1890, ait attendu 1894 pour les livrer aux Allemands. Cet étonnement de la part de M. Hartmann surprend.

Le canon 120 court a été adopté le 5 octobre 1891, dans une séance du Conseil supérieur de la guerre. On a commencé à le construire à ce moment. Jusqu'au moment où on a dit ce qu'on en ferait, et à qui il serait affecté, il était comme inexistant. Ce n'est qu'à partir de l'hiver 1893-1894, quand on a décidé que huit régiments, appartenant à huit brigades différentes, seraient munis de ces pièces, que les demandes de renseignements ont afflué de la part des puissances étrangères.

M. le commandant Hartmann a essayé aussi d'insinuer qu'Esterhazy avait pu avoir vu tirer le canon 120 au camp de Châlons, et que tout le monde s'approchait de cette pièce.

Le capitaine Le Rond le démentira formellement sur ces deux points. La déposition du capitaine Le Rond n'a pas été publiée par le *Figaro* dans l'enquête de la Chambre criminelle, je ne saurai dire pourquoi, mais on peut établir ceci par les mutations d'Esterhazy et non par ses lettres (car ce n'est pas à ses lettres qu'il faut se reporter, mais à ses mutations).

On établira qu'Esterhazy était au camp de Châlons du 6 au 9 août. Il est parti le 9, a usé de ses délais de route, et a repris son service de major au 74e, à Rouen, le 13 août. Les manœuvres de masse qui ont été faites au camp de Châlons ont commencé le 11 août, après le départ d'Esterhazy, et la première où le canon de 120 court ait été tiré est du 16 août, alors que, depuis le 13, Esterhazy avait déjà repris ses fonctions de major à Rouen.

Je maintiens donc ce que j'ai dit devant la Chambre criminelle : qu'Esterhazy n'a pas vu le canon de 120 court au camp de Châlons, et qu'il n'a été en relation avec aucun officier l'ayant vu tirer, attendu que le dernier régiment qui avait fait ses écoles à feu au camp de Châlons en était parti le 28 [1] mai. Je n'ai rien à dire en ce qui concerne les troupes de couverture, après ce qu'a dit le général Mercier. Je pourrais simplement dire ceci : le capitaine Dreyfus a nié avoir connu la concentration et il le nie encore. Il y a un témoignage du capitaine de Pouydraguin devant lequel il a dessiné les ordres

1. « Le 27 » (*Compte rendu revisé.*)

de concentration, sur une carte de chemin de fer qui était pendue au mur. Ce témoignage est très précis, car le capitaine dit qu'il ne voulait pas laisser un document aussi important en apparence, et qu'alors il était rentré dans la pièce pour effacer avec sa main le dessin des zones de concentration.

Mais j'ai un autre témoignage: Le capitaine Dreyfus a, en 1893, au 4e bureau, dessiné trois cartes donnant la concentration de toutes les armées françaises et les quais de débarquement de toutes les armées. Il a fait ce travail, étant stagiaire, pour la première[1] section du 4e bureau. Les cartes ont été placées : l'une dans le journal de mobilisation du 4e bureau, les deux autres dans le journal de mobilisation de la direction générale des chemins de fer et des étapes. Le capitaine Linder, chef du génie à Mézières, pourra en venir déposer. Je demanderai au Conseil, s'il trouve cette déposition importante, de vouloir bien le faire citer. C'est le capitaine Linder, chef du génie à Mézières.

Quant à la note sur les modifications des formations de l'artillerie, on a beaucoup discuté là-dessus, parce qu'on ne s'est jamais entendu sur le mot « formation ». La question s'est posée à la Cour de cassation et tout le monde a pataugé; car on ne s'entendait pas sur les termes de la question posée. Le mot « formation », messieurs les juges du Conseil de guerre, vous le comprendrez très bien, puisque vous êtes familiers avec la terminologie militaire, a trois acceptions différentes dans notre langage. On emploie le mot : formation pour désigner la disposition des troupes pour marcher, manœuvrer ou combattre : d'où formation de marche, formation de manœuvres, formation de combat, etc., puis le mot formation peut s'entendre comme désignant la création de batteries nouvelles[2] en temps de paix. Ainsi quand on a fait passer les pontonniers de l'artillerie au génie, on a créé deux nouveaux régiments d'artillerie. On a ainsi formé des batteries nouvelles. Ces formations, ces créations de batteries, ont été publiées par un décret paru au *Journal Officiel*. Il y a enfin un troisième sens du mot formation, et dans ce sens le mot est très peu employé. Il ne s'emploie guère qu'à l'État-major de l'armée et au 1er bureau. Il veut dire alors répartition des unités d'une arme dans les divisions et dans les corps d'armée, au moment de la mobilisation. Employé dans ce sens, le mot formation est d'un usage courant au 1er bureau de l'État-major de l'armée et il n'est guère en usage que là. Il est très

1. « Troisième... » (*Compte rendu revisé.*)
2. « Création d'unités nouvelles... » (*Idem.*)

peu employé en dehors. De sorte que l'on peut dire presque à coup sûr qu'un officier qui n'a pas appartenu à l'État-major n'emploiera pas le mot formation dans ce sens.

La thèse de la défense à ce sujet a été d'abord de dire qu'il s'agissait des formations faites en temps de paix, à la suite du vote de la loi faisant passer les pontonniers de l'artillerie au génie. Cela n'était pas facile à soutenir, car il n'y avait de ce côté aucun renseignement à livrer. La mesure était publique, officielle. Le commandant Hartmann a trouvé la thèse des formations de manœuvre. Mais il n'y a pas eu, en 1894, de modifications au règlement des manœuvres de batteries attelées. Il y a peut-être eu des projets, mais non des modifications. D'ailleurs, je crois inutile d'insister sur ce point. Il n'y avait là, non plus, rien d'important à livrer. Si j'étais attaché militaire et si je faisais de l'espionnage, je n'attacherais pas une grande importance à des renseignements de cette nature, parce que les modifications ne sont valables que quand elles sont adoptées et qu'alors elles sont immédiatement publiées, et je les verrais plutôt moi-même sur les champs de manœuvres.

Mais ce qu'il y a de curieux dans cette discussion, c'est que M. le commandant Hartmann ne connaît pas le sens du mot « formations[1] ». Je lis, en effet, dans sa déposition, qu'il ne peut pas s'agir de l'emploi de formations nouvelles en cas de mobilisation, parce qu'on n'aurait pas employé alors le terme : « formations », mais celui de « modifications[2] ». Je ne suis pas étonné qu'il ne connaisse pas le terme « formations » dans ce sens-là : il n'a pas passé par l'État-major de l'armée. Cela confirme une fois de plus la théorie — que je ne suis pas seul à émettre — que le terme « formations » lui-même révèle l'officier d'État-major.

Sur la « note sur Madagascar » je n'ai à dire que ceci : M. Picquart a fait observer dans son mémoire au garde des Sceaux, peut-être, — je n'en suis pas bien sûr, je ne l'ai pas eu sous les yeux depuis très longtemps, — mais en tous cas, dans sa déposition devant la Chambre criminelle, que M. Castelin dans son interpellation du 18 novembre 1898 avait dit : « Pendant qu'on livrait ainsi les renseignements sur Madagascar à une puissance étrangère, M. Weyl les publiait dans un journal français, le *Yacht.* » M. Picquart demande, avec beaucoup de raison : « Il faudrait savoir si ce

1. « Hartmann ne connaît pas le mot « formation » dans l'acception de l'État-major de l'armée. » (*Compte rendu revisé.*)
2. « Mobilisations ». (*Ibid.*)

M. Weyl était en relations avec Esterhazy ou avec Dreyfus. » Eh bien ! je peux répondre à ce désir de M. Picquart. En effet, M. Weyl est l'oncle par alliance de M. Mathieu Dreyfus. Il connaît M. Alfred Dreyfus et il a écrit à M. le premier président Mazeau.

Me Demange fait un geste de surprise.

Je dirai de qui je tiens le renseignement. Je le dirai ! M. Weyl a écrit à M. le premier président Mazeau qu'il connaissait en effet Alfred Dreyfus. Le renseignement, je le tiens de M. Grosjean, juge au Tribunal de Versailles, qui est prêt à venir en déposer devant le Conseil de guerre.

Enfin j'arrive au projet de Manuel de tir. Je vais expliquer au Conseil comment les projets de Manuel de tir ont été envoyés et comment le colonel Jeannel en a remis un au capitaine Dreyfus, et je vais dire comment je l'ai su. Je ne me suis occupé de cette affaire qu'après le procès Zola, et je m'en suis occupé parce que j'ai voulu savoir ce qu'il y avait derrière ces mots qu'on entendait tout le temps au procès : « Les machinations de l'État-major. » J'ai cherché alors à savoir ce que c'était que les machinations de l'État-major. J'ai commencé une enquête qui a abouti, d'ailleurs, à faire connaître qu'il y avait eu des fautes graves[1] commises par le colonel du Paty de Clam, au sujet desquelles, du reste, il a été mis en non activité.

J'avais été jusque-là étranger à l'affaire Dreyfus. J'ai quitté le ministère avant que la trahison fût découverte. Je suis allé prendre le commandement du 126e régiment d'infanterie à Toulouse et je n'ai rien su de ce qui se passait. J'ai su que j'avais été surveillé un moment, mais j'y ai pensé trois ans après, et je n'avais rattaché cela à aucun fait. J'étais donc à Toulouse, lorsqu'on a annoncé l'arrestation d'un officier d'État-major de l'armée, sans dire son nom. J'ai cherché, sans rien trouver, et je suis rentré au ministère trois ans après, sans savoir ce qui s'était passé avant. Je ne connaissais absolument rien de l'affaire, ni ce qui s'était passé dans l'intervalle, ni rien non plus de l'affaire Esterhazy. Je ne me suis occupé à ce moment de l'Affaire que pour savoir ce qu'il y avait derrière les machinations en question, et j'ai été obligé de rechercher quels étaient les agissements de M. Picquart.

C'est à ce moment que, pendant mes recherches, on m'apprit à la direction de l'artillerie que, en 1894, le capitaine Dreyfus avait exprimé son étonnement au capitaine Lebreton, qui est encore à la direction, sur ce fait qu'on n'avait pas donné de projet de manuel de

1. « Dans le service commises... » (*Compte rendu revisé.*)

tir aux stagiaires de l'État-major de l'armée, lesquels pouvaient être appelés à s'en servir sur les champs de tir ou aux grandes manœuvres. Et on croyait aussi à la 3e direction que l'envoi des projets de manuel de tir qui avait été fait provenait d'une démarche officieuse faite par un officier de l'État-major de l'armée, qu'on croyait être ce même colonel Jeannel, alors commandant.

Il est certain, en effet, que c'est à la suite d'une démarche officieuse faite par un officier de l'État-major de l'armée, que la direction de l'artillerie a envoyé dix projets de manuel de tir à l'État-major. Le bordereau, qui est du 26 mai, indique en effet dans la colonne observations : « Projet de manuel de tir destiné aux stagiaires qui seront appelés sur les champs de tir. » Comme la direction de l'artillerie n'a pas à prévoir les besoins des stagiaires de l'État-major de l'armée, il est certain que c'est à la suite d'une démarche faite par quelqu'un que ce bordereau a été fait. Voilà ce que j'avais appris à la troisième direction.

J'écrivis alors au commandant Jeannel, qui était directeur de l'artillerie à Poitiers, s'il se souvenait d'avoir fait une démarche de cette nature ; il me répondit qu'il ne se souvenait pas de l'avoir faite, mais qu'il avait fait souvent des démarches analogues et qu'il était très possible qu'il l'eût faite. Mais il me disait (ce que je ne savais pas et ce que je ne lui avais pas demandé) qu'il savait très bien qu'on avait envoyé dix exemplaires du Manuel pour les stagiaires; qu'il en avait reçu, lui, trois pour le compte du 2e bureau, et qu'il les avait remis à ses stagiaires et notamment qu'il en avait remis un au capitaine Dreyfus, qui l'avait gardé quarante-huit heures et le lui avait rendu après.

J'appris cela par une lettre du colonel Jeannel, datée du 8[1] juin 1898. Je ne pensais certainement pas alors à la revision du procès Dreyfus, puisque cela se passait trois mois avant la revision[2], et que je ne pouvais avoir aucune idée que le procès serait revisé.

Quand je déposai sur ces faits devant la chambre criminelle, on me fit observer avec beaucoup de raison que M. Jeannel n'avait pas été témoin. Je n'avais pas de raison de me démonter. Je dis au conseiller qui me posait la question : « J'ai une lettre du colonel Jeannel qui me dit ce que je viens de vous signaler. » Mais cependant, après la séance, je crus devoir écrire au colonel Jeannel pour lui dire : « Voilà ce qu'on m'a dit. » Et je lui posai un certain

1. « Du 6. » (*Compte rendu revisé.*)
2 « Trois mois avant l'aveu du faux d'Henry et que... » (*Ibid.*)

nombre de questions. Le colonel Jeannel me répondit qu'en effet il avait été entendu par le commandant d'Ormescheville, mais qu'on lui avait déclaré qu'on avait assez de témoignages et qu'on n'invoquerait pas le sien.

J'ai tenu à raconter ces faits parce qu'il a paru, il y a quelques jours, une brochure sur le témoignage du colonel Jeannel. Cette brochure n'est pas signée, mais l'auteur se dit un ancien officier d'artillerie. Dans cette brochure, on menace de poursuivre pour faux témoignage le colonel Jeannel, et on met en doute les lettres qu'il m'a écrites.

Le général Roget remet les lettres au Conseil.

Je répète que je m'occupais de cette question trois ou quatre mois avant l'aveu du faux Henry, alors que je n'avais aucune idée que la revision viendrait. C'était au moins l'illusion que je me faisais à ce moment.

Je n'ai plus rien à dire au sujet de la discussion technique du bordereau.

J'ai ensuite, devant la Chambre criminelle, indiqué qu'il n'y avait aucune charge contre Esterhazy, en dehors des charges de moralité; que le dossier qu'on avait fait pour cet officier ne comprenait que des pièces relatives à sa moralité — je n'ai pas à le défendre sur ce point! — et ensuite, comme preuve des relations louches qu'il aurait eues avec une puissance étrangère, il y a le *petit bleu*, l'entrevue de Bâle avec Richard Cuers.

Je ne sais pas s'il est utile que je renseigne le Conseil à ce sujet; cela me paraît en dehors de la question. Comme je l'ai dit au début, j'ai trouvé oiseuses les recherches qu'on faisait pour savoir si le *petit bleu* était un document authentique ou non [1]; or, ce document est la seule preuve des relations louches d'Esterhazy. Je trouve qu'il est important de savoir quelle valeur il a, car Esterhazy a eu des relations avec un attaché militaire, des relations avouées, qui n'ont rien de suspect. Il est allé pour son colonel dans une ambassade; il y est allé dans une autre circonstance. Je ne défends pas Esterhazy par ailleurs; je le défends au point de vue de l'Affaire, telle que je la connais.

Il y a autre chose, du reste, que ces relations d'Esterhazy : il y a le témoignage de M. Picquart même, qui, je ne sais par quel procédé, écrit à son agent :

1. Ce paragraphe, dans le *Compte rendu sténographique revisé par le général Roget*, débute de la façon suivante : « On a dit dans une autre enceinte de justice que les recherches qu'on faisait pour savoir si le *petit bleu* était un document authentique ou non, étaient oiseuses; or, ce document, etc... »

« *Il* (le bienfaisant, parce qu'il logeait rue de la Bienfaisance), le bienfaisant s'est rendu hier au jardin (pour dire l'ambassade), pour des motifs d'ailleurs plausibles. »

Au cours de son enquête, dans le rapport qu'il a fourni à M. Gonse, il a constaté deux de ces visites d'Esterhazy, et toutes les deux pour motifs plausibles. Reste alors le *petit bleu*, preuve des relations louches. Ce *petit bleu* indique, rien que par son texte, qu'Esterhazy était déjà en relations avec l'attaché militaire A, et il est extraordinaire qu'il ait été en relations avec cet attaché, et que notre bureau, ayant un service de contre-espionnage aussi bien fait et un agent aussi bon, on n'ait jamais, avant M. Picquart, trouvé aucune pièce intéressant Esterhazy.

La première fois que j'ai eu le *petit bleu* entre les mains, c'était au mois de mai 1898. Au cours de l'enquête dont je parlais tout à l'heure, j'ai constaté à première vue ce que tout le monde peut constater de la même manière que moi, que le *petit bleu* est d'une écriture contrefaite. Non seulement il n'est pas de l'écriture de l'attaché militaire auquel M. Picquart veut l'attribuer, mais il ne ressemble, par son écriture, à aucun autre document du service des renseignements.

Dans cette collection qui comprend plusieurs milliers de documents, comme je le disais tout à l'heure, on voit arriver tout à coup une pièce d'une écriture contrefaite, altérée : on est surpris. Il n'y en a pas une seule qui soit semblable à l'écriture du *petit bleu*. Je pourrais invoquer le témoignage de M. Picquart lui-même dans son mémoire au garde des Sceaux. Il dit qu'il a été chargé du service des renseignements pendant dix-huit mois et qu'il n'a jamais vu un rapport d'espion dont l'écriture fût contrefaite. Non seulement cette écriture ne ressemble pas à l'écriture de l'attaché A, mais elle ne ressemble à aucune autre.

Il y a bien une autre pièce qui est signée C..., qui a été expertisée. Les experts n'ont pas été très affirmatifs; cependant je crois — je ne l'ai pas vue, je suis dans un état d'infériorité, attendu que je ne connais pas l'instruction Tavernier, — je crois cependant qu'on a reconnu que cette pièce n'était pas de la même écriture, mais de l'écriture [1] de l'attaché militaire A...

La pièce est arrivée aussi dans des conditions particulières. Il y a un mot — je ne sais pas quelles ont été les constatations des experts — il y a un mot, le mot : Esterházy, qui est écrit en carac-

1. « Mais n'était pas non plus de l'écriture de l'attaché... » (*Compte rendu revisé.*)

tères qui ne ressemblent pas aux caractères des autres pièces. Toutes les lettres en sont empâtées. Ces caractères, que je viens de définir, se retrouvent dans les clichés qui sont en ce moment au ministère de la Guerre.

Lorsqu'on a présenté le *petit bleu* à M. Picquart au procès Esterhazy, il l'a reconnu. Lorsqu'on le lui a présenté au procès Tavernier, il l'a reconnu d'abord formellement. Ce n'est que plus tard qu'il a émis des doutes. Mais il l'avait d'abord reconnu.

Il n'y a pas que la façon dont le *petit bleu* est arrivé au ministère qui ne m'inspire de l'inquiétude. Il n'y avait pas d'autre officier qu'Henry en relations avec l'agent qui a apporté le *petit bleu*.

Or, le colonel Henry n'a pas vu le *petit bleu*. Il est à remarquer que le colonel Henry triait les papiers, retenait tous ceux qui étaient en français et donnait à Picquart tous ceux qui étaient en langue étrangère ; mais ceux qui étaient en langue française il les triait, il les reconstituait. Or, dans ces pièces, il n'a pas vu le *petit bleu*. Non seulement il n'a pas vu le *petit bleu*, mais il n'a pas vu de fragments quelconques pouvant provenir d'un *bleu* quelconque. Cependant, après le départ d'Henry, le *petit bleu* s'est retrouvé dans les pièces qu'il avait remises à Picquart. Je n'insiste pas sur ce point.

Par malheur, depuis son faux, Henry est un petit peu suspect[1]. Je me contenterai de dire que le *petit bleu* a une apparence frauduleuse, qu'il est arrivé au ministère de la Guerre dans des circonstances mal définies et que je trouve tout à fait suspectes et que, de plus, il révèle assurément, par son écriture, qu'il ne vient pas de la source indiquée. C'est le seul document de ce genre qui nous soit venu dans un espace de huit ans.

Picquart reçoit donc le paquet d'Henry, le garde quelques jours, le remet à Lauth qui reconstitue le *petit bleu* et l'apporte à Picquart. Le *petit bleu* est arrivé au ministère de la Guerre fin février ou commencement de mars. M. Picquart n'en a parlé à ses chefs, le général Gonse et le général de Boisdeffre, que cinq ou six mois après : la première fois, au général de Boisdeffre, le 5 août, au moment où il rentrait de Vichy ; au général Gonse, le 1er septembre.

Il avait donc le *petit bleu* depuis six mois. Chose assez singulière, c'est qu'à l'instruction Ravary, au procès Zola, à l'instruction Fabre, il a toujours indiqué le mois de mai comme date à laquelle il avait eu le *petit bleu*. C'est une erreur assez singulière, d'autant plus singulière que, quand il s'agit d'une pièce capitale comme celle-là, il est difficile de se tromper de deux mois ou de

1. « Est suspect. » (*Compte rendu revisé.*)

deux mois et demi. Il n'est même pas excusable au point de vue de l'erreur car, dans le rapport qu'il a fourni au général Gonse, il dit : fin avril.

Il était à ce moment-là tout près des événements, et j'estime qu'on ne peut pas se tromper de deux mois sur un fait d'importance aussi grave. On a, d'ailleurs, voulu aussi que je me sois trompé d'un mois. Nous nous serions trompés d'un mois chacun.

Je ne me suis pas trompé d'un mois. Le *petit bleu* est arrivé avant le 3 mars, attendu que, le 3 mars, Henry est parti pour aller à Nancy suivre le procès Boullot. Il est rentré au ministère le 14 mars au soir, est reparti le 15 mars au matin pour aller chez sa mère, qui était malade, est retourné au procès Boullot après avoir perdu sa mère le 28 mars, et n'est[1] rentré au ministère que dans les premiers jours d'avril. Enfin Lauth est parti en permission le 27 mars et n'est rentré que le 7 avril.

Or, les premières instructions données par Picquart à l'agent qu'il a chargé de la surveillance d'Esterhazy sont du 8 avril. Par conséquent, il est constant, puisque Lauth n'était pas là le 27 mars et qu'Henry était parti le 3 mars, que le *petit bleu* est arrivé avant le 3 mars.

Picquart ayant ce *petit bleu* reconstitué par Lauth, l'enferme dans son tiroir sans rien dire, ou enfin ne manifestant pas un gros étonnement. Puis, huit ou dix jours après, il charge Lauth de le photographier et lui recommande de faire disparaître les traces de déchirures, précautions assez singulières, dont Picquart a donné deux explications lors du procès Zola devant la Cour d'assises. La première, c'est que la pièce était plus lisible; la seconde, c'est qu'il y avait intérêt à cacher la voie d'où venait la pièce, et qu'on en avait fait autant pour le bordereau.

Je proteste de la façon la plus formelle qu'on en ait fait autant pour le bordereau; c'est-à-dire qu'au moment où le bordereau est arrivé, on l'a fait photographier immédiatement, dans un très petit nombre de jours, et qu'on l'a remis tel quel à ceux qui devaient l'avoir entre les mains pour rechercher l'auteur de l'écriture. S'il y a eu, au procès de 1894, des photographies sur lesquelles il n'y avait pas de traces de déchirures, moi je n'en connais pas. On s'est seulement appliqué, pour ce procès, à photographier le bordereau de manière à ce que le verso ne vienne pas par transparence sur le recto, mais on ne s'est pas préoccupé de faire dispa-

1. « Puis de là chez sa mère qu'il a perdue le 28 mars, et n'est... » (*Compte rendu revisé.*)

raître les déchirures. Si on en a fait après autrement, moi je n'en connais pas. Dans tous les cas, il y aurait eu, pour le bordereau, un intérêt [1] très sérieux à faire disparaître les traces de déchirures sur la photographie. En effet, pourquoi faisait-on photographier le bordereau ? Il était une preuve qu'il y avait une trahison à l'État-major de l'armée. Il fallait chercher le coupable. La première pensée était qu'on le découvrirait par l'écriture. La photographie du bordereau devait donc être envoyée à tous les chefs de l'État-major pour comparer l'écriture avec celle des officiers qui servaient sous leurs ordres [2].

Pour le *petit bleu*, il n'y avait aucune raison de le faire ; il ne devait pas circuler ; il ne pouvait donner lieu à aucune indiscrétion, puisqu'il n'y avait qu'à le montrer au général Gonse et lui dire : « Voilà ce que nous venons de découvrir. Il y a un officier suspect. Je vous demande de faire une enquête. » On ne lui en parle pas. On en a parlé six mois après qu'on a commencé l'enquête.

M. Lauth, après cette demande de M. Picquart, s'évertue donc à faire disparaître les traces de déchirures sur le *petit bleu*, et comme il ne réussissait pas très bien, il s'adjoint le capitaine Junck. A eux deux, ils n'obtiennent pas de meilleurs résultats, et ils demandent à acheter un pupitre à retouches, de manière à donner mieux satisfaction au désir exprimé. On achète le pupitre. Malgré tout, on ne réussit pas. Alors M. Lauth, impatienté, finit par demander à M. Picquart pourquoi il tient tant à faire disparaître les traces de déchirures. M. Picquart répond : « C'est pour pouvoir dire là-haut que je l'ai intercepté à la poste. » Il avait dit en effet à ses chefs qu'il ne recevait plus de papiers par la voie ordinaire, qu'il avait rompu tout commerce avec l'agent parce que c'était un jeu trop dangereux.

Ainsi donc, le général Gonse était dans la persuasion, dans le courant de 1896, qu'on avait remercié l'agent qui apportait les papiers et qu'on n'en recevait plus.

M. Picquart avait en même temps changé les usages du bureau. Tandis qu'autrefois c'était Henry qui triait tous les papiers, mettait de côté ceux en langue française, remettait directement à M. Lauth les papiers en langue étrangère, M. Picquart dit : « Non. Je veux

1. « .. Disparaître les déchirures. Il aurait pu cependant, pour le bordereau, y avoir un intérêt... » (*Compte rendu revisé.*)

2. Le compte rendu revisé porte ici la phrase suivante :
« Donc pour ne pas dévoiler la voie par laquelle il est arrivé, on aurait pu chercher à faire disparaître ces traces, si l'on avait eu le temps. »

bien consentir à remettre les papiers, mais à condition que ceux en langue étrangère me seront remis [1] ».

C'est ainsi que le *petit bleu* est passé par ses mains et qu'il l'a fait reconstituer par Lauth. Il avait donc changé les usages du bureau, mais pour une source de renseignements seulement.

Il y avait à ce moment au ministère de la Guerre un autre agent qui apportait des papiers dans les mêmes conditions, d'un autre lieu. Rien n'a changé pour cette source de renseignements; j'en avais tiré dans ma déposition devant la Chambre criminelle cette déduction que M. Picquart, par ses procédés, s'était donné la possibilité de cacher à ses chefs les papiers qu'il recevait et même la possibilité, vis-à-vis de ses inférieurs, d'en introduire.

C'était une simple déduction. Eh bien, elle se trouve confirmée par une preuve que je trouve dans la déposition de M. Paléologue, confirmée par celle de M. Delaroche-Vernet.

Il est constant que, le 2 juillet 1895, une lettre d'une dame étrangère, en relations avec un officier supérieur d'un pays voisin, lettre dans laquelle on disait que le major Z... était en relations [2] avec Dreyfus, et que le C. C. C. (traduisez : colonel C.) avait, dans son tiroir, deux lettres de Dreyfus, une d'avril 1894 et l'autre, je crois, de mai 1893, il est constant, dis-je, il résulte du témoignage produit par M. Paléologue devant la Chambre criminelle, que cette lettre a été remise le 2 juillet 1895 à M. Picquart.

Personne n'en a eu connaissance au ministère de la Guerre, aucun officier du service des renseignements n'en a entendu parler. Elle n'existe pas au dossier du C. C. C. M. Delaroche-Vernet, dont j'ai lu la déposition, ne s'est pas rappelé les pièces qu'il avait pu fournir, mais a pleinement confirmé la déposition de M. Paléologue sur la communication faite, le 2 juillet, à M. Picquart, sans pouvoir préciser les pièces provenant du même agent qu'il avait pu remettre.

Or, il y en a plusieurs, je connais le dossier; il y a une note du 5 juin 1895, de la main de M. Delaroche-Vernet; elle existe; c'était du temps du colonel Sandherr. Il y a, du même jour, une note du 5 juin 1895, du colonel Sandherr au capitaine Matton, aujourd'hui commandant, qui était chargé de la section italienne, lui transmettant des renseignements qui résultent évidemment de

1. Dans le *Compte rendu sténographique revisé par le général Roget*, cette dernière phrase est en style indirect : « M. Picquart décida qu'Henry continuerait à trier les papiers en langue française, mais que les papiers en langue étrangère lui seraient remis à lui-même. »

« 2. Depuis trois ou quatre ans... » (*Compte rendu revisé.*)

la note remise par M. Delaroche-Vernet. Il y a, le 12 ou le 13 juin, une nouvelle note de M. Delaroche-Vernet avec une épreuve photographique concernant le C. C. C. et un autre officier. Il y a XXX [1]. Enfin, il y a, le 12 ou le 13 août, une nouvelle communication de M. Delaroche-Vernet. Entre la première communication, le 5 juin, et la dernière, le 13 août, se place la lettre communiquée le 2 juillet 1895, et qui est du 16 juin de la même année; celle-ci a disparu parce qu'il y est question de Dreyfus [2]. Les dernières sont venues le 12 ou le 13 août, je n'en réponds pas absolument, mais le dossier du C. C. C. est au ministère de la Guerre et le Conseil de guerre n'a qu'à le réclamer.

Une chose qui m'avait surpris aussi, c'est que nous étions en désaccord avec le ministère des Affaires étrangères sur un point assez singulier. D'après les renseignements que j'avais pris, cette dame étrangère n'avait jamais été en relations directes avec le ministère de la Guerre, et tous les officiers qui ont été au service des renseignements me disaient : « Nous n'avons jamais eu affaire à elle directement, nous n'avons jamais reçu de communication de cette dame que par M. Revoil ou par M. Delaroche-Vernet. »

D'autre part, M. Paléologue avait dit dans sa déposition que le ministère de la Guerre avait ensuite eu affaire directement à cette dame. Je n'y comprenais rien, et je me disais : « Ou c'est M. Paléologue, ou ce sont les gens [3] du Service des renseignements qui se trompent. »

L'explication, je l'ai eue toute naturelle, par la déposition de M. Delaroche-Vernet. M. Picquart, en effet, a été mis à même par M. Delaroche-Vernet d'avoir des relations directes avec cette dame. Il aurait pu en avoir avec cette dame et il n'en a pas eu, sous prétexte que cela coûtait trop cher; c'est du moins, la réponse qu'il a donnée à M. Delaroche-Vernet et, à ce moment, il gaspillait cent mille francs pour poursuivre un malheureux officier qui s'appelle d'Orval, qu'on a voulu d'abord substituer à Dreyfus.

(Me Demange fait un vif mouvement de protestation.)

Il a gaspillé, je ne dis pas cent mille francs, il y a une partie de de ces fonds qui ont été employés...

(Mouvement de Me Demange.)

... Qui ont été employés, monsieur le défenseur, à l'achat de documents, mais il y en a une grosse partie qui a été gaspillée. Je

1. « Il y a XXX », supprimé dans le *Compte rendu revisé*.
2. « Parce qu'il y est question de Dreyfus » est souligné dans le *Compte rendu revisé*.
3. « Les officiers. » (*Compte rendu revisé.*)

peux citer notamment ce fait qu'on a payé un agent cinq ou six mille francs pour suivre d'Orval au sacre de l'empereur de Russie à Moscou.

Eh bien, ces cent et quelques mille francs, c'était une réserve qu'avait laissée le colonel Sandherr. Elle a disparu en quelques mois, dans les surveillances à droite et à gauche. Je ne sais pas qui, devant la Chambre criminelle, a eu l'occasion de parler de ces cent mille francs, ce n'est pas moi.

J'ai été fort surpris quand j'ai vu la déposition de M. Picquart. Au lieu de parler des cent mille francs qui avaient été laissés comme fonds d'économie par Sandherr, il avait parlé d'une allocation supplémentaire de cent mille francs, qui avait été demandée au Conseil des ministres, sur la demande spéciale du ministre de la Guerre, précisément parce que ces cent mille francs avaient disparu. Et alors, M. Picquart a même insinué qu'il n'avait pas eu ces cent mille francs, cette allocation nouvelle accordée par le Conseil des ministres, qu'ils n'étaient pas entrés dans sa caisse, qu'il avait bien vu un chèque de vingt mille francs, mais qu'il n'avait pas eu le reste.

J'ai des renseignements sur ceci. Il est parfaitement certain que le colonel Sandherr avait laissé cent et quelques mille francs d'économie, que cet argent a été dépensé entre le mois d'avril et le mois d'octobre[1]. Je ne peux pas donner de mémoire des chiffres tout à fait sûrs. On a demandé alors une allocation supplémentaire au Conseil des ministres. Ces cent mille francs du colonel Sandherr avaient été employés à acheter certains documents, et ensuite aux surveillances qu'a fait exercer Picquart, et c'est alors que, pris au dépourvu, on a demandé cent mille francs au Conseil des ministres. C'est alors que Picquart a fait cette insinuation, qu'il ne les avait pas eus. Qui les avait mis dans sa poche? Le ministre peut-être!

Eh bien! Vingt mille francs ont été dépensés du temps de Picquart, vingt mille francs du temps du général Gonse en 1896, vingt mille autres francs par le même général Gonse, en 1897. Le général Billot, en partant du ministère, a justifié régulièrement de l'emploi de soixante mille francs et laissé quarante mille francs à son successeur, et le compte des cent mille francs a été réglé directement par M. de Freycinet avec M. le Président de la République. J'ai parlé, en passant, de cette insinuation de Picquart, je crois qu'il était bon que le Conseil en connût la valeur.

1. « ... Dépensé en quelques mois. » (*Compte rendu sténographique revisé par le général Roget.*)

Voilà donc comment s'explique, comment se trouve absolument prouvé, par une preuve matérielle, ce que je n'avais pu dire qu'à l'état de déduction devant la Chambre criminelle : Picquart s'était réservé la possibilité de supprimer des documents. Eh bien! en fait, il a supprimé une pièce qui était relative à Dreyfus, qui était intéressante. Je ne sais pas quelle est la valeur de la pièce, je ne sais pas si cette dame était un agent sérieux; mais il avait une piste à suivre[1] et il n'avait pas le droit de la négliger. En tout cas il a commis une faute grave dans le service en cachant la pièce à ses chefs.

Lorsque le commandant Lauth — j'en reviens à l'histoire du *petit bleu* — dit à Picquart : « Mais enfin, voyons, comment pouvez-vous faire croire que vous avez intercepté cette pièce à la poste? Elle ne porte même pas le cachet de la poste! » Je ne dis pas que ce soient les mots exacts; je dis la chose en gros, les témoins vous diront les termes exacts... Picquart dit : « On pourrait peut-être le faire mettre? » Lauth répond : « Ce ne serait pas très facile, car ce sont des complaisances qu'on n'obtient pas facilement », et il ajoute : « Qui prouvera que vous l'avez intercepté à la poste? Il ne vaut que par son origine, il n'est compromettant que par son origine. » Et Picquart répond : « Vous serez là pour certifier que c'est l'écriture de A. » Lauth s'indigne, s'écrie : « Jamais de la vie! » et sort du bureau après cette explication, qu'ont entendue le capitaine Junck et l'archiviste Gribelin.

Une scène analogue s'est reproduite quelques jours après dans le bureau où travaillaient Junck et Lauth.

Le capitaine Junck est très affirmatif, il l'a entendue.

Il a entendu, formellement, que M. Picquart voulait faire croire qu'il avait intercepté cette lettre à la poste, qu'on l'avait photographiée au passage au service des renseignements, et que le *petit bleu* original avait touché le destinataire, c'est-à-dire Esterhazy.

Ah! je sais bien qu'on a insinué que le capitaine Junck ayant été au cabinet de M. Cavaignac avec moi, c'était un faux témoin.

Nous sommes tous de faux témoins!

Ce qu'il y a de certain, c'est que cette manœuvre est parfaitement prouvée par des témoins fort honorables.

Je ne connais pas d'homme plus honnête que le capitaine Junck.

L'archiviste Gribelin aussi a été tâté pour savoir si on ne pour-

1. « Que lui recommandait à plusieurs reprises M. Delaroche-Vernet, et il n'avait pas... » (*Compte rendu revisé.*)

rait pas faire apposer le cachet de la poste sur le *petit bleu;* sans doute il n'a pas été question formellement du *petit bleu,* on n'a pas demandé à M. Gribelin : « Pensez-vous que la poste consentirait à apposer un cachet sur ce *petit bleu?* »

On lui a dit d'une façon générale : « Croyez-vous qu'il serait possible de faire apposer par la poste un cachet sur une lettre? »

Mais M. Gribelin ne s'y est pas trompé, et dans les conversations qui ont eu lieu à ce moment, il n'est pas douteux que c'est sur le *petit bleu* que l'on voulait faire apposer le cachet de la poste.

Je dis donc qu'il y a eu de la part de M. Picquart des manœuvres frauduleuses pour substituer à l'original d'une pièce qu'il avait reçue dans son service une pièce qu'il aurait représentée comme étant un document intercepté au passage, photographié au Service des renseignements, et ayant touché ensuite le destinataire.

Je sais bien qu'on m'a accusé d'avoir inventé cette théorie après coup.

Je n'ai fait que recueillir des témoignages; elle n'est pas sortie au procès Zola, cette théorie, bien sûr.

Pourquoi?

Qui dirigeait les débats?

Qui posait les questions? C'était la défense qui aurait pu la faire sortir!

C'est tout ce que j'ai à dire à ce sujet.

Je puis maintenant parler au Conseil de l'entrevue qui a eu lieu à Bâle.

Elle a la même valeur que le *petit bleu.*

Le R. C., le Richard Cuers est l'agent d'une puissance étrangère que je ne désigne pas.

On le connaît depuis 1891.

On avait essayé quelquefois de se l'attacher, on n'y avait jamais réussi.

Il s'est prêté quelquefois à des conversations avec des agents à nous, mais cela n'est jamais allé plus loin.

Quand, en 1896, on a appris qu'il venait lui-même s'offrir pour nous servir, les gens qui étaient au courant de la question ont déjà trouvé que c'était bien suspect.

Richard Cuers avait fait ses premières démarches au commencement de 1896, dans les premiers mois.

La première entrevue n'a pu cependant être organisée que bien plus tard, pour le 6 août, parce que la personne à laquelle il s'était adressé et qui était notre attaché militaire lui a répondu : « Moi, je ne peux pas m'occuper de ces questions, adressez-vous à Paris, si vous voulez avoir une entrevue avec les gens de Paris. Je transmettrai votre demande, mais je ne puis m'y prêter moi-même. »

Six semaines ou deux mois après, Richard Cuers est revenu à la charge.

Notre attaché militaire s'est adressé à Paris ; il a dit : « Voilà, je me trouve en présence d'un individu étranger qui se dit remercié par un état-major étranger et en mesure de nous donner quelque chose. Voulez-vous le voir ? »

C'est à la suite de cela qu'on a organisé, à Bâle, une entrevue, pour laquelle a été désigné le commandant Lauth.

Le commandant Lauth, qui connaissait le nommé Cuers [1], n'a pas voulu aller seul à ce rendez-vous, il a demandé qu'on lui adjoignît un autre officier.

Il n'a pas désigné l'officier qu'il désirait lui être adjoint. Il a demandé seulement à être accompagné par un autre officier.

Le colonel Picquart a désigné Henry, bien qu'il ne connût pas l'allemand, de sorte qu'il ne pouvait pas traduire de conversations.

Ils se sont fait aussi accompagner par des inspecteurs de la Sûreté, le commandant Lauth considérant qu'une entrevue avec cet agent avait besoin d'être très contrôlée et très surveillée ; ils sont arrivés à Bâle.

Cuers s'est présenté à eux, effectivement, comme un agent expulsé à cause de nous. Il était, disait-il, à bout de ressources et à notre disposition.

Je dois dire, entre parenthèses, qu'il avait été chef d'espionnage à Bruxelles, qu'il aurait été ainsi, non plus employé à l'étranger, mais dans le pays même, au service des renseignements de la puissance même à laquelle il était attaché.

On essaya de faire parler ce Richard Cuers.

Lauth le questionna pendant plusieurs heures ; Henry aussi, par l'intermédiaire de Lauth.

Enfin Henry, fatigué, se retira.

Et Lauth resta seul avec l'agent. On n'a jamais tiré de Cuers que ceci :

Il a donné quelques renseignements qui permettaient de recouper ce qu'on savait déjà au point de vue de l'organisation de l'espionnage en France. Il a dit le nom d'un agent, que nous avons su plus tard être un agent complètement brûlé et dont on voulait se débarrasser.

1. « S'est méfié et n'a pas voulu... » (*Compte rendu revisé.*)

Voilà ce qu'on a tiré exactement de cet agent qui venait s'offrir à nous.

Sans qu'on le lui ait demandé, de lui-même, alors que, pour le reste, il fallait lui arracher des renseignements insignifiants, il a mis la conversation sur l'affaire Dreyfus et il a dit qu'on ne comprenait pas, dans son pays, pour le compte de qui Dreyfus trahissait et, quand l'attaché venait au bureau, il disait toujours qu'il était très bien renseigné, en France, par un officier supérieur de quarante-cinq à cinquante ans, mais qui ne donnait pas de très bons renseignements et qu'on l'avait remercié... Tout cela concorde très bien.

C'est tout ce qu'on a pu tirer de lui.

Le Président. — On ne lui avait rien demandé [1] ?

Le général Roget. — Non, monsieur le président, il s'est offert de lui-même à nous, disant qu'il avait été expulsé de son service, qu'il était sans ressources, qu'il n'avait plus de moyens d'existence, qu'il ne savait plus quoi faire. Mais il n'a jamais donné aucun renseignement sur le service.

Ce que je trouve aussi de singulier, c'est qu'il n'a voulu accepter aucune somme d'argent. C'est à peine si cet homme, qui se disait sans ressources et disposé à nous servir, a consenti à accepter, après beaucoup d'insistance de Lauth, les frais de son voyage à Bâle. Il n'a accepté que cela.

Le commandant Lauth est revenu avec Henry, ayant sur cet individu une impression singulière.

Je crois être à peu près certain qu'il fut, dès ce moment-là, persuadé qu'ils avaient eu affaire à un agent du syndicat [2]. L'entrevue n'a pas été jugée concluante. Ils ont rapporté ce qui s'était passé à M. Picquart.

Ils firent même un rapport et le commandant Lauth, mieux même que M. Picquart, est en état de parler de l'impression produite par Cuers, puisque c'est lui qui fit le rapport.

Enfin, il y a eu une seconde entrevue qui n'a pu avoir lieu qu'au mois de janvier et au moment où M. Picquart avait quitté le ministère.

A cette seconde entrevue assistaient le commandant Lauth et le

1. Cette question du Président et la réponse du témoin sont transformées comme suit dans le *Compte rendu sténographique revisé par le général Roget:*
Le Président. — C'est de lui-même qu'il a mis la conversation sur Dreyfus?
« Le général Roget. — Oui, monsieur le Président, de lui-même, et, ainsi que je l'ai dit, il s'est offert de lui-même à nous, etc... »

2. « A un agent provocateur. » (*Compte rendu sténographique revisé par le général Roget.*)

capitaine Junck. Elle eut lieu à Luxembourg. Ils eurent encore affaire au même individu, dont ils ne purent absolument rien tirer, et la seule chose intéressante qu'ils apprirent de lui est que Cuers leur a montré d'une façon parfaitement évidente qu'il les connaissait tous deux, car il les a appelés par leur nom.

Plus tard, par un agent très sûr de Bruxelles, on a su que le même Cuers s'était vanté de nous avoir roulés.

M. Picquart, à ce sujet, dit que Cuers était allé se plaindre à notre attaché militaire qu'on l'eût littéralement bousculé et empêché de parler.

Si on l'a bousculé, c'est sûrement pour le faire parler, mais il n'a pas voulu parler. Du reste, on a fait revenir l'attaché militaire au mois de novembre 1898, je crois, et on lui a demandé un rapport sur la question.

J'ai eu connaissance de ce rapport.

L'attaché militaire ne dit pas un mot de cela. Il dit qu'il ne savait presque rien de ce qui s'était passé avec Cuers, sinon ceci : c'est que cet individu était venu le trouver, qu'il lui avait tenu une conversation dans un langage dont il ne peut se rappeler, qu'il lui avait parlé de sa femme, qu'il lui avait dit qu'il était Alsacien. Il finit par dire que ce qui faisait l'objet de l'entrevue de Bâle était qu'il y avait un officier supérieur par lequel on était bien renseigné.

Il n'a jamais voulu en dire plus long.

Je considère donc que, d'une part, le *petit bleu* est un document qui paraît tout à fait apocryphe, et d'autre part que l'entrevue de Bâle n'a rien fourni ; qu'elle a donné à tous ceux qui y ont participé, et qui ont connu les pièces, l'impression que l'on avait affaire à un agent venu spécialement pour dire que Dreyfus n'était pas coupable.

Les deux manœuvres, au moins à l'origine, sont concomitantes, parce que c'est dans les premiers mois de 1896 que fut faite cette démarche, et que c'est dans la même période que l'on trouva le *petit bleu*.

J'ai eu l'occasion de dire à la Cour dans ma déposition — et je ne croyais pas parler de tout cela aujourd'hui — que, dans une circonstance analogue, et antérieurement à la découverte du *petit bleu*, on avait soupçonné d'autres officiers. Il paraît en effet certain que, dès les premiers mois de 1895, on s'est préoccupé de substituer quelqu'un à Dreyfus. Le premier officier qu'on ait signalé est un officier de cavalerie démissionnaire et qui s'appelle d'Orval.

Je reconnais très volontiers que ce n'est pas M. Picquart qui a commencé la surveillance sur d'Orval, et que c'est la Sûreté générale. Un jour, la Sûreté générale est venue dénoncer, au ministère de la Guerre, un lieutenant de cavalerie démissionnaire, du nom de d'Orval : on a soumis cet officier à une surveillance de tous les instants. On l'a fait suivre dans tous ses déplacements. Il avait constamment un commissaire spécial à ses trousses. D'Orval qui, autant que je le sais, est un brave garçon, était marié à une Autrichienne ; il avait des relations avec l'ambassade d'Allemagne, notamment avec le lieutenant-colonel de Schwartzkoppen. C'était d'ailleurs un imprudent : il posait des questions indiscrètes, il s'occupait de beaucoup de choses militaires, ce qui, d'ailleurs, était assez naturel de la part d'un officier de réserve, ancien officier de l'armée active; en un mot, il prêtait un peu le flanc, par certaines allures qui n'ont d'ailleurs pour moi rien de répréhensible. On l'a donc dénoncé.

Je ne crois pas qu'on ait pris très au sérieux cette piste. Cependant, lorsque M. Picquart est arrivé prendre le service des renseignements, l'enquête a marché très rapidement. Il y a eu jusqu'à deux et trois rapports par jour. Dans chacun d'eux, on voit manifestement que ce n'est pas une surveillance excercée sur d'Orval, au point de vue de d'Orval nouveau traître ou traître possible[1] ; mais que c'est une surveillance exercée au point de vue de l'affaire Dreyfus.

Tout ce qui concerne cette surveillance tendancieuse est signalé en marge des rapports comme ceci : « d'Orval[2]. »

On avait même soudoyé, je crois, le domestique de ce d'Orval ; enfin, à entendre ces rapports, il ne parlait que de l'innocence de Dreyfus, alors qu'il assure, lui d'ailleurs, n'en avoir jamais parlé.

Mais[3] lors du procès Zola, je me suis trouvé assis, par le plus grand des hasards, à côté de M. d'Orval, et, pendant la déposition de M. Picquart, il me dit :

— Tenez, il a fait cela pour moi[4].

1. « Au point de vue de la trahison possible de cet officier, mais que c'est... » (*Compte rendu revisé.*)

2. Cet alinéa est dans le *Compte rendu sténographique revisé par le général Roget*, modifié comme suit : « Tous les rapports sont tendancieux à ce point de vue ; il y est constamment question de Dreyfus et tout ce qui concerne Dreyfus est souligné au crayon bleu et fait l'objet de réflexions et de points d'exclamation en marge. »

3. « Voici comment j'ai été amené à m'occuper de cette affaire. Lors du... » (*Ibid.*)

4. Cette ligne est modifiée dans le *Compte rendu sténographique revisé par le général Roget*. On lit :

« Tenez, il a employé à mon égard les mêmes manœuvres qu'à l'égard d'Esterhazy ! »

M. d'Orval m'a raconté alors son histoire, et je me suis assuré, en rentrant au ministère (et c'est comme cela que j'ai eu l'occasion de voir le dossier de M. d'Orval) de ce qu'il m'avait dit. Il y a notamment, sur un rapport écrit de la main de M. Picquart, qu'on ne trouverait rien, tant qu'on n'aurait pas fait saisir de la correspondance. C'est le procédé qui devait être employé plus tard pour Esterhazy. Je ne sais pas si on l'a employé pour M. d'Orval : ce qu'il y a de sûr, c'est que chez M. d'Orval, on n'a rien trouvé.

Il était en relations avouées avec l'attaché militaire, il lui a même écrit des lettres qui sont parvenues au ministère par la voie ordinaire. Mais ces lettres étaient tout à fait banales, des rendez-vous, des invitations à dîner, mais rien de suspect. Puis la surveillance a cessé brusquement au mois de novembre, et elle a cessé brusquement comme elle avait commencé. On ne peut savoir exactement, d'ailleurs, à première vue, pourquoi elle a cessé à ce moment-là. Cependant, des recherches qui ont été faites au moment où elle a cessé, il est résulté qu'on avait, précisément à cette époque, renvoyé de l'État-major de l'armée, un officier, M. Donin de Rozière, détaché au 3e bureau, et qui avait des dettes. On l'avait envoyé dans un régiment.

Le commandant Donin de Rozière, cela est incontestable, pouvait avoir entre les mains tous les documents qui sont énumérés au bordereau : voilà l'explication de la coïncidence que je signale; cessation de la poursuite de M. d'Orval, et renvoi du ministère de Donin de Rozière.

Un autre fait, c'est que l'archiviste du service des renseignements a classé des renseignements personnels sur le commandant Donin de Rozière. Il n'y avait rien à faire là[1]. Je me suis assuré que ni la direction de l'infanterie ni le troisième bureau de l'État-major de l'armée n'avaient demandé de renseignements sur le commandant de Rozière. Mais il ne reste actuellement, on l'a déclaré[2] au Conseil, aucune trace au ministère d'une surveillance exercée sur cet officier. Ce qu'il y a de très curieux, c'est que le nom de chacun de ces officiers commence par un D, et ce qu'il y a de plus curieux, c'est qu'à la Chambre criminelle, je ne sais pas d'où on tirait ces renseignements, mais[3] tout le monde savait qu'il y

1. « Sur le commandant Donin de Rosière on ne s'explique pas qu'il y ait eu, au service des renseignements, à classer un dossier quelconque concernant cet officier. Je me suis... (*Compte rendu revisé.*)

2. « Je dois le déclarer... » (*Ibid.*)

3. Mais M. Develle a déclaré qu'on savait qu'il y avait d'autres officiers, etc... (*Ibid.*)

avait d'autres officiers en relations avec l'attaché militaire : MM. d'Orval et Donin de Rozière.

Or, nous n'avons jamais su au ministère de la Guerre que M. Donin de Rozière était en relations avec cet attaché militaire. D'où provenait donc ce renseignement ?

Le Président. — Pensez-vous avoir besoin de quelque temps encore pour finir votre déposition?

Le général Roget. — Je vais finir aujourd'hui. Je ne croyais pas la faire si longue.

Me Demange. — Il y a forcément une série de questions qui suivront la déposition. J'aimerais mieux que les questions fussent posées immédiatement après la déposition.

Le Président. — Si M. le général Roget veut s'arrêter, nous continuerons demain matin la déposition et la terminerons.

Le général Roget. — J'accepte d'autant plus volontiers que je me sens très fatigué.

Le capitaine Dreyfus. — Je demande à dire un mot.

Je ne puis pas accepter d'entendre pendant des heures des dépositions où l'on m'arrache le cœur et l'âme. Jamais on n'a mis un homme, un innocent et un soldat loyal dans une situation pareille, aussi épouvantable.

Le Président. — Après chaque témoignage, je vous ai demandé si vous aviez des observations à présenter. Je vous ai laissé faire toutes les observations que vous avez jugé utile de faire pour votre défense et je continuerai à le faire.

La séance a été levée à 11 heures 45 et renvoyée au lendemain, 6 heures 30 du matin.

CINQUIÈME AUDIENCE

Séance du jeudi 17 août.

L'audience est ouverte à six heures trente.

Le capitaine Dreyfus est introduit.

Le Président. — Introduisez le témoin, M. le général Roget.

Le général Roget arrive à la barre des témoins.

Le Président. — Mon général, je vous prie de continuer la déposition que vous avez commencée hier.

Le général Roget. — A la suite de la découverte du *petit bleu*, M. Picquart commença sur Esterhazy une enquête qui dura pendant tout le temps de son séjour au ministère. Les premières instructions données à l'agent qu'il employa spécialement à la surveillance d'Esterhazy sont du 8 avril. Le premier rapport fourni par cet agent est du 17. Je répète que la surveillance continua jusqu'au moment où M. Picquart quitta le ministère. Peut-être employa-t-il encore d'autres agents que celui dont j'ai parlé. Il est très probable que M. Picquart employa le sieur Germain Ducasse.

M. Picquart prétend l'avoir placé comme secrétaire auprès de Mlle de Comminges, mais, en réalité, il émargeait pour 200 francs par mois aux fonds secrets. A l'insu de tous, mis à la disposition du service des renseignements[1], on le connaissait sous le nom de Durand, mais les officiers du service de renseignements n'ont jamais su ce qu'il faisait.

Je dois dire qu'antérieurement, du temps du colonel Sandherr, on travaillait en commun au bureau des renseignements. Chaque officier savait ce que faisait son voisin. Il y avait là une double garantie au point de vue de l'exécution du service et au point de vue de la sécurité personnelle des officiers. A partir du moment où M. Picquart prit le service, le mystère commença. Il est certain qu'il a fait surveiller Esterhazy avec l'intention bien arrêtée de le substituer à Dreyfus sans que personne s'en doute au ministère. Pendant cette surveillance, on a intercepté à la poste les lettres

1. « Fonds secrets. Au service des renseignements, on le connaissait... » *Compte rendu revisé*.)

d'Esterhazy, on a soustrait des lettres à son domicile, on a même fait des perquisitions chez lui pendant qu'il était absent. Tout cela, sans mandat régulier, sans que le ministre s'en doute, sans qu'il en ait jamais rendu compte à ses chefs directs.

Cette surveillance ne produisit absolument rien.

On trouve qu'Esterhazy a une maîtresse, Mme Pays, qui demeure 49, rue de Douai. On sait qu'il va chez elle, tantôt en bourgeois, tantôt en tenue; qu'il y reçoit une partie de sa correspondance qui est peu nombreuse. On sait qu'il a beaucoup d'embarras d'argent, des dettes criardes; qu'il est cité en justice de paix, devant le Tribunal de première instance; qu'il a des traites protestées. A un moment donné, on croit avoir trouvé une piste sérieuse. Quelqu'un porte à la poste deux chargements, dont un de mille francs, au nom d'Esterhazy. On fait une enquête. L'envoyeur est un nommé Henry, architecte, qui gérait pour le compte d'Esterhazy une maison que ce dernier possède à Belleville. Il lui envoyait le montant du terme de juillet.

Un autre fait significatif est que Esterhazy est vu dans la rue donnant la main à un soldat. On fait une enquête là-dessus. C'est M. d'Azincourt, parent de Mme Esterhazy. Enfin, Esterhazy est en relations avec un certain nombre de personnalités que je ne veux pas nommer, car ce n'est pas la peine de compromettre personne, et cela n'a aucun intérêt. On fait des enquêtes sur toutes ces personnes, et on ne trouve absolument rien de suspect.

C'est ainsi qu'on arrive au moment du départ de M. Picquart. Ce dernier fait un rapport en date du 1er septembre 1896 au général Gonse. Ce rapport avait pour base le *petit bleu*, les racontars de l'agent Cuers et enfin le résultat de l'enquête dont je parle, qui avait duré six ou sept mois, et qui comprenait les notes de police de M. Picquart, des lettres adressées à Esterhazy et interceptées, des lettres d'Esterhazy à divers, notamment à M. Weill, pour lui demander d'intervenir auprès du grand rabbin, et enfin quelques autres indications.

En même temps qu'il faisait surveiller Esterhazy, M. Picquart avait fait une enquête personnelle. Il avait fait venir Mulot, qui avait été secrétaire d'Esterhazy et le capitaine Le Rond. Il avait écrit au colonel Abria, qui commandait à ce moment le 74e. C'est avec tous ces riens qu'était portée cette accusation contre Esterhazy. Pour couronner toutes ces manœuvres, M. Picquart a alors proposé à ses chefs d'adresser à Esterhazy une dépêche dans le style conventionnel du *petit bleu*, dans les conditions que je vais indiquer. M. Picquart a dit, devant la Chambre criminelle de la Cour de cassation, qu'il avait été incité par ses chefs à cette manœuvre ; puis il a dit qu'il avait côtoyé plusieurs fois l'abîme et qu'on lui tendait des pièges. Eh bien ! la note qu'il a adressée ne permet pas de croire à ces manœuvres de la part de ses chefs. Cette note est du 16 septembre, et voici son sens général :

« Étant donnée l'indiscrétion commise par le journal *L'Éclair*, Esterhazy et son correspondant habituel doivent maintenant savoir qu'une pièce qu'il a livrée en 1894 est entre nos mains. Ils doivent, par conséquent, être sur leurs gardes, et toute surveillance devient illusoire. Mais, étant donné que d'ici à deux jours ils ne peuvent pas communiquer ensemble, on pourrait envoyer à Esterhazy un télégramme en employant le langage de convention dont se sert son correspondant. S'il obéit à la demande contenue dans ce télégramme, son affaire sera bien claire. Si, au contraire, il ne répond pas, la question ne sera pas beaucoup plus compliquée qu'aujourd'hui. »

Il propose alors le texte suivant : « Affaire importante et urgente concernant maison R. Venez à Paris immédiatement. Vous ferai attendre à la gare. Signé C. » Comme était signé le *petit bleu*.

Il ajoute en *post-scriptum* : « Il ne faudrait pas tarder plus que le 18 septembre pour envoyer le télégramme. »

Il y a lieu de remarquer qu'à ce moment on était à la fin des grandes manœuvres. Esterhazy était chef de bataillon au cadre complémentaire du 74e de ligne, mais, exceptionnellement, un chef de bataillon ayant été indisponible cette année-là, il avait été commander un bataillon de manœuvres en remplacement. Le régiment rentrait à Rouen à ce moment-là ; il quittait la garnison de Paris pour rentrer à Rouen. Il était très vraisemblable qu'Esterhazy allait venir à Paris. Il y viendrait pour voir sa maîtresse, la femme Pays. Dans tous les cas, il pouvait venir sans être touché par le télégramme.

Cependant M. Picquart ne craignait pas de faire verbalement au général Gonse la proposition d'aposter un agent[1] à la gare et de le faire saisir quand il viendrait, n'étant pas plus armé qu'on ne l'était. Cette note a été communiquée par le général Gonse au général de Boisdeffre, et pour bien montrer qu'on a donné de la marge à M. Picquart, le général de Boisdeffre a soumis la proposition au général Billot qui l'a repoussée avec indignation, qui n'a pas voulu qu'on tendît un piège à un officier, n'ayant pas d'autres armes que celles qu'on avait. C'est ainsi que finit à peu près l'histoire de la surveillance d'Esterhazy.

1. « Des agents... » (*Compte rendu revisé.*)

Elle n'a pas donné d'autres résultats que celle organisée sur M. d'Orval.

Cela n'a rien donné du tout, et comme j'ai parlé des petits travers de M. d'Orval dans ma déposition d'hier, je tiens à déclarer que je le tiens pour un très galant homme, victime d'une persécution odieuse dont il porte encore la peine. Il lui est arrrivé récemment une histoire fort désagréable à ce sujet.

Je n'ai plus rien à dire au sujet du *petit bleu*. On pourrait ajouter seulement, en ce qui concerne l'agent Cuers, que je n'ai pas entendu dire que cet agent ait été jamais inquiété par la puissance qui l'a employé. Ce serait bien extraordinaire après ce qui s'est passé. Je n'ai plus rien à dire au Conseil qui ait trait directement à l'affaire.

Si vous croyez cependant qu'il serait intéressant pour le Conseil d'être édifié sur certains procédés employés par M. Picquart pendant qu'il était chargé du bureau des renseignements, je pourrais lui dire l'histoire Caïnelli.

Caïnelli est un individu qui a été condamné après une provocation grossière, ayant commis une tentative d'espionnage par un[1] commencement d'exécution, et probablement sur la communication des pièces secrètes qui n'ont pas été communiquées à la défense.

Dans les premiers mois de 1896, le capitaine Maréchal, qui était employé au service des renseignements dans une place voisine de la frontière, recevait de M. Picquart l'ordre d'entrer en relations avec un nommé Galanti. M. Picquart disait que c'était un agent précieux, très dévoué, qui pouvait rendre les plus grands services.

Ce n'était pas l'avis de la police de Belfort. Celle-ci disait, au contraire, que Galanti était un de ces agents interlopes comme il en existe pas mal dans les zones frontières et qui servait les deux pays à la fois et l'un de préférence à l'autre. Quoi qu'il en soit, le capitaine Maréchal entra en relations avec Galanti. A la date du 19 mai 1896, Galanti fournissait un rapport duquel il résultait qu'il avait rencontré, dans les environs du fort de Bessoncourt, un individu, nommé Caïnelli, d'antécédents déplorables, et qui paraissait chercher à faire un mauvais coup.

Le 20 mai, le lendemain même — car les choses ne traînèrent pas avec Galanti — nouveau rapport dans lequel il dit s'être abouché avec Caïnelli et avoir reçu de lui la confidence qu'il était chargé, pour le compte d'une puissance étrangère :

1. « Sans commencement... » (*Compte rendu revisé.*)

1° D'entrer dans une des batteries extérieures du fort de Bessoncourt pour mesurer le calibre des pièces;

2° De photographier cinq batteries et deux forts.

Galanti ajoutait que Caïnelli avait déjà essayé de pénétrer dans une batterie, mais qu'il avait trouvé la bouche des pièces recouverte par un couvre-bouche attaché au canon par une chaîne, qu'il n'avait pas d'outil pour scier la chaîne et qu'il n'avait pas pu remplir sa mission.

Galanti, alors, le conduisait chez un quincaillier, achetait une lime et disait à M. Picquart :

— Il ne faut pas laisser échapper Caïnelli.

Il paraît évident, à moi du moins, que Galanti était un agent provocateur.

Remarquez, en effet, que Caïnelli n'avait besoin de personne pour exécuter son projet. On ne s'explique pas qu'il se soit ouvert immédiatement à Galanti, qu'il ne connaissait pas, d'un projet de cette nature et d'une mission tout à fait ridicule. Comment peut-on admettre, en effet, qu'on donnât mission à un agent d'entrer dans une batterie pour y mesurer le calibre des pièces, alors qu'un agent quelconque un peu exercé peut se rendre compte de l'armement d'une batterie sans y pénétrer et au besoin, de loin, avec une jumelle ?

Il paraît enfin singulier qu'on confie la mission de photographier cinq forts et deux batteries à un homme qui n'a ni sou ni maille, qui n'a pas d'appareil photographique, qui est absolument incapable de prendre une photographie et de la développer. Malgré tout, on donne l'ordre de poursuivre l'affaire et, vers la fin de mai, il paraît que le nommé Caïnelli était attendu dans une batterie extérieure du fort de Bessoncourt, dans la nuit du 30 au 31 mai ; et Caïnelli n'avait pas du tout l'intention de commettre le délit qu'on lui avait inspiré. La meilleure preuve, c'est qu'il ne parut pas. On l'attendit vainement pendant toute la nuit. Le lendemain, comme il était à bout de ressources et qu'il voulait quitter Belfort pour pénétrer en Alsace, on lui fit remettre par Galanti de l'argent afin qu'il prolongeât son séjour à Belfort et qu'il pût faire son coup.

Caïnelli resta en effet à Belfort grâce à l'argent qui lui avait été remis par l'ordre du colonel Picquart[1] et, dans la nuit du 31 mai au 1er juin, on cerna la batterie extérieure de Bessoncourt, on

1. Cette phrase est modifiée comme suit dans le *Compte rendu revisé*: « Et on le décida à pénétrer dans une batterie, pendant la nuit du 31 mai au 1er juin; on cerna la batterie extérieure de Bessoncourt, on aposta des soldats dans l'intérieur et aux abords. »

aposta des soldats dans l'intérieur de la batterie et aux abords. Sur le coup de onze heures du soir, en effet, le malheureux Caïnelli, avec un complice nommé Cessa, se présentait à l'entrée de la batterie. Il franchissait les fils de fer et s'approchait d'une pièce. Là, sans même avoir fait quoi que ce soit, pris de peur, il veut se sauver. On le cerne. On l'arrête et on le conduit au poste. M. Picquart donne l'ordre alors à Galanti de filer immédiatement en Suisse et lui envoie de nouvelles instructions.

Une instruction était alors ouverte contre Caïnelli. M. le juge d'instruction trouvait que c'était un peu mince. Caïnelli se plaignait d'avoir été provoqué. On fit venir Galanti. Lorsque M. Picquart apprit que Galanti était convoqué, il écrivit une lettre furieuse au capitaine Maréchal, en lui donnant l'ordre de faire filer immédiatement Galanti et en se servant d'une expression triviale en allemand : *Aus dem Staube!* « Qu'il se tire des pieds! » ou bien : « Qu'il fiche le camp! »

L'instruction marchait fort mal, attendu que le Parquet de Belfort savait aussi par la police que Caïnelli et Cessa étaient de pauvres diables et avaient été certainement provoqués à cela par Galanti, qu'ils représentaient eux, très nettement, comme un agent provocateur et même comme un espion au compte d'une puissance voisine. Il fallait donc corser le dossier. Le colonel Picquart envoya alors deux pièces secrètes qui ne sont pas autre chose que les rapports de l'agent provocateur lui-même.

Le 6 juillet, il envoyait une nouvelle communication et, le 10 juillet, le substitut de M. le procureur de la République, car celui-ci était absent, M. Boucher, lui répondit que l'affaire se présentait maintenant mieux; mais le 13 juillet il écrivait qu'après avoir soumis les pièces au Parquet général, le procureur général était d'avis, comme lui, que ces pièces ne pouvaient pas être versées au dossier, à moins d'une autorisation spéciale du ministre de la Guerre. M. Picquart répondit le 15 juillet à cette communication. Ses lettres n'ont pas été enregistrées. Il a répondu, attendu que sur la lettre il a mis : « Répondu le 15 juillet », mais on ne sait pas ce qu'il a répondu. Quoi qu'il en soit, sa réponse est arrivée le 16 juillet à Belfort.

Caïnelli a comparu à l'audience du 17. Il a été condamné à trois ans de prison pour tentative d'espionnage. Je suis certain que la défense n'a eu aucune communication des pièces.

Je n'ai plus que quelques mots à dire. Il s'agit des relations personnelles que j'ai eues avec l'accusé.

L'accusé a été sous mes ordres en 1893, non pas sous mes ordres directs (j'étais sous-chef du 4e bureau), et il est arrivé pour faire un stage à ce bureau dans les premiers jours de juillet 1893. Il y est resté de juillet 1893 à fin décembre. Il était placé dans le réseau de l'Est et avait pour chef direct le commandant Bertin, aujourd'hui lieutenant-colonel, au sujet duquel M. Picquart fait dans un rapport au garde des Sceaux des insinuations le représentant comme un homme léger, se mettant toujours à l'avant, plein de vanité.

M. le général Billot a fait justice de ces allégations, en faisant du colonel Bertin le portrait qu'il vous a tracé.

Le commandant Bertin, après quelques mois, eut l'occasion de me parler du capitaine Dreyfus. Il me dit notamment de cet officier, qu'il s'intéressait beaucoup à toutes les choses secrètes du bureau, qu'il lisait constamment le journal de mobilisation, les notes pour l'exécution des plans qui donnent toutes les lignes de transport et les points de débarquement, qu'il mordait beaucoup moins au travail courant du bureau, et qu'il ne pouvait pas obtenir de lui, comme stagiaire, les services que rendaient les autres.

Personnellement, je n'ai pas eu à le surveiller à ce point de vue, puisqu'il n'était pas sous mes ordres. Je ne l'ai connu, en fait, que quand j'ai donné un travail fictif à faire aux stagiaires. J'étais chargé de la direction de leur instruction et j'ai donné alors à chacun d'eux un certain nombre de corps d'armée à transporter par une ligne quelconque.

Je me souviens que, dans cette circonstance, le capitaine Dreyfus vint me trouver pour me dire que les lignes de transport que je lui avais données étaient très difficiles, enfin me faisant de nombreuses objections auxquelles je répondis de mon mieux, en lui faisant observer que ses camarades avaient les mêmes difficultés que lui, et qu'ils ne rechignaient pas.

Il revint à la charge une seconde fois, et me dit dans la conversation qu'il serait plus intéressant de transporter les corps par les lignes de transport réelles. Je ne voulus pas consentir à son désir, et je me hâte de déclarer que je n'attachai pas d'autre importance à cela.

Lorsque Dreyfus eut fini son stage, le colonel Fabre, qui était alors chef du 4e bureau, et était chargé de noter son dossier du personnel, demanda, comme il est d'habitude de le faire, à ses chefs directs, le commandant Bertin et moi, des notes sur le capitaine Dreyfus. Comme vous le savez, les notes qu'on donne aux officiers sont plutôt banales, j'entends par là les notes qui sont réellement inscrites ; mais, les notes que donnent les supérieurs directs indiquent généralement [1] la physionomie réelle de l'officier et elles sont adoucies au fur et à mesure qu'elles arrivent aux échelons supérieurs.

Le colonel Bertin me fournit sur le capitaine Dreyfus des notes d'une page et demie de petit format. Quant à moi, je me bornai à faire, en transmettant les notes du colonel Bertin, un résumé de mon impression en cinq ou six lignes; et je notai le capitaine Dreyfus comme ceci : « Officier très intelligent, très bien doué, ayant beaucoup de mémoire, une très grande facilité d'assimilation, mais dont le caractère ne m'inspire pas une grande confiance et qu'il vaudrait mieux ne pas conserver à l'État-major général de l'armée à la fin de son stage. »

Quand il a eu fini son stage, M. le colonel Fabre tira de là les notes qu'il lui a données.

Dreyfus quitta le 4e bureau, et je cessai d'avoir des relations avec lui à partir de ce moment, attendu que le 4e bureau est dans un local isolé des autres locaux, et qu'on n'a pas l'occasion de se rencontrer souvent dans les couloirs.

Je n'ai revu Dreyfus qu'en 1894. Au moment d'un voyage d'état-major sur la frontière, nous nous sommes trouvés un jour dans la même ville, à Charmes ; il a dîné avec nous. Il a eu ce jour-là une conversation extrêmement intéressante, témoignant qu'il était au courant de toutes les expériences qui se faisaient à Calais et à Bourges, et cette conversation a continué après le repas, dans une promenade, le soir, sur le pont de la Moselle.

Sans avoir oublié les notes qui avaient été données au capitaine Dreyfus, je n'avais, moi, aucune suspicion contre lui ; la meilleure preuve est ce fait insignifiant : J'étais logé à ce moment-là, à Charmes, chez une dame qui vendait des dentelles fabriquées dans les Vosges ; M. Dreyfus l'avait su ; il me demanda si je pouvais le mettre en relations avec cette dame, vint chez elle accompagné par moi et acheta un certain nombre de lots de dentelles.

Je ne l'ai plus revu à partir de ce jour-là ; j'ai quitté moi-même le ministère un mois après.

J'étais colonel depuis longtemps, j'ai été nommé commandant du 126e le 12 septembre ; je suis parti le lendemain et j'ai pris le commandement de mon régiment le 5 octobre, après un sursis de quinze jours, comme je l'ai dit hier.

J'ai appris l'arrestation d'un officier de l'État-major de l'armée,

1. « Davantage... » (*Compte rendu revisé.*)

étant à Toulouse. Ce sont mes officiers qui m'ont dit : « Voici ce qui se passe, pouvez-vous nous renseigner? »

Il m'a été impossible de mettre un nom sur la personne de l'officier arrêté. Le lendemain, quand les journaux m'ont appris que c'était le capitaine Dreyfus, j'ai été étonné malgré mes préventions; mais je dois dire cependant que, étant données ces préventions, j'ai été moins étonné que ce fût lui qu'on ait arrêté.

UN MEMBRE DU CONSEIL DE GUERRE. — Est-il à votre connaissance, mon général, qu'on lui ait fait faire, à d'autres moments, d'autres travaux fictifs à titre d'épreuves?

LE GÉNÉRAL ROGET. — Pas à ma connaissance.

Comme je l'ai dit hier au Conseil, il a été chargé de travaux par la troisième section du quatrième bureau. Vous savez que le quatrième bureau comprend quatre sections : dans la troisième section, on s'occupe du service des chemins de fer et des étapes; en temps de guerre, cette section comprend la direction générale des chemins de fer aux armées et la direction générale des chemins de fer aux étapes ; on prépare là tous les dossiers qui doivent être remis, au moment de la déclaration de guerre, aux directeurs des chemins de fer aux armées et au directeur général des chemins de fer et des étapes avec, à l'appui, les cartes de concentration des armées, les cartes des quais de débarquements, tous les documents en un mot dont on a besoin au moment de la guerre. M. le capitaine Linder, chef de cette section, a fait faire à Dreyfus, pendant qu'il était stagiaire à l'Est, la carte de la concentration de ce réseau avec la carte des quais de débarquements. Mais je n'ai pas connaissance d'autres travaux.

UN CAPITAINE CONSEILLER. — Je crois me rappeler, mon général, que, dans sa déposition, M. le général Mercier a dit que vous aviez exprimé des doutes sur les lettres du commandant Esterhazy?

LE GÉNÉRAL ROGET. — Oui, je les ai exprimés devant la Chambre criminelle de la Cour de cassation. Sans connaître ces lettres, j'ai été étonné de ce que, alors que pendant quatre ans on avait fouillé, sans rien trouver, la correspondance du commandant Esterhazy, on eût trouvé au dernier moment des lettres sur papier pelure qui avaient échappé jusqu'à ce jour-là aux investigations. Depuis, j'ai été surpris que, la lettre saisie chez Mme Pays [1], on se la soit procurée par des moyens presque frauduleux; qu'on soit allé en novembre 1898 [2] la réclamer sous un prétexte faux. Enfin

1. « Chez Mme Rieu... » (*Compte rendu revisé.*)
2. « 1897... » (*Idem.*)

j'ai vu la photographie de cette lettre qui m'a semblé porter une tare, c'est-à-dire un point indiquant qu'elle aurait été décalquée. Mais c'est un indice. Je me garderais bien de m'appesantir là-dessus.

Un capitaine conseiller. — Je crois qu'à la Cour de cassation vous avez dit que vous étiez resté avec le colonel Henry après ses aveux pendant une heure, et que vous aviez essayé de le faire parler. Dans le courant de la conversation, lui avez-vous demandé où il avait fait son faux ?

Le général Roget. — La situation était extrêmement pénible. Je dois dire au Conseil que jusqu'au moment où le colonel Henry a avoué son faux, je n'y croyais pas. J'étais absolument persuadé que les pièces étaient truquées, c'est-à-dire qu'il y avait des morceaux d'une pièce insérés dans une autre. Il y avait une explication possible; c'est que l'une des pièces eût été abîmée, qu'elle eût été reconstituée à ce moment, et qu'alors on ait pu se tromper, insérer les morceaux de l'une dans ceux de l'autre, ce qui n'amenait pas à conclure nécessairement que l'une des pièces fût fausse.

Quand on a interrogé Henry dans le cabinet du ministre, il était là devant ses chefs. Ce n'était pas un interrogatoire officiel, ni judiciaire. C'était un simple interrogatoire administratif. Le ministre voulait savoir la vérité. Lorsque Henry eut fait son aveu, nous avons été encore embarrassés. Nous avions bien prévu qu'il pouvait avouer, mais nous n'avions pas pris de mesures pour le cas où il avouerait.

On envoya chercher les ordres du général Zurlinden [1] et on fit passer le colonel Henry dans une pièce à côté.

J'ai posé bien des questions à Henry, mais je ne lui ai pas posé celle-là. Je ne lui ai pas posé la question de savoir à quel endroit il avait reconstitué les pièces.

Un capitaine conseiller. — Avez-vous fait la question ?

Le général Roget. — Je ne le lui ai pas demandé.

Un capitaine conseiller. — Croyez-vous qu'il était facile d'écrire le faux dans le bureau même du ministère ?

Le général Roget. — A moins que ce ne fût un jour de congé où le bureau était fermé, je ne le crois pas.

Cela pouvait être le jour de la Toussaint, où il est allé [2] à son bureau. Personne n'y étant, cela peut être.

Le Président. — Monsieur le commissaire du Gouvernement, avez-vous une question à faire ?

1. « On envoya chercher le général Zurlinden... » (*Compte rendu revisé.*)
2. « S'il est allé... » (*Idem.*)

Le commissaire du Gouvernement. — Non, monsieur le président.

Le Président. — La défense a-t-elle des observations à présenter?

Me Demange. — J'aurais plusieurs questions à poser au général Roget, mais je voudrais bien, avant de poser ces questions, le prier de vouloir bien donner au Conseil les explications qu'il a données à la Cour de cassation sur le rôle de du Paty de Clam avant le procès Esterhazy.

Le Président. — Vous avez entendu la question?

Le général Roget. — Je ne sais rien de plus que ce que j'ai dit à la Cour de cassation, attendu que j'ai quitté le ministère au départ du général Zurlinden, le 20 septembre, et que je n'ai plus eu à m'occuper de l'affaire du Paty.

J'ai dit, à propos du rôle de M. du Paty de Clam, que j'avais appris, en faisant mon enquête dans les bureaux, que, le 16 octobre 1897, je crois, il était allé au service des renseignements pour demander l'adresse d'Esterhazy; et qu'alors on l'avait demandée à l'agent qui était chargé de la surveillance, et cet agent avait donné l'adresse d'Esterhazy qui était alors à Dammartin-la-Planchette.

J'ai même dit que l'adresse qu'on lui avait donnée n'était pas l'adresse usuelle à laquelle on écrivait à Esterhazy; mais je n'ai pas pu vérifier le fait. On me l'a dit, je ne l'ai pas vérifié.

Et je sais que, immédiatement après cette démarche faite par du Paty au service des renseignements, Esterhazy a reçu au château de Dammartin une lettre signée *Espérance*, et non pas *Speranza*, dans laquelle on le mettait au courant de la campagne qui se préparait contre lui. Je conclus — c'est une simple déduction — du fait que du Paty était allé à ce moment-là demander l'adresse, et qu'Esterhazy avait reçu la lettre que du Paty avait pu lui écrire. J'ai la persuasion que c'est lui qui l'a écrite, je n'en ai pas la preuve. Je suis ensuite, toujours d'après cette déduction, arrivé aux conclusions suivantes: le chef d'État-major a reçu deux lettres, une lettre anonyme et une carte-télégramme fermée, anonyme également. Cette lettre et cette carte-télégramme avertissaient aussi le chef d'État-major et semblaient émaner d'une personne aussi au courant que *Espérance* de ce qui se tramait.

Il y a aussi dans la forme peut-être des lettres et dans la rédaction, quelque chose qui rappelle un peu la lettre *Espérance*, et j'en ai conclu que du Paty pouvait aussi être l'auteur de cette lettre et de cette carte-télégramme. Je n'en ai pas de preuves. J'ai ensuite dit à la Cour de Cassation que pour les télégrammes *Blanche* et *Speranza*, je n'avais pas poursuivi mon enquête, parce que j'étais resté persuadé que le premier télégramme, le télégramme signé *Speranza*, avait été déposé par Souffrain. J'avais été persuadé de cela par l'enquête qui avait été faite. L'expert Couderc avait reconnu formellement l'écriture du télégramme comme étant celle de Souffrain. La demoiselle télégraphiste qui avait reçu le télégramme avait reconnu Souffrain, et cela même dans des conditions assez difficiles, qui sont les suivantes :

On avait choisi dans le service de M. Bertillon un certain nombre de photographies, une dizaine, je crois, et on avait mis dans ce lot la photographie d'une personne ressemblant beaucoup à Souffrain, avec d'autres de personnes quelconques. On les avait fait défiler sous les yeux de la télégraphiste.

Arrivée à la photographie de l'individu ressemblant à Souffrain, elle avait éprouvé une certaine hésitation et avait mis la photographie de côté. Cependant, elle avait continué ses investigations et, arrivée à la photographie de Souffrain, elle avait dit : « C'est celui-là. »

J'étais donc resté sous ces impressions : la reconnaissance de Souffrain par la télégraphiste et l'expertise Couderc qui avait attribué l'écriture à Souffrain. Puis était intervenu un arrêt de la Chambre des mises en accusation qui paraissait mettre du Paty hors de cause sur la question de ce télégramme, tant en fait qu'en droit.

Je me suis trompé, paraît-il, en croyant que l'on ne pouvait reprendre l'affaire après l'arrêt de la Cour de Cassation. Je dois dire que cet arrêt est du lendemain du jour où M. Cavaignac a donné sa démission.

M. Cavaignac n'avait rien pu faire contre du Paty de Clam, parce qu'il attendait l'arrêt de la Cour de Cassation.

J'ai dit que, lorsque le général Zurlinden avait remplacé M. Cavaignac, nous nous étions occupés de la question du Paty de Clam, et qu'il m'avait fait l'honneur de me demander mon avis. J'avais examiné si l'on pouvait trouver dans ses agissements les éléments d'un crime ou d'un délit et je n'en trouvai pas. Pour l'affaire des télégrammes, je le croyais mis hors de cause par l'arrêt de la Chambre des mises en accusation. Restait l'affaire du document libérateur remis à Esterhazy. Je n'ai pas encore parlé de ce document et, avant de continuer l'exposé de l'avis que j'ai donné à M. le général Zurlinden, je vais parler de cette pièce : *Ce canaille de D.*

Vers le moment où la dénonciation de M. Mathieu Dreyfus se

faisait, Esterhazy avait annoncé dans les journaux qu'il était en possession d'une pièce qui prouverait son innocence. Je ne me rappelle plus les termes dont il se servait, mais il paraissait avoir entre les mains une pièce qui démontrerait facilement son innocence et il racontait même qu'elle était déposée à Londres, en lieu sûr.

Plus tard, je ne sais plus à quelle date, elle est rentrée au ministère, et elle y a été apportée dans des conditions que je rappellerai tout à l'heure. Je crois savoir qu'Esterhazy n'a pas eu cette pièce entre les mains ou, s'il l'a eue, il ne l'a eue qu'au moment précis où il l'a rapportée au ministère.

Il résulte de l'enquête de M. le général de Pellieux, et de l'enquête judiciaire qui a suivi, qu'Esterhazy ne connaissait pas la pièce. Tout au moins a-t-il trompé son avocat sur ce point. Un jour qu'il lui en parlait, il lui a montré une pièce autre que la pièce : *Ce canaille de D...* Je suis sûr de la chose, car un jour Me Tézenas est venu, je ne sais à quelle occasion, voir le ministre de la Guerre, M. Cavaignac, dans son cabinet. Celui-ci lui a posé un certain nombre de questions relatives au document libérateur, et l'a amené, peu à peu, à décrire le document que lui avait montré Esterhazy. Puis, tirant brusquement de son sous-main une photographie de la pièce *Ce canaille de D...*, il la montra à Me Tézenas qui répondit : « Ce n'est jamais cela que l'on m'a montré ! » Je crois donc qu'Esterhazy n'a jamais vu cette pièce.

La pièce apportée par Esterhazy est rentrée au ministère dans les conditions suivantes :

Un soir, vers 10 heures et demie ou onze heures, je ne peux pas fixer la date, un individu, dont le signalement répond à celui d'Esterhazy — grand, mince, vêtu d'un paletot mastic — s'est présenté à l'hôtel du ministère. Il n'a pas mis la lettre dans la boîte, comme le dit M. Christian Esterhazy. Il est entré, il est venu au perron où se trouve le cabinet du ministre, et il a remis une lettre qu'il tenait à la main à un garçon de service. Le garçon a pris la lettre et l'a portée dans le cabinet des officiers d'ordonnance. L'enveloppe portait la suscription « personnelle, confidentielle », et elle était scellée d'un cachet à la cire noire avec des armes. Je crois que c'étaient les armes d'Esterhazy.

Elle ne fut pas ouverte à ce moment, et, un peu plus tard, le général de Torcy, chef du cabinet du général Billot, en rentrant au ministère, vers 11 heures du soir, est venu dans le cabinet comme il le faisait tous les soirs, a vu l'officier d'ordonnance de service qui lui a montré cette pièce.

Il l'a ouverte; elle contenait une première enveloppe, et, dans la seconde, il a vu que c'était le document libérateur, il a vu qu'il s'agissait d'Esterhazy, dont il ne s'était jamais occupé : on a remis le tout au ministre, le lendemain matin. J'ai su ces détails en interrogeant plus tard le capitaine Nourrisson qui était officier d'ordonnance de service ce jour-là, j'ai interrogé des garçons de bureau et on n'a pas pu m'assurer que c'était d'Esterhazy qu'il s'agissait ; mais il est vraisemblable que c'était de lui.

Quand j'ai voulu pousser mon enquête plus loin à ce sujet, je n'ai pas pu savoir comment la pièce est sortie du ministère ; on ne savait pas à ce moment combien il en avait été tiré de photographies en 1894. Le colonel Sandherr, qui seul aurait pu donner le renseignement, était mort.

On ne savait pas, en somme, comment la pièce était sortie; j'ai supposé que cela pouvait être par du Paty, et voici sur quoi je me suis basé pour le dire, comme je l'ai fait à la Cour de Cassation. Plus tard, lorsque je faisais précisément cette enquête au sujet de ce document libérateur, j'ai appris, presque par hasard, qu'un jour, dans le cabinet du général Gonse, au moment ou il était question dans les journaux de la pièce dont Esterhazy comptait faire sa sauvegarde, une conversation avait eu lieu entre le général Gonse, le colonel du Paty et le colonel Henry ; et Henry, ainsi que le général Gonse, se demandaient quelle pouvait être la pièce à laquelle faisait allusion Esterhazy, et ils ne trouvaient pas; or il paraît que dans cette conversation du Paty aurait dit :

— A moins que ce ne soit la pièce *Ce canaille de D...*

Cela a un peu surpris tout le monde ; on n'a pas poussé les choses plus loin, on a dit: « En quoi cela assurait-t-il sa sauvegarde ? je ne vois pas comment la pièce *Ce canaille de D.* pouvait sauver Esterhazy à elle seule. » Et les choses en sont restées là. Ce n'est que plus tard, quand je me suis occupé de la question, qu'Henry m'a rapporté cette conversation. Je ne sais pas à quelle époque, au mois de juillet peut-être. J'ai demandé au général Gonse s'il s'en souvenait. Il m'a dit qu'il se souvenait que cette conversation avait été tenue devant lui ; alors j'en ai tiré cette déduction que du Paty, ayant eu l'idée de cette pièce, et étant le seul qui en ait eu l'idée, il n'y avait que lui qui avait pu la donner. Je croyais que cela excluait complètement Henry, par la raison que c'était lui qui m'avait fait la révélation ; je ne pouvais la mettre que sur le compte d'un autre.

J'étais donc dans cette situation quand M. le général Zurlinden m'en a parlé, je lui dis que je ne pouvais pas établir comment la pièce était sortie du ministère, que je n'avais que des indices très vagues concernant Esterhazy, la version Christian Esterhazy, qui était suspecte et contraire à la matérialité des faits sur un point important.

Je conclus de là qu'il me paraissait impossible de faire passer M. le colonel du Paty de Clam devant un Conseil de guerre, soit pour cet acte, soit pour l'affaire des télégrammes *Blanche* et *Speranza*. J'émis l'avis que le colonel du Paty pouvait être envoyé devant un Conseil d'enquête pour fautes graves dans le service. M. le général Zurlinden partagea cette manière de voir et il chargea M. le général Renouard de faire une enquête préliminaire à cet effet, et à la suite de laquelle M. du Paty fut mis en non-activité par retrait d'emploi.

Me Demange. — Je vous prie, monsieur le président, de vouloir bien demander à M. le général Roget comment il explique l'intervention de M. du Paty auprès d'Esterhazy. Si Esterhazy était innocent, que venait donc faire M. du Paty auprès de lui ?

Le général Roget. — Je m'explique très mal l'intervention de M. du Paty ; cependant, je crois que l'on peut dire ceci : on savait très bien, on était persuadé, au ministère, de la culpabilité du capitaine Dreyfus ; par conséquent, on était persuadé de l'innocence d'Esterhazy. Un certain nombre d'officiers au service des renseignements seulement, — permettez-moi, ici, de faire une digression. — On a beaucoup parlé de lÉ'tat-major et des machinations de l'État-major ; or, il n'y a pas eu de machinations à l'État-major, car personne, dans l'État-major, n'était au courant de l'affaire Dreyfus. Il n'y avait que le bureau des renseignements et M. du Paty de Clam, parce que ce dernier avait été employé par le général Gonse à copier certaines lettres. M. du Paty de Clam a cru qu'il convenait d'aider Esterhazy à prouver[1] son innocence, et de ne pas le laisser sans défense.

Me Demange. — Il y a un point sur lequel je suis d'accord avec M. le général Roget, et je le remercie d'avoir fait cette déclaration. Il vient de dire qu'il dégageait l'État-major tout entier.

Le général Roget. — J'y tiens beaucoup.

Me Demange. — Je suis d'accord avec lui sur ce point, et je veux me cantonner sur ce terrain : le bureau des renseignements et M. du Paty de Clam ; c'est là-dessus que je porterai mes questions : bureau des renseignements, rôle de M. du Paty ou rôle d'Henry.

1. « A prouver bientôt. » (*Compte rendu revisé.*)

M. le général Roget vient de nous dire que M. du Paty, persuadé de l'innocence d'Esterhazy, était allé au-devant de lui, parce qu'il y avait eu une dénonciation; mais M. le général Roget, qui nous a fourni des appréciations sur un certain nombre de points, peut-il nous expliquer comment un homme innocent comme l'était Esterhazy avait besoin que l'on vînt à son secours?

LE GÉNÉRAL ROGET. — Il est certain que moi je ne l'aurais pas fait. (*Mouvements divers.*) Maintenant, je ne vois pas qu'il soit absolument répréhensible; quand on est persuadé qu'un individu comme le commandant Esterhazy va être l'objet d'une accusation pareille, sans s'y attendre, sans savoir ce qui peut lui arriver, on peut très bien se dire que cet individu va perdre la tête et qu'il serait utile de venir à son secours. Voilà certainement quel a été le raisonnement de M. du Paty.

Me DEMANGE. — Si je ne me trompe, ce raisonnement avait été soumis à l'appréciation de M. le général Gonse, car n'avait-on même pas pensé à envoyer une lettre anonyme, ce que M. le général Billot a interdit?

LE GÉNÉRAL ROGET. — Je crois, je ne sais pas dans quelles circonstances, que c'est M. du Paty qui a eu l'idée de faire une lettre anonyme dans ce sens, pour prévenir Esterhazy. Cette lettre est arrivée jusqu'à M. le général Billot, qui a poussé un cri d'indignation à l'idée de se servir d'un tel moyen.

Me DEMANGE. — Voici une autre question que je pose à M. le général Roget:

M. Esterhazy, lorsqu'il a été prévenu par la lettre *Espérance*, vint à Paris. Son premier mouvement a été d'aller chez l'agent A pour lui demander d'intervenir auprès de la famille Dreyfus, pour affirmer que lui, Esterhazy, n'était pour rien dans l'affaire. M. le général Roget a-t-il connaissance de ce fait et comment l'apprécie-t-il? Croit-il qu'un commandant français, étant entièrement innocent, avait raison d'aller s'adresser à l'agent A que nous connaissons tous?

LE GÉNÉRAL ROGET. — Je n'ai aucune connaissance de cette démarche. (*Mouvements divers.*)

Me DEMANGE — C'est que sans doute M. le général Roget n'a pas vu l'enquête du général Renouard sur les agissements ou plûtôt sur les faits qui sont reprochés à M. du Paty.

LE GÉNÉRAL ROGET. — Je n'ai pas vu le rapport du général Renouard, mais j'ai vu le général Renouard pendant qu'il faisait son enquête, et il m'a montré ses conclusions en « minute », mais ses conclusions seulement ; et, comme j'ai quitté le ministère peu après, je n'ai pas eu le temps de prendre connaissance du rapport dans son entier.

Me Demange. — M. le général Roget ne connaît pas non plus l'interrogatoire même du colonel du Paty ?

Le général Roget. — Non.

Me Demange. — Voici le procès-verbal de l'interrogatoire de M. le lieutenant-colonel du Paty de Clam, qui est d'ailleurs versé au dossier (page 677, 2e volume.)

Le passage que je vais vous lire se trouve à la page 679.

Voici la demande qui était adressée par le général Renouard :

— Qu'entendez-vous en disant au Conseil d'enquête qu'Esterhazy était au secret moral ?

Réponse : Esterhazy était affolé. Il prétendait qu'il y avait des faux préparés pour le perdre, qu'il était l'objet de pressions. En nous quittant, il est allé chez « l'agent A... » pour lui demander d'affirmer qu'il n'était pour rien dans l'affaire du bordereau.

« Il ne nous a parlé de cette démarche que dans une entrevue postérieure.

« Je ne pouvais le laisser faire. Il fallait l'orienter et le canaliser. »

Eh bien ! je me contente de demander à M. le général Roget son sentiment sur cette démarche, maintenant qu'elle est portée à sa connaissance. M. le général Roget a dit hier qu'on pourrait s'étonner de voir mettre en balance sa parole à lui et celle du représentant de la nation qui était bénéficiaire de la trahison. Je tombe tout à fait d'accord sur ce point, mais en faisant remarquer que M. le général Roget, ne sachant pas de faits, puisqu'il nous a dit lui-même qu'il n'avait étudié l'affaire que depuis l'affaire Zola, nous n'avons dans sa déposition que des raisonnements, des déductions ou des faits qu'il a entendu raconter.

Et comme il a donné des appréciations hier, je me permets maintenant de lui demander ce qu'il pense de la démarche, constatée et avouée par le colonel du Paty, de la démarche d'Esterhazy chez « l'agent A. » ?

Le général Roget. — Je la trouve singulière et je ne sais pas à quel mobile obéissait Esterhazy.

Le Président. — Cette démarche est-elle certaine ?

Le général Roget. — Je ne sais pas du tout. (*Mouvements divers.*)

C'est M. du Paty qui dit cela, mais il faudrait savoir si la démarche est certaine. C'est du Paty qui le dit, mais si ce n'est pas constaté autrement que par le témoignage de du Paty à l'enquête Renouard, je ne la tiens pas pour certaine.

Me DEMANGE. — Il y a eu un témoignage de M. Casella au procès Zola, affirmant le fait, et ce fait est affirmé aujourd'hui par du Paty de Clam comme le tenant d'Esterhazy.

LE GÉNÉRAL ROGET. — Il s'agit de savoir lequel dit la vérité. Esterhazy peut ne pas la dire. Du Paty peut aussi ne pas la dire. Moi, je n'en sais rien. Mais le fait ne me paraît pas bien établi.

Me DEMANGE. — Voilà une première déclaration d'Esterhazy, consignée dans une lettre au président de la Cour d'assises, dans le procès Zola, lettre dans laquelle M. Casella racontait, comme l'ayant apprise par l'agent A..., la démarche d'Esterhazy. D'autre part, dans l'enquête, on a posé une question à du Paty qui a déclaré qu'Esterhazy était tout à fait affolé et que c'était dans son affolement qu'il avait fait cette démarche. Puisque tout ce qui est à la charge de l'accusé est indiqué par M. le général Roget, je lui demandais son appréciation sur ce fait. Il l'a donnée. Le Conseil appréciera.

Maintenant, je voudrais poser une autre question.

M. le général Roget, dans sa déclaration d'hier — permettez-moi de vous le dire, mon général — a fait un peu le procès de tout le monde : de M. Bertulus, du colonel Picquart, du commandant Hartmann. Ces messieurs viendront et déposeront. Mais puisqu'il a été question du *petit bleu*, voulez-vous bien, monsieur le président, demander à M. le général Roget ce qu'il pense du fait suivant, à l'occasion du *petit bleu* :

Le *petit bleu* était, quand il est sorti des mains du colonel Picquart, intact, en ce sens qu'il n'y avait pas la moindre trace de grattage. C'est un fait aujourd'hui établi. Lorsque le *petit bleu* a été examiné par M. le général Roget, avant même qu'il fût chef de cabinet du ministre, il a remarqué les traces du grattage. Et, si je ne me trompe, dans sa déclaration à la Cour de Cassation il a même dit qu'il était monté à ce moment-là chez le général Gonse pour lui montrer la trace du grattage. Est-ce bien exact?

LE GÉNÉRAL ROGET. — Parfaitement.

Me DEMANGE. — Je crois même qu'à ce moment-là M. le général Gonse — c'est M. le général Roget qui fait cette réflexion — n'a pas paru y attacher d'importance.

LE GÉNÉRAL ROGET. — Voici pourquoi : la question du colonel Picquart était liquidée à ce moment. Il était passé devant un Conseil d'enquête. Il avait été mis en réforme. Le général Gonse ne pensait pas qu'il y eût autre chose à faire. Par conséquent, je crois qu'il n'a pas tenu compte de mon observation.

Me Demange. — Ne voyez pas d'arrière-pensée de ma part dans cette question.

Le général Roget — Je n'en vois jamais.

Me Demange. — C'est seulement lorsque M. le général Roget est devenu chef du cabinet de M. Cavaignac d'abord, et de M. le général Zurlinden ensuite, que, reprenant le *petit bleu*, le fait du grattage l'a frappé. Et si je ne me trompe, c'est sous le ministère de M. le général Zurlinden que M. le colonel Picquart, à l'occasion de ce grattage, a été inculpé de faux.

Eh bien! je demanderai à M. le président de demander à M. le général Roget ceci : il a dit : « Je me suis préoccupé de ce qu'on a appelé les machinations de l'État-major. Eh bien! parlons maintenant du colonel Henry et de du Paty. »

Le général Roget a donc à ce moment-là vu le grattage. Il y a attaché de l'importance. Eh bien! maintenant que nous savons que le *petit bleu*, quand il est entré au ministère, n'avait pas trace de grattage et que les experts ont dit qu'on avait gratté un nom, celui de M. un tel, 17, rue de la Bienfaisance, je remarque qu'il y a une singulière coïncidence : c'est que le 17 de la rue de la Bienfaisance était la demeure d'Esterhazy. Seulement, on supposait que le *petit bleu* était adressée à X..., 17, rue de la Bienfaisance et que, sans doute, le colonel Picquart avait gratté cet X et, substituant un nom, avait mis Esterhazy.

Les experts font la vérification et qu'est-ce qu'on découvre?

On découvre qu'en effet il y a eu un grattage, qu'on a bien écrit le nom d'Esterhazy sur un autre nom, mais que c'était ce même nom d'Esterhazy qui était déjà sur l'adresse, avant le grattage! Le grattage n'avait eu pour but que de rendre le *petit bleu* suspect.

Eh bien! je prie M. le président de vouloir bien demander à M. le général Roget — qui a énuméré les différentes circonstances dans lesquelles le *petit bleu* était suspect pour lui — ce qu'il pense au sujet de ce grattage et de cette machination, qui est certaine, et qui est postérieure au départ du colonel Picquart.

Le général Roget. — Je pense ceci : moi, je n'ai pas fait de déduction ni d'appréciations; seulement, je me suis aperçu que le *petit bleu* portait des traces qui le rendaient suspect. Je ne pouvais savoir si, au-dessous du nom d'Esterhazy, il y en avait un autre ou non. Je sais seulement que ce nom d'Esterhazy ne se présentait pas avec les mêmes caractères que ceux de l'adresse.

Les clichés de l'époque donnent la physionomie du mot « Esterhazy » tel qu'il est actuellement?

Me Demange. — Oui.

Le général Roget. — Ah! voilà. Le cliché de l'époque donne la physionomie du mot « Esterhazy » tel qu'il est actuellement, et M. Picquart a reconnu lui-même le *petit bleu* quand on le lui a présenté. Je ne connais pas ce qu'ont dit les experts. Les mots se présentaient avec les mêmes caractères que sur le *petit bleu* actuel, pour un homme qui regarde comme moi et ne fait pas d'expertise.

Me Demange. — Le général Roget pourrait supposer que je fais des demandes indirectes à son endroit. Je lui demande son appréciation. Nous recherchons le nom d'Esterhazy. Je trouve que dans ce *petit bleu*, qui est rendu suspect aux yeux du Conseil de guerre, d'après les appréciations de M. le général Roget, j'y trouve un grattage qui ne peut plus être attribué à M. le colonel Picquart, mais qui a été certainement fait depuis que le *petit bleu* est sorti de ses mains, et que ce grattage a été fait en substituant le nom d'Esterhazy au nom d'Esterhazy. Il était plus simple de laisser le nom d'Esterhazy sur le *petit bleu*. On a fait un grattage. Il y a là un acte dont je ne connais pas l'auteur, sur lequel je voudrais avoir l'opinion du général Roget.

Le général Roget. — Cette appréciation m'échappe forcément, puisque je dis que, sur les clichés de l'époque, le mot « Esterhazy » est tel qu'il est actuellement.

Le président. — La correction aurait été faite dès la réception du *petit bleu?*

Le général Roget. — Dans les clichés qui restent actuellement, qui ont été faits à l'époque où le *petit bleu* est arrivé et a été photographié, le nom d'Esterhazy se présente exactement et dans les mêmes conditions que dans le *petit bleu* actuel. Il n'y a que ceci qui ne se présente pas : il y a un trait de réglage, le trait qui est sous le nom dans les cartes-télégrammes imprimées, ce trait qui est interrompu sur le *petit bleu* comme s'il avait été gratté. Eh bien! il n'est pas interrompu sur les clichés.

Il semblerait donc que, ou bien celui qui a fait le cliché a fait les retouches pour faire disparaître les traces de déchirure, ou bien qu'il ait rétabli ce trait de réglage.

C'est une explication. Ou bien on a gratté ce trait de réglage. Voilà tout ce que je peux dire[1].

1. Cet alinéa et le précédent sont modifiés comme suit dans le *Compte rendu* revisé : « Il semblerait donc que, ou bien celui qui a fait les retouches pour faire

Me DEMANGE. — J'ai posé une question et j'aurais voulu l'appréciation de M. le général Roget sur le fait qui me paraît acquis,

LE GÉNÉRAL ROGET. — Mais je ne peux parler que de ce qui est acquis pour moi.

Me DEMANGE. — Mais ce qui est acquis par l'instruction, ce que les experts ont découvert, c'est le grattage et la substitution d'Esterhazy au nom d'Esterhazy. Or, il est certain que ce n'est pas M. le colonel Picquart qui a pu faire ce grattage et rendre suspect le *petit bleu*, puisque le nom d'Esterhazy y était déjà. On a donc fait le grattage pour rendre le *petit bleu* suspect, et je ne dis pas que le général Roget ait pu, à ce moment, se dire que c'était par un grattage, mais que c'était le résultat du travail fait par M. Lauth. Les experts ont constaté qu'il y avait eu grattage, substitution du nom d'Esterhazy au nom d'Esterhazy; il est bien certain que ce ne peut être Picquart, à moins qu'il n'ait voulu rendre suspect le *petit bleu* lui-même. Cela a été fait depuis qu'il est sorti de ses mains. Or, je vous demande, comme vous avez recherché des machinations sur le terrain spécial où nous nous sommes placés tout à l'heure, ce que vous pensez de ces faits?

LE GÉNÉRAL ROGET. — Je pourrais faire remarquer que les constatations qui se sont produites à ce moment, je ne les connais pas et je n'ai pas eu à m'en occuper depuis ce temps-là. Je ne sais pas si on a constaté autre chose. J'ai constaté ceci : c'est que je crois que le *petit bleu*, tel qu'il est donné par les clichés de l'époque, représente la physionomie du *petit bleu* actuel, je le répète; que le trait de réglage est interrompu dans le *petit bleu*, tandis qu'il ne l'est pas dans les clichés. Je ne sais pas s'il y a eu substitution d'un nom à un autre; ce qu'il y a de sûr, c'est que, si cette substitution s'est opérée après le départ de Picquart, il est bien extraordinaire que le cliché du *petit bleu* soit tel qu'il est. C'est une appréciation; je ne puis dire que ce que je sais. Je ne me suis pas occupé de mon enquête après que j'ai quitté le ministère.

Si on veut admettre, pour le moment, ce que je ne sais pas, si l'on veut admettre que ces opérations se soient faites après le départ de Picquart, je l'admets pour le moment. Alors, je me demande par qui et pourquoi. Par qui? Ce ne pourrait être que par quelqu'un du service des renseignements. (*Mouvements divers.*) Mais pourquoi? Il est à remarquer que le *petit bleu* a été produit à l'instruction Ester-

disparaitre les traces de déchirure peut avoir rétabli, même sans y prendre garde, le trait de réglage sur le cliché; ou bien que le trait de réglage a été gratté après coup sur l'original. »

hazy, il en a été question au procès Zola et personne n'a soufflé mot ni trouvé moyen de faire savoir aux intéressés que le *petit bleu* avait été gratté et avait un aspect frauduleux. Il a fallu que moi, je m'en aperçoive. Je n'en ai pas tiré de déductions, j'ai dit qu'il avait un aspect frauduleux; personne n'a soufflé mot que le *petit bleu* fût frauduleux : c'est moi qui m'en suis aperçu par hasard.

Me Demange. — Je retiens simplement l'appréciation de M. le général Roget; en admettant le fait, ce serait quelqu'un qui l'aurait fait pour compromettre Picquart.

Le Président. — De quelle instruction s'agit-il?

Me Demange. — De la dernière. Je vous ferai remarquer, monsieur le président, que je suis très embarrassé sur tous les faits qui concernent le colonel Picquart. Aussi avais-je demandé de surseoir, jusqu'à ce que mon vaillant confrère Me Labori puisse venir ici. Puisqu'il a été le défenseur du colonel Picquart et qu'il connaît tous les détails de l'affaire, il aurait pu poser des questions utiles. Moi, je parle du grattage du *petit bleu* parce que c'est le seul fait que je connaisse, et c'est pour cela que j'ai pu poser une question au général Roget. Le grattage a-t-il été fait pour compromettre le colonel Picquart? Par conséquent, je pose ma question, mais je ne veux pas insister. Seulement, monsieur le président, me cantonnant sur le seul terrain du service des renseignements, voulez-vous poser à M. le général Roget une question à l'occasion des faits que le Conseil connaît, survenus au cours du dépouillement du dossier secret, mais faits qui peuvent être discutés ici, puisque le ministère des Affaires étrangères, représenté par M. Paléologue, a fait verser des pièces au débat, et qu'elles sont entre les mains de M. le greffier? Ce sont les pièces concernant le nommé Lajoux. M. le général Roget est-il au courant des faits qui concernent le nommé Lajoux?

Le général Roget. — Pas du tout.

Me Demange. — Or, monsieur le président, nous savons tous ceci. Et c'est important, monsieur le président, puisque le fait a trait à l'entrevue de Bâle et aux rapports de l'agent R. C. avec le service des renseignements. Donc, il paraîtrait que c'est un nommé Lajoux, du service des renseignements, qui aurait été le premier chargé de négocier avec l'agent B.

Après l'entrevue de Bâle, l'agent Lajoux aurait rapporté au service des renseignements le propos qu'on prête à l'agent R. C. C'est-à-dire qu'il y aurait un commandant de l'armée française qui renseignait l'Allemagne. Par une coïncidence, l'agent Lajoux, ayant rapporté cela au service des renseignements, a été ensuite congédié pour malversations. Mais voilà qu'un an après, M. Lajoux, étant en Belgique, aurait reçu la visite de M. l'archiviste Gribelin qui serait venu lui apporter les fonds nécessaires pour s'en aller au Brésil. D'après les renseignements qui sont au dossier, il aurait reçu une somme plus forte que le prix de son voyage. Mais enfin le service des renseignements reconnaît avoir donné le prix du voyage à Lajoux.

Voilà Lajoux au Brésil. Il va faire une communication à un négociant. Alors se produisent les révélations du faux qu'on appelle « le faux Henry ». M. Lajoux revient du Brésil en Italie.

Sa présence en Italie est connue du bureau des renseignements, et le bureau des renseignements envoie à Lajoux, en Italie, un officier de ce bureau qui donne à Lajoux ou qui lui fait donner par le consul une somme suffisante pour s'en retourner au Brésil et lui sert une mensualité de deux cents francs sur les fonds du ministère de la Guerre, service des renseignements. Voilà les faits que je résume; et alors je demande à M. le général Roget comment il s'explique l'intérêt que le bureau des renseignements peut porter à ce Lajoux, qui avait été congédié pour des faits de malversation.

Le général Roget. — Je ne connais pas du tout ce fait. (*Mouvement prolongé.*)

Le Commissaire du Gouvernement. — Je demande qu'il soit sursis à la position de cette question jusqu'à ce que le commandant Rollin, que l'on peut faire demander par le télégraphe, puisse répondre. Il ne faut pas traiter les questions en l'air. M. le général Roget n'est pas au courant de la question qui lui est posée, il ne faut donc pas entrer dans cette question, car ce serait contraire à tout esprit de discipline. (*Longue agitation.*)

Me Demange. — Voulez-vous me permettre, monsieur le président, de répondre d'une façon très calme à M. le Commissaire du Gouvernement?

Le Président, *à M. le général Roget.* — Connaissez-vous la question Lajoux?

Le général Roget. — Je n'en ai jamais entendu parler. J'ai fait une enquête sur certains faits, mais je n'ai jamais été employé au service des renseignements. Je n'ai jamais connu ce service, pas même du temps du colonel Sandherr. Je n'y suis entré qu'une fois, pour me faire débarrasser des obsessions d'une femme d'allures suspectes qui venait me demander au ministère. J'ignore totalement la manière dont ce service opère, et ce qu'il fait. Je ne sais absolument rien en dehors de ce que j'ai cherché à apprendre personnellement pour faire une enquête. Si je connaissais le fait Lajoux, je me ferais un véritable plaisir de répondre à Me Demange.

Le Président. — Du moment que vous ne savez rien de l'affaire Lajoux, je ne poserai pas cette question.

Me Demange. — Nous avons entendu le général Roget, à propos de l'entrevue de Bâle, tirer des déductions et démontrer au Conseil que ce qu'avait pu dire l'agent R. C., et ayant trait à un commandant de l'armée française qui aurait trahi, était sans valeur. M. le général Roget l'a dit hier. Or, il me semble que l'incident Lajoux se rattache singulièrement à ce fait. En effet, M. le général Roget a dit hier « l'incident est sans valeur. Il ne faut pas attacher d'importance à ce que dit R. C. » Aujourd'hui, M. le général Roget, qui l'ignorait, vient d'apprendre qu'un nommé Lajoux, mêlé à cette affaire, a été congédié pour malversations et qu'il est cependant aujourd'hui à la solde du service des renseignements. Je voudrais bien qu'il nous dise ce qu'il en pense.

Le Président. — Nous sommes à l'interrogatoire des témoins, maître Demange, et par conséquent je suis prêt à poser toutes les questions qui ont trait à l'interrogatoire. Or, ceci n'en fait pas partie puisque le général Roget nous déclare ne pas connaître la question Lajoux. Je poserai la question que vous voudrez à un moment utile, à un moment où il en sera fait allusion dans une déposition ou au cours des plaidoiries; mais pour le moment l'incident est clos. (*Mouvements divers.*)

Me Demange. — Je viens d'apprendre par le Commissaire du Gouvernement, qu'on avait appelé par dépêche télégraphique M. le commandant Rollin.

Le Commissaire du Gouvernement. — On peut l'appeler pour répondre à votre désir.

Me Demange. — Je ne tiens pas à déranger M. le commandant Rollin; seulement je vous demanderai de vouloir bien ordonner la lecture de ces pièces.

Le Président. — Pas dans ce moment-ci.

Me Demange. — Monsieur le président pourrait-il m'indiquer à quel moment je pourrai le faire?

Le Président. — Dans votre plaidoirie, si vous le jugez utile. Si, au contraire, un témoin vient déposer de l'affaire Lajoux, vous pourrez demander lecture de ces pièces. Mais, puisque M. le général Roget n'a pas connu de cette affaire, le Conseil n'a pas à s'en occuper en ce moment.

Me Demange. — Le Conseil appréciera. J'ai énoncé le fait; on en tirera les conséquences que l'on croira utiles pour la manifestation de la vérité. Voici maintenant un autre ordre d'idées : M. le général Roget en a parlé, je puis vous en entretenir également et demander une lecture de pièces. C'est à propos de la disparition d'une pièce versée au service des renseignements quand M. Picquart en était directeur et qui aurait trait à des relations avec un colonel napolitain... Une femme aurait écrit au ministère de la Guerre et aurait indiqué qu'un colonel napolitain...

Le général Roget. — Ce n'est pas au ministère de la Guerre, c'est au ministère des Affaires étrangères. Cette femme correspondait avec quelqu'un que je ne connais pas du ministère des Affaires étrangères. Je ne connais la question que parce que M. Delaroche-Vernet en a parlé.

Me Demange. — Eh bien! dans la lettre adressée au ministère des Affaires étrangères, cette femme a dit qu'il y aurait, chez un fonctionnaire italien, deux lettres du capitaine Dreyfus. Il est important de savoir quelle créance on peut accorder à la déclaration de cette femme. Or, au moment où l'affaire était devant la Cour de Cassation, le ministre de la Justice a demandé à son collègue des Affaires étrangères de se renseigner. M. le ministre des Affaires étrangères a demandé à son agent ce qu'il pensait de cette femme. Je demande à M. le président de faire donner lecture des renseignements fournis au garde des Sceaux par le ministre des Affaires étrangères. Cela se trouve dans le dossier de l'affaire C. C. C. La note est jointe à une lettre du garde des Sceaux, du 1er mai 1899. La lecture de la note seulement est utile. Il n'est pas nécessaire de donner connaissance de la correspondance des ministres.

Le greffier Coupois *donne lecture de la note indiquée, qui est ainsi conçue :*

NOTE

« Vous me demandez quelle sorte de créance on peut attribuer aux affirmations de Mme X... Mme X... est une femme que son imagination sur tous les terrains a toujours portée à s'occuper de politique.

« A Paris, alors qu'elle était jeune, elle tenait un salon cosmopolite. Elle partit pour l'Italie avec un ami.

« Devenue besogneuse, elle a pensé depuis lors pouvoir utiliser son séjour à l'étranger et se créer des ressources en m'adressant des informations d'Italie, informations qui touchaient très souvent au fantastique.

« C'est ainsi qu'elle a cru pouvoir amorcer une campagne intéressée en prenant, sur le nom de Dreyfus, une initiative personnelle.

« Sur le terrain purement politique, Mme X... a été parfois utile ; mais ce que je crois devoir reconnaître, ce sont les services rendus avec intelligence quand, dans mes séjours en Italie, je lui précisais mes commissions à faire ou mes renseignements à prendre.

« Cette dame ne pouvait être et n'a jamais été qu'un instrument utile, mais sous la seule réserve de l'avoir en main. Je me résume en affirmant nettement qu'aucune créance ne pourrait être accordée à sa correspondance (du 3 mai 1899). »

Me Demange. — Maintenant, une question à M. le général Roget. Dans sa déposition, hier, faisant allusion à la déclaration qui a été produite au Parlement de la puissance de l'agent A... par le ministre des Affaires étrangères, M. le général Roget a dit que cette déclaration excluait aussi bien Esterhazy que Dreyfus, que le ministre avait déclaré ne connaître ni l'un ni l'autre. Or, je rappelle à M. le général Roget les termes exacts de la déclaration. Je lui demande, à lui qui est un esprit très fin, s'il ne voit pas une nuance entre cette déclaration qui concerne Dreyfus et ce qui a trait à Esterhazy :

« Je me bornerai donc à déclarer de la façon la plus formelle et la plus catégorique qu'entre l'ex-capitaine Dreyfus, actuellement détenu à l'île du Diable, et n'importe quel organe allemand, il n'a jamais existé de relations ni de liaison de quelque nature qu'elle soit. Les noms de Walsin-Esterhazy et de Picquart, je les ai entendus pour la première fois dans mon existence, il y a trois semaines. »

Je demande à M. le général Roget son appréciation ; s'il n'estime pas, lui qui connaît très bien le langage diplomatique, le langage des hommes d'État, qu'il y a une différence de nuance entre ce fait et une dénégation absolue au point de vue des relations avec Dreyfus, et puis ensuite cette indication quant au nom d'Esterhazy.

Le général Roget. — Il y a certainement une nuance.

Me Demange. — Ah! il y a une nuance! (*Mouvement.*)

Monsieur le président : J'ai encore quelques questions. M. le général Roget sait-il que la déclaration qui a été faite à la tribune du gouvernement italien a été précédée d'une correspondance qui peut fixer sur la sincérité des déclarations produites au gouvernement italien. Le témoin ne sait rien?

Le général Roget. — Non.

Me Demange. — Bien! bien! Je n'insiste pas.

Le général Roget. — Je ne connais pas le dossier diplomatique, je ne connais que le dossier secret du ministère de la Guerre.

Me Demange. — Le Conseil sait ce que je veux dire. M. le général Roget ne sait pas. Je n'insiste pas auprès de lui. M. le général Roget nous avait dit hier qu'on avait offert à Esterhazy 700,000 francs.

Le général Roget. — 600,000.

Me Demange. — Oui, 600,000. Comment M. le général Roget le sait-il personnellement?

Le général Roget. — Je le sais par le procès-verbal du Conseil d'enquête devant lequel il a comparu. Esterhazy a été envoyé devant un Conseil d'enquête sous le ministère Cavaignac. Le Conseil d'enquête était présidé par le général Florentin, commandant la 9e division d'infanterie. Au cours de la discussion, M. Esterhazy a été amené à déclarer qu'on lui avait offert 600,000 francs pour se déclarer l'auteur du bordereau.

Me Demange. — Alors, c'est Esterhazy qui l'a dit?

Le général Roget. — Oui; je n'ai jamais dit autre chose.

Me Demange. — Vous ne l'avez jamais su personnellement?

Le général Roget. — Je n'ai jamais dit autre chose. Je l'ai dit à la Cour de Cassation dans les mêmes termes. J'ai dit qu'Esterhazy l'avait dit.

Me Demange. — Mais vous ne vous appropriez pas cette déclaration?

Le général Roget. — Je ne me l'approprie pas du tout. (*Mouvement.*)

Me Demange. — L'autre question est celle-ci : M. le général Roget a dit hier que le bordereau avait été apporté en menus morceaux.

Le général Roget, *vivement*. — Oh, non! pas en menus morceaux.

Me Demange. — Vous avez dit l'expression! C'est qu'elle vous aura échappé.

Le général Roget. — Je ne suis pas orateur; l'expression peut trahir souvent ma pensée.

Me Demange. — Oh! je ne voudrais pas me mesurer avec vous, vous savez! (*Rires.*) Alors, le mot « menus » n'a pas d'intérêt?

Le général Roget. — Il était déchiré. Je ne dis pas en menus morceaux, au contraire. Je veux dire, le connaissant, qu'il était déchiré très peu. C'était surtout un document froissé et roulé en boule, mais cependant il y a quelques déchirures. Il y en a au moins deux.

Me Demange. — J'ai encore quelques questions que je vais prendre dans la déposition d'hier de M. le général Roget. M. le général Roget nous a dit hier que M. Cavaignac, ayant appris qu'une perquisition avait été faite chez Esterhazy, avait envoyé un officier, qui s'est trouvé être le colonel Henry, pour retirer les pièces qui pouvaient se trouver chez Esterhazy. Comment le ministère de la Guerre pouvait-il supposer, à ce moment, qu'il y eût des pièces du ministère chez Esterhazy?

LE GÉNÉRAL ROGET. — Je l'ai expliqué hier.

J'ai expliqué qu'il avait été détenteur de la pièce *Ce canaille de D.* On pouvait donc supposer qu'il avait été en relations avec quelqu'un qui la lui avait remise. On pouvait donc supposer aussi qu'il en avait d'autres, et par conséquent l'initiative du ministre était très-légitime.

Me DEMANGE. — On estimait donc qu'Esterhazy pouvait avoir été fourni de documents par le bureau des renseignements. M. le général Roget a dit que parmi les pièces rapportées par Henry se trouvait une note manuscrite d'Esterhazy, et il a indiqué que dans cette note manuscrite il était dit, de la main d'Esterhazy, que Dreyfus avait eu des entrevues avec un attaché militaire étranger dont le nom était sur la pièce en toutes lettres.

LE GÉNÉRAL ROGET. — Parfaitement. On précisait même que c'était à l'hôtel du Grand-Monarque, à Bruxelles.

Me DEMANGE. — Puis venaient les appréciations calomnieuses, soit pour M. Scheurer-Kestner, soit pour Me Labori. Je demande à M. le général Roget, — si l'on suppose qu'Esterhazy ne serait pas autre chose qu'un agent de la famille Dreyfus, qui aurait consenti à ce rôle, — comment on s'expliquerait qu'il eût écrit des indications compromettantes pour Dreyfus et qui ne révéleraient pas cette entente entre lui, Esterhazy, et la famille Dreyfus.

LE GÉNÉRAL ROGET. — Avec Esterhazy, on ne peut jamais savoir, parce que d'abord... (*Bruit.*) Je ne sais pas quel rôle joue Esterhazy. Je n'ai pas à le préciser. Je n'en sais rien. Il est tellement bizarre qu'il m'échappe. Je ne suis pas assez perspicace pour voir ce qu'il veut. Je ne sais pas encore ce qu'il fera.

Me DEMANGE. — J'ai posé la question parce que vous avez indiqué la nature des pièces.

LE GÉNÉRAL ROGET. — Je vous donne mon impression.

Me DEMANGE. — C'est une question qui retrouvera sa place dans la discussion. Voici les deux dernières questions que je veux poser à M. le général Roget. Je les emprunte à des passages de sa déposition devant la Cour de cassation.

En parlant de Dreyfus, M. le général Roget s'est exprimé ainsi :

« J'ai eu l'honneur de dire à la Cour, hier, que j'avais été frappé, en lisant les interrogatoires de Dreyfus, des dénégations qu'il avait opposées sur tous les points.

« J'ai trouvé surprenant aussi qu'il ait gardé cette même attitude de refus de toute discussion, depuis qu'il est à la Guyane.

« J'ai eu entre les mains un certain nombre de lettres qu'il a adressées, du lieu de déportation, soit au ministre, soit au chef d'État-major général. Il proteste de son innocence et ses protestations restent toujours vagues.

« Jamais il ne parle des motifs de l'accusation ni du bordereau. Il n'ouvre enfin jamais la porte, même par un mot, à la discussion. »

Je demande à M. le général Roget à quelle discussion aurait pu se prêter cet homme qui n'avait connu en 1894 que le bordereau, qui n'avait été envoyé à l'île du Diable que parce qu'on supposait que cette pièce était de son écriture.

Le général Roget. — Si je me trouvais dans cette situation, si j'étais accusé d'être l'auteur d'une trahison que je n'aurais pas commise, il me semble que je trouverais des arguments. (*Murmures*[1] *dans la salle.*)

Me Demange. — Pour prouver quoi? Je vous ferai remarquer que Dreyfus ne connaît que le bordereau. Que voulez-vous qu'il dise? Il n'en aurait pas été de même s'il avait connu les autres pièces.

Le général Roget. — Pourquoi nie-t-il des choses qui sont absolument prouvées?

Me Demange. — Mon général, cela c'est de la discussion, et je ne peux pas entrer dans les détails, sur tous les points, avec vous.

Il y a là des faits sur lesquels je m'expliquerai. Permettez-moi de vous poser une dernière question :

M. le général Roget a dit ceci :

« Je crois devoir dire aussi à la Cour qu'il y a dans le dossier secret, au ministère de la Guerre, un certain nombre de pièces dans lesquelles le nom de Dreyfus est en toutes lettres.

« Ces pièces sont contemporaines du procès ou postérieures.

« Elles donnent toutes une preuve indirecte de la culpabilité de Dreyfus par prétérition de son innocence.

« Il est assez singulier que des personnes renseignées sur l'affaire, qui en causent d'une façon intime, ne fassent jamais allusion à l'innocence possible du condamné et à l'erreur judiciaire qui aurait été commise alors que peut-être publiquement ces mêmes personnes parlent de l'innocence.

« Il y a d'autres pièces au moins plus significatives, la culpabilité y est affirmée formellement, il m'est impossible d'en dire davantage sur ce point. »

Je n'ai rien à dire en ce moment sur la première partie de cette citation. C'est de l'appréciation. Nous discuterons. Mais voici ma

1. « Mouvement »... (*Compte rendu revisé.*)

question : « Je prie monsieur le général Roget d'indiquer la pièce dont il entend parler et où la culpabilité de Dreyfus se trouve formellement affirmée. »

LE GÉNÉRAL ROGET. — Je veux parler du rapport de l'attaché militaire, celui qui a été versé par le général Mercier.

Me DEMANGE. — Par conséquent l'attaché militaire autrichien? (*Sensation*). — M. le général Roget a induit de cette pièce que la culpabilité de Dreyfus était affirmée par elle.

LE GÉNÉRAL ROGET. — Oui, je n'ai pas le texte sous les yeux, mais je n'ai pas eu d'autres pièces en main[1]. (*Rumeurs*[2].)

Me DEMANGE. — Monsieur le général Roget sait-il, au point de vue du *petit bleu*, que l'agent aurait reconnu avoir envoyé plusieurs petits bleus à M. Esterhazy?

LE GÉNÉRAL ROGET. — J'ignorais ce fait. Je ne sais pas où il l'a reconnu.

Me DEMANGE. — Si le fait existait, quelles conséquences pensez-vous qu'on pût en tirer?

LE GÉNÉRAL ROGET. — Aucune.

LE PRÉSIDENT. — Dreyfus, avez-vous quelque chose à dire, au sujet de la déposition du général Roget?

LE CAPITAINE DREYFUS. — Oui, monsieur le président, au point de vue de la concentration.

M. le général Roget a cité hier, dans sa déposition, une lettre de M. le capitaine de Pouydraguin. Il n'y pas d'officier dans l'armée, connaissant notre réseau de chemins de fer et connaissant notre frontière, qui ne soit capable de tracer sur une carte, dans ses lignes générales, la concentration. Le fait est tellement exact, qu'il est reconnu par le capitaine de Pouydraguin, qui connaissait la concentration, comme il le dit lui-même. Le second fait est relatif aux tableaux que j'ai pu avoir à faire pour le capitaine Linder Je ne puis pas me souvenir de tous les travaux que j'ai fournis à l'État-Major de l'armée, mais je ne connaissais pas dans ses détails le débarquement. On peut connaître la concentration dans ses lignes générales, ce qui ne veut pas dire qu'on connaît la concentration dans tous les points de débarquement. Quant au reste de la déposition que vous avez entendue hier et aujourd'hui, il n'y a pas un fait précis, pas une vérité : il n'y a que de l'argumentation.

LE PRÉSIDENT. — C'est tout ce que vous avez à dire?

1. « En vue »... (*Compte rendu revisé.*)
2. Dans le *compte rendu sténographique revisé par le général Roget*, le mot : (*rumeurs*) est remplacé par : (*mouvements divers*).

LE CAPITAINE DREYFUS. — Oui, monsieur le président.

LE PRÉSIDENT. — Faites entrer un autre témoin.

TREIZIÈME TÉMOIN

M. BERTULUS

M. Bertulus (Paul-Jules-Joseph), quarante-sept ans, juge d'instruction à Paris.

M. LE PRÉSIDENT. — Vous avez été chargé de l'instruction d'une affaire connexe et ayant des rapports avec l'affaire Dreyfus. Vous avez été à même de connaître des faits intéressants pour cette dernière affaire. Veuillez faire votre déposition à ce sujet sur ce qui a rapport directement ou indirectement avec l'affaire Dreyfus, sans y mêler des choses n'ayant rapport qu'à d'autres affaires.

M. BERTULUS. — D'après ce que je crois comprendre, le Conseil désire avoir de moi des renseignements qui ont un rapport direct avec l'affaire qui nous occupe.

LE PRÉSIDENT. — Je vous demande simplement de laisser de côté les faits qui ne seraient pas de nature à faire la lumière sur l'affaire qui nous occupe.

M. BERTULUS. — Cependant, il pourrait y avoir certains à-côté de nature à éclairer la religion du Conseil; je pense pouvoir les aborder lorsqu'ils pourront intéresser l'affaire qui nous occupe.

Pour répondre au désir de M. le président, je crois qu'il est bon que j'aborde tout de suite ce qui évidemment a trait le plus directement à l'affaire, c'est-à-dire l'incident qui s'est produit dans mon arrière-cabinet entre moi et le lieutenant-colonel Henry. Je crois que c'est le point sur lequel je dois tout d'abord m'expliquer. Je vous exposerai tout d'abord les faits, et puis j'aurai un devoir, celui de vous dire quelle est la valeur que l'on doit attacher à mon témoignage, car j'ai lu le compte rendu sténographique des témoignages qui m'ont précédé, et j'aurai le devoir de répondre à certaines allégations.

J'aurai aussi le devoir de vous dire dans quelles circonstances et comment j'ai déjà eu à m'expliquer. Je vous indiquerai, également, les conséquences qui me paraissent pouvoir être tirées de la scène sur laquelle je m'expliquerai, qui, en somme, est le véritable motif, d'après moi, de mon appel devant vous.

Au mois de juillet 1898, vous le savez tous, j'ai arrêté M. Esterhazy et la dame Pays, et j'ai procédé en même temps à la perquisition la plus minutieuse possible dans leurs domiciles.

J'ai envoyé les deux prisonniers à la Santé en leur disant qu'ils avaient à se constituer un avocat. J'attendais ce moment pour commencer mon interrogatoire.

Le 16, à la prison de la Santé, je retrouve Esterhazy, et nous mettons sous scellés ouverts les pièces paraissant les plus intéressantes, comme devant avoir un intérêt direct avec la procédure.

Nous laissons dans les cartons à chapeaux et dans la valise ce que je considérais comme inutile, comme un fatras.

Les scellés sont refermés et j'emporte le tout dans mon cabinet, au Palais de Justice.

Je me préparais à faire subir un interrogatoire complet à Esterhazy sur les faits de la cause, quand je sus, par M. le procureur de la République, que M. le ministre de la Guerre avait le désir de connaître les pièces que j'avais saisies, pour savoir s'il n'y avait pas quelques documents pouvant intéresser la défense extérieure de l'État.

Il n'y avait pas d'hésitation possible. Je n'avais qu'à faire droit à cette demande du gouvernement, et je répondis : « Quand M. le ministre de la Guerre m'enverra son représentant, je m'entendrai avec lui pour le jour et l'heure de cette communication. »

C'est ainsi que, averti, je reçus la visite de M. le lieutenant-colonel Henry, que je connaissais d'ailleurs depuis longtemps, car j'avais eu à m'occuper, à Paris, d'affaires d'espionnage, de l'affaire Schwartz, de l'affaire du capitaine Guyot.

En somme, j'avais depuis longtemps avec le lieutenant-colonel Henry des relations qui étaient des plus courtoises, je dirais presque une sorte de camaraderie.

Quand le lieutenant-colonel arriva, je le fis entrer dans mon arrière-cabinet, qui est la pièce où je reçois les personnes qui viennent à un titre personnel, non comme témoins ou comme inculpés.

Le lieutenant-colonel causa avec moi de choses et d'autres, puis il me dit l'objet de sa visite.

Je lui répondis : « La situation est difficile, je ne peux pas ouvrir devant vous les scellés fermés et le carton à chapeau, mais je peux parfaitement vous laisser prendre connaissance des scellés ouverts. »

Vous savez ce que c'est qu'un scellé ouvert : c'est une feuille de papier sous laquelle on met les papiers saisis ; on les attache avec une ficelle et on met un cachet, mais l'attache est assez lâche pour que l'on puisse ouvrir le scellé comme une lettre, sans cependant que rien puisse en disparaître.

De sorte, messieurs, que nous laissons alors immédiatement de côté tous les scellés fermés à raisons de la difficulté qu'il y avait à les ouvrir, et nous prenons ensemble les scellés ouverts.

Je montre au lieutenant-colonel Henry des documents intéressants que j'avais saisis chez Esterhazy : vous les avez-vus peut-être. monsieur le président?

Il y a là des lettres qui sont connues un peu de tout le monde; la presse même s'en est emparée.

Il y a une première lettre, le scellé nº 1, par exemple, où il est question de remerciements, d'une reconnaissance éternelle adressée à un officier général. Puis deux autres lettres adressées à un officier général dans des termes qui sont assez délicats.

Ensuite une série de lettres de personnages plus ou moins importants, plus secondaires, qui indiquent d'une façon certaine qu'une collusion s'était produite, avait existé entre Esterhazy et une personne qui était chargée d'enquêter contre lui au moment de sa comparution devant le Conseil de guerre, en 1897.

Je montrai particulièrement à Henry une pièce qui est intéressante, le scellé nº 39.

Cette pièce est une sorte — comment pourrais-je dire? — une sorte d'invitation à ne plus s'occuper de l'affaire au point de vue simplement judiciaire, mais à la transporter sur le terrain politique.

Il était question là de renverser le ministère, d'amener, de pousser le général de Boisdeffre à venir à l'audience de la Cour d'assises et à insister auprès des jurés dans l'intérêt de l'armée.

Enfin, il y avait là des documents très intéressants qui, à mon sens, démontraient d'une façon complète qu'il y avait eu une collusion, qu'il y avait eu surtout des documents communiqués, des choses intéressantes dites à Esterhazy en faveur de sa cause, alors qu'il était sous le coup d'une accusation.

A côté de cela, messieurs, il y avait...

Le Commissaire du Gouvernement, *interrompant*. — C'est une déposition secrète que vous faites là, car nous n'entendons absolument rien.

M. Bertulus. — Pardon, mon commandant, j'ai l'habitude de parler dans mon cabinet, c'est-à-dire dans des conditions où je n'ai pas d'efforts de voix à faire. Je crois, en ce moment-ci, donner tout ce que je peux.

Le Président. — Forcez encore un peu votre voix, puisque la défense et M. le commissaire du Gouvernement lui-même n'entendent pas.

M. le Commissaire du Gouvernement. — Il n'est pas possible d'entendre.

Me Demange. — Tout ce que vient de dire M. le juge d'instruction Bertulus sur les saisies de pièces qui ont été faites, je ne l'ai pas entendu. Si vous vouliez recommencer en élevant un peu la voix, vous nous rendriez vraiment service.

M. Bertulus. — Je parle aussi lentement que possible, pour laisser à ma voix la possibilité de parvenir aux oreilles de tous.

Le commandant Henry est rentré dans mon cabinet.

Je lui ai dit : « Je ne peux pas vous montrer les papiers sous scellés fermés, je veux seulement vous montrer les papiers qui se trouvent dans les scellés ouverts. »

Je n'insiste pas sur le scellé ouvert ou le scellé fermé; Me Demange sait mieux que moi, M. le commissaire du gouvernement sait évidemment aussi ce qui s'y trouve.

J'ai commencé la lecture de ces divers documents, et particulièrement de ceux qui m'ont paru les plus intéressants, notamment de la pièce que j'avais saisie dans la potiche, pièce dont je n'ai pas besoin de vous faire ici l'analyse parce que, messieurs, vous la connaissez certainement aussi bien que moi.

Cette pièce était significative pour tous et pour moi d'abord.

Je vis ensuite une série d'autres pièces dans lesquelles les noms de personnages, les noms de particuliers, les noms d'officiers étaient lisibles ou faciles à deviner.

Je vis ensuite cette pièce, document dont je parlais tout à l'heure, document connu dans le dossier comme la pièce qui a été remise par moi à l'avocat Jeanmaire, une pièce à mon sens très intéressante, car elle montre bien que dès le début de l'affaire, c'est-à-dire dès le procès Zola, il avait été entendu — et le plan avait été nettement accepté, l'événement l'a démontré — que l'affaire quitterait le terrain judiciaire pour prendre le terrain politique.

Voilà ! (*Sensation*).

Eh bien, tout ceci, messieurs, était de nature à troubler un magistrat, qui a l'habitude de réfléchir, qui a l'habitude de voir et de comprendre. Pourquoi tout cela?

Dès l'instant où Dreyfus était coupable, pourquoi toute cette collusion, tout ce travail, pourquoi cette entente avec Esterhazy? Qu'on s'explique au grand jour ! (*Mouvement.*)

J'ai été troublé et mon trouble, je l'ai indiqué à M. Henry. Non seulement je le lui ai indiqué, mais je le lui ai montré, je lui ai fait voir toutes les conséquences et, alors, je l'ai pressé de questions et à un moment donné, prenant un autre argument, il me disait que rien n'était à lui reprocher, que jamais il n'avait vu Estherazy avant le procès de 1898.

Je me vis obligé de lui dire : Mais cependant il y a quelque chose que je vois sur cette note, un document sur lequel il y a le mot « Bâle » et la lettre « C ». Qui est-ce qui a pu le dire à Esterhazy, sinon vous ou quelqu'un autour de vous?

Je savais en effet que si Bâle n'était pas un centre d'espionnage, Bâle était un lieu de réunion, de rendez-vous, et que « C » était le nom d'un agent secret appartenant à une puissance étrangère.

Comment savais-je cela? Parce que, je vous le répète, j'ai suivi des affaires d'espionnage diverses. J'ai suivi l'affaire Schwartz, etc., qui m'avait permis de m'initier aux affaires de ce genre.

J'ai dit à Henry : Jamais vous ne me ferez croire qu'Esterhazy ait pu savoir, par ses moyens propres, et l'histoire de Bâle et l'histoire de « C. ».

Ce n'est pas possible ! Dans ces conditions, je suis arrivé à prendre sur lui un certain empire.

Je l'ai pressé, c'était mon devoir, dans une affaire qui mettait la France à mal et alors j'ai obtenu de lui, à un moment donné, qu'il reconnaisse ces mots.

En effet, il y a eu une entrevue et, ma foi! je me dis : Alors la preuve est faite ! Qui est-ce qui a renseigné Esterhazy de cette façon? Ça ne peut être que lui ou ceux qu'il a autour de lui.

Je me suis rappelé que j'avais eu, la veille ou l'avant-veille, dans ma poche, une lettre signée Esterhazy et adressée à M. Jules Roche. Dans cette lettre, qui est au dossier et dont M. Jules Roche vous parlera, vraisemblablement, puisqu'il est cité comme témoin, qu'était-il dit?

Il était dit qu'Esterhazy était en relations depuis longtemps avec Henry. Il était dit qu'Henry avait été à un moment donné l'obligé d'Esterhazy. Il était dit par Esterhazy les choses les plus désagréables sur le caractère et les habitudes d'Henry.

Mais enfin, il résultait de cette lettre d'une façon nette qu'Henry, quoiqu'il n'ait jamais voulu y consentir, était en relations avant 1894 avec Esterhazy. C'était un point important, étant données ses dénégations persistantes.

Alors Henry s'est levé — car la scène doit se diviser en deux parties bien distinctes ; la partie qui précède la divulgation de la lettre de M. Jules Roche et la partie qui suit cette divulgation, — Henry s'est levé, pour s'en aller.

Je lui frappai sur l'épaule et je lui dis : « Mon sentiment est celui-ci : Il faut que du Paty de Clam se fasse sauter la cervelle, qu'il se suicide afin de débarrasser l'armée d'un homme dont l'imagination est par trop diabolique, par trop vive, par trop carambolesque, si vous me permettez cette expression.

« Esterhazy a été acquitté comme traître, et il n'y a pas de puissance au monde qui puisse le reprendre. Mais qu'on le laisse comme faussaire, il y sera en plein ! »

Je lui dis encore : « Ce n'est pas tout. Il y a encore vous ! »

Et j'ajoutai : « J'ai une lettre qui m'a été remise par quelqu'un des plus honorables. Si cette lettre, qui m'a été remise, qui m'a été reprise ensuite, vient à tomber dans les mains de vos adversaires que verra-t-on ?

« On verra de la façon la plus naturelle que tout ce que vous avez dit est mensonge : que, depuis longtemps, vous êtes en relations avec Esterhazy. Faites attention à cela, c'est épouvantable ! »

J'insiste, et j'insiste en ce moment, je vous le garantis, sans aucune arrière-pensée vraiment mauvaise contre Henry. Ce que je voulais en insistant, je vais vous le dire très franchement.

Je voulais prendre sur lui un tel ascendant, une telle puissance que je pusse arriver à obtenir de lui tous les renseignements que je voulais avoir sur le faux *Blanche*, sur le faux *Speranza*, et ensuite sur toutes les machinations dont nous aurons à parler, si vous le désirez, car pour moi il n'était pas douteux que, pour sauver Esterhazy à tout prix, Henry avait été l'instrument hypnotisé du colonel du Paty de Clam.

Son émotion a été grande à ce moment.

Je le répète, j'ai insisté, car j'avais mon but, qui était d'obtenir la lumière sur les points de l'information dont j'avais été chargé, c'est-à-dire le faux *Speranza* et le faux *Blanche*.

J'établissais, par cela même, qu'Henry était allé chez Mme Pays, fait qu'il avait nié auparavant ; j'établissais aussi qu'il y avait des visites du bureau des renseignements chez Mme Pays.

J'ai obtenu de lui que le faux *Speranza* était de Mme Pays, et que le faux *Blanche* venait de M. le lieutenant-colonel du Paty de Clam.

Voilà ce que j'ai obtenu de lui ; ce qui était énorme. Cela avait un poids considérable.

Se ressaisissant un peu, il en conclut, comme moi, que la situation avait un caractère de gravité et il me dit que l'honneur de l'armée était engagé en pareille aventure et que je devais sauver l'honneur de l'armée.

Vous comprenez bien, messieurs, que je ne pouvais que m'associer à ce désir. Je professe plus que personne et autant que n'importe qui, je professe, dis-je, pour l'armée, le plus profond respect ; Je suis fils d'officier; autour de moi, tous ceux que j'aime ont l'honneur de porter l'épaulette.

C'est parce que j'aime l'armée; c'est parce que j'ai été habitué à savoir que le mot soldat équivaut à l'honneur et au respect de la parole sacrée, que, quand j'ai senti autour de moi deux ou trois personnalités qui venaient faire tache à ce sentiment d'honneur que j'ai au fond de moi, j'ai dit : « Non ! Je ne vois pas pourquoi on n'enlèverait pas immédiatement ces deux ou trois taches. » (*Sensation.*)

Car, à ce moment, j'étais convaincu d'une chose : c'est qu'il y avait deux ou trois personnes, pas davantage, qui étaient coupables, réellement coupables. Ces personnalités disparues, l'affaire disparaissait.

Tel était mon sentiment et il n'a pas changé.

C'est alors qu'Henry m'a dit :

— Mais permettez-moi de dire à M. le général Roget tout ce qui vient de se passer ici.

Je lui ai répondu :

— Je ne demande pas mieux. Tout ce que je viens de vous montrer, je pourrai le montrer au général Roget. On sait quel est le but que je poursuis dans ma vie : la recherche de la vérité et pas davantage. Dites au général Roget de venir.

— Je vous promets de lui dire tout ce qui s'est passé ici.

— Si vous le voulez, je resterai dans mon cabinet jusqu'à 6 heures 1/2 ou sept heures ».

Voilà quelle était ma pensée à ce moment.

J'insistai encore sur les responsabilités de deux ou trois officiers compromis qu'il fallait sacrifier pour l'armée.

J'insistais. Henry répétait : « Sauvez-nous, sauvez-nous ! »

Tout d'un coup il se lève, me prend la tête dans les deux mains et m'embrasse à pleine bouche, m'inondant de larmes.

Je le dis, parce que c'est la vérité absolue et que je dois la vérité. (*Sensation.*)

Je le repousse. Je l'invite à se rasseoir.

Mon cerveau travaille. Je suis profondément ému.

Brusquement il sort de son silence et me dit : « Esterhazy est un bandit. »

Immédiatement je lui porte un coup droit. C'était bien naturel. La question devait se poser à ce moment-là ou jamais ; c'était ma pensée, c'était ce que je cherchais.

Je lui dis :

— Esterhazy est l'auteur du bordereau?

Henry ne m'a jamais dit oui, jamais dit non ; il ne m'a pas répondu sur ce point.

Qu'a-t-il fait? Il s'est levé et m'a dit :

— N'insistez pas, n'insistez pas ; sauvez l'honneur de l'armée.

Voilà ce qui s'est passé ; et quand on vous disait hier que j'avais dit que le colonel Henry avait reconnu que le commandant Esterhazy était l'auteur du bordereau, on commettait une erreur. Je n'ai jamais dit cela.

On peut en tirer une conséquence, en conclure ce que l'on voudra. Vos intelligences et vos consciences sont là pour conclure.

Mais je n'ai jamais dit cela. Que je le pense, que ce soit la conclusion fatale, forcée, c'est certain. Mais je n'ai jamais dit, ici ni ailleurs, devant la Cour de cassation, ni n'importe où, que le colonel Henry ait avoué qu'Esterhazy était l'auteur du bordereau.

Ensuite, il s'en va un instant, puis revient et me demande mon bras afin que les gens qui sont là dans mon antichambre et dans les couloirs voient bien qu'il sort de mon cabinet non pas en inculpé, mais en témoin.

Voilà comment les choses se sont passées. Elles ne se sont pas passées autrement.

Je vous le dis parce que c'est ainsi. Je ne peux pas raconter les choses autrement.

Dix fois, vingt fois, dans cinquante ans, je les raconterai de la même facon parce qu'elles se sont passées ainsi. (*Mouvement prolongé.*)

Je quitte donc Henry. Je reste à mon cabinet jusqu'à sept heures du soir. Personne ne vient.

Le 21, à l'heure dite, Henry arrive.

Je l'aperçois, il était dans mon cabinet avec mon greffier, Esterhazy avec ses avocats, et la fille Pays. Tout le monde était là.

Je le fais entrer dans mon arrière-cabinet et je lui dis : « J'attends toujours le général Roget.

« Le 21, je l'ai attendu jusqu'à sept heures du soir et je n'ai vu personne. »

Henry me répondit : « Je l'ai dit au général. Le général a réfléchi. Il a préféré ne pas venir. »

Je n'ai pas insisté. C'était une affaire en dehors de moi; moi, que voulais-je? Je voulais montrer au général, à n'importe qui du ministère, les éléments sérieux de conviction que j'avais saisis, de façon, et je le dis bien haut, à ce que, d'un commun accord, on fasse la part du feu.

Je ne voulais pas que cette tache d'huile que j'apercevais, s'étendît si loin. Voilà ce que je ne voulais pas, parce que j'estimais que c'était là la vérité, que c'était là mon devoir de magistrat, mon devoir de Français, mon devoir de fils de soldat. Voilà ce que je voulais, et je n'ai pas eu d'autre pensée que celle-là.

Je reprends la scène du 21. La séance s'ouvre, nous étudions tous les scellés et ceux du carton à chapeau et ceux de la valise, etc. Henry ne demande rien, je suis surpris. J'insiste.

Alors, Esterhazy se fait le malin plaisir de lui dire : « Mais, mon colonel, il y a telles pièces qui peuvent vous être intéressantes. Il serait peut-être intéressant que vous les preniez. » Je les avais déjà vues, moi aussi. Je les prends. Henry dit : « Je ne demande pas mieux, si vous avez des pièces, je vais les prendre. »

Je les passe à mon greffier, on fait la procédure nécessaire, on les remet à Henry, et Henry s'en va.

Voilà la scène. Je tenais à vous donner justement, messieurs, le récit de la scène du 18 juillet, et celle du 21 juillet, avant de commencer la discussion. Maintenant, il s'agit de savoir si j'ai dit vrai ou si j'ai menti, n'est-ce pas?

Je vous dirai que je pourrais, messieurs, très bien me présenter devant vous et vous dire :

« J'ai comparu le 25 avril 1899 devant la Cour de cassation, toutes Chambres réunies, en suite du réquisitoire prononcé contre moi par M. le général Roget. Je me suis expliqué de midi et quart environ à cinq heures du soir. La Cour, après avoir délibéré cinq minutes, m'a fait dire qu'elle n'avait plus besoin de moi. Dans son arrêt, mon témoignage a été retenu. »

Je pourrais vous dire : « Quand un magistrat comme moi, qui a ses services, a passé devant la Cour de cassation toutes Chambres réunies, non seulement au sujet de l'affaire Dreyfus, mais devant cette Cour qui représente en même temps le conseil de discipline le plus élevé que nous ayons dans la magistrature, quand ce magistrat a passé sous un feu pareil, il peut lever la tête partout, quelles que soient les attaques qu'on adresse à ce magistrat. »

Voilà ce que je pourrais faire. Je pourrais m'arrêter là, et me retrancher derrière la Cour de cassation qui est, il ne faut pas l'oublier ici, le pouvoir suprême, le Tribunal le plus haut que nous ayons, et on l'oublie! Eh bien! je ne le fais pas, je ne le ferai pas, parce qu'il faut qu'on sache tout. Tout cela m'est égal, je m'incline devant la Cour de cassation, je dis que j'ai peut-être tort de ne pas me retrancher au point de vue hiérarchique, au point de vue de la discipline, derrière ses arrêts; mais il faut qu'ici on me connaisse, il faut que par le monde — car ce procès intéresse non seulement messieurs les membres du Conseil, mais le monde entier — il faut qu'on sache que quand un magistrat dit oui, il dit oui, et que quand il dit non, c'est non.

Eh bien, messieurs, je vais passer en revue les divers griefs qui ont été portés contre moi. On vous a dit : « M. Bertulus ne dit pas la vérité » ou à peu près. On a peut-être pris une forme plus douce, mais enfin il faut voir les choses telles qu'elles sont.

On a donc dit :

M. Bertulus n'a pas dit la vérité et on essaye de démontrer en vous établissant que sur les documents dont je me serais servi, les mots « Bâle » et « C » n'existeraient point.

Je suis fort à l'aise à ce sujet. J'ai été appelé dans le courant de février, je ne sais plus la date exacte, devant la Chambre criminelle, non pas devant la Cour de cassation toutes chambres réunies, mais devant la Chambre criminelle en chambre du Conseil.

Et M. le président Lœw m'a fait remarquer que les documents qu'Henry avaient emportés ne contenaient pas les mots « Bâle » et « C » sur lesquels mon argumentation avait porté.

J'ai été très surpris. Quel intérêt aurais-je eu à raconter cela? J'ai demandé à voir ces documents, à les voir de très près et on me les a représentés.

Je les ai regardés une minute, car on m'a dit : « Nous ne pouvons pas vous les laisser pour les examiner avec le soin et l'attention que nous mettons à ce genre de travail, parce que M. le capitaine Cuignet est là qui attend. »

Je les ai regardés et au premier abord je n'ai rien vu qui permette de dire qu'il y ait eu un grattage ou un travail quelconque.

Ils m'ont paru à peu de chose près être dans l'état où je les avais connus.

J'aurais pu faire remarquer à la Cour que ces documents, ayant passé entre les mains d'Henry, étaient dès lors devenus suspects. On peut dire cela sans s'aventurer beaucoup.

Y a-t-il eu substitution? Y a-t-il eu grattage? Je n'en sais rien. Je vais même plus loin; je prends l'hypothèse la plus favorable. Y a-t-il eu confusion au moment où, au milieu de tout ce fatras de papiers, mon greffier a fait ce travail qui a consisté à remettre ces documents au colonel Henry? Je n'en sais rien, il faudrait, pour pouvoir répondre, étudier cette question de près comme doit être étudiée une question de ce genre.

Mais que m'importe? J'ai le souvenir très exact que dans le dossier vous trouverez, avec les pièces, d'autres documents sur lesquels le mot « Bâle » et la lettre « C » figurent.

Voilà ce que j'ai dit à la Cour de cassation, à la Chambre criminelle et alors on m'a remis le dossier, les pièces, et je vous assure, messieurs, qu'il ne m'a pas fallu bien longtemps pour retrouver trois documents typiques.

J'ouvre ici une parenthèse pour indiquer que ces documents sont des choses absolument informes : souvent c'est un bout de papier, une carte de visite au dos de laquelle on inscrit un simple mot.

J'ai retrouvé trois fois sur ces documents le mot « Bâle » et une fois la lettre « C ». (*Mouvement prolongé.*)

Que me fallait-il de plus? Rien.

Que fallait-il démontrer à la Cour? Que je n'avais pas menti. Je crois en avoir fait la preuve d'une façon irréfutable et immédiatement j'ai pris la plume, j'ai écrit à M. le président Lœw afin que le document restât et vous pourrez retrouver une lettre dans laquelle je donne les cotes, les numéros des scellés des pièces que j'avais retrouvées.

Voyez dans quelle difficulté je me serais trouvé si je n'avais retrouvé ces trois documents qui viennent me permettre de dire que je n'ai rien inventé!

Et comment voulez-vous qu'on puisse inventer une chose pareille! Il faudrait une imagination pire que celle de du Paty.

On me reproche de n'avoir pas rendu compte de ce que j'avais appris à M. le procureur de la République.

Le terrain est délicat, la question difficile à aborder. Je vais cependant l'effleurer; puisque je l'ai fait devant les Chambres réunies complètement et à fond, ici je puis tout au moins l'effleurer.

Eh bien! oui, j'étais en pleine divergence d'opinions avec M. le procureur de la République. Ma conscience de magistrat avait été troublée. J'avais été mêlé pendant des mois, et presque des années, à cette affaire que j'avais vue grandir, grandir chaque jour et plus je la voyais, plus j'y entrais, plus j'y restais, plus je me disais que la revision s'imposait pour l'honneur de l'armée, pour la vérité, pour la justice, pour tout ce qu'il y a de sacré au monde!

Et alors je voulais marcher, et j'ai marché.

Seulement je me suis trouvé tout d'un coup en présence du procureur de la République, qui a trouvé que mes allures, ma façon de faire, que le but que je voulais, un peu envers et contre tous, poursuivre — je dis ce que je pense : que je voulais atteindre — n'était pas celui que le gouvernement, n'était pas celui que lui, procureur de la République, désiraient me voir atteindre.

Nous ne nous trouvions d'accord ni en fait ni en droit. Les ordonnances que j'ai rendues et qui ont été brisées par la chambre des mises en accusation, mais, je me hâte d'ajouter, qui ont été relevées par la Cour de cassation, le démontrent bien.

Et alors, devais-je donner tout de suite à M. le procureur de la République ce qui pouvait, à un moment donné, m'être très utile quand je l'aurais achevé, quand je l'aurais mis au point, quand je pourrais m'en servir comme d'une arme définitive?

Non! Je ne devais pas le faire. Ce que je devais faire, c'était de dire à M. le procureur de la République tout ce qui concernait, tout ce qui avait un trait direct avec les faux *Speranza* et *Blanche*, parce que mon devoir était là, et je n'en suis pas sorti.

Maintenant, ce qui se passait dans mon arrière-cabinet, ce que je cherchais à voir à côté, je n'avais pas à le dire. Il y avait l'homme qui cherchait la vérité, qui croyait devoir aborder tous les éléments qu'il avait autour de lui par suite des procédures précédentes qu'il avait instruites, oui! il y avait cet homme à côté du magistrat.

Voilà pourquoi je n'ai pas dit à M. le procureur de la République tout ce que je savais, et voilà pourquoi, ainsi que je l'ai dit à la Cour de cassation, j'estime que le juge d'instruction ne doit au procureur de la République que ce que sa conscience lui dicte de donner, et pas autre chose.

Nous avons des circulaires, nous avons des précédents, nous avons la loi, n'est-ce pas ?...

Eh bien! nous devons respecter tout cela et jamais une seconde je ne m'en suis écarté. (*Mouvement prolongé.*)

Je me rendais parfaitement compte, étant donnée l'opinion contraire à la mienne qui était autour de moi, que la moindre faute d'orthographe, le moindre oubli, la moindre faiblesse vis-à-vis des précédents, des circulaires et de la loi, que je commettrais, ce serait mon renvoi.

Mon renvoi n'était rien; mais ce à quoi je tenais avant tout, c'était le maintien, le respect de mes procédures, et je ne voulais pas que mes procédures fussent terminées par qui que ce soit en dehors de moi, et j'y suis arrivé.

Comment cela? C'est bien simple, et je vous le dis dans toute l'indépendance de mon caractère.

Je poursuivais un but autre que celui que le gouvernement poursuivait. Je le dis et j'en supporterai toutes les conséquences, parce que pour moi c'était mon devoir d'homme, et que je ne voulais, d'aucune façon, absolument pas m'associer à tout ce que je voyais, à toutes ces machinations, à toutes ces réticences, à tout ce qu'on tramait autour de moi.

Je me disais : La vérité sortira, quelle qu'elle soit, pour ou contre Dreyfus, cela m'est égal. Mais je veux que, s'il y a dans l'armée deux ou trois officiers, pas davantage, qui ont eu une heure de faiblesse, comme il y a autour d'eux vingt-cinq mille officiers qui méritent le respect et qui y ont droit, il faut que ces deux ou trois officiers soient démasqués.

Maintenant, on m'a reproché de ne pas avoir dressé procès-verbal tout de suite.

Eh bien! j'ai abordé déjà cette idée.

Pourquoi n'ai-je pas dressé procès-verbal tout de suite? D'abord, je n'aurais pu dresser procès-verbal que sur la déclaration d'Henry au sujet de l'affaire des faux *Speranza* et *Blanche,* pour rester dans les limites de mon réquisitoire.

Eh bien, cela, je ne pouvais pas, et vous allez le comprendre.

Il n'est pas permis à un juge d'instruction d'interroger un officier sans que cet officier ait été préalablement autorisé à déposer par son chef.

Si j'avais profité de cette occasion pour interroger Henry, on se serait empressé de me dire : Vous avez commis une faute, allez-vous-en.

Et je ne voulais pas m'en aller, et comme j'étais convaincu que j'avais raison, je me disais : Tout à l'heure, je l'aurai, et je le ferai déposer.

Je suis arrivé à le faire déposer, mais dans des conditions qui n'étaient plus les mêmes, et naturellement ce jour-là j'ai perdu la partie, dans la plus large part, je le confesse.

Voilà pourquoi, messieurs, je n'ai pas dressé procès-verbal : parce que je ne le pouvais pas, parce que c'eût été une imprudence profonde.

Maintenant on me dit : Mais la scène d'Henry était d'une gravité telle que vous auriez dû immédiatement la consigner.

Je vous ai déjà répondu sur ce point. Mais il faut que je vous dise que cette scène évidemment était troublante, que cette scène m'a fait bien souvent réfléchir pendant mes nuits. Mais, je le répète, à ce moment-là, elle n'était pas aussi concluante, elle n'était pas aussi nette. Et ce que je pouvais en apprendre risquait de la fausser immuablement.

Ce n'a été que plus tard, après l'arrestation, après l'aveu du faux, après le suicide, que j'ai compris combien tout cela était grave. Et alors j'en ai tiré les conséquences que je devais en tirer.

On vous a parlé de mon attitude à l'égard d'Henry, pendant et après la scène que je vous ai racontée. Mais cela est élémentaire, un juge d'instruction ne peut obtenir un résultat qu'à une condition absolue : c'est d'être complaisant, de se montrer doux autant que son caractère peut le lui permettre, d'être avant tout indulgent. Si j'avais apeuré, affolé Henry, je n'aurais plus eu la possibilité d'espérer en tirer quelque chose.

Or, je le répète, je n'avais pas en ce moment l'impression nette de la gravité de ce qu'il m'avait dit, et quand il m'a demandé mon bras pour l'accompagner à sa sortie, je le lui ai donné. Quand il est revenu, je me suis efforcé de lui montrer que mon cerveau n'avait pas senti la gravité de ses paroles, ce qui d'ailleurs était vrai en partie, parce que je n'étais pas encore complètement éclairé.

Cela est élémentaire. Pourquoi voulez-vous que j'apeure ur homme sur lequel j'ai une influence, sur lequel j'ai de l'autorité? J'aurais été le dernier des maladroits.

On m'a opposé le calme d'Henry, ma réponse est bien simple. Henry était un homme vigoureux, puissant, et il a montré, je crois, à la Cour d'assises, dans le procès Zola et dans l'interrogatoire qu M. Cavaignac lui a fait subir, lorsqu'il lui a fait avouer son faux, qu'il était susceptible d'une grande résistance.

Or, à quelle heure Henry est-il sorti de mon cabinet le 18 juillet? La scène s'est produite entre une heure et deux heures de l'après-midi.

A quelle heure M. le général Gonse et M. le général Roget ontils pu voir Henry?

Personnellement, je n'en sais rien.

Je sais seulement que M. le général Gonse, dans la déposition dernière qu'il a faite devant les chambres réunies, a dit qu'il avait vu Henry à la fin de la journée.

Je ne sais rien personnellement à ce sujet, et je ne peux que répéter la déposition de M. le général Gonse. Si elle est exacte, avouez qu'on a eu le temps de se ressaisir; Henry surtout, qui avait déjà montré au procès Zola et qui a montré encore plus tard qu'il était capable de surmonter les émotions les plus vives.

Il fallait le voir, dans ses affirmations, jurant qu'il disait la vérité, rien que la vérité, alors que ce n'était pas. Cette absence d'émotion ne signifie donc absolument rien.

J'ai été très surpris qu'on n'ait pas ressorti contre moi ce qu'on avait déjà dit à la Cour de cassation, c'est-à-dire que, si quelqu'un avait pleuré, c'était moi, que c'était moi qui m'étais jeté aux genoux d'Henry.

Je comprends qu'on n'ait pas réédité cela, car je suis convaincu que, maintenant que vous m'avez vu, et, si vous pouvez prendre des renseignements sur moi à Paris, on vous le dira, vous êtes persuadés que je ne suis pas un homme à pleurer facilement. Véritablement, ce moyen est par trop enfantin; on ne l'a pas reproduit, c'est très bien.

Il y en a un autre, messieurs, qu'on n'a pas relevé, et sur lequel cependant je vais insister, c'est une certaine note dans laquelle Henry aurait, de sa main, résumé l'entrevue du 18.

Eh bien, cette note m'a été montrée à la Cour de cassation, toutes Chambres réunies. Elle a un premier défaut, c'est qu'elle ne porte pas la date du 18, mais du 21. Elle en a un second, c'est qu'elle est écrite dans des conditions telles que, véritablement, quand on connaît les deux hommes en présence, c'est-à-dire Henry et moi, l'impression est nulle.

Mais j'ai le droit de dire :

« Il s'était donc passé quelque chose d'intéressant, de grave, dans mon cabinet, pour que vous ayez éprouvé vous, Henry, le besoin de faire une note qui viendrait me contredire. Est-ce que c'est d'usage d'ailleurs? C'était au moins le jour même qu'il fallait l'écrire, et non trois jours après; et pourquoi l'avez-vous écrite? Il y avait donc quelque chose qui vous troublait au fond du cœur, que vous vouliez laisser une trace quelconque qui vous permît de me donner un démenti? »

Je vous donne l'argument, messieurs, vous en ferez ce que vous en croirez devoir faire.

Je crois, messieurs, que, dans les conditions que je viens de vous exposer, mon témoignage remonte un peu. Je vais aller jusqu'au bout cependant, car je veux que, dans vos esprits, il n'y ait pas la moindre ombre d'hésitation.

Je vous dirai donc qu'il y a eu un témoin à cette entrevue, pendant sa plus grande partie, c'est mon greffier, M. André.

C'est un homme honorable, qui est au Palais depuis quinze ou vingt ans.

Le cabinet du juge est séparé de son arrière-cabinet par une porte. Or, André a vu Henry sortir de mon arrière-cabinet tout en larmes. André m'a vu, allant me laver de ses pleurs. Il a reçu de moi les premières confidences. Il m'a vu encore dans toute l'émotion de cette scène. Il a entendu Henry me dire : « Sauvez l'honneur de l'armée. »

C'est bien quelque chose, messieurs, que le témoignage de ce fonctionnaire sur lequel vous prendrez tous les renseignements que vous voudrez.

Je ne veux pas piétiner sur un cadavre, mais, enfin, il faut que je me défende; j'ai le droit de dire, sans qu'on m'accuse de témérité, que la parole d'Henry est une parole suspecte.

Faites venir M. André, je ne demande que cela.

Voici autre chose, vous me dites :

« Mais vous n'avez parlé de la scène avec Henry qu'après sa mort. Cela vous permet tout. »

Eh bien, non, messieurs, j'étais à Dieppe quand le matin une dépêche annonça l'arrestation du colonel Henry, et j'étais à ce moment-là le voisin de M. le docteur Peyrot, médecin en chef des hôpitaux de Paris, officier de la Légion d'honneur, dont l'honorabilité est absolument incontestée.

Je dis au docteur Peyrot :

« Ah! je vais être un témoin terrible pour Henry, car la lumière vient de se faire en moi. Il y a eu dans mon cabinet une scène de larmes que je ne puis garder pour moi, que je dirai. »

Ceci, messieurs, je l'ai dit au docteur Peyrot avant le suicide d'Henry. Quand ce suicide fut connu, vingt-quatre ou trente-six heures après, le docteur reçut encore mes confidences, et je les lui ai faites telles que je vous les ai indiquées tout à l'heure.

Il m'a demandé de prendre note. Je lui ai répondu : « Pourquoi me demandez-vous cela? »

Il a répliqué : « Parce qu'il allait, le lendemain, déjeuner avec un membre du gouvernement et qu'il avait l'intention de le dire. »

L'a-t-il dit ou ne l'a-t-il pas dit? Je ne répondrai pas à cette question; je n'ai à défendre que moi. Voilà la situation.

En vous donnant le nom du docteur Peyrot, est-ce que j'essaye de vous faire passer devant les yeux quelque chose qui va vous éblouir, sans pouvoir être vérifié?

Non, messieurs, vous avez peut-être ici dans cette enceinte, le docteur Paul Reclus, que je n'avais pas l'honneur de connaître avant notre arrivée à Rennes, qui a causé de cet incident avec le docteur Peyrot.

Le docteur Peyrot a dit au docteur Paul Reclus que mon témoignage était un témoignage vrai, absolu; que tout le monde devait rendre hommage à ma sincérité, parce que, avant la mort d'Henry, avant que j'aie comparu devant la Cour de cassation, avant que je sois venu devant vous, messieurs, j'avais déjà dit toute la vérité.

Maintenant, je crois en avoir fini. Vous prendrez telles mesures que vous jugerez utiles. Vous avez le droit de faire venir devant vous tous les témoins; qu'ils soient en France ou à l'étranger, n'importe où, il faut qu'on vienne. (*Profonde sensation.*)

Voilà, messieurs, pourquoi je suis intervenu dans la mêlée. Au mois de décembre 1898, rien ne m'y poussait. J'avais eu satisfaction complète. La Cour de cassation avait pour ainsi dire réhabilité complètement le juge d'instruction des considérants de la Chambre d'accusation.

Moi, j'étais sorti de la bagarre complètement indemne. Je n'avais plus qu'à me reposer, tranquille. Mais alors si j'avais agi ainsi, je n'aurais pas été un magistrat, un citoyen soucieux des souffrances de son pays.

Le pays souffrait, vous le savez mieux que personne; le pays était divisé en deux camps bien distincts.

Quel était le devoir de tous? C'était d'apporter son concours à cette œuvre de justice, dont vous allez dire le dernier mot; il s'agissait, pour tout homme qui savait une parcelle de vérité, de l'apporter. Je savais que j'allais m'exposer aux ennuis les plus grands.

Je n'avais pas oublié la campagne de presse épouvantable dont j'ai été l'objet aux mois de juillet et août 1898. Et comme j'étais seul sur la brèche en ce moment, et que j'étais seul la cible de toute la presse, de toutes ses attaques passionnées, je savais que j'allais y retourner.

Il fallait donc avoir le sentiment de son devoir très profond pour y aller, non pas de gaieté de cœur, mais je savais que j'accomplissais un devoir, et je ne poursuivais que la satisfaction du devoir accompli.

Voilà pourquoi je suis arrivé devant la Chambre criminelle.

J'ai dit alors à ces messieurs :

« — Vous êtes le pouvoir suprême. Vous voulez que je vous dise tout ce que je sais. Il adviendra ensuite ce qu'il adviendra. »

J'ai dit à ces messieurs :

« — Si, poussé par le sentiment de la justice et le désir de la vérité, j'ai dépassé quelque peu mes pouvoirs, ce que je ne crois pas, vous jugerez. Si je dois être frappé, vous frapperez, et je m'inclinerai devant votre haute autorité. Mais au moins j'aurai au fond du cœur cette satisfaction d'avoir fait mon devoir.

« J'estime que je l'ai fait. Je continuerai, quoi qu'il advienne. »

Voilà pourquoi je suis allé devant la Cour de cassation. Voilà pourquoi j'ai dit tout ce que j'avais à dire.

Je sais qu'on a traité ma déposition de délation. Je sais que, dans certains milieux, j'ai été abîmé complètement, mais je savais que mon pays souffrait, et vous vouliez que je me tusse?

Est-ce que cela serait digne, messieurs, d'un magistrat? Car j'estime que je suis un vrai magistrat. Je suis un bon magistrat. J'ai 25 ans de service. J'ai exposé ma vie dans diverses circonstances, et j'ai montré que je n'avais au cœur qu'un désir, qu'un besoin : la vérité!

Ceci dit, je suis allé au feu — si je puis m'exprimer ainsi — avec cette conviction que je faisais mon devoir. Pourquoi? Parce que la lumière s'était faite dans la scène du 18 et était apparue comme un éclair.

J'ai repoussé alors cette pensée qui m'était venue — je la croyais mauvaise en ce moment — que Henry pouvait être le complice d'Esterhazy.

Je dis le mot : « Le complice d'Esterhazy. »

Mais plus obsédante alors, elle est revenue à mon esprit quand j'ai connu le faux, car je ne croyais jamais qu'Henry serait capable de cela. Il m'inspirait une très grande confiance. Je le croyais un homme destiné à être l'esclave de ses chefs, mais non un homme susceptible de faire quoi que ce soit qui véritablement pût porter atteinte à l'honneur.

Voilà pourquoi, quand, tout d'un coup, l'idée m'est venue qu'il pouvait être le complice d'Estherhazy j'ai repoussé cette idée; voilà pourquoi, après cette fameuse scène, je lui ai retendu la main, car je m'en voulais au fond d'avoir eu une pensée si mauvaise. On ne condamne pas un officier qui, comme Henry, est dans une situation aussi importante; on ne condamne pas un officier quelconque — qu'il soit supérieur ou subalterne — de l'armée française, sans avoir une preuve absolue, complète.

C'est pour cela que je me suis condamné moi-même, un instant, d'avoir eu cette pensée qu'Henry pouvait être le complice d'Esterhazy.

Mais quand, plus tard, le faux Henry a été connu, quand plus tard j'ai résumé l'affaire dans son ensemble et que me sont apparues les machinations contre tous ceux qui, de près ou de loin, avaient voulu prendre la défense de Dreyfus; quand j'ai vu qu'Henry avait détourné le rapport de police favorable au capitaine Dreyfus pour le remplacer par un autre rapport de police; quand j'ai vu enfin que la dépêche Panizzardi avait été tronquée, que le texte avait été falsifié; alors la lumière m'est apparue complète et je me suis dit : « Mais quoi ! Pour qu'Henry ait fait tout cela, il faut qu'il y ait un intérêt. Où est cet intérêt? Dans sa complicité avec Esterhazy ! »

Je me hâte de développer ma pensée sur ce point. Je ne veux pas dire par là, car je ne le dirai que quand j'en aurai la preuve matérielle absolue, irréfutable, je ne veux pas dire par là que Henry soit un traître. Je ne dis pas cela. Je dis, parce que j'ai étudié suffisamment la psychologie d'Henry qui, lorsqu'il est entré dans l'armée, ne pouvait pas soupçonner un avenir aussi brillant que celui qu'il a eu, puisqu'il avait au ministère une situation telle qu'elle prêtait aux ambitions les meilleures, — je dis qu'Henry, qui avait besoin pour arriver de se sentir soutenu par un autre que par lui-même, surtout dans le service où il était employé, a eu la mauvaise fortune de tomber dans les mains d'Esterhazy.

En effet, il connaissait Esterhazy. Il le connaissait depuis longtemps.

Esterhazy tournait autour du ministère, vivait du ministère comme un mendiant vit des morceaux de pain qu'on jette par la fenêtre et des choses de rebut dont on ne veut pas.

Quand, un jour, il est entré en contact avec cet homme, il a aperçu sa proie !

Si vous voulez vous rendre un compte exact d'Esterhazy, faites une chose.

Lisez avec soin toutes les lettres qu'il a écrites à son cousin Christian Esterhazy pour lui escroquer 30,000 francs. Lisez cela, vous verrez avec quelle habileté ce serpent fascine sa proie.

C'est l'amitié, ce sont les souvenirs d'enfance; puis, quand l'oiseau est bien fasciné on l'entoure, on l'écrase.

Voilà ! Vous verrez cela dans les lettres d'Esterhazy à son cousin. Quand vous aurez vu ces lettres, vous verrez comme moi que le jour où Henry est tombé entre les mains d'Esterhazy, il était fatalement perdu.

C'est pourquoi il résulte d'une façon certaine qu'Esterhazy a fasciné Henry. Henry a mis un instant le doigt dans la main d'Esterhazy, mu par un besoin de sentir, à côté de lui, une intelligence plus complète, plus instruite, plus fine, et une fois qu'il a été dans l'étreinte, ç'a été fini!

Et je suis convaincu de ceci : Henry n'a jamais songé à Esterhazy que comme un agent d'amorçage, que comme un agent de contre-espionnage. Jamais, tant qu'on ne m'apportera pas la preuve absolue, jamais je ne dirai qu'Henry est un traître.

Je dis qu'Henry est une victime d'Esterhazy.

Eh bien! messieurs, à cette idée, à cette hypothèse, parce qu'enfin je ne vous apporte pas une certitude... Je dis : Voilà ma pensée, qui naît d'une étude spéciale... Eh bien! à cette théorie de la complicité limitée, comme je vous l'ai indiquée, d'Henry avec Esterhazy, on vous objecte une chose.

On vous dit : Ce n'est pas possible! Le bordereau est entré au ministère par la voie ordinaire. C'est Henry qui le dit.

Il y est entré en menus morceaux.

Je vous assure que cette objection ne me gêne pas. Cela va vous surprendre, parce que si vous voyiez le bordereau, et vous le verrez, vous devez l'avoir, il n'est pas en menus morceaux, il est en trois morceaux, pas davantage.

Vous n'avez pour le reconstituer qu'un effort d'une demi-seconde à faire.

Eh bien! dès l'instant que le bordereau n'est pas entré en menus morceaux, ce n'est plus la voie ordinaire, ce n'est plus le cornet dans lequel tout est en tout petits morceaux pour qu'on ne retrouve rien.

Le bordereau est arrivé dans la main d'Henry dans des conditions qui lui interdisaient de le détourner; dès l'instant que le bordereau est arrivé dans les mains d'Henry dans des conditions telles qu'il n'y avait qu'un effort d'une seconde à faire pour le reconstituer, il n'était plus possible à Henry de le supprimer.

Mais l'objection qu'on nous fait ne porte pas, à mon sens, car c'est la parole d'Henry; donc nous avons le droit de raisonner et de réfléchir.

On a dit que le bordereau avait été reçu par la voie ordinaire. La « voie ordinaire », nous savons tous ce que c'est. Je dis, moi, qu'il aurait alors été dans le petit cornet en menus morceaux.

Tous ces messieurs de l'État-major le savent bien, et M. le général Roget vous l'a dit hier.

Or, voyez le bordereau. Il n'est pas en menus morceaux. Il est dans des conditions telles qu'il était facile à la personne qui l'a apporté de le lire et de connaître son contenu; et alors il était difficile à Henry de le faire disparaître complètement.

Voilà, messieurs, ce que j'avais à dire au sujet de cette objection.

J'en aurai fini sur ce point. Si vous voulez bien me feuilleter pour avoir des renseignements de toutes sortes que je puis posséder sur les diverses procédures que j'ai introduites, je suis pour cela à votre disposition.

Je ne puis vous dire qu'une seule chose en terminant. Vous avez entendu des réquisitoires répétés; les témoins ici apportent non seulement des faits, mais peuvent apporter leurs pensées. C'est ce que l'on a fait hier.

Vous avez entendu des officiers généraux devant lesquels je demeure respectueux. Je crois à la bonne foi de tous, sauf d'Henry et d'Esterhazy. J'estime qu'un officier ne peut dire que ce qu'il pense, mais moi je veux dire aussi ce que je pense.

On vous a dit : « Dreyfus est coupable », et on l'a démontré par un faisceau d'hypothèses.

Moi je vous dis, en mon âme et conscience, parce que j'ai vu toute l'affaire pendant de longs mois, parce que je m'en suis occupé pendant des mois et des mois; je vous dis : « Je ne crois pas qu'il soit coupable. »

Je crois, moi, à l'innocence de Dreyfus. J'y crois profondément, et il faut que j'y croie pour que je vienne ici vous le dire de cette façon. Je me compromets vis-à-vis d'un parti tout entier. Il faut par conséquent que ma conscience me dise que je remplis un devoir et que ma conviction soit absolue pour que j'agisse ainsi. (*Sensation.*)

Et pourquoi, messieurs, est-ce que je le crois?

Je le crois par quatre raisons bien simples que je livre à votre perspicacité et à votre conscience. Je le crois parce que le bordereau est d'Esterhazy, et j'ai le droit de dire pourquoi, parce que la chose a été souverainement jugée par la Cour de cassation.

La Cour de cassation est le pouvoir suprême de la justice en France.

La Cour de cassation a dit : « Le bordereau est d'Esterhazy ». Elle l'a dit avant qu'Esterhazy lui-même le reconnût.

Ne parlons pas d'Esterhazy. Laissons-le de côté, si vous voulez; mais il y a là une vérité juridique, absolue : la Cour de cassation l'a dit. Je suis un magistrat, je le dis après elle, je le dis avec elle, et non pas seulement parce que je suis magistrat, mais parce que mon cœur, mon intelligence, tout me dit d'être avec elle.

Puis il y a un autre argument : le contexte du bordereau ne dit-il pas d'une façon indiscutable que les éléments énumérés ne peuvent avoir été fournis que par l'auteur du bordereau lui-même?

Réfléchissez.

Si je me permets de dire cela, c'est parce que je suis un ancien dans la magistrature, un ancien qui a vingt-cinq ans de service. Par conséquent, je crois, messieurs, avoir le droit de dire ce que je pense; puisqu'on a pris ce droit du côté des adversaires, pourquoi ne l'aurais-je pas? Je crois avoir le droit de le dire simplement, sans façon : je le crois profondément, fermement.

Un autre argument, messieurs, et c'est celui sur lequel j'insiste encore, ce sont les machinations de toutes sortes qui ont été ourdies contre tous ceux qui ont voulu, dès la première heure, élever la voix, c'est-à-dire qui ont dit : Attention! il y a eu peut-être une erreur!

Voyons! Est-ce que personne n'a jamais fait erreur? Nous ne savions rien, nous étions respectueux des arrêts de la justice, comme nous le serons toujours.

Seulement, petit à petit, nous avons vu ce qu'on a fait pour maintenir cette décision, qui, comme toutes les décisions des magistrats, est susceptible d'erreur.

Ne me suis-je pas trompé bien des fois? C'est possible; mais quel est mon premier devoir quand j'aperçois une erreur possible? N'est-ce pas de faire tout au monde pour la réparer ou tout au moins pour vérifier si je me suis trompé ou non?

Donc, lorsque nous avons vu ce qu'on faisait pour maintenir cette décision, nous nous sommes dit : Pourquoi ces machinations de toutes sortes? Pourquoi ce travail contre Picquart? Pourquoi ces faux Weyler contre Dreyfus? Pourquoi toutes ces choses-là?

Est-ce que ce n'est pas troublant? Si c'est la vérité que Dreyfus est coupable, pourquoi employer des moyens de ce genre-là?

De ces manœuvres mêmes jaillit la vérité : c'est que Dreyfus est innocent! Voilà mon sentiment. Je ne crois pas Dreyfus coupable.

On n'emploie pas des armes de ce genre-là quand on est possesseur de la vérité. (*Mouvement prolongé.*)

Voilà ce qui m'a troublé dès la première heure, voilà ce qui fait qu'aujourd'hui j'arrive devant vous et que, en étudiant le bordereau et dans son écriture et dans les éléments fournis je vous dis : « Non, ce n'est pas possible ! pour moi, Dreyfus est innocent ! »

Et puis, ce dernier argument, — ici c'est le magistrat qui parle — et le mobile?

Il n'y a pas, messieurs, de crime sans mobile, ou alors c'est un acte de folie !

Quel est notre premier soin, à nous autres magistrats, quand un problème se pose devant nous? C'est de rechercher le mobile ; tant que le mobile n'a pas été nettement vu, n'est pas sorti, n'a pas été mis en relief, nous sommes troublés, nous sommes absolument dans le vague. Le mobile fait le crime. Pas de mobile, pas de crime, ou alors, si c'est un fait matériel indiscutable, c'est un acte de folie. Les hommes compétents l'établissent dans ce cas.

Voilà, d'une façon générale, ce que je crois devoir répondre à cette question qui est celle de la Cour de cassation, qui résulte de l'arrêt de la Cour de cassation.

Maintenant, je le répète, je suis à vos ordres pour toutes les questions que vous aurez à poser.

LE PRÉSIDENT. — Nous allons suspendre la séance pendant un quart d'heure. Nous reprendrons ensuite votre déposition.

La séance est suspendue à neuf heures et demie.

REPRISE DE LA SÉANCE

La séance est reprise à neuf heures trois quarts.

LE PRÉSIDENT. — Faites entrer l'accusé.

Le capitaine Dreyfus est introduit.

LE PRÉSIDENT. — Introduisez M. Bertulus.

M. Bertulus est introduit.

UN MEMBRE DU CONSEIL. — Monsieur Bertulus, si Henry avait été complice de la confection du bordereau, quel mobile attribueriez-vous à ce fait qu'il l'a livré à ses chefs ?

N'avez-vous pas dit qu'Henry, à votre avis, pouvait être complice de la confection du bordereau faite par Esterhazy?

M. BERTULUS. — Non, je n'ai pas dit cela. J'ai dit que Henry devait savoir que le bordereau avait été fait par Esterhazy.

UN MEMBRE DU CONSEIL. — Eh bien, dans cette position de la

question, Henry sachant que le bordereau a été fait par Esterhazy, quel mobile pouvez-vous attribuer à ce fait qu'il l'a livré?

M. Bertulus. — J'ai dit qu'il ne pouvait pas faire autrement que de le livrer. C'est la réponse à l'objection que je prévoyais, parce que le bordereau a été remis non pas en *menus* morceaux mais en *deux* ou *trois* morceaux; mes souvenirs ne sont pas suffisamment précis pour pouvoir dire si c'est deux ou trois, mais certainement ce n'est pas davantage.

Par conséquent, la personne — que cette personne soit une femme ou un homme — qui l'a apporté a pu, sans difficulté aucune, connaître la gravité du contenu du bordereau.

Par conséquent, c'eût été folie que de se livrer pieds et poings liés à une personne qui connaissait la gravité de ce document.

Par conséquent Henry était forcé de livrer le bordereau au service des renseignements et de diriger les recherches sur une autre personne qu'Esterhazy.

Un membre du Conseil. — N'avez-vous pas dit un jour, en parlant d'Esterhazy : « Au point de vue de la trahison, non, il n'y a rien ? »

M. Bertulus. — Non.

J'ai dit : « Moi, au point de vue de la trahison, je n'y puis rien. »

Je n'avais pas en effet à instruire contre Esterhazy en tant que traître.

Cela, c'est la réponse que j'ai faite : « Je n'ai pas, moi, à instruire contre Esterhazy traître. Je ne le puis pas, il est couvert par un acquittement, et il n'y a pas de force au monde capable de revenir sur cette décision de justice. »

Un membre du Conseil. — Enfin, sur quoi vous êtes-vous appuyé pour dire: « Esterhazy était en relations avec Henry avant 1894? »

M. Bertulus. — Sur la lettre adressée à M. Jules Roche par le commandant Esterhazy.

Le Président. — Avez-vous, monsieur le commissaire du gouvernement, des questions à poser au témoin?

Le commissaire du gouvernement. — Pas une.

Me Demange. — Monsieur le président, M. le général Roget nous avait dit hier que, sur les pièces rapportées par le colonel Henry au ministère de la Guerre, ne se trouvaient pas la mention « Bâle » ni le mot « C. ».

M. le général Roget en concluait qu'il y avait une erreur de la part de M. Bertulus, parce qu'il avait affirmé que ces mots

« Bâle » et « C. » avaient été l'occasion d'un entretien avec Henry.

Aujourd'hui, M. le juge d'instruction Bertulus vient de nous expliquer que l'erreur avait été commise à propos de la pièce sur laquelle était l'indication, mais que dans les scellés se trouvait une pièce où il y avait les mots « Bâle » et « C. », pièce émanant d'Esterhazy.

Je voudrais demander, si les scellés sont là, que M. Bertulus veuille bien signaler la pièce à l'attention du Conseil ou donner l'indication qui permettra de la retrouver.

Le Président. — Dans quelles pièces avez-vous trouvé ces indications?

M. Bertulus. — Je ne peux dire qu'une chose en ce moment, c'est que, par une lettre qui doit se trouver au dossier, j'ai donné à M. le président Lœw le numéro des scellés et la cote des pièces.

Ceci se passait en juillet 1898.

Il ne m'est pas possible, car je n'ai pas revu les pièces depuis ce jour-là, de dire sans m'exposer à une erreur de numérotage quelconque : « C'est à tel numéro, à telle cote ». Mais vous verrez dans le dossier une lettre de moi, écrite à M. le président Lœw, en suite de l'appel auquel j'avais répondu.

Le Président. — Cette pièce est au dossier de la Cour de cassation?

M. Bertulus. — M. le président Lœw est président à la Cour de cassation. D'ailleurs, je dirai, pour clore rapidement cet incident, qu'à la Cour de cassation, Chambres réunies, le 25 avril, on m'a un instant remis les pièces devant le bureau de la Cour, dont je me suis approché : on m'a permis de les feuilleter rapidement.

J'ai retrouvé en une minute deux pièces sur lesquelles on lit le mot : « Bâle ». On n'a pas insisté davantage et vous trouverez à la suite de ma déposition la mention de l'exactitude de mon dire signée par moi, par le président Mazeau et par mon greffier.

Me Demange. — Ma seconde question est celle-ci : Le nom d'un nommé Souffrain a été prononcé comme ayant pu prendre part à la confection des dépêches *Blanche* et *Speranza*. M. Bertulus l'a-t-il rencontré dans son instruction?

M. Bertulus. — Je me suis occupé particulièrement de Souffrain au début de mon information. J'avais certains renseignements qui pouvaient me laisser penser qu'il avait joué un rôle dans cette affaire.

Je le connais depuis dix-huit ans ; je l'avais employé en province dans des affaires de justice. Il était tout à fait dans ma main et je me méfiais beaucoup de lui.

Vu la difficulté du sujet — car Souffrain n'est pas commode — je me suis occupé d'une façon toute particulière de lui.

J'ai acquis la conviction que Souffrain n'était absolument pour rien dans les faux *Speranza* et *Blanche*. Il avait eu au début le désir de jouer un rôle dans l'Affaire. Mais il était trop connu, trop brûlé. Il n'était pas possible, d'ailleurs.

Il y a eu confrontation dans mon cabinet entre la demoiselle du télégraphe qui a reçu la dépêche incriminée et Souffrain. Cette jeune fille n'a pas reconnu Souffrain. Elle a eu des hésitations et, en somme, la confrontation a abouti à une non-reconnaissance.

Je dois ajouter que, quelques jours auparavant, on lui avait montré une photographie de Souffrain et qu'elle l'avait reconnu comme lui ayant apporté la dépêche.

J'ai fait venir la jeune fille, je l'ai confrontée avec Souffrain, et de cette confrontation il n'est pas résulté que la personne qui avait apporté le télégramme fût Souffrain.

Me Demange. — Dans les autres instructions qu'il a faites, et notamment dans celle sur l'affaire Christian Esterhazy, M. le juge d'instruction Bertulus n'a-t-il pas trouvé quelque chose qui puisse éclairer l'affaire d'aujourd'hui ?

M. Bertulus. — Christian Esterhazy a donné des renseignements très intéressants sur les machinations et sur la façon dont on a porté secours à Esterhazy. Vous trouverez dans le dossier des éléments curieux et intéressants.

Me Demange. — Nous n'avons pas ce dossier. S'il y a quelque chose qui puisse intéresser l'Affaire, je prie M. le juge d'instruction de vouloir bien nous le dire très brièvement. En un mot, quels sont les éléments qui pourraient jeter un jour sur l'Affaire Dreyfus?

M. Bertulus. — Vous trouverez dans ce dossier des documents intéressants, particulièrement sur ce point : C'est Christian Esterhazy qui a lui-même écrit les fameuses lettres de la « dame voilée ». Il le reconnaît dans une déposition qu'il a faite devant moi. Quand, plus tard, j'ai demandé qu'on me communiquât les lettres qui avaient été remises par Esterhazy à M. le général de Pellieux, je n'ai jamais pu y arriver. Les lettres sont toujours restées loin de mon cabinet. Elles étaient tantôt chez Esterhazy, tantôt chez un défenseur d'Esterhazy, tantôt au ministère.

En réalité, je n'ai jamais pu avoir ces lettres. Mais Christian Esterhazy, dans une de ses lettres, reconnaît qu'il a écrit lui-même deux des lettres que le commandant Esterhazy présentait au général de Pellieux, comme lui venant de la « dame voilée ».

CONFRONTATION ENTRE Mme Vve HENRY ET M. BERTULUS.

Mme VEUVE HENRY. — Je demande la parole.

LE PRÉSIDENT. — Vous avez la parole.

Mme VEUVE HENRY. — Je proteste contre la première partie de la déposition de M. Bertulus. Je n'ai pas l'intention d'en analyser les détails ; je n'en aurais pas la force, et d'autres le feront pour moi.

Je dirai seulement ceci : « Le 18 juillet, jour où mon mari est allé chez M. Bertulus, il me raconta, le soir, la conversation qu'ils avaient eue ensemble. Mon mari me dit de quelle façon aimable et charmante ce magistrat l'avait reçu ; comment il était venu à lui, les bras ouverts, l'avait embrassé, et comment il l'avait félicité pour sa belle attitude dans l'affaire en cours. J'ai dit à mon mari : Je ne sais pas. Es-tu sûr de cet homme ? Tout cela me paraît bien démonstratif pour que cela soit sincère, et j'ai bien peur que son baiser soit celui de Judas ! »

Je regrette de ne pas avoir conservé les dernières lettres que mon mari m'a écrites à... et dans l'une desquelles il me dit : « Je suis retourné chez le juge d'instruction, M. Bertulus. Il est toujours aussi aimable et décidément, cela entre parenthèses, ce n'est pas ce que tu pensais ».

Non, je ne me suis pas trompée. Cet homme est bien le Judas que j'avais pensé.

LE PRÉSIDENT. — Madame, je vous prie, en faisant votre déposition, de regarder le Conseil et non le témoin.

Mme VEUVE HENRY. — Au sujet des papiers qui sont arrivés en même temps que le bordereau, je peux dire que les papiers qui étaient remis à mon mari n'étaient pas tous déchirés en menus morceaux. C'est faux. J'ai vu certaines petites lettres intimes dont je ne puis parler. C'est tout ce que j'avais à dire. Je ne peux pas en dire plus ong.

M. BERTULUS. — Que voulez-vous que je réponde à Mme veuve Henry ?

Mme VEUVE HENRY. — Je ne parle pas comme femme, monsieur, je parle au nom du colonel Henry, qui n'est plus.

LE PRÉSIDENT. — Je vous prie, madame, de ne pas interpeller le témoin directement.

M. BERTULUS. — Comment voulez-vous que je réponde, monsieur

le Président, à Mme Henry? Ce qu'elle vient de faire est trop naturel, elle défend la mémoire de son mari, elle défend le nom de son fils et elle emploie pour cela tous les moyens et toutes les armes qui lui paraissent les meilleurs.

J'estime qu'elle a raison. A sa place, j'en ferais autant. J'ai déposé devant vous, je vous ai, je crois, absolument démontré la sincérité de mon témoignage.

Maintenant, voulez-vous que je vous dise autre chose que je n'avais pas tout d'abord l'intention de vous dire? C'est que la scène qui vient d'avoir lieu maintenant n'est pas une scène qui soit spontanée. Elle était convenue.

J'en ai été averti, ce matin, en arrivant, à cette audience.

Voici la lettre qui m'a été remise, me prévenant que je serais interpellé de la façon que vous venez de voir.

Voici cette lettre. Je vous la remets.

Mme VEUVE HENRY. — En effet; j'avais prémédité d'interpeller M. Bertulus, parce que j'ai bondi lorsque j'ai lu sa déposition à la Cour de cassation.

Mais, à ce moment j'étais à la campagne, mon petit garçon était souffrant, et puis j'espérais pouvoir lui répondre devant la Cour d'assises si M. Reinach a le courage de s'y présenter.

C'est pourquoi je n'ai pas protesté plus tôt.

M. BERTULUS. — Je répète que je n'ai pas autre chose à répondre. Ce que Mme Henry vient de faire, je le ferais peut-être à sa place.

Me DEMANGE. — Voulez-vous demander, monsieur le président, à Mme Henry si son mari lui a expliqué pourquoi M. Bertulus l'aurait embrassé?

Mme VEUVE HENRY. — C'est bien naturel, monsieur le défenseur.

J'avais l'habitude, par ces temps de troubles, de demander à mon mari des renseignements sur ce qui se passait, sur ce que disaient les journaux, et mon mari me dit un jour : « Par cette chaleur épouvantable, je suis allé dans le bureau de M. le juge d'instruction et dans un bureau qui est sous les combles. » C'est comme cela que notre conversation s'est produite.

Me DEMANGE. — Mme Henry, je crois, n'a pas bien compris la question que je lui ai posée : M. le colonel Henry allait chercher des pièces au ministère de la Guerre?

Mme VEUVE HENRY. — Pas ce jour-là.

Me DEMANGE. — Je demandais à Mme Henry si son mari lui a dit à quelle occasion M. le juge d'instruction Bertulus aurait été amené à l'embrasser.

Le Président. — Le colonel Henry vous a-t-il parlé de ce baiser?

Mme veuve Henry. — Mon mari m'a dit: « Ce magistrat est charmant, il m'a très bien reçu. Il marchera certainement avec nous dans l'intérêt de l'armée. »

Le Président. — Il ne vous a pas parlé de cette scène d'attendrissement?

Mme veuve Henry. — Cette scène est impossible. Mon mari était trop calme pour que cela ait pu se passer ainsi. Tous ceux qui l'ont connu pourront en témoigner.

QUATORZIÈME TÉMOIN

LE LIEUTENANT-COLONEL PICQUART

M. Picquart (Marie-Georges), quarante-quatre ans, lieutenant-colonel d'infanterie en réforme, prête serment.

Le Président. — Connaissiez-vous l'accusé avant les faits qui lui sont reprochés?

Le lieutenant-colonel Picquart. — Oui, mon colonel.

Le Président. — Comment l'avez-vous connu?

Le lieutenant-colonel Picquart. — Étant professeur à l'école de Guerre, et Dreyfus étant élève à la même école.

Le Président. — Vos relations se sont bornées à cela?

Le lieutenant-colonel Picquart. — Absolument.

Le Président. — Vous n'êtes ni son parent, ni son allié?

Le lieutenant-colonel Picquart. — Non, mon colonel.

Le Président. — Vous n'êtes pas à son service, ni lui au vôtre?

Le lieutenant-colonel Picquart. — Non, mon colonel.

Le Président. — Veuillez nous faire connaître les faits que vous savez, qui soient de nature à éclairer le Conseil sur ce qu'il a à juger.

Le lieutenant-colonel Picquart. — Je crois devoir ramener d'abord à sa véritable importance et à sa véritable signification une question qui a été soulevée ici par M. Delaroche-Vernet, lors de sa déposition.

Il s'agit d'une communication que M. Delaroche-Vernet m'aurait faite en 1895. Les débats de la Cour de cassation et l'enquête de la Cour de cassation ont établi que cette communication aurait été faite le 2 juillet de l'année 1895. Il s'agit d'une lettre d'une dame italienne, lettre par laquelle cette dame offre ses services et dit notamment qu'elle peut donner des renseignements sur Dreyfus, lequel aurait été en relations avec un major de l'armée italienne, et que ce major posséderait même deux lettres du dit Dreyfus.

Je dois d'abord indiquer quelle était ma situation, à la date du 2 juillet 1895.

A cette date, je venais de prendre depuis la veille, 1er juillet, la direction du service des renseignements. Le colonel Cordier m'avait passé ce service, et il est resté plusieurs jours, jusque vers le 15 juillet, si je ne me trompe, pour me donner ses conseils et pour me mettre au courant.

Donc, lorsque M. Delaroche-Vernet est venu me trouver avec cette lettre, j'en étais encore à prendre les conseils du colonel Cordier; et comme j'avais l'habitude, à cette époque, de me faire présenter à tous les fonctionnaires auxquels je pouvais avoir affaire pour la première fois, il est plus que probable que le colonel Cordier aura assisté à l'entretien.

De plus, le colonel Sandherr, qui avait été frappé d'une attaque à la fin du mois de juin, se rétablit vers le commencement de juillet. Il est venu même au bureau me remettre les fonds et me donner divers conseils au sujet des relations avec les agents.

Cela dit, je ne me souviens pas de la lettre elle-même dont M. Delaroche-Vernet a parlé. Je ne veux dire en aucune façon qu'il ne me l'ait pas communiquée; il est probable qu'il me l'a communiquée, mais je ne me souviens pas de la lettre elle-même. Je me souviens très bien de relations à établir avec la dame en question, et ce dont je me souviens très bien aussi, c'est des conseils que m'ont donnés le colonel Cordier et le colonel Sandherr au sujet des relations de cette espèce.

Le colonel Cordier aussi bien que le colonel Sandherr m'ont dit de me méfier de la façon la plus complète des relations avec des personnes de ce genre. Un officier du service de la statistique, un de ceux qui témoigneront ici, venait d'être mystifié d'une façon complète par une personne du même genre que celle qui a envoyé la lettre au ministère des Affaires étrangères.

Ainsi donc, j'avais toutes les raisons du monde pour ne pas entrer en relations avec cette personne, et ma réserve est d'autant plus justifiée que vous trouverez dans le compte rendu de l'enquête de la Cour de Cassation une mention importante au sujet de la véracité de ses dires.

Cette note, qui se trouve aux pièces annexes, est ainsi conçue :

« La dame en question est extrêmement romanesque et il n'y a aucune espèce de créance à ajouter à ses dires. »

Je m'élève donc de la façon la plus formelle contre tout soupçon d'avoir essayé de faire disparaître une pièce relative à Dreyfus, et d'une façon générale une pièce quelconque.

Il y en a qui ont disparu du service des renseignements, mais ce n'est pas de mon fait. J'aurai à revenir là-dessus.

Une des preuves que je ne cherchais pas à détourner l'attention de Dreyfus, c'est que c'est moi qui ai soumis au général Gonse, lequel l'a montrée au général de Boisdeffre et au ministre, la pièce dont vous avez pris connaissance lorsque vous avez eu communication du dossier secret et qui commence par ces mots : « *Dreyfus Boi...*, » etc.

Je ne cite que cet exemple, mais j'en aurais d'autres à donner.

Puisque je suis sur cette question, je veux immédiatement, de façon à ne plus avoir à y revenir ensuite, relever un certain nombre d'insinuations auxquelles on s'est livré, sur des recherches que j'aurais faites, afin de trouver un officier que je puisse substituer à Dreyfus.

M. le général Mercier, et après lui M. le général Roget vous ont dit que l'on avait fait au service des renseignements des enquêtes sur M. d'Orval, sur M. Donin de Rosière et sur un capitaine dont le nom m'échappe.

M. le général Mercier vous faisait remarquer que les noms de ces différents officiers commençaient tous par un D.

D'abord, je ne vois pas quel intérêt il y aurait à ce que l'officier que l'on aurait voulu substituer à celui qui a écrit le bordereau ait un nom commençant par D. Je ne vois guère que la pièce : *Ce canaille de D.*, qui, en aucun cas, ne peut s'appliquer à Dreyfus, au sujet de laquelle cette initiale présente de l'intérêt.

Je ferai remarquer ensuite que l'initiale D ne s'applique en aucun cas à M. d'Orval, M. Hecquet d'Orval a un nom patronymique commençant par un H et le nom qui suit la particule commençe par un O.

Puisque nous en sommes à M. d'Orval, voici ce qui s'est passé au sujet de cet ancien officier.

Lorsque j'ai pris la direction du service des renseignements, j'ai été trouver le général Zurlinden, alors ministre de la Guerre, je lui ai demandé quelles étaient les recommandations particulières qu'il avait à me faire

Le général Zurlinden ne m'a fait qu'une recommandation, c'était de surveiller de très près M. d'Orval comme un homme qui pouvait être dangereux.

Je me suis mis en rapport avec la Sûreté générale, qui surveillait cet ancien officier depuis fort longtemps, qu'elle avait suivi dans les voyages qu'il avait faits en Tunisie et sur la frontière des Alpes.

Je n'ai fait que recevoir des rapports et en donner connaissance à mes chefs. Ce n'est que sur des indications, sur lesquelles je reviendrai tout à l'heure, que j'ai su que M. d'Orval se rendait au couronnement du Tsar.

Des notes très précises m'avaient été données par une personne que je vous nommerai tout à l'heure au sujet des agissements auxquels M. d'Orval devait se livrer à Moscou. J'ai pris avis du général de Boisdeffre. Il a été convenu que d'Orval serait surveillé. Un agent sûr a été chargé de cette mission. Pendant tout le séjour du général de Boisdeffre, il a été en relations avec M. Pauffin de Saint-Morel, officier d'ordonnance de M. de Boisdeffre.

La surveillance n'a rien donné, mais j'ai tenu à dire ceci pour montrer que ce n'était pas de mon initiative que je faisais cette surveillance. Maintenant, si vous voulez que je vous donne le nom de la personne qui a indiqué le capitaine d'Orval, qui a fait exercer cette surveillance, c'est M. du Paty de Clam, propre cousin de M. d'Orval (*Mouvement prolongé.*)

Il y avait au dossier Tavernier un gros dossier d'Orval. Plusieurs notes de la propre main de M. du Paty de Clam se trouvent dans ce dossier, et notamment — à moins que la pièce ait disparu — j'y ai vu, lors de l'enquête Tavernier, la note que du Paty de Clam avait faite au sujet du voyage de d'Orval à Moscou.

Je n'insiste pas sur le caractère odieux qu'il y a à dénoncer un parent, à raconter, lorsqu'on a dîné chez lui, ce qui s'est dit à sa table, de faire en un mot le métier de délateur.

Je passe maintenant à M. Donin de Rosière.

J'ai pour la première fois entendu parler de l'affaire Donin de Rosière dans une note qui a été envoyée par M. le général Zurlinden, lorsqu'il était ministre de la Guerre, à M. le garde des Sceaux.

Cette note, qui est anonyme quoique la lettre d'envoi du ministre soit signée, contient à mon égard une foule d'allégations qui, presque sans exceptions, ne sont pas fondées. Entre autres, il y a ceci : « Le lieutenant-colonel Picquart a fait surveiller, par les moyens qu'il a employés plus tard pour un autre officier, M. Donin de Rosière. Il n'existe plus aucune trace de cette surveillance; on ne sait pas par qui elle a été faite. »

Je ne me suis jamais occupé de M. Donin de Rosière. Toutes les allégations émises à ce sujet proviennent, paraît-il, de ce que

M. Gribelin aurait eu entre les mains un dossier Donin de Rosière, qu'il aurait ensuite remporté aux archives administratives.

Ce fait seul que le dossier provenait des archives administratives démontre qu'il ne s'agissait pas d'une affaire d'espionnage.

En effet, M. Donin de Rosière est un officier qui a été d'abord éloigné du ministère, au printemps de 1895, et qui a été ensuite réformé lorsqu'il se trouvait dans son régiment.

Eh bien, lorsqu'un officier est réformé, son dossier va aux archives administratives du ministère de la Guerre, avec les autres dossiers du personnel.

Comment Gribelin a-t-il eu ce dossier entre les mains? Je n'en sais rien. En tout cas, ce n'est pas moi qui l'ai fait chercher. Ce qu'il y a de certain, c'est qu'il ne s'agit pas d'un dossier d'espionnage.

J'aurais encore bien des choses à dire sur ce qu'on peut appeler les faits en dehors de l'affaire Dreyfus; mais je ne veux pas vous arrêter plus longtemps, et j'entre tout de suite dans le sujet. Je crois cependant que vous me permettrez, chaque fois que j'aurai une accusation bien déterminée portée contre moi, d'y répondre franchement et complètement.

Le Président. — N'abusez pas. Vous êtes ici, avant tout, pour nous éclairer sur l'affaire Dreyfus.

Le lieutenant-colonel Picquart. — Très bien, mon colonel, mais je défends la valeur de mon témoignage.

Le Président. — Sans doute; mais, enfin, n'abusez pas. (*Mouvements divers.*)

Le lieutenant-colonel Picquart. — Depuis deux ans, cette tactique est toujours employée à mon égard. Je ne puis pas dire un mot sans qu'on me reproche tel ou tel fait dans mon service de renseignements. Ceci, évidemment, est dirigé contre la valeur de mon témoignage, mais j'userai avec discrétion de l'autorisation que vous me donnez.

Le Président. — Ne perdez pas de vue la question Dreyfus.

Le lieutenant-colonel Picquart. — Je vais y entrer immédiatement.

J'ai connu Dreyfus à l'Ecole supérieure de guerre pour la première fois. J'y ai été pendant les deux ans qu'il y a passés. J'ai eu peu de relations avec lui. Je ne me souviens guère que d'un voyage de topographie dont Dreyfus faisait partie. La partie qui était ma spécialité n'était pas une des plus fortes du capitaine Dreyfus, et si l'on retrouve les notes que je lui ai données à l'Ecole à ce sujet, on verra que ces notes sont très modérées.

Plus tard, lorsque je suis entré au ministère de la Guerre, j'ai retrouvé le capitaine Dreyfus comme stagiaire...

Je voudrais bien ouvrir une parenthèse pour vous dire en deux mots comment je suis entré au ministère de la Guerre ; car on a créé beaucoup de légendes à ce sujet. On a parlé d'influences diverses qui m'y avaient fait entrer et je crois que deux mots d'explication sur ce point ne seront pas de trop.

Je suis entré au ministère de la Guerre en décembre 1893, à la suite de propositions qui m'avaient été faites par le général Millet, actuellement directeur de l'infanterie, et alors que je me trouvais comme professeur à l'Ecole supérieure de guerre.

La position que j'occupais me plaisait, et j'ai résisté au général Millet, surtout lorsqu'il m'a dit qu'il s'agissait de remplacer le colonel Sandherr. La répugnance que je lui ai montrée lui a indiqué que je ne tenais pas à ce service.

Le général Millet, qui me connaissait depuis de longues années, a bien voulu me dire que je lui paraissais désigné pour ce genre de fonctions par mes études antérieures ; mais, voyant ma répugnance pour des fonctions semblables, il m'a d'abord proposé d'entrer au 3e bureau de l'Etat-major de l'armée.

J'ai accepté. Il avait été convenu que je réfléchirais jusqu'à ce que la succession du colonel Sandherr soit ouverte, et, en somme, c'est comme sous-chef du 3e bureau que je me suis trouvé, pendant le deuxième semestre 1894, le supérieur de Dreyfus.

Lorsque Dreyfus est arrivé au bureau avec ses camarades, il s'est agi pour moi de répartir les stagiaires. Autant que je m'en souviens, le 3e bureau, à cette époque, comptait quatre sections : la section des manœuvres, la section du plan, et deux autres sections s'occupant, comme celle du plan, d'affaires secrètes ou confidentielles.

Dreyfus a été placé par moi à la section des manœuvres. Une des raisons qui ont fait que je l'ai placé à cette section, c'est que j'y avais un excellent ami, le colonel Mercier-Milon.

A ce moment-là, je dois le dire, les préjugés antisémites étaient déjà répandus à l'Etat-major. Je savais que le colonel Mercier-Milon était un homme indépendant à ce sujet. Je savais aussi qu'en plaçant un stagiaire israélite à une section qui n'avait pas à s'occuper de choses secrètes, je lui éviterais peut-être certains désagréments. Je ne me doutais en aucune façon de ce qui arriverait... Je parle des petites questions d'indiscrétion banale.

En le mettant à cette section des manœuvres, la chose était tranchée.

Pendant les trois mois qu'il a passés dans cette section, le capitaine Dreyfus n'a pas eu à s'occuper d'affaires secrètes, sauf lors de l'autographie de certaines pièces relatives à la couverture.

Pour ce service-là, tous les stagiaires du bureau roulaient entre eux, et certainement les camarades de Dreyfus auraient trouvé très mauvais qu'on leur fît faire une corvée qui devait échoir également à leur camarade.

Dreyfus a donc, à une époque qui s'étend, il me semble, des derniers jours du mois d'août au milieu de septembre, été employé un nombre de fois que je ne puis pas déterminer exactement à faire autographier des tableaux d'approvisionnement des troupes de couverture.

Ce sont des renseignements d'ordre administratif si vous voulez, mais enfin il y a dans ces tableaux certains renseignements d'effectif qui peuvent être intéressants et précieux. C'est pour cela que je reviendrai sur cette question lors de la discussion du bordereau.

On a beaucoup parlé d'un incident qui est arrivé la première fois que le capitaine Dreyfus a été à l'autographie.

Au lieu d'aller au service géographique, où le 3e bureau faisait autographier ses feuilles, Dreyfus a été au 1er bureau. Je dois dire que si l'on entend tirer de cela une conclusion au point de vue d'une question d'indiscrétion, le raisonnement mène plutôt à l'opposé de ce qu'on chercherait si on voulait prendre Dreyfus en flagrant délit d'indiscrétion.

En effet, la presse du 1er bureau est dans le ministère même. On ne sort pas des locaux du ministère pour y aller. Au contraire, le service géographique, comme vous le savez, est à l'hôtel de Sens, c'est-à-dire éloigné de six minutes environ du ministère. Par conséquent, il faut pour s'y rendre traverser la rue. Avec des documents secrets, il n'y a plus la même garantie qu'au 1er bureau où tout se fait dans l'intérieur même des bâtiments du ministère.

Je crois que le capitaine Dreyfus, qui avait à faire des autographies semblables lorsqu'il était au 1er bureau, a mal compris mes explications et a compris que c'était là que se trouvaient également les presses du 3e bureau. C'est simplement une question d'organisation intérieure de bureau. Les presses qui font le service du 1er bureau sont au ministère: celles qui font le service du 3e bureau sont au service géographique.

Lorsque ses trois mois de stage au 3e bureau ont été accomplis, Dreyfus a fait son stage d'infanterie dans un régiment stationné à Paris, à la caserne de la Pépinière.

C'est à peu près au moment où il venait de quitter le bureau que se place l'apparition du bordereau. Voici comment j'ai eu connaissance, pour la première fois, de la pièce appelée *depuis* le bordereau.

Un matin des premiers jours d'octobre, je crois, mon chef, le colonel Boucher, est venu me présenter la photographie de ce bordereau en me disant que cette pièce avait été saisie, je puis le dire maintenant, puisqu'on l'a dit partout, dans une ambassade étrangère, et qu'il s'agissait de faire une comparaison d'écritures entre les écritures des officiers du bureau et celle de cette photographie.

Je pris immédiatement un certain nombre de pièces où il y avait de l'écriture de tous les officiers du bureau. J'ai trouvé qu'aucune ne se rapportait suffisamment à l'écriture du bordereau pour que je puisse incriminer l'un quelconque d'entre eux.

La même chose avait été faite dans les différents bureaux de l'Etat-major, et si vous vous rendez compte que, dans chacun de ces bureaux, le chef et le sous-chef étaient au courant, que souvent l'un de ces messieurs avait des officiers dans lesquels il avait plus de confiance et qu'il avait également informés de la chose, vous pouvez penser qu'avant que l'on ait découvert qui avait écrit ce bordereau le secret était déjà entre un très grand nombre de personnes.

Qu'est-ce qui est arrivé à la suite de ce fait? C'est qu'un malaise, un malaise poignant, a régné pendant quelque temps au ministère. Nous étions en train de préparer le nouveau plan; il y avait une phrase qui avait inquiété beaucoup, surtout au 3e bureau, chargé de ce travail-là; c'était la phrase : « *Note sur les troupes de couverture, quelques modifications seront apportées par le nouveau plan.* »

Chacun se demandait si c'était dans son service qu'avait eu lieu l'indiscrétion; personne ne pensait un instant que la chose avait pu avoir lieu en dehors du ministère.

Si on avait réfléchi, si le sentiment de la responsabilité de chacun n'avait pas été si poignant, on aurait peut-être pu se dire qu'en dehors du ministère, il y avait des gens qui pouvaient employer les mots « *troupes de couverture* » et les mots « *plan de mobilisation* »; mais je dois avouer que nous — et j'en suis — ne pensions pas cela à ce moment.

Au 3e bureau surtout, nous étions excessivement inquiets, et je dois dire — c'est bien humain — que c'est avec un sentiment de satisfaction, de soulagement plutôt, que nous avons appris que l'on avait mis la main sur celui qui avait fait le bordereau, sur celui qu'on appelait le traître.

Les indices sont venus du 4e bureau; il paraît qu'au 4e bureau, — je dis ce que j'ai entendu dire à cette époque-là, — le chef et le sous-chef — je ne sais lequel le premier — avaient été frappés de la ressemblance de l'écriture du bordereau avec celle du capitaine Dreyfus, qui avait été stagiaire l'année précédente.

La nouvelle s'est répandue comme une traînée de poudre parmi tous les officiers intéressés, et immédiatement mon chef m'a demandé une grande quantité d'écriture du capitaine Dreyfus.

J'avais plusieurs travaux de lui au 3e bureau et la comparaison a continué.

Je dois dire, pour ma part, que je ne trouvai pas que la ressemblance fût extraordinaire. Il y avait, à première vue, un grand air de famille entre les deux écritures; mais réellement, en comparant les mots du bordereau avec les mots de l'écriture de Dreyfus, il me semblait qu'il y avait une différence.

Il y avait, au 3e bureau, un homme qui s'est toujours mis en avant, chaque fois qu'il y a eu quelque chose de particulier à faire, quelque chose d'en dehors, c'est le colonel du Paty de Clam.

On s'est dit : On est embarrassé pour une question d'écriture, il faut un graphologue; du Paty est graphologue, interrogeons du Paty.

Du Paty s'est mis immédiatement à l'œuvre et a trouvé que l'écriture de Dreyfus était tout à fait semblable à celle du bordereau. Dès lors, il était tout désigné pour prendre l'affaire en main, et, comme vous le savez, c'est lui qui a été désigné plus tard comme officier de police judiciaire.

A ce moment-là j'ai un peu perdu l'affaire de vue. Je ne saurais pas vous détailler les péripéties qui ont accompagné la mission de M. Gobert, le passage de cette mission à M. Bertillon, etc. Là-dessus, je ne suis fixé que par ouï-dire.

Tout ce que je sais, c'est que, avant l'arrestation, le général Gonse, sous les ordres duquel je n'étais pas, mais sous les ordres duquel se trouvait la section de statistique, m'a fait venir et m'a dit en me montrant le fac-similé du bordereau et l'écriture de Dreyfus :

« Voyons, trouvez-vous que cela se ressemble? »

Il semblait qu'il n'était pas tout à fait convaincu. Je lui ai dit ma phrase habituelle : « Il y a un air de famille, mais je ne suis ni graphologue ni expert en écriture. »

Vous savez évidemment quelles sont les dispositions prises par le général Mercier pour procéder à l'arrestation de Dreyfus?

Cette arrestation devait avoir lieu après une dictée faite dans le propre bureau du général de Boisdeffre.

J'ai été mis immédiatement au courant de cette dictée par du Paty de Clam, qui était sous mes ordres au 3e bureau et qui venait nous raconter, au colonel Boucher et à moi, tout ce qui se passait dans son instruction préliminaire, ou plutôt dans son enquête d'officier de police judiciaire.

La scène, telle que l'a racontée du Paty, aurait été une scène de trouble, et du Paty aurait immédiatement fait procéder à l'arrestation.

Du Paty comptait beaucoup sur la perquisition qui serait opérée au domicile de Dreyfus, car il faut vous dire que Dreyfus ne devait certainement s'attendre à rien. Il avait été convoqué au ministère sous le prétexte d'une inspection générale. Ce n'est peut-être pas un moyen de police irréprochable, mais enfin c'est le moyen qu'on avait employé.

Il est arrivé en tenue bourgeoise, croyant avoir affaire au général de Boisdeffre pour une inspection générale, et il s'est trouvé en face de du Paty, de M. Cochefert et de Gribelin. S'il avait manifesté la surprise qu'on lui prête, en écrivant les fameuses phrases que vous savez, je n'en serais nullement étonné. C'est moi-même qui l'ai introduit dans le bureau du général de Boisdeffre. Voilà un homme qui arrive. Il s'imagine se trouver devant son chef pour l'inspection générale. Il voit devant lui du Paty et, dans le fond, Gribelin et Cochefert qui, tous, devaient avoir des mines de circonstance.

Une chose m'étonne : c'est qu'il ait repris aussi vite son sang-froid, car vous avez vu cette écriture. Je ne l'ai vue que beaucoup plus tard. On s'est bien gardé de nous montrer cette dictée. On nous a dit : « Elle est probante ».

Je ne l'ai vue que deux ans après.

Pour moi, en mon âme et conscience, je ne vois pas le moindre signe de trouble dans cette écriture. (*Mouvement prolongé.*)

Du Paty, dis-je, comptait beaucoup sur la perquisition qui suivrait immédiatement l'arrestation inopinée de Dreyfus. Le soir il est arrivé, et tout le monde l'a entouré. Cette affaire était très connue au ministère parmi les officiers supérieurs. Si, parmi les capitaines et les chefs de section, il se trouvait des personnes qui ne la connaissaient pas, les chefs, les sous-chefs de bureau et les officiers qui gravitaient autour d'eux savaient à quoi s'en tenir.

On a donc entouré du Paty et il nous a dit, j'ai encore sa

phrase dans mon oreille: « Il avait tout déménagé, il n'y avait plus rien. »

Derrière cette phrase, il abritait le *fiasco* qu'il avait fait.

A ce moment-là, la situation est devenue aussi pénible ou presque aussi pénible qu'elle l'était avant que Dreyfus eût été désigné aux soupçons. On avait bien le bordereau; on trouvait bien la ressemblance entre l'écriture de ce bordereau et celle de Dreyfus, mais en dehors de cela, il n'y avait rien.

M. du Paty a cessé complètement, à ce moment, son service sous mes ordres au troisième bureau; mais il venait chaque jour nous rendre compte ou plutôt nous raconter, car il n'avait pas de compte à nous rendre, ce qui s'était passé.

Je le voyais de plus en plus découragé, de plus en plus anxieux sur l'issue de cette affaire.

Un jour, cependant, mon chef vint et me dit: « L'affaire prend une autre tournure. Il paraît qu'on a fait des recherches au service des renseignements et qu'on a trouvé des pièces écrasantes pour Dreyfus. »

A ce moment-là, bien que je n'eusse rien du tout à faire à la chose — est-ce par du Paty, est-ce par le colonel Boucher? je n'en sais plus rien — une indication sommaire me fut donnée au sujet de ces pièces. Depuis, j'ai vu les pièces elles mêmes et je me suis aperçu qu'il s'agissait de la pièce: *Doutes, preuves*, que vous connaissez, et de la pièce: *Ce canaille de D...*

Par conséquent, à ce moment-là, la partie semblait gagnée pour l'accusation, et les choses ont suivi leur cours normal.

Cependant, il y a une chose qu'il me paraît nécessaire de vous dire: c'est que même pendant l'instruction régulière, même pendant que le commandant d'Ormescheville interrogeait Dreyfus, M. du Paty ne s'est jamais désintéressé de la question. Je sais qu'il voyait fréquemment le commandant d'Ormescheville. Personnellement, j'ai vu le commandant d'Ormescheville venir au ministère pour voir M. du Paty et pour lui demander des conseils sur telles ou telles questions.

Je suis persuadé, autant qu'on peut l'être quand on n'a pas vu faire les choses, que le rapport du commandant d'Ormescheville a été inspiré au moins en partie par M. du Paty. Certaines particularités de ce rapport concordent tellement avec les idées que nous émettait du Paty à ce moment-là, qu'il n'y a pour moi aucun doute à ce sujet.

Lorsque la mise en jugement a été décidée, j'ai appris, soit par

M. du Paty, soit par M. le colonel Boucher, que certaines pièces, les fameuses pièces écrasantes pour Dreyfus, étaient d'une nature tellement secrète qu'il y aurait un intérêt politique absolu à ne pas les divulguer à la défense et que ces pièces seraient simplement montrées aux juges.

Lorsque les débats ont commencé, on a jugé nécessaire de désigner un officier pour renseigner le ministre au fur et à mesure des opérations du Conseil.

Je fus désigné pour cette mission.

Je renseignai régulièrement M. le général de Boisdeffre, le ministre et quelquefois même le Président de la République, à l'issue de chaque séance.

De plus, lorsqu'il y avait quelque fait intéressant, j'en avertissais pendant une suspension d'audience soit M. le général de Boisdeffre, soit le ministre.

Le premier jour, le commandant Lauth avait été mis à ma disposition pour ce service.

Ce que je devais donner surtout au ministre, c'est l'impression qui se dégageait des débats. Cette impression a été pour moi la suivante et elle n'a été que s'accentuant d'un bout à l'autre : c'est que les charges n'étaient pas suffisantes et qu'un acquittement était possible ou probable.

J'ai même dit au général de Boisdeffre et au ministre que je ne croyais pas la condamnation certaine, si on ne tirait pas parti des pièces qu'il était convenu de montrer sécrètement.

En dehors de la déposition sensationnelle d'Henry, et en dehors d'une déposition embarrassée de du Paty, les débats ont été assez ternes.

Vous connaissez, je crois, la déposition d'Henry. Désirez-vous, mon colonel, que je vous la répète?

Le Président. — Si vous le jugez utile.

Le colonel Picquart. — Si le Conseil ne la connaît pas ?

Le Président. — Le Conseil ne connaît rien. Il ne connaît que ce qu'on lui dit.

Le colonel Picquart. — Je crois qu'il est essentiel alors, mon colonel, que je vous dise dans quelles conditions s'est fait ce témoignage d'Henry.

Henry avait déposé ; je ne me souviens plus exactement de sa déposition ; il avait dit, je crois, d'une façon générale que, par son service, il était avisé qu'il y avait un traître à l'État-major de l'armée, etc. ; mais voyant que les débats prenaient une mauvaise tournure pour l'accusation, il résolut de frapper un coup. Il me dit, avant l'une des audiences :

« Vous êtes placé derrière l'un des juges, derrière Gallet, dites-lui de me faire rappeler. »

J'ai refusé absolument, j'ai jugé que mon rôle n'était pas de servir d'intermédiaire entre les juges et les témoins, je lui ai dit de faire sa communication lui-même.

Henry s'est fâché beaucoup, mais dans une suspension d'audience il a prié Gallet de lui faire poser une question et Gallet a posé la question à laquelle Henry a répondu :

« Je sais, par une personne honorable, qu'un officier trahissait au 2e bureau, et cet officier » ou bien « le traître » (je ne sais plus exactement), le voici ! »

En même temps il montrait du doigt Dreyfus, parlant d'une façon véhémente, et il a dû produire pour le moment une certaine impression.

Je sais que la défense a demandé alors au commandant Henry quelle était la personne honorable dont il tenait ce renseignegnement, et Henry frappant sur son képi, a dit :

« Il y a des secrets dans la tête d'un officier qui doivent être ignorés de son képi. »

La déposition a été extrêmement théâtrale, et si les juges ont cru qu'Henry était absolument de bonne foi, s'ils ont cru en sa parole, qu'il tenait réellement d'une personne honorable qu'il y avait un traître au 2e bureau, évidemment une déposition faite ainsi a dû les frapper.

Moi, qui savais quelle était la personne honorable, la déposition a fait moins d'effet sur moi, même à ce moment-là, et, peut-être, me suis-je trompé quand j'ai dit le soir, au ministre, qu'Henry avait fait une déposition véhémente, mais qu'enfin il semblait tout de même qu'un acquittement était possible.

Du reste, vous devez entendre un des juges de 1894. Vous saurez mieux que par moi l'impression qu'a pu leur faire cette déposition.

Une autre chose qui m'a frappé, bien que la scène eût été un peu confuse, a été l'embarras de du Paty, quand la défense lui a fait remarquer que la dictée faite par Dreyfus ne présentait pas de caractères de trouble.

Devant l'évidence, il a bien été forcé de s'incliner et il a dit une phrase extraordinaire qui est à peu près celle-ci :

« Je voulais voir s'il était prévenu ; interpellé brusquement par moi il aurait dû trembler. Or, il n'a pas tremblé : donc il simulait, il était prévenu. Un individu innocent qui serait arrivé là sans avoir rien à se reprocher aurait tremblé à mon interpellation ou aurait fait un mouvement. »

Je trouvai l'explication bien extraordinaire et bien embarrassée, et je la gardai précieusement dans ma mémoire.

J'ai dit à une autre occasion qu'un dossier secret avait été communiqué aux juges et que je ne savais pas si ce n'était pas moi qui l'avais apporté. Cette phrase doit paraître singulière. Le fait est que j'ai eu à apporter plusieurs plis au colonel Maurel, que je ne savais pas ce qu'il y avait dedans, et que je ne sais pas, à l'heure actuelle, si le pli que lui a envoyé le ministre est un de ceux que je lui ai remis ou non.

Tout ce dont je crois me souvenir, c'est que je me suis inquiété, avant le prononcé du jugement, de la manière dont les pièces secrètes rentreraient au ministère. Il me semble en avoir parlé à du Paty, qui m'a dit de ne pas m'inquiéter. En tout cas, ce n'est pas moi qui les ai rapportées.

Du reste, à ce moment-là, j'ignorais complètement la physionomie extérieure du dossier secret, et je n'ai vu ce dossier d'une façon détaillée que deux années plus tard.

Tout ce que je savais, ou plutôt tout ce que je croyais, c'est que ce dossier renfermait des pièces d'une clarté abolue et écrasante pour l'accusé, et cet avis, ou plutôt cette conviction était partagée par tous les officiers du ministère qui étaient au courant de cette communication de pièces secrètes. Nous n'avions pas vu ce dossier, mais nous étions persuadés qu'il renfermait les choses les plus épouvantables contre l'accusé.

Ce n'est que quand j'ai vu le dossier, et surtout le commentaire qui l'expliquait, que je me suis rendu compte du danger effroyable qu'il y a à se fier à une impression d'un moment et à ne pas soumettre à la discussion publique des pièces, si probantes qu'elles puissent paraître. (*Mouvement prolongé.*)

Après le jugement du Conseil de guerre a eu lieu la séance du Conseil de revision. Comme on ne connaissait pas la communication des pièces secrètes, comme aucun cas de nullité n'existait d'ailleurs, cela a été une simple formalité et la dégradation a suivi, je crois, de très près la séance du Conseil de revision.

Pour la dégradation, j'ai été chargé par le ministre d'y assister.

J'étais placé derrière le général Darras qui commandait les troupes et qui a prononcé la formule de dégradation.

Je dois dire que, pendant cette triste cérémonie, l'attitude du condamné a été celle d'un homme qui proteste véhémentement de son innocence. Lorsqu'on a commencé à le dégrader, il a crié :

« Sur la tête de ma femme et de mes enfants, je jure que je suis innocent. Vive la France ! »

Puis, après, lorsqu'on l'a promené devant le front des troupes, lorsqu'il est passé devant les officiers de réserve qui l'ont insulté, je l'ai entendu dire, quoique je fusse loin de lui :

« N'insultez pas un innocent ! »

Lorsqu'on l'eut introduit dans le fourgon qui devait l'amener à la prison de la Santé, j'ai cru que tout était terminé, qu'il ne s'était passé aucun incident.

Je suis allé prendre congé du général Darras. On ne lui avait rendu compte de rien de particulier et moi, de mon côté, ayant vu le commandant des troupes à qui on n'avait rien signalé, je suis allé rendre compte au ministre, ou plutôt à son chef de cabinet, qu'il n'y avait eu aucun incident particulier.

Mon étonnement a donc été grand, lorsque, dans le courant de l'après-midi, le bruit s'est répandu que Dreyfus avait fait des aveux.

Je m'en suis vivement ému. Si la chose était vraie, je me trouvais en faute pour n'avoir pas signalé immédiatement le fait au ministre. Je courus au gouvernement militaire de Paris où j'ai trouvé le colonel Guérin, que vous entendrez, je crois.

Le colonel Guérin me dit qu'en effet Dreyfus avait dû faire des aveux à un capitaine de la garde républicaine qui était chargé de sa surveillance.

Il me paraissait difficile de trouver ce capitaine en ce moment-là. J'ai demandé si on pouvait le voir. On m'a dit qu'il viendrait le lendemain. Par conséquent, il était inutile de le chercher le soir même. J'ai quitté le colonel Guérin et me suis rendu tout de suite après chez le général de Boisdeffre, pour lui dire qu'effectivement, d'après le colonel Guérin, Dreyfus aurait fait des aveux à un capitaine de la garde républicaine.

Le général de Boisdeffre m'a pris avec lui et m'a conduit chez le général Mercier. Il a voulu me faire entrer dans le bureau du ministre, mais je me souviens que celui-ci a demandé à être seul avec le général de Boisdeffre, et qu'ils ont causé pendant environ cinq minutes.

Quand le général de Boisdeffre est sorti, il m'a dit simplement qu'il n'avait plus besoin de moi, et je suis parti.

C'est ici maintenant que se place une chose assez délicate; mais comme la question a été traitée déjà devant vous, je puis en parler sans crainte qu'on m'accuse d'indiscrétion.

Cette scène de la dégradation se passait le 5 janvier. C'est donc le lendemain 6 janvier qu'une démarche a été faite par l'ambassadeur d'une puissance, que je ne nommerai pas, auprès du Président de la République.

Or, voici de quelle façon j'appris que cette démarche avait été faite.

J'étais allé comme d'habitude passer la soirée du samedi et la matinée du dimanche à Versailles, chez ma mère. En rentrant chez moi, le dimanche après midi, j'appris que le général Gonse m'avait demandé et qu'il désirait vivement me voir.

Le général Gonse habite tout près de chez moi. J'y allai et je le trouvai dans un état d'émotion violente. Il avait été mis au courant de la démarche diplomatique en question et, puisque le mot a été prononcé, je puis le répéter moi aussi, il avait des craintes de guerre.

Le général Gonse, qu'il me permette de le lui dire sans lui manquer de respect, est un homme extrêmement timoré.

Cette menace de guerre immédiate, avec l'idée qu'il avait de n'y être pas préparé, paraissait l'avoir mis dans un état d'émotion extrême.

J'ai donc passé une partie de l'après-midi avec lui et je dois dire que nous n'avons pas du tout parlé de la question des aveux.

Alors, depuis, je me suis dit : « Comment se fait-il que le général Gonse, qui était si ému le 6 janvier de la démarche d'un ambassadeur auprès de M. Casimir-Perier, ait écrit le même jour une lettre au général Boisdeffre, au sujet des aveux, sans dire un mot de cette question-là? »

J'avoue que c'est pour moi un problème, et il est très probable que le général Gonse vous renseignera. Dans tous les cas, la chose me paraît obscure.

Voici donc le général Gonse qui écrit au général de Boisdeffre pour lui dire que Dreyfus a fait des aveux, et une autre question autrement grave se pose — et il n'en dit rien.

Je laisse la chose à votre appréciation. (*Mouvement.*)

Je n'ai rien à dire sur la période qui a suivi immédiatement la condamnation et la dégradation de Dreyfus.

J'ai pris le service des renseignements, comme je vous l'ai dit au début de ma déposition, le 1er juillet 1895. Je l'aurais pris plus tard si le colonel Sandherr, qui était malade depuis de longs mois, je pourrais dire depuis un an ou deux, n'avait pas été frappé d'une attaque et s'il n'avait pas été nécessaire de procéder à son remplacement immédiat.

Lorsque j'ai pris possession du service des renseignements, le colonel Sandherr m'a dit ceci :

« Le général de Boisdeffre se préoccupe toujours de la question Dreyfus. Il vous en parlera. Moi, je suis d'avis que c'est une question terminée. D'ailleurs, si l'on en avait besoin pour convaincre les gens, vous n'aurez qu'à demander au commandant Henry le dossier qui a été communiqué aux juges en chambre du Conseil. Vous l'ouvrirez et vous verrez là-dedans des pièces convaincantes. »

Je puis dire que, ne voulant pas me mêler d'une affaire qui me paraissait terminée, je n'ai ouvert ce dossier secret qu'au mois d'août 1896, c'est-à-dire plus d'un an après, et j'oppose ce fait qui est établi, absolu, aux insinuations plus ou moins malveillantes qui ont été faites à mon égard, d'après lesquelles je me serais, dès mon arrivée au service des renseignements, occupé de réhabiliter Dreyfus.

Remarquez bien que, si j'étais arrivé au service des renseignements hanté par la question Dreyfus, quelle eût été la première chose que j'aurais faite ? C'eût été de demander ce fameux dossier contenant les fameuses pièces, comme j'en avais le droit, et conformément aux instructions du colonel Sandherr.

Ayant le droit de prendre ce dossier et de le regarder, je ne l'ai pris que lorsque j'ai vu que l'écriture d'Esterhazy était identique à celle du bordereau et que les charges qui existaient contre Dreyfus à l'audience du huis clos n'existaient plus.

Le général de Boisdeffre, peu après ma prise de possession du service, me parla de l'affaire Dreyfus, comme me l'avait prédit le colonel Sandherr, il me dit notamment qu'il était absolument nécessaire de savoir quels étaient les mobiles du crime. Jusque là on n'avait fait que des hypothèses, toutes très mal fondées.

Je dois dire que les renseignements de moralité qui avaient été recueillis contre Dreyfus ont tous été réfutés à l'audience du Conseil de guerre. Il n'y avait rien de sérieux.

On ne trouvait à ce crime aucune espèce de mobile. Cela préoccupait le général de Boisdeffre, à juste titre. Il m'a fait partager sa préoccupation à ce point de vue.

Il a été décidé alors que je ferais une enquête méthodique sur les mobiles qui avaient pu pousser Dreyfus, que je croyais coupable à ce moment, et j'ai commencé par faire étudier la question jeu.

Nous avions au service des renseignements un vieux policier, nommée Guénée. Ce policier est mort récemment, deux jours après que je l'ai eu dénoncé devant M. le rapporteur Tavernier dans l'affaire du Paty de Clam.

Eh bien! ce Guénée, à ce moment, était l'homme de confiance de Henry.

Je n'avais pas de raison de me méfier de Henry. Je me suis donc servi de Guénée.

Guénée avait été employé autrefois à la police des jeux. Je me dis qu'il était l'homme qu'il fallait pour rechercher les endroits où Dreyfus avait joué et où il s'était livré à des dépenses exagérées.

Guénée me dit :

— On l'a vu partout, il a joué partout.

Je lui ai répliqué :

— Il y a beaucoup de Dreyfus! Je lui fis remettre alors une photographie du condamné et il est parti en campagne. Je dois dire que, pendant quatre ou cinq mois qu'a duré son enquête, il ne m'a rien rapporté.

Quelquefois il me donnait des racontars...

Tout le monde n'a pas l'habitude des rapports de police : cependant il est certain que souvent quand on envoie un agent quelque part, il se croit obligé de gagner son argent. Aussi, la plupart du temps, il met dans ses rapports les idées qu'il pense être celles de la personne qui l'a envoyé.

Quoi qu'il en soit, ce Guénée m'a rapporté des renseignements qui n'étaient que des racontars et, dès que je lui disais : « Donnez-moi des preuves, amenez-moi des témoins », il ne me donnait que des propos de concierge, en me disant que c'était un tel qui avait dit telle chose à un tel.

Du reste, dans l'enquête de la Cour de cassation, Guénée a été obligé d'avouer que ce qu'il avait apporté au procès Dreyfus n'était que des racontars, et à ce moment il a été prouvé d'une façon absolue que les Dreyfus qui avaient joué, qui avaient fait des dépenses exagérées au jeu, n'avaient aucun rapport, si ce n'est de nom, avec le capitaine Dreyfus.

Après cet insuccès, le général de Boisdeffre me dit qu'il fallait aborder la question « femme ».

Guénée me paraissait encore qualifié pour cela, ayant fait partie, en son temps, de la police des mœurs.

Comme pour la question « jeu » il ne m'apporta que des racontars. Je vous épargnerai le détail des récits qu'il m'a faits et je dirai seulement que, lorsqu'on voulait le pousser à des preuves, *tout* aboutissait à *rien*.

Toute cette surveillance, toutes ces enquêtes ont duré à peu près jusqu'au milieu de 1896. Mais, outre cela, nous exercions une surveillance sur la correspondance du capitaine Dreyfus et de sa famille.

Je vous dirai plus tard quels sont les indices que j'en ai tirés à un moment donné, au moment où la famille s'occupait de la réhabilitation du condamné.

J'ai fait faire des expériences nombreuses sur les lettres venant tant du capitaine que de sa famille. On a procédé à des chauffages, à des essais, pour voir s'il n'y avait pas d'écriture secrète.

Aucune de ces expériences n'a réussi. Nous n'avons découvert aucune correspondance secrète entre le capitaine et sa famille.

Avant de passer aux incidents où l'affaire Dreyfus et l'affaire Esterhazy vont arriver à se mêler, je crois devoir vous dire quelques mots des idées qu'avait M. du Paty de Clam sur l'affaire Dreyfus, idées qu'il venait nous émettre lorsqu'il avait terminé son interrogatoire de la journée ou bien lorsqu'il venait d'en parler avec M. d'Ormescheville.

Une des questions que j'avais posées à du Paty de Clam était celle-ci :

Enfin, comment Dreyfus était-il payé? Puisqu'il trahissait, quelles sont les traces que vous avez trouvées dans ses livres au sujet des paiements extraordinaires faits par le condamné ?

Du Paty de Clam m'a avoué qu'il n'avait pas trouvé d'indication à ce sujet, mais il m'a fait des hypothèse tellement extraordinaires que je ne me permettrais pas de vous les répéter si dernièrement (je ne sais si c'est dans la presse ou dans le dossier de M. de Beaurepaire) je n'avais retrouvé quelque chose d'analogue.

Du Paty de Clam a prétendu, à un moment donné, que la famille Dreyfus s'était fait payer sous la forme de la prime d'assurance qui lui avait été versée lors de l'incendie d'une de ses usines en Alsace.

Réellement, quand du Paty de Clam m'a dit cela, j'ai eu une faible opinion de son jugement et de sa compréhension des choses et, dès ce moment-là, je me suis méfié de ses appréciations...

Je cherche dans ma mémoire si je trouve encore quelques-unes de ces singularités que je tiens à vous signaler, parce qu'il est bon qu'on sache quel était l'état d'esprit de celui qui a fait cette opération capitale qui est la première enquête sur un inculpé.

En tout cas, j'espère que le colonel du Paty de Clam sera entendu, et j'aurai du reste besoin, surtout quand il s'agira du dossier secret, d'être confronté avec lui.

Je n'arrive pas à me rappeler dans ce moment-ci d'autres faits de ce genre et je passe à un autre ordre d'idées.

Désirez-vous que je parle du bordereau ou de l'affaire Esterhazy?

LE PRÉSIDENT. — Ce que vous voudrez, ce que vous jugerez de plus utile à votre déposition.

LE LIEUTENANT-COLONEL PICQUART. — Je crois qu'il est plus utile, maintenant, que je vous parle du bordereau, de ce que j'en sais, de ce que j'en pense.

Le bordereau — qui était en somme l'unique charge qui a été portée contre Dreyfus en audience régulière du Conseil de guerre — vous le connaissez.

Il comprend l'énumération de quatre notes et l'offre d'un document.

Eh bien! je me permettrai de suite de faire la remarque suivante : j'ai été pendant un an et demi chef du service des renseignements et j'ai quelque habitude de la valeur que peut présenter une pièce d'espionnage.

Or, à la réflexion, ce bordereau ne paraît contenir que des choses de peu de valeur et voici pourquoi.

Vous voyez une énumération rapide de notes, un mélange de choses qui peuvent avoir une importance très variable. D'abord, une question de matériel :

« Le frein du 120, la manière dont s'est comportée la pièce. »

Vous voyez ensuite :

« Les troupes de couverture, quelques modifications seront apportées dans le nouveau plan. »

Et cela sous une rubrique semblable à la première. Puis une note sur : « Les formations d'artillerie » sans autres indications. Enfin : « Notes sur Madagascar. »

Et rien qui attire l'attention sur la valeur plus ou moins grande que peuvent offrir ces documents. Puis, lorsque vous arrivez à l'offre d'un document — car il faut remarquer que celui qui a écrit le bordereau n'envoie pas le Manuel de tir, il dit : « Je vous l'adresse », mais ne l'envoie pas, il l'offre seulement... Eh bien!

dès qu'il s'agit d'une pièce, dès qu'il s'agit d'un document proprement dit, et non d'une simple note, vous voyez immédiatement comment il fait ressortir les difficultés qu'il a à se le procurer, comment, en un mot, il fait valoir sa marchandise.

Réellement, si on supposait — ce qui a été fait trop souvent — que derrière de simples rubriques : « Note sur Madagascar », « Notes sur les formations de l'artillerie », etc., se cachent les documents les plus précieux, les plus secrets, relatifs à ces questions, je vous le demande, est-ce que l'espion qui travaille pour de l'argent n'aurait pas dit : « Les documents sont d'une importance extrême, j'ai eu la plus grande difficulté à me les procurer, ce sont des documents secrets »?

Vous voyez le bruit qu'il fait autour de ce Manuel de tir, qui qui n'était pas même, à ce moment confidentiel, et pour les notes, il ne dit rien ? Ceci est frappant.

Je n'ai jamais vu un espion, travaillant pour de l'argent, ne pas dire les difficultés qu'il a éprouvées à se procurer les documents qu'il adresse, et je pense que, si l'auteur du bordereau n'a pas davantage mis en vedette les notes qu'il offre, c'est que ces notes ne doivent pas avoir une valeur extraordinaire.

Je sais que l'on peut se perdre dans bien des hypothèses : Pour « la note sur Madagascar », vous pouvez aussi bien dire que c'est une simple note géographique que le plan de l'expédition ; mais rien ne le prouve.

On n'a pas le droit de dire que cette note contient telle chose. Vous n'avez le droit de dire qu'une chose : « C'est une note sur Madagascar », et c'est tout.

De même pour le frein du 120, on a été jusqu'à dire que cette rubrique de matériel représentait une note sur les formations de l'artillerie qui se servent du 120. C'est une exagération capitale.

On lit : « Notes sur le frein du 120 et la manière dont s'est comportée la pièce. » Je n'y vois pas autre chose ; on n'a pas le droit de voir, dans ces notes, des choses qui n'y sont pas.

Cette question-là sera discutée certainement devant vous par des gens plus compétents sur la plupart des points ; aussi, je laisserai de côté la note sur le frein du 120, et la note sur les formations de l'artillerie.

Je me réserve seulement de vous parler des choses que je connais bien, c'est-à-dire de la note sur les troupes de couverture et de la note sur Madagascar.

Il y a une chose tout à fait remarquable, c'est que, en 1894, on a trouvé que le bordereau devait être du printemps et que, par conséquent, la note sur les troupes de couverture devait être une note relative aux modifications apportées à la couverture le 1er avril — le général Mercier a dit le 1er mars — mais je crois bien que c'est le 1er avril 1894.

Et puis les choses ont changé; on a trouvé qu'il n'était plus soutenable d'attribuer la date du printemps au bordereau, et on a dit que cette note sur les troupes de couverture ne pouvait être qu'une note éminemment secrète, faite dans les bureaux de l'État-major, au mois d'août.

Je crois qu'il faut définitivement abandonner la date du mois d'avril ou du mois de mai comme celle attribuée au bordereau. Je crois qu'il est admis maintenant que le bordereau est de l'automne. Tout l'indique; quand ce ne serait que l'époque à laquelle il est arrivé au ministère.

Eh bien? j'ai beau chercher dans mon esprit, je ne vois pas comment Dreyfus auteur du bordereau aurait pu, à l'automne de 1894, donner autre chose qu'une note tirée des tableaux d'approvisionnement des troupes de couverture dont je vous ai parlé.

Ces tableaux d'approvisionnement des troupes de couverture, je vous l'ai dit, sont des documents de caractère administratif, mais ils donnent une chose qui est éminemment précieuse : c'est l'emplacement d'un certain nombre d'éléments de couverture, sans cependant que ces éléments soient dénommés par leur numéro : par exemple, une division, une brigade, un bataillon, et vous comprenez que quand on a ces divers emplacements, la couverture s'échelonne d'elle-même sur une carte, si on reporte sur une carte les indications données par ces tableaux.

Mais pour attribuer cela au capitaine Dreyfus, il y a une chose qui me gêne beaucoup, c'est cette phrase :

« Quelques modifications seront apportées par le nouveau plan ».

En effet, ces tableaux d'approvisionnement étaient faits en vue du nouveau plan; donc c'était la dernière chose, c'était les dernières modifications que le capitaine Dreyfus aurait données, s'il avait donné cela et il n'aurait pas mis :

« Quelques modifications seront apportées par le nouveau plan. »

Je comprends qu'au 4e bureau, par exemple, on ait trouvé qu'il y avait des modifications importantes entre le mois d'octobre et le mois d'avril suivant en ce qui concerne les troupes de couverture, parce qu'il s'agissait de faire les transports de ces troupes; mais les emplacements mêmes où les troupes devaient être placées étaient à très peu de chose près exactement les mêmes au mois d'octobre 1894 qu'au mois d'avril 1895, lorsque le nouveau plan a paru.

C'est par scrupule que je vous dis que je crois qu'il y avait des modifications infimes, je crois même qu'il n'y en avait pas du tout.

Je suis certain que les tableaux d'approvisionnement des troupes de couverture, qui ont été imprimés au 3e bureau, au mois d'août 1894, ont été définitifs, et, renseignement qu'il vous serait facile d'avoir, et qui serait, je crois, intéressant, je crois même que les feuilles portaient l'indication « plan 13 », le plan 12 étant celui qui était en vigueur auparavant.

Je ne peux rien affirmer en ce moment-ci, d'une façon absolue, à ce sujet, parce qu'il y a cinq ans que nous sommes éloignés de tout cela, mais j'ai la conviction presque entière que cela est et qu'il y avait déjà « plan 13 » sur ces feuilles qu'a fait imprimer le capitaine Dreyfus.

Donc, la phrase : « Quelques modifications seront apportées par le nouveau plan... » je ne la vois pas écrite par Dreyfus.

Je passe maintenant à la note sur Madagascar.

Au procès de 1894, naturellement, le bordereau était du printemps : il s'agissait alors de la note que le caporal Bernollin copiait dans l'antichambre du chef du 2e bureau.

Cette note avait, en réalité, peu d'intérêt, mais, comme on voulait que ce soit au printemps que le bordereau ait été écrit, c'est la divulgation de cette note qu'on a imputée à crime au capitaine Dreyfus. J'ai pas mal de choses à dire au sujet de cette note.

D'abord, voilà une note d'une caractère purement géographique. Avait-elle un caractère confidentiel? Je ne le crois pas. Si elle avait été confidentielle au deuxième bureau, on aurait manqué à tous ses devoirs en laissant cette pièce dans un buvard que n'importe qui pouvait ouvrir, mais je doute que cette pièce eût un caractère confidentiel.

Allons plus loin : on a dit que le capitaine Dreyfus avait pu entrer dans cette antichambre et prendre connaissance de cette note pendant une absence du secrétaire. C'est bien ; mais il y a d'autres personnes qui pouvaient y entrer, et il y en a d'autres, notamment, qui y venaient tous les huit jours au moins. C'étaient les personnages désignés sous les noms de A et de B.

Je pense, mon colonel, que je les désigne suffisamment.

A... et B... étaient reçus, comme tous leurs collègues, au deuxième bureau, une fois par semaine, je crois; et c'est dans le local où le caporal Bernollin copiait cette note si confidentielle que ces messieurs attendaient qu'on les eût annoncés.

Ainsi, messieurs, ils n'auraient pas eu besoin d'un intermédiaire; ils auraient pu prendre connaissance eux-mêmes de cette note. Je dis ceci pour montrer combien l'instruction de 1894 a été faite d'une façon singulière.

On savait que les attachés étrangers passaient par ce bureau pour aller chez le chef, on aurait dû en tenir compte. (*Sensation.*)

Je passe à la question du bordereau à l'automne.

On a dit que le capitaine Dreyfus a dû avoir connaissance d'une note qui a été faite par du Paty de Clam au 3e bureau, et qui contenait des renseignements de nature éminemment secrète sur Madagascar.

Si le capitaine Dreyfus, que j'avais mis à la section des manœuvres, a pu avoir connaissance de cette note, il a été plus avancé que le sous-chef de son bureau, car moi, sous-chef du troisième bureau, je n'ai pas vu cette note.

Cette note s'est faite en dehors du bureau, le colonel du Paty, alors commandant, ayant été détaché complètement pour cette affaire. Il travaillait quelquefois dans sa pièce, c'est bien entendu, mais la note elle-même n'a pas passé par mes mains.

Alors, je me demande, puisque moi, sous-chef de bureau, je n'en ai pas eu connaissance, comment ce capitaine, qui n'était pas dans la section de du Paty, ni même dans la pièce voisine, aurait-il pu la connaître ? Je crois qu'il n'y a qu'à s'incliner.

Je vous ai dit que je ne parlerais pas de la question des formations d'artillerie, ni de celle du frein de 120; mais je tiens à dire un mot du Manuel de tir. Je ne sais pas comment ce Manuel de tir est passé tout à coup dans le procès de 1894 au rang de pièce presque secrète.

J'avoue que je n'ai jamais vu la mention : « confidentielle » sur ce Manuel, et que je ne l'ai jamais considéré comme pièce confidentielle.

On m'en a donné un certain nombre dans mon bureau, au même titre que les autres théories. Ils étaient dans un simple casier ouvert à tous les vents.

Le capitaine Dreyfus, qui, au mois de juillet, août et septembre 1894, était stagiaire au 3e bureau, n'aurait eu qu'à venir me trouver, à me dire : « Je désirerais avoir un des Manuels de tir », non seulement je le lui aurais prêté, mais même je le lui aurais donné, parce que nous en avions un certain nombre pour les stagiaires et qu'on nous avait dit : « Débrouillez-vous avec cela. »

La seule difficulté est qu'il y avait moins de manuels que de stagiaires ; si bien qu'au moment où j'allais faire la distribution, je me suis arrêté, ne voulant pas qu'il y eût de jaloux.

Je répète donc que, si Dreyfus avait voulu me demander ce Manuel, je le lui aurais donné immédiatement. Mais il ne me l'a pas demandé, et alors je pose la question de savoir si on peut lui attribuer cette phrase du bordereau : « Ce document est extrêmement difficile à se procurer. »

Il y a encore autre chose, dans la phrase relative au Manuel de tir, qui fait douter fortement que ce soit un officier d'artillerie qui ait écrit le bordereau. Il y a : « Je puis vous le faire copier *in extenso,* sinon prenez-en ce qui vous sera utile. »

Eh bien ! est-ce qu'un officier d'artillerie, qui était si prodigue de notes — vous en avez vu quatre avant le Manuel de tir — n'aurait pas extrait immédiatement, par un travail très facile pour lui, ce qui aurait intéressé son correspondant dans ce Manuel ?

Est-ce que, au contraire, cette opération n'est pas très difficile pour un officier d'une autre arme ?

Je livre cela à vos réflexions.

Il y a encore la phrase : « Je vais le faire copier *in extenso.* »

Pour faire copier *in extenso* une chose aussi fastidieuse qu'un Manuel complet, il faut avoir un secrétaire ou quelqu'un. Jamais le capitaine Dreyfus ne s'est servi indûment des secrétaires du 3e bureau. On était très sévère pour la question des secrétaires, car nous avions énormément de besogne et nous avions peu de personnel.

Jamais de la vie un stagiaire ne s'est servi d'un secrétaire.

Tous les secrétaires étaient extrêmement occupés, et c'était moi, sous-chef, qui veillais tout particulièrement à ce qu'ils ne fussent pas détournés de leur tâche. Jamais je n'ai vu Dreyfus faire copier le moindre document par un secrétaire.

Puisque j'en suis à cette question du 3e bureau, il faut pourtant que je vous fasse part d'une réflexion que j'ai faite. Je me suis demandé : Pourquoi a-t-on mis ce bordereau au printemps, alors qu'il est arrivé en septembre ?

Remarquez que c'est ma pensée actuelle que j'exprime en ce moment, parce que, même quand j'étais chef du service des renseignements et jusqu'au procès Zola, j'ai toujours cru naïvement que le bordereau était du printemps.

Pourquoi ? Parce que cette date avait été admise au procès de 1894 et parce qu'Henry me disait toujours : « Le bordereau est arrivé au printemps ».

Au procès Zola, j'avais été amené à dire que telle pièce n'avait pu avoir été fournie au mois d'avril, parce qu'alors elle n'existait pas. C'est pour la première fois à ce procès que j'ai entendu émettre l'idée que le bordereau était du mois de septembre.

Ce n'est que depuis, après l'enquête de la Cour de cassation, que j'ai su qu'il était arrivé réellement à la fin de septembre.

Or, jamais des papiers de cette nature ne restaient dans un panier plus d'un mois. On vidait les paniers à peu près tous les mois, quelquefois deux fois par mois.

Ainsi donc, la dernière limite de la facture de ce bordereau était du mois d'août.

Alors, pourquoi Henry m'avait-il dit que ce bordereau était du printemps ?

Je crois être arrivé par la réflexion à trouver quelques-unes des raisons qui ont fait mettre le bordereau au printemps, et je crois nécessaires de vous les indiquer.

La chose est un peu délicate, mais je vais tâcher de m'exprimer aussi clairement que possible.

Lorsque le bordereau a été trouvé, M. du Paty était au 3e bureau, chef de la section qu'on appelait section du plan, c'est-à-dire de la section qui s'occupait des troupes de couverture.

De plus du Paty de Clam venait de faire une note sur Madagascar.

Dès qu'il a vu le bordereau, il a pu se rendre compte, comme nous tous, que si l'on faisait des recherches sérieuses, si l'on voulait suivre la voie logique et normale, c'est dans sa section qu'il allait chercher. La section du plan s'occupait de la couverture. Il fallait voir si les travaux sur les troupes de couverture n'étaient pas sortis de sa section.

Sur Madagascar, c'était dans cette section ; ou plutôt non, je me trompe, il travaillait isolément avec le sous-chef d'état-major ; mais c'était auprès de lui-même qu'il fallait chercher s'il n'y avait pas eu d'indiscrétions.

Eh bien, je me demande si ce sentiment de responsabilité personnelle n'a pas pesé pour quelque chose dans le désir d'éloigner la date du bordereau et de le mettre à une époque où du Paty n'était pas encore chef de la section du plan, où, par conséquent, il était dégagé complètement de la responsabilité d'avoir pu laisser commettre des indiscrétions au point de vue de la couverture et de Madagascar.

Je dirai plus. On cherchait à prouver que l'officier qui avait trahi avait trahi au 2e bureau.

Pourquoi ?

Voilà encore une question.

Il y a bien le récit d'Henry, qui dit qu'il tenait d'une personne honorable qu'il y avait des fuites au 2e bureau. Mais voulez-vous me permettre d'examiner un peu ce propos d'Henry ?

La personne honorable, je vous la nommerais volontiers, mais je suis tenu au secret à ce sujet, bien qu'il y ait réellement peu d'inconvénient à vous le dire. Je tiens à être correct et à suivre ce que le ministre m'avait prescrit pour ma déposition devant la Cour de cassation.

Enfin la personne honorable était répandue dans le milieu des attachés militaires. Elle était honorable, si vous voulez; mais à un moment donné, je lui ai versé 1,200 francs pour de petits services qu'elle avait rendus.

C'était une personne qui était payée par le ministère. Eh bien ! cette personne honorable avait une autre qualité : elle était très bien avec le policier Guénée... Celui-ci était un homme qui n'était pas très honorable et je sais maintenant qu'il ne l'était pas du tout.

Cette fréquentation m'a toujours paru singulière.

Enfin, mettons... Donc la personne honorable a dit au policier Guénée une fois, a dit à Henry une autre fois : « Il y a des renseignements qui viennent du 2e bureau et que l'on donne aux attachés militaires. Cherchez bien. Il y a un officier au 2e bureau qui renseigne les attachés militaires. »

Je me demande si cette personne honorable — qui ne connaissait pas le mécanisme des bureaux du ministère de la guerre, qui ne savait pas que les attachés militaires recevaient régulièrement beaucoup de renseignements du 2e bureau — n'aurait pas entendu simplement dire :

— Ah ! nous n'aurons qu'à demander cela au 2e bureau !

Ou encore :

— Eh bien ! la prochaine fois que nous aurons un renseignement à demander, nous nous adresserons au 2e bureau !

Je me demande si ce n'est pas cela qui a pu donner naissance à ce bruit.

Guénée ignorait parfaitement que les attachés militaires recevaient des renseignements très nets et très précis sur les questions non confidentielles et non secrètes par ce bureau.

Cela dut le frapper de voir que ces gens-là étaient constamment renseignés sur ce qui ce passait au 2e bureau. Remarquez que c'est là une hypothèse, mais je crois qu'elle vaut la peine qu'on s'y arrête.

Je reprends donc, maintenant, l'ordre d'idées dans lequel je me trouvais tout à l'heure. Je disais qu'on avait intérêt à ce que ce soit au 2e bureau qu'il y eût un traître.

Mais qui avait intérêt à cela? Du Paty, puisque, si le traître avait été au 2e bureau au moment où il livrait la note sur Madagascar ou sur les notes de couverture, ce n'était plus dans la section de du Paty, que l'on faisait les recherches.

Si l'on faisait une enquête très sérieuse au 3e bureau, qu'est-ce que l'on y trouvait? On y trouvait que — au lieu de faire écrire les documents les plus secrets par des officiers — un personnel composé d'un archiviste, d'un sergent, d'un caporal et d'un simple homme de troupe, avait entre les mains les documents les plus secrets de notre organisation militaire.

Je crois que cette découverte, qui serait ressortie forcément d'une enquête, aurait géné bien des gens. Et je me demande si cette question de la responsabilité grave encourue en violant le règlement, en faisant copier par de simples secrétaires qui, je dois le dire, étaient de très braves gens, — mais enfin on aurait pu trouver facilement dans un homme qui vient faire son service pendant un, deux ou trois ans, un homme qui ne soit pas sûr, je me demande si cette question n'a pas influé sur les recherches. — Dans tous les cas, ce qu'on faisait était en opposition formelle avec le règlement qui veut que, pour les choses les plus secrètes, ce soient les officiers qui rédigent eux-mêmes.

Je me souviens très bien d'une question qu'a posée Me Demange en 1894 au général Gonse, et la réponse du général Gonse m'a fortement étonné.

« Qui donc, a demandé Me Demange au général Gonse, autographiait les tableaux secrets, les tableaux de couverture? »

Et le général Gonse a répondu: « Il n'y a que les officiers qui écrivent les choses secrètes. »

Eh bien ! évidemment, le général Gonse a fait confusion ; il y avait tout au 3e bureau ; il y avait là toute notre organisation militaire la plus secrète qui était aux mains des secrétaires, et je dois vous dire ceci : un de mes officiers qui était surpris de cet état de choses m'a dit un jour : « L'attaché A, par exemple, n'aurait qu'à confesser notre secrétaire un tel, il aurait toute notre organisation, toute notre concentration. »

Je tiens à dire ceci, messieurs, pour vous faire remarquer qu'on fait souvent beaucoup de cachotteries pour les choses les plus élémentaires, et que pour d'autres on n'observe pas les mesures de prudence qui sont indiquées par le bon sens et par la raison.

Je me demande si du Paty, qui était du 3e bureau, n'a pas eu une tendance à éloigner de ce bureau une enquête qui aurait fouillé partout et qui aurait montré, en somme, qu'il pouvait y avoir des fuites dans ce bureau sans que le coupable soit un officier.

Voilà à peu près tout ce que j'avais à dire sur le bordereau.

Je passe maintenant à la question du dossier secret.

Le Président. — Vous en aurez pour quelque temps à parler du dossier secret ?

Le lieutenant-colonel Picquart. — Oui, mon colonel.

Le Président. — Nous allons interrompre ici votre déposition. Pour combien de temps, à peu près, en avez-vous encore ?

Le lieutenant-colonel Picquart. — Mon colonel, si vous remettez la séance à demain, j'aurais de quoi prendre toute la matinée de demain.

Le Président. — Nous allons remettre la séance à demain matin six heures et demie.

La séance est levée à midi moins vingt.

SIXIÈME AUDIENCE

Vendredi 18 août.

La séance est ouverte à 6 heures 30.

Le capitaine Dreyfus est introduit.

Le lieutenant-colonel Picquart arrive à la barre des témoins.

LE PRÉSIDENT. — Veuillez continuer la déposition que vous avez commencée hier.

LE LIEUTENANT-COLONEL PICQUART. — Avant de reprendre le cours de ma déposition au point où j'en étais resté hier, je crois qu'il est nécessaire que je dise deux mots seulement, en ce qui concerne le véritable réquisitoire qui a été prononcé hier par M. le général Roget à mon sujet.

LE PRÉSIDENT. — Je vous ferai remarquer que c'est une question personnelle, aussi, je vous engage à être bref.

LE LIEUTENANT-COLONEL PICQUART. — Mon colonel, je serai très bref.

Je suis prêt à répondre à toutes les questions que le Conseil me posera à ce sujet.

Je me bornerai pour le moment à faire remarquer ce qui suit.

D'abord, l'affaire Caïnelli s'est déroulée entre le 30 mai et le 17 juillet 1896, c'est-à-dire à une époque où, par suite d'un deuil de famille très cruel, je me suis occupé très peu de mon service et où le colonel Henry, qui était alors commandant, me remplaçait.

La plus grande partie du mois de juin s'est écoulée dans ces conditions.

De plus, un voyage d'état-major m'a empêché au commencement du mois de juillet de m'occuper de mon service. Je me suis donc occupé de l'affaire Caïnelli d'une façon intermittente, et je n'ai pu le faire avec tout le soin que j'apportais d'habitude à ce genre de questions.

En second lieu je ferai remarquer que Caïnelli était un repris de justice contrevenant à un arrêté d'expulsion; qu'il avait été pris en flagrant délit, et que, par conséquent, cette personnalité, de prime abord, était bien peu intéressante.

En troisième lieu, je m'élève absolument contre toute insinuasion relative à une communication de pièces secrètes aux juges en dehors de l'accusé.

Jamais je n'ai demandé cette communication, et s'il en a été fait une, ce que je ne veux pas croire, ç'a été à mon insu. Il semble que c'est faire injure aux juges du Tribunal de Belfort que de croire qu'ils se seraient prêtés à une semblable manœuvre.

J'ajoute que je suis prêt à répondre sur toutes les autres questions de détail qu'a abordées le général Roget.

Je ne veux pas pousser plus loin sur cette question qui est tout à fait en dehors de celle qui nous occupe. Je ferai seulement une dernière remarque : ce que le général Roget vous a dit en détai a été dit d'une façon sommaire par le journal *Le Gaulois* au commencement de cette année.

LE GÉNÉRAL ROGET. — Je demande la parole, monsieur le président, pour répondre à M. Picquart.

LE PRÉSIDENT. — Nous vous l'accorderons après la déposition.

LE LIEUTENANT-COLONEL PICQUART. — Je constate la coïncidence et je continue ma déposition.

J'en étais resté à la question du bordereau.

Il y a un ou deux points que je n'avais pas abordés et sur lesquels je reviens.

En premier lieu, il s'agit de la phrase : « Je vais partir en manœuvres. »

Au procès de 1894, alors qu'on attribuait au bordereau la date du mois d'avril ou mai, on avait admis que cette phrase: « Je vais partir en manœuvres » pouvait s'expliquer, Dreyfus ayant été à un voyage d'état-major en juin.

Je ne me souviens en aucune façon que l'on ait admis que cela pouvait s'appliquer aux grandes manœuvres. D'ailleurs, si l'on voulait dire que Dreyfus, en mettant: « Je vais partir aux manœuvres », entendait parler des grandes manœuvres, on perdrait de vue, d'une façon absolue, la situation dans laquelle Dreyfus se trouvait, au point de vue, précisément, des manœuvres.

Au printemps de 1894 une répartition des stagiaires, en ce qui concerne le temps qu'ils avaient à faire à l'État-major, et le temps qu'ils avaient à faire dans la troupe, a été arrêtée et trouve sa trace dans une circulaire qui, je crois, est du mois de mai. Eh bien ! les stagiaires du groupe de Dreyfus savaient parfaitement qu'ils feraient leur temps de troupe en octobre, novembre et décembre, et qu'au point de vue des manœuvres ils feraient celles des troupes avec lesquelles ils se trouveraient.

Il n'était donc pas question pour eux d'aller aux manœuvres de septembre.

D'ailleurs, le temps qu'ils devaient passer au 3e bureau était déjà très court. Il était de trois mois seulement. S'ils avaient été aux manœuvres pendant ces trois mois, leur stage se serait trouvé restreint d'une façon tout à fait anormale.

Je n'ai pas parlé de la question d'écriture du bordereau, parce que cette question sera traitée devant vous d'une façon très large et avec beaucoup de détails, si j'en juge par la liste des experts. Je dirai simplement que MM. Gobert et Pelletier étaient et sont restés à l'audience contre l'attribution du bordereau à Dreyfus; que l'expert Teyssonnières est resté nettement pour l'attribution du bordereau à Dreyfus et que M. Bertillon était du même avis que M. Teyssonnières. Mais je dois dire, pour M. Bertillon, que sa déposition a été extrêmement longue et peu comprise; je crois que les membres du conseil de guerre ont partagé à ce sujet l'avis que j'ai entendu émettre à M. Casimir-Perier, quand j'ai été lui rendre compte de cette déposition.

M. Casimir-Perier avait vu Bertillon. Bertillon lui avait exposé son système et M. Casimir-Perier l'avait trouvé absolument obscur. Je me souviens très bien de cette particularité.

Enfin, quant à l'expert Charavay, il s'était prononcé pour l'attribution du bordereau à Dreyfus, mais, questionné par la défense, il a dit cette phrase que j'ai trouvée assez caractéristique: que, étant donné le petit nombre d'officiers sur lequel l'examen de l'écriture s'était porté, il n'était pas probable que ce fût un autre que Dreyfus qui eût écrit le bordereau ; que si on avait examiné un plus grand nombre d'officiers, il y aurait eu peut-être une probabilité de trouver un sosie; en résumé, que la probabilité de trouver un sosie était nulle dans un milieu aussi restreint que celui de l'État-major de l'armée, mais qu'elle pouvait se rencontrer à la rigueur si on examinait un très grand nombre d'écritures.

L'événement a prouvé que, quand on a étendu le champ des recherches, ce sosie s'est trouvé.

Je passe maintenant à l'examen du dossier secret, et cet examen est important, puisque, certainement, le dossier secret a été pour beaucoup dans la conviction que se sont formée les juges de 1894.

Je n'ai pas vu le dossier secret dans l'état où il a été présenté aux juges.

Je l'ai vu dans l'état dans lequel il se trouvait à la section de statistique au mois d'août 1896 et, pour préciser, je dirai : à la fin d'août 1896.

Je m'en vais donc vous décrire l'état dans lequel se trouvait ce dossier à l'époque indiquée.

Il y avait deux parties : une première partie comprenant le commentaire dont vous avez entendu parler déjà et qui a été rédigé ; — la preuve en est faite — par du Paty de Clam.

Encartées dans ce commentaire, se trouvaient quatre pièces.

Je vous fais remarquer que je ne vous dis pas que ces quatre pièces aient été communiquées aux juges, mais elles se trouvaient encartées dans le commentaire ; le commentaire parlait de trois d'entre elles et il est probable que ces trois pièces ont également été montrées aux juges.

Les quatre pièces qui étaient encartées dans le commentaire étaient les suivantes :

1° La pièce *Doute-preuves*. C'est une pièce en langue étrangère, au crayon ;

2° La pièce où il est question de Davignon ;

3° La pièce connue, depuis, sous le nom *Ce canaille de D...* ;

4° Enfin, une espèce de rapport relatif au voyage d'un agent étranger qui a été désigné dans l'enquête de la Cour de cassation par la lettre E. Voyage en Suisse qui aurait été fait pour le compte d'une puissance étrangère.

Je reviendrai d'ailleurs plus en détail sur cette pièce qui, je crois, était double.

Voici donc la première partie du dossier.

La seconde avait l'air d'une espèce de rebut, d'une partie supplémentaire. Elle se composait de sept à huit pièces, et dans ces sept à huit pièces il y avait deux ou trois photographies de la pièce : « *Ce canaille de D...* » Il y avait, de plus, un certain nombre de pièces attribuées soit à A, soit à B, et qui, je pense, devaient servir de pièces de comparaison.

Parmi ces pièces du rebut, il y en avait une, au crayon bleu, portant une des signatures de la correspondance secrète de A et de B.

Dernièrement, lorsque j'ai été appelé devant M. le rapporteur Tavernier, au sujet de l'affaire du Paty de Clam, M. Tavernier m'a présenté le faux Henry et il m'a présenté aussi la pièce qui avait servi à faire le faux Henry.

Eh bien ! la pièce qui a servi à faire le faux Henry ressemblait beaucoup, comme aspect et comme contenu, à l'une des pièces dont j'ai parlé tout à l'heure, à cette pièce au crayon bleu à laquelle j'ai fait allusion.

Toutefois, je ne puis pas certifier sous la foi du serment que c'était exactement cette pièce.

En tout cas, la première partie du dossier secret comprenait le commentaire et les quatre pièces : *Doutes, preuves, Davignon, Ce canaille de D...* et la pièce relative au voyage en Suisse. La seconde était composée de sept à huit pièces, probablement des pièces de comparaison, et certainement une pièce au crayon bleu très semblable à la pièce qui a servi à fabriquer le faux Henry.

Je vais passer maintenant à l'examen de ces pièces du dossier secret.

Je vous demanderai, mon colonel, de vouloir bien me permettre de les tenir en mains. J'ai eu ces pièces à ma disposition, comme chef du service des renseignements : je les connais donc. Seulement ma mémoire me fera certainement défaut pour quelques points de ces pièces, et je crois que, pour la manifestation de la vérité, il serait indispensable que je puisse faire ma démonstration en les tenant entre les mains.

Je ne crois pas qu'il y ait à ce sujet aucun inconvénient.

LE PRÉSIDENT. — M. le délégué du ministre de la Guerre ne croit pas que cette communication puisse se faire autrement qu'à huis clos, c'est-à-dire aux juges, aux défenseurs, au commissaire du gouvernement et à l'accusé, bien entendu.

LE LIEUTENANT-COLONEL PICQUART. — Il est évident que je pourrais vous parler d'une façon plus claire si j'avais les pièces entre les mains.

LE PRÉSIDENT. — Cela ne se peut pas.

LE LIEUTENANT-COLONEL PICQUART. — Je le regrette, mon colonel.

Je vais tâcher de faire appel à ma mémoire et je vous prie de m'excuser si, à certains moments, ma mémoire me fait défaut.

Je parle de mémoire et je regrette d'autant plus de ne pas pouvoir avoir la pièce *Doute-preuves* entre les mains, que cette pièce est en langue allemande et que la langue allemande m'est familière.

Il y a certains points qui, maintenant que le procès Esterhazy s'est produit, me permettraient d'éclairer la question.

LE PRÉSIDENT. — Les instructions du ministre de la Guerre ne le permettent pas.

LE LIEUTENANT-COLONEL PICQUART. — La pièce *Doute-preuves* est connue par sa traduction. Autant que je m'en souviens, le mot en langue étrangère qui suit les mots du début doit être traduit par « brevet d'officier » dans le pays de A.

Eh bien ! il y a là déjà quelque chose à remarquer. Ce n'est pas la position de la personne, c'est la qualité d'officier que le correspondant a l'air de mettre en doute.

Mais je continue. Il y a ensuite : « Apporter ce qu'il a, absolu » et je me souviens que, après le mot absolu, il y avait un mot interrompu.

Mon colonel, tout le monde sait en quelle langue est écrite cette pièce. Je me demande si je ne pourrais pas faire une citation dans cette langue ?

Le Président. — Vous êtes parfaitement libre. Nous, nous ne le pouvons pas.

Le lieutenant-colonel Picquart. — Enfin, je vais tâcher de m'exprimer le plus clairement possible.

Avant les mots « bureau des renseignements » il y a le mot « absolu », puis la moitié d'un autre mot et, entre cette moitié de mot et les mots « bureau de renseignements », il y a un trou dans le papier.

J'ai gardé cela dans ma mémoire. Je crois que je ne me trompe pas. Eh bien ! j'ai cherché quelle pouvait être la signification la plus rationnelle de ce demi-mot et je suis arrivé à ceci : c'est que cela devait être le mot qui, dans la langue de A, signifie « certitude ». Ainsi : « absolue certitude, bureau des renseignements ».

Dans le commentaire de du Paty de Clam, ce mot tronqué avait été admis comme voulant dire « Force. Puissance ». Et alors du Paty de Clam avait dit : « Absolue puissance du bureau des renseignements ».

Et il en avait conclu, en écrivant son commentaire, que A faisait part de la crainte qu'il avait d'être découvert par le bureau des renseignements dans ses opérations.

Je crois que cette explication est un peu alambiquée. Je ne crois pas que le mot qu'emploierait A s'il voulait dire qu'il craint le bureau des renseignements pourrait se traduire par le mot « puissance ».

Je m'en tiens donc à ceci : c'est qu'après « absolue » il faut mettre « certitude » (absolue certitude).

Je trouve que ceci est très important, parce que, en écrivant ces mots, A a l'air de réclamer une certitude absolue des renseignements qu'il désire.....

C'est très difficile, mon colonel, de parler de cela sans vous dire un mot de la langue.

Le Président. — Vous parlez la langue, vous êtes libre de le faire.

Le lieutenant-colonel Picquart. — Vous m'autorisez à le faire?... Eh bien ! sur le document on voit: *Absolute Ge...*

Du Paty avait traduit cela par *absolute Gewalt*, c'est-à-dire : « force, puissance » ; et moi j'avais traduit par: *Absolute Gewiszheit*, c'est-à-dire : « absolue certitude ».

Je crois que ceci éclairera un peu la question.

Après les mots « bureau des renseignements » arrive une autre phrase. Je crois, d'après la traduction qui existe partout, que c'est: *Keine Beziehung Truppenkœrper:* « Aucune relation corps de troupe ».

Eh bien ! en voyant ceci, je dis : Est-ce que la personne à qui A fait allusion dans son mémento ne lui a pas dit: « Je suis à tel régiment et j'ai des relations avec le bureau des renseignements », ou « je suis au bureau des renseignements ? » Et n'est-ce pas un doute qu'exprime A en disant : « Bureau des renseignements... Aucune relation corps de troupe... »

C'est une solution. Je la soumets à votre appréciation.

Je tâche maintenant de me souvenir du reste de la pièce. Il est évident que si je l'avais sous les yeux, cela serait plus facile.

Le Président. — Vous cherchez la suite de la pièce?

Le lieutenant-colonel Picquart. — Oui, mon colonel, je cherche la suite.

Le Président, *le mettant sur la voie*. — Importance seulement.

Le lieutenant-colonel Picquart. — « Importance seulement du ministère. » Importance seulement du ministère », la chose est bien claire. La phrase qu'on a voulu dire est celle qu'on a écrite : il n'y a que les pièces qui viennent du ministère qui puissent avoir de l'importance.

Comment avait traduit du Paty, comment avait-il traduit l'impression qui était ressortie pour lui de cette pièce? Il l'avait traduite de la façon suivante :

« J'ai des doutes sur la personnalité de mon correspondant futur. Il me faut une preuve. Qu'il montre sa lettre de service. Il y a à craindre pour moi la surveillance, la puissance du bureau des renseignements. Il n'y a aucun intérêt à avoir des relations avec un officier des corps de troupe ; il n'y a d'intérêt à avoir de relations qu'avec le ministère de la Guerre. »

Et il concluait de la façon suivante:

« Ainsi donc, A écrit qu'il n'y a aucun intérêt à avoir des relations avec un officier de corps de troupe, donc il prend un officier d'État-major et il le prend au ministère. »

Lorsque j'ai lu cette conclusion, il m'a semblé que le colonel du Paty en prenait un peu à son aise avec le texte, et surtout le fait de dire que cette phrase : « Importance seulement du ministère », voulait dire que celui dont il s'agissait, que celui dont il parlait, était un officier employé au ministère de la Guerre, cela me semblait d'abord en contradiction avec les doutes qu'il exprimait en tête, et puis ensuite cela me semblait ne pas se rapporter absolument au texte même. Or, comme à ce moment-là, au moment où j'ai vu la pièce en question, je connaissais déjà les relations d'Esterhazy avec A, il m'a semblé que cette pièce pouvait mieux s'appliquer à Esterhazy, à un officier de corps de troupes qui avait été autrefois au bureau des renseignements, qu'à Dreyfus.

Je passe maintenant à la seconde pièce.

Dans cette pièce qui est de B et adressée à A, il s'agit d'un renseignement de peu d'importance relatif, je crois, à une question de réserve ou de recrutement.

B dit à A qu'il demandera les renseignements à Davignon, le sous-chef du deuxième bureau ; que Davignon ne lui donnera rien et que, dans ces conditions, il serait intéressant que A demandât des renseignements à son ami — il ne caractérise pas autrement la personne — mais de façon à ce que Davignon ne le sache pas.

Le commentaire de du Paty de Clam dit ceci :

« Des relations ont donc commencé. A a son ami au ministère de la Guerre. Il l'a au deuxième bureau. Il le consulte de façon à contrôler les renseignements que prend B, et A et B s'arrangent de façon à ce que leur travail commun ne soit pas connu. »

Il en concluait donc que A avait un ami au ministère de la Guerre et que cet ami était au deuxième bureau.

Évidemment, quand on examine cette pièce, on voit qu'il s'agit d'un ami et, comme Davignon ne doit pas savoir que l'on s'est adressé à cet ami pour avoir un renseignement, il est probable que cet ami est au deuxième bureau.

Mais il me semble que l'on parle bien légèrement de cet ami ; que l'on dit bien légèrement : « Tâchez que Davignon ne le sache pas ». Si cet ami était un traître, s'il vendait des renseignements secrets, il me semble que l'on renforcerait l'expression.

On ne dirait pas seulement : « Il ne faut pas que Davignon le sache ; il ne faut pas qu'on sache que nous travaillons ensemble. »

On dirait : « Notre homme nous est précieux. Il faut prendre des précautions. » En un mot, on ne parlerait pas aussi légèrement.

Le ton de cette pièce se comprend mieux encore si l'on est mis au courant de ce qui se passait à ce moment au deuxième bureau.

Je vous ai dit hier qu'au deuxième bureau les attachés militaires étaient reçus environ une fois par semaine. Ils étaient reçus avec la courtoisie qu'il est d'usage de montrer vis-à-vis de ces agents diplomatiques, aussi bien chez nous que dans les pays étrangers.

Je dois même dire que certains de ces attachés étaient plus ou moins liés avec des officiers qui ne s'en cachaient nullement.

Eh bien ! est-ce que ce mot « ami » cité à propos d'un renseignement banal, qui n'a rien de confidentiel et de secret, ne peut pas s'appliquer à un de ces officiers ?

Je ne voudrais pas prononcer ici le nom des officiers qui se sont trouvés en relation avec des attachés militaires et qui ne s'en cachaient pas ; il est évident qu'il peut être désagréable qu'un nom soit prononcé à cette occasion, dans ce procès. Cela a l'air d'attacher une trop grande importance aux relations qu'un officier peut avoir eues avec un étranger. Je ne prononcerai donc pas de nom. Mais tous ceux qui connaissent les officiers du ministère de la Guerre savent qu'il y en avait plusieurs, et au 2e bureau, qui étaient en excellents termes avec des officiers étrangers, et en termes absolument avouables et honorables.

Donc, pour moi, cet ami est simplement un officier avec lequel l'un des attachés se trouvait en relations cordiales, sans qu'il y ait du tout là-dedans une question d'espionnage.

Je passe à la troisième pièce. Cette pièce est dite la pièce *Ce canaille de D...*, à cause de la phrase suivante qui s'y trouve.

Je cite de mémoire :

« Je vous envoie douze plans directeurs que ce canaille de D... m'a remis pour vous. Je lui ai dit que vous ne teniez pas à reprendre les relations et qu'il était fou. »

Il y a quelque chose dans ce genre-là. Eh bien ! cette pièce, dans le commentaire de du Paty, est attribuée à B qui l'aurait adressée à A, et depuis, en lisant constamment dans les journaux qu'il y avait une lettre adressée par A à B, et en réfléchissant à la nature des documents qui sont énumérés dans cette pièce, je me suis dit qu'il pouvait y avoir une erreur d'attribution et que la pièce devait être de A et adressée à B.

Le général Roget, dans sa déposition devant la Cour de cassation, a affirmé que cette pièce était de A. Je pense que l'on en a la preuve maintenant, et qu'il est établi qu'elle est de A et non de B.

En tout cas, je désirerais le savoir, mon colonel...

Le Président. — Elle est de A à B.

Le lieutenant-colonel Picquart, — Or, dans le commentaire de du Paty, elle est attribuée à B, et vous verrez tout à l'heure l'importance de cette attribution, car tout un système d'accusation se trouve basé là-dessus.

Je signale ce fait d'une façon toute particulière au Conseil, parce qu'il y a là, en somme, une fraude.

Les gens qui ont examiné les papiers, qui les ont eus entre les mains, avaient les moyens nécessaires — avant de s'en servir pour accuser quelqu'un — d'en contrôler la valeur et l'origine.

Eh bien ! il me semble qu'en attribuant cette pièce à une personne plutôt qu'à une autre, pour en faire une base d'accusation, on s'est permis un procédé tout à fait irrégulier.

Du reste, je vous ferai comprendre tout à l'heure l'intérêt qu'il y avait à attribuer cette pièce à B aulieu de l'attribuer à A.

Pour le moment, je me borne à dire que, dans son commentaire, M. du Paty explique de la façon suivante la valeur de cette pièce.

Il dit : « D... c'est Dreyfus. Il a livré douze plans directeurs. »

Eh bien ! on a vérifié, au moment où on a reçu cette pièce au ministère, si les plans directeurs manquaient quelque part.

On a fait une enquête au service géographique : ils n'y manquaient pas.

On a fait une enquête à la 4e direction ; ils n'y manquaient pas.

On n'a pas été au 1er bureau, mais du Paty a dit que les plans directeurs de la place dont il est question se trouvaient dans une armoire du 1er bureau ; que cette armoire était dans une pièce où Dreyfus avait travaillé en 1893, et que depuis cette époque le mot de la serrure n'avait pas été changé.

Je trouve cette explication extrêmement compliquée et invraisemblable.

J'ai lu avec attention les dépositions de M. le général Roget et de M. le commandant Cuignet devant la Cour de cassation. J'y ai vu qu'en principe il n'y a pas de plan directeur de place forte au 1er bureau. Mais je trouve que la question n'est pas suffisamment élucidée. Il ne s'agit pas de savoir si, en principe, il y a ou il n'y a pas des plans directeurs au 1er bureau ; il s'agit de savoir si les plans directeurs de cette place y étaient ou non à un moment quelconque, parce que s'ils n'y étaient pas, et s'ils n'y avaient jamais été, la partie du commentaire de M. du Paty relative à cette question est entachée de fraude.

Si au contraire les plans directeurs de cette place se trouvaient au 1er bureau, on peut discuter.

Je suppose donc que les plans directeurs s'y soient trouvés à un moment quelconque; est-il admissible qu'en 1894, alors que Dreyfus se trouvait au 2e bureau, il soit allé, pour rendre service à son correspondant, dans un autre bureau; qu'il s'y soit introduit — et remarquez qu'il ne s'agit pas seulement là d'une autre pièce, il s'agit d'un autre milieu; il s'agit même d'une autre aile de bâtiment; — est-il donc admissible qu'il ait ainsi pénétré dans ce bureau où il travaillait l'année précédente; qu'il soit allé à une armoire dont il connaissait, paraît-il, le mot, — chose qui n'est pas prouvée et il faudrait la prouver, — qu'il ait sorti ces plans directeurs et qu'il les ait apportés à son correspondant?

Il y a là des opérations tellement compliquées, que le bon sens se refuse à les admettre; d'autant plus que si ces plans directeurs avaient disparu, on s'en serait aperçu, surtout dans le dossier du 1er bureau, car la place en question est une de celles dont en 1894 on s'occupait constamment. Des modifications très grandes ont été apportées dans le périmètre de cette place, et je me souviens de m'être occupé personnellement de cette place, d'être allé souvent au 1er bureau pour recueillir à ce sujet des renseignements.

Il est donc inadmissible qu'un paquet semblable de douze plans directeurs ait pu être livré et remis à A sans que personne s'en aperçût. La chose tombe sous le sens.

Mais pourquoi M. du Paty dans son commentaire voulait-il que ce soit B qui ait écrit la lettre *Canaille de D...*

Il faut voir quel est le système qu'il avait bâti sur l'ensemble du bordereau et du dossier secret, car l'un marche avec l'autre.

Je dois déclarer immédiatement que je ne me souviens pas si le raisonnement que je vais vous faire figure explicitement dans le commentaire, ou bien si c'est du Paty lui-même qui nous l'a fait, verbalement. En tout cas, je puis affirmer que M. du Paty a établi le système que voici :

La pièce *Doute-preuves* prouve qu'à la fin de 1893, A s'est mis en relations avec un officier de l'État-major au ministère de la Guerre.

La pièce Davignon prouve qu'on appelait cet officier « l'ami » et qu'il était au deuxième bureau.

Mais, à un moment donné, A s'est aperçu qu'il y avait un danger pour lui, danger qu'il avait déjà prévu dans son memento. Alors il a pris un intermédiaire qui n'était autre que B.

La pièce *Ce canaille de D...* montre l'emploi de l'intermédiaire. Mais les exigences de Dreyfus (je ne sais pas s'il était nommé immédiatement, mais en tout cas on le nommait plus tard), les exigences du correspondant de A sont devenues trop grandes. Elles sont indiquées par ces mots :

« Je lui ai dit qu'il était fou et que vous ne vouliez plus reprendre les relations. »

Pour tâcher d'amadouer A, que fait son correspondant ? Il fabrique le bordereau, et les mots « sans nouvelles, Monsieur, etc. » montrent qu'il cherchait à reprendre des relations interrompues.

Ainsi donc il existerait un lien complet entre la pièce *Doute-preuves*, la pièce Davignon, la pièce *Ce canaille de D...* et finalement le bordereau.

Tel est le système de du Paty en 1894.

Eh bien, vous voyez que, pour que ce système tînt debout, et pour prouver que A correspondait avec Dreyfus par un intermédiaire, il fallait attribuer la pièce : *Ce canaille de D...*, non pas à A, mais à B.

Je me demande si ce système a été établi immédiatement après que l'on a eu entre les mains les différentes pièces *Doute-preuves*, *Davignon* et *Ce canaille de D...* ou bien s'il a été établi le jour où la puissance à laquelle appartenait A a fait connaître, pour la première fois, qu'elle n'avait pas eu de relations avec un officier de l'État-major.

Je sais bien qu'il ne faut pas toujours faire attention à ce qu'il y a dans un article de journal, mais pourtant le bureau des renseignements a tellement fait usage de la presse, ces derniers temps, qu'il peut y avoir lieu d'en tenir compte, et je vais vous citer un article de l'*Echo de Paris*, du 25 avril 1898, qui est extrêmement intéressant et topique à ce point de vue.

Cet article est évidemment inspiré, sinon fait, par quelqu'un au courant des choses les plus secrètes du bureau des renseignements.

Voici à peu près ce qu'il y a dans cet article — comme cela a paru dans un journal, je vais vous dire des choses que je ne dirais peut-être pas de moi-même, mais je vous cite l'article. Le voici :

« Certain attaché militaire (et il le nomme) peut bien donner sa parole de gentilhomme qu'il n'a jamais eu de relations avec Dreyfus. Tout le monde sait que ce n'est pas lui qui avait des relations directes avec Dreyfus, mais qu'il se servait d'un intermédiaire, lequel était un autre attaché militaire.

« Du reste, on connaît les rubriques sous lesquelles ils s'écrivaient et les signatures : « Alexandrine », « Chien-de-Guerre », « Maximilienne », sont celles qui étaient employées dans cette correspondance. »

Vous voyez donc que, le 25 avril 1898, ce système que je viens de vous exposer était encore défendu par quelqu'un qui connaissait les signatures des pièces secrètes, et qui, par conséquent, appartenait au service des renseignements ou qui, tout au moins, avait avec le service des renseignements les relations les plus étroites.

J'ai trouvé cet article tellement grave qu'à la première occasion je l'ai signalé au ministère de la guerre par l'intermédiaire du rapporteur du 2e Conseil de guerre de Paris. Je crois que si l'on faisait une enquête et si l'on arrivait à connaître qui s'est livré à de semblables indiscrétions, on tomberait sur la trace de bien des manœuvres que vous avez vues se développer depuis deux ans.

Voilà donc la partie principale du dossier secret, la partie la plus topique.

Il y avait encore, à ce que je vous ai dit, une quatrième pièce, et cette pièce, autant que je m'en souviens, était double, c'est-à-dire qu'elle se composait de deux rapports d'agent.

Voici, en substance, ce qu'il y avait dans cette pièce :

« L'attaché militaire E d'une puissance, qui n'est ni la puissance de A ni la puissance de B, était allé en Suisse. Cet attaché y est allé pour le compte de A. Un de nos agents a immédiatement averti de ceci le 2e bureau. A ayant appris que le 2e bureau était averti du voyage de son émissaire E, est venu à ce 2e bureau faire des représentations sur ce voyage de E, afin de cacher la relation existant entre lui A et E. »

Je ne dis pas que ce soit clair. Je dis même que lorsque j'ai vu cette pièce j'ai reconnu le style de certain agent qui s'appelle Guénée et qui trouvait moyen de se faire payer de bonnes mensualités en fournissant des travaux de ce genre.

Eh bien ! cette pièce figure pourtant au dossier secret, et voici les conclusions qu'on en avait tirées.

On avait dit : Voyons, l'agent étranger E est parti pour la Suisse. Nous en avons été avertis immédiatement au 2e bureau. Comment A a-t-il pu savoir que le 2e bureau savait que E était parti ?

Cela ne pouvait être que par un traître qui se trouvait au

2e bureau. Donc nous arrivons encore à un recoupement sur Dreyfus.

Remarquez que ce raisonnement ne signifie rien du tout. A a parfaitement pu se formaliser du départ de E pour la Suisse, et il n'est pas prouvé du tout que E travaillât pour A.

Or, tout le raisonnement de l'agent est fondé sur ceci que E travaillait pour A.

Dans le monde des attachés militaires on se voit, on se connaît, on sait quand un tel fait un déplacement. C'est là chose la plus naturelle du monde que A ait su que E est parti, et tout le raisonnement de l'agent Guénée, tout ce raisonnement compliqué et diffus ne repose absolument sur rien.

Je passe maintenant à la deuxième partie du dossier secret.

Mais auparavant, qu'il me soit permis de regretter profondément l'absence de M. du Paty de Clam. Il serait indispensable que cet officier, qui a fait le commentaire du dossier secret, fût appelé à déposer ici, qu'il rappelât ses souvenirs; je l'y aiderais. (*Sourires.*)

Et puisque je suis sur cette question du commentaire, je tiens à vous faire remarquer ceci : c'est que ce document n'était pas du tout une pièce constituant la propriété personnelle de tel ou tel ancien ministre. Cette pièce était une pièce du service des renseignements, qui était classée au service des renseignements et qui, comme vous le voyez, faisait partie d'un dossier bien déterminé, dossier enfermé dans une armoire de mon bureau.

Eh bien ! quand on a extrait ce commentaire du dossier secret, on a fait — comment peut-on appeler cela ? — on a fait disparaître indûment une pièce d'un dossier de mon service.

On a parlé hier de disparition de pièces. En voilà une.

Pour la deuxième partie du dossier secret, je vous ai dit que je ne me souvenais que de ceci : c'est qu'il y avait deux ou trois photographies de la pièce *Ce canaille de D* et puis une pièce au crayon bleu; et je vous ai dit également que cette pièce au crayon bleu ressemblait beaucoup, d'après ce que j'avais dans l'esprit, à une pièce que m'a montrée le capitaine Tavernier il y a très peu de temps lorsque j'ai déposé devant lui au sujet de l'affaire du Paty de Clam.

Donc je crois devoir vous dire deux mots au sujet de la pièce que j'ai vue chez le capitaine Tavernier, et vous verrez, quand vous connaîtrez son texte, qu'il est plus que probable que cette pièce faisait partie du dossier secret Dreyfus.

Voici le texte :

« Mon cher ami, je vous renvoie le Manuel. » Alors une phrase insignifiante et puis : « Nous nous retrouverons à dîner chez « Laurent ; il y en aura trois de mon ambassade dont un seul « juif. »

Eh bien ! je vois déjà dans cette pièce deux choses intéressantes. On dit d'abord : « Je vous renvoie le Manuel. » Comme la pièce porte à l'encre, au-dessus : « juin 1894 », je ne puis croire un seul instant qu'en 1894 on n'ait pas mis au dossier Dreyfus une pièce semblable parlant du Manuel, et que ce Manuel on ne pensât pas que ce pût être le Manuel de tir.

Quant à l'expression « il y en aura trois de mon ambassade dont un seul juif », vous voyez que rien que le mot « juif » était de nature à tirer l'œil et à encore faire appliquer cette pièce aux alentours de Dreyfus, ou à Dreyfus lui-même. On l'appelait « ami » dans la pièce Davignon, ici on parlait d'un dîner où se trouverait un seul juif.

Mais en regardant cette pièce de plus près, je me suis demandé si ce n'était pas un faux, parce qu'enfin on a su, depuis, que le bordereau est du mois de septembre.

Par conséquent, la question du Manuel n'a plus d'intérêt maintenant. Elle en avait à ce moment-là.

Si quelqu'un avait voulu fabriquer une pièce tendant à prouver qu'un Manuel de tir avait été livré, voilà une pièce qui aurait été fabriquée pour ce moment-là.

Le mot « juif » a également attiré mon attention. Dans aucune des ambassades qui peuvent être visées, il n'y a de juifs.

Donc, cette pièce m'a inspiré, par son texte même, les plus vifs soupçons.

Mais puisque j'y suis, il faut également que je vous fasse part d'une remarque.

Cette pièce a servi à fabriquer le faux Henry.

Vous savez comment le faux Henry a été fait : de la pièce que j'appellerai jusqu'à nouvel ordre la pièce authentique, on a détaché la partie supérieure : « Mon cher ami », et la partie inférieure, la signature : « Alexandrine », je crois. On a transporté ces deux parties authentiques au-dessus d'un quadrillage, et là on a fait le faux Henry.

Mais alors sur la pièce authentique manquaient des mots « mon cher ami » et « Alexandrine ». Ce sont ces mots « mon cher ami » et « Alexandrine » qui ont été rétablis. Ces mots constituent donc la partie fausse de la pièce authentique.

Mais alors, ce qui m'a stupéfié, c'est que sur cette partie fausse j'ai vu écrit à l'encre « juin 1894 ».

La chose est extraordinaire.

A quel moment cette inscription a-t-elle été faite ? A-t-elle été faite au moment du faux Henry ?

Je ne le crois pas.

Comment aurait-on mis juste cette date?

Enfin il y a là quelque chose à éclaircir, car c'est, je le répète, dans la partie fausse de la pièce dont je vous parle, qu'il y a une inscription à l'encre noire portant « juin 1894 ».

Messieurs, en 1894, il n'y avait contre Dreyfus que deux sortes de charges, d'abord les charges que j'appellerai charges avouées, si vous le voulez.

Le bordereau est la seule qui soit restée aux débats.

Puis il y avait les charges secrètes.

Quoi qu'on en ait dit, il n'y avait eu aucune surveillance antérieure sur Dreyfus ; je n'ai jamais entendu dire qu'il y en ait eu. La manière dont on est arrivé sur lui en examinant le bordereau montre qu'*a priori*, avant d'avoir examiné les écritures, on n'avait pas pensé à lui.

Donc il y a deux sortes de charges seulement jusqu'à la période que j'appellerai la période des faux : celle des faux bien établis et bien avérés.

Y a-t-il eu des charges postérieures ? L'agent Guénée a dit un mot bien typique devant la Cour de cassation. Quand on lui a dit :

— Mais pourquoi attribuait-on telle ou telle pièce à Dreyfus?

Il a répondu :

— C'était la tête de Turc.

C'est-à-dire que lorsqu'on trouvait un acte de trahison on disait :

— C'est Dreyfus.

Or, pour ces choses, qui sont très délicates et extrêmement graves, il faut aller au fond, il ne faut pas se contenter d'une simple apparence. Donc, chaque fois que dans mon service, après la condamnation de Dreyfus, on m'apportait de ces preuves postérieures, je les ai toujours soumises à un examen complet et approfondi.

Vous ne vous imaginez pas le nombre des soi-disant preuves qui ont été fournies par des agents qui venaient simplement demander une pièce de 20 francs, si ce n'est une mensualité de 100 ou de 200 fr. Vous en avez eu un exemple dans cette dame italienne qui venait dire :

— Il y a un major chez lequel se trouvent deux lettres de Dreyfus.

Vous avez vu que cette dame était signalée immédiatement, dans une note qui se trouve au ministère des Affaires étrangères, comme une personne dont les dires ne méritaient aucune espèce de créance.

Je crois qu'elle demandait quelque chose comme 500 francs par mois pour entrer à notre service. Elle espérait nous amorcer, en disant :

— J'ai quelque chose sur Dreyfus.

Sur les conseils du colonel Sandherr, je ne suis pas entré en relation avec cette dame, je n'ai pas cherché à aller plus loin. Mais il y a d'autres pièces sur lesquelles j'ai fait une étude tout à fait approfondie.

Vous en avez une entre les mains.

C'est la pièce « Dreyfus-Bois... ».

Dans cette pièce il est question d'un « écrit » ; le mot allemand veut dire « écrit ». (On l'a traduit par bordereau, je ne sais pourquoi.) Il est question d'un écrit qui aurait été soumis au ministère de la Guerre. Pendant très longtemps nous avons étudié cette pièce au ministère de la Guerre et nous y avons cherché des preuves postérieures de la culpabilité de Dreyfus. Eh bien! je puis dire qu'à mon avis on ne peut pas en trouver dans cette pièce. En effet, vous voyez le mot « Dreyfus » et le mot « Bois... » et ensuite, il me semble, un trou, plusieurs mots qui se trouvent effacés, et puis simplement : « La pièce a été au ministère de la guerre et chez l'attaché ».

Eh bien ! est-ce que l'attaché militaire qui écrivait ces mots-là aurait parlé de l'attaché à la troisième personne? J'en doute. Il aurait dit : « La pièce est venue au ministère de la Guerre et chez moi. »

D'autre part, que signifie la pièce dont il est question? Il peut y avoir des pièces de tous genres, était-ce le bordereau? Le mot *Schrift* veut dire une pièce, un écrit, rien de plus.

Pourquoi l'a-t-on appelé bordereau?

Qu'y avait-il à la place du trou qui se trouve dans le texte, après le mot « Bois... » ? Que signifie la phrase « la pièce est allée au ministère de la Guerre et chez l'attaché militaire » ? A quoi se rapportaient ces indications? Nous n'en savons rien.

En un mot, cette pièce « Dreyfus-Bois... », dont on a beaucoup parlé, est tellement vague, qu'il est impossible, à mon avis, d'en tirer une conclusion quelconque.

Il y a eu autre chose encore.

A un moment donné, nous avons eu la preuve que A connaissait les indications contenues dans une note de la direction de l'artillerie, à une date... je ne sais plus laquelle... je crois que c'est en 1896, du Paty de Clam s'est immédiatement offert pour procéder à une enquête et il a été prouvé qu'il s'agissait d'une correspondance entre la direction de l'artillerie et le 1er bureau.

On a dit depuis qu'il s'agissait d'une question dont s'était occupé le commandant Beyle, mort depuis, et avec qui Dreyfus avait travaillé.

Le commandant Beyle avait fait une réponse dont la minute manque.

Je vous avoue que je croirai cela quand on me montrera la pièce, le registre de la correspondance; quand on me montrera que la pièce à laquelle on fait allusion a bien été écrite par le commandant Beyle.

Il me semble que si on veut admettre cette indication comme preuve postérieure, c'est à l'accusation à fournir, non pas seulement une indication vague, mais les détails les plus précis sur la manière dont cette pièce a disparu.

D'ailleurs, qui prouve que Dreyfus s'est occupé de cette question? On a dit qu'il avait travaillé à cette pièce. Ici encore, il faudrait le prouver. Il a travaillé à un moment donné avec M. le commandant Beyle, mais est-ce bien à l'époque à laquelle le fait s'est produit?

J'ai cherché au ministère de la Guerre à avoir des renseignements. A cette époque-là, dès qu'on arrivait aux questions précises, on ne trouvait plus personne. On disait : « C'est évidemment Dreyfus qui a dû faire cela; oui, il était ici; oui, il était là... »

Mais quand j'ai voulu arriver à la chose précise — et il faut la chose précise, la date, le jour, le numéro de la pièce, seules indications probantes — on n'est arrivé à rien.

En dehors de cette pièce « Dreyfus-Bois » et de cet incident relatif à la note du 1er bureau, à la correspondance de la troisième direction avec le 1er bureau, qui aurait été à la connaissance de l'agent A, je ne vois rien qui mérite d'être discuté.

Je le répète, dès qu'un escroc quelconque voulait nous soutirer 100 ou 200 francs, tout de suite, il disait : « J'ai la preuve la plus complète de la trahison de Dreyfus : il était telle année (mettons 1893) à Londres, à Édimbourg, à Rome, à Constantinople. »

En somme, la trahison de Dreyfus a été un des thèmes les plus utilisés par les escrocs.

Du reste, vous avez une preuve en ce moment-ci, dans le dossier de M. Quesnay de Beaurepaire, de la façon avec laquelle les gens savent présenter, sous des dehors parfois spécieux, le vide absolu.

En dehors des preuves postérieures qu'on pourrait attribuer à Dreyfus, il y a une chose qui est intéressante à examiner, c'est si des fuites se sont produites au ministère après le départ de Dreyfus.

Eh bien! il y en a eu de très importantes, et je vais de suite vous les indiquer.

En 1896, un étranger nous a envoyé, au service des renseignements, le tableau des effectifs de guerre d'un corps d'armée dont le numéro m'échappe. Mais ce dont je me souviens parfaitement, c'est qu'il y avait sur ce tableau des indications relatives à des batteries de 120.

Ce tableau émanait du 1er bureau.

L'étranger nous offrait de nous le vendre à un prix exorbitant, nous menaçant, si nous ne l'acceptions pas, de le vendre à une puissance de la Triple Alliance.

Vous comprenez que nous n'avons pas acheté ce tableau. L'individu qui l'offrait en avait évidemment gardé une copie et, après nous l'avoir vendu, il l'aurait revendu à beaucoup d'autres personnes.

Mais j'ai cherché à connaître d'où provenait l'indiscrétion. On m'a donné l'ordre de remettre l'enquête entre les mains du 1er bureau.

Au bout de quelques jours, j'ai été au 1er bureau. J'ai demandé ce qu'il en était. J'ai dit qu'il était très intéressant pour moi, chef du service des renseignements, de connaître comment une fuite semblable s'était produite.

La seule réponse qu'on m'ait faite est que la pièce avait passé par tellement de mains qu'il était impossible de savoir à qui on pouvait attribuer la divulgation.

Je vous cite ceci pour montrer que, tant que le nom de Dreyfus n'était pas prononcé, on ne s'intéressait pas outre mesure aux fuites, et la disparition de ce tableau d'effectif de guerre ne pouvait en aucun cas être attribuée à Dreyfus, puisqu'elle s'est produite en 1895.

Il s'agissait d'un tableau du plan 13 qui n'avait été imprimé au ministère de la Guerre que lorsque Dreyfus était condamné depuis longtemps.

Je vais maintenant passer à un autre ordre d'idées. Je vais passer aux questions concernant Esterhazy.

Je suis obligé d'entrer dans certains développements et vous allez me voir ramené forcément, par Esterhazy, à Dreyfus.

Je vais donc vous dire comment je suis arrivé à connaître le nom du commandant Esterhazy; comment je suis arrivé à trouver qu'il était l'auteur du bordereau, et enfin comment, après avoir examiné le dossier secret, je suis arrivé à me convaincre de l'inanité des charges portées en 1894 contre Dreyfus.

La première fois que j'ai vu le nom du commandant Esterhazy, ç'a été sur une pièce appelée *petit bleu*.

On a beaucoup discuté sur l'époque à laquelle le *petit bleu* a été apporté au ministère de la Guerre. J'avoue que si nous n'avions pas eu la mauvaise habitude de ne pas mettre les dates d'arrivée sur les pièces, la question aurait été élucidée de suite, mais vous avez pu remarquer, pour le bordereau déjà, qu'on avait négligé de mettre : entré à telle époque.

Ceci était une question de principe, je ne sais pourquoi.

Quand j'ai pris le service on m'a dit : on ne met jamais de mention particulière sur les pièces.

On ne l'a fait que plus tard. Si on l'avait fait toujours on aurait évité de la sorte bien des mécomptes.

Donc le *petit bleu* est arrivé, c'est tout ce que je puis dire, dans un paquet mêlé à d'autres pièces, et il se trouvait à l'état de fragments extrêmement petits.

Vous connaissez tous la dimension d'un *petit bleu*, d'une carte-télégramme. Celle-ci était coupée en trente-deux morceaux. Je crois, autant que j'ai pu en juger d'après le résultat de l'enquête Tavernier, que le *petit bleu* a du m'être remis par Henry vers la fin ou le milieu du mois de mars.

Henry s'est absenté au commencement de mars pour aller à Nancy. Il a eu à s'occuper de l'affaire Boulot. Il se trouvait sur la grande ligne et revenait parfois à Paris. Il y est revenu notamment, a dit le général Roget, du 13 au 15 mars. Sa mère étant morte fin mars; il est revenu définitivement au commencement d'avril.

Je me souviens qu'à cette époque il a eu un jour un rendez-vous pour ainsi dire entre deux trains avec l'agent qui lui fournissait des documents, et qu'au lieu d'avoir ce rendez-vous le soir comme il en avait l'habitude, il l'a eu dans la journée; qu'il a rapporté immédiatement les paquets au ministère, et que, comme la livraison était très volumineuse, le nombre des cornets contenant des papiers très considérable, j'ai remis ces cornets successivement au commandant Lauth, chargé de reconstituer avec les fragments les pièces entières.

On m'a beaucoup reproché de ne pas m'être souvenu de la date à laquelle avait été reconstitué le *petit bleu.*

Je crois qu'il est assez difficile, à distance, d'être précis sur ce point. Je vous en citerai un exemple :

Lors de l'enquête de Pellieux, le commandant Lauth, interrogé sur la date à laquelle il avait reconstitué le *petit bleu*, a commencé par dire que c'était à la fin de 1895.

Ainsi, vous voyez que l'officier lui-même qui avait reconstitué le *petit bleu* avait fait une erreur de trois mois environ.

Plus tard, Lauth s'est repris et a mis ceci en février ou mars. Jusqu'à nouvel ordre, mettons que ce soit fin mars qu'il est arrivé, et que ce soit à cette époque qu'il ait été reconstitué. Du reste, la différence ne fait pas grand'chose.

Lauth est entré dans mon cabinet, tenant le *petit bleu* reconsti tué et me disant :

« Est-ce qu'il y en aurait un autre? »

Il voulait dire un autre traître. Sur le *petit bleu* se trouvait l'adresse suivante : « M. le commandant Esterhazy, 27, rue de la Bienfaisance, Paris », et le texte même de la carte-télégramme était ainsi conçu ou à peu près: je n'ai pas la pièce entre les mains, « Avant de reprendre les négociations, je vous prie de me faire une communication écrite. Signé : C. » Du reste, vous avez le texte exact.

Le Président. — Il y a les mots : « avec la maison R. ».

Le lieutenant-colonel Picquart. — En effet, j'oubliais : « Avant de reprendre les négociations avec la maison R., je vous prie de me donner une explication plus complète. Signé : C. »

Je ne connaissais pas le commandant Esterhazy; étant donnée la provenance de la pièce, il était évident qu'il se trouvait en relations avec la personne de chez qui venait la pièce; mais, une chose me gênait : c'était une pièce qui avait l'air de partir de là, et non pas une pièce arrivée, puisqu'elle n'avait pas le timbre de la poste. Comment la personne qui avait écrit cela avait-elle été amenée à jeter cela dans son panier?

Je résolus d'observer la plus extrême prudence, me méfiant d'un piège. Il est évident que, quand on a des correspondances illicites avec quelqu'un, que l'on fait une pièce de correspondance pour lui écrire et que l'on n'envoie pas cette pièce, on prend quelques précautions.

Si l'on détruit cette pièce de correspondance, on ne va pas la jeter simplement au panier, ou bien, si on le fait, c'est soit qu'on obéit à un mouvement réfléchi, — dans ce cas on fait une chose absolument préméditée, — soit qu'on se livre à un acte de négligence impardonnable.

Étant donnée la prudence habituelle de A — de chez qui venaient ces papiers — je me suis demandé si ce n'était pas un piège qu'il nous tendait, en jetant ainsi au panier le nom d'un correspondant.

Avant toute chose, il fallait savoir quel était ce commandant Esterhazy. J'ai ouvert l'annuaire et j'ai trouvé qu'il appartenait au 74e d'infanterie, en garnison à Paris, caserne de la Pépinière.

J'avais, à ce régiment, un camarade de promotion, et je l'ai fait venir pour lui demander quelques renseignements sur Esterhazy, savoir quelle espèce d'homme c'était, enfin connaître ses allures, sa manière de vivre.

Je dois dire qu'à l'enquête Tavernier, le commandant Curé, tel était le nom de cet officier, s'est souvenu d'être venu me voir à cette occasion, vers la fin du mois d'avril.

Or, il y a un rapport d'un agent que j'avais chargé de surveiller Esterhazy, qui est du 17 avril. Il semblerait donc que j'aie fait surveiller Esterhazy, avant de m'adresser à Curé. La chose est possible, mais elle n'a pas beaucoup d'intérêt.

Il est fort probable que j'ai dû, en même temps que je m'adressais à Curé, charger l'agent qui était particulièrement attaché à mon service, et que vous entendrez, — il s'appelle Desvernine, — charger cet agent de prendre quelques renseignements sur le commandant Esterhazy.

Quoi qu'il en soit, je tiens à bien affirmer ceci : Que la première fois que j'ai vu le nom du commandant Esterhazy, c'est sur le *petit bleu*, que je ne connaissais pas cet officier avant, et que je ne l'ai pas fait surveiller avant d'avoir entre les mains le *petit bleu*.

On a essayé, lorsqu'il s'est agi de sauver Esterhazy, de prouver le contraire. On a voulu absolument que je connusse Esterhazy avant l'apparition du *petit bleu*, et, pour cela, on n'a reculé devant aucun moyen.

Lorsque j'ai eu connaissance de toutes les pièces de l'enquête Tavernier, la première pièce que j'ai trouvée en tête était un article de l'*Éclair* découpé et collé sur papier blanc.

Cet article n'avait absolument aucune espèce d'intérêt : il disait seulement que le commandant Esterhazy, du 74e, avait perdu son beau-père, M. de Nettancourt. Mais, il y avait écrit à l'encre, au-dessous de cet article : 5 *janvier* 1896.

Donc, moi qui avais toujours affirmé que je connaissais Esterhazy par le *petit bleu*, j'avais menti. En ouvrant le dossier, la première chose qu'on voyait, c'est un article de journal que j'avais fait découper et coller là, qui portait la date : 5 janvier 1896.

Comme on m'avait donné le *petit bleu* au printemps de 1896, et comme j'avais conservé un article de journal de janvier 1896, concernant Esterhazy, j'étais un imposteur ; et si l'on montrait cela à un ministre, la preuve de ma mauvaise foi était éclatante.

Mais le capitaine Tavernier a voulu savoir ce que c'était que cet article. Il a été aux informations, et qu'a-t-il appris? C'est que cet article n'était pas du 5 janvier 1896, comme le portait l'inscription, mais du 5 janvier 1897. Vous voyez la fraude.

Je sais bien que le général Gonse, à qui on a demandé de qui était cette écriture, et qui a dit : « Elle est du commandant Henry », a excusé Henry en disant :

— Mon Dieu ! au commencement d'une année nouvelle, il a pu se tromper !...

Mais que venait donc faire cet article, qui n'avait absolument aucune espèce d'intérêt, dans le dossier d'Esterhazy, et pourquoi était-il entouré d'un trait au crayon rouge ? Je ne vois pas d'autre motif à la présence de cet article de journal que celui de prouver mon imposture et de montrer qu'avant d'avoir reçu le *petit bleu* je connaissais Esterhazy, puisque j'avais dans mon dossier une découpure de journal datant de janvier 1896 et le concernant.

Je me suis étendu un peu longuement là-dessus, messieurs, pour vous montrer une des nombreuses fraudes qui ont été commises à mon sujet. J'aurai l'occasion de vous en signaler bien d'autres.

Donc, me voilà prenant auprès de mon camarade des renseignements sur Esterhazy, et ayant chargé très discrètement un de mes agents de me dire quel était son genre de vie et ce qu'il faisait.

Étant donné que, dans le panier de l'agent A. on avait trouvé une pièce de correspondance adressée à ce commandant Esterhazy, et rédigée en termes énigmatiques, mon devoir strict était de rechercher quel était ce commandant Esterhazy.

Mais mon devoir était aussi de ne pas faire un bruit inutile au sujet d'une affaire semblable. J'ai remarqué que, pour les affaires d'espionnage, le soupçon une fois attaché à une personne se dissipe difficilement.

Il arrive que l'on parle d'un camarade, en disant de lui : « Il est très bien, mais on a parlé de lui, il y a une affaire qui n'est pas très claire, etc. » Cette idée m'a hanté.

Je ne connaissais pas du tout le commandant Esterhazy.

En le signalant à mes chefs, je lui aurais infligé une espèce de tare, et en le rencontrant dans le monde, en le voyant dans la rue, mes chefs auraient pu avoir constamment l'idée suivante : « Voilà cet officier qui est peut-être en correspondance louche avec A. »

J'ai donc cru que mon devoir de chef du service des renseignements était de ne pas signaler Esterhazy avant de savoir s'il y avait réellement quelque chose de louche dans son attitude.

Voilà, messieurs, la raison pour laquelle j'ai tardé à montrer le *petit bleu* à mes chefs.

Je ne voulais pas que, dès l'abord, on fît comme pour Dreyfus, et qu'on dît : « Voilà un nouveau traître. »

Je voulais que la chose restât au bureau des renseignements et que si c'était une fausse alerte, s'il n'y avait rien de vrai, on ne sût rien.

Je dois dire que ce n'est pas la seule fois que j'ai agi de la sorte.

Il s'est trouvé dans les affaires d'espionnage — j'en pourrais citer — que des lettres d'officier étaient mêlées à des correspondances d'espion. Eh bien! avant de signaler la chose, j'ai toujours recherché dans ma conscience si ces lettres se trouvaient là par hasard, si elles étaient tout à fait innocentes, ou si, au contraire, elles pouvaient amener à impliquer l'officier dans l'affaire ; et dès que j'avais la preuve que l'officier ne pouvait en aucune façon être suspect, que ses relations avec la personne incriminée étaient tout à fait passagères et accidentelles, je faisais faire le silence.

Je trouve que, dans ces affaires d'espionnage, il y a un côté extrêmement délicat. On est, et à juste titre, extrêmement pointilleux à cet égard.

Eh bien! ce soupçon épouvantable, il faut ne le laisser s'attacher à quelqu'un qu'à bon droit.

A priori, on ne peut pas laisser dire : « Un soupçon plane sur un tel... il a écrit à telle ou telle ou telle personne. » Il faut voir si ses relations sont conçues réellement dans un mauvais esprit, s'il s'agit réellement d'espionnage ou de traîtrise. Il ne faut pas *a priori* faire état de raisons insuffisantes, et je puis dire que c'est à cause de la trop grande hâte avec laquelle on s'est précipité sur l'idée que ce malheureux Dreyfus devait être un traître, qu'à un moment donné on n'a pas pu s'arrêter et qu'on a dû aller jusqu'au bout.

Si on avait été plus prudent au début, si la chose n'avait pas été divulguée, si cinq ou six chefs de bureaux, cinq ou six sous-chefs, autant d'officiers subalternes, n'avaient pas été, dès le début, mêlés à cette affaire, elle n'aurait pas pris ces proportions.

Et j'étais hanté de cette idée lorsque j'ai reçu le *petit bleu* et lorsque j'ai vu qu'il y avait peut-être un nouveau traître.

Je me suis dit : « Il faut faire attention. Il ne faut pas que, dès le début, cet homme-là soit désigné et poursuivi comme l'a été Dreyfus. Il faut que je ne le signale qu'à bon droit. »

Me voici donc en présence du commandant Curé; je lui demande ce que c'est qu'Esterhazy. Il me fait un tableau peu flatteur de la vie privée et de la manière habituelle de servir de cet officier. Il me dit en outre qu'il faisait souvent des questions bizarres, que tout en étant peu attaché à son métier il s'occupait notamment de certaines questions qui n'étaient pas de son ressort, des questions d'artillerie.

Il me cite ce fait que, désigné deux fois pour des écoles à feu d'artillerie, d'une façon régulière, il a cherché à se faire désigner une troisième fois et lorsqu'on lui a dit que ce n'était pas son tour, qu'il devait céder la place à un autre, il est allé à ses frais à ces écoles à feu, lui qui était toujours à court d'argent.

Il m'a dit encore qu'Esterhazy faisait copier chez lui des documents, qu'il employait des secrétaires pour cela, qu'enfin ses allures étaient plutôt extraordinaires.

Je sais que le commandant Curé s'est trouvé assez embarrassé quand, à l'enquête du général de Pellieux, il a été obligé de répéter ce qu'il m'avait dit : et je crois que, tout en se tenant dans la vérité puisqu'il avait prêté serment, il a cherché à atténuer autant que possible la portée de ce qu'il avait dit.

Il n'en est pas moins vrai que l'impression qu'il m'a donnée d'Esterhazy était extrêmement mauvaise.

Je n'ai pas voulu cependant me contenter de cela.

J'ai continué à faire surveiller Esterhazy par l'agent dont je vous ai parlé; et de façon à ne pas faire porter sur cet officier le soupçon d'espionnage, j'ai seulement chargé cet agent d'observer sa vie privée, me disant que si des actes d'espionnage venaient à être commis par lui, l'agent les découvrirait de lui-même. Mais je ne voulais pas lui dire : « Je crois que cet homme est un espion, surveillez-le à ce point de vue. »

Je n'avais pas encore le droit de le lui dire.

Ma surveillance sur Esterhazy a été pour ainsi dire complètement interrompue dans le courant du mois de juin comme je vous l'ai dit.

Un deuil de famille extrêmement pénible, très cruel, m'a frappé au commencement de ce mois, en sorte que, pendant le mois de juin et le mois de juillet, je me suis occupé de mon service moins que je ne l'aurais fait dans une autre circonstance.

A cela tient en partie le ralentissement de cette surveillance.

Néanmoins, l'agent observait toujours, et il me donnait des rapports dans lesquels il me disait : « Esterhazy se livre à telle spéculation. »

Une fois même il me signala une escroquerie.

Enfin tout ce qu'il me fournit me donna l'idée qu'Esterhazy était un homme menant une conduite absolument indigne d'un officier.

Je vais vous en donner un exemple :

Lui, officier en activité de service, il s'était abouché avec une société financière anglaise, et il avait accepté de faire partie du Conseil d'administration de cette société ; il a refusé plus tard parce que les émoluments n'étaient pas suffisants. Mais vous voyez qu'un homme qui se livre à de pareilles manœuvres est loin de suivre son devoir.

Esterhazy fréquentait aussi beaucoup les gens de Bourse. Il s'occupait beaucoup de spéculations à la Bourse.

Enfin, quoique ne découvrant pas de faits d'espionnage, je me trouvais en face d'un officier dont la vie privée était absolument indigne.

Je ne parle pas de sa liaison avec Mlle Pays qui m'a été également signalée.

La première fois que la situation vint à changer, ce fut à propos des renseignements qui m'ont été donnés par l'agent R. C.

J'entre ici dans un côté spécial de la question.

Je vais l'examiner en détail, parce que je trouve que tout ce qui se rapporte à cette affaire R. C. est extrêmement important, et que tout ce que j'ai appris depuis permettra, je crois, d'en tirer des conclusions très intéressantes.

Après mon deuil, je fis un voyage d'état-major au mois de juillet 1896.

Pendant une de ces journées de voyage, M. le commandant Pauffin de Saint-Morel, qui était attaché à M. le général de Boisdeffre, me dit qu'il avait en poche, depuis fort longtemps, une lettre d'une personne établie à l'étranger, que je désignerai sous le nom de F... comme on l'a fait à la Cour de cassation.

Dans cette lettre, F... disait qu'il avait reçu la visite d'un nommé R. C...., lequel lui avait dit qu'il craignait beaucoup le bureau des renseignements, qu'il craignait qu'on lui fît des ennuis, qu'il savait que le bureau possédait des pièces contre lui, qu'il serait très heureux de rendre service; et en causant il lui dit: « Mais pour qui donc a trahi Dreyfus? » Remarquez que tout ce que je dis là n'était pas dans la lettre. Une partie était dans la lettre; une partie m'a été racontée seulement ensuite par F.

R. C. dit donc: « Pour qui a trahi Dreyfus? Ce n'est pas pour nous. »

R. C. était en position de pouvoir parler de la question; et il ajouta qu'il ne connaissait qu'un seul officier; c'était un « chef de bataillon âgé de 40 à 50 ans, décoré, qui fournissait certains renseignements concernant l'artillerie ».

« Ces derniers temps, dit-il, il nous a fourni des feuilles de cours de l'École de tir du camp de Châlons, mais ses renseignements ont été tellement singuliers à certains moments que nous avons pensé que nous avions affaire à un provocateur et il n'est plus à notre service. »

Tout ce que je viens de dire m'a été raconté en détail par F. dans un voyage qu'il fit à Paris peu après, et provoqué d'ailleurs par moi.

Dès que Pauffin de Saint-Morel m'eut remis la lettre dans laquelle F. disait que R. C. avait des renseignements intéressants à me donner, je proposai de faire venir F. à Paris; et c'est à Paris qu'il me donna tous les renseignements dont je viens de parler.

J'avoue que la coïncidence du chef de bataillon (il est vrai qu'on a chicané pour savoir si c'était chef de bataillon ou simplement commandant, et je crois que le commandant Lauth lui-même a mis chef de bataillon dans son rapport; enfin, supposons chef de bataillon); j'avoue, dis-je, que la coïncidence de ce chef de bataillon avec celui que je surveillais m'a frappé, et j'ai jugé qu'il serait intéressant d'entrer en relations avec R. C., d'autant plus qu'il nous était connu de longue date.

Depuis longtemps le colonel Sandherr avait noué des relations avec ce R. C. par l'intermédiaire d'un homme que je ne nommerais pas si son nom n'avait été prononcé tout récemment ici, un nommé Lajoux, qui pourrait dire beaucoup de choses à ce sujet.

R. C. avait toujours dit qu'il était disposé à entrer en relations avec nous et au dernier moment il s'était toujours dérobé.

Je sais qu'au service on tenait beaucoup à tâcher d'avoir des relations avec lui, et que dès que j'ai connu son désir je me suis empressé d'organiser une entrevue avec lui.

Il a donc été convenu qu'il viendrait à Bâle; et, d'un autre côté, je me suis occupé de préparer cette entrevue avec des agents de mon service.

Étant donnée l'importance de la chose, j'ai jugé nécessaire qu'un officier présidât à cette entrevue, soit qu'il opérât lui-même, soit qu'il la dirigeât.

L'officier le plus qualifié pour cela était le commandant Lauth, alors capitaine, qui connaît parfaitement la langue que parle R. C. et je lui ai adjoint un commissaire spécial, M. Tomps, également tout à fait maître de cette langue.

Et enfin, pour que ces deux personnes ne fussent pas isolées, j'ai envoyé aussi un inspecteur du service de la Sûreté destiné à veiller aux alentours.

J'ai dit que j'avais choisi un officier et un commissaire connaissant bien la langue allemande.

La chose était utile, étant donné que cette langue était la langue maternelle de R. C.

Mais je dois dire que la conversation aurait également pu se passer en français, si j'en juge par la correspondance de R. C. que nous avions au ministère.

Cette correspondance est rédigée dans un français à peu près irréprochable, et je ne puis pas admettre qu'une personne qui écrit aussi bien notre langue ne la parle pas quelque peu.

J'avais mis au courant le commandant Henry et le capitaine Lauth de l'entrevue projetée et surtout je leur avais dit quelles étaient les indications que R. C. avait fournies à F.

Henry savait donc parfaitement ce qui allait se passer.

La veille ou même le jour du départ, Lauth vint me trouver et me tint à peu près le discours suivant :

— Je voudrais bien emmener un autre officier.

— Vous avez Tomps avec vous?

— Mais non, un officier cela vaudrait mieux! Et puisque je vous en parle, eh bien! le commandant Henry a été un peu écarté des affaires ces temps derniers, je crois qu'il s'en est un peu découragé, je crois qu'il serait bon qu'il vînt avec moi.

« Du reste, c'est lui qui est chargé de cette partie. C'est lui qui connaît toutes les anciennes relations avec R. C. ; il serait nécessaire qu'il vînt. »

Je fis observer à Lauth qu'Henry ne savait pas l'allemand.

Lauth dit : « Cela ne fait rien, je traduirai. »

Bref, j'eus la faiblesse de consentir; et Henry, Lauth, le commissaire et l'inspecteur partirent pour Bâle.

Jusque-là, Henry ne m'avait manifesté aucune espèce d'étonnement et ne m'avait fait aucune remarque au sujet d'Esterhazy.

Je tiens bien à préciser son attitude jusque-là.

On a dit qu'Henry n'avait jamais vu le *petit bleu* dans le paquet qu'il m'avait apporté.

Henry, lorsqu'on lui a montré le *petit bleu* reconstitué, n'a manifesté aucun étonnement, n'a pas du tout dit : « Je n'ai pas vu cette pièce dans le paquet ». Il a accepté ce *petit bleu* reconstitué avec la plus grande aisance, et la chose était toute naturelle.

D'abord, Henry reconstituait quelquefois les papiers, mais c'était surtout avant mon arrivée à la tête du service.

Je savais que les officiers emportaient ces papiers secrets chez eux, qu'en famille ils arrangeaient tout cela, et la déposition de Mme Henry, dernièrement, vous a montré la manière dont ces choses se faisaient devant la femme, probablement devant le domestique qui pouvait entrer à un moment donné.

Ce sont là autant de choses que je ne voulais pas.

Ces travaux devaient se faire au ministère, ou bien, si les papiers étaient remis trop tard, le paquet devait être rapporté au ministère le lendemain et mis en attendant dans une armoire.

Mais quand Henry m'a apporté ce paquet, il était à Paris, pour ainsi dire, entre deux trains; il n'avait fait que passer chez lui et il avait apporté le paquet au ministère. Donc, s'il y avait jeté un coup d'œil, ce coup d'œil avait été furtif.

Il n'avait donc pas pu reconstituer le *petit bleu*.

Il a prétendu depuis ne pas avoir vu de *petit bleu* dans le paquet.

Certainement il devait y en avoir un, car à chaque paquet il y en avait; mais c'était une correspondance que nous connaissions bien — correspondance tout à fait d'ordre privé — et si Henry a ouvert le paquet où se trouvait le *petit bleu*, il a dû croire, ne l'ayant pas reconstitué, que ce devait être un *petit bleu* connu.

J'avais questionné Henry sur Esterhazy. Je lui avais dit :

— Le connaissez-vous?

Il avait répondu :

— Oui! je l'ai connu autrefois. Il était ici au service des renseignements en même temps que moi et que Weil.

Je lui ai demandé si c'était un homme sujet à caution.

Il m'a dit qu'il l'avait perdu de vue et n'a pas du tout continué à me renseigner sur lui.

Par contre, il est immédiatement parti en guerre contre Weil, l'ancien officier du général Saussier, qui se trouvait au service des renseignements en 1878, avec Esterhazy et Henry.

Bref, Henry, tout en me disant qu'il avait connu Esterhazy autrefois, me laissait croire par son attitude qu'il ne le voyait plus, qu'il ne l'avait plus revu depuis ce temps.

Lorsque Henry et Lauth revinrent de Bâle, je fus fort étonné d'apprendre que l'homme qui avait demandé si instamment une entrevue, que l'homme qui s'était déplacé et avait fait ce long voyage, n'avait répété exactement que ce qu'il avait déjà dit à M. F.

Henry prétend lui avoir posé les questions les plus instantes, les plus pressantes pour l'amener à parler. Il prétend avoir passé la plus grande partie de la journée à cela ; il prétend qu'après que, fatigué, il s'en était allé, Lauth avait continué seul, et que, malgré cet entretien, jamais R. C. n'avait consenti à en dire plus que ce qu'il avait dit à M. F.

Eh bien! réellement, cette attitude m'étonne. Je cherche, je me demande pourquoi cet R. C. avait demandé cette entrevue. Plus tard, Henry et Lauth ont dit qu'il était possible que ce fût pour les mystifier, pour voir quels étaient les officiers qu'on enverrait.

Mais j'avais envoyé un commissaire spécial, connaissant parfaitement la langue de R. C. Les officiers étaient là pour diriger la chose ; ils n'avaient pas besoin de parler directement à R. C. Ce commissaire spécial pouvait mener complètement l'entretien, et les officiers étaient là pour le voir dans les intervalles et lui dire les questions à poser.

Eh bien, j'ai appris depuis que lorsque Henry, sortant de l'entretien avec R. C., fatigué, ennuyé en apparence, a rencontré le commissaire spécial qui faisait le guet dans les environs, celui-ci lui a dit : « Mais puisque vous ne pouvez rien en tirer, je m'en vais le faire parler », et qu'Henry lui a dit : « Non, non, c'est inutile. »

Une chose me frappe maintenant, c'est cette persistance d'Henry et de Lauth à vouloir être seuls en relations avec cet homme; à ne pas laisser ce commissaire que j'avais envoyé prendre part à l'entrevue, pousser R. C., isoler pour ainsi dire ce commissaire, qui était un homme de confiance ; si bien que de l'entrevue de Bâle je ne sais absolument que ce que Lauth et Henry ont bien voulu m'en dire.

Je ne chercherai pas à faire des hypothèses, peut-être téméraires, mais enfin, étant donné tout ce qui s'est passé depuis, je me demande si, au lieu de pousser cet homme (R. C.) dans ses derniers retranchements, de le faire parler, on ne l'a justement pas empêché de parler ; si on ne l'a pas menacé, si on n'a pas cherché à lui faire faire des déclarations autres que celles qu'il venait apporter.

Remarquez que ce qui vient à l'appui de mon dire, c'est que j'avais donné un certain crédit, j'avais dit : « Si cet homme parle, s'il dit quelque chose, il faudra le récompenser. »

Eh bien, on ne lui a rien donné. Il n'a rien voulu accepter, dit-on. C'est donc qu'il n'a pas dit à Henry et à Lauth quelque chose qui les satisfît, qu'il n'a pas fait quelque chose qui méritât d'être payé.

Ils disent bien : « Il n'a rien voulu accepter. » Mais est-ce qu'on ne lui a pas dit : « Ce que vous nous apportez est faux, si vous apportiez autre chose cela vous serait payé » ? Je n'en sais rien, mais c'est possible.

Toujours est-il que de l'entrevue de Bâle, de cette entrevue qui avait été préparée avec grand soin, avec tout ce qui était nécessaire, il n'est rien sorti que ce que je savais déjà.

Quelque temps après, j'ai revu M. F. M. F. avait vu R. C. et R. C. avait dit à M. F. : « Mais qui m'a-t-on donc envoyé? Il y avait un homme fort et rouge (c'est le signalement d'Henry) qui voulait à toute force se faire passer pour un policier et qui n'a fait que me bousculer et m'empêcher de parler ». Voilà exactement ce qu'a dit R. C. à M. F.

Remarquez que ce discours m'a énormément frappé. Je sais bien que, depuis tout récemment, M. F. a fait une déclaration écrite qui est beaucoup plus vague ; mais il serait bon qu'il fût entendu en témoignage. Peut-être que devant des questions précises, il se souviendrait de ce qu'il m'a dit à ce moment-là, au sujet de ce gros rouge qui avait empêché R. C. de parler. La chose serait importante.

Quoi qu'il en soit, avec tous ces éléments, et même avant l'entrevue de Bâle, je me crus autorisé à parler de la question au général de Boisdeffre.

Le général de Boisdeffre avait été absent au moment du sacre de l'empereur de Russie. Puis, il avait été en voyage d'état-major, et à ce moment-là il était à Vichy.

Néanmoins, au mois de juillet, je ne crus pas pouvoir garder plus longtemps le secret de la surveillance que je faisais exercer sur Esterhazy, et j'écrivis au général de Boisdeffre, pour lui dire que j'avais une question importante à lui soumettre.

Le général me fit répondre ou plutôt me répondit deux mots pour me demander la nature de cette question. Je lui répondis que c'était une question analogue à celle de 1894.

Je ne me croyais pas autorisé, étant donné le peu de sûreté d'une correspondance ordinaire, à lui dire des noms.

C'est à la suite de cela que le général de Boisdeffre me fit écrire de venir le trouver à l'arrivée du train de Vichy, le 5 août.

La première lettre que je lui avais écrite au sujet de cette question est de la fin de juillet.

Le 5 août, — c'était si je ne me trompe la veille de l'entrevue de Bâle, — j'avais déjà les renseignements de F... Lorsque le général de Boisdeffre descendit du train, il me prit dans sa voiture.

Je lui racontai pendant le trajet de la gare de Lyon à son hôtel tout ce que j'avais fait, et tout ce que je savais sur Esterhazy. Je le lui ai nommé ; je me souviens très bien de l'avoir fait. J'appuie là-dessus parce que le général de Boisdeffre a dit qu'il ne se souvenait pas si je lui avais nommé Esterhazy la première fois.

Eh bien, il serait inadmissible que je ne l'aie pas nommé, puisque je disais : « J'ai découvert un officier dont la vie est telle, et qui me paraît suspect, et à qui on semble avoir adressé, de tel endroit, une carte-télégramme. Il est donc évident que j'ai dû le lui nommer.

Le général de Boisdeffre approuva ce que j'avais fait et me dit de continuer.

Je me souviens très bien qu'en arrivant à son hôtel, le général Gonse l'attendait devant la porte. Par conséquent, si le général de Boisdeffre avait voulu parler de cette affaire grave au général Gonse, il lui en aurait parlé à ce moment.

J'avais averti le général de Boisdeffre que je n'en avais pas encore parlé au général Gonse et que, jusqu'à nouvel ordre, la chose était entre le général de Boisdeffre et moi.

Je lui demandai toutefois l'autorisation d'en parler au ministre et j'en parlai au ministre dans le courant du mois d'août.

Ainsi donc, je tiens à bien établir ceci : c'est que, lorsque je parlai pour la première fois au général de Boisdeffre d'Esterhazy, je l'ai fait en détail, dans le trajet de la gare de Lyon à l'hôtel de Sens ; que le général a approuvé ce que j'avais fait, et qu'il savait parfaitement que cette question était restée entre lui et moi et que je n'en parlerais qu'au ministre.

Je saisis donc de la chose le général Billot, dans le courant du mois d'août.

J'avais appris, dans l'intervalle, qu'Esterhazy cherchait à entrer au ministère et qu'il cherchait à y entrer à tout prix ; que les deux postes qu'il demandait étaient, soit dans la direction de l'infanterie, soit au bureau des renseignements.

Étant donné ce que je savais d'Esterhazy, cette nouvelle m'émut beaucoup.

Je pensais que la présence d'un homme semblable au service des renseignements ou au ministère serait désastreuse.

Le général Billot fut de mon avis. Toutes les demandes, toutes les recommandations produites par Esterhazy pour entrer au ministère ou à la direction que j'ai indiquée tout à l'heure furent naturellement repoussées.

Vous avez même, dans la déposition de M. Grenier devant la Cour de cassation, le récit d'un épisode assez vif dans lequel le général Billot dit dans des termes très justes ce qu'il pense d'Esterhazy.

Vous voyez que peu à peu la situation s'aggravait dans mon esprit pour Esterhazy.

Comment! voilà un homme qui est très probablement en correspondance avec A. Voilà un homme qui a des besoins d'argent extraordinaires, chez lequel pleut du papier timbré, qui se livre à des actes qui frisent l'escroquerie à chaque instant; qui tout en ne s'occupant que des questions d'argent est à l'affût de toutes les questions d'artillerie.

Et voilà, d'un autre côté, un agent connu depuis longtemps qui nous dit que son gouvernement a été renseigné par un chef de bataillon qui fournissait surtout des questions d'artillerie, mais qui avait l'air d'un provocateur.

Eh bien! ce renvoi, et cette carte-télégramme qui avait l'air d'une reprise des négociations, ces demandes instantes d'Esterhazy pour entrer au ministère, tout cela formait dans mon esprit un tout peu favorable à Esterhazy.

Je jugeai donc nécessaire de pousser les choses plus loin et de me procurer de l'écriture d'Esterhazy.

J'en parlai à l'agent qui le surveillait, et, à un moment donné, une autre occasion me fournit le premier échantillon un peu complet que j'aie eu de l'écriture d'Esterhazy.

Voici comment:

En allant au cabinet du général Billot, j'avais souvent l'occasion de causer avec le capitaine Calmont-Maison, officier d'ordonnance du ministre. A un moment donné, Calmont reçut d'Esterhazy une lettre relative à l'entrée de celui-ci au ministère, et Calmont me dit que le commandant Thévenet, officier d'ordonnance du ministre, en avait reçu une également.

Je demandai donc ces deux lettres et, avec l'autorisation du général Billot, ces deux lettres me furent remises.

Moi qui avais vu le fac-similé du bordereau en 1894, je fus frappé immédiatement de la similitude extraordinaire de cette écriture avec celle du bordereau.

Je pris les lettres. Je les comparai avec les échantillons du bordereau qui étaient dans mon bureau (je parle du fac-similé), et je fus épouvanté, non plus de la similitude, mais de l'identité des deux écritures.

Mais je ne voulus pas me fier à mon jugement. Je résolus de consulter des personnes plus autorisées que moi au point de vue des comparaisons d'écriture, et précisément des personnes qui s'étaient occupées de la question en 1894.

Je fis donc faire une photographie de la lettre adressée au capitaine Calmont et je fis mettre sur la photographie une « cache » pour la signature et d'autres pour enlever les parties de la lettre qui pouvaient déceler leur auteur.

Ce travail fut fait à la fin d'août 1896.

Je dois ouvrir de suite une parenthèse pour dire que, toujours pour me prendre en flagrant délit de mensonge, on a certifié sous la foi du serment que j'avais commencé à faire faire les photographies de l'écriture d'Esterhazy au mois de mai.

Seulement, comme les échantillons étaient pris sur deux lettres datées du 25 août, il a été prouvé de la façon la plus péremptoire que ce n'était pas au mois de mai que j'avais fait faire la photographie.

Je ne sais plus à quelle date j'ai montré à du Paty de Clam et à M. Bertillon cette photographie de la lettre adressée par Esterhazy à Calmont.

En tout cas, je la leur ai montrée.

Du Paty de Clam garda cet échantillon cinq minutes et me dit :

— C'est l'écriture de Mathieu Dreyfus.

Pour comprendre cette assertion, il faut se rappeler que du Paty de Clam soutenait que l'écriture du bordereau était un mélange de celle d'Alfred Dreyfus et de Mathieu Dreyfus.

Donc, ce propos me montrait qu'il prenait ce fac-similé d'écriture d'Esterhazy, que je lui montrais, pour un fac-similé d'une écriture semblable à celle du bordereau.

Pour Bertillon ce fut autre chose.

Dès que je parus avec mon fac-similé, il dit :

— Ah! c'est l'écriture du bordereau!

Et comme je lui dis :

— Mais si c'était une écriture récente?

Il me dit ces mots, qui me parurent singuliers :

— Alors, les juifs ont exercé quelqu'un depuis un an pour imiter cette écriture.

Il avait dans la tête l'hypothèse d'un homme de paille qui, à un moment donné, prendrait l'écriture du bordereau et s'en dirait l'auteur.

M. Bertillon me demanda de lui laisser le fac-similé. J'y consentis.

Il me le rapporta quelques jours après. Seulement, dans l'intervalle, il avait fait une opération qui m'a servi plus tard beaucoup, mais enfin qu'on ne fait pas sans prévenir : Il en avait pris une photographie et l'avait gardée.

Il ne me l'a pas dit. Je ne l'ai su qu'après.

M. Bertillon ne démordant pas de son idée, je ne jugeai pas à propos de pousser plus loin, mais j'avais une indication précieuse : il trouvait que c'était l'écriture du bordereau.

Dans ces conditions-là, mes doutes sur la culpabilité de Dreyfus devinrent violents.

Comment! voilà un officier supérieur dont l'écriture est identiquement celle du bordereau, et cet officier supérieur a des relations louches avec des agents de l'étranger?

Je me suis dit : « Le bordereau ne vaut plus rien. »

A un moment donné, la complicité d'Esterhazy est venue à mon esprit et je me suis dit : «Il faut donc, pour calmer ma conscience, que je voie quelles étaient les charges du dossier secret, ces charges qui ont dû être absolument probantes, qui sont écrasantes, d'après ce qu'on m'a dit, et peut-être dans ces charges en trouverai-je quelques-unes qui seront communes à Dreyfus et à Esterhazy. »

C'est à ce moment que je me fis remettre le dossier secret et que, pour la première fois depuis mon entrée au service des renseignements, j'en pris connaissance.

Je vous avoue que ma stupéfaction fut profonde.

Je m'attendais à des preuves écrasantes et je ne trouvais rien.

Bien plus! je trouvais que la pièce *Douté-preuves* pouvait s'appliquer au moins aussi bien à Esterhazy qu'à Dreyfus.

Enfin, je me rendais compte que le commentaire était établi dans un esprit.. que je suis très modéré en qualifiant de partial.

Dès que j'eus fait cette découverte de l'inanité du dossier secret, j'avisai le général de Boisdeffre.

Je lui montrai l'écriture du bordereau.

Je lui montrai l'écriture d'Esterhazy et je lui fis parcourir avec moi le dossier secret.

Il ne me donna aucune raison contre, et m'ordonna simplement de me rendre avec ce dossier et le résultat de mes recherches chez le général Gonse, qui se trouvait alors à la campagne.

Pour donner clairement un résumé de l'affaire au général Gonse, je me mis à faire rapidement un mémoire, avec les notes que j'avais préparées à ce sujet.

Ce mémoire, daté du 1er septembre 1896, est au dossier Esterhazy. Il contient ce que je savais de l'affaire Esterhazy à ce moment et quelles étaient mes propositions à ce sujet.

Donc, sur l'ordre du général de Boisdeffre, je me rends chez le général Gonse. Le général Gonse place cette entrevue au 3 septembre. Je croyais qu'elle avait eu lieu antérieurement, soit le 1er, soit le 2. Peut-être plus tard, y aura-t-il intérêt à fixer exactement la date de cette entrevue au point de vue de certaines considérations.

Bref, je me rends chez le général Gonse. Je lui montre le fac-similé du bordereau, je lui montre le dossier secret, je lui montre le *petit bleu*.

C'était la première fois que j'abordais avec le général Gonse la question Esterhazy. Il m'écouta dans mes explications qui, étant donnée une première séance, furent assez longues, et se borna à me dire ceci :

— Ainsi, on se serait trompé !

Il ne me cita aucune espèce de preuve qui aurait été particulièrement à sa connaissance contre Dreyfus. Il ne me parla en aucune façon de la question des aveux, dont je n'avais d'ailleurs plus entendu parler depuis le jour de la dégradation.

Seulement, lorsque je lui demandai quel était son avis, ce qu'il fallait faire, quelle était la réponse qu'il fallait que j'apporte au général de Boisdeffre, il me dit :

— Eh bien, mon avis est qu'il faut séparer les deux affaires : l'affaire Esterhazy et l'affaire Dreyfus.

J'avoue qu'il me semblait difficile de séparer dès l'origine deux affaires qui semblaient se confondre au moins dans la question du bordereau.

Néanmoins, je rentrai à Paris et je transmis au général de Boisdeffre la réponse du général Gonse.

Le général Gonse devait rester absent jusqu'au 15 septembre. Mais une série d'événements se produisirent alors qui m'obligèrent à lui écrire. D'ailleurs, j'avais besoin d'avoir quelques éclaircissements au sujet de cette question de séparer les deux affaires.

A mon sentiment, le bordereau était absolument de l'écriture d'Esterhazy, je ne voyais pas comment s'occupant d'Esterhazy on ne pouvait pas s'occuper du bordereau, et le bordereau, en somme, c'était l'affaire Dreyfus.

J'écrivis au général Gonse, une première lettre, si je ne me trompe, le 5 septembre. Dans cette lettre, je lui demandai l'autorisation de faire de nouvelles expertises, autres que celle de Bertillon. Il me semblait que, de cette façon-là, c'était le meilleur moyen de se débarrasser immédiatement de la question du bordereau.

Dans mon esprit, j'aurais voulu apporter successivement à chacun des experts de 1894 des fac-similés de l'écriture d'Esterhazy et leur dire : Voyons! Cette écriture vous semble-t-elle ou ne vous semble-t-elle pas plus rapprochée de l'écriture du bordereau que celle de Dreyfus? »

C'était une opération simple et qui réellement ne présentait pas d'inconvénient au point de vue de la divulgation, d'autant plus que rien n'obligeait à dévoiler la personnalité d'Esterhazy.

Le général Gonse me répondit par une lettre où il repoussait l'idée des expertises et où il me disait simplement d'interroger des secrétaires ou d'interroger des officiers, pour savoir de quelle manière les documents avaient pu être livrés.

Il me dit : *Les documents*. Du moins, je crois que c'est l'expression dont il se sert.

J'avoue que la solution du général Gonse, comme mesure de plus grande prudence, me parut plutôt périlleuse. On peut bien montrer à un expert en écriture l'écriture d'une personne sans lui dire qui est cette personne; mais, pour aller interroger des secrétaires, aller interroger des officiers sur ce qu'a pu livrer quelqu'un, on est obligé de leur dire qui est ce quelqu'un.

Si bien que je ne compris pas grand'chose à cette lettre. Mais j'y vis un ordre écrit, un ordre formel d'interroger des secrétaires, des officiers, ce que je n'avais pas pas fait jusque-là et que je ne me serais pas permis de faire sans aucune indication écrite de mon chef.

Vous remarquerez que dans cette lettre du général Gonse il ne dit pas du tout qu'il n'y a pas à songer un instant à douter de la culpabilité de Dreyfus. Il me dit seulement de continuer les recherches, et il convient de remarquer que ce manque d'affirmation de la culpabilité de Dreyfus est encore bien plus frappant dans la seconde lettre qu'il m'écrivit vers le milieu de septembre.

Je regrette de n'avoir pas les lettres sous les yeux. Il me dit dans cette lettre :

« Il ne s'agit pas d'arriver à étouffer la lumière, mais de voir comment il faut s'y prendre pour arriver à la manifestation de la vérité. »

Voilà comment il me répond quand je lui dis : « Esterhazy n'est-il point l'auteur du bordereau ? N'est-il pas l'officier qui a commis l'acte de trahison pour lequel Dreyfus a été condamné ? »

Remarquez bien cette attitude du général Gonse. Elle est prouvée par des documents écrits, par des lettres.

Je vous ai dit que j'avais écrit une première lettre au général Gonse le 5 septembre. J'ai été obligé d'en écrire une autre, le 7, je crois, pour lui signaler un fait grave.

Ce fait grave c'était le faux Weyler. Et puisque nous en sommes là, j'abandonne un instant la question des lettres du général Gonse pour vous parler de ce qui s'est passé dès que j'ai eu découvert que l'affaire Esterhazy me menait à l'affaire Dreyfus.

Le *petit bleu* était donc entre mes mains depuis le printemps 1896. J'avais fait faire une enquête extrêmement discrète sur cet officier. Je n'avais parlé de cette enquête qu'au général de Boisdeffre et au ministre. Aucune divulgation, aucun incident ne s'étaient produits.

Du jour où je découvre que le bordereau doit être très probablement d'Esterhazy, voici une série de manœuvres qui commencent. Il y a d'abord, le 3 septembre, je crois, un bruit qui s'est répandu dans la presse, disant que Dreyfus s'était évadé, puis c'est l'apparition du faux Weyler.

Le faux Weyler est une lettre qui était arrivée au ministère des colonies, le 5 ou 6 septembre 1896, je ne sais plus au juste ; c'était une lettre adressée à Alfred Dreyfus, écrite en caractères tout à fait bizarres, de nature à tirer l'œil.

C'était un nommé Weill ou Weyler ou Weiss qui racontait à Dreyfus qu'il était à Paris et lui annonçait le mariage de sa fille.

Il n'y avait certainement là rien de bien particulier. Mais ce qu'il y avait d'intéressant, c'est qu'entre les lignes de cette écriture se trouvaient des phrases compromettantes écrites à l'encre sympathique.

Ces phrases étaient les suivantes :

« Nous ne comprenons rien à votre dernière communication; reprenez le premier système. Dites où sont les armoires d'où les documents ont été enlevés et le mot des serrures. Acteur prêt à agir. »

L'encre sympathique était assez apparente pour qu'en ouvrant la lettre on pût voir ces phrases, et c'est ce qui attira immédiatement l'attention au ministère des Colonies.

La pièce fut soumise à M. Lebon, puis transmise à M. Bertillon pour qu'il fît ressortir complètement l'encre sympathique.

Dès que l'on découvrit qu'il y avait quelque chose de louche dans cette affaire, un employé du ministère des Colonies vint me trouver au ministère.

On prévint par erreur directement le ministre qui ne voulut pas que j'y aille et qui envoya Gribelin.

Gribelin revint et me donna une description sommaire de la pièce. Il me dit que, d'ailleurs, l'encre sympathique était assez apparente et qu'il avait pu lire des mots compromettants.

Je prévins mes chefs et j'allai trouver immédiatement M. Lebon.

M. Lebon n'avait déjà plus la pièce entre les mains. Il me dit qu'il l'avait envoyée à M. Bertillon, mais il m'en donna le texte approximatif, de mémoire.

Nous fûmes d'accord sur ce point qu'il s'agissait d'une manœuvre de la famille Dreyfus.

Remarquez qu'à ce moment je n'avais pas encore vu la pièce ni le caractère bizarre de l'écriture.

J'étais d'autant plus porté à croire à une manœuvre de la famille Dreyfus, à ce moment-là, que, par la correspondance que je lisais chaque fois qu'elle était envoyée au condamné, je remarquais depuis quelque temps un grand nombre d'encouragements, de phrases comme celle-ci :

« Nous avons su intéresser des personnes; nous pensons arriver à la découverte de l'erreur », etc.

Donc, dès qu'on me parla de cette lettre singulière, je me dis que ce devait être une manœuvre employée par la famille pour tâcher de substituer quelqu'un à Dreyfus.

D'ailleurs, cette hypothèse de l'homme de paille avait été très répandue au ministère. M. du Paty disait depuis longtemps que ce moyen serait employé par la famille Dreyfus pour sauver le condamné, et le système qu'il indiquait était le suivant, il disait :

« Ils vont trouver un pauvre diable quelconque qui tâchera d'imiter l'écriture du bordereau et, au bout de trois ans, alors que le délit d'espionnage sera prescrit, cet individu se déclarera l'auteur du bordereau.

En parlant d'une qualification autre que le crime de trahison, M. du Paty expliquait son hypothèse de la façon suivante :

On a appliqué cette qualification de crime de trahison pour un militaire, mais pour un civil on peut avoir l'espoir de le faire passer pour un simple délit d'espionnage.

Je ne sais pas si Dreyfus a parlé de ces trois ans à M. du Paty, mais une chose m'a beaucoup frappé : Dreyfus aurait dit à M. du Paty : « Dans deux ou trois ans on revisera mon procès. »

Est-ce le propos de Dreyfus qui a inspiré à M. du Paty son hypothèse, ou est-ce M. du Paty qui aurait dit quelque chose de semblable à Dreyfus ? Je n'en sais rien. Toujours est-il que l'hypothèse de du Paty était très répandue au ministère et que, lorsque j'ai vu par ce faux Weyler qu'on avait l'air d'avoir trouvé un homme de paille (acteur prêt à agir), je me suis imaginé que c'était la famille qui, en désespoir de cause, avait trouvé un homme de paille et cherchait réellement à le substituer au condamné.

J'ai eu un échange d'idées à cet égard avec M. Lebon et nous nous sommes trouvés d'accord sur ce point.

Plus tard, lorsque j'ai vu le faux lui-même, la pièce elle-même, quelques doutes sont entrés dans mon esprit.

Lorsque j'ai vu cette écriture contournée qui était destinée, non pas à cacher, mais à attirer l'attention ; quand j'ai vu cette encre sympathique qu'on me disait avoir été tellement apparente qu'on avait pu lire tous les mots sans développer, je me suis dit que c'était un faux; et M. Cavard, qui à ce moment venait d'être nommé à la direction de la Sûreté générale, et qui avait eu la pièce entre les mains, m'a confirmé d'une façon absolue dans cet ordre d'idées.

On m'objectera peut-être que j'ai dû être gêné par ces manœuvres dans la conviction que je m'étais faite de l'innocence de Dreyfus.

Non. Ce faux m'a troublé, mais j'ai accordé cela parfaitement avec la découverte que je venais de faire. Je me disais : « La famille cherche un moyen quelconque pour délivrer le condamné. Elle emploie un homme de paille. Le moyen est ridicule. Le moyen n'aboutira qu'à un scandale. Mais enfin, c'est un moyen désespéré qu'elle emploie. »

Et, remarquez-le, vous trouvez dans les lettres que j'ai écrites au général Gonse un écho de cette préoccupation. Je m'imaginais que la famille Dreyfus, maladroitement, était en train de se livrer à des manœuvres et qu'elle allait certainement faire du bruit avec cette histoire.

D'autre part, j'avais la conviction à ce moment qu'Esterhazy était l'auteur du bordereau, et alors, vous voyez :

D'un côté, la famille faisant des tentatives qui étaient dirigées dans un but évidemment louable, en ce qui concerne le sentiment de la famille, mais un but bien extraordinaire : celui de substituer un homme au condamné.

Et de l'autre, la question Esterhazy se présentant.

Eh bien ! ces deux choses-là en face l'une de l'autre vous donnent l'explication de cette phrase de ma lettre au général Gonse :

« Il va y avoir un gros bruit, un scandale. Ces gens ne paraissent pas informés comme nous le sommes. »

« Ces gens », c'est-à-dire la famille Dreyfus, ces gens qui veulent délivrer par le procédé de l'homme de paille un homme qu'ils croient innocent peut-être, ou non, mais qu'ils veulent délivrer à tout prix. Alors que nous, de notre côté, nous sommes mieux renseignés, puisque nous savons que c'est Esterhazy qui est l'auteur du bordereau.

Ce faux Weyler, qui m'a trompé au début et sur lequel j'ai commencé à être fixé à peu près vers le milieu de septembre, n'a pas été la seule manœuvre employée à ce moment-là contre Dreyfus.

Il y a eu également les articles de l'*Éclair*.

A la suite de bruits d'évasion de Dreyfus qui se sont répandus le 3 septembre 1896, une polémique de presse a commencé. Je pense que la famille Dreyfus n'y a pas été étrangère.

Quoi qu'il en soit, un article du *Figaro* parut à une date dont je ne me souviens pas très bien, mais qui doit être dans les environs du 6 septembre. Cet article est favorable à Dreyfus et tâche d'apitoyer sur son sort.

En réponse parut, dans l'*Éclair* du 10 septembre, un article qui, au contraire, était conçu en termes violents contre le condamné, et cet article fut suivi, à la date du 14, par un autre donnant sur le bordereau et sur la communication de pièces secrètes aux juges des renseignements tellement détaillés, que j'ai toujours eu et que j'ai encore la persuasion que cet article a été inspiré par quelqu'un mêlé de très près à l'affaire Dreyfus, quelqu'un qui, par cet article, espérait asséner une espèce de coup de massue et décider définitivement l'opinion dans le sens de la culpabilité de Dreyfus.

Cet article de l'*Éclair*, du 15 septembre, — mais l'*Éclair* est antidaté, alors, je dirai toujours le 14, — cet article de l'*Éclair* contient sur le bordereau des renseignements qui sont falsifiés. Il dit : Dreyfus a été condamné sur une pièce ainsi conçue, et il ne donne pas l'indication du bordereau tel qu'il est, mais il donne pour ainsi dire une explication.

Je n'ai malheureusement pas vu depuis très longtemps cet article. Je ne l'ai pas vu depuis la dernière fois que j'ai été poursuivi étant soupçonné de l'avoir fait écrire, ce qui est bien extraordinaire; mais je crois mes souvenirs assez précis à cet égard ; pour la note de Madagascar il y avait :

« Note établie par M. le général Renouard, sous-chef d'État-major de l'armée, au sujet de la campagne de Madagascar. »

Vous voyez de suite le développement de ces mots du bordereau :

« Note sur Madagascar. »

Pour la question de formation d'artillerie, il y avait, si je m'en souviens bien : « Note sur la suppression des pontonniers et la réorganisation de l'artillerie. »

Vous voyez donc que celui qui a inspiré ou écrit l'article de l'*Éclair* développait les différents articles du bordereau dans le sens qui était couramment admis à l'État-major de l'armée.

Mais il y avait plus. Pour la première fois, cet article faisait mention de la communication de pièces secrètes, faite en chambre du Conseil; et au lieu de dire simplement que la pièce capitale, la pièce qui avait pu emporter l'avis des juges portait l'initiale D., devant s'appliquer forcément à Dreyfus, l'article rétablissait dans le texte le mot *Dreyfus*, en entier, et, chose extraordinaire, la phrase citée par l'*Éclair* était la suivante : « Cet animal de Dreyfus devient bien exigeant ».

Lorsque j'ai vu l'article en question, j'étais, je l'avoue, dans un trouble assez grand, parce que, depuis l'article du 10, j'avais chargé l'agent Guénée de surveiller un peu toute cette campagne de presse et de me renseigner sur les personnes qui s'y livraient.

Guénée m'avait dit que c'était la famille Dreyfus qui faisait faire ces articles.

Et quand l'article du 14 septembre a paru, j'ai été sous cette impression. J'avais eu, en outre, un rapport verbal ou écrit, je ne sais plus au juste, de Guénée me disant : « M. Sabatier, rédacteur à l'*Eclair*, est tout acquis à la famille Dreyfus ; son journal publie des révélations favorables au condamné. »

Je sais que cette thèse a été en honneur pendant quelque temps à l'État-major de l'armée.

On prétendait que cet article de l'*Éclair* avait été écrit dans un style violent, pour tromper et faire croire que c'étaient les ennemis de Dreyfus qui l'avaient écrit, mais qu'il n'avait qu'un but : faire connaître la communication de pièces secrètes faite aux juges et permettre, de cette façon, l'annulation du procès de 1894.

Ce qui a permis de donner une légère vraisemblance à cette thèse, c'est que Mme Dreyfus a profité précisément de cette mention des pièces secrètes pour adresser une pétition à la Chambre des députés, exposant que son mari avait été condamné sur la production de pièces secrètes.

Depuis, il est ressorti de différentes instructions judiciaires que la famille Dreyfus connaissait, depuis le mois de février 1895, la production d'une pièce en Chambre du Conseil.

Il paraît qu'elle ne se sentait pas encore assez armée, et qu'elle avait attendu jusqu'à ce moment de 1896 pour faire les démarches dont je viens de parler.

Quoi qu'il en soit, dès que cet article de l'*Eclair* parut, à peine l'eus-je parcouru que j'en vis toute la gravité, et que je jugeai nécessaire d'en avertir immédiatement le général Gonse qui se trouvait à la campagne.

Cette communication fait l'objet de la dernière lettre que je lui écrivis, et dans laquelle je le priais instamment de pousser les choses, puisque la famille Dreyfus était en train de se livrer à des manœuvres qui, réellement, pouvaient amener un scandale extraordinaire.

Le général Gonse ne répondit pas à cette lettre, puisqu'il devait rentrer à Paris le 15. Je le trouvais effectivement à son bureau le 15 septembre.

Je dois dire de suite qu'après un examen plus approfondi de l'article de l'*Eclair*, j'acquis la conviction que cet article ne pouvait pas émaner de la famille Dreyfus, qu'il ne pouvait pas avoir été écrit par quelqu'un des alentours de la famille Dreyfus, car je trouvais dans cet article des phrases entières qui étaient des expressions familières de du Paty de Clam : notamment toute la scène dans laquelle l'*Eclair* raconte la perquisition chez Mme Dreyfus.

En lisant ce récit, j'ai reconnu immédiatement, j'ai retrouvé immédiatement le récit que du Paty nous avait fait en revenant de la perquisition.

De même ces mots : « Cet animal de Dreyfus devient bien exigeant » reflétaient exactement l'explication que donnait du Paty de Clam de la pièce *Ce canaille de D...* Il nous avait souvent dit :

« Dreyfus a eu des exigences folles » et, jusqu'à nouvel ordre, j'attribuai à du Paty la paternité des articles de l'*Eclair*.

Il faut croire qu'il n'a pas communiqué l'article directement, puisque dans l'instruction qui vient d'avoir lieu il n'est rien ressorti à ce sujet — ou du moins il y a eu un non-lieu.

Par conséquent sa participation isolée et directe à l'article, à la confection de l'article, n'est pas établie.

Il serait très intéressant de l'entendre à ce sujet, pour savoir s'il n'a pas fourni, soit à l'un de ses chefs, soit à l'un de ses camarades, soit à un journaliste, les éléments de cet article. Je ne puis pas admettre que la pensée de du Paty n'ait pas été pour quelque chose dans la confection de cet article de l'*Eclair*. C'est trop sa manière d'expliquer la situation.

J'ai été personnellement poursuivi devant le juge d'instruction comme étant l'auteur de l'article de l'*Eclair*. Naturellement on n'a absolument rien trouvé, vu qu'il n'y avait rien. J'ai, au contraire, lorsque cet article a paru, demandé immédiatement que l'on fît une enquête des plus sérieuses et, pour accentuer ma demande, je l'ai faite par écrit.

Eh bien! on m'a défendu de rien faire d'apparent. On m'a bien autorisé à continuer à surveiller la presse, à surveiller l'*Eclair*, mais on m'a refusé la demande que j'avais faite de faire exécuter une perquisition dans les bureaux du journal *L'Eclair* et d'introduire une poursuite judiciaire pour divulgation de renseignements secrets.

J'arrive maintenant à la scène qui s'est passée entre le général Gonse et moi, le 15 septembre, dans son cabinet; celle qui, pour moi, est capitale dans l'affaire, parce qu'à ce moment-là j'ai été pleinement fixé sur les intentions du général Gonse.

Si vous lisez les lettres du général Gonse, au mois de septembre 1896, vous voyez, je le répète, qu'il ne m'oppose aucune preuve contraire à mon assertion de l'innocence de Dreyfus.

Il ne m'oppose pas les aveux; il ne dit pas : « Nous sommes fixés »; il me dit seulement : « Continuez avec prudence à rechercher la vérité et ne faites rien d'irréparable. »

Dans notre entretien, dans son cabinet, le général Gonse a été plus catégorique. Voici, en quelques mots, comment cet entretien s'est passé.

Le général m'a dit :

— Mais pourquoi tenez-vous tant à ce que Dreyfus s'en aille de l'île du Diable?

Remarquez que je cite ici de mémoire. Je ne dis pas que ce sont les termes exacts, mais c'est là la pensée... Je lui répondis :

— Mais il est innocent!

Le général m'a répondu :

— Mais c'est une affaire que l'on ne peut pas reprendre! Le général Mercier, le général Saussier sont mêlés à cette affaire.

J'ai répondu :

— Mais puisqu'il est innocent!

— Cela ne fait rien, ce ne sont pas des considérations qui doivent entrer en ligne de compte!

Et d'ailleurs, prenant les choses à un autre point de vue, j'ajoutai : « Vous voyez bien que la famille Dreyfus travaille en ce moment-ci, qu'elle se livre à des manœuvres. Eh bien! si elle arrive à découvrir quel est le véritable coupable, quelle sera notre situation?

C'est alors que le général me dit :

— Si vous ne dites rien, personne ne le saura!

Le général Gonse a contesté ce dire. Je le maintiens de la façon la plus formelle.

Je vous avoue que j'ai été absolument bouleversé et que je lui ai dit : « C'est abominable, mon général, je n'emporterai pas ce secret dans la tombe! », et j'ai quitté la pièce.

Dès le lendemain, j'ai eu la répercussion de cet entretien. En effet, le lendemain, le général Gonse qui ne m'avait plus parlé de la journée, me fit venir et me dit :

— Eh bien! vous continuez avec Esterhazy? Quelles sont les mesures que vous allez prendre?

Je répondis au général Gonse que j'avais un mémoire du 1er septembre 1896, que je lui avais montré. Je lui ai cité les propositions finales de ce mémoire, et ces propositions — vous pouvez vous en rendre compte, car le mémoire doit être dans le dossier Tavernier ou dans le dossier Esterhazy — étaient les suivantes :

« Il est nécessaire de demander au commandant Esterhazy des explications sur ses relations avec un agent étranger (je visais le *petit bleu*), ainsi que sur les demandes de documents qu'il a faites à des tiers. »

Vous voyez donc que, par la demande écrite que vous avez ici dans un dossier et qui est datée du 1er septembre 1896 et qui émane de moi, vous avez une proposition loyale de demander au commandant Esterhazy des explications sur ses relations avec une puissance étrangère.

Etant donné le résultat de mon enquête, nous avions le droit de faire venir le commandant Esterhazy et de lui dire : « Voici un *petit bleu* qui vous est adressé, qui a été pris dans un endroit suspect. Que signifie cette correspondance? »

Nous avions le droit de lui dire : « Voici un document (le bordereau) qui a servi à condamner une autre personne. Ce document est-il ou n'est-il pas de votre écriture? »

Voilà comment je comprenais la scène avec le commandant Esterhazy. Je le répète : il y a non seulement ma déposition actuelle sous la foi du serment, mais il y a aussi ce que j'ai écrit dans le mémoire du 1er septembre 1896.

Le général Gonse soumit la proposition au général de Boisdeffre. Elle ne fut pas admise : je crois qu'elle était trop rudimentaire pour eux.

Je dis alors : « Mais, si on trouve que nous ne sommes pas assez armés et qu'il faut pousser l'affaire à fond, nous pouvons le faire sans danger avant qu'Esterhazy s'échappe. Vous voyez tous les actes dont il s'est rendu coupable : des actes frisant l'escroquerie, des actes indélicats qu'il a commis dans ces derniers temps. On pourrait donc le mettre aux arrêts de rigueur au Cherche-Midi et continuer l'enquête pendant ce temps-là. Cela ne serait certainement pas une mesure exagérée. »

Ceci fut encore refusé.

Le général de Boisdeffre me dit : « Un chef du service des renseignements a d'autres moyens. »

C'est alors que, poussé dans mes derniers retranchements, je dis : « Il y a bien un moyen, que l'on a employé l'an dernier envers l'un de nos agents; mais, un moyen semblable je ne l'emploierai jamais sans un ordre formel! »

Le général Gonse me fit exposer le moyen. C'était ce que le général Roget a appelé un piège tendu à Esterhazy. C'était un piège effectif; mais la proposition m'en a été arrachée par le général Gonse qui me l'a fait écrire immédiatement.

Le général Gonse a présenté la chose au général de Boisdeffre, et on m'a autorisé à marcher.

Je dis alors : « Non, je ne marcherai pas sans un ordre. »

On m'a ensuite dit : « Allez proposer cela au ministre. »

Le ministre a répondu ce que le général Roget a cité hier, il n'a dit ni oui ni non.

Et lorsque j'ai dit : « Je demande un ordre, je n'agirai pas sans ordre. » Le ministre a répondu : « Non! »

D'ailleurs, je lui ai dit que s'il résultait de l'enquête et de l'épreuve qu'Esterhazy était réellement en relations avec la puissance étrangère que je soupçonnais, il était nécessaire de le mettre en état d'arrestation.

Le général Billot fut effrayé par ce mot, et il est possible que ce soit cela, aussi bien que la nature du moyen proposé, qui l'ait porté à me dire qu'il ne me donnerait pas d'ordres.

Il ne fut donc plus question de ce piège. Mais je tenais absolument à vous exposer dans quelles conditions on me l'avait fait proposer, dans quelles conditions j'ai écrit les pièces dont vous a parlé le général Roget.

Vous voyez donc ce qui se passe.

Le 1er septembre, je propose par écrit des moyens loyaux; on les refuse. Le 16 septembre, on m'en fait écrire d'autres, mais on me laisse libre.

Et c'est moi, cette fois, qui refuse, sans un ordre absolu et formel. C'est ainsi que les choses se sont passées. Je le maintiens de la façon la plus catégorique. Je tiens à insister un peu sur ce point, car je crois que cela vous donnera la clef de certains faits reprochés à du Paty de Clam.

Je ne dis pas que du Paty de Clam n'a pas été bien coupable de faire promener des officiers, de se promener lui-même avec des lunettes bleues et des fausses barbes, de se livrer à tout un commerce de lettres anonymes et de lettres de chantage; mais est-il bien prouvé qu'on ne l'ait pas laissé faire?

Est-il bien prouvé qu'on ne profitait pas des renseignements qu'il apportait sans chercher trop à approfondir par quel moyen il les avait? C'est ce que je me demande, et je crois qu'une seule personne peut nous renseigner exactement à ce sujet: le colonel du Paty de Clam. C'est pour cela encore une fois, que je crois que sa présence ici est indispensable. Je sais bien que dans les corps de troupes on est habitué à recevoir des ordres nets, fermes, que l'on y est franc, vis-à-vis de ses chefs et que les relations sont toutes de loyauté; mais il n'en est pas toujours de même dans certains services, et on ne se doute peut-être pas de ce qu'il y a de caché dans certains bureaux où les officiers sont heureux d'être employés.

Ce n'est pas par ordre, ce n'est même pas par des indications nettes et précises qu'on nous y fait savoir ce qu'on doit faire.

C'est par une incitation, par un mot lancé à propos, et alors, que dit-on?

On dit que l'officier doit être assez habile pour comprendre.

Voilà généralement comment sont donnés les ordres, dans les

services auxquels je fais allusion et voilà comment il faudrait qu'ils ne se donnent plus.

Maintenant, je vais passer...

Le Président. — Nous allons suspendre l'audience.

Le lieutenant-colonel Picquart. — Voulez-vous me permettre de déposer ici ce mémoire?

Le Président. — Mettez-le au dossier.

Le lieutenant-colonel Picquart. — C'est un mémoire qui pourra servir pour les deux choses suivantes :

D'abord, j'aurai tout à l'heure à vous parler du *petit bleu* et des accusations qui ont été portées au sujet des manœuvres frauduleuses concernant le *petit bleu.*

Or, il y a ici, certains tableaux qui vous donneront, d'une façon très nette, les témoignages apportés dans différentes occasions, au sujet de cette question; puis il y a d'autres choses qui vous seront utiles.

C'est pour cela que je dépose ce mémoire.

Le Président. — Remettez-le à M. le greffier.

L'audience est suspendue à 9 *heures* 10.

REPRISE DE L'AUDIENCE

La séance est reprise à 9 *heures* 30.

Le lieutenant-colonel Picquart *continue sa déposition en ces termes :*

A partir de l'apparition de l'*Éclair* du 15 septenbre, j'étais persuadé qu'Esterhazy devait être plus ou moins averti que c'était son œuvre qui avait servi à faire condamner Dreyfus.

En effet, malgré les inexactitudes voulues apportées dans l'énumération des documents du bordereau, il devait être évident pour celui qui avait fait cette pièce qu'il s'agissait de ce qu'il avait envoyé.

Je jugeai donc qu'à partir de ce moment, Esterhazy serait absolument sur ses gardes, et mon intention était de me borner à continuer la surveillance qui était exercée sur lui, sans prendre aucune mesure spéciale, jusqu'au jour où on permettrait de faire une enquête approfondie.

Je dois dire que déjà, dans ce mémoire du 1er septembre, dont je vous ai parlé, je disais que je considérais ma mission comme terminée. Vous y trouverez cette phrase : « On n'a pu aller plus loin dans une enquête qui, pour rester discrète, a dû forcément être incomplète. »

Néanmoins, pour donner satisfaction aux ordres que m'avait donnés le général Gonse, dans ses lettres du mois de septembre, j'ai procédé à l'interrogatoire d'un secrétaire et d'un officier.

Je me suis borné à ces deux seules personnes, parce que j'ai vu immédiatement que la tâche que l'on m'avait assignée en procédant à des interrogations assez discrètes pour ne pas attirer les soupçons d'une façon formelle sur Esterhazy, j'ai trouvé, dis-je, que cette tâche était impossible à remplir : ou bien je devais interroger très formellement et très carrément les gens, ou bien je ne devais rien faire du tout.

J'ai commencé par le secrétaire Mulot, et je lui ai demandé, avec beaucoup de circonlocutions, s'il avait copié des documents pour Esterhazy.

Je dois ajouter tout de suite que ce Mulot n'était plus au service, qu'il était rentré dans ses foyers.

Mulot, qui était un ancien secrétaire d'Esterhazy quand il était major, me dit qu'effectivement il avait copié, dans des ouvrages de différents genres, un certain nombre de passages relatifs surtout au tir.

Je lui montrai un manuel de tir, puisqu'à ce moment-là mon attention était attirée sur les documents énumérés au bordereau.

Il ne le reconnut pas.

Je n'insistai pas et je le renvoyai en lui disant que s'il lui revenait quelque chose à l'esprit, il n'aurait qu'à m'écrire.

Je vis également le capitaine Le Rond, qui avait piloté Esterhazy aux écoles à feu.

Le capitaine Le Rond, bien que je l'interrogeasse avec beaucoup de précautions, me posa tout de suite la question. Il me dit :

— Mais alors, c'est un homme que je ne dois plus voir? Si je le rencontre, c'est un homme à qui je ne dois plus serrer la main?

Je lui répondis — et vous verrez là que j'observai alors tout à fait l'esprit de ce que m'avait dit le général Gonse — je lui répondis :

— Non, nous n'en sommes pas là; je vous interroge au sujet d'indiscrétions qu'on soupçonne, mais enfin nous n'en sommes pas à ce que vous avez l'air de me dire.

Je vous cite ceci parce qu'on m'accuse d'avoir manqué absolument de modération dans toute cette enquête.

Le capitaine Le Rond me dit qu'Esterhazy lui avait posé par écrit une question sur le tir d'artillerie. La question n'est plus très présente à ma mémoire. Le capitaine Le Rond vous renseignera certainement mieux que moi. Tout ce dont je me souviens, c'est qu'Esterhazy lui disait :

« J'ai dit telle chose à mes camarades, je crois que j'ai fait une grosse bêtise; ne pourriez-vous pas me fournir un livre, une théorie, un document qui puisse me renseigner ? »

Comme je ne voulais pas accuser formellement Esterhazy, je n'ai pas poussé plus loin auprès du capitaine Le Rond.

Je vous dirai que ces deux interrogatoires je les ai faits tout à fait par acquit de conscience et pour obéir, comme je le disais tout à l'heure, à ce que m'avait dit le général Gonse. Mais ce n'est pas ainsi qu'une enquête sérieuse pouvait être conduite. Il fallait faire venir tous les secrétaires qu'avait eus Esterhazy, tous les officiers qui l'avaient connu au champ de tir, leur poser très carrément la question. C'était le seul moyen de savoir quelque chose de certain et de précis, et je dois dire que cela n'a jamais été fait, même récemment.

J'en reviens maintenant à une question qui a été bien souvent soulevée.

On m'a accusé d'avoir fait faire chez Esterhazy des perquisitions sans mandat.

Je me suis expliqué là-dessus dans maintes circonstances et je tiens à le faire également devant vous.

Je vous ai dit que je considérais Esterhazy comme averti et que je pensais bien que s'il avait des choses compromettantes chez lui, il les aurait fait disparaître.

Dans mon esprit, une perquisition eût été à ce moment-là absolument inutile, d'autant plus inutile qu'Esterhazy avait quitté Paris, que son logement de la rue de la Bienfaisance était abandonné et qu'il était même à louer.

Néanmoins, un de mes chefs ayant parlé de la question de perquisitions, afin de pouvoir lui répondre en pleine connaissance de cause, je dis à l'agent qui surveillait Esterhazy de s'assurer que le logement était réellement vide et à louer.

L'agent, par des moyens à lui — il m'a dit avoir visité le logement sous prétexte de le louer — s'assura qu'il n'y avait plus rien que du papier brûlé dans la cheminée.

Mais, pour donner une preuve de son passage, il me remit une carte de visite qui traînait là.

Esterhazy ayant déménagé, cette carte était restée là, sans doute, à la suite du déménagement.

J'ai si peu caché cela à mes chefs, que j'ai apporté la carte, qui était celle de M. Drumont, au général Gonse, qui l'a remise au général de Boisdeffre, lequel m'a donné l'ordre de la faire photographier.

Vous trouverez la photographie au dossier.

Elle contient deux mots qui indiquent qu'il y avait des relations assez étroites de renseignements entre Esterhazy et Drumont.

J'ai rendu la carte à l'agent, qui, sous prétexte de visiter l'appartement, l'a rejetée à sa place.

Voilà toute la question de perquisition ; il n'y a pas eu autre chose. On peut interroger l'agent et savoir ce qui s'est passé.

On m'a néanmoins accusé d'avoir fait des perquisitions pendant de longs mois, sans mandat.

Je ne l'ai pas fait ; il n'y a rien de vrai là-dedans. Quoi qu'on ait dit qu'une seule idée m'absorbait, que je n'étais occupé que de la question Esterhazy-Dreyfus, j'ai très peu travaillé à cela pendant la fin de septembre et le mois d'octobre. Je me suis occupé, au contraire, de mon service normal, qui consistait à recueillir des renseignements sur les armées étrangères. Les résultats obtenus, grâce à certains agents dont l'un est cité ici comme témoin, ont été considérables, je tiens à le dire, et on pourra au besoin invoquer le témoignage de l'agent pour bien montrer que ce n'était point cette idée seule qui me hantait.

J'avais bien cette idée : voilà un homme innocent, en voilà un autre qui peut-être, probablement même est le vrai coupable ; mais je jugeais qu'il n'y avait rien à faire pour le moment, parce que si mes chefs ne me disaient pas de cesser, ils ne me disaient pas non plus de continuer.

Je dois signaler à ce moment l'attitude d'Henry.

Henry, auquel je faisais part de mes soupçons sur Esterhazy, de mes convictions sur Dreyfus, m'a dit un jour :

— Lorsque j'étais aux zouaves, il y a quelqu'un, le fils d'un colonel, qui était simple soldat et qui s'est rendu coupable de vol ; l'officier sous les ordres duquel il était a voulu le faire poursuivre ; ses chefs n'étaient pas de cet avis. C'est l'officier qui a été brisé et c'est le coupable qui est resté.

Je crois que l'allusion était assez claire. C'est à ce moment que j'ai dit à Henry : « Vous parlez d'or, mais il y a une question de conscience. Je ne peux pas dire le contraire de ce que je pense. »

La trace de cette conversation se trouve dans une lettre que j'ai écrite à Henry à l'automne et, si je ne me trompe, au mois de novembre 1896 et qui se trouve à mon dossier dans l'instruction Fabre.

Il n'y a pas eu d'événement saillant au point de vue de l'affaire Esterhazy jusqu'à la publication du bordereau par le *Matin* ou du moins il n'y a pas eu d'événement apparent pour moi.

Car un très gros événement réel s'est produit : c'est la confection du faux Henry.

Comme je vous l'ai dit, Mme Dreyfus avait adressé à la Chambre des députés une pétition tendant à démontrer que son mari avait été condamné illégalement.

Le député Castelin avait, à peu près en même temps, manifesté l'intention d'interpeller sur l'affaire Dreyfus.

Or, d'après les renseignements faux que me donnait Guénée (remarquez que Guénée était le bras droit d'Henry), je croyais que le député Castelin faisait le jeu de la famille Dreyfus. Il allait, me disait-on, chercher à découvrir des complices de Dreyfus. et c'est à la faveur de cette question de complicité qu'on allait reprendre toute l'affaire.

Je dois dire que cette interpellation préoccupait beaucoup le ministre. Il avait été question à ce moment que je partirais en mission à la fin du mois d'octobre — sans qu'on m'eût dit, d'ailleurs, que cet envoi en mission était une disgrâce.

On m'avait dit simplement : « Il y a différentes choses intéressantes à voir dans l'Est. Vous allez vous y rendre, et vous rentrerez ensuite. »

Un jour, le général de Boisdeffre me posa la question et me dit :

— Ne vaudrait-il pas mieux que vous restiez jusqu'à l'interpellation Castelin, et que vous n'alliez en mission qu'après cette interpellation ?

Je lui répondis que la chose me semblait raisonnable.

Et c'est pour cette raison qu'au lieu de partir à la fin d'octobre je suis resté.

Vous verrez plus tard à la suite de quels incidents je suis parti en mission avec l'interpellation Castelin.

Bref, Henry savait probablement que je devais partir fin octobre, et je ne puis pas m'empêcher de penser que c'est sa conviction que j'allais partir fin octobre qui lui a fait faire son faux à cette époque.

Il avait probablement calculé que ce faux paraîtrait après mon départ et que, par conséquent, je n'en aurais pas le contrôle.

L'événement a déjoué cette conviction. Je ne suis pas parti, et le faux a été fait, paraît-il, le 31 octobre.

C'est du moins ce qu'Henry a avoué, dans la scène qu'il a eue devant M. Cavaignac, en présence de M. le général Gonse et de M. le général de Boisdeffre.

Je vous ai dit que le faux est du 31 octobre.

Depuis, j'ai réfléchi à ce qui s'était passé au bureau vers cette époque; et voici le fait particulier que j'ai reconnu.

A une époque que je puis fixer au 29 ou au 30 environ, le commandant Lauth, qui était en permission de trente jours et qui se trouvait seulement à la moitié de cette permission, rentra brusquement.

Je le vis arriver un beau jour et je lui dis tout étonné : « Que faites-vous ici? »

Il me dit qu'il venait prendre l'air du bureau.

Je le félicitai de son zèle.

Quelques instants après, ayant à parler au commandant Henry, j'entrai dans le bureau en frappant simplement un coup à la porte.

Je trouvai Henry et Lauth en grand conciliabule : ils se levèrent brusquement à mon entrée et parurent très embarrassés.

Pendant longtemps j'avais attribué ce conciliabule et cet embarras uniquement à la question du jour, à la question Esterhazy, dont ils devaient s'entretenir; mais plus tard je suis revenu sur ce fait qui, du reste, est corroboré par un témoignage, produit par Gribelin, dans le but de m'accuser d'avoir à cette époque communiqué des documents à Leblois.

M. Gribelin dit : « Vers la fin d'octobre Lauth revint de permission, etc. » Dès lors l'arrivée de Lauth et son conciliabule avec Henry sont bien établis comme s'étant passés à la fin d'octobre.

Tout d'abord, je n'eus pas connaissance du faux Henry. Je ne sais pas quel prétexte a pu prendre Henry pour le communiquer au général Gonse, lequel l'a communiqué au général de Boisdeffre et au ministre sans que moi-même j'en fusse avisé.

Henry me remettait toujours les documents venant du panier à papiers, et cette fois il ne me les a pas remis. Bien plus, une fois que le faux fut reconstitué, le général Gonse ne m'en parla pas, le général de Boisdeffre pas davantage. Seul, le ministre m'en dit quelques mots et voici sous quelle forme :

Depuis plusieurs jours le général Gonse et le général de Boisdeffre me demandaient : « Est-ce que le ministre ne vous a rien dit de particulier au sujet de l'affaire Dreyfus? »

Moi qui ne savais rien, je répondais toujours : « Non, absolument rien ».

Un beau jour, en sortant de ma visite journalière chez le ministre, le général Gonse m'aborda encore assez précipitamment et cette fois je pus lui répondre que le ministre m'avait dit que, dans les premiers jours de novembre, on avait eu la preuve formelle de la culpabilité de Dreyfus.

Le ministre m'avait donné l'indication sommaire de ce qui se trouve dans le faux Henry, dont vous avez connaissance.

Il avait ajouté qu'à son avis la preuve était formelle.

Je m'inclinai avec déférence. Mais le fait me sembla extraordinaire, et je le lui dis dans une phrase dont je ne puis plus me rappeler les termes, et qui était à peu près celle-ci : que la chose avait échappé à mon service et que je trouvais le texte bien curieux.

En tout cas je n'ai manifesté qu'un léger doute au ministre, qui paraissait convaincu.

Par contre, devant le général Gonse, je manifestai une incrédulité absolue et je lui dis que cette pièce ne me paraissait pas du tout sérieuse. J'émis même des doutes sur son authenticité.

Il y a une chose que je n'ai sue que beaucoup plus tard, tout dernièrement, grâce à l'enquête faite sur moi par M. le rapporteur Tavernier.

Lorsque cette enquête fut terminée, j'eus le droit, ainsi que me le permettait la loi, de jeter les yeux sur toutes les pièces du dossier, et voici la pièce que j'y trouvai.

C'était un rapport de l'agent Guénée, daté du 30 octobre 1896, c'est-à-dire la veille du faux Henry.

Ce rapport commençait par des indications sur les sources d'où pouvaient provenir les indiscrétions de l'*Eclair*. Il y était dit que M. Sabattier, directeur de l'*Eclair*, et M. Castelin étaient d'accord avec la famille Dreyfus, qu'ils avaient vu les Dreyfus.

Il était dit aussi que moi, au mois de septembre, j'avais eu une conversation avec Guénée, au sujet du dossier secret. J'avais dit à

Guénée que je doutais de la culpabilité de Dreyfus, que j'avais compulsé le dossier, que j'en avais fait part à un ami à moi, et que cet ami avait été du même avis que moi.

Eh bien! je pose ici la question. Est-il admissible que, quand un chef du service des renseignements est à la tête de ce service, un rapport soit fait contre lui par un agent de ce service; que ce rapport soit remis — suivant toute évidence, puisque Guénée remettait tous ses rapports à Henry — soit remis au subordonné de ce chef, et que ce subordonné le transmette (ce qui a dû être fait) au général Gonse sans qu'on en dise rien à l'intéressé?

Ainsi, voilà une pièce secrète tendant à démontrer mon indiscrétion, tendant à démontrer que j'avais communiqué un dossier secret à un de mes amis; voilà une pièce produite le 30 octobre et qui est ignorée de moi, l'intéressé, alors que je reste au ministère à la tête de mon service jusqu'au 16 novembre? Je n'en ai pas connaissance, personne ne m'en dit un mot, personne ne me fait un reproche à ce sujet! Si on avait agi loyalement, on aurait dit : « Vous avez eu une conversation, avec un agent de votre service, d'où il ressort que vous avez communiqué à une personne étrangère le dossier secret de Dreyfus. »

J'aurais pu me justifier. Ce dossier je ne l'ai jamais communiqué à personne, je n'en ai même jamais parlé à qui que ce soit, en dehors des enquêtes judiciaires.

Donc voici la pièce secrète qui, dès le 30 octobre 1896, était faite contre moi et dont je n'ai eu connaissance qu'en novembre 1898 à la suite d'une enquête judiciaire dirigée contre moi.

Je me demande si ce n'est pas la production de ce rapport au ministre, par exemple, qui a pu amener ce dernier à me faire partir en mission, en lui donnant à penser que décidément j'étais un homme bien indiscret et que tout le bruit qui circulait en ce moment autour de l'affaire Dreyfus devait provenir de mes indiscrétions.

Mais ce n'est pas tout. Ce rapport de Guénée n'est pas resté seul.

Plus tard, lorsque j'étais en mission, un second rapport, dont j'ai eu connaissance dans les mêmes conditions, a été fait contre moi par le même Guénée le 21 novembre.

Cette fois Guénée précisait.

Il disait que je lui avais raconté que j'avais communiqué le dossier secret Dreyfus à un de mes amis demeurant auprès du ministère.

Ainsi les souvenirs du 21 novembre étaient plus frais que ceux du 30 octobre. Il y avait un détail de plus; l'ami était indiqué, j'avais effectivement un ami qui demeurait auprès du ministère et c'est mon ami M. Leblois, avocat, qui était alors adjoint au maire de son arrondissement.

J'avais eu l'occasion de consulter M. Leblois deux fois, au printemps 1896 : une première fois pour une question judiciaire relative à l'affaire Boulot; une seconde fois relativement à une affaire administrative concernant les pigeons voyageurs.

J'ouvre de suite une parenthèse en disant que plus tard on a profité de ces deux faits pour m'accuser d'avoir communiqué audit M. Leblois un dossier secret Boulot et un dossier secret des pigeons voyageurs.

Donc on cherchait évidemment à dire dans des pièces administratives secrètes que j'avais commis une indiscrétion, et on s'efforçait de déterminer auprès de qui.

Vous voyez la marche de l'idée dans ces deux rapports?

Dans le premier, c'était d'une façon générale à un ami, et puis après, pensant à M. Leblois, qui était venu au printemps, l'on dit que c'était Leblois, et c'est alors qu'on met : « un ami demeurant près d'ici », qui désigne assez Leblois.

Ceci permettait de battre en retraite, si la chose ne tenait pas.

Voici donc les deux pièces secrètes que j'ai laissées derrière moi au ministère pendant ma mission. Je reviendrai tout a l'heure sur ce genre de question. Mais je continue dans l'ordre chronologique des faits se rapportant directement à l'affaire Dreyfus, et après avoir parlé de ce faux Henry, dont je n'ai eu connaissance que de la manière dont je vous ai parlé, je vais arriver à la publication du bordereau par le *Matin*.

Pourtant, il y a une remarque à faire au sujet encore de ce faux Henry.

Devant la Cour de cassation, M. le général Gonse a dit qu'il ne m'avait pas communiqué la pièce appelée *faux Henry* parce que j'étais absent à ce moment-là.

Lorsqu'on a publié l'enquête de la Cour, j'ai écrit à M. Mazeau que j'étais parfaitement présent à Paris au moment de l'apparition du faux Henry.

M. le général Gonse a répondu par une lettre, qui se trouve au dossier de la Cour, que j'étais absent en réalité le 1er et le 2 novembre et que je n'étais rentré que le 3 dans l'après-midi.

Eh bien! ceci encore n'est pas exact. Le 1er et le 2 novembre sont, il est vrai, des jours fériés; il eût été normal que je fusse absent du bureau et que tout le monde fût absent du bureau, ce qui ne veut pas dire absent de Paris.

Mais, par un hasard assez curieux, j'ai eu affaire au bureau le 1er novembre et je m'y suis trouvé, quoique ce fût un jour férié.

J'ai eu affaire au bureau le 1er novembre et je m'y suis trouvé, quoique ce fût un jour férié, parce que j'avais envoyé un agent en mission le 30 octobre, qu'il est revenu le 31 et que le 1er novembre j'ai eu affaire à lui.

Cet agent, si vous voulez, sera nommé.

Ceci posé, je reviens à la publication du fac-similé du bordereau.

Ce fac-similé a paru dans le *Matin* du 10 novembre, et immédiatement l'émotion a été très grande, parce que la publication d'une pièce semblable mettait en circulation l'écriture du bordereau et permettait aux personnes qui connaissaient l'écriture d'Esterhazy de faire immédiatement la comparaison.

Je prévis immédiatement des difficultés très grandes. Je savais par mes surveillances que la famille Dreyfus s'agitait beaucoup, qu'elle cherchait la réhabilitation du condamné.

La pétition de Mme Dreyfus m'en donnait la preuve.

Et voilà qu'un document paraît qui, si l'attention de la famille tombe sur Esterhazy, Esterhazy connu de tous les banquiers, Esterhazy qui était constamment fourré à la Bourse, permet à cette famille de trouver cette écriture.

Je vous avoue que l'émotion de tout le monde fut très grande, et je me demandai si on ne soupçonnerait pas le service et si on ne me soupçonnerait pas, moi, d'avoir fait cette publication parce qu'on connaissait mes dispositions favorables à l'innocence de l'accusé.

Je dois dire qu'on ne me fit aucun reproche direct; mais je dois dire aussi que je n'en méritais aucun.

Depuis, on m'a poursuivi devant la justice en m'accusant d'avoir divulgué ce bordereau; eh bien! l'enquête de M. Fabre, juge d'instruction, après avoir effleuré la question, a prouvé immédiatement qu'il n'était pas possible de m'incriminer.

Il était d'autant moins possible de m'incriminer à ce point de vue qu'il paraît démontré actuellement que le fac-similé du bordereau a été fourni au *Matin* par un nommé Girard, qui le tenait de M. Teyssonnières, lequel a joué le rôle d'expert dans les procès de 1894.

M. Teyssonnières n'a pas été poursuivi; moi, je l'ai été; je ne sais pas à quoi je dois cette différence de traitement, mais enfin je vous livre le fait.

Puisque j'en suis à cette question, j'ai oublié de vous dire tout à l'heure, au sujet de l'article de l'*Eclair*, quels étaient les renseignements que l'on pouvait avoir jusqu'ici au sujet de la personne qui avait fait cet article ou qui avait fourni les documents pour faire cet article.

J'ai insisté toujours avec beaucoup de véhémence, dans les différentes enquêtes judiciaires, pour que l'on suivît, d'aussi près que possible, la trace du divulgateur, que l'on fît les recherches les plus sérieuses et les plus approfondies.

Eh bien, l'enquête Fabre, à mon sujet, n'a donné que ceci : c'est que je n'étais pas l'auteur de la divulgation.

Mais depuis, tout dernièrement, on a pu apprendre quelque chose par des articles de presse. Tout dernièrement, il y a eu une déclaration de l'*Eclair* à ce sujet faisant connaître que c'est un nommé Lissajoux, rédacteur au *Petit Journal*, qui a apporté les éléments de cet article au journal l'*Eclair*.

Eh bien, je trouve qu'il serait extrêmement intéressant de savoir qui a fourni ces éléments à M. Lissajoux, d'autant plus que dans mon esprit le mot de *Petit Journal* éveille bien des réflexions.

Je sais que le commandant Henry était au mieux avec le *Petit Journal*, et pourtant je ne peux pas lui attribuer d'une façon formelle la divulgation ; d'abord, parce que les expressions de l'article sont plutôt des expressions venant de du Paty, et ensuite parce qu'Henry était en permission à ce moment-là.

Mais, néanmoins, je crois qu'il serait extrêmement intéressant de rechercher cette trace parce qu'alors on arriverait à la source de toutes les divulgations et de toutes les machinations du même genre qui ont été faites au ministère de la Guerre, de mon temps et ensuite.

L'agent Guénée, pressé de questions par un conseiller de la Cour de cassation, dans l'enquête faite par cette cour, a fini par dire : « Je sais qui a fait la divulgation de l'*Eclair*, mais je ne veux pas le dire. »

Le Président. — Vous traitez, en ce moment-ci, une question à côté. Serrez la question Dreyfus de plus près.

Le lieutenant-colonel Picquart. — Bien, mon colonel.

Je reprends alors la divulgation du bordereau, qui, au point de vue de l'affaire Dreyfus, est capitale, puisque c'est elle qui a permis, en somme, à d'autres personnes qu'à moi de trouver que l'écriture d'Esterhazy était la même que l'écriture du bordereau.

Eh bien ! j'ai dit l'émotion qu'on avait eue au ministère lorsque cette publication a été faite. J'ai dit l'embarras dans lequel nous

nous trouvions, à la section de statistique, puisqu'on pouvait nous accuser d'avoir fait cette divulgation ; mais — tout en ne m'écartant pas de l'affaire elle-même, et pour bien faire ressortir le rôle d'Henry, qu'il faut absolument mettre en lumière dans cette affaire — je dois dire que pendant que j'étais encore au service des renseignements, lorsque je n'étais pas encore parti en mission et après l'apparition de l'article du *Matin*, le commandant Henry a cherché à exercer une pression sur un de nos agents, le commissaire spécial Tomps, pour lui faire dire que l'auteur de la divulgation c'était moi.

En effet, vous n'avez qu'à lire la déposition de M. Tomps devant la Chambre criminelle de la Cour de cassation.

Vous y lirez que le commandant Henry a cherché à faire dire à Tomps que c'était moi qui avais fait la divulgation du bordereau au *Matin*.

Vous verrez que M. Gribelin, archiviste, a cherché également à exercer une pression sur l'agent dont se servait Tomps pour ses investigations.

Je vais vous dire maintenant à la suite de quel incident je suis parti en mission.

Cet incident se rapporte directement à cette affaire.

L'interpellation Castelin sur l'affaire Dreyfus devait avoir lieu le 18 novembre.

Le 14 novembre, M. le général Gonse me conduisit chez le ministre : et là, après m'avoir dit qu'il se produisait des indiscrétions dans mon service, le ministre (cela était pour lui, je pense, une preuve) me montra une lettre anonyme où il était dit qu'Esterhazy et son ami Weil seraient dénoncés à la tribune de la Chambre des députés par M. Castelin, comme complices de Dreyfus.

Cette lettre avait été adressée à Weil, et celui-ci l'avait fait remettre au ministère de la Guerre par l'intermédiaire de M. de Montebello, député.

Le ministre me dit qu'il était évident que mon enquête Esterhazy était divulguée. Il me fit divers reproches, entre autres celui de la saisie de la correspondance d'Esterhazy, qui était connue des généraux Gonse et de Boisdeffre, lesquels ne m'ont pas défendu à cette occasion. Et enfin le ministre me dit qu'il allait m'envoyer en mission dans l'Est.

Je vais passer rapidement sur cette question de la mission, quoiqu'elle montre bien qu'on cherchait à éloigner la personne qui savait que le bordereau devait être incontestablement d'Esterhazy et qui était persuadée de l'innocence de Dreyfus, la personne qui, à un moment donné, si elle était interrogée légalement, dirait, comme sa conscience l'oblige à le dire, qu'à son avis Dreyfus était innocent et qu'Esterhazy était l'auteur du bordereau.

Ma mission devait être d'abord de courte durée. J'ai une lettre du général Gonse qui me dit : « Vous devrez prolonger votre mission, et dût-elle même durer jusqu'aux premiers jours de décembre, il faut que cela soit. »

Eh bien, j'ai eu le regret qu'on ne m'ait pas dit nettement, franchement, carrément, que je ne pouvais plus remplir les fonctions de chef du service des renseignements. J'ai été blessé, comme officier, de voir que l'on employait des moyens de ce genre!

Je ne veux pas insister sur ce point. Je sais combien la question est délicate.

Seulement, je tiens à vous la faire toucher du doigt, parce qu'il y a bien des choses qui, dans cette affaire, vous paraîtront plus claires si vous vous rendez bien compte des moyens qu'on a employés dans ce milieu, si vous vous rendez bien compte que ce n'est pas un milieu où l'on donne des ordres fermes, précis : que c'est un milieu où sont en honneur les incitations et où l'on parle à mots couverts.

Je vous ai dit qu'à peine parti, il y avait eu une nouvelle pièce secrète fournie contre moi.

Il y en a eu d'autres, et comme elles ont joué un très grand rôle dans l'affaire Esterhazy, je suis obligé d'en parler.

A peine étais-je parti que j'eus la preuve... je ne veux pas dire que je l'ai eue à ce moment-là, mais je l'ai eue un an après, que ma correspondance était l'objet d'une surveillance.

Remarquez qu'on ne m'avait pas fait de reproches, qu'on ne m'accusait de rien, et pourtant j'ai appris, un an après, que mes lettres étaient décachetées, lues; qu'on en prenait copie et même qu'on en avait retenu qui m'étaient adressées.

Il est évident que cela ne pouvait se faire qu'au bureau des renseignements, puisque c'était là que mes lettres arrivaient et que personne autre que Gribelin ne savait mon adresse.

C'était donc Gribelin qui recevait mes lettres et qui les remettait à quelqu'un. A qui? Je n'ai pas encore pu le savoir à l'heure actuelle, le général Gonse ayant refusé de répondre à ce sujet.

Quoi qu'il en soit, on ouvrait mes lettres et un jour qu'on avait trouvé dans une de ces lettres une expression extraordinaire, l'expression *demi-dieu* qui s'appliquait à un officier, M. de Lallemand, on retint copie de cette lettre.

L'original me fut envoyé et je ne me doutai pas du tout qu'on avait ouvert cette lettre et qu'on en avait pris copie.

La lettre avait été ouverte par les procédés du cabinet noir et avait été soigneusement refermée.

Mais ce qui est grave, c'est que, après la saisie de cette lettre, vers la fin de novembre, il y en a eu une autre qui fut saisie le 15 décembre et qui, elle, est un faux.

Je suis obligé d'insister sur ce point parce qu'il faut que je vous montre que l'on poursuivait avec des faux celui qui détenait la preuve de l'innocence de Dreyfus, et que l'on tâchait, par conséquent, d'éloigner la possibilité que cette innocence apparût.

Le faux du 15 décembre, auquel je fais allusion, est une lettre signée *Speranza*.

Suivant un procédé connu des faussaires habiles, on avait pris les termes de ma première lettre, une lettre qui venait d'un correspondant véritable, et on avait fabriqué avec ces termes une autre lettre fausse où il était question notamment d'un *demi-dieu*, mais dans des conditions qui étaient des plus invraisemblables.

Cette lettre a été retenue au ministère. Par quel ordre? En vertu de quelle autorité? Je n'ai pas pu le connaître. Je ne le sais pas encore.

Tout ce que je sais, c'est qu'on me l'a montrée à l'enquête Pellieux et que j'ai eu ainsi la preuve qu'on avait intercepté et ouvert ma correspondance immédiatement après ma sortie du ministère de la Guerre en novembre et décembre 1896.

J'ai tenu à vous citer cette lettre contenant les mots « demi-dieu » et signée « Speranza », parce que plus tard, lorsque l'affaire Dreyfus est revenue sur l'eau, on a encore fait de nouveaux faux en se basant sur le premier.

Après avoir rempli une mission dans l'Est, sur laquelle je n'insiste pas, sinon en disant que toujours mes mouvements en avant donnaient lieu, de la part du général Gonse, à des lettres plus ou moins énigmatiques; que, lorsque je devais aller dans une ville, on me disait que j'y trouverais le ministre et que je ne le trouvais pas; après avoir rempli cette mission, j'ai fini par échouer aux tirailleurs, en Tunisie.

On m'a chargé, dans ce pays, moi lieutenant-colonel, d'une mission qui aurait pu convenir à un commissaire de police.

Je n'ai pas douté, à ce moment, que cette mission ne fût un

prétexte, non pas pour couvrir mon départ de Paris, mais pour me retenir en Tunisie.

J'en ai eu la preuve par les faits suivants :

Jusque-là mes relations avec le bureau des renseignements avaient toujours été bonnes. Ma correspondance échangée avec Gribelin (qui ouvrait mes lettres) et Henry était très courtoise.

Les choses n'ont commencé à se gâter qu'au printemps de 1897.

Je suis obligé, malgré le souci que j'ai d'abréger le plus possible, de dire un mot de cette première altercation avec Henry, parce que c'est le point de départ de toutes les manœuvres, non plus occultes, mais dès lors apparentes d'Henry.

En tout cas, me voilà en Tunisie, ayant au ministère de la Guerre trois pièces secrètes contre moi, dont je n'ai pas la première idée; ce sont les deux rapports de Guénée m'accusant d'indiscrétion, puis c'est le faux *Speranza* me dépeignant comme étant en relations avec un milieu extraordinaire, obéissant à un chef appelé *demi-dieu*.

Lorsque mes correspondants habituels venaient au bureau des renseignements, on leur disait toujours que j'étais absent, en voyage; mais que je reviendrais bientôt.

Je recevais donc de nombreuses lettres d'employés du service qui me parlaient de ce qu'ils feraient lorsque je serais rentré, et des projets qu'ils avaient pour le moment où je reprendrais la direction du service des renseignements.

Je vous avoue qu'au bout de quelque temps, cette version quelque peu ridicule m'outra.

Ayant reçu un jour une lettre d'un de ces correspondants, je la renvoyai à Henry, en épinglant dessus ces mots :

« Qu'on dise une bonne fois aux gens que je ne suis plus à la tête du service ou que je suis relevé de mes fonctions. Je n'ai pas à en rougir. Ce dont j'ai à rougir, c'est des mystères et des mensonges auxquels mon départ a donné lieu. »

Vous devez penser que cette lettre arrivant à Henry, lequel avait fait un faux et peut-être plusieurs; lequel ouvrait ma correspondance — par ordre ou non, je n'en sais rien encore : lequel prenait copie de mes lettres, cette note a dû lui donner à penser que je savais au moins une partie des agissements qui se poursuivaient contre moi.

Or, je n'en savais rien du tout.

Il m'a répondu par une lettre qui me fit ouvrir les yeux et me donna la preuve de tout ce qui se passait aux renseignements en mon absence.

Cette lettre est datée du 31 mai.

J'ai remarqué immédiatement qu'elle n'avait été mise à la poste que le 4 juin. J'en ai déduit qu'elle avait été montrée au général Gonse et au général de Boisdeffre.

Je ne m'étais pas trompé.

A l'instruction Fabre, le général Gonse affirma que cette lettre lui avait été montrée par le colonel Henry, et le général de Boisdeffre dit qu'on lui avait rendu compte de l'envoi de cette lettre.

Voici comment était conçue cette lettre. Je n'en ai plus en ce moment-ci dans la tête les termes absolument exacts, mais voici à peu près ce dont je me souviens :

« Mon colonel, en fait de mystères, je crois que l'on peut énumérer les suivants :

« 1° Ouverture d'une correspondance étrangère au service, et pour des motifs que personne n'a jamais compris;

« 2° Propositions faites à deux officiers de la section de statistique de témoigner qu'une pièce avait été saisie à la poste, et provenait d'une personne déterminée ;

« 3° Indiscrétions dans la presse.

« Les preuves matérielles de ces faits existent ici. »

Pour vous traduire, en langage clair, cette lettre un peu ambiguë, cela signifiait :

1° Votre enquête sur Esterhazy n'a été qu'une manœuvre ;

2° Vous avez essayé de suborner deux officiers pour leur faire dire qu'une pièce, très probablement le *petit bleu*, avait été saisie à la poste et qu'elle émanait d'une personne déterminée;

3° Vous avez divulgué le dossier secret Dreyfus. Et ensuite : « les preuves matérielles de ces faits existent ici ».

Or, comme je savais parfaitement que je n'étais coupable d'aucun des trois griefs que mon ancien subordonné, et mon subalterne actuel Henry, me reprochait, je me dis immédiatement que l'on faisait à mon égard une manœuvre semblable à celle que l'on avait faite en attribuant à Dreyfus les pièces du dossier secret.

Les mots : *les preuves matérielles existent ici*, me firent penser que des pièces secrètes devaient exister contre moi. Et mes prévisions se sont trouvées justifiées, puisqu'à l'enquête Pellieux j'ai eu la preuve de l'existence de la lettre *Speranza*, qu'à l'enquête Tavernier j'ai eu la preuve de l'existence des rapports de Guénée.

Dès lors, je me considérais comme absolument perdu, si l'affaire Dreyfus revenait sur l'eau.

Il était évident qu'avec ces pièces fausses on allait charger sur moi, qu'on allait me traduire en justice, et que je n'aurais pas seulement le temps de me retourner.

J'étais un témoin sûr pour Dreyfus, dans le cas où sa famille viendrait à engager son procès de réhabilitation. On savait au ministère de la Guerre que je ne parlerais que suivant ma conscience. On devait forcément, si on ne voulait pas amener la réhabilitation, chercher à me supprimer, au moins moralement.

Dans ces conditions, je me crus autorisé à prendre des précautions pour ma sûreté personnelle et pour la sauvegarde de mon honneur, parce que ces preuves matérielles pouvaient être de n'importe quel genre.

Je ne savais pas jusqu'où pouvait aller l'audace des faussaires.

Comme précaution, je ne pris que celle-ci : ce fut de mettre en dépôt chez un avocat les lettres que m'avait écrites le général Gonse au courant de ma mission, et les deux lettres qu'il m'avait écrites au sujet de l'affaire Esterhazy-Dreyfus, lettres dont je vous ai parlé tout à l'heure, et qui sont datées du mois de septembre 1896.

Puis je confiai à ce même avocat que j'avais découvert que Dreyfus était innocent; qu'à mon avis le coupable était un nommé Esterhazy, et que, si jamais cette affaire arrivait au jour, j'étais absolument menacé, comme étant le témoin principal de l'affaire; qu'il serait préférable que cette affaire fût connue du gouvernement, et, dans les conversations que nous eûmes, je lui laissai entendre que ce genre de démarches ne serait pas désapprouvé par moi.

Je lui fis entendre, par contre, que toute autre espèce d'indiscrétion serait absolument un abus de confiance à mon égard.

Vous savez ce qui s'est passé.

M. Leblois a essayé d'avertir le gouvernement par l'intermédiaire de M. Scheurer-Kestner.

J'étais persuadé et suis persuadé encore que le ministre de la Guerre ignorait cet abominable trafic de faux qui avait été fait contre moi.

J'étais persuadé qu'on avait dû lui faire croire que tout ce qu'on me reprochait était vrai. Et je me demande même maintenant si on ne lui a pas montré le rapport Guénée!

Je pensais donc que le seul moyen, je le répète, était d'avertir le gouvernement.

M. Scheurer-Kestner a parlé, vous le savez, de la question au général Billot. Il en a parlé, je crois, mais je n'en suis pas sûr, à M. Méline. Mais il a rencontré une fin de non-recevoir. On n'a voulu donner aucune suite au projet de réhabilitation de Dreyfus qu'il proposait.

Quoi qu'il en soit, M. Scheurer-Kestner, à la suite de cette communication qui lui fut faite par Leblois, affirma à diverses personnes qu'il était persuadé de l'innocence de Dreyfus, qu'il en avait les preuves.

Ces propos vinrent probablement aux oreilles du ministre. Je ne connais pas le détail de ce qui s'est passé ; je sais que des entrevues ont eu lieu entre M. Scheurer-Kestner et le colonel Bertin, celui-ci agissant au nom du ministre, et que, finalement, M. Scheurer-Kestner a vu le ministre lui-même. Moi, de mon côté, en Tunisie, j'avais repris mon service et j'avais exprimé à Leblois le désir de ne plus me mêler de cette affaire, de ne pas continuer à m'en occuper, tout en lui donnant la consigne d'agir si jamais j'étais menacé. Les avertissements qu'il y avait quelque chose de particulier à Paris ne tardèrent pas à m'arriver sous la forme suivante : Au mois d'octobre 1897, au moment où j'allais prendre ma permission annuelle, un ordre du ministre prescrivit au général Leclerc de « me faire continuer ma mission sans interruption ». Ce sont les propres termes de l'ordre du ministre. Cela voulait dire, n'est-ce pas, que je ne devais pas quitter la Tunisie. Quelque temps après, nouvelle lettre du ministre ordonnant d'étendre ma mission jusqu'à la frontière tripolitaine.

Jusque-là, je n'avais pas dit un mot de quoi que ce soit au général Leclerc, avec lequel j'étais dans les meilleurs termes. A la réception de cet ordre de m'envoyer à la frontière tripolitaine, le général s'émut. Il me dit que ces faits n'étaient pas clairs, qu'il devait y avoir quelque chose là-dessous, et c'est alors que je crus devoir lui avouer qu'à mon avis cette mission n'était qu'un motif pour m'éloigner ; que j'avais découvert au service des renseignements les preuves de l'innocence de Dreyfus et celles de la culpabilité d'un autre officier. Je ne sais plus si je lui nommai Esterhazy. Le général Leclerc me dit alors qu'il me ferait aller jusqu'à Gabès, mais que sous aucun prétexte je ne devais dépasser ce point. Je n'étais pas encore en route qu'arriva une nouvelle dépêche du ministre qui se relie d'une façon tout à fait directe aux machinations relatives au document libérateur. Ce télégramme est ainsi conçu : « Prière d'interroger le lieutenant-colonel Picquart et de lui demander s'il ne s'est pas laissé voler par une femme un document secret d'une haute importance. » Je vous cite le texte approximatif.

Je n'eus pas de peine à faire comprendre au général Leclerc que je n'avais pu en aucune façon me laisser voler par une femme un document secret; j'avais compris d'ailleurs qu'il devait s'agir de la photographie de la pièce *Ce canaille de D...*

Et en effet, voici ce qui s'était passé à Paris. Vous savez que, prévoyant que M. Scheurer-Kestner allait agir, on avait averti Esterhazy par les moyens que vous connaissez également. Vous connaissez tous ces rendez-vous étranges qui avaient été donnés à Esterhazy de tous les côtés pour le mettre au courant et où, chose plus grave encore, on lui avait remis la carcasse de trois lettres odieuses qu'il écrivit au Président de la République, lettres dans lesquelles il exerçait contre le gouvernement un véritable chantage, le menaçant de divulguer une pièce secrète qui est probablement la pièce *Ce canaille de D...*, dans le cas où on ne le couvrirait pas, puis menaçant, si on ne l'aidait pas, d'exposer la France à une guerre ou à une humiliation.

Voilà le point où l'on en était arrivé.

Outre ces abominations, les lettres d'Esterhazy me désignaient comme étant l'homme qui s'était laissé voler par une femme, la femme voilée, un document de la plus haute importance.

Ce document, qu'Esterhazy menaçait de divulguer, qui était venu entre ses mains par l'intermédiaire de la femme voilée, toute cette histoire doit vous paraître bien extraordinaire en ce moment et on se demande comment on a pu un instant y ajouter foi.

Mais vous voyez bien qu'à ce moment le gouvernement s'est ému, puisqu'à la suite de l'accusation portée contre moi d'avoir pris cette pièce : *Ce canaille de D...*, on avait pris la peine de télégraphier en Tunisie pour m'interroger et savoir si ce n'était pas moi qui avais commis la divulgation.

Remarquez que le coup était assez habile, que cette pièce : *Ce canaille de D...* était très gênante.

D'abord, elle ne s'appliquait pas à Dreyfus, et si on avait fait une revision, on aurait vu très clairement qu'elle ne s'appliquait pas à lui et ensuite, elle avait fait partie d'un dossier communiqué secrètement aux juges de 1894.

Eh bien! tout cela, je le savais; et si on eût fait une revision et que je témoignasse dans ce sens, il y aurait eu des gens extrêmement gênés.

Alors on a pris l'offensive. On a dit : « Nous allons affirmer que c'est Picquart qui a volé cette pièce à son service et qui se l'est laissé voler à son tour par une femme, après avoir voulu la remettre entre les mains des amis de Dreyfus. Nous allons tomber sur lui; nous allons l'accuser de divulgation de documents secrets. Il tombe sous le coup de la loi sur l'espionnage. C'est un moyen de s'en débarrasser, soit par intimidation, soit en agissant ouvertement. »

Vous voyez alors tout le complot reposant sur cette histoire du document libérateur. Je dois ajouter avec tristesse que cette histoire du document libérateur a été reproduite au Conseil de guerre de 1898 et qu'on a trompé indignement les juges de ce Conseil de guerre en leur racontant cette histoire de la femme voilée et de la pièce *Ce canaille de D...*, remise à Esterhazy par cette femme. Il faut croire que la réponse que j'ai faite au ministre de la Guerre a inspiré quelques doutes sur ma culpabilité, parce qu'on ne m'a plus reparlé de cette question-là. Mais il y a eu autre chose, on a pris des moyens plus directs.

A peine cette alerte du document libérateur était-elle passée, que j'ai reçu simultanément en Tunisie une lettre du commandant Esterhazy m'accusant d'avoir fait une enquête odieuse contre lui, m'accusant d'avoir volé des pièces de mon service, m'accusant d'avoir demandé de son écriture à des sous-officiers de son régiment, et me demandant des explications. Mais, par malheur pour le commandant Esterhazy, en même temps que sa lettre, ou à peu près en même temps, j'ai reçu un télégramme disant :

« Arrêtez le Demi-Dieu. Tout est découvert. Affaire très grave. — *Signé* : SPERANZA. »

Comme je ne connaissais pas le nom de Speranza, comme je ne savais pas qui écrivait au ministre contre moi, je n'ai rien compris d'abord à cette signature et à ce *Demi-Dieu*. Mais ce que j'ai compris très bien, c'est que l'adresse de la lettre d'Esterhazy portait dans l'orthographe de mon nom et dans l'indication de ma résidence les mêmes fautes que portait l'adresse du télégramme *Speranza*; de sorte que, sans réfléchir bien longtemps, je n'ai pu douter que le télégramme *Speranza* et la lettre d'Esterhazy venaient du même milieu; et je ne me suis pas beaucoup trompé, puisqu'il a été prouvé depuis que le télégramme *Speranza* avait été écrit par la fille Pays, probablement sous la dictée de du Paty ou d'Esterhazy.

A peu près en même temps que ces deux missives, j'ai reçu un autre télégramme signé « Blanche », et portant les indications exactes d'adresse et de localité. Ce télégramme était ainsi conçu : « On a des preuves que le bleu a été fabriqué par Georges. » J'ai vu de suite à quoi tendait ce télégramme. Qu'est-ce qui était la base de mes recherches sur Esterhazy et de tout l'édifice que j'avais élevé contre lui ? C'était le *petit bleu*. Donc, la personne qui m'envoyait en clair ce télégramme était une personne qui avait intérêt à discréditer le *petit bleu*.

Quelles étaient les personnes qui avaient un intérêt direct et immédiat à cela ?

Elles étaient deux : Henry et du Paty.

Ce ne pouvait être que l'un ou l'autre. Mais, comme du Paty avait eu des démêlés, quelques années auparavant, avec Mlle Blanche de Comminges, cette signature « Blanche » me fit penser immédiatement que le télégramme venait de du Paty, et qu'il avait mis cette signature afin de faire croire qu'il s'agissait d'un télégramme d'avertissement qui m'était envoyé par Mlle de Comminges.

En possession de ces trois missives, le 10 ou le 11 novembre 1897, j'en donnai connaissance à M. le ministre et je lui demandai immédiatement l'ouverture d'une enquête, en affirmant que les deux télégrammes dans lesquels on cherchait à me compromettre, ne pouvaient émaner que du milieu d'Esterhazy.

Je n'avais pas encore osé porter une accusation ferme contre un camarade tel que M. du Paty.

Je ne l'ai fait que plus tard, d'une façon très catégorique, à l'instruction Ravary.

Ainsi donc, le 10 novembre 1897, au moment où M. Scheurer-Kestner était allé trouver le général Billot et lui avait dit qu'il allait s'occuper de la revision du procès Dreyfus, pendant le délai que le général Billot lui avait demandé, délai d'une quinzaine de jours, pour faire une enquête personnelle, on cherchait à me compromettre et à jeter en même temps le discrédit sur le document qui était la base de toutes mes recherches sur Esterhazy.

Je dois dire tout de suite qu'on n'a pas dû se borner à ce télégramme et qu'on a dû faire quelque chose au sujet du *petit bleu* lui-même.

En effet, à l'instruction Tavernier, il a été prouvé que le mot Esterhazy de l'adresse du *petit bleu* avait été gratté presque en entier et qu'on s'était surtout appliqué à gratter les intervalles des lettres; qu'ensuite on avait rétabli à nouveau les lettres à moitié effacées ou altérées par ce grattage.

Ce grattage, dis-je, a affecté le mot Esterhazy à peu près en entier, et on avait commencé à gratter le chiffre 7 du 27, rue de la Bienfaisance. Il est évident que la personne qui se livrait à ce travail avait voulu faire croire que le *petit bleu* était une pièce envoyée à quelqu'un d'autre qu'Esterhazy, dont on avait gratté le nom, et sur lequel on avait mis frauduleusement le nom d'Esterhazy.

Seulement il aurait fallu pour cela que je n'aie pas fait photographier le *petit bleu* presque immédiatement après son arrivée.

On n'a pas retrouvé les tout premiers clichés.

Le commandant Lauth prétend les avoir détruits.

Cela est très regrettable, parce qu'ils auraient montré l'état tout à fait exact dans lequel se trouvait à ce moment-là le *petit bleu*.

Mais on a retrouvé les seconds clichés et ces seconds clichés ont permis de reconnaître que quand le *petit bleu* a été photographié, on n'avait pas encore gratté les intervalles des lettres et on n'avait pas encore altéré par des surcharges les lettres du mot Esterhazy.

On n'avait altéré qu'une chose, probablement pour que cela ressortît mieux sur la photographie, on avait renforcé l'E et quelques autres parties de lettres qui se trouvaient sur le passage des déchirures.

Maintenant, fait curieux, l'encre avec laquelle ont été faites les surcharges, je parle des surcharges définitives du mot Esterhazy, est la même que celle qui a servi à faire la première petite surcharge destinée évidemment à renforcer la photographie.

Remarquez que l'aspect de la pièce, quand on examine ses grattages, est tellement l'aspect d'un document sur lequel on aurait gratté des mots qui se seraient trouvés dans les intervalles actuels que les experts ont fait des recherches extrêmement minutieuses dans ces intervalles, pour voir si réellement il n'y avait pas là primitivement des lettres.

Ils n'ont rien trouvé.

Ils ont constaté, au contraire, que l'adresse d'Esterhazy était primitivement de la même encre que tout le reste du document et qu'elle avait été écrite très probablement de la même main.

L'expertise chimique a permis de démontrer que l'encre avec laquelle le *petit bleu* avait été écrit était de l'encre à la noix de galle, tandis que les surcharges avaient été faites avec de l'encre au bois de campêche.

Je crois que si les encres avaient été les mêmes, la constatation des experts aurait été moins facile, moins probante.

A quel moment ce grattage du *petit bleu* a-t-il été fait? A quel moment a-t-on falsifié la pièce de cette façon? Ce ne pouvait être qu'à un moment où on craignait que la production du *petit bleu* ne fût écrasante pour Esterhazy.

Quel est ce moment? Précisément celui où on m'envoyait le télégramme *Blanche* : « On a preuve que le *bleu* a été fabriqué par Georges. »

En tous cas, l'expertise a démontré que le *bleu* n'était pas arrivé en cet état au ministère et que la falsification avait été faite après l'exécution de la photographie.

En ce qui me concerne, j'ai remis le *petit bleu* intact à Henry lors de mon départ.

Mais lorsque le général de Pellieux me l'a montré lors de son enquête, à la fin de novembre 1897, il m'a semblé qu'il présentait une certaine altération.

Le général ne me l'a pas laissé entre les mains. J'ai à peine pu y jeter un coup d'œil. Néanmoins, je lui ai dit qu'il me semblait que l'écriture était autrefois plus homogène, et depuis, en voyant le *petit bleu* chez le rapporteur M. Tavernier, je me suis rendu compte que ce sentiment de defaut d'homogénéité venait de ces surcharges.

Donc, je crois qu'à l'enquête Pellieux du mois de novembre 1897 le grattage et les surcharges existaient déjà.

Il y a, à cet égard, un fait qui m'a étonné, et au sujet duquel on pourrait retrouver les impressions du personnel du service des renseignements, en procédant à une confrontation au sujet du *petit bleu*.

Ce fait est le suivant :

Le général Roget a déclaré qu'il avait été frappé de ce grattage du *petit bleu*, dès le mois de mai 1898, et le général Zurlinden, également, a immédiatement aperçu qu'il y avait quelque chose d'irrégulier.

Donc la chose était très visible. Eh bien! à l'enquête Tavernier, le général Gonse a dit exactement ceci sur une demande de M. Tavernier :

« Je ne me suis jamais aperçu que le *petit bleu* ait été gratté et je dois dire que jamais mon attention n'a été appelée sur ce point. »

Eh bien! le général Gonse avait-il déjà oublié en novembre 1898 ce qu'avait dit le général Roget en mai 1898? c'est une question à éclaircir.

Je vais épuiser maintenant cette question du *petit bleu*. Puisque nous y sommes, je crois qu'il vaut mieux s'en débarrasser ?

LE PRÉSIDENT. — Oui.

LE LIEUTENANT-COLONEL PICQUART. — Lors de l'instruction Tavernier, j'ai demandé qu'on fît l'expertise du *petit bleu* avec l'écriture de A. Vous savez que le *petit bleu* venait de chez A. On m'a accusé depuis d'avoir suborné des témoins pour leur faire dire que l'écriture était de A. Je trouve la chose absurde, parce qu'un témoin n'a pas à certifier que l'écriture est de tel ou tel. Lorsque l'on veut savoir de qui est une écriture, on procède à une expertise.

J'ai donc demandé l'expertise et j'ai été très curieux de voir le résultat de cette chose que je n'avais pas pu faire, qui n'avait jamais été faite, de chercher l'auteur de l'écriture du *petit bleu*. A ce propos on m'a présenté une pièce de comparaison que j'ai acceptée. Cette pièce de comparaison était une lettre signée de A, c'est-à-dire du nom de A.

Cette lettre portait la date du 18 octobre 1897, par conséquent, en plein pendant la période... Elle était arrivée au ministère en plein pendant la période des faux, si je puis m'exprimer ainsi, la période pendant laquelle on se livrait à la fabrication des télégrammes *Blanche*, *Speranza*, etc.

Eh bien, je me suis demandé pourquoi, du moment qu'on avait tant d'écrits de A, qu'il y avait au ministère de la Guerre des pièces officielles venant de A et venant officiellement de lui, par conséquent absolument authentiques, que l'on avait aussi des pièces de 1896, de lui datées et saisies par la voie ordinaire, pourquoi prenait-on justement cette pièce arrivée dans une période où le bureau des renseignements était vraiment dans un état singulier. Et je me suis demandé si M. le rapporteur Tavernier, avec une entière bonne foi, ne s'était pas laissé glisser une pièce qui avait été préparée d'avance pour servir de pièce de comparaison dans le cas où l'on expertiserait le *petit bleu*.

Évidemment, il faudrait approfondir la question. Je ne fais qu'émettre un doute sur l'authenticité de cette pièce de comparaison. Mon doute est d'autant plus grand que les experts, après avoir déclaré que l'écriture de la pièce de comparaison n'était pas la même que celle du *petit bleu*, ont déclaré que l'écriture du *petit bleu* était la même que celle d'une autre pièce, un mémento, que j'avais toujours, dans mon esprit, attribuée à A.

J'ai pu me tromper, mais enfin j'ai pensé que cette lettre était préparée et c'est pourquoi j'avais tenu que l'expertise se fît également sur cette pièce non signée et que j'attribuais à A.

Si cette pièce n'est pas de A, elle est d'un autre, et il est intéressant de savoir qui c'est et de qui est ce *petit bleu*.

On s'est maintenu dans l'étroite instruction judiciaire. On s'est contenté de savoir que le *petit bleu* n'était pas de ma main, qu'il n'était pas non plus de l'écriture de la pièce de comparaison que j'avais eu le tort d'accepter, et la question en est là.

Mais j'espère qu'elle n'en restera pas là.

Après l'envoi de ces pièces destinées à me compromettre (télégrammes *Blanche et Spéranza*), je me trouvai dans la situation suivante : je devais rester en Tunisie et j'avais demandé au ministère de la Guerre une enquête sur les machinations dirigées contre moi.

Vers le 26 novembre, l'ordre me vint de me rendre à Paris.

L'enquête de Pellieux était ouverte.

M. Mathieu Dreyfus avait déposé une plainte contre Esterhazy.

Et le télégramme par lequel on me faisait connaître que je devrais venir à Paris pour déposer s'était croisé avec le télégramme que j'envoyais moi-même pour demander à déposer devant M. le général de Pellieux.

Mais lorsque j'arrivai à Paris et que je me présentai devant M. le général de Pellieux, de nouveaux faits s'étaient produits.

D'abord, j'avais été attaqué très vivement par la *Libre Parole,* dans des articles signés « Dixi », qui me reprochaient d'avoir fait de la réhabilitation de Dreyfus une vaste machination. Mon nom avait été cité en toutes lettres après un ou deux jours.

Il a été prouvé depuis qu'ils ont été faits ou apportés à la *Libre Parole* par Esterhazy.

Il a été prouvé qu'au moins l'un d'entre eux a été inspiré par le bureau des renseignements, et je regrette une fois de plus encore que le colonel du Paty de Clam ne soit pas ici pour nous dire si c'est de sa propre autorité, ou bien par ordre, ou bien sur des incitations qu'il a donné à Esterhazy les éléments nécessaires pour fabriquer ces articles.

Il y a encore une autre chose qui s'était produite. On avait fait une perquisition chez moi en mon absence, et celui qui dirigeait cette perquisition n'était autre que le colonel Henry.

On espérait évidemment trouver chez moi des documents de mon service dont on aurait tiré parti. Je pense qu'on ne se serait pas fait faute de m'accuser d'avoir détourné des documents si j'avais pris une copie quelconque. Mais je me suis imposé de tout temps une loi absolue : c'est de ne jamais prendre avec moi, en dehors de mon service, la copie d'un document quelconque. Jamais je n'ai eu chez moi aucun document de mon service. Tout était au ministère et j'avais remis tout, jusqu'au dernier petit bout de papier, jusqu'à la dernière pièce, au général Gonse ou à l'archiviste Gribelin au moment de mon départ, si bien que la perquisition minutieuse faite chez moi n'amena absolument aucune espèce de résultat.

De tous les papiers que l'on avait saisis, on n'a retenu qu'une lettre, une invitation à dîner de Mlle Blanche de Comminges, et on l'a retenue parce que cette lettre était signée Blanche, comme le télégramme *Blanche*.

Lorsque j'ai comparu devant le général de Pellieux, je lui ai exposé immédiatement tout ce que j'avais fait au sujet d'Esterhazy. Je lui ai demandé de se reporter au dossier que j'avais constitué à ce sujet, dossier que j'avais remis en entier au général Gonse. Je lui ai demandé notamment de se reporter à la note du 1er septembre 1896, dans laquelle se trouvaient résumés d'une façon sommaire et nette tous mes griefs contre Esterhazy.

Eh bien, je doute qu'on se soit servi de ces documents. Je n'ai revu ma note du 1er septembre que plus tard, lors de l'instruction Tavernier. Jamais le général de Pellieux n'y a fait allusion, et certainement certaines erreurs de mémoire que j'ai faites avec lui — et qui sont d'ailleurs de peu d'importance — ne se seraient pas produites s'il m'avait opposé contradictoirement les documents écrits que j'avais laissés au ministère, et c'est ce que je lui disais alors. Lorsque je lui ai demandé de m'étendre sur le bordereau, non seulement le général de Pellieux ne me l'a pas permis, mais il m'a même interdit formellement d'aborder cette question.

Pour lui, le bordereau était la chose jugée et je n'avais pas le droit d'en parler à l'enquête contre Esterhazy.

Comme précisément une des charges principales qui pesaient sur Esterhazy était le bordereau, je me suis trouvé immédiatement désarmé et, d'ailleurs, j'ai vu bientôt que, suivant un procédé qui a été employé fréquemment depuis, ce n'est pas contre Esterhazy que l'on a fait l'enquête, c'est contre moi.

J'avais une situation vraiment bien particulière. J'étais, en somme, accusé, j'avais à me défendre constamment. Je n'avais pas le droit d'avoir l'assistance d'un avocat...

LE PRÉSIDENT. — Vous entrez dans des explications qui paraissent s'éloigner de l'affaire Dreyfus.

LE LIEUTENANT-COLONEL PICQUART. — Je tiens alors simplement à vous dire, en deux mots, qu'en somme, lors de l'affaire Esterhazy, c'est le principal accusateur d'Esterhazy, c'est celui qui pouvait témoigner en faveur de Dreyfus qui est devenu le principal accusé.

Et, pour étayer cette accusation, on s'est servi d'une des pièces secrètes dont je vous ai parlé tout à l'heure, de la lettre *Speranza* qui m'attendait au ministère de la Guerre sans que j'en eusse connaissance depuis le 15 décembre 1896.

Monsieur le Président, pour suivre vos indications...

Le Président. — Veuillez ne pas parler de choses exclusivement personnelles.

Le lieutenant-colonel Picquart. — Je vais alors très rapidement vous dire simplement que cette situation d'accusé dans l'affaire Esterhazy, je l'ai conservée surtout à l'audience; mais dans cette situation d'accusé-témoin j'avais une infériorité manifeste. En effet, je ne savais pas les témoignages portés contre moi et portés contre les pièces qui pouvaient incriminer Esterhazy et, par conséquent, venir à l'aide de Dreyfus.

Je ne vais vous citer que ceux de ces témoignages qui se rapportent directement à l'affaire Esterhazy et, par contre-coup, à l'affaire Dreyfus. Ceux qui sont relatifs au *petit bleu*, par exemple.

Eh bien, le général de Pellieux ne m'a donné connaissance d'aucun des témoignages portés contre l'authenticité du *petit bleu.*

Il m'a simplement dit que cette authenticité était niée.

Le commandant Ravary m'a posé cette question : « N'avez-vous jamais demandé à des officiers de votre service de mettre le cachet de la poste sur le *petit bleu ?* »

Je lui ai répondu que non.

Il n'a pas insisté. Il n'a pas dit alors quels étaient ces officiers.

Quand on a lu le rapport Ravary, je n'ai pas entendu ce réquisitoire dirigé plutôt contre moi que contre Esterhazy, parce qu'à ce moment j'étais enfermé dans la salle des témoins.

Lorsque j'ai commencé à témoigner, comme les témoins militaires ont déposé à huis clos, je n'ai su que très tardivement les accusations portées par le commandant Ravary contre moi, au sujet de l'écriture du *petit bleu.*

Je ne savais pas du tout quelles étaient les accusations apportées en témoignage contre moi par le commandant Lauth au sujet de l'apposition des cachets de la poste sur le *petit bleu.*

La première fois que j'ai eu connaissance de ces faits, cela a été au Conseil d'enquête qui s'est tenu au Mont-Valérien, le 1er février 1898. J'ai vu là, par un mot du rapporteur, que l'on m'accusait d'avoir voulu faire apposer sur le *petit bleu* un cachet de la poste.

Eh bien ! cette intention je la nie de la façon la plus formelle. Je nie absolument avoir jamais cherché à faire apposer un cachet de la poste sur le *petit bleu*, et je nie formellement avoir jamais adressé des propositions à ce sujet à des officiers de mon service.

Je crois que la base de cette accusation, qui ne s'est développée que peu à peu, je le montrerai tout à l'heure, est une conversation que j'ai tenue avec Lauth, conversation qui aura été rapportée à Henry, qui sera passée de bouche en bouche et dont on se sera servi pour porter contre moi, au même titre qu'avec une pièce fausse, une accusation fausse.

Quand on accuse quelqu'un faussement, ce n'est pas seulement par un rapport comme le rapport Guénée, ou par une lettre comme la lettre *Speranza*, c'est aussi par des allégations mensongères Eh bien ! c'est le cas.

Voici la conversation qui a dû être la base de ces accusations fausses, relatives au *petit bleu*.

Le commandant Lauth, alors capitaine, se trouvait avec moi dans mon bureau. Nous examinions le *petit bleu* et, autant que je puis m'en souvenir à distance, notre conversation a été la suivante :

Lauth : « Mon colonel, ce *petit bleu* n'a aucune authenticité, il n'a pas le cachet de la poste. »

A quoi j'ai répondu : « Mais vous serez toujours là pour témoigner d'où vient cette pièce. »

Et j'ai ajouté, probablement : « D'ailleurs, est-ce que ce n'est pas de l'écriture de un tel? »

Sur quoi Lauth s'est exprimé très vivement : « L'écriture de un tel? Jamais de la vie ! Ceci de l'écriture de un tel ! Jamais de la vie ! »

Voilà, dans mon esprit, comment la conversation a eu lieu.

Maintenant, le commandant Lauth prétend que, lorsqu'il a dit que la pièce ne pouvait pas être authentifiée parce qu'elle n'avait pas le cachet de la poste, je lui ai répondu :

— Croyez-vous qu'à la poste on pourrait en mettre un?

Je nie la chose formellement. Si j'avais dit cela, il y aurait eu peut-être un commencement d'exécution. Or le commencement d'exécution n'a pas eu lieu.

Je vous signale d'ailleurs les variations qui ont eu lieu à ce sujet dans les témoignages : celles de Lauth ne sont pas considérables, sauf au procès Zola; celles du capitaine Junck sont effrayantes.

J'ai déposé exprès mon mémoire destiné à la Chambre des mises en accusation entre les mains de M. le greffier, parce que dans ce mémoire, au sujet de la question de l'écriture du *petit bleu* et au sujet de la question de l'apposition du cachet de la poste, j'ai fait un tableau comparatif de la déposition de Lauth devant le général de Pellieux, devant le commandant Ravary, au procès Zola, devant M. Fabre, et devant M. le rapporteur Tavernier.

Au-dessous il y a les dépositions de Junck dans les diverses occasions semblables où il a eu à témoigner.

Enfin, tout à fait au-dessous, j'ai mis la déposition de Gribelin qui prétend que je lui ai demandé un jour si à la poste on pouvait mettre un cachet à une lettre.

Je prends tout de suite cette dernière question. Il est possible que j'aie dit un jour à Gribelin : « Du temps du colonel Sandherr, est-ce que vous faisiez quelquefois mettre un cachet sur des lettres destinées à tromper un gouvernement étranger ou un espion. »

C'est un moyen que je n'ai jamais employé et que je n'aurais jamais employé ; mais il est possible que je l'aie demandé à Gribelin, car c'est Gribelin qui me renseignait sur les procédés vraiment extraordinaires qui ont été usités dans ce bureau avant que j'en sois le chef et (vous avez pu le constater récemment) après que je l'ai quitté.

Pour la question de l'écriture du *petit bleu*, le témoignage de Junck est bien frappant.

Cette pièce venant de chez A, il était naturel que je dise à Lauth : « N'est-elle pas de l'écriture de A? »

Il est probable que Junck, qui était dans une pièce voisine, ou à qui on a raconté la conversation (car on était très bavard), aura conservé une impression exacte, puisque dans son premier témoignage devant le commandant Ravary il dit :

« Le colonel Picquart a dit à Lauth qu'il serait là pour certifier la provenance du document. »

Devant M. Fabre, cela change. La provenance est devenue l'origine.

Enfin, devant M. le rapporteur Tavernier, l'origine devient l'écriture.

Ainsi voilà, en 1897, le capitaine Junck qui dit que j'ai demandé au commandant Lauth de certifier la provenance du document. Au mois d'août cette expression est devenue l'origine. Enfin, au mois de novembre, au moment où je suis accusé, au moment où tout le monde est contre moi et veut me faire passer devant le Conseil de guerre, c'est l'écriture.

Heureusement que les témoignages écrits sont là ! Mais je ne les ai connus qu'à l'issue de l'enquête Tavernier. Ces témoignages de novembre 1897, je ne les ai connus qu'en novembre 1898.

Vous savez que, grâce à ces accusations plus ou moins secrètement portées contre moi, j'ai, immédiatement après le procès Esterhazy, été envoyé au Mont-Valérien, en attendant la décision d'un Conseil d'enquête destiné à prononcer sur la question de savoir s'il y avait lieu de me mettre en réforme.

Je dois dire que pendant le procès lui-même, je ne me faisais aucune espèce d'illusion sur l'issue des débats. L'enquête et l'instruction avaient été à peine ébauchées.

Le commandant Ravary avait mené son instruction très rapidement. Il avait omis d'entendre bien des témoins que je lui signalais. Il s'était occupé pendant une semaine de la serviette de M. Reinach, mais il avait négligé de faire venir des secrétaires, tels que le secrétaire Ecalle qui avait fait des dessins pour Esterhazy. Il avait négligé de faire expertiser le *petit bleu*, etc., etc.

Ce qui m'a laissé encore moins de doute sur l'issue des débats, c'est l'attitude du général de Pellieux, qui semblait réellement les diriger.

Je comprends que, dans une question aussi obscure, les membres du Conseil de guerre étaient heureux d'avoir l'appréciation de l'officier qui avait fait la première enquête et qui, certainement, avait étudié la question plus longtemps qu'ils ne pouvaient l'étudier pendant les courts moments qu'ils passaient en séance.

Mais à cet officier enquêteur, au général de Pellieux, on avait montré la preuve de la culpabilité de Dreyfus, on lui avait montré le faux Henry, et alors il se disait : « Mais toute cette accusation tombe » et vous aviez là un homme qui était au milieu du Conseil de guerre, qui conseillait les conseillers eux-mêmes, qui renseignait le président et qui était un homme prévenu!...

Je tiens à vous marquer cette situation.

Ensuite l'influence du général de Pellieux, pénétré qu'il était de l'inutilité de ces débats, s'est encore fait sentir dans autre chose.

Un officier, le commandant Rivals, voyant que c'était moi qui étais constamment accusé, a dit très loyalement : « Je vois que le colonel Picquart est le véritable accusé, je demande qu'il puisse être appelé à dire tout pour sa défense. »

J'ai demandé simplement à être confronté avec toutes les personnes qui produiraient au sujet d'Esterhazy et à mon sujet des allégations qui seraient contraires aux miennes.

J'ai été confronté une fois avec Henry. Henry naturellement n'a pas pu soutenir ses dires. Il est parti assez troublé, et le résultat a été que je n'ai plus été confronté avec personne.

Le Président. — Ne pourriez-vous pas résumer un peu?

Le colonel Picquart. — Je vais tâcher, mon colonel.

Je veux dire seulement encore une chose qui a pu évidemment

influer sur la décision des juges d'Esterhazy. Je dis ceci pour vous montrer dans quelle situation étaient ses juges, ce qu'on leur disait avant qu'ils prononcent leur jugement.

Il faut que je vous montre les conditions dans lesquelles on les avait mis; il faut que je vous dise qu'on ne leur avait pas fait toute la lumière et qu'ils ne pouvaient pas s'en douter.

Il y avait encore autre chose. J'étais le principal témoin; j'apportais toutes les charges que je possédais contre Esterhazy. A une des dernières suspensions d'audience, Me Tézenas s'est promené dans le couloir des témoins en disant à tout le monde: « Le colonel Picquart va être arrêté au sortir de l'audience. »

Cela ne doit-il pas faire une impression considérable sur l'esprit des juges quand ils voient que le ministre juge nécessaire de faire arrêter le principal témoin au sortir de l'audience? Et ne pensez-vous pas que ce seul fait — sans même qu'ils s'en aperçoivent — a pu influer sur le travail qui se faisait dans leur tête et dans leur conscience?

Je le crois, et c'est pour cela que j'ai tenu à citer cet incident.

Après le Conseil de guerre Esterhazy, il y a eu le procès Zola.

Comme il a été défendu d'y parler de l'affaire Dreyfus, je n'ai rien à vous en dire. Il s'est agi seulement de l'affaire Esterhazy.

Il n'y aurait que dans le cas où la défense voudrait me poser des questions à ce sujet que je me déclare prêt à y répondre.

J'ai à peu près parcouru tout ce que j'avais à dire sur cette question. Toutefois, il est deux ou trois points que j'ai été obligé de laisser dans l'ombre et sur lesquels je vous demanderai la permission de revenir. Je crois que ces points sont d'un certain intérêt.

En voici un, par exemple: comment est arrivé le bordereau? Je ne citerai aucun nom et je ne donnerai aucune indication qu'il ne me soit pas permis de donner. Mais je tiens à vous dire quels sont mes doutes au sujet de la question du bordereau.

On a dit que le bordereau était arrivé coupé en petits morceaux, dans un cornet; qu'il avait été remis par la voie ordinaire au commandant Henry, que celui-ci l'avait reconstitué et remis ensuite au colonel Sandherr.

Eh bien! pour être certain de la chose, il aurait fallu interroger, soit le colonel Henry, qui n'est plus; soit la personne qui a apporté e bordereau.

Au sujet de la personnalité qui l'a apporté j'ai des doutes, parce que, à ce moment, il pouvait y avoir deux personnes qui aient apporté ce bordereau et ces deux personnes sont d'intelligence tout à fait différente.

En 1893, voici de quelle manière arrivaient les papiers.

Une personne peu intelligente et peu lettrée — je dis peu ettrée, car on a voulu faire croire qu'elle était complètement illettrée, ce qui est tout à fait faux, mais, *peu lettrée* — remettait les papiers à un agent très intelligent, lequel les remettait au service des renseignements.

Ce dernier s'est adressé plus tard directement à la personne moins intelligente et peu lettrée, et l'agent est resté à l'écart, tout en désirant vivement faire quelque chose, parce qu'avec la suppression de ses services c'était la suppression ou la diminution de son gagne-pain.

Je me demande si, à propos du bordereau, la personne intelligente n'a pas pu tâcher de faire quelque chose par elle-même, comme elle le faisait précédemment. Je me demande si cette personne n'est pas celle qui a apporté le bordereau.

Dans ce cas, la question changerait tout à fait de face.

Ce n'est plus quelqu'un qui ne sait pas ce qu'il donne, c'est quelqu'un qui se rend parfaitement compte de la valeur qu'on y attribuera en haut lieu.

Si c'est la personne du système de 1893 qui a continué à marcher en 1894, le bordereau ne pouvait pas passer inaperçu. Il était impossible de le supprimer.

Le commandant Henry ne pouvait pas le faire disparaître, parce que la personne qui l'avait apporté en connaissait parfaitement la valeur, la signification et avait le plus grand intérêt, à ce moment-là, à se mettre en relief.

Je dois dire qu'à mon avis cette personne aurait pu être interrogée sans aucune espèce d'inconvénients, car elle est complètement brûlée. Elle est parfaitement connue du côté A... Son nom même est connu, j'en ai la preuve.

Et dans ces conditions, on aurait pu certainement l'entendre. La chose présente un tel intérêt que je pense qu'on aurait pu l'entendre.

Je ne vois pas pour le moment autre chose à vous exposer sans être questionné.

Le Président. — Considérez-vous votre déposition comme terminée?

Le lieutenant-colonel Picquart. — Oui. Et je suis prêt à répondre à toutes les questions que l'on voudra bien me poser.

Le Président. — Admettez-vous que le *petit bleu* était arrivé par la voie ordinaire.

Le lieutenant-colonel Picquart. — Oui.

Le Président. — Il a donc été recueilli dans le même endroit que les papiers qui venaient de chez A?

Le lieutenant-colonel Picquart. — Oui.

Le Président. — Alors, elle n'est pas parvenue à son destinataire? Ce serait donc une lettre qu'on aurait détournée?

Le lieutenant-colonel Picquart. — Précisément.

Le Président. — Pourquoi, alors, aurait-on voulu y mettre le cachet de la poste?

Le lieutenant-colonel Picquart. — Si on l'avait fait elle perdait toute sa valeur.

Le Président. — Avez-vous voulu y mettre le cachet?

Le lieutenant-colonel Picquart. — Non, monsieur le président, jamais.

Le Président. — Elle perdait toute sa valeur, puisqu'elle avait été prise dans les papiers de rebut, c'est-à-dire ce qu'on appelait la voie ordinaire, et qu'elle n'a pas été envoyée au destinataire.

Le lieutenant-colonel Picquart. — Non, elle n'est pas arrivée au commandant Esterhazy. Je l'ai toujours considérée comme un simple indice. C'est ce qui m'a mis sur la trace du commandant Esterhazy. Même en justice, on n'aurait pas pu la reprocher au commandant Esterhazy, cette lettre, puisqu'elle ne lui était pas parvenue.

Me Demange. — M. Picquart a dit qu'aux débats de 1894 les règlements n'étaient pas observés, que c'étaient des secrétaires qui copiaient les pièces; mais je voudrais lui demander si les autographies n'étaient pas faites par des ouvriers civils.

Le Président. — Au service intérieur géographique, qui faisait les autographies?

Le lieutenant-colonel Picquart. — C'étaient des ouvriers civils. Is étaient aidés par des militaires, mais les militaires faisaient surtout la grosse besogne. Le tirage était surveillé par des officiers. Le nombre des feuilles données aux tireurs était recompté en sortant de la presse et elles étaient remises aux officiers.

Le Président. — Par conséquent, si la surveillance était bien exercée, aucune des feuilles tirées ne pouvait disparaître?

Le lieutenant-colonel Picquart. — Non.

Me Demange. — Mais pouvait-on lire sur le zinc pendant le tirage?

Le Président. — Sur le zinc il est très difficile d'y lire. Sur les planches, je ne crois pas que c'était plus ou moins difficile à lire.

Le lieutenant-colonel Picquart. — Je crois qu'il était difficile de lire quelque chose.

Le Président. — C'est bien de l'accusé ici présent que vous avez entendu parler.

Le lieutenant-colonel Picquart. — Oui, mon colonel.

Le Président. — Accusé, levez-vous. Avez-vous quelque chose à dire?

Le capitaine Dreyfus. — Non, mon colonel.

Le général Roget. — Monsieur le Président, je demande à êtr entendu contradictoirement avec M. Picquart.

Le général Mercier. — Moi aussi.

Le Président, *s'adressant au général Roget.* — En avez-vous pour quelque temps?

Le général Roget. — Monsieur le Président, je ne dépose que sur ce qui m'est personnel, je n'en ai pas pour longtemps.

Le Président. — Veuillez faire votre déposition.

CONFRONTATION ENTRE LE GÉNÉRAL ROGET ET LE LIEUTENANT-COLONEL PICQUART

Le général Roget. — M. Picquart m'a pris à partie au sujet de l'affaire Caïnelli. Il dit n'avoir pas été présent au ministère au moment où cette affaire s'est posée. Il l'attribue à Henry.

C'est tout à fait inexact, et je demande à M. Picquart s'il nie avoir écrit au capitaine Maréchal pour le mettre en relations avec Galanti; s'il nie avoir écrit au substitut du procureur de la République pour envoyer des pièces; s'il nie avoir répondu une seconde fois à une lettre du même substitut, à la date du 15 juillet? S'il nie toutes ces choses, je demande que le Conseil fasse venir le capitaine Maréchal, ainsi que le dossier.

Le lieutenant-colonel Picquart se tourne vers le général Roget pour lui répondre.

Le Président. — Veuillez me répondre à moi.

Le colonel Picquart. — Je n'avais pas besoin de la menace de faire venir ce dossier pour vous répondre en toute vérité sur ce que vient de dire le général Roget.

Je n'ai pas dit, et la sténographie en fera foi, que j'étais absent pendant que l'affaire Caïnelli s'est déroulée. Je vous ai dit que je m'étais absenté pendant une partie de ce temps et que j'avais eu même des préoccupations d'une nature très pénible qui ont fait que je ne me suis pas occupé de cette affaire de la même manière que d'habitude.

Le Président. — Ces lettres, vous les avez écrites?

Le lieutenant-colonel Picquart. — Oui, je me souviens d'avoir écrit des lettres au sujet de cette affaire; mais je dois vous avouer ceci, c'est qu'il me serait absolument impossible de vous préciser le moment, quelle est la date exacte à laquelle ces lettres ont été écrites, et quels sont les termes dans lesquels elles ont été écrites.

Le général Roget. — Je demande s'il a écrit notamment la lettre où l'on fait filer Galanti en Suisse, en lui disant : « *Aus dem Staube* ».

Le lieutenant-colonel Picquart. — Je ne me souviens pas de l'expression « *Aus dem Staube* » ; mais puisque le général Roget a donné le nom d'un agent qui était employé depuis environ un an au service des renseignements, qui nous avait mis au courant des agissements des ouvriers italiens dans les forts non seulement des environs de Belfort, mais encore dans les forts de l'Est; eh bien! puisque le général Roget nous a dit cela et qu'il vient de dévoiler la personnalité de cet homme, je vous dirai qu'il est tout naturel que lorsqu'un agent se trouve sur le point d'être brûlé on l'empêche d'être pincé et que, de même que vous n'avez pas ici convoqué la « voie ordinaire » et de même que, si je ne me trompe, l'homme intelligent dont je vous parlais tout à l'heure est actuellement en Suisse, de même il était naturel que Galanti rentrât non pas en Suisse, mais immédiatement auprès des gens près desquels il prenait ses renseignements habituels et qui se seraient doutés de quelque chose s'il avait parlé en justice.

Le général Roget. — M. Picquart a reconnu avoir écrit la lettre.

J'ajoute ceci : c'est que le colonel Henry ne s'est pas mêlé de cette affaire. Il a été envoyé par M. Picquart ensuite, à son corps défendant, à Belfort. Vous n'avez qu'à interroger les officiers qui étaient au service des renseignements à ce moment.

Le lieutenant-colonel Picquart. — Je tiens à préciser. J'ai reconnu avoir écrit des lettres au sujet de cette affaire. Maintenant, qu'y avait-il dans ces lettres?

Je tiens à me prémunir, parce que vous avez pu voir, par les énumérations qui en ont été faites, combien dans cette affaire il y a eu de faux.

Eh bien! je dirai, quand j'aurai vu : J'ai écrit telle lettre, telle chose.

Tout ce que je puis dire maintenant, c'est que j'ai écrit des lettres.

Le Président. — C'est assez caractéristique pour que vous vous en souveniez. Vous avez renvoyé l'agent?

Le lieutenant-colonel Picquart. — J'ai renvoyé l'agent à son point de départ pour que, au moment où l'affaire venait de se produire, l'agent ne soit pas brûlé. Maintenant je crois me souvenir, et il me semble bien qu'Henry s'est rendu à Belfort pour cette affaire.

Le général Roget. — Vous l'y avez envoyé. Il y est allé à son corps défendant.

Le lieutenant-colonel Picquart. — A son corps défendant?

Le général Roget. — Il y est allé parce qu'il était obligé d'y aller.

Le lieutenant-colonel Picquart. — Voilà le souvenir qui me reste : Henry s'est mêlé de cette affaire, et Henry a vu les juges à Belfort. Ce qu'il y a fait, je n'en sais rien. Il ne m'a, en tout cas, pas rendu compte qu'il avait fait une communication secrète.

Le général Roget. — Je ne l'ai pas dit. Je n'ai pas dit que des pièces avaient été communiquées aux juges; vous n'avez qu'à consulter le compte rendu sténographique. Je n'ai pas dit que la pièce avait été communiquée aux juges; j'ai dit qu'on avait envoyé ces pièces, mais je n'ai pas dit qu'elles avaient été communiquées. J'ai dit que j'étais sûr que la défense n'en avait pas eu communication.

Le lieutenant-colonel Picquart. — En somme, la réponse de M. le général Roget semble indiquer un doute.

Le Président. — Y a-t-il eu des pièces envoyées à Belfort?

Le lieutenant-colonel Picquart. — Oui, il y a eu des pièces envoyées à Belfort et ces pièces ont été remises aux mains du parquet.

Le Président. — Vous avez renvoyé les pièces au Parquet?

Le lieutenant-colonel Picquart. — Oui.

Me Demange. — Et la condamnation a été prononcée par le Tribunal.

Le général Roget. — Je repousse avec dédain ce qu'a dit M. Picquart, au sujet de la communication au *Gaulois*. Je n'ai jamais fait de communication à la presse. Je délie tous les rédacteurs du *Gaulois* et des autres journaux du secret professionnel à mon égard.

M. Picquart a parlé de la lettre C C dont il a été question avec M. Paléologue; il vous a dit que, le 2 juillet, le colonel Cordier était avec lui. Or, M. Picquart a commencé son service le 26 juin, mais il ne l'a pris officiellement que le 1er juillet, et M. Cordier était parti dans les derniers jours de juin, il n'y a qu'à voir sa feuille de route.

Le lieutenant-colonel Picquart. — Une petite inexactitude s'est glissée dans ce qu'a dit le général Roget. Au début, il a dit que j'avais pris mon service le 2 juillet; il a rectifié ensuite et il a dit le 1er.

Le général Roget. — Bon !

Le lieutenant-colonel Picquart. — Ceci étant dit, je suis certain que le colonel Cordier est resté plusieurs jours à Paris après ma prise de service. Il n'y a du reste qu'à le lui demander.

Le général Roget. — Je crois qu'il vaudrait mieux demander officiellement la date de son départ. Je dirai aussi que le colonel Sandherr, qui était à ce moment-là déjà malade, n'est venu qu'une fois au service des renseignements pour passer les fonds à M. Picquart; il y est resté peu de temps et il n'était pas en état de donner de renseignements.

Le lieutenant-colonel Picquart. — J'ai à répondre que le colonel Sandherr est venu une fois certainement, et que j'ai été tous les jours chez lui, pendant les premiers temps, tant que son état lui a permis de me recevoir. J'allais rue Léonce-Reynaud entre deux et trois; il me mettait au courant des indications qui n'étaient pas suffisamment connues de moi; lorsque j'avais une lettre d'un agent que je ne connaissais pas, je lui demandais des renseignements.

Le général Roget. — Je maintiens que les notes du 5 juin de M. Delaroche-Vernet sont au dossier; qu'il y a, au dossier, les lettres du colonel Sandherr relatives à M. Matton, de la section italienne. Seule, la note où il était question du voyage de Dreyfus, personne n'en a entendu parler. Je pourrais répondre à d'autres indications, mais pour le moment je préfère m'abstenir.

Le Président. — Je crois que le général Mercier désire dire quelque chose.

Le général Mercier. — Je tiens à répondre quelques mots à la déposition de M. le colonel Picquart.

Le Président. — Vous avez la parole.

CONFRONTATION ENTRE LE GÉNÉRAL MERCIER ET LE LIEUTENANT-COLONEL PICQUART

Le général Mercier. — M. Picquart a dit d'abord que je l'avais chargé de porter des pièces au colonel Maurel. C'est absolument inexact. Je n'ai jamais remis aucun pli au colonel Picquart pour le colonel Maurel.

Il a déposé que j'avais, dans une conversation avec lui-même, parlé de pièces secrètes que j'aurais fait remettre au colonel Maurel.

Je n'ai jamais parlé de pièces secrètes au colonel Picquart.

Le Président. — Si vous le voulez bien, nous éclaircirons les questions une à une. (*S'adressant au colonel Picquart.*) Vous avez la parole.

Le lieutenant-colonel Picquart. — Je me souviens très bien avoir remis au colonel Maurel un ou plusieurs plis. Était-ce le ministre qui m'en avait chargé? était-ce le chef d'État-major? Je n'en sais rien.

Le Président. — Vous les avez remis sans savoir d'où ils venaient ni ce qu'ils contenaient?

Le général Mercier. — Sur ce point, le général de Boisdeffre et le colonel Maurel déposeront. Second point. Le colonel Picquart a déclaré que, dans l'après-midi du 6, revenant de Versailles, il aurait été faire visite au général Gonse et qu'il l'aurait trouvé extrêmement ému de la crainte d'une guerre immédiate. Cela ne peut pas être.

Je ne sais pas si le colonel Picquart a été chez le général Gonse. Le général Gonse en témoignera, et son témoignage sera retenu comme celui du colonel Picquart.

Mais le général Gonse ne pouvait pas être ému de la crainte d'une guerre, puisque, dans l'après-midi du 6, d'après la déposition de M. Casimir-Perier, je n'avais pas encore moi-même cette crainte. Ce n'est que vers la fin de l'après-midi que j'ai été prévenu de me rendre chez le Président de la République, et ce n'est que dans la soirée du 6 que cette menace de guerre a été nettement exprimée.

Le lieutenant-colonel Picquart. — Je maintiens que dans l'après-midi du 6, sans que je puisse préciser l'heure exacte, j'ai trouvé le général Gonse excessivement ému, parce qu'il savait la démarche d'un ambassadeur auprès du Président de la République,

Le Président. — Cette démarche n'était pas encore faite.

Le lieutenant-colonel Picquart. — Le fait seul de cette demarche l'avait extrêmement ému.

Le Président. — Enfin, la démarche n'était pas encore faite. C'est antérieur à la démarche.

Le lieutenant-colonel Picquart. — Je n'en sais rien.

Me Demange. — Monsieur le président, sur ce point particulier, je crois avoir entendu dire que les démarches avaient été faites la veille.

Le Président. — La demande d'audience a été faite la veille.

Me Demange. — Et que le lendemain, l'audience a eu lieu.

Le Président. — Dans la soirée du 6?

Me Demange. — C'est à 1 h. 1/4 de l'après-midi qu'a eu lieu l'entretien de M. Casimir-Perier avec l'ambassadeur de la puissance de l'agent A.

Le Président, *s'adressant au lieutenant-colonel Picquart.* — Et à quelle heure placez-vous la visite du général Gonse?

Le lieutenant-colonel Picquart. — J'étais revenu dans l'après-midi de Versailles; ce doit être entre trois et quatre heures. Mais je ne puis absolument rien préciser.

Le Président. — On ne pouvait pas connaître à ce moment le résultat de l'entrevue!

Le lieutenant-colonel Picquart. Je ne dis pas que c'est le résultat qui lui inspirait des craintes; le fait seul de la démarche d'un ambassadeur d'une puissance auprès du Président de la République était parfaitement de nature à donner au général Gonse des craintes.

Le Président. — Il ne connaissait pas la nature de cette démarche, mais seulement son existence.

Le lieutenant-colonel Picquart. — Et son objet.

Le général Mercier. — M. le lieutenant-colonel Picquart a parlé d'une pièce secrète, au crayon bleu, qu'il aurait retrouvée dans le dossier secret quand on l'a reconstitué.

Car je vous ai expliqué que j'avais fait disloquer le dossier secret à mon départ du ministère. Cette pièce, au crayon bleu, il a déclaré ne pas savoir exactement si elle avait fait partie du dossier secret communiqué au Conseil de guerre ou non.

J'affirme qu'elle n'en a pas fait partie. Cette pièce-là, je ne la connais pas, je ne l'ai pas connue.

Le Président, *au lieutenant-colonel Picquart.* — Vous n'êtes pas sûr qu'il y eût dans le dossier communiqué au conseil de Guerre une pièce au crayon bleu?

Le lieutenant-colonel Picquart. — Je n'en ai aucune preuve. Je me suis contenté d'émettre un doute.

Me Demange. — M. le général Mercier se souvient-il des pièces communiquées et pourrait-il les indiquer?

Le général Mercier. — Je les ai indiquées. Ce sont celles dont je vous ai donné l'explication, au commencement de ma déposition.

Me Demange. — J'ai entendu M. le général Mercier, au commencement de sa déposition, dire : « Six ou sept pièces »; s'il les a présentées à l'esprit, je ne lui demande pas de les expliquer, mais de les indiquer d'un mot.

LE GÉNÉRAL MERCIER. — Vous aviez d'abord le télégramme ; vous aviez ensuite le commentaire qui préparait la réponse au télégramme ; vous aviez la lettre Davignon.

Vous aviez le billet dans lequel l'attaché militaire italien disait qu'il allait avoir en sa possession l'organisation militaire des chemins de fer français ; vous aviez la lettre : *Ce canaille de D...*, et vous aviez ensuite le rapport Guénée et les extraits de ce rapport.

Me DEMANGE. — Qu'est-ce que le général appelle le télégramme et son commentaire ?

LE GÉNÉRAL MERCIER. — Le premier télégramme « Chose, aucun signe d'État-major ».

Me DEMANGE. — Ah ! très bien, et puis le commentaire qui accompagnait le télégramme ?

LE PRÉSIDENT. — Avez-vous encore des observations à faire ?

LE GÉNÉRAL MERCIER. — Oui, monsieur le président. M. le colonel Picquart, en faisant allusion à une chose que j'ai dite dans ma déposition relativement à une pièce qui aurait disparu du 1er bureau de l'État-major, à une note relative à l'affectation de l'artillerie lourde de campagne aux armées, M. le colonel Picquart a dit que l'enquête à ce sujet avait été faite par le colonel du Paty et qu'à la pièce dont on avait constaté la disparition, on n'avait pas pu assigner de date. L'enquête a été faite, non pas par le colonel du Paty, mais par le lieutenant-colonel Marsaud qui était à ce moment sous-chef du 1er bureau dans lequel devait se faire l'enquête.

Je crois vous avoir dit, dans ma déposition, que cette note sur l'affectation de l'artillerie lourde aux armées, qui avait été faite par le 1er bureau à la suite d'une communication de la 3e direction, cette pièce est datée du 27 mars, et que la copie en existe encore dans les archives du chef d'État-major général.

C'est la minute qui a disparu du 1er bureau, datée du 22 mars 1893, et je vous ai dit que cette minute avait été attribuée par l'enquête au commandant Beyle ou au capitaine Dreyfus qui lui était adjoint.

Je précise sur ce point.

Enfin sur le dernier point auquel le colonel Picquart a fait allusion, sur la façon dont a été livré le bordereau, je vous ai dit dans ma déposition et je maintiens que le bordereau a été livré par la personne qu'on a appelée la « voie ordinaire » sans aucun intermédiaire entre elle et le colonel Henry.

Me Demange. — Sur la question précédente voudriez-vous demander à M. le général Mercier s'il avait lu le commentaire avant qu'il fût joint au dossier secret?

Le général Mercier. — Il a été fait pour mon instruction personnelle.

Me Demange. — Voudriez-vous demander à M. le général Mercier pourquoi il n'a pas pensé à faire joindre au commentaire le renseignement indiquant qu'il y avait un nommé Dubois qui était soupçonné d'avoir communiqué des renseignements à l'étranger?

Le général Mercier. — Parce que nous avions constaté qu'il ne pouvait avoir été l'auteur des pièces mentionnées dans le commentaire.

Me Demange. — Parce que vous aviez estimé que Dubois ne pouvait pas être l'auteur, après l'étude du dossier, des divulgations et par conséquent vous n'avez pas fait savoir qu'il y avait un nommé D... dont il pouvait être question?

Le général Mercier. — Parfaitement.

Le Commissaire du Gouvernement. — M. le général Zurlinden demande l'autorisation de se retirer, sauf à être rappelé, le cas échéant.

Le Président. — Mon général, vous pouvez vous retirer à la condition qui a été déjà indiquée pour les autres témoins qui ont reçu la même autorisation.

La séance est levée et remise à demain matin six heures et demie.

La séance est levée à onze heures quarante.

SEPTIÈME AUDIENCE

Samedi 19 août.

La séance est ouverte à 6 heures 30.

Le capitaine Dreyfus est introduit.

LE PRÉSIDENT. — Faites entrer le témoin, M. le commandant Cuignet.

QUINZIÈME TÉMOIN

M. LE COMMANDANT CUIGNET

M. le commandant Cuignet arrive à la barre des témoins.

LE PRÉSIDENT. — Vos nom et prénoms?

LE COMMANDANT CUIGNET. — Cuignet.

LE PRÉSIDENT. — Votre grade? Votre situation militaire?

LE COMMANDANT CUIGNET. — Chef de bataillon d'infanterie en non activité.

LE PRÉSIDENT. — Votre âge?

LE COMMANDANT CUIGNET. — 41 ans.

LE PRÉSIDENT. — Connaissiez-vous l'accusé avant les faits qui lui sont reprochés?

LE COMMANDANT CUIGNET. — Oui, mon colonel. J'étais titulaire à l'État-major de l'armée, alors que le capitaine Alfred Dreyfus y était stagiaire.

LE PRÉSIDENT. — Vous avez été chargé d'étudier le dossier de l'affaire Dreyfus et, par conséquent, vous êtes à même de donner au Conseil des renseignements très circonstanciés sur le développement de cette affaire? Veuillez nous dire ce que vous savez à ce sujet.

LE COMMANDANT CUIGNET. — Avant de soumettre au Conseil les résultats du travail dont j'ai été chargé par les divers ministres de la Guerre, depuis M. Cavaignac jusques et y compris M. de Freycinet, je désire relater devant vous un fait personnel, c'est-à-dire un fait dont je n'ai pas eu connaissance en raison de la mission qui m'a été confiée, mais qui, joint aux témoignages déjà apportés devant vous, — ou qui vous seront apportés ultérieurement, — sera une nouvelle preuve des manières investigatrices, indiscrètes du capitaine Dreyfus lorsqu'il était à l'État-major de l'armée.

Ainsi que je l'ai dit tout à l'heure, j'étais titulaire à l'État-major de l'armée alors que le capitaine Dreyfus y accomplissait un stage pendant le deuxième semestre de 1893. J'étais affecté au service central du quatrième bureau et, entre autres attributions, j'avais à traiter les questions qui se rapportaient, au point de vue des chemins de fer, au dispositif des mines établies sous les voies ferrées pour interrompre la circulation au moment opportun. Je n'ai pas à insister sur le caractère secret des questions de cette nature.

Le capitaine Dreyfus était stagiaire au réseau de l'Est, et son chef direct, M. le commandant Bertin, m'avait chargé de l'étude des mêmes questions, spécialement pour le réseau de l'Est. Le capitaine Dreyfus ne possédait que les renseignements relatifs à son réseau, et non l'ensemble des renseignements que détenait le service central. Un jour, le capitaine Dreyfus vint me trouver et me demanda de lui communiquer l'ensemble des indications que je possédais. Il motiva sa demande par le désir qu'il avait de s'instruire et par la nécessité où il se trouvait, disait-il, de connaître l'ensemble de la question, pour mieux exécuter le travail qui lui était confié. Je lui répondis que cette nécessité ne me paraissait pas évidente, et qu'en tout état de cause, il ferait mieux de s'adresser à son chef direct, M. le commandant Bertin. Il prétexta que le commandant Bertin lui refusait toutes espèces de renseignements. Néanmoins, je n'accédai pas à sa demande.

Il revint à la charge plusieurs jours de suite, si bien que, obsédé par ses démarches, n'ayant d'ailleurs aucune raison de me défier de lui, attendu que par sa situation il connaissait déjà bien des secrets, je finis par entrer dans des explications que je supposais d'abord devoir être courtes, mais qui peu à peu devinrent l'objet d'une véritable conférence. Le capitaine Dreyfus se montra très intéressé. Il prit de nombreuses notes. Moins d'un an plus tard, une perquisition fut faite à son domicile par le commandant du Paty de Clam. Ces notes ne furent pas retrouvées. On a retrouvé ses cours, ses travaux à l'École de guerre. Que sont devenues ces notes? Je l'ignore. Il est difficile d'admettre qu'il les ait détruites, étant donnée l'importance qu'il semblait attacher aux renseignements qu'elles contenaient et l'insistance qu'il avait mise à les obtenir.

LE CAPITAINE DREYFUS. — Voulez-vous me permettre, mon colonel ?

LE PRÉSIDENT. — Vous répondrez à la fin de la déposition.

LE COMMANDANT CUIGNET.— Je passe au résultat de la mission qui m'a été confiée par le ministre de la Guerre. Je me propose d'être très bref, parce que beaucoup de questions ont déjà été traitées ici par les témoins précédents. Je m'efforcerai en outre de rapporter les courtes observations que je soumettrai au Conseil à cette seule question : Dreyfus est-il coupable ?

A cette question j'ai répondu : quant à moi, oui. Et ma conviction est basée, comme je l'ai dit devant la chambre criminelle, sur des considérations tirées de trois ordres de faits ou de documents, savoir :

Les aveux recueillis par le capitaine Lebrun-Renault ;

La discussion technique du bordereau ;

Enfin l'examen du dossier secret.

Je puis ajouter maintenant une quatrième preuve, dans le détail de laquelle je n'entrerai pas : c'est la démonstration graphologique faite par M. Bertillon. (*Mouvements divers.*)

Enfin, comme preuve, indirecte il est vrai, je citerai aussi, parce que je l'ai cité souvent à ceux qui m'ont demandé des renseignements, qui demandaient à s'éclairer au cours de ces derniers mois, et à qui je ne pouvais rien dire, je citerai comme preuve indirecte la nature même des moyens employés par les partisans de Dreyfus pour arriver à la réhabilitation.

M. le général Roget vous a montré quels étaient les moyens employés par le protagoniste de la revision, par l'ouvrier nécessaire de la campagne directe contre la justice, contre la vérité et contre la patrie. Je ne reviendrai pas sur ce qu'a dit le général Roget d'une voix beaucoup plus autorisée que la mienne ; mais je dois signaler au Conseil l'existence, au ministère de la Guerre, d'un dossier que peut-être il jugera utile de consulter si M. le ministre de la Guerre croit pouvoir lui en donner communication. Ce dossier contient des renseignements détaillés sur des entrevues qui ont eu lieu entre des hommes qui ont occupé ou qui occupent une situation considérable dans l'État, et le représentant d'une puissance au profit de laquelle a été accomplie la trahison.

Je me borne à indiquer au Conseil l'existence de ce dossier. Je ne puis pas entrer dans les détails de ce qu'il contient avant que M. le ministre de la Guerre n'ait décidé s'il est possible de le lui communiquer.

Les aveux recueillis par M. le capitaine Lebrun-Renault, j'y crois pour deux raisons :

La première, c'est que le capitaine Lebrun-Renault et le commandant d'Attel ont rapporté ces aveux de la même manière. Le capitaine Lebrun-Renault et le commandant d'Attel ne se connaissaient pas. Ils n'ont fait que s'entrevoir pendant une ou deux minutes. Ils ne se sont pas parlé. Eh bien, quant à moi, lorsque deux hommes qui ne se connaissent pas disent la même chose, ils disent la vérité, parce qu'on ne se rencontre pas dans l'erreur.

Une deuxième raison pour laquelle je crois aux aveux recueillis par le capitaine Lebrun-Renault, c'est qu'à près de trois ans d'intervalle, il a reproduit, dans le cabinet de M. le ministre de la Guerre, M. le général Billot, les aveux qu'il avait recueillis de la bouche de Dreyfus dans les mêmes termes où il les avait signalés précédemment à M. le général Mercier, et que M. le général Mercier avait fait consigner par le général Gonse dans la lettre au général de Boisdeffre. Eh bien ! à trois ans de distance, on ne peut pas reproduire dans les mêmes termes les paroles qu'on a entendues ; sinon on ne dit pas la vérité. Si à ce moment on est guidé par son imagination, s'il y a quelques exagérations, on ne dit pas la même chose dans les mêmes termes.

C'est pour les deux raisons que je viens d'indiquer que je crois aux aveux recueillis par le capitaine Lebrun-Renault. Si on n'y croyait pas, il ne faudrait plus croire au témoignage humain.

J'arrive à la discussion technique du bordereau. On l'a faite devant le Conseil. Je n'y reviendrai pas. On vous a montré que le bordereau ne peut avoir été fait que par un officier d'état-major, par un officier d'artillerie stagiaire à l'État-major de l'armée. Les partisans de l'innocence de Dreyfus ont voulu mettre en avant Esterhazy. Or, Esterhazy, qui était un officier de troupe, était hors d'état de fournir les renseignements dont la mention est faite sur le bordereau.

On l'a bien senti, d'ailleurs. On a essayé d'insinuer qu'Henry avait été l'intermédiaire, que c'était Henry qui avait vendu à Esterhazy les renseignements qu'Esterhazy devait transmettre à une puissance étrangère. Eh bien ! je déclare, et tout le monde viendra vous déclarer, du moins tous ceux qui connaissent les services du ministère de la Guerre, qu'il est impossible à un officier du service des renseignements de prendre des renseignements dans les bureaux de l'État-major. Un officier du service des renseignements qui s'adresserait à un des officiers des bureaux pour obtenir de lui un renseignement secret serait immédiatement l'objet d'une suspicion. On ne comprendrait pas les motifs de sa curiosité puisque sa question ne répondrait à aucun besoin du service. Moi-même, qui appartenais à l'un des bureaux de l'État-major, j'aurais été certainement hors d'état de fournir des renseignements ayant quelque importance, quelque valeur sur le travail de l'un des trois autres bureaux.

Il ne faut pas dire non plus, comme l'a insinué tout récemment devant vous M. Picquart, que c'est le lieutenant-colonel du Paty de Clam. Telle est en effet la dernière insinuation ; ce n'est plus Henry, c'est le lieutenant-colonel du Paty de Clam.

Je passe à l'examen du dossier secret. Je me propose d'abord, messieurs, de vous dire quelques mots sur la nature des documents qui composent le dossier secret. Ces documents sont de deux catégories.

Les uns comprennent des notes, des mémoires sur des questions se rattachant directement ou indirectement aux charges relevées contre Dreyfus ; ce sont encore des témoignages recueillis sur la manière d'être, les habitudes, le caractère du condamné de 1894. Ces documents n'ont aucun caractère confidentiel ni secret. Lors de l'ouverture de l'instruction de la chambre criminelle, ils ont été remis entre ses mains et elle les a gardés jusqu'à la fin de son instruction.

La deuxième catégorie de documents appartient à une série de pièces qui existent au ministère de la Guerre. Ces pièces, d'un caractère secret, sont en très grand nombre. Elles s'étendent sur une période de plus de vingt ans. J'en connais qui datent de 1878. Ces documents ne viennent pas seulement de l'endroit que vous savez. Ils viennent d'ailleurs, d'un peu partout. Ils n'ont pas seulement été recueillis à Paris, ils ont été recueillis en d'autres lieux, quelquefois à l'étranger. Ils n'ont pas toujours été obtenus par les moyens que vous connaissez maintenant, mais par des moyens analogues ; en tout cas, toujours par des moyens licites ; nous n'avons rien pris ; on nous a apporté.

Ces documents n'ont pas tous trait à l'espionnage. Il y a des lettres banales, des lettres de famille, des lettres de femmes. Il y a des rapports diplomatiques, des rapports militaires. Cette précieuse source de renseignements nous a permis de connaître quelles étaient les tendances de telle ou telle puissance ; quels étaient les progrès réalisés par elles. Nous avons vu quelles étaient leurs appréciations sur nous-mêmes, leurs appréciations sur nos hommes politiques. Enfin, nous avons vu surtout, et nous avons eu la preuve manifeste qu'un vaste réseau d'espionnage était dirigé ; en tête de ce service d'espionnage se trouvaient les agents appartenant à la même puissance que M. A. Tous en ont fait. Ils n'étaient pas seuls. Ils avaient pour collaborateurs des agents du même ordre appartenant à d'autres puissances.

Lorsque le procès en revision fut ouvert devant la Cour de cassation, le ministre de la Guerre pensa qu'il y aurait peut-être intérêt à communiquer aux magistrats l'ensemble des documents que nous possédons. Il proposa, au cours des longues négociations qui s'ouvrirent avant que fût communiqué le dossier secret, il proposa aux magistrats de venir au ministère de la Guerre voir ces documents, les compulser, car, en raison de leur nombre et de leur volume, il ne pouvait être question de transporter tous ces documents à la Cour. La Cour ne crut pas devoir entrer dans les vues du ministre de la Guerre. Elle se contenta de l'examen du dossier secret. Alors, parmi ces documents qui n'étaient pas communiqués, on fit un choix. On prit ceux d'entre eux qui se rapportaient à l'espionnage et on en constitua un dossier spécial, plus volumineux que le dossier secret. Je pense qu'il y aurait intérêt pour le Conseil à prendre connaissance de ce dossier. Voici pourquoi :

Le Conseil, par l'examen de ce dossier, verrait que l'affaire Dreyfus n'est pas du tout un cas isolé. Je veux dire, par là, qu'il n'y a pas eu qu'un espion. Il y en a eu souvent. Il y en a eu beaucoup. Ils n'étaient pas dans sa situation, bien entendu, car il était le seul.

Le Conseil verrait par ce dossier que les attachés militaires s'occupaient d'espionnage. Il verrait un document de l'agent A, qui demande à ses chefs un supplément de personnel, en énumérant son travail, et vous verriez que, parmi les occupations dont il est chargé, il y a l'espionnage. Vous verriez les attachés militaires à la piste des occasions provoquant des défaillances. Et alors on comprend que l'affaire Dreyfus ait pu naître.

Il y a encore une autre raison pour que le Conseil puisse prendre communication de ce dossier. Il verrait quel est le degré de créance qu'il faut attacher à certains témoignages qui ont été apportés de l'étranger devant la justice française contre des officiers français.

Je citerai un seul fait : Un attaché militaire d'une autre nationalité que M. A., occupant un grade élevé dans son pays, a obtenu un jour par faveur spéciale d'assister à des manœuvres de cavalerie. Au cours de ces manœuvres, on devait expérimenter une nouvelle tactique de l'arme et il avait été entendu qu'aucune mission étrangère ne serait autorisée à y prendre part; c'est une exception qui fut faite en faveur de l'attaché militaire dont je parle maintenant. Cet agent diplomatique fut accueilli par le général directeur qui le fit manger à sa table et le traita comme un frère d'armes. Comment cet agent reconnut-il l'hospitalité qu'il avait reçue? Il nous l'apprend lui-même par une lettre que vous pourriez lire. Il écrit à un de ses camarades, dit à quoi il passait son temps, dit qu'il interrogeait les officiers, qu'il a fait profit des indiscrétions qui ont pu leur échapper, qu'il en fera part aux autres attachés militaires et, à la fin de sa lettre, il plaisante à sa manière la crédulité naïve de ceux qui l'ont accueilli. Eh bien! c'est ce même agent qui est venu porter un témoignage indirect devant la justice française en faveur de Dreyfus et contre Esterhazy, cet agent qui a manifesté sa haine contre notre pays. Croyez-vous que c'est par amour pour la France qu'il est venu livrer un soi-disant traître comme Esterhazy, traître qui devait être précieux puisqu'on lui donnait un ou deux billets de mille francs à la fois? Il est évident qu'il faut prendre le contrepied de ce qu'il dit.

C'est dans les documents secrets dont je viens de parler qu'ont été pris les documents qui constituent le dossier secret du ministère de la Guerre. Une partie de ces documents secrets s'appliquent directement à Dreyfus. D'autres sont simplement des pièces de comparaison qui permettent d'établir l'authenticité des documents de la première partie. De l'examen des pièces de la première partie, et même de celles de la seconde, il résulte deux constatations : d'abord, une entente étroite qui existait, au point de vue de l'espionnage, entre les agents A. et B. La deuxième constatation, c'est qu'un des résultats de cet espionnage a été d'obtenir des renseignements secrets provenant du cœur de l'État-major général, et que celui qui livrait ces documents secrets était le capitaine Dreyfus.

Le capitaine Dreyfus, *se levant brusquement.* — Mon colonel, je ne peux pas entendre des mensonges pareils tout le temps! (*Sensation.*)

Le président fait signe à l'accusé de se rasseoir.

Le commandant Cuignet. — L'examen des deux parties du dossier secret démontre l'entente étroite qui existait entre les agents A. et B. Il n'y a qu'à lire la correspondance de l'agent B., insérée à la deuxième partie, et le commentaire de ces lettres qui se trouve à la première. Vous y verrez que les deux agents n'ont rien de caché l'un pour l'autre. Ils se communiquent leurs affaires privées, leurs désirs d'avancement, ils se communiquent surtout les documents secrets qu'ils obtiennent de différentes sources. On voit même, par un document, l'agent B. donner à son ami M. A. des renseignements confidentiels établis par les soins de son propre gouvernement. Il les donne à l'insu de son gouvernement, et en se cachant de son gouvernement. En effet, dans une lettre de M. A. à son chef d'État-major, nous voyons ceci :

« Je vous adresse ci-joint trois notices sur l'Angleterre, la Suisse et la France; ces notices ont été établies par l'Etat-major (ici la désignation de la puissance à laquelle appartient l'agent B); elles ont été fournies par M. B., à la condition expresse qu'il n'y serait jamais fait aucune allusion à son État-major, et qu'elles lui seraient rendues à bref délai. »

Dans les conditions de cette entente, si étroite que les attachés militaires se communiquent tout, que devient l'affirmation de M. B., faite par lui dans deux rapports à son chef direct, à son chef diplomatique, au lendemain de l'arrestation du capitaine Dreyfus? Dans ce rapport, auquel M. le général Roget a déjà fait allusion, M. B. dégage sa responsabilité, déclare qu'il n'a jamais eu aucune relation avec Dreyfus. Mais non seulement il laisse entendre, mais il déclare que c'est l'agent A. qui a eu des relations avec lui. Que dit en effet l'un des rapports, autant que je puisse le citer de mémoire? Ce rapport, daté du 2 novembre 1894, contient en substance ceci :

« Les journaux continuent à mettre notre pays sur le tapis à l'occasion de l'affaire Dreyfus. Le *Temps* déclare que le ministère de la Guerre a refusé de donner le nom de la puissance à laquelle appartient M. A.; que Dreyfus était en relations — car dans le cas contraire, étant donnée l'affaire R. (une affaire d'espionnage toute récente qui s'était passée dans le Midi et qui avait créé une certaine émotion en France), étant donnée l'affaire R., on se serait empressé de nous citer. »

Les affirmations de M. B. n'ont pas suffi à convaincre son propre gouvernement. Nous avons vu, et on voit par le dossier secret, qu'il a été soumis à une enquête pour déterminer s'il avait eu une responsabilité quelconque dans l'affaire Dreyfus.

Cette enquête a été poussée assez activement pour motiver ses inquiétudes. Dans une lettre adressée, je crois, en 1896, à M. A., il lui dit — et je respecte autant que possible son style particulier :

« Mon cher petit bleu. Voici la lettre que vous avez demandée. J'espère qu'elle vous suffira. Maintenant, je vous prie de prier là-bas, qu'on cesse l'enquête, car le ministre de la guerre serait obligé de gronder le chef d'Etat-major, et le chef d'Etat-major tomberait sur moi que je suis le petit poisson. D'autre part, le chef d'Etat-major, se basant sur ce fait que ma correspondance était réservée, pourrait me faire avoir des ennuis sérieuses (*sic*). A vous il ne vous manque pas le moyen de trancher cela. »

On a dit : « Mais comment se fait-il que ces deux agents A. et B. aient été obligés de s'écrire? Ils étaient dans la même ville. Ils n'avaient qu'à se parler. » Il faut savoir, pour comprendre la raison d'être de ces lettres, quel était le genre de vie particulier de MM. A. et B. M. A. montait à cheval tous les matins. Il accompagnait généralement dans ses promenades son chef diplomatique; il descendait de cheval vers neuf heures et demie, rentrait à son bureau et se mettait à travailler. Il quittait son bureau vers une heure et allait dîner en compagnie de camarades qui se trouvaient employés en même temps que lui; il y avait en effet, avec lui, non seulement un camarade, mais plusieurs détachés au titre civil.

M. Picquart connaît bien l'endroit dont je veux parler, car il l'a fait surveiller par des moyens qui appartiendraient plutôt aux héros de Kock ou de Ponson du Terrail, afin de voir si, dans les conversations de ces messieurs, le nom d'Esterhazy ne serait pas prononcé quelquefois. L'agent chargé de cette surveillance était un nommé Durand, dont on vous a déjà parlé. Il est certain que jamais il n'a entendu le nom d'Esterhazy, car certainement M. Picquart en aurait fait le rapport immédiat à ses chefs. B., au contraire de A., avait toute sa matinée à lui : il vivait à la française, déjeunait entre onze heures et midi. S'il voulait conférer confidentiellement avec A., il ne pouvait le faire le matin avant onze heures ou dix heures, puisque A. n'était pas seul et accompagnait son chef hiérarchique; il ne pouvait plus le faire à partir de une heure, moment où A. était en compagnie de ses propres camarades, et nous savons que, dans l'après-midi, A. ne revenait plus à son bureau. Très répandu dans le monde, il allait faire des visites, dînait en ville, allait au théâtre; on ne pouvait plus le trouver. Le fait est constaté par les lettres de A., par les plaintes qu'il adresse à son ami au sujet de ses absences réitérées de son domicile et de la difficulté qu'il éprouve à le rencontrer.

Ce n'était donc qu'entre neuf, dix ou onze heures du matin que les deux agents pouvaient parler confidentiellement. Si, en dehors de cet intervalle restreint, ils avaient quelques renseignements urgents à se communiquer, il leur fallait bien s'écrire, et c'est le motif des lettres échangées entre les deux agents.

La deuxième constatation qui résulte de l'examen du dossier secret après la constatation de l'entente qui existe entre les deux agents A. et B., c'est que des fuites ont été constatées à l'État-major général de l'armée. Ces fuites, à mon sentiment du moins, n'ont pas été constatées d'une façon certaine avant la fin du mois de décembre 1893, antérieurement à cette date il y a eu des documents livrés et qui provenaient peut-être de l'État-major. Je veux parler des plans directeurs.

Ils se trouvent, en effet, ou peuvent se trouver occasionnellement au 1er bureau de l'État-major de l'armée, lorsqu'ils ont été joints aux journaux de mobilisation adressés à ce bureau. Ils se trouvent aussi en grand nombre au service géographique chargé de les établir, de les imprimer, de les éditer. Mais je ferai remarquer que le service géographique est établi dans des locaux indépendants de ceux qui sont affectés spécialement à l'État-major. Si ces plans sont partis du 1er bureau, l'objection ne subsiste plus. Mais encore une fois rien ne prouve qu'ils soient sortis de l'un ou de l'autre de ces bureaux, ni même qu'ils ne soient pas sortis des directions du génie, des chefferies établies en province qui ont chacune les plans afférents à leur région.

Au mois de décembre 1893, au contraire, nous avons un document qui prouve d'une façon formelle que des fuites existent à l'État-major général : c'est un télégramme adressé par l'agent A. dont la traduction est la suivante : *Chose aucun signe de l'Etat-major général.* Il ne faut pas être grand commentateur pour saisir immédiatement que des pièces ont été envoyées. On a dit que ces pièces provenaient de l'État-major général, mais qu'elles ne portaient aucun signe extérieur garantissant l'exactitude de leur origine et alors on demande quelles sont ces garanties. En réponse à ce télégramme, nous avons le mémento qui a déjà été cité par les discussions précédentes, le même mémento que M. Picquart a dénaturé dans sa déposition devant la Chambre criminelle. M. Picquart répond : voici la substance de sa lettre et qu'il développera : *Doute-preuves...* Moi aussi j'ai eu des doutes, il me faudrait des preuves, ou il m'a fallu des preuves, et parmi ces preuves, une des plus certaines, une des meilleures, c'est la lettre de service *patent brevet*, et puis il ajoute : « La situation est dangereuse pour moi avec un officier français ».

Il s'agit donc d'un officier français. C'est un officier français qui l'a renseigné. Je comprends pourquoi il faut la lettre de brevet de service; et cet officier français, quel est-il? Est-ce un officier de corps de troupes? Non, parce que voici l'idée qui vient ensuite : « Aucune relation corps de troupes, importance seulement sortant du ministère ». Je dis qu'il suffit d'examiner de bonne foi ce mémento pour voir que d'abord M. A. n'est pas en relations directes avec celui qui l'a renseigné et que celui qui l'a renseigné est nécessairement un officier, et que cet officier est au ministère de la Guerre. Il n'est pas dans un corps de troupes. Dans quel service du ministère de la Guerre se trouve cet officier? On vous a déjà parlé de ces rapports établis par un agent de notre service, M. Guénée. M. Guénée, messieurs, avait recueilli des renseignements auprès d'un personnage considérable, malgré ce qu'a pu insinuer de lui M. Picquart, malgré la qualification qu'il lui a donnée, qualification que je ne répéterai pas par respect pour ce personnage considérable. M. Picquart a dit qu'il lui avait remis 1,200 francs. D'abord, je rectifie un point détail : ce n'est pas 1,200 francs que M. Picquart lui a remis, c'est 1,500 francs (*sourires*); et pourquoi ces 1,500 francs ont-ils été remis? C'était pour permettre à ce personnage de payer des dépenses assez fortes qu'il devait engager pour nous procurer un travail auquel nous attachions une grande importance. M. Picquart sait très bien à quoi je fais allusion.

Je ne puis pas entrer dans de plus grands détails sur ces 1,500 francs. Le personnage considérable en a remboursé, je crois, 3 ou 400. Celui qui renseignait M. Guénée aimait notre pays, quoique M. Picquart ait dit qu'il ait dû renseigner lui-même les officiers étrangers. Il a chez nous toutes ses attaches de famille. Il y a été élevé, il y a vécu. Nous avons également sa correspondance, et, dans sa correspondance, rien ne laisse percer une menée quelconque d'espionnage, un acte quelconque dirigé contre nous. Au contraire, pour tous ceux qui se sont livrés à des menées d'espionnage, nous avons des preuves matérielles de leurs menées. Dire qu'il a pu renseigner les agents étrangers est une insinuation absolument gratuite et contraire à l'évidence.

Qu'a dit ce personnage à M. Guénée? Dans un premier rapport, M. Guénée nous apprend que les attachés militaires travaillent contre notre pays, qu'ils ont à l'État-major général quelqu'un qui les renseigne admirablement. L'officier dont a parlé tout à l'heure M. A. est donc à l'État-major général. M. Guénée relate un autre fait : un agent s'est rendu en mission secrète en Suisse, pour le compte de

M. A. Nous savons que la Suisse, comme tous les pays neutres, est un centre actif d'espionnage. Cet agent s'est donc rendu là-bas sans être accrédité. Nous sommes en droit de supposer qu'il s'y est rendu dans un but qu'il ne peut pas avouer.

On nous prévient. Qu'a fait alors le colonel Sandherr? Ce renseignement ne lui était pas donné pour lui-même. Il lui était donné pour l'exécution de son service, exigeait qu'il renseignât immédiatement le service avec lequel les agents étrangers sont en relations forcées et directes. Il en prévient donc le 2e bureau de l'État-major de l'armée. Or, huit jours plus tard, M. Guénée fait un rapport. Il a vu le personnage que je ne puis pas nommer, et ce personnage lui a dit : « Je vous ai parlé du voyage en Suisse de cet agent. Vous avez dû en prévenir le colonel. Or, cet agent vient d'être accrédité par voie télégraphique. »

Je suis en droit de conclure que l'agent A., pour qui cet agent secret travaillait, a été prévenu, et par qui devait-il être prévenu? Il n'était pas prévenu par celui qui nous renseignait, il a été prévenu par le service qui était en relations directes avec cet agent. C'est donc au 2e bureau de l'État-major général que se trouve celui qui renseigne les attachés militaires. Le cercle des investigations se resserre.

Ce dernier renseignement, donné par l'agent Guénée, se trouve d'ailleurs confirmé par une autre voie. Antérieurement au rapport de M. Guénée, nous avions reçu la lettre qui est connue sous le nom de lettre Davignon. B., écrivant à son ami A., lui dit qu'il a demandé, par la voie officielle, un renseignement, insignifiant d'ailleurs, au colonel Davignon, et il en prévient immédiatement M. A., afin que, si M. A. désire avoir le même renseignement, il le fasse rechercher par l'intermédiaire de son ami. Et il lui recommande de le faire d'une façon confidentielle, afin que le colonel Davignon ne vienne pas à le savoir : il faut donc dissimuler les relations avec cet ami, et il faut les dissimuler parce que ces relations sont d'une nature inavouable. Les agents A. et B. sont en relations mondaines avec des officiers du 2e bureau; ils ne s'en cachent pas, on le sait bien, et si par hasard c'était un de leurs amis, un de ceux qu'a cités M. Picquart, qui leur donne le renseignement déjà demandé par la voie officielle, par M. B., il n'y aurait pas lieu de s'en cacher, tandis que si les relations viennent de quelqu'un avec qui on n'est pas en relations mondaines, on ne pourrait pas comprendre comment le renseignement a pu être donné. La lettre dont je viens de parler est donc bien la confirmation des renseignements donnés par l'agent Guénée.

Peu après, nous avons eu le bordereau, et je ne reviendrai pas sur la discussion technique de ce document, qui a montré qu'il était l'œuvre d'un officier d'artillerie, stagiaire à l'État-major de l'armée, et que cet officier était le capitaine Dreyfus. C'est à lui que s'appliquent toutes les pièces que je viens d'énumérer tout à l'heure. Il était au 2e bureau lorsque nous arrivaient les rapports de Guénée : pendant le premier semestre de 1894. Il était au 2e bureau lorsque arriva la lettre Davignon. Antérieurement à la lettre Davignon, nous avions reçu une autre lettre dont j'ai oublié de parler; c'est une lettre écrite par l'agent B. à l'agent A., dans laquelle B. indique qu'il va recevoir l'organisation des chemins de fer. Or, on ne peut avoir l'organisation des chemins de fer qu'à l'État-major de l'armée. En dehors de l'État-major de l'armée il n'y a pas de service de chemins de fer, et à l'État-major ce service est exécuté au 4e bureau. La lettre à laquelle je fais allusion est du commencement de janvier 1894, et le capitaine Dreyfus a quitté le 4e bureau de l'État-major de l'armée au mois de décembre 1893. Après l'arrestation du capitaine Dreyfus, les documents ont continué à affluer. Je dirai même en passant que nous en recueillons peut-être maintenant. En tout cas, nous en recueillions encore au moment où j'ai quitté le ministère de la Guerre.

Les derniers documents qui nous sont parvenus sont des lettres à l'agent A. par ses amis qui étaient venus assister en mission officielle aux obsèques de M. le président Félix Faure: Le premier document recueilli après la condamnation de Dreyfus, et se rapportant aux faits pour lesquels il a été incriminé, est la dépêche du 2 novembre 1894. De nombreux détails ont été déjà donnés au Conseil sur cette dépêche. Je n'entrerai pas dans une nouvelle discussion à cet égard.

Si je prends le texte présenté par l'administration des affaires étrangères, je vois qu'on annonce à l'étranger l'arrestation du capitaine Dreyfus. On ne prend pas soin de dire quel est ce capitaine Dreyfus. On parle de lui comme d'une connaissance. Une autre impression se dégage de ce texte que je suis obligé de rappeler.

« Si vous n'avez eu aucune relation avec le capitaine Dreyfus, il conviendrait d'inviter l'ambassadeur à publier un démenti officiel afin de prévenir les commentaires de la presse. »

Eh bien! je dis qu'il n'est pas naturel de voir un attaché militaire qui, de par ses fonctions, n'a pas à s'occuper des relations internationales, télégraphier à son chef d'état-major pour lui demander s'il y a lieu d'inviter l'ambassadeur à publier un démenti officiel. Le chef d'état-major n'a pas qualité pour répondre. Je comprendrais une préoccupation de cette nature chez l'ambassadeur lui-même, qui, lui, est chargé des relations internationales, et je comprendrais qu'il télégraphie au chef de son gouvernement ou à son ministre des Affaires étrangères qui a qualité pour répondre à la question. Mais le chef d'état-major n'en a aucune. Pour qu'un tel télégramme ait pu être envoyé dans ces conditions immédiatement après l'arrestation par l'agent B., il me semble qu'il a fallu que l'agent B. ait des inquiétudes et ces inquiétudes ne me paraissent guère naturelles.

J'énumère seulement les principales pièces que nous avons recueillies postérieurement à la communication du télégramme du 2 novembre 1894. Il y a la lettre du chef diplomatique de l'agent A., que je n'analyserai pas devant vous, puisque cette analyse a déjà été faite par M. le général Mercier. Il y a aussi, antérieurement à cette lettre, la lettre de l'ami de l'agent A. ; cette dernière est insignifiante, sauf dans une phrase qui fait allusion à Dreyfus, absolument comme dans le télégramme du 2 novembre 1894. On dit, à propos d'un refus de communication de renseignements faits par le chef du 2e bureau : Est-ce que Dreyfus serait pour quelque chose en cette affaire ? Il y a encore deux mémentos de l'agent A. Dans un de ces mémentos, mémento dont la date est établie par la mention du voyage d'un officier général étranger, dans un ces mémentos, l'agent A. établit d'une façon certaine quand le bordereau est arrivé entre ses mains. Il dit en effet :

« Je ne puis fournir ici la pièce arrivée entre les mains de l'un des attachés militaires, mais ce que je puis assurer verbalement, c'est que la pièce est réellement arrivée entre les mains de l'un des attachés militaires, et qu'elle a fait retour au bureau des renseignements. »

La première phrase est peu claire, il manque un mot, mais on ne peut guère la comprendre autrement que : « Je ne puis dire, expliquer, relater, ici, comment la pièce est arrivée entre les mains de l'un des attachés militaires » ; et on comprend cette crainte, on comprend pourquoi il ne peut pas l'expliquer. Les documents s'en vont d'entre ses mains, s'en vont de son bureau, il a la certitude que le bordereau en est sorti, puisqu'il est entre les mains du ministre de la Guerre, et alors il craint, il n'ose pas écrire, mais il pourra certifier que le document est bien arrivé, que le document est bien authentique.

On a discuté sur le mot « verbalement ». On a dit qu'il peut y avoir « finalement ». Je crois qu'il n'y a là qu'une question de détail. Mais, quant à moi, je suis à peu près convaincu que c'est « verbalement » qu'il faut lire. La pièce est très difficile à traduire. Elle est écrite d'une écriture très fine, à peine lisible. Il a fallu de grands efforts pour arriver à établir le texte, et on comprend l'hésitation qui a existé pour ce mot. Quant à moi, j'ai demandé à des officiers de vouloir bien faire cette traduction; je leur ai placé la pièce sous une feuille de papier blanc dans laquelle j'avais pratiqué une fenêtre par laquelle passait le mot douteux, et, sur trois officiers consultés à part, ils m'ont tous donné la même traduction : « verbalement ». Ce n'est d'ailleurs, comme je l'ai indiqué plus haut, qu'un point de détail.

Comme dernier document que j'ai à citer, je parlerai du rapport dont M. le général Mercier a fait mention. L'importance de ce rapport ne vous a pas échappé, messieurs; elle n'a pas non plus échappé à ceux qui combattent pour la réhabilitation de Dreyfus. J'ai entendu dire qu'un démenti retentissant venait de nous être adressé. Le rapport est argué de faux. Je ne sais pas ce qu'il y a de vrai dans ce démenti; on me dit qu'il est daté d'Ems, et nous savons, en France, que les dépêches d'Ems ne sont pas toujours véridiques; mais enfin, je suppose qu'elles le soient. Je ferai simplement remarquer au Conseil que la pièce en question lui a été soumise par M. le général Chamoin, délégué de M. le ministre de la Guerre, agissant par conséquent en son nom. La pièce est comprise dans une partie du dossier secret, dont l'authenticité n'a jamais été mise en doute. C'est donc au gouvernement français que s'adresse le démenti auquel je fais allusion. Je dois ajouter que si ce démenti au gouvernement français était maintenu, nous sommes en mesure d'établir, d'une façon indiscutable, l'authenticité du rapport dont il s'agit.

L'auteur du rapport est, je le reconnais, en très mauvaise posture vis-à-vis de ses alliés. Peut-être ne peut-il pas faire autrement que de le démentir, mais il saura que cette pièce n'est pas la seule de lui que nous avons entre nos mains. Nous avons maintenant de lui, ou à lui adressés, de nombreux documents. Je ne puis pas les énumérer tous, mais nous avons notamment une lettre de son gouvernement, sur papier officiel, dans laquelle on lui demande de prendre les renseignements — renseignements officiels s'entend

— sur un bâtiment de la marine française. Nous avons une autre lettre dans laquelle on lui demande de demander officiellement, au gouvernement français, trois sabres de cavalerie d'un modèle déterminé. Les trois sabres ont été, en effet, demandés et accordés par l'intermédiaire du 3e bureau.

Nous avons enfin, entre les multiples documents émanant de l'auteur de ce rapport, la minute d'un toast qu'il a prononcé à un dîner d'adieu, au départ de son camarade et ami l'agent A. Ce toast est en français. L'auteur du rapport actuellement argué de faux s'y est repris à plusieurs fois, a établi plusieurs minutes. Nous avons deux ou trois de ces minutes, et, pour lui rappeler le texte de ce toast, pour lui montrer que nous pouvons avoir des documents authentiques; pour le montrer aussi à ceux de ses camarades qui ont assisté à ce toast qui a été prononcé il n'y a pas bien longtemps, je citerai seulement la dernière phrase.

Après avoir manifesté ses regrets à l'agent A. de le voir partir, après lui avoir dit que ses camarades garderaient de lui le meilleur souvenir, il ajoute textuellement ceci :

« Pendant longtemps, dans toutes les armées du monde, en Amérique, en Asie, on parlera de M. A... et on dira de lui : « M. A..., c'était un type. »

Je prends le terme tel qu'il se trouve dans le toast de l'auteur du rapport.

J'ai terminé, messieurs, ce que je pouvais dire sur les pièces secrètes qui entrent dans la composition du dossier du ministère de la Guerre. J'ai dit, en commençant, que ce dossier comprenait aussi des pièces non secrètes: ce sont des études ou mémoires sur les charges relevées contre Dreyfus. Je n'énumérerai pas toutes les notes qui rentrent dans cette catégorie de pièces. Elle sont à la disposition du Conseil. J'appellerai seulement son attention sur un très intéressant travail de M. Bertillon, relatif aux différences graphiques qu'il a constatées entre la photogravure du *Matin* et le bordereau original. J'appelle également l'attention du Conseil sur les conclusions d'après lesquelles Esterhazy aurait appris à écrire d'après l'écriture du bordereau, après la publication du bordereau dans le *Matin*. Cette constatation de M. Bertillon se trouve confirmée par la déposition faite devant la Chambre criminelle par M. Grenier, lequel déclare qu'à son avis, Esterhazy a dû transformer son écriture après la publication du bordereau.

Or, cette publication du bordereau dans le *Matin* présente certaines inexactitudes d'ordre graphologique, qui sont dues à l'état du papier, qui sont dues à la difficulté de reproduire exactement certains détails très délicats. Or, ces inexactitudes, telles que la suppression de certains déliés, telles que l'empâtement de certaines lettres, se retrouvent dans les lettres d'Esterhazy postérieures à l'impression ou contemporaines de l'impression de ce document. Il y a là un fait que je ne suis pas assez compétent pour juger par moi-même, et que je livre à l'appréciation du Conseil.

Un autre document, compris dans les pièces non secrètes du dossier, c'est la copie du bordereau trouvée dans le gilet de Dreyfus lors de son embarquement à l'île de Ré. Dreyfus a reconnu que ce document était de sa main. Je l'ai comparé avec des documents de son écriture. Je crois qu'il est de sa main. Mais il me semble que ce n'est pas son écriture habituelle. Le fait qu'il a dissimulé cette copie ne me paraît pas non plus normal. Il était naturel qu'il ait cette copie par devers lui. Il n'avait pas à la cacher. On comprend très bien qu'un accusé ait en sa possession le document qui a servi de base à son procès, qu'il tienne à le conserver. Un accusé surtout qui proteste de son innocence veut conserver devers lui la trace du document, afin de se le graver dans la mémoire, de ne pas perdre le souvenir des termes mêmes qui sont employés. Pourquoi l'a-t-il dissimulé? Je ne comprends plus, étant donné qu'il est naturel qu'il l'ait entre ses mains.

Et alors, si réellement — ce que je n'ai pas constaté matériellement et ce que je n'affirme pas — si réellement la pièce est truquée, si ce n'est pas son écriture normale, je me demande si cette pièce ne pouvait pas servir à des communications secrètes avec ceux qui devaient poursuivre sa réhabilitation en France, et s'il n'y a pas là quelque chose d'analogue à la lettre qu'on appelle la lettre du buvard. Les autres pièces non secrètes sont des renseignements sur la manière d'être de Dreyfus, sur son caractère à l'État-major de l'armée, sur sa conduite après sa déportation. Je n'ai rien à dire de ces documents que le Conseil a pu lire, et qui sont à sa disposition. J'ai terminé, messieurs, ma déposition.

LE PRÉSIDENT. — Voulez-vous nous donner quelques détails sur le faux Henry, auquel vous avez été intimement mêlé?

LE COMMANDANT CUIGNET. — M. Cavaignac a donné à ce sujet au Conseil des détails que je ne puis que répéter après lui. Comme je l'ai dit au Conseil, j'étais chargé de l'examen de toutes les questions qui se rattachent au procès Dreyfus. M. Cavaignac avait voulu établir un rapport sur cette affaire, et il m'avait fait remettre toutes les pièces du dossier. Je les ai examinées l'une après l'autre. Entre autres celle qu'on connaît sous le nom de faux Henry me parut bientôt suspecte jusqu'à l'évidence. — Je fis part de mes constatations au général Roget, qui, lui-même, a rapporté ce que j'avais dit à M. Cavaignac.

M. Cavaignac me prescrivit de nouvelles recherches dont le but était de vérifier les constatations premières que j'avais faites. Lorsque ces recherches m'eurent permis de vérifier l'exactitude des premières constatations, M. Cavaignac fit venir le lieutenant-colonel Henry et obtint son aveu. Tous ces faits sont consignés dans un rapport qui est annexé, et qui a été remis au Conseil.

Un membre du Conseil de guerre. — Vous avez comparé les deux pièces d'ensemble et vous en avez conclu que l'en-tête de l'une avait été changé avec l'en-tête de l'autre. Je vous demande si vous n'avez pas constaté autre chose.

Le commandant Cuignet. — J'ai pu constater qu'il y avait interversion d'en-tête et de signature, ainsi que la différence de coloration de ces fragments avec le corps de la pièce. Il m'a paru, en outre, que l'un des fragments d'en-tête était plus fort que le fragment du corps. J'ai constaté encore que le quadrillage des fragments d'en-tête ne pouvait pas être raccordé exactement avec le quadrillage du corps. Telles sont les constatations que m'a fait faire M. Cavaignac, d'après le procédé que j'ai indiqué au Conseil.

Je passe à la tranche du faux Henry. On constate très bien, d'une façon générale pour les derniers fragments qui se trouvent sur la ligne verticale de gauche, qu'ils ont été coupés au canif :

En effet, en regardant assez attentivement, sans prendre la loupe, il y a des bavures et des arrachements de papier sur les fragments de droite, tandis que pour le fragment qui est en tête du bord gauche, et qui, lui aussi, devrait être déchiré, il a été coupé à la machine, et il ne peut pas, par conséquent, appartenir à la même feuille.

Un membre du Conseil de guerre. — Comme caractère de lettres, avez-vous remarqué quelque chose?

Le commandant Cuignet. — Je n'ai rien remarqué. Je ne puis pas affirmer que les documents aient été copiés l'un sur l'autre.

Un membre du Conseil de guerre. — Devant la Cour de cassation, je crois, vous avez dit qu'au mois de mai 1894, on s'était préoccupé de faire entrer les stagiaires dans la loi commune, c'est-à-dire de leur faire accomplir le stage réglementaire de trois mois. Vous avez ajouté, mon commandant, que la question n'avait pas pu aboutir de suite et que ce n'était que le 28 août que les stagiaires furent informés qu'ils n'iraient pas aux manœuvres. Pourriez-vous nous donner quelques explications à ce sujet?

Le commandant Cuignet. — La question concerne la fameuse circulaire du 16 mai 1894, dont il a été beaucoup parlé. Cette circulaire, je l'ai lue et l'impression qui m'en est restée est la suivante :

Tous les stagiaires de l'État-major sortant de l'École de guerre, et qui sont répartis dans les divers états-majors, font deux ans de stage; ils accomplissent tous les ans une période d'instruction de trois mois dans un corps de troupe d'une arme différente de la leur. Ces deux périodes d'instruction de trois mois sont placées de telle manière que l'une d'elles s'accomplit alors que les corps de troupe sont en manœuvres et que l'autre (cela n'est pas indiqué par le règlement) doit naturellement s'accomplir à une époque autre que celle où les corps de troupe sont en manœuvres. Par conséquent, ces stagiaires de l'État-major du territoire peuvent, cette deuxième fois, assister aux manœuvres avec leur état-major et on comprend la raison d'être de cette disposition du règlement.

Si les stagiaires faisaient leur période d'instruction de trois mois toujours au moment des manœuvres, ils feraient donc deux fois un exercice pratique de service en campagne avec les corps de troupe, et ils ne feraient pas un exercice pratique de service d'état-major en campagne. C'est pour cela qu'on a décidé qu'une des périodes d'instruction seulement se ferait dans les corps de troupe au moment des manœuvres. Voilà donc la loi commune.

Quelle était, au contraire, la loi des stagiaires de l'État-major de l'armée? Cette loi, qui d'ailleurs était contraire au règlement général et n'était écrite nulle part, était la suivante :

Au lieu de faire trois mois de période d'instruction chaque année, les stagiaires ne faisaient qu'un mois, et ce mois de période d'instruction se faisait chaque année à l'époque des manœuvres. L'inconvénient que j'ai signalé tout à l'heure existait donc pour les officiers de l'État-major de l'armée seuls. Chaque année ils se trouvaient dans les corps de troupe au moment des manœuvres, faisaient deux fois un exercice pratique de service en campagne avec un corps de troupe d'une arme différente de la leur. Ils ne restaient d'ailleurs dans ce corps de troupes qu'un temps plus restreint que leurs camarades d'état-major. Ils n'avaient jamais l'occasion de faire pendant leurs deux années un exercice d'état-major en campagne.

La section du personnel du service de l'État-major, qui a les officiers d'état-major dans ses attributions, dans le but de sauvegarder l'instruction professionnelle des stagiaires, appela l'attention du chef d'État-major et du ministre sur les inconvénients de cette situation spéciale qui était faite aux officiers stagiaires. C'est alors que le chef d'État-major prit la décision que vous connaissez, d'après laquelle les stagiaires de l'État-major rentraient dans la loi commune dont j'ai parlé tout à l'heure.

Ils devaient donc faire, eux, comme leurs camarades, à partir de l'année 1894, un stage d'un mois, et ce stage devait avoir lieu dans un corps de troupes seulement à l'époque des manœuvres. Comme les stagiaires de deuxième année de la catégorie à laquelle appartenait Dreyfus, en 1894, avaient déjà fait un stage au moment des manœuvres de l'année précédente, il en résulte que, dans cette année 1894, ils ne devaient pas faire le stage qui leur restait à faire dans un corps de troupes.

Aussi la circulaire dit-elle que leur stage ne commencera qu'à partir du 1er octobre, lorsque les manœuvres seront terminées; mais elle ne dit pas le moins du monde qu'ils n'iront pas aux manœuvres avec l'État-major. Elle n'a jamais dit cela.

Quelques stagiaires y sont allés, ceux qui appartenaient à la même catégorie que Dreyfus. Dreyfus lui-même a pu croire qu'il y allait comme un autre, parce qu'il était employé à une section spéciale du 3e bureau qu'on appelle la section des manœuvres. A ce titre, mieux que quiconque, il pouvait espérer y aller. Et encore une fois, rien dans la circulaire ne disait qu'il n'irait pas. Il en résulte seulement cette impression qu'il n'irait pas aux manœuvres avec un corps de troupes. Du reste, en 1894, deux stagiaires sont allés aux manœuvres. Dans les années suivantes, la circulaire est restée en vigueur. Elle y est encore maintenant.

Un capitaine conseiller. — Voudriez-vous nous dire le volume que représentent douze feuilles du plan directeur?

Le commandant Cuignet. — J'en ai mis un dans le dossier. Le plan directeur a à peu près le volume de cette feuille de papier pliée comme ceci (le commandant Cuignet présente une feuille de papier qu'il tient à la main) ; douze feuilles de papier semblables peuvent se plier et se mettre facilement dans la poche.

Le Président. — Monsieur le Commissaire du Gouvernement, avez-vous quelque question à poser?

Le Commissaire du Gouvernement. — J'ai une déclaration à faire. Au cours de sa déposition, le commandant Cuignet a donné des indications de nature à mettre en cause un officier étranger chargé actuellement d'une mission diplomatique en France. Au nom du Gouvernement, je fais toutes les réserves contre cette déclaration. (*Sensation prolongée.*)

Me Demange. — Avant de poser quelques questions à M. le commandant Cuignet, voudriez-vous, monsieur le Président, le prier de compléter sa déposition ?

Sur une question d'un de MM. les conseillers, il a indiqué dans quelles conditions il avait découvert le faux Henry. Mais à la Cour de cassation il a recherché quel avait pu en être le mobile, dans quelles conditions Henry avait pu commettre cet acte. Je le prie de répéter ce qu'il a dit à la Cour de cassation.

Le Président. — Voulez-vous dire votre sentiment sur les motifs qui ont pu pousser Henry à commettre ce faux ?

Le commandant Cuignet. — Je me suis expliqué à cet égard à la Cour de cassation, et j'ai parlé du lieutenant-colonel du Paty de Clam. Je ne sais si c'est cela qu'on me demande.

Le Président. — Avant de parler du lieutenant-colonel du Paty de Clam, voulez-vous nous dire d'abord quel est selon vous le mobile qui a poussé Henry à faire le faux ?

Le commandant Cuignet. — Je n'ai à ce sujet que des présomptions. Je crois que si Henry a fait son faux, ç'a été pour répondre aux agissements dirigés par M. Picquart pour arriver à la réhabilitation de Dreyfus.

Me Demange. — Alors, je vais rafraîchir les souvenirs de M. le commandant Cuignet .. ou bien, monsieur le président, voulez-vous prier M. le greffier de donner lecture de la déposition de M. le commandant Cuignet devant la Cour de cassation.

Elle est très longue Elle est à la page 232 du volume, et pour les mobiles, cela commence à la page 234, dans le milieu de la page.

Le Greffier Coupois *donne lecture de la partie suivante de la déposition du commandant Cuignet devant la Cour de cassation, à la date du* 30 *décembre* 1898 :

M. le commandant Cuignet — Je me suis demandé, par la suite, quel mobile avait pu guider Henry dans la confection de son faux. Plusieurs hypothèses ont été émises à ce sujet : on a dit qu'Henry avait fait son faux en 1896 pour forcer la main au ministre d'alors, le général Billot : la raison ne me paraît pas, quant à moi, sérieuse, car, si Henry avait éprouvé le besoin, en 1896, de confectionner un faux pour faire marcher le général Billot, comment expliquer qu'il n'ait rien fait, qu'il ne se soit livré à aucune manœuvre, en novembre-décembre 1897, alors que la campagne de revision était autrement active qu'en 1896 et que l'État-major reprochait violemment au général Billot de ne pas défendre assez énergiquement l'œuvre de 1894? Je ne pense donc pas que le faux Henry ait eu pour but de faire marcher le général Billot.

Il y a quelqu'un cependant qu'Henry a voulu faire marcher, ou plutôt qu'il a voulu mettre en garde contre certaines insinuations : c'est le général Gonse. Le général Gonse, homme profondément honnête et loyal, est un caractère hésitant; il était, à ce moment, soumis aux objurgations du lieutenant-colonel Picquart, lequel prétendait que Dreyfus était innocent et qu'Esterhazy était seul coupable du crime pour lequel Dreyfus avait été condammé.

Henry était au courant des manœuvres de Picquart. Pour mettre en garde le général Gonse, il avait eu recours au général de Boisdeffre, mais le général de Boisdeffre avait répondu assez brutalement à Henry qu'il se désintéressait de la question. Alors Henry, abandonné par le général de Boisdeffre, convaincu que le général Gonse était dominé par Picquart, fabriqua son faux Ce qui me paraît venir à l'appui de l'opinion que j'exprime, c'est qu'Henry insista vivement auprès du général Gonse (et ce dernier pourrait le certifier, s'il ne l'a déjà fait), pour que la pièce restât entre le général et lui et que le général ne la montrât à personne.

C'est ainsi que Picquart, qui était encore chef des renseignements, ne la vit pas. Néanmoins, le général Gonse, qui est, avant tout, un soldat discipliné, ne crut pas devoir conserver par devers lui la pièce remise par Henry, sans la montrer au moins au général de Boisdeffre; et ce dernier, sans prendre l'avis du général Gonse ni d'Henry, la montra au général Billot. A partir de ce moment le sort de la pièce échappait à Henry, et si elle a été rendue publique, ce n'est pas de sa faute.

Je me suis demandé aussi si Henry, ainsi qu'il l'a déclaré dans son interrogatoire devant M. Cavaignac, a agi seul, et s'il n'a pas eu de complices M. Cavaignac, qui m'a souvent parlé des divers incidents de cet interrogatoire, m'a dit à ce sujet : « Quand j'ai posé à Henry la question : « Avez-vous agi seul? » j'ai saisi une hésitation dans son regard. Il m'a répondu d'abord en hésitant, et en assurant peu à peu sa voix : « Oui, j'étais seul. »

Eh bien! je suis convaincu qu'Henry n'a pas dit la vérité; je crois qu'il est facile d'établir que non seulement Henry n'a pas été seul, mais qu'il n'a été lui-même que le complice de l'auteur principal, et que l'auteur principal du faux Henry est le lieutenant-colonel du Paty de Clam.

Jusqu'au moment où il a commis son faux, Henry n'a jamais commis un acte délictueux ou malhonnête. C'était un soldat honnête, d'aspect rude et grossier, n'ayant d'ailleurs qu'une instruction primaire. Il était, je crois, moralement et intellectuellement incapable de concevoir le faux et de l'écrire dans la forme où il a été écrit.

Au contraire d'Henry, du Paty de Clam n'a pas la conscience nette.

Bien avant les affaires Dreyfus, il s'est livré, à l'occasion d'affaires privées, à des manœuvres louches et tortueuses qui le montrent sous le jour le plus fâcheux. Le récit de ces manœuvres fait l'objet d'un dossier existant actuellement à la Préfecture de police.

En ce qui concerne spécialement l'affaire Dreyfus depuis son origine, du Paty de Clam s'est livré, à son occasion, à des agissements répréhensibles. C'est lui qui, à l'insu de ses chefs, a fait connaître à la presse l'arrestation de Dreyfus, tenue cachée par le gouvernement pendant quinze jours.

Il a voulu ainsi forcer la main au gouvernement et avoir le procès. Il suffit de lire, pour être convaincu de l'exactitude de ce que j'avance, le numéro de l'*Eclair* du 10 septembre 1896, acticle intitulé : « Le Traître » et dans lequel on explique la genèse du procès Dreyfus; la personnalité de du Paty, dans cet article, est complètement mise à jour. Dans un autre article de l'*Eclair*, qui fait suite au précédent, intitulé également « Le Traître » et paru dans le numéro du 15 septembre 1896, du Paty cite une pièce du dossier secret; il dénature d'ailleurs cette pièce et déclare qu'elle porte, au lieu de « *Ce canaille de D...* », « *Cet animal de Dreyfus* ».

Il ajoute que la pièce était chiffrée, ce qui est inexact, mais ce qui est probablement une allusion à une autre pièce du dossier qui fut déchiffrée. Enfin, il insiste longuement sur ce fait que la pièce dont il est question dans l'article de l'*Eclair* porte le nom de Dreyfus en toutes lettres; l'auteur fait ressortir l'importance de cette circonstance et fait remarquer qu'elle augmente considérablement la gravité des charges relevées contre Dreyfus.

Or, la pièce ne porte pas le nom de Dreyfus en toutes lettres, elle ne porte que : « *Ce canaille de D...* » L'insistance de l'auteur de l'article à déclarer que le nom de Dreyfus existe en toutes lettres — et cela moins de six semaines avant la production du faux Henry — constitue au moins une étrange coïncidence.

Quant à l'auteur de l'article du 15 septembre 1896, il est facile d'établir sa personnalité, puisque cet article du 15 septembre n'est que la suite de l'article du 10, et que, dans ce dernier article, la personnalité de du Paty est absolument mise en lumière.

Il y a autre chose encore : presque en même temps que la production du faux Henry, est arrivée au ministère de la Guerre une lettre à l'adresse de Dreyfus, cette lettre était écrite en caractères bizarrement contournés, et était signée d'un sieur Weyler qui annonçait à Dreyfus le prochain mariage de sa fille; dans les interlignes on avait écrit à l'encre sympathique, mais en caractères néanmoins assez apparents pour attirer l'attention, cette phrase accusatrice : « Impossible comprendre dernière communication. Nécessaire revenir à l'ancien système. Faites connaître le mot des armoires où se trouvaient les documents enlevés. Acteur prêt à agir aussitôt. » Il me paraît certain que cette lettre signée Weyler a été faite pour augmenter les charges contre Dreyfus. Elle procède du même état d'esprit qui a conduit à confectionner le faux d'Henry. J'ai dit que cette lettre était écrite en caractères bizarrement contournés; or, cette même écriture extraordinaire et qu'il ne semble pas possible d'attribuer à deux personnes distinctes, se trouve absolument identique dans un certain nombre de lettres émanant de la « femme voilée » de l'affaire Esterhazy : on est donc en droit d'admettre que la « femme voilée » et l'auteur de la lettre Weyler sont une seule et même personne. Comme la « femme voilée » n'est autre que du Paty, c'est donc lui qui, en septembre 1896, écrivait aussi la lettre signée Weyler et destinée à augmenter les charges contre Dreyfus.

Je crois avoir suffisamment indiqué que du Paty s'est livré à une série de manœuvres tortueuses et répréhensibles, contemporaines de la production du faux d'Henry.

Si maintenant on se rappelle, ce que j'ai dit, qu'Henry était intellectuellement incapable de combiner son faux, qu'antérieurement à ce faux on ne trouve rien de répréhensible dans sa conduite publique ou privée; si on ajoute maintenant que du Paty s'était fait un ami intime d'Henry, chose vraiment extaordinaire, du Paty, brillant officier, intelligent, hautain, entiché de sa noblesse, se faisant l'ami intime, et recevant plusieurs fois par semaine, à sa table, le colonel Henry, soldat modeste, d'apparence commune, peu éduqué, l'ensemble de ces circonstances permet de supposer que du Paty n'est pas étranger au faux Henry et, ainsi que je l'ai dit aux différents ministres de la Guerre qui se sont succédé depuis M. Cavaignac, je suis convaincu qu'une enquête établirait facilement que du Paty est l'auteur principal du faux Henry.

Au sujet des mobiles qui ont pu guider du Paty dans ses agissements, je suis obligé de me borner à des hypothèses qui me paraissent cependant être très près de la vérité. Du Paty est un garçon orgueilleux, vaniteux même, dont la vanité s'est encore accrue par des succès de carrière; il a toujours été, au dire de ceux qui le connaissent, à l'affût de toutes les circonstances susceptibles de le mettre en lumière; il était en même temps d'un caractère souple, d'un esprit insinuant, sachant se faire bien venir de ses chefs, ce que nous appelons en argot militaire un FUMISTE. Il était au mieux avec le général de Boisdeffre, et, lorsque l'affaire Dreyfus se produisit, c'est lui qui poussa à l'arrestation et qui se fit désigner comme officier de police judiciaire. Lorsque Dreyfus fut arrêté dans le bureau du général de Boisdeffre, M. Cochefert, présent à l'arrestation, dit au général : « Laissez-le moi un temps que je ne puis fixer, mais d'ici une heure ou vingt-quatre heures je saurai ce qu'il a dans le ventre. » Du Paty se récria, fit remarquer que l'affaire était purement militaire; il craignait évidemment que l'honneur de l'aveu lui échappât, et il imagina, séance tenante, la scène de la dictée, espérant par ce moyen obtenir les aveux de Dreyfus. Plus tard, quand le procès de 1894 fut attaqué dans la presse, du Paty de Clam se crut visé personnellement; ce n'était pas un procès ordinaire qu'on attaquait, c'était son œuvre à lui, du Paty, et il se mit à vouloir défendre cette œuvre par des moyens personnels que lui suggérait son imagination. C'est ainsi qu'il fit les articles de l'*Eclair* des 10 et 15 septembre, en réponse à un article du *Figaro* du 5 septembre : cet article du *Figaro* était conçu dans un esprit bienveillant pour le condamné, et l'auteur, tout en affirmant la culpabilité de Dreyfus, cherchait visiblement à apitoyer l'opinion sur son compte. »

Le Président. — C'est tout ce que vous désirez?

Me Demange. — Oui, monsieur le Président.

Le Président. — Ceci, ce sont des appréciations sur Henry et du Paty. Les maintenez-vous, ou se sont-elles modifiées depuis que vous avez déposé devant la Chambre criminelle?

Le commandant Cuignet. — Mon colonel, je désire dire un mot de la manière dont j'ai formé ma conviction sur le rôle du colonel du Paty; un mot très court. Lorsque le général Zurlinden était ministre de la Guerre, il se préoccupa de ce qu'on appelait les agissements du lieutenant-colonel du Paty. Il se fit renseigner par le général Renouard et il réprima ces agissements par une peine disciplinaire dans la mesure où ces agissements pouvaient être connus de lui et de son chef de cabinet. Ultérieurement, après le départ du général Zurlinden, M. de Freycinet, son successeur, me prescrivit de faire des recherches et de l'éclairer sur la réalité des accusations relevées dans une certaine presse contre le lieutenant-colonel du Paty de Clam. Je fis un long rapport dont la lecture qu'on vient de faire est un extrait. A ce rapport était annexé un volumineux dossier. Je remis le tout à M. de Freycinet. Je ne sais pas quelle impression cette lecture fit sur M. de Freycinet. Il ne me le dit pas. Je sais que mon rapport fut annoté par lui, coché au crayon noir à certains passages. Je sais aussi qu'il fit part au Conseil des ministres de l'impression qu'il devait avoir à la suite de cette lecture, et je sais enfin que, à la date du 27 décembre, M. de Freycinet m'a remis un mémento écrit de sa main, daté par lui, dans lequel il disait :

« Le Conseil des ministres a décidé que des poursuites seraient intentées contre le lieutenant-colonel du Paty, après la clôture de l'instruction de la Chambre criminelle. »

Quand j'ai comparu devant la Chambre criminelle, j'ai cru de mon devoir à moi, qui avais été à l'origine des poursuites contre Henry, moi qui avais la conviction que la responsabilité qu'on faisait peser sur Henry était plus lourde que celle qu'il méritait, j'avais le devoir de dire ce que je croyais. Depuis, conformément à la décision prise par le Conseil des ministres, le 27 décembre dernier, des poursuites ont été intentées contre le lieutenant-colonel du Paty de Clam. Ces poursuites ont abouti à une ordonnance de non-lieu. Je ne puis pas, il me semble, par respect pour la justice, émettre une opinion personnelle, ma conviction, en opposition avec cet arrêt.

Me Demange. — Monsieur le président, voudriez-vous bien demander à M. le commandant Cuignet s'il maintient ce qu'il a dit devant les Chambres réunies à l'occasion de ces incidents.

Le commandant Cuignet. — Si je comprends bien la question du défenseur, il s'agit pour moi de dire si, oui on non, dans mon esprit, du Paty est coupable?

Me Demange. — Je ne demande au témoin que s'il maintient ce qu'il a dit devant les Chambres réunies.

Le commandant Cuignet. — J'ai dit, et je reproduis ici les termes de ma déposition, j'ai dit devant les Chambres réunies : « Je maintiens mes accusations, j'en prends la responsabilité pleine et entière. »

Me Demange. — C'est cela, et vous avez ajouté : « Je suis prêt à les justifier par des preuves matérielles. »

Le commandant Cuignet. — Et « par des arguments ».

Me Demange. — « Par des preuves matérielles et par des arguments qui, je le crois, sont de nature à faire pénétrer chez ceux qui seront appelés à m'entendre la même conviction qui m'anime. »

Il y a eu un non-lieu.

Le commandant Cuignet. — J'ai dit qu'il y avait un dossier qui avait été constitué et remis à M. de Freycinet. J'ai dit que ce dossier était accompagné de pièces. Voilà ce que j'appelle les documents matériels. Je n'ai jamais dit que toutes ces pièces s'appliquaient à l'ensemble des griefs. J'ai dit, en mon âme et conscience, ce que je croyais devoir dire contre le colonel du Paty de Clam.

Je ne suis pas la justice. En mon âme et conscience, je me suis dit : Voilà les pièces; je les ai données à M. de Freycinet. Le Conseil des ministres les a vues et a dit : les juges seront saisis et verront la valeur des pièces. Quant à nous, elles nous paraissent suffisantes pour provoquer des poursuites. Un juge d'instruction a été saisi. Ce juge d'instruction, disposant de moyens à lui, dans son indépendance, a pris une décision qui est une ordonnance de non-lieu. Je n'ai qu'à m'incliner.

Me Demange. — Je ne dis pas autre chose, monsieur le président, je dis ceci : M. le commandant Cuignet a argumenté contre M. du Paty. Le juge d'instruction, le magistrat militaire n'a pas suivi M. Cuignet. M. Cuignet a argumenté contre Dreyfus. Le Conseil appréciera.

Le Président. — Ce sont des choses absolument différentes.

Me Demange. — Je fais remarquer en passant que c'est une argumentation. La question que je prie M. le président de poser est celle-ci. Il s'agit d'une des pièces du dossier secret : la pièce commençant par les mots « *Doute-preuves* ». Le commandant Cuignet en a donné une explication, mais il a passé une phrase tout entière. Je voudrais lui demander ce qu'il pense de cette phrase : « Absolu » puis le mot « Ge », puis « bureau des renseignements ».

LE COMMANDANT CUIGNET. — Je la traduis et je crois qu'il ne peut y avoir d'autre traduction que celle-ci : « La situation est dangereuse pour moi. Je ne peux pas entretenir de relations directes avec un officier français. » Et ensuite, il y a... Si M. le défenseur voulait bien me rappeler le texte?

Me DEMANGE. — Il y a seulement cette phrase : « Absolu. Bureau des renseignements ».

LE PRÉSIDENT. — Il y a le mot « Ge », qui manque dans le texte allemand.

LE COMMANDANT CUIGNET. — On doit lire « absolue discrétion, à cause du service des renseignements, parce que je suis surveillé par le service des renseignements ».

Me DEMANGE. — Je désirerais poser une question :

Tout à l'heure, M. le commandant Cuignet s'est expliqué sur la première pièce qui a été remise par le général Mercier et il expliquait que la pièce ne pouvait pas être une note. Il disait que c'était un rapport.

Nous avons la pièce ; qu'est-ce qui lui permet de dire que c'est un rapport adressé par un agent à son gouvernement.

LE PRÉSIDENT. — Quelle raison vous a fait penser ainsi?

LE COMMANDANT CUIGNET. — Je crois que c'est un rapport de l'attaché militaire à son gouvernement, parce qu'il a le ton qu'on voit dans des correspondances analogues. Ce n'est pas un mémento pour lui. C'est une lettre dans un style qui se rapproche du style employé dans ces circonstances.

Me DEMANGE. — Je fais remarquer que la pièce qui a été lue porte en tête, « Rapport adressé... ». Je demande s'il y a cela sur la note.

LE COMMANDANT CUIGNET. — Non. Il n'y a pas d'en-tête.

LE PRÉSIDENT. — C'est un brouillon. Il n'y a pas d'en-tête du tout.

Me DEMANGE. — Nous l'avons lu. C'est pour cela que je pose ma question. Est-ce que la note ne donne pas d'autres explications et ne traite pas d'autre sujet?

LE PRÉSIDENT. — Cette note parle-t-elle d'autre chose?

Le commandant Cuignet. — Je n'ai pas vu la pièce depuis trois mois et mes souvenirs ne sont pas très précis. Elle parle, il me semble, de la campagne de revision engagée en faveur de Dreyfus et d'une visite qu'aurait faite l'auteur du rapport à Bruxelles. Mais c'est toujours la même idée. L'auteur du rapport explique cette visite. Il indique la conversation qu'il a eue avec un personnage considérable d'un pays voisin du nôtre; il veut expliquer qu'il y a en Belgique un service de renseignements et cela explique la fin de sa lettre. Il dit que les agents dont il parle ont des indications à tel et tel endroit.

Me Demange. — Le texte de ce rapport remis par M. le général Mercier n'est qu'un extrait de la pièce?

Le commandant Cuignet. — Oui.

Me Demange. — Je voudrais poser une troisième question. Elle a trait au faux Henry. Je voudrais que ceci soit bien précisé devant vous, pour me rendre compte si j'ai bien compris moi-même. Le commandant Henry aurait fabriqué la pièce qu'on appelle le *faux Henry* en empruntant à une autre pièce un en-tête qui était vrai et une signature qui était vraie. Il y avait : « Mon cher ami, » et la signature « Alexandrine ».

Je crois que les deux en-têtes sont vraies, de la main de l'auteur de la lettre, et puis alors le commandant Henry a placé entre ces deux en-têtes ce qui est la pièce fausse. Et puis, pour que la pièce à laquelle il avait emprunté l'en-tête restât dans le dossier, il a replacé au-dessus du texte vrai de cette première pièce les mots : « Mon cher ami » qui étaient faux, et il a signé *Alexandrine*, signature qui était encore fausse. C'est bien cela, n'est-ce pas? C'est en 1896 que le commandant Henry a fait cela?

Eh bien! je demande à M. le commandant Cuignet comment il explique que sur cet en-tête « Mon cher ami », faux qui est rapporté sur la pièce vraie, on ait mis comme date « juin 1894 », puisque c'est en 1896 que cela a été fait?

Le commandant Cuignet. — Il y a certainement là une manœuvre frauduleuse. La pièce n'est pas fausse; mais il y a une manœuvre frauduleuse qui est la conséquence du faux Henry. Dans mon esprit, voilà comment cela a dû se faire :

L'interversion des titres et en-tête, de la signature n'a pas été le fait volontaire de l'auteur du faux; en raison de la différence de teinte et de quadrillage, s'il se fût aperçu de l'interversion, il eût immédiatement corrigé sa faute. Ce n'est donc pas par le fait de sa volonté qu'il y a eu cette interversion. Voici probablement comment il a dû opérer. Je n'en sais rien personnellement et je répète que ce ne sont que des conjectures.

La pièce qui a servi de pièce-type, de modèle, de spécimen, date réellement de 1894. Des officiers peuvent certifier l'avoir connue avant 1894. Cette pièce que j'ai lue est arrivée, comme la plupart des pièces d'espionnage, déchirée en mille morceaux. Ces morceaux étaient assez mal rapportés, si bien que des fragments chevauchaient les uns sur les autres. Les lettres de certains mots sont couvertes par des fragments. Si, comme je le crois, l'auteur du faux a procédé à un calque pour imiter le plus possible l'écriture, il a dû être gêné par ces fragments qui enjambaient les uns sur les autres, et il aura dû mettre la pièce dans l'état où elle se trouvait avant que les morceaux ne fussent rassemblés. Il a donc dû avoir sur sa table cette pièce déchirée en mille morceaux.

Son opération, qui était assez longue, a duré probablement plusieurs jours, et lorsqu'il a voulu reconstituer la pièce, ne s'apercevant pas par lui-même de la différence de teinte des fragments qu'il avait introduits, il a facilement reconstitué le texte de la pièce. Mais quand il s'est agi de la signature, il a pu se tromper et il a mis sur l'une des deux pièces la date du 31 octobre 1896, et sur l'autre il a reconstitué la date qu'il y avait précédemment, c'est-à-dire 1894. Cette date se trouvait à cheval sur deux morceaux qui n'appartenaient pas à la pièce.

Me Demange. — Alors, la date de juin 1894 serait de la main du colonel Henry?

Le commandant Cuignet. — Je crois que oui. (*Mouvement.*)

Me Demange. — Cela suffit.

J'ai à poser une quatrième question, dans un autre ordre d'idées, au sujet de la circulaire qui a prescrit que les stagiaires n'iraient pas aux manœuvres. M. Cuignet reconnaît-il qu'il n'y a pas eu de décision ministérielle au mois d'août?

Le commandant Cuignet. — Il n'y a pas eu de décision ministérielle au mois d'août à ce sujet.

Me Demange. — Je vous prierai maintenant, monsieur le président, de poser à M. Cuignet une question au sujet des plans directeurs. M. le commandant Cuignet a dit dans sa déposition devant la Cour de cassation, et il l'a du reste répété ici, que la première partie du dossier lui montrait que dans le courant de 1893 il y avait des fuites au ministère de la Guerre, et que des plans directeurs de places fortes parvenaient à une puissance étrangère.

M. Cuignet a ajouté: « J'ignore absolument si ces fuites peuvent être attribuées en tout ou en partie à Dreyfus, et rien dans le dossier ne me permet, je crois, d'affirmer quoi que ce soit à ce sujet. » Maintient-il son appréciation?

Le Président. — On appelle cela des plans, mais il est entendu que ce ne peut être que des fragments de plans. Monsieur le commandant Cuignet, maintenez-vous ce que vous avez dit devant la Cour de cassation à ce sujet?

Le commandant Cuignet. — Pour que l'on puisse être accusé d'avoir livré des documents, il faut d'abord que l'on se soit trouvé dans la possibilité d'apporter des documents et quand cette possibilité est établie, il faut encore qu'il soit démontré que le crime a été commis.

Le capitaine Dreyfus avait-il la possibilité d'avoir des plans directeurs? Je réponds : oui. Il pouvait en trouver au 1er bureau qui n'en détient pas d'une façon normale, mais qui peut en avoir quelquefois et qui, en réalité, en a souvent. Il pouvait se les procurer encore au service géographique. Maintenant, se les est-il réellement procurés et les a-t-il livrés? Je l'ignore absolument, ainsi que je l'ai dit, car rien n'indique dans le dossier que des plans directeurs aient été livrés.

Le Président. — Ces plans directeurs sont assemblés et ils constituent une grande carte sur laquelle sont portés tous les ouvrages de fortification de la place dont il s'agit. Mais au 1er bureau il ne peut y avoir que des fragments de ce plan, des petits morceaux. Est-ce que ces plans, qui étaient au 1er bureau, étaient des plans assemblés ou des fragments?

Le commandant Cuignet. — Dans les documents que nous possédons, rien n'indique qu'il s'agit de feuilles assemblées ou de feuilles distinctes. Chacune de ces feuilles porte un numéro et rien ne dit si elles sont encore indépendantes les unes des autres, ou si elles sont assemblées.

Me Demange. — Je vous prie, monsieur le président, de vouloir bien faire lire le rapport que M. du Paty de Clam avait adressé à M. le gouverneur militaire de Paris, en 1894, à la suite de l'instruction qu'il avait faite comme officier de police judiciaire. On y verra que des vérifications minutieuses avaient été faites, et qu'il est établi qu'aucun document ne manque dans aucun des bureaux du ministère de la Guerre.

Le greffier Coupois *fait la lecture demandée par Me Demange :*

« Monsieur le ministre, conformément à vos ordres, j'ai procédé :

« 1° A l'examen du dossier du capitaine Dreyfus, stagiaire à l'état-major de l'armée;

« 2° A son arrestation et à son interrogatoire;

« 3° A une perquisition à son domicile;

« 4° A une enquête sur les faits qui lui sont reprochés :

« J'ai l'honneur de vous rendre compte de ces opérations :

« *Examen du dossier.* — La base de l'accusation portée contre le capitaine Dreyfus est une lettre missive établissant que des documents militaires confidentiels ont été adressés à une puissance étrangère, à laquelle la lettre est parvenue. Les indications contenues dans cette lettre, ayant permis de circonscrire le champ des investigations au personnel du ministère de la Guerre, on procéda à une enquête discrète parmi le personnel permanent de l'État-major de l'armée.

« De cette enquête, il résulta :

« 1° Qu'aucun document secret n'avait disparu, ni pu disparaître du ministère. »

Me DEMANGE. — Le reste n'a pas d'intérêt en ce moment. Mais j'ai encore une question à poser à M. le commandant Cuignet. N'a-t-il pas dit également, devant la Cour de cassation, qu'il y avait d'autres agents que Dreyfus qui fournissaient à B et à A, pendant que Dreyfus était au ministère de la Guerre; de même qu'après l'arrestation, les agents B et A ont continué à se livrer à l'espionnage et à avoir à leur disposition les indications d'individus leur apportant des renseignements?

LE COMMANDANT CUIGNET. — Je maintiens ce que j'ai dit à ce sujet, mais j'ajoute que, à ma connaissance, aucune fuite n'a été constatée, après le bordereau, au ministère. Mais, comme je disais au commencement de ma déposition, les agents A et B n'avaient pas seulement Dreyfus, ils en avaient beaucoup d'autres. Ils n'ont pas commencé la pratique de l'espionnage en 1894. Cette pratique remonte beaucoup plus haut.

Me DEMANGE. — Le témoin voudrait-il, avant de clore sa déposition, fournir au Conseil des indications sur le document où se trouve l'initiale D qui aurait été substituée à un nom, et qui fait partie du dossier des pièces fausses, l'une des pièces, en un mot, qui a été lue par M. Cavaignac à la tribune?

LE COMMANDANT CUIGNET. — Lorsque j'ai examiné ce document, il m'a paru suspect. Je ne dis pas qu'il est faux, je dis qu'il m'a paru suspect. Le texte est certainement authentique, mais le « D » m'a paru ajouté ou du moins être une surcharge. Il est en effet plus empâté que le reste de l'écriture. L'intervalle qui sépare le D du commencement de la phrase qui suit semble anormal, par rapport aux intervalles observés dans le corps de la lettre. Enfin, en regardant de plus près, je me suis rendu compte que le papier avait été gommé sous la lettre D, que le quadrillage avait été atteint par la gomme. J'apercevais encore, en regardant à la loupe, les traces d'une autre lettre sous le D, lettre que je ne pouvais pas reconstituer; alors je me suis demandé si cette surcharge avait eu pour but de renforcer le D primitif, qui aurait été effacé (car la pièce est au crayon), ou bien si cette surcharge avait été faite sur une lettre qui n'était pas un D, auquel cas la pièce eût été complètement falsifiée. Je ne pouvais résoudre la question moi-même, je l'ai soumise au ministre et nous avons mis la pièce parmi les documents suspects. Lorsque je me suis présenté de la part du ministre devant la Chambre criminelle de la Cour de cassation, je lui ai présenté la pièce en question en lui faisant part de mes constatations premières et en disant que je ne pouvais pas dire que c'était un faux, mais que le document était resté suspect en raison précisément de ces constatations. La Cour de cassation a partagé, je crois, ma manière de voir, puisqu'elle a soumis la pièce à une expertise (dont je ne connais pas le résultat).

Un des membres du Conseil de guerre, *s'adressant au témoin.* — Revenant sur le faux Henry, je me rappelle que vous disiez : « Il l'a décalqué sur sa table » ; êtes-vous arrivé, dans vos recherches, à vous demander sur quelle table il pouvait avoir travaillé?

Le commandant Cuignet. — Non, pas le moins du monde.

Quand j'ai dit : sur sa table, j'ai voulu dire sa table de travail. Où elle se trouve, je ne le sais pas. Mais certainement s'il a fait un décalque, il a dû s'appuyer sur quelque chose.

Le Président. — Accusé, levez-vous, avez-vous quelque chose à dire?

Le capitaine Dreyfus. — Je dis au témoin que les documents auxquels il fait allusion ont été démandés par mon chef, le colonel Bertin. Je proteste contre cet état d'esprit singulier du témoin que nous entendons ici depuis une heure, contre un témoignage où éclate, encore une fois, tout l'acharnement qu'on met contre un innocent!

Le Président. — Nous allons entendre le colonel du Paty de Clam. (*A l'huissier*) : Faites entrer le témoin. (*Au commandant Carrière*) : M. du Paty de Clam est-il ici ?

Le Commissaire du Gouvernement. — Le colonel du Paty de Clam nous a prévenus avant l'ouverture des débats que sa santé ne lui permettait pas, à son grand regret, de se rendre à mon appel, et il m'annonçait qu'il avait l'espoir dans un temps prochain de se rendre au Conseil, dès qu'il serait transportable.

LE PRÉSIDENT. — Il n'a pas donné de nouvelles depuis?

LE COMMISSAIRE DU GOUVERNEMENT. — Je n'ai pas eu de nouvelles depuis. Nous pouvons ajourner sa déposition.

Me DEMANGE. — Voulez-vous me permettre de demander à M. le Commissaire du Gouvernement si, ayant indiqué pour aujourd'hui la comparution de M. du Paty de Clam, il lui a adressé un nouvel appel?

LE COMMISSAIRE DU GOUVERNEMENT. — Non : je suis convaincu, d'après les indications de sa lettre, qu'il viendra dès qu'il le pourra. S'il n'est pas venu, c'est qu'il n'a pas pu.

LE PRÉSIDENT. — Je crois qu'il serait bon de faire avertir M. du Paty de Clam. Nous pouvons le faire citer à date fixe ou donner lecture de sa déposition.

Me DEMANGE. — S'il doit venir, ce n'est pas la peine.

LE COMMISSAIRE DU GOUVERNEMENT. — J'estime qu'il faut surseoir; qu'on fasse un nouvel appel, je le veux bien, je ne demande pas mieux qu'on fasse un nouvel appel à M. du Paty de Clam, à son bon vouloir, car il est malade.

Me DEMANGE. — Oui.

LE COMMISSAIRE DU GOUVERNEMENT. — Mais ce n'est que quand nous aurons la conviction certaine qu'il ne peut pas venir que nous demanderons la lecture de ses dépositions antérieures.

LE PRÉSIDENT. — Veuillez bien le faire prévenir pour une date aussi prochaine que possible.

SEIZIÈME TÉMOIN

M. LE GÉNÉRAL DE BOISDEFFRE

On introduit le général de Boisdeffre.

LE MOUTON DE BOISDEFFRE, Raoul-François-Charles, soixante ans, général de division en disponibilité.

LE PRÉSIDENT. — Connaissiez-vous l'accusé avant les faits qui lui sont reprochés?

LE GÉNÉRAL DE BOISDEFFRE. — Je l'ai connu à l'État-major de l'armée.

LE PRÉSIDENT. — Vous avez été mêlé à l'affaire Dreyfus. Voulez-vous dire au Conseil ce que vous savez et l'éclairer sur cette question?

Le général de Boisdeffre. — Après les démonstrations si complètes qui ont été faites devant le Conseil, je m'efforcerai d'être bref, d'éviter les redites et de ménager le temps du Conseil.

Comme je l'ai dit devant la Chambre criminelle, en 1894, nous étions très préoccupés, à l'État-major de l'armée, des fuites qui se produisaient et dont nous pouvions être absolument sûrs, puisque, comme je l'ai déjà dit devant le Conseil, des documents nous avaient prouvé ces fuites.

Je rappelle brièvement qu'à la fin de 1893 il y avait eu ce télégramme adressé à l'agent A : « Aucun signe de l'État-major » : qu'il y avait eu au commencement de 1894 le mémento, toujours de l'Agent A..., qui commençait par les mots *Doute-preuves* et finissait par les mots : « Aucune importance pour les choses ne sortant pas du ministère » ; qu'il y avait eu la pièce *Ce canaille de D...* ; qu'il y avait eu un mot de B à A annonçant qu'on allait recevoir l'organisation des chemins de fer ; qu'il y avait eu la pièce, toujours de B à A, intitulée : « Lettre Davignon » ; qu'il y avait eu en outre des rapports d'un agent dont l'honnêteté m'était connue et m'avait été certifiée, notamment par le colonel Sandherr qui l'appréciait tout particulièrement, que les renseignements de cet agent venaient d'une personne ayant une situation mondaine très belle et ayant appartenu au monde diplomatique, et qui avait confirmé ces renseignements verbalement au colonel Henry.

Le colonel Picquart a dit, je crois, dans sa déposition, qu'une somme de 1,200 ou 1,500 francs avait été remise à cette personne. Je m'en étais rendu parfaitement compte et je sais qu'une somme de 1,500 francs avait été remise à la fin de 1895. Cette somme était destinée à rémunérer les frais de voyage d'un agent que nous avions demandé d'envoyer rechercher des renseignements sur un nouveau matériel d'artillerie, et nous avons su qu'une partie de cette somme, qui n'avait pas été dépensée, avait été restituée au service des renseignements.

Nous étions donc, comme je l'ai dit, très préoccupés et d'autant plus préoccupés, que l'État-major de l'armée travaillait à ce moment à la confection d'un nouveau plan.

C'est dans ces conditions que le bordereau a été découvert et a été apporté au ministère, en septembre, comme vous le savez.

L'examen du bordereau et la nature des documents qu'il contient avaient encore augmenté nos préoccupations et nos inquiétudes. L'examen de ce document vint nous amener à serrer encore le cercle dans lequel nous devions opérer nos recherches.

Nous savions, par ce que j'ai dit au commencement, que le coupable était au ministère ou à l'État-major de l'armée. Quand nous voyons dans ce document qu'il y a une note fournie sur les troupes de couverture, avec cette indication que quelques modifications seront apportées par le nouveau plan, nous sommes obligés, évidemment, de nous rendre compte que le coupable appartient à l'État-major de l'armée, et je crois que la démonstration en a été faite d'une manière assez complète par M. le général Mercier, pour que je ne revienne pas sur cette démonstration.

Le cercle se dresse donc. Nous voyons ensuite, en continuant cette étude du bordereau, que trois des documents ont trait à des questions d'artillerie, tout à fait techniques et particulières. L'officier est donc un artilleur. Le cercle se rétrécit encore. Enfin, l'ensemble du document touchait tous les bureaux de l'État-major. C'est donc un officier qui a passé par ces différents bureaux.

Par conséquent, il y a de grandes probabilités pour qu'il soit un stagiaire, puisque les officiers titulaires sont maintenus et spécialisés, autant que possible, dans leur bureau.

Le cercle est donc devenu encore plus étroit.

C'est en ce moment que se trouve placée la découverte de la similitude d'écriture particulière entre l'écriture du bordereau et l'écriture du capitaine Dreyfus.

Je crois que le capitaine Dreyfus a dit lui-même : « On m'a volé mon écriture ».

On a été obligé de reconnaître que cette similitude était bien exacte; les renseignements pris auprès de ses chefs sont défavorables. Vous avez entendu à ce sujet le général Mercier.

Dans ces conditions, devant la gravité des événements, le général Mercier demande au garde des sceaux qu'un expert soit commis pour examiner les écritures.

On désigne d'abord M. Gobert. M. Gobert commence son expertise, il a une attitude qui paraît singulière ; il veut connaître le nom; il demande des délais.

Le ministre s'en étonne et s'en émeut à bon droit. Il craint les conséquences de ce retard et les indiscrétions qui peuvent se produire. Ensuite M. Gobert a avoué savoir le nom. Il s'est décidé à demander un nouvel expert.

On lui désigne M. Bertillon. Devant les affirmations catégoriques de M. Bertillon, le ministre décide alors de confier une enquête au colonel du Paty de Clam, et l'arrestation du capitaine Dreyfus. L'enquête se poursuit comme vous le savez.

A la suite de l'enquête, le dossier est transmis au gouverneur de Paris, et la justice militaire est saisie.

Le jugement a lieu et la condamnation est rendue à l'unanimité.

Après, vient l'exécution du jugement, puis les aveux.

Le colonel Picquart a dit, je crois, dans sa déposition, qu'après avoir rendu compte qu'il ne s'était rien passé de nouveau à ce sujet, il aurait appris dans l'après-midi que des aveux auraient été faits par le capitaine Dreyfus à M. Lebrun-Renault ; et que le colonel Picquart était venu pour m'en rendre compte, que je l'avais conduit chez le ministre, que j'étais entré chez le ministre, que j'en étais sorti sans lui rien dire, et qu'alors il était parti.

Je ne nie pas du tout ce qu'a dit le colonel Picquart ; je ne dis qu'une chose, c'est que je ne me souviens pas et que je suis étonné que les choses se soient passées ainsi.

J'en suis étonné, parce que, le soir, le général Mercier m'a prescrit de lui amener le capitaine Lebrun-Renault à la première heure.

Si j'avais été chez le ministre avec le colonel Picquart, il est probable que j'aurais donné tout de suite cet ordre au colonel Picquart ; tandis qu'en sortant de chez le ministre le soir, à huit heures, de nouveau, après avoir dîné, je suis allé chercher le général Gonse et nous nous sommes rendus avec lui chez le colonel Picquart, qui était absent. Le concierge nous a dit que le colonel ne rentrerait que le lendemain dans la journée.

Le général Gonse est parti de grand matin, le dimanche, pour la place de Paris ; il s'est fait donner le nom du capitaine Lebrun-Renault. Il est allé le chercher et l'a conduit chez le ministre.

J'insiste sur ces détails, parce que j'ai dû m'absenter dans la journée du 6 janvier. En partant, j'avais prié le général Gonse de m'écrire au ministère, afin qu'aussitôt mon retour à Paris je puisse avoir des renseignements sur ce qui s'était passé et sur les déclarations du capitaine Lebrun-Renault.

C'est comme cela que j'ai eu la lettre que m'avait écrite le général Gonse. Je l'ai trouvée en rentrant chez moi et je la lui ai rendue le lendemain matin, quand il est venu au rapport, afin qu'il pût la garder comme un témoignage et comme un souvenir des aveux, en raison de l'importance de cette pièce.

Je n'insiste pas sur les discussions qui ont été faites sur les aveux et sur les motifs qui ont fait qu'on en a si peu parlé.

Je crois que M. Cavaignac a fait à cet égard une démonstration absolument saisissante, et je déclare que, comme le général Mercier et M. Cavaignac, je maintiens ma conviction que les aveux ne peuvent pas être considérés comme inexistants.

Après les aveux, le départ du capitaine Dreyfus a eu lieu.

L'affaire est entrée dans une phase de calme, et le silence s'est fait sur elle jusqu'au moment où elle a été de nouveau soulevée par le colonel Picquart, devenu chef du service des renseignements.

J'avoue que quand j'ai pris le colonel Picquart à l'État-major de l'armée, je l'ai pris avec une certaine hésitation.

J'avais connu fort peu le colonel Picquart auparavant, le commandant Picquart, puisqu'il l'était à l'époque; je l'avais vu à des grandes manœuvres et j'avais été un peu frappé de l'air de grand contentement de lui-même et d'un peu de manque de déférence que j'avais trouvé chez lui dans cette période; de sorte que j'étais peu disposé au début à le prendre.

Mais j'ai toujours eu pour habitude à l'État-major général de l'armée de laisser les chefs de bureau me proposer leurs collaborateurs. Je n'exigeais qu'une chose, c'était que ces collaborateurs fussent pris parmi les officiers très bien notés ou étant sortis les premiers de l'école de Guerre.

Le chef du troisième bureau, le colonel Boucher, me demanda de prendre le commandant Picquart, comme je vous le disais. J'ai hésité un peu.

Cependant, devant l'insistance du chef de bureau, à qui le commandant Picquart avait été recommandé d'une manière instante par le général Millet, qui l'avait eu sous ses ordres à l'État-major du général de Galliffet, à l'École supérieure de Guerre, et comme de plus j'avais examiné le dossier du commandant, qui était très bon, je me suis dit qu'il serait vraiment peu juste, sur une impression défavorable très rapide, d'écarter la candidature d'un officier, et je fis nommer le commandant Picquart à l'État-major de l'armée. Du reste, il fit la meilleure impression par son zèle et par son dévouement, et me fit à son entrée une impression qui effaça la première.

J'avais eu dès ce moment la pensée que le commandant Picquart devait être le successeur tout désigné pour remplacer le colonel Sandherr à la tête du service des renseignements.

Le colonel Sandherr devait aller prendre le commandement d'un régiment, et le commandant Picquart, qui était Alsacien-Lorrain, et qui connaissait l'allemand, paraissait donc être dans des conditions favorables pour bien diriger ce service.

D'ailleurs son passage au 3e bureau semblait être une garantie encore de meilleure direction, parce que cela lui permettait de se rendre compte de la valeur de bien des renseignements qui aurait pu échapper à d'autres.

C'est le fait de cette pensée de donner la succession du colonel Sandherr au colonel Picquart qui a fait que le ministre le désigna pour suivre le procès Dreyfus. C'est pour en arriver là que je suis entré dans ces détails à propos de la suite du procès par le colonel Picquart.

J'ai vu, dans sa déposition, qu'il disait qu'il avait été chargé de porter divers plis au colonel Maurel. Je tiens à constater ici que je n'ai jamais, en ce qui me concerne, chargé le colonel Picquart de porter aucun pli au colonel Maurel, et je dois dire que, pendant qu'il a suivi le procès, je ne l'ai jamais trouvé ayant l'air de douter de la culpabilité de l'accusé.

D'après ce que je l'ai entendu dire à ses camarades, je crois qu'il n'a jamais manifesté de doute à cet égard vis-à-vis de moi.

Quoi qu'il en soit, je proposai donc au ministre le colonel Picquart comme chef du service des renseignements au moment du départ du colonel Sandherr, et, je crois que mes souvenirs sont exacts, il accepta cette position avec beaucoup de satisfaction et beaucoup de reconnaissance pour la confiance qui lui était ainsi témoignée par ses chefs.

Une des premières recommandations que je lui fis, comme je l'avais faite avant lui au général Gonse et au colonel Sandherr, fut de continuer à suivre l'affaire Dreyfus.

J'avais, en effet, un grand intérêt à savoir si les fuites étaient plus nombreuses et d'une autre nature que celles que nous avions vues dans le bordereau.

J'avais en outre, je le déclare, trouvé que l'instruction judiciaire qui avait été faite était insuffisante au point de vue de ce qui concernait le jeu, la moralité, les femmes, etc.

J'avais donc prié le colonel Picquart de continuer ces investigations comme j'avais prié son prédécesseur de le faire.

J'ai lu, depuis que je suis ici, la déposition de M. Delaroche-Vernet. Je me demande si ces poursuites et ces investigations ont été faites avec tout le zèle désirable.

Enfin j'arrive à la substitution d'Esterhazy à Dreyfus.

Le colonel Picquart m'en a rendu compte pour la première fois le 5 août.

Il dit qu'avant le 5 août il m'avait écrit à Vichy, à la fin de juillet, pour me prévenir qu'une nouvelle affaire se produisait, que l'on avait de très grosses préoccupations, semblables à celles de 1894, et que je lui avais donné ce rendez-vous.

Je n'ai pas le souvenir de ses lettres.

Mais j'admets parfaitement que les choses se sont passées comme l'a dit le colonel Picquart et, s'il m'a écrit avant, je ne vois aucun inconvénient à ce que ce soit ainsi.

C'est fort possible.

Maintenant, M. Picquart a fait remarquer, je crois (car je n'ai pu lire que bien vite, et en l'air, sa déposition), qu'il m'a nommé dans cette première entrevue le commandant Esterhazy et que, dans ma déposition devant la Chambre criminelle, j'avais paru dire qu'il ne me l'avait pas nommé.

Devant la Chambre criminelle, j'ai dit que je ne me souvenais pas s'il me l'avait nommé, et j'ai dit que j'étais sûr qu'il ne m'avait pas dit à ce moment qu'il y eût une connexité quelconque entre l'affaire du commandant Esterhazy et celle du capitaine Dreyfus.

Je reconnais qu'il est tout à fait probable que le colonel Picquart m'ait nommé Esterhazy.

Je dis même, en y réfléchissant, qu'il doit certainement me l'avoir nommé.

Par conséquent, je tiens à dire qu'à ce point de vue je suis tout à fait d'accord avec lui.

Mais il y a un point, ensuite, sur lequel je suis convaincu et certain qu'il y a une erreur complète.

Le colonel Picquart dit : « J'ai demandé au général de Boisdeffre de ne pas en parler au général Gonse, et la preuve que j'y étais autorisé, c'est que le général Gonse attendait comme moi le général à son hôtel, et qu'on ne lui en a rien dit. »

J'avais pris le colonel Picquart, comme il le dit, en arrivant à la gare et j'ai été avec lui chez moi.

Je dis qu'il y a là, certainement, une erreur absolue dans les souvenirs du colonel Picquart ou dans la manière dont il a envisagé les choses, cela pour plusieurs motifs.

D'abord, parce qu'une proposition de ce genre aurait été absolument antimilitaire, antihiérarchique, antiréglementaire, ensuite parce que je n'ai jamais eu rien de caché pour le général Gonse.

Le général Gonse est pour moi un vieil ami de trente ans; nous avons vécu ensemble toute notre vie. J'ai en lui la plus grande confiance. C'est l'homme de la discrétion, de la sagesse, de l'honnêteté.

On peut lui confier tout, sans avoir la plus petite crainte de voir quoi que ce soit dévoilé ou dit d'une manière indiscrète. — Par conséquent, si le général m'avait attendu chez moi à ce moment-là, et si je l'avais vu, la première chose que j'aurais faite, ç'aurait été de lui dire :

« Le colonel Picquart vient de me dire telle chose. »

Par conséquent j'ai demandé au général Gonse quels étaient ses souvenirs à cet égard. Il m'a dit qu'il était sûr de ne m'avoir entendu parler de cette question pour la première fois qu'au mois de septembre, quand j'avais envoyé le colonel Picquart le trouver.

Ce qui prouve bien que je tenais à ce que le général Gonse fût tenu au courant, puisqu'il était absent, c'est que je l'ai envoyé chercher quinze jours après que j'ai su la chose.

A ce moment, le général Gonse était souffrant; il allait subir une opération assez grave; il n'a pu venir chez moi.

C'est ainsi qu'il n'a pas été tenu au courant. Je suis donc certain qu'à ce point de vue il y a eu erreur commise.

Le colonel Picquart m'a donc dit, pendant que je le conduisais de la gare chez moi, ses inquiétudes sur le commandant Esterhazy.

Je lui ai prescrit, ce que je devais, de continuer à le surveiller, en apportant naturellement la plus grande prudence, la plus grande réserve, du moment qu'il s'agissait de surveiller un officier supérieur de l'armée française.

J'ai dû m'absenter de Paris; je suis allé au camp de Châlons; je suis revenu à Paris entre le 18 et le 20 août. C'est donc entre le 20 août et le 1er septembre que mes entrevues et mes entretiens avec le colonel Picquart sur l'affaire Esterhazy sont devenus plus fréquents, beaucoup plus fréquents, parce que le général Gonse était parti pour la campagne, malade.

Je me trouvais presque devenir le chef direct du colonel Picquart. Le colonel Picquart m'a donc, dans plusieurs entretiens, développé les motifs qu'il avait de soupçonner le commandant Esterhazy, le peu de moralité de cet officier, pour ne pas dire davantage, ses dettes, sa conduite tout à fait peu digne, et puis ces renseignements se sont complétés successivement par la similitude d'écriture.

Et enfin, un jour, le colonel Picquart m'a déclaré formellement que devant la similitude de l'écriture du commandant Esterhazy avec celle du bordereau, devant l'inanité des charges relevées contre le capitaine Dreyfus, d'après l'examen qu'il en avait fait dans le dossier secret, évidemment le commandant Esterhazy était l'auteur du bordereau et que ce n'était pas le capitaine Dreyfus.

Mon premier sentiment a été d'envoyer immédiatement le colonel Picquart trouver le général Gonse qui était son chef direct et qui, comme je le disais tout à l'heure, était à la campagne, malade.

Je tenais à suivre la voie hiérarchique et à connaître l'avis du général Gonse, avis tout à fait précieux et sérieux pour moi; d'autant plus que le général Gonse était chargé du service des renseignements et qu'il s'en occupait très activement et plus directement que moi.

Car, enfin, quelle que fût l'importance de ces services, vous comprenez que j'avais des questions d'un intérêt général dont je devais m'occuper et qui étaient encore pour moi beaucoup plus absorbantes que bien des questions du service des renseignements.

J'envoyai donc le colonel Picquart trouver le général Gonse. C'est le 3 septembre, d'après ce que m'a dit le général Gonse, et j'en suis convaincu parce qu'il avait pris des notes et se souvenait de la chose, — c'est le 3 septembre que le fait a dû se passer.

Le général Gonse m'a fait dire son avis par Picquart et m'a écrit en même temps une lettre, que je regrette bien de ne pas retrouver. Mais je n'ai pas, comme le général Gonse, l'habitude de conserver toutes mes lettres.

Il me disait qu'il partageait mon avis sur la manière d'agir dans ces circonstances; qu'il était d'avis de continuer les recherches avec le plus grand soin, les recherches sur Esterhazy, mais qu'il ne fallait pas mêler, quant à présent, l'affaire Esterhazy à l'affaire Dreyfus et qu'il fallait se borner à chercher, à démontrer qu'Esterhazy était un traître; que, quant à présent, les preuves produites étaient tout à fait insuffisantes. Il y avait évidemment des preuves de moralité extrêmement déplorables, ce n'était pas la preuve de la trahison, le *petit bleu* paraissait douteux et d'une authenticité non prouvée. En conséquence, il demandait qu'on continuât à séparer les deux affaires.

Le colonel Picquart ne partageait pas du tout cette manière de voir. Il persista dans son opinion, avec une énergie de plus en plus grande.

Il voulait qu'on fît arrêter Esterhazy immédiatement; tout au moins qu'on lui envoyât un télégramme faux pour lui tendre un piège et l'arrêter, s'il y tombait, et il déclarait que si nous n'agissions pas à la minute nous allions être en face d'une campagne de presse épouvantable, qu'un scandale énorme allait se produire.

Je me demande comment il pouvait être sûr qu'un scandale

énorme allait se produire, qu'une campagne de presse allait continuer?

Je ne vois pas dans le faux Weyler un motif pouvant faire croire à la naissance d'un scandale épouvantable.

Vous avez vu comment le général Billot opposa un refus aux propositions d'arrestation ou de télégramme faux. Mais, devant la persistance extraordinaire du colonel Picquart, qui négligeait le reste de son service et qui était absorbé uniquement par celte idée, devant ce qui était pour moi l'hypnotisation de cette seule affaire, j'ai estimé que le colonel Picquart ne pouvait pas continuer à rester utilement chef du service des renseignements dans l'intérêt du service.

Je l'ai noté en conséquence, et j'ai proposé au ministre de le relever de son service et de le remettre dans un corps de troupe.

J'ai même, par un excès de bienveillance, car je ne pouvais pas supposer à ce moment qu'il fût en relations avec des amis ou avec la famille du capitaine Dreyfus, j'ai proposé de l'envoyer au Tonkin où il avait déjà très bien réussi.

C'était, par conséquent, une situation plus avantageuse encore que l'État-major général de l'armée, qui ne nuisait pas à son avenir et qui avait pour moi un avantage : c'était d'éviter, à un moment où la presse se livrait à toutes sortes de polémiques, que l'on fît des commentaires.

Car il est naturel qu'un officier demandât à quitter l'État-major pour aller faire une campagne. Le ministre ne partagea pas cet avis et préféra confier des missions successives au colonel Picquart, missions fort importantes du reste.

C'est à la suite de ces missions que le général Gonse écrivit, conformément aux ordres du ministre, des lettres au colonel Picquart pour lui indiquer ce qu'il avait à faire, et ce sont ces lettres que le colonel Picquart a livrées à la publicité au moment de son retour.

C'est à ce moment que se produisit ce qu'on a appelé le « faux Henry ».

Le faux se produisit un peu avant le départ aux missions du colonel Picquart, alors que ce départ était déjà chose décidée Je crois que c'est le 2 novembre, si ma mémoire est exacte, que le général Gonse m'apporta la pièce qu'on a appelée le « faux Henry ».

Je n'ai pas besoin de vous dire, messieurs, que notre croyance à l'authenticité de cette pièce était absolue.

Le colonel Henry était un officier en qui j'avais toute confiance, je peux dire une confiance absolue.

Il avait été longtemps l'officier d'ordonnance du général de Miribel, il m'avait été recommandé par lui tout particulièrement. Le général en faisait un cas énorme, tellement grand qu'il en avait fait, en cas de mobilisation, le commandant du grand quartier général des armées de l'Est, ce qui était une position beaucoup au-dessus du grade du commandant Henry.

J'avais fait observer au général de Miribel que c'était un bien gros poste pour un commandant, et c'est l'estime très grande que le général avait pour le commandant Henry qui lui avait fait maintenir son choix et donner à Henry cette grosse position.

Par conséquent, je n'avais donc pas de doutes sur ce que me disait Henry au sujet de la manière dont la pièce était arrivée au ministère.

En outre, non pas par suspicion pour lui, mais pour notre garantie de conscience, nous avions examiné d'autres pièces similaires à côté de cette pièce d'Henry, et la similitude était parfaite, je dirai même maintenant qu'elle était trop parfaite.

Quoi qu'il en soit, nous avions une confiance et une conviction absolues dans la valeur de cette pièce.

Je dois dire, à cet égard, que M. Picquart était à ce moment absent, quand Henry a apporté cette pièce au général Gonse.

Le colonel Picquart a dit qu'il était à Paris et qu'on l'avait remise à son insu; c'est une erreur certaine.

Le colonel Picquart était à ce moment absent pour deux ou trois jours, soit pour petite mission, soit pour une permission; par conséquent, la remise de la pièce directement par le colonel Henry au général Gonse était parfaitement régulière.

Maintenant, la pièce n'a pas été montrée au colonel Picquart, parce que tel a été l'avis du ministre comme le mien; et comme le départ du colonel Picquart était chose décidée, le ministre avait décidé qu'il était préférable de ne plus lui parler de rien, de ne plus rien lui montrer ayant trait à l'affaire Dreyfus, étant donné le parti pris qu'il paraissait avoir dans cette affaire.

Néanmoins, le ministre lui dit un jour qu'il avait une pièce qui prouvait d'une manière absolue la culpabilité du capitaine Dreyfus.

Voilà quelle est la question du faux Henry jusqu'à ce moment.

Le colonel Picquart partit donc pour ses missions; il fut remplacé à la tête du service des renseignements non pas par le colonel Henry, comme on l'a dit, mais par le général Gonse.

Le ministre avait estimé, en effet, et très justement, à cause de la gravité des incidents qui se produisaient, qu'il fallait mettre un officier général à la tête de ce service, et il avait tenu à le confier au général Gonse.

Après le départ du colonel Picquart, les choses restèrent calmes pendant environ un an, et rien ne se produisit, autant qu'il m'en souvienne, de particulier jusqu'au moment où M. Scheurer-Kestner souleva de nouveau l'affaire.

Le général Billot vous a dit, mieux que je ne pourrais le faire, la manière dont les choses se sont passées en ce qui concerne l'intervention de M. Scheurer-Kestner; par conséquent je n'y reviens pas.

La dénonciation de M. Mathieu Dreyfus se produisit, et une enquête fut ouverte sur Esterhazy.

J'ai dit à cette époque ma conviction absolue de la culpabilité du capitaine Dreyfus, qu'elle était complète.

J'ai dit et j'ai répété très haut qu'il était inouï et abominable de vouloir lui substituer un homme de paille, si taré qu'il fût, parce que, quels que fussent les torts de cet homme de paille, il était, dans tous les cas, indemne du crime dont un autre était coupable, et qu'on ne pouvait pas le substituer à lui, à cet égard.

Eh bien! ma conviction est la même aujourd'hui.

Esterhazy a avoué, il est vrai, qu'il était l'auteur du bordereau; il l'a avoué à un moment psychologique bien choisi, je le reconnais.

Mais avant, il a aussi avoué qu'on lui avait offert 600,000 francs pour se dire l'auteur du bordereau; il l'a déclaré devant les cinq membres du Conseil d'enquête.

Il déclare maintenant que c'était le colonel Sandherr qui lui avait donné l'ordre de faire ce bordereau ou de le décalquer. C'est une chose qui ne tient pas debout.

Jamais le colonel Sandherr n'a pu donner un ordre pareil.

En tout cas, il s'agirait de savoir à quel moment il l'aurait donné, si tant est qu'il y ait un moment où Esterhazy puisse dire la vérité.

Quant à moi, une chose ne me permet pas de le croire : Esterhazy est un officier d'infanterie, major dans un régiment à Rouen; il était donc incapable de faire le bordereau et de fournir les documents qui y sont énoncés.

Il a été traduit devant un Conseil d'enquête par M. Cavaignac.

A ce moment se place une démarche de M. le général de Pellieux chez moi, car, à ce moment, j'étais malade : je ne sortais pas de chez moi et je ne pouvais pas beaucoup m'occuper de mon service

M. le général de Pellieux vint me trouver pour me dire qu'Esterhazy lui avait déclaré que, si on persistait à le faire passer devant un Conseil d'enquête, il allait déclarer qu'il était l'homme de l'État-major, et que ce qu'il avait fait, il l'avait fait parce qu'il était l'homme de l'État-major.

J'ai répondu à M. de Pellieux que, pour ce motif seul, je demanderais sa comparution devant un Conseil d'enquête.

J'ai prescrit à M. le général de Pellieux de se rendre immédiatement chez M. le ministre et de lui rendre compte de cette déclaration du commandant Esterhazy.

D'ailleurs, Esterhazy l'a démentie le lendemain ou le surlendemain.

Quoi qu'il en soit, Esterhazy est passé devant un Conseil d'enquête et a été mis en réforme.

A ce moment, toujours malade, j'étais parti pour la campagne, lorsque, à la fin d'août, j'ai reçu un télégramme de M. Cavaignac me priant de venir le trouver le plus vite possible.

Je crois que c'était un dimanche, le 29 août.

Je partis le lendemain, je pensais qu'il s'agissait toujours de l'affaire Esterhazy.

Malheureusement, c'était de la découverte du faux Henry, dont voulait me parler le ministre. Il me dit tout de suite ses soupçons, ce qui les avait corroborés et ce qui avait fait sa certitude. Il n'était pas possible de le voir à l'œil nu.

Je répondis au ministre : « Si la matérialité du faux est prouvée, je serai bien obligé d'y croire. Mais, *a priori*, je me refuse absolument à croire que le commandant Henry soit un faussaire. Attendons ses explications, car je suis persuadé qu'il pourra expliquer comment il se fait que ces deux lettres sont collées ensemble et comment des morceaux sont mélangés. »

Le ministre demanda que l'on fît venir le colonel Henry chez lui le lendemain, à deux heures, en ayant soin de ne pas le prévenir du motif pour lequel il était appelé.

Le général Gonse fut chargé d'amener le colonel Henry sans, bien entendu, lui rien laisser soupçonner.

Vous connaissez ce douloureux interrogatoire. Je ne vous dirai pas ce que j'ai souffert.

Quand cet interrogatoire fut fini, je pris une feuille de papier sur le bureau du ministre et lui écrivis, séance tenante, ma démission.

Le ministre me répliqua que tout le monde pouvait être

trompé, mais je lui répondis, comme je l'ai dit aussi à M. Faure, qui avait insisté près de moi de son côté, qu'évidemment tout le monde pouvait être induit en erreur, mais que tout le monde ne pouvait pas avoir comme moi le malheur d'affirmer devant un jury qu'une pièce était vraie alors qu'elle était fausse, et de dire qu'il était prêt à se retirer si on ne croyait pas en sa parole; et que quand on s'était trouvé dans ce cas, il n'y avait plus qu'à s'en aller.

Je suis parti et, depuis ce moment, j'ai été tenu et je me suis tenu à l'écart.

Le Président. — Avez-vous connaissance qu'Esterhazy ait été employé à un titre quelconque par le service des renseignements?

Le général de Boisdeffre. — J'ai entendu dire qu'il avait été employé comme lieutenant, en 1878 ou 1879, au service des renseignements qui existait alors; mais jamais, plus tard, je n'ai entendu parler qu'il y ait été employé.

Le Président. — Il n'avait aucune attache directe ou indirecte, officielle ou officieuse avec ce service?

Le général de Boisdeffre. — Jamais je ne lui ai connu aucune attache.

Un membre du Conseil de guerre. — Y a-t-il eu à votre connaissance d'autres fuites que celles dont il est question dans l'enquête?

Le général de Boisdeffre. — Après le procès et la condamnation, les fuites ont à peu près complètement cessé pendant un an. Cependant, en 1895, on a découvert une nouvelle fuite. C'était un document qui parlait de l'attribution de l'artillerie à une armée, la 9e armée, et auquel était joint une note indiquant que l'agent étranger était parfaitement renseigné à cet égard, et qu'il se rendait compte qu'on avait sauté évidemment le numéro d'une armée.

On fit une enquête pour savoir à quoi se rapportait ce renseignement. Cette enquête prouva que le renseignement remontait à 1893, dans le dernier trimestre.

Au moment où on avait fait la répartition de l'artillerie dans les différentes armées, une note avait été envoyée par la direction de l'artillerie au 1er bureau, lequel avait refait une autre note pour le 3e bureau, et quand on avait recherché cette dernière note au 1er bureau, on s'était aperçu avec étonnement que cette minute avait disparu.

Il se trouvait que la minute en question avait été faite par le commandant Bayle, auquel était adjoint le capitaine Dreyfus, pendant qu'il était au 1er bureau.

Un membre du Conseil de Guerre. — Il est question de cette fuite dans l'enquête ; mais, n'y a-t-il pas eu, à votre connaissance, d'autres documents livrés?

LE GÉNÉRAL DE BOISDEFFRE. — M. Picquart a parlé, je crois, d'un tableau d'effectifs, et, à ce sujet, j'ai essayé de rappeler tous mes souvenirs

Il y a eu, en effet, un document de ce genre qui a disparu ; mais c'était un vieux tableau d'effectifs qui provenait, je crois, d'une source anglaise, et on demandait, pour le remettre entre les mains du service des renseignements, un prix tout à fait exagéré. Je crois que cela n'a eu aucune suite, précisément à cause de l'élévation du prix. Mais, en dehors de cela, je ne sache pas que, par la suite, il se soit produit d'autres fuites.

UN AUTRE MEMBRE DU CONSEIL DE GUERRE. — Une discussion s'est élevée au sujet de votre absence de Paris, le 6 janvier 1895?

LE PRÉSIDENT. — Et au sujet de votre présence chez le Président de la République?

LE GÉNÉRAL DE BOISDEFFRE. — Oui, monsieur le président, je peux dire à ce sujet, au Conseil, que les deux choses sont absolument exactes. Je suis d'abord absolument certain, non pas de la date du 6, mais je suis absolument certain que, dans les premiers jours de janvier, le général Mercier me fit appeler un soir. Je me rendis dans son cabinet, et le général Mercier me pria — me disant qu'il allait se rendre à l'Élysée — me pria de vouloir bien l'attendre, en me prévenant qu'il aurait peut-être à son tour des décisions graves à prendre et des ordres graves à me donner à exécuter, et me priant d'y réfléchir.

J'attendis le général Mercier, ce soir-là, de huit heures du soir environ jusqu'à minuit et demi ou une heure du matin.

J'ai réfléchi beaucoup à cette affaire, et mes souvenirs sont nets. Je vois encore le général Mercier rentrant et me disant :

« Eh bien, vous pouvez aller dormir, ce n'est pas pour ce soir, l'incident est clos. »

Par conséquent, je dis avec certitude, une des soirées des premiers jours de janvier les faits se sont passés ainsi au ministère de la Guerre.

Maintenant, pour les aveux, je suis absolument sûr de mon affaire, parce que, le 5 janvier au soir, je n'étais pas dans le cabinet du ministre, puisque j'étais à la recherche de M. Picquart, pour lui dire d'amener le capitaine Lebrun-Renault le lendemain, chez le ministre, et que, ne l'ayant pas trouvé, le général Gonse se chargea de la chose et que moi, m'absentant dans la journée du 6 janvier, j'avais prié le général Gonse de m'écrire à ce sujet la lettre qu'il m'a écrite, et que j'ai trouvée chez moi.

LE PRÉSIDENT. — Vous ne vous êtes absenté que dans la journée?

LE GÉNÉRAL DE BOISDEFFRE. — Je me suis absenté dans la journée, et ce n'est pas le 5 janvier que cela s'est passé, puisque je ne serais pas parti le 6 s'il y avait eu cet incident.

L'incident a pu se passer le 6 au soir, quand j'ai trouvé en rentrant pour dîner une lettre, ou le 7 janvier, je ne puis pas me rappeler la date avec certitude.

UN MEMBRE DU CONSEIL DE GUERRE. — Vous rappelez-vous si c'était un jour de semaine ou un dimanche?

LE GÉNÉRAL DE BOISDEFFRE. — Je ne peux pas me rappeler. J'ai tout lieu de croire que c'était le 6 janvier. Enfin, je ne peux pas me rappeler. Je suis d'avis que c'est le 6 ou le 7. Je crois que c'est le 6.

Il est certain que le fait s'est passé, que j'ai attendu une soirée dans ces conditions. Il est également certain que j'ai fait écrire, que j'ai mis, par suite de mon absence, le général Gonse en demeure de me remettre une lettre pour cet incident. Maintenant, je ne sais pas si vous attachez une importance à ce que cela ait eu lieu le 6 ou un autre jour.

LE MÊME MEMBRE DU CONSEIL DE GUERRE. — Non, c'est simplement pour fixer une date.

LE GÉNÉRAL DE BOISDEFFRE. — Je crois que vous pouvez prendre le 6 janvier avec toute la certitude possible, sans que j'ose affirmer.

UN MEMBRE DU CONSEIL DE GUERRE. — Pouvez-vous vous rappeler le jour exact où le colonel Picquart a reçu avis de son envoi en mission?

LE GÉNÉRAL DE BOISDEFFRE. — Le colonel Picquart... Mes souvenirs sont ceux-ci : C'est à la fin d'octobre que le général Billot a décidé que le colonel Picquart partirait en mission.

Maintenant, on m'a demandé, autant que je m'en souvienne, à la Cour on m'a dit que le colonel Picquart avait dit ne l'avoir reçu que dans le courant de novembre. Je ne peux pas savoir.

J'ai répondu : je n'ai pas souvenir exact de ce moment. Il y a certitude qu'une décision avait été prise fin d'octobre.

Maintenant, quand la décision a-t-elle été communiquée à Picquart? Est-ce plus tard? Est-ce le 12 novembre? Je ne peux dire, je n'en sais rien, je ne peux pas préciser.

UN MEMBRE DU CONSEIL DE GUERRE. — Le général Roget a dit dans sa déposition que Dreyfus était extrêmement intelligent, et doué d'une heureuse mémoire, mais qu'il ne croyait pas sage de le laisser à un service d'État-major.

Le général de Boisdeffre. — C'est une appréciation du général Roget, qui avait eu sous ses ordres le capitaine Dreyfus et qui avait pu le juger d'une manière plus complète que moi. Je ne sais pas au juste ce que vous voulez que je dise.

Le même membre du Conseil de Guerre. — Je vous demande simplement votre appréciation.

Le général de Boisdeffre. — Je ne peux que partager la manière de voir du général Roget.

Le Président, *à Me Demange.* — Avez-vous des observations à présenter sur la déposition qui vient d'être faite?

Me Demange. — M. le général de Boisdeffre a dit tout à l'heure, au cours de sa déposition, qu'il ne savait pas au mois de septembre 1896 que le colonel Picquart fût en relations avec la famille Dreyfus. Or, M. le colonel Picquart a déclaré n'avoir pas connu la famille Dreyfus. Voulez-vous avoir l'obligeance, monsieur le président, de demander à M. le général de Boisdeffre quelles preuves il apporte des relations qu'aurait eues le colonel Picquart avec la famille Dreyfus au mois de septembre 1896?

Le général de Boisdeffre.— Je crois que j'ai été mal compris par Me Demange. J'ai dit au contraire, et j'ai voulu dire que je n'avais aucune preuve à ce moment que le colonel Picquart eût des relations avec la famille Dreyfus ou avec les amis de la famille Dreyfus. J'ai ajouté que, devant le manque de direction de son service, je l'ai proposé pour quitter ce service dans des conditions extrêmement bienveillantes, puisque je l'ai proposé pour être envoyé au Tonkin.

Me Demange. — M. le général de Boisdeffre ne comprend pas la portée de ma question : Quelles preuves le général de Boisdeffre a-t-il que le colonel Picquart avait été en relations avec la famille Dreyfus?

Le Président. — Il vous l'a dit.

Me Demange. — Non, il dit : Je ne le savais pas à ce moment.

Le général de Boisdeffre. — Mon impression a changé depuis, en voyant la manière dont se sont déroulés les événements ; ayant appris les relations intimes qui avaient lieu entre le colonel Picquart et M. Leblois, c'est ce qui fait que mon opinion a changé.

Me Demange. — C'est une impression!

Le Président. — Il vous a dit qu'à ce moment il n'en avait pas ; il ne vous a pas dit qu'il n'en avait pas eu une ensuite.

Me Demange. — Nous sommes d'accord sur la conclusion, alors.

La seconde question que je désirerais faire poser à M. de Boisdeffre est celle-ci : M. le général de Boisdeffre disait tout à l'heure que ce n'était point une raison parce qu'un officier pouvait avoir une conduite irrégulière, pour le prendre comme un homme de paille. Voulez-vous demander à M. le général de Boisdeffre, qui estime que le commandant Esterhazy est un homme de paille pris par la famille Dreyfus, s'il croit qu'une instruction judiciaire, menée d'abord par le général de Pellieux et aboutissant au Conseil de Guerre, a pu faire complètement la vérité, lorsque l'accusé d'alors, qui était le commandant Esterhazy, a été assisté, à toutes les phases de l'instruction, des conseils de M. le colonel du Paty de Clam?

Le général de Boisdeffre. — Je ne crois pas... Je voudrais savoir d'abord dans quelles limites et quels sont les conseils que le colonel du Paty de Clam a donnés à l'accusé dans cette période.

Me Demange. — Monsieur le président, je croyais que M. le général de Boisdeffre connaissait le procès-verbal de l'enquête à laquelle il a été procédé sur le commandant Esterhazy ; c'est au cours du procès-verbal d'enquête qu'on a donné connaissance de certaines lettres, notamment d'une lettre à deux écritures, lettres desquelles il résultait que le colonel du Paty de Clam donnait des conseils au commandant Esterhazy.

Si M. le général de Boisdeffre ne connaissait pas cette pièce, je demanderais à M. le président de vouloir bien, en vertu de son pouvoir discrétionnaire, faire donner lecture de cette pièce.

Le Président, *au général de Boisdeffre.* — Connaissez-vous cette pièce?

Le général de Boisdeffre. — Je connais une pièce, celle qu'on a appelée la pièce aux deux écritures.

Le Président. — Monsieur le greffier, voulez-vous donner lecture de ce document?

A la demande de Me Demange, M. le Greffier Coupois *donne lecture du procès-verbal d'un interrogatoire du lieutenant-colonel du Paty de Clam dans les bureaux du général Renouard (cote* 673).

Procès-verbal d'un interrogatoire de M. le lieutenant-colonel du Paty de Clam.

Le président demande alors communication de la note confiée par le commandant à Me Tezenas dont il avait été question à la séance précédente.

Le commandant Esterhazy la remet au président qui en fait donner lecture au Conseil. Par cette note, qui paraît avoir une grande importance, on donne au commandant des instructions pour sa comparution devant le général de Pellieux.

Elle commence à peu près en ces termes:

« Dans le cas où le général de Pellieux me demanderait si j'ai eu des rapports avec vous, j'ai l'intention de dire, ce qui est sensiblement vrai (ces mots sont d'une autre écriture) :

« Dès que j'ai su qu'il avait entre les mains une pièce secrète, « tous mes efforts ont tendu à la lui faire rendre en faisant appel à « son patriotisme. Je suis étranger à la campagne contre Pic- « quart.

« Voici le terrain sur lequel je me placerai. Pénétrez-vous bien de ce qui est souligné à l'encre rouge. La personne qui a été chercher la fameuse lettre de Picquart en style convenu est précisément l'auteur du télégramme signé *Blanche.* »

Interrogé sur la provenance de cette note, dont quelques fragments viennent d'être cités approximativement, le commandant dit l'avoir reçu par la même voie que les autres communications, et que ces deux écritures provenaient de Du Paty de Clam.

Cette pièce a été entre les mains de M. de Boisandré qui pourra être interrogé à se sujet.

Le président fait observer qu'il est regrettable que cette pièce soit connue d'un journaliste.

Le commandant ajoute : « J'en ai eu bien d'autres et je ne montre que celle-là en ce moment, mais je me retiens. »

Me Demange. — Je voulais simplement montrer, par une pièce du dossier, que M. le colonel du Paty de Clam avait donné des indications à M. le commandant Esterhazy pour les réponses à faire dans l'enquête de Pellieux, en lui disant ce qu'il dirait lui-même.

Je demande au général si ce sont là de bonnes conditions pour arriver à la manifestation de la vérité ?

Le général de Boisdeffre. — Je ne crois pas qu'en ce qui concerne le fait du commandant Esterhazy, il y ait quelque chose pouvant s'opposer à la manifestation de la vérité.

Je n'ai pas vu le colonel du Paty de Clam depuis plus d'un an. Mon impression est qu'à l'égard de la discussion, cela n'était pas à l'état de preuve absolue.

Me Demange. — Voilà l'appréciation de M. le général de Boisdeffre. Vous l'apprécierez.

Le Président.— Accusé, levez-vous.— Avez-vous quelque chose à dire.

Le capitaine Dreyfus. — Je ne veux rien répondre au général de Boisdeffre.

La séance est suspendue.

La séance est reprise à 9 heures 50.

LE PRÉSIDENT. — Faites venir le témoin suivant, M. le général Gonse.

DIX-SEPTIÈME TÉMOIN

M. LE GÉNÉRAL GONSE

M. le général Gonse ayant été introduit prête serment et décline ses nom, prénoms, âge et qualités : GONSE, Charles-Arthur, 60 ans, général de division.

LE PRÉSIDENT. — Connaissez-vous l'accusé ?

LE GÉNÉRAL GONSE. — Je connaissais l'accusé en tant qu'il avait été sous mes ordres.

LE PRÉSIDENT. — Veuillez faire savoir au Conseil ce que vous connaissez de l'affaire Dreyfus.

LE GÉNÉRAL GONSE. — Je vais déposer debout, si vous le permettez ; je m'assoirai si je suis fatigué. J'aurai à insister sur différents points.

Veuillez me permettre, d'abord, d'indiquer d'une façon générale l'ensemble du service des renseignements et particulièrement la partie qui a trait à la question Dreyfus.

Parmi les nombreuses et importantes fonctions de l'État-major général, j'avais le service des renseignements, qui comprend deux branches parfaitement distinctes : d'abord, l'étude des armées étrangères, dont je ne parle pas ; ensuite, la recherche des espions.

Cette deuxième branche a un but élevé : c'est de garantir l'armée d'une façon générale contre les tentatives criminelles qui l'entourent.

Les puissances étrangères cherchent par tous les moyens possibles à pénétrer nos secrets militaires, elles donnent aux agents qu'elles entretiennent en France des missions tacites, des instructions restant dans la vague, afin de rechercher par tous les moyens possibles quels sont nos moyens d'action, quelles sont nos forces de terre et de mer, enfin quel est notre plan de défense.

Ces agents, je viens de le dire, ont une mission tacite, en ce sens qu'ils peuvent au besoin être désavoués à un moment donné : ils suivent des principes qui sont indiqués d'une façon très nette et intéressante dans un ouvrage qui vient de paraître à Berlin, et qui est l'œuvre du prince de Hohenlohe.

L'auteur y indique tout ce qu'il faut faire pour diriger l'espionnage dans les puissances étrangères (ce n'est pas un secret, puisque c'est un ouvrage publié en librairie). On peut suivre pas à pas dans cet ouvrage tout ce qui se faisait, se fait et, malheureusement, se répète bien souvent.

Couverts par le service diplomatique, les agents étrangers dirigent des attaques contre l'armée et l'armée est obligée de se défendre par des moyens analogues à ceux qu'on emploie contre elle.

Bien souvent il est arrivé, avec la diligence qui le caractérisait, à détruire ses attaques, à les contre-battre et à reconnaître des traîtres. Les résultats qu'on a obtenus ont été très sérieux et très importants en ce sens que ce ne sont pas seulement quelques documents qui sont arrivés à notre connaissance, en notre pouvoir, mais ce sont des séries de documents et de renseignements qui sont arrivés par des sources différentes, jusque pendant ces dernières années.

A mon départ du ministère de la Guerre, il y avait une quinzaine de cartons remplis de billets, de notes, de brouillons, de rapports, enfin de documents de toute nature.

Parmi ces cartons très nombreux, qui contenaient toutes ces pièces, on a pris le dossier secret.

Eh bien ! je n'indiquerai pas complètement au Conseil la manière dont est organisé ce service, parce que je n'en ai pas le droit ; on me l'a défendu.

Je donnerai seulement quelques indications générales sur la façon dont on y opérait.

Je dois dire tout d'abord que le commandant Esterhazy n'a jamais été employé au service des renseignements.

Jamais le colonel Sandherr ne s'est servi du commandant Esterhazy comme informateur ou comme agent, jamais le colonel Sandherr n'a fait d'allusion directe ou indirecte à l'emploi du commandant Esterhazy, et le colonel Sandherr avait assez le sentiment de ses devoirs pour renseigner ses supérieurs, ses chefs ; s'il avait fait des opérations semblables.

C'est une chose grave que d'employer un officier de l'armée française à faire des actes de contre-espionnage ; le colonel n'aurait jamais voulu le faire sans en rendre compte à ses chefs.

Voilà mon sentiment bien net, bien clair à ce sujet. On peut répondre, et l'on répondra peut-être, que d'un autre côté Esterhazy prétend qu'il a calqué le bordereau, qu'il l'a fait sur les instigations de Sandherr.

Qu'il le prouve, qu'il vienne le prouver !

Jusqu'à présent, il n'a jamais rien prouvé.

On peut dire encore qu'il connaît certaines parties du service des renseignements; dans ses interviews, dans ses lettres, quand il s'est épanché de tous les côtés, il a eu l'air de connaître certains secrets.

Eh bien! il faut se rappeler qu'il a été l'objet d'une instruction judiciaire, qu'il a passé en Conseil de guerre; devant ce Conseil, les témoins ont parlé et, de plus, il faut se rappeler que les séances ont eu lieu à huis clos.

C'est un malheur, un grand malheur, qu'elles aient été à huis clos, parce que tout le monde saurait maintenant ce qui s'est passé!

Enfin, on a fait le Conseil à huis clos, les témoins ont parlé, et ils ont parlé certainement plus complètement dans le huis clos qu'ils ne l'auraient fait dans la séance publique.

Le commandant Esterhazy a entendu tout cela et il l'a retenu. Il s'est approprié tous les renseignements qu'il a eus là et alors, dans ses interviews, dans ses lettres, il a mélangé le vrai et le faux, il a dit des choses exactes, et à côté de cela des choses erronées qu'il amplifie, et alors cela fait croire qu'il sait quelque chose, mais il ne sait rien.

Ainsi, par exemple, l'entrevue de Bâle avec le fameux Richard Cuers, dont on a déjà parlé et dont on parlera certainement encore. Cela a été dit au Conseil de guerre. Il prend cela et il en fait une arme!

De même, toutes les notes qu'on a trouvées chez lui. Ces bouts de lettres, toutes ces choses-là, c'est évidemment encore le résultat du Conseil de guerre, qu'il a semés chez lui pour chercher à tromper les uns et les autres et à faire ce qu'on appelle du chantage.

Maintenant, il a dit aussi qu'il avait été payé par le service des renseignements, qu'il avait reçu des sommes considérables.

Il l'a dit, je crois, à la Cour de cassation, puis il en a été extrêmement ennuyé, et alors il a disparu, il n'a pas voulu continuer son interrogatoire, il est parti en prétextant je ne sais quoi. Il a abandonné ce système. Il ne parle plus de l'argent qu'il a touché au service des renseignements, parce qu'il sait très bien qu'on lui prouverait, clair comme le jour, qu'il n'a pas touché un sou.

La comptabilité du service est faite de telle façon qu'on sait exactement, à un sou près, ce qu'on paie, et il faut que les archivistes, le sous-chef d'État-major et les différentes personnes qui voient la comptabilité soient au courant.

Or, on n'a jamais entendu parler d'Esterhazy et il est sûr qu'il n'a rien touché au service des renseignements.

Voilà un point établi au sujet d'Esterhazy. Je n'y reviendrai pas pour ne pas fatiguer le Conseil.

Les moyens d'investigation que nous avions étaient tout autres.

Nous avions des agents sûrs, sérieux, connus des officiers et des employés, qui suivaient jour par jour et heure par heure les gens soupçonnés d'espionnage.

Ce sont eux qui nous ont apporté cette série de documents avec lesquels a été constitué le dossier secret.

J'arrive maintenant aux actes qui se sont passés chez nous et qui ont été dirigés par les agents étrangers dont je parlais tout à l'heure.

Ils ont commencé dès 1870, après la guerre, mais je ne parlerai pas de ce qu'ils ont fait à ce moment et je ne dirai que ce que je sais à partir de 1890.

A ce moment, ils opéraient chacun de leur côté, directement. Exemple : l'histoire de Boutonnet.

Boutonnet était un archiviste de la section technique de l'artillerie, qui s'est laissé aller et qui a été pris, à un moment, en 1890.

D'après les indications du service des renseignements du ministère de la Guerre, après une entrevue qu'il avait eue avec un personnage étranger, il avait dans sa poche un papier qu'il a passé à un individu qui était derrière lui et qui lui tournait le dos, et il reçut, en échange, de l'argent.

Il a été arrêté, condamné. On n'a pas touché à son interlocuteur, qui a pu rentrer chez lui avec un autre personnage qui l'accompagnait.

Cependant, il a été obligé de quitter Paris au bout de quelque temps, je ne dirai pas à la suite de quelles circonstances.

Voici une autre affaire. C'est l'affaire Greiner.

Greiner est cet employé de la marine qui a offert ses services à une ambassade étrangère. On n'a pas voulu les accepter, au moins en apparence; c'était trop direct; mais, quelques jours après, il a reçu la visite d'un personnage d'une autre nationalité, avec lequel il est entré en relations; il a été arrêté au moment où, avec des documents sur lui, il entrait chez ce personnage étranger.

Le personnage étranger a été rappelé, Greiner a été condamné. A partir de ce moment, on a continué à surveiller et on est entré dans l'affaire Dreyfus.

J'y arrive maintenant.

Par le service des renseignements, nous avons eu à la même époque des morceaux de papier pelure calcinés, sur lesquels on reconnaît des mots distincts.

On a reconnu que c'était l'extrait de la copie de l'instruction sur le chargement des obus à la mélinite.

Ceci a été vu à la quatrième direction, qui l'a gardé un certain temps.

Au moment du procès de 1894, on a cherché à prendre ce papier. On ne l'a pas retrouvé, et ce n'est qu'en 1898 que le commandant Godin, chef du matériel à la troisième direction, m'a remis à moi-même ce papier.

On a vu que c'était absolument une épreuve de l'instruction du chargement des obus à mélinite de 1889 ; on a expertisé l'écriture ; on n'a pas pu retrouver que ce fût l'écriture de Dreyfus ; on n'en a pas fait une charge contre lui.

Mais c'est un indice en ce sens que ce papier a été découvert au moment où il était à l'École de pyrotechnie.

L'instruction était aussi dans d'autres établissements ; aussi n'était-ce qu'un indice et pas une charge.

En même temps, on a trouvé, en 1895 ou 1896, — nous l'avons eu par le service des renseignements, — la description de l'obus allemand qu'on appelle le schrapnell de campagne. Il a été communiqué tout de suite à la 3e direction, qui a reconnu que cette description était semblable à l'obus Robin.

On a fait une enquête ; on a cherché et on n'a pas pu retrouver d'où cela provenait.

Enfin, ce n'est qu'en 1897, je crois, que le capitaine Remusat a fait connaître qu'il avait reçu, au moment où Dreyfus quittait l'École de pyrotechnie et entrait à l'École de guerre, à la fin de 1891, qu'il avait reçu une lettre qui lui demandait des indications sur l'obus Robin, le point où en étaient les expériences et la confection de ces projectiles.

Le capitaine Rémusat n'a pas répondu, parce qu'il trouvait que c'était indiscret et qu'il ne pouvait pas donner d'indications sur ce point.

Dreyfus, dans sa lettre, disait qu'il demandait cela pour son professeur d'artillerie, qui en avait besoin pour son cours.

Les professeurs ont été interrogés et ils ont fait connaître qu'ils n'avaient jamais chargé Dreyfus de demander ces renseignements.

Le général Lambert et le colonel Brun ont fait cette réponse. Il y avait là un acte sérieux qu'on a signalé et que je vous signale. Cela se passait en 1890.

Nous arrivons maintenant à 1892, nous trouvons des débris de demandes de cartes pour Nice, par exemple. Eh bien, je vous ferai remarquer qu'en 1892, Dreyfus était à l'École de guerre; qu'il avait fait un voyage dans le Sud-Est.

On demandait à ce moment, l'agent B à l'agent A, les cartes dont il avait parlé... qu'il avait besoin des cartes de Nice.

En 1894, il y a également deux notes, dans les mêmes conditions, qui demandent huit plans de....

Maintenant, nous arrivons à une lettre signée Dufour, c'est un pseudonyme du chef d'un service des renseignements de l'étranger, que je ne nommerai pas, dans laquelle il signale à un de nos agents que nous avions envoyé un agent double, qu'il donnait des cartes qui n'étaient pas du tout exactes et pas conformes à celles qu'il recevait d'ailleurs, et il reçoit une admonestation sévère.

Cela prouve que les cartes qu'il recevait d'un autre côté avaient une valeur, puisqu'il pouvait appécier ces cartes reçues de son agent.

J'arrive donc à 1893, à un fait sur lequel j'appelle l'attention du Conseil.

En 1893, Dreyfus était stagiaire à l'État-major de l'armée et, dans le deuxième semestre de 1894, alors qu'il était au 4e bureau, il a dû, à un moment donné, aller faire son temps de troupe.

Le garde républicain Ferret était chargé d'aller chercher les feuilles de route et les indemnités de route, pour les donner aux officiers au moment où ils s'en allaient.

Il avait remis sa feuille de route au capitaine Dreyfus pour aller faire son stage. Dreyfus devait aller rejoindre sa division de cavalerie qui était, je crois, à Versailles.

Deux jours après, Ferret, qui avait été mis à la disposition d'un autre officier pour faire un travail urgent — c'était le capitaine Besse — est venu au bureau pour prendre des instructions.

Le capitaine lui donna son travail, lui dit que c'était pressé et qu'il devait revenir dans la journée.

Ferret alla déjeuner rapidement, revint tout de suite après son déjeuner pour faire ce travail et le remettre.

Au lieu d'arriver au bureau à deux heures, comme c'était l'habitude, il arriva de très bonne heure, vers une heure; il alla dans la pièce qui est occupée par le commissaire du réseau de l'Est. Il devait y prendre ses papiers à autographier pour faire son travail ensuite dans une salle supérieure.

Le commandant Bertin était absent à ce moment-là. Je ferai remarquer qu'ordinairement les officiers ne se trouvent pas au bureau à une heure de l'après-midi. Or, Ferret trouva Dreyfus dans cette pièce. Il avait étalé sur une grande table recouverte de liège, qui se trouve au milieu de la pièce, le journal de mobilisation du réseau de l'Est, les graphiques étaient ouverts et une armoire se trouvait complètement ouverte aussi. Un individu, un civil que Ferret n'a pas reconnu, était dans un coin, à côté de la table occupée par M. le commandant Bertin, et il assistait à ce que faisait Dreyfus. Ferret prit ses papiers, ses plumes et partit pour faire son autographie. Un quart d'heure après il revint, son travail terminé. Tout avait disparu. L'armoire était fermée, les papiers rentrés et Dreyfus était parti avec la personne qui était avec lui. Ferret n'a pas d'abord attaché d'importance à cette affaire, n'ayant pas l'habitude de surveiller des officiers. Mais il a constaté que l'individu qui était assis à une certaine distance avait « pâli », c'est sa propre expression.

Il a reconnu aussi le journal de mobilisation, et il savait que c'était un document secret, puisqu'il en avait fait lui-même la couverture. Il connaissait par conséquent la forme et la contexture du document. Quant aux graphiques, il les reconnaissait, puisqu'ils les voyait souvent sans cependant pouvoir les lire. Il reconnut seulement que c'étaient les graphiques sur lesquels étaient marqués les trains militaires. Ce sont là des documents absolument secrets. Quant au journal de mobilisation, il était également secret, attendu qu'il indique au jour le jour, pendant la période de tension politique et pendant la mobilisation, ce que l'on doit faire pour la concentration sur le réseau de l'Est qui est, au point de vue militaire, le plus important.

C'est donc là la quintessence des transports.

Ferret n'attacha pas d'abord d'importance à ce fait, attendu qu'il n'avait pas l'habitude de surveiller les officiers qui pouvaient constamment venir.

Il est vrai qu'il n'avait pas reconnu la personne qui était avec Dreyfus, et il connaissait tous les agents de l'Est qui avaient accès au ministère et qui pouvaient venir pour les besoins du service. Or, celui-là n'en était pas.

Ce fut seulement au moment du procès de 1894 que ce fait lui revint à l'esprit : il a eu tort, à ce moment-là, de ne pas en parler ;

c'est plus tard qu'il l'a dit, d'une façon absolument générale sans entrer dans les détails, à un agent de la Compagnie de l'Est qui est actuellement sous-chef du bureau militaire de la Compagnie de l'Est, M***.

Celui-ci l'engagea à en parler à son chef, M. le commandant Bertin; mais le commandant Bertin n'était plus au réseau de l'Est, et Ferret n'osa pas aller trouver le nouveau chef de service. Il m'en parla seulement il y a quelques jours. Avant que je vienne ici, j'ai su que Ferret détenait ce secret; je l'ai interrogé et il m'a dit ce que je viens de vous raconter. Il est prêt à en déposer: c'est un brave homme. Il est civil actuellement, par conséquent en dehors de l'élément militaire. Il est prêt à déposer du fait qu'il connaît, et je demande que le Conseil de guerre l'entende, s'il le juge à propos.

Le Président. — Ce témoin est déjà cité sur la demande de M. le général Mercier.

Le général Gonse. — J'insiste sur ce point qui, à mon sens, a une grande importance, car c'est un fait qui est démontré, qui est établi. Je n'en parle qu'en second témoignage; mais j'ai confiance dans celui qui m'a raconté ces faits.

Il est incontestable que faire entrer un étranger au ministère, au réseau de l'Est, c'est-à-dire au point où tout est confidentiel, tout est secret, cela a une gravité exceptionnelle, et si cet individu, sans regarder exactement ce qui s'est fait sur le bureau, a la certitude que la personne avec laquelle il est en contact ouvre les armoires comme elle veut, les consulte à sa fantaisie, cela donne aux renseignements qu'elle procure, aux notes qu'elle peut fournir, un caractère tout particulier d'authenticité.

Cette personne n'a plus besoin de justifier ni de sa situation ni de ce qu'elle est. C'est un certificat absolument authentique qu'elle donne aux documents qu'elle peut remettre.

Plus tard, nous voyons, en 1893, un télégramme écrit en langue étrangère, que vous avez dû voir dans le dossier secret et que l'on peut traduire ainsi : « Ce que vous m'envoyez ne porte aucun signe du ministère. »

C'est ce qui prouve qu'on attache de l'importance à ce qu'il y ait sur les pièces un signe indiquant exactement qu'elles viennent de l'État-major. De même, en 1894, lorsque nous arrivons au memento dont on a parlé, « *Doute-preuves,* apportez ce qu'il y a, etc.», on n'attache de valeur qu'aux renseignements qui viennent du ministère. Ils demandent que cela vienne de l'État-major, et sont satisfaits lorsqu'on peut le leur prouver. C'est donc encore une confirmation de l'importance que pouvait avoir cette rencontre, faite par le garde Ferret au ministère de la Guerre.

Maintenant, vous parlerai-je de la pièce : *Ce canaille de D...?* qui vient ensuite, par ordre chronologique. Vous avez eu déjà, à cet égard, beaucoup de détails, et je ne crois pas qu'il soit bien utile de revenir là-dessus. J'insisterai seulement sur ce fait que les plans qui sont indiqués sur cette pièce, les plans directeurs de Nice, existaient au ministère en 1894. M. le général Mercier avait fait une étude et avait rapporté de son voyage à Nice quantité de documents. Il y en avait partout, au 3e bureau de l'État-major, à la 4e direction, etc.

Ces documents n'occupaient pas beaucoup de volume, et on pouvait facilement les mettre dans sa poche.

Je dis cela parce que le colonel Picquart a, dans sa déposition, émis une idée opposée; mais, quant à moi, mon sentiment est bien net à cet égard.

A partir de ce moment, nous voyons deux rapports de l'agent Guénée indiquant les relations qu'il a eues avec un personnage étranger qui lui disait qu'au ministère il y avait un traître, et qu'il fallait chercher au-dessus et plus haut que les employés subalternes.

Il confirme dans le deuxième rapport ces indications, en disant que c'est au 2e bureau. Il parle d'un officier qui est ou qui a été au 2e bureau, puis il le répète dans une conversation qu'il a avec le colonel Henry, qui avait été mis en rapport avec lui.

A ce propos, le colonel Picquart a émis des doutes sur l'agent Guénée et sur la valeur du personnage étranger. Il est vrai qu'on a donné à ce personnage de l'argent vers cette époque; mais après, pendant l'année 1895; et c'était pour avoir des documents sur l'artillerie. On était alors très préoccupé, parce qu'on faisait la nouvelle artillerie et qu'on avait besoin de renseignements de tous les côtés; on les cherchait partout; or, ce personnage s'étant offert, il avait été naturel qu'on ait accepté son offre.

On lui a fait une avance pour qu'il puisse, à son tour, rémunérer l'individu qu'il devait employer. Le document n'a pu être obtenu, et il a remboursé très loyalement une partie de l'argent qu'on lui avait donné.

Le Président. — Cet agent ne recevait-il pas une mensualité?

Le général Gonse. — Il a reçu de l'argent chaque fois qu'il nous procurait des renseignements. On lui payait les frais qu'il avait faits.

LE COMMANDANT CARRIÈRE. — N'y a-t-il pas confusion? On parle de deux personnes différentes.

LE PRÉSIDENT, *au témoin.* — L'agent étranger à qui il a été remis une somme de douze à quinze cents francs, et dont on parlait tout à l'heure, recevait-il une mensualité du service des renseignements?

LE GÉNÉRAL GONSE. — On lui payait ses renseignements chaque fois qu'il en apportait; mais il a reçu régulièrement certaines sommes pendant un certain temps, parce qu'il avait alors un agent à sa disposition d'une façon permanente. Il était entendu qu'il ne devait pas en être de sa poche.

Maintenant, immédiatement après, nous voyons une lettre de l'agent B qui parle qu'il a reçu l'organisation des chemins de fer, qu'il la remettra à l'agent A. Ceci se passait en 1894.

Maintenant nous avons également, à ce moment, le bordereau qui arrive.

Je ne vous parlerai pas du bordereau que vous connaissez; on vous en a parlé très longuement; je crois que ce serait fatiguer le Conseil si je revenais sur des renseignements déjà dits.

Mais, après le bordereau, je trouve un télégramme dont on a beaucoup parlé.

C'est un télégramme du 2 novembre 1894, sur lequel on a beaucoup discouru, et enfin sur lequel on a fini par se mettre d'accord. Eh bien! il y a des phrases, quelle que soit la traduction, *si Dreyfus a pas eu...*; cette phrase indique de la façon la plus nette, à mon sens, qu'on connaissait ce que cela voulait dire, en s'adressant au gouvernement en parlant de M. X...

Si on ne le connaissait pas, on aurait : « *M. M... a fait telle chose* »; tandis que quand on dit : « *le capitaine Dreyfus* », cela répond à une idée antérieure; par conséquent, cela veut dire que les gens qui correspondaient par télégrammes savaient ce que parler veut dire.

J'appelle l'attention du Conseil là-dessus, et en ce moment-là le même agent fait deux rapports à son ambassadeur pour se dégager complètement des rapports qu'il aurait pu avoir avec le capitaine Dreyfus. C'est encore assez singulier.

Enfin, en 1895, nous voyons une lettre où il est également parlé du capitaine Dreyfus. C'est un personnage qui écrit d'une ville étrangère à l'agent A. Le Conseil connaît cette pièce. Elle a son importance parce qu'elle indique qu'en haut lieu on s'occupait de la question.

On en avait été très préoccupé, on était très tranquillisé maintenant; par conséquent on n'en parle plus entre soi; on réserve la question pour soi-même, c'est-à-dire qu'on y attachait une grosse importance.

Des personnages de cette nature ou de cette qualité ne devaient pas s'occuper de ces détails si cela ne les intéressait pas.

Enfin nous arrivons au deuxième memento où il est dit : *Dreyfus-Bois*..., etc. Il y a encore une indication très nette que le bordereau est arrivé à l'agent. Le Conseil se rappelle les termes de ce memento.

Je n'ai pas besoin de les lui rappeler.

Il dit qu'il ne sait pas comment le bordereau est arrivé; mais ce qu'il peut affirmer, c'est que le document est arrivé à l'un ou à l'autre, soit à l'agent, soit au grand état-major, et qu'il est revenu au bureau des renseignemente.

Il était également préoccupé puisqu'il met les mots *Dreyfus*... en avant maintenant dans tous ces documents, dans toutes ces pièces.

Il y a quelque chose de très caractéristique et de très important, à mon sens, c'est qu'on ne parle jamais de l'innocence de Dreyfus. On parle de Dreyfus, ou on laisse supposer que l'on parle de lui, parce qu'on met son nom en tête, mais jamais on ne parle de son innocence dans une circonstance comme celle-là. Cela paraît assez singulier.

Maintenant nous avons encore le 3e memento, qui est relatif à l'artillerie de la 9e armée.

Eh bien! on a fait des enquêtes là-dessus et on a vu que cela voulait dire que l'artillerie de la 9e armée manquait en effet. C'était le numéro de l'armée qui manquait.

On a cherché à voir si, en 1895, il y avait des fuites nouvelles; on n'en a pas trouvé. On a été aux renseignements et on a constaté qu'il y avait eu un échange de notes au moment où on avait organisé les batteries lourdes, c'est-à-dire de 120, entre le 1er, le 3e bureau et la 3e direction, dans le but de soumettre la question au Conseil supérieur de la guerre.

On a cherché au 1er bureau, on n'a plus trouvé la minute de la note originale. C'était une note qui avait été faite par le commandant Bayle ou par le capitaine Dreyfus, qui était adjoint au commandant Bayle.

Le commandant Bayle est mort, par conséquent on ne peut pas savoir exactement comment la chose s'est passée; mais enfin il y a là encore quelque chose de caractéristique, bien que ce ne soit qu'une présomption.

Enfin nous arrivons en 1897, en 1896 ou en 1897.

On constate qu'après les fuites qui se sont produites en 1893 et avant, puis en 1894, après les préoccupations de A, datant de 1895, qui indiquent que les uns et les autres s'occupent encore des répercussions de l'affaire Dreyfus — en 1895 et en 1896 on ne parle plus de fuites.

Seulement on entend encore en 1896 parler des préoccupations que pouvaient avoir les uns et les autres, et on cherche à rejeter sur le voisin les actes, je ne dirai pas de trahison, mais de négociations louches pour dégager sa responsabilité.

Il y a alors une lettre très caractéristique où l'agent B dit à son camarade, l'agent A, qu'il va être grondé, tourmenté « parce que le chef d'État-major du ministère de la Guerre n'est pas d'accord avec le ministre sur les renseignements donnés et qu'il serait pris entre les deux, qu'il serait mangé comme est mangé le petit poisson, d'autant plus que ma correspondance étant réservée, on ne saurait peut-être pas exactement ce que j'ai dit ».

Eh bien! cette lettre est caractéristique : elle prouve, comme je le disais, au commencement de ma déposition, que ces gens-là faisaient de l'espionnage, sans renseigner très exactement leurs gouvernements.

Les gouvernements demandaient volontiers à ces gens-là de leur fournir desdocuments, des renseignements, mais ne s'occupaient pas des moyens qu'ils employaient, de façon à pouvoir les désavouer à un moment donné.

Enfin, en 1897, nous avons une dernière lettre ou un dernier morceau de lettre qui indique également Dreyfus en toutes lettres.

Je sais bien que, ces jours-ci, cette pièce-là a fait du bruit dans la presse, mais le Conseil a des moyens pour connaître l'exactitude ou la véracité de ce document, puisque dans les dossiers nous avons beaucoup de pièces de comparaison qui peuvent être mises à l'appui.

Par conséquent, le Conseil a les moyens de se renseigner là-dessus.

Voilà, messieurs, la série historique des divers renseignements que j'avais à donner au Conseil.

Maintenant vous parlerai-je du bordereau ?

Je n'entrerai pas dans les détails, car je crois que vous en avez eus suffisamment. Je vous parlerai simplement de ce que j'ai vu dans les précédentes dépositions.

Ainsi, dans la déposition de M. le colonel Picquart, j'ai constaté qu'il avait fait une insinuation pour donner la paternité du bordereau ou mêler à cette paternité le colonel Du Paty de Clam.

C'est la première fois que j'entends parler de cette nouvelle invention, qui me paraît singulière.

Alors, comme raison de cette version ou de cette paternité, comme raison à l'adoption de la date du mois d'avril 1896 au moment du procès, comme pour la date de la livraison ou de la confection du bordereau, il dit qu'il avait reçu une lettre à la fin d'août 1894.

Il dit que ce n'était pas dans sa section que s'étaient passés les faits d'espionnage.

Cela me paraît singulier, d'autant plus singulier que, lorsque la question a été posée tout dernièrement, en 1897, à propos d'Esterhazy, par exemple, jamais le colonel Du Paty n'a demandé ou n'a insinué quoi que ce soit au sujet de la date du bordereau.

Il y a assez de choses à son actif sans lui mettre encore cela.

Il n'a jamais cherché à faire prévaloir une date quelconque pour l'indication de la livraison du bordereau.

Maintenant, on a dit que le capitaine Dreyfus — ou du moins je le vois dans son interrogatoire — avait fait un travail au 2e bureau.

Le capitaine Dreyfus a eu l'air d'indiquer que ce travail était à peu près insignifiant ou enfin qu'il valait peu de chose. Or, messieurs, ce travail qui a été fait au 2e bureau est, au contraire, extrêmement important. Je ne veux pas dire que c'est ce travail qui a servi à la confection des notes du bordereau, mais, enfin, il indique que le capitaine Dreyfus était parfaitement au courant de l'organisation de l'armée et de la mobilisation, et cela dès le mois de mars 1893.

En effet, ce travail contient une étude complète sur la mobilisation de l'artillerie et les indications sur les batteries de dédoublement, les batteries de réservistes, les hommes de complément et les hommes que ces batteries doivent recevoir.

Il est donc très au courant de ces questions.

Maintenant, le colonel Picquart a dit dans sa déposition qu'il avait eu avec moi une conversation à propos du bordereau. Cette affirmation est absolument erronée.

Je n'ai jamais causé avec le colonel Picquart du bordereau. Je n'avais pas de raison de lui en parler.

En 1894, il n'était pas sous mes ordres, je n'avais aucune raison de causer de cette question avec lui et, par conséquent, je ne lui en ai pas parlé.

Je tiens à le dire au conseil.

Il a dit également que les notes qu'on pouvait fournir et qui étaient indiquées au bordereau n'avaient pas de valeur ou ne valaient pas grand'chose.

La scène que je vous ai rapportée tout à l'heure, à savoir que quelqu'un qui avait à sa disposition toutes les armoires principales d'un ministère, du 4e bureau, par exemple, et qui envoyait une note à son correspondant, je dis que cette scène prouve que cette note envoyée par cette personne avait beaucoup de valeur; par conséquent, les notes qui sont indiquées au bordereau ou qui sont énoncées au bordereau ont la valeur que la personne a elle-même vis-à-vis du correspondant.

On ne peut donc pas dire *a priori* que ce sont des notes qui n'ont pas de valeur; elles peuvent en avoir, elles en ont selon la nature et la valeur du correspondant et de l'individu qui les a établies.

Maintenant, on dit que la note sur la couverture était préparée, au 3e bureau, par des secrétaires.

Je ne sais pas si elle était préparée par des secrétaires; en tous cas, je sais une chose, c'est qu'elle était préparée sous la direction de M. Tourot, archiviste, qui est un archiviste très connu, ou du moins très considéré au ministère, et qui tient le registre des séances du conseil supérieur de la Guerre.

Par conséquent, c'est un homme qui présente toute garantie. Il a à sa disposition des secrétaires, il les fait travailler.

Aussitôt que ses secrétaires, qui sont des gens choisis, ont fini leur travail, on le leur enlève, et ils ne peuvent faire aucune indiscrétion.

C'est encore un point qui ne peut être mis à la charge du colonel Du Paty de Clam.

J'arrive à la question des aveux. On m'a mis en cause sur cette question; il est certain que j'y ai été mêlé d'une certaine façon, et voici comment.

Le ministre de la Guerre voulait avoir des renseignements sur le capitaine Lebrun-Renault, le chef d'État-major m'a fait demander, le soir de la dégradation, de rechercher ce capitaine, et de le faire rechercher par le colonel Picquart.

Nous sommes allés chez le colonel Picquart à 11 heures environ. Le colonel Picquart n'était pas chez lui. Son concierge m'a dit qu'il ne rentrerait que le lendemain. Je me suis donc chargé d'aller chercher le capitaine Lebrun-Renault. Je l'ai amené chez le ministre et il a raconté la scène telle qu'elle s'était passée.

Il me l'avait déjà racontée dans la voiture, quand je l'avais conduit chez le ministre, depuis sa caserne.

« On n'a pas livré des documents, mais simplement des copies ; le ministre sait que je suis innocent, il me l'a fait dire par le commandant Du Paty de Clam ».

C'est un mensonge, puisque M. Du Paty de Clam n'avait pas dit cela. Enfin, il terminait en disant : « Si j'ai livré des documents, c'étaient des documents sans importance et c'était pour en avoir de meilleurs », en indiquant la puissance.

En raison de l'importance de cette communication faite au ministre, le ministre prescrivit au capitaine Lebrun-Renault de se rendre immédiatement chez le Président de la République et le président du Conseil pour répéter à ces messieurs la conversation en question.

Ce n'était pas du tout pour faire infliger une réprimande ou un blâme, en face de ces observations, par le Président de la République lui-même à M. le capitaine Lebrun-Renault.

Si le ministre avait jugé à propos d'infliger un blâme, par suite des indiscrétions qui s'étaient commises la veille au soir, au capitaine Lebrun-Renault, il est incontestable que le ministre l'aurait adressé lui-même et n'aurait pas envoyé le capitaine Lebrun-Renault au Président de la République pour se faire blâmer.

Lorsque je revis le capitaine Lebrun-Renault, beaucoup plus tard, je fus très étonné quand il me dit qu'il n'avait pas raconté ou du moins reproduit auprès du Président de la République et du président du Conseil les phrases ou les paroles qu'il avait rapportées au ministre de la Guerre. Je trouvai cela extraordinaire ; je lui dis alors :

— Comment se fait-il qu'à cette époque-là vous n'ayez pas rapporté ce que le ministre vous avait prié de rendre compte, c'est-à-dire ce qui s'était passé?

— Je n'ai pas osé, m'a-t-il dit, parce que j'ai entendu une conversation dans laquelle on me traitait assez mal, et que, quand je suis arrivé chez le Président de la République, j'ai été interloqué ; lui-même tout le premier m'a infligé un blâme, et, décontenancé, je suis parti sans rien dire.

Voilà ce que j'ai su à propos de ces aveux.

Dans la même journée, le général chef d'État-major devant s'absenter, m'avait prié de lui rendre compte, comme c'était mon devoir, de ce qui s'était passé.

Je lui rendis compte par écrit. Nous étions en hiver, la nuit commence de bonne heure, il devait rentrer dans la soirée; j'ai supposé qu'il devait rentrer assez tard, mais enfin, à partir de sept heures, j'avais préparé un compte rendu écrit d'autant plus que ce jour-là j'allais dîner en ville, et que, par conséquent, je ne pouvais pas rester plus longtemps. J'ai pris copie de ma lettre, je l'ai conservée et je l'ai versée au dossier.

Je lui reproduisais fidèlement dans la lettre ce que j'avais entendu à ce propos.

Le colonel Picquart, dans sa déposition, fait connaître qu'il est venu chez moi le 6 janvier. C'est une erreur manifeste, il n'est pas venu me trouver chez moi le 6 janvier.

Il a dit qu'à ce moment-là je lui avais parlé des préoccupations que nous avions, au sujet de l'extérieur. Je ne lui ai rien dit de tout cela, par une bonne raison, c'est qu'en sortant de chez lui, le soir du 5, lorsque son concierge m'a dit qu'il n'était pas chez lui, je m'en suis allé et je ne lui ai laissé aucune indication, d'autant que son concierge m'avait dit qu'il devait rentrer le lendemain dans la journée.

Je devais le charger de faire la commission que vous savez; mais comme il fallait qu'elle fût faite pour le lendemain matin et qu'il ne devait rentrer que dans la journée, je l'ai faite moi-même bien que ce ne fût pas mon rôle; mais je n'ai laissé aucune indication.

Je n'ai rien dit non plus au concierge, je ne lui ait pas dit qui j'étais; par conséquent, le concierge ne pouvait pas me reconnaître, en tout cas il ne pouvait pas dire qui j'étais.

Quant à dire que je me suis préoccupé de la question extérieure à ce moment, c'est encore une erreur. Ce jour-là, je n'avais pas de préoccupation extraordinaire, je savais bien que l'on était préoccupé depuis un certain temps parce qu'il y avait eu des indiscrétions qui pouvaient amener quelque chose à l'extérieur, mais la communication de l'ambassadeur étranger à laquelle a fait allusion M. Casimir-Perier n'a eu lieu que le soir du 6 (elle a peut-être eu lieu un autre jour, mais au plus tard le 6).

Par conséquent, dans la journée du 6, je n'étais pas préoccupé, pas plus que les jours précédents.

J'en ai fini pour l'affaire Dreyfus proprement dite.

Il peut y avoir beaucoup de questions qui se greffent là-dessus, mais je ne prends que les principales pour ne pas fatiguer le Conseil, autrement je n'en finirais pas.

Le colonel Picquart a dit qu'il m'avait montré le *petit bleu* le 3 septembre. C'est exact.

C'était cette pièce qui devait permettre d'inculper Esterhazy. Il m'a montré, en effet, cette pièce, le 3 septembre 1896.

Il l'avait découverte, a-t-il dit dans son mémoire, à la fin d'avril ou au commencement de mai. Il dit maintenant que c'est au mois de mars.

En effet, on recevait des cornets au mois de mars et il est à peu près certain que si cette pièce était dans les paquets, elle n'a pu l'être que dans le paquet de mars. Mais je laisse cette discussion de côté.

Enfin, il est extraordinaire que le 3 septembre 1896, au moment où il avait la mémoire fraîche, il donne une pièce comme étant arrivée au mois de mai précédent!

Ou il a parlé bien légèrement, ou il a donné une date avec l'intention de me tromper. Il n'y a pas d'erreur.

Et alors, comment se fait-il que, postérieurement, en 1898 ou 1899, il se rappelle et dise : « Je me rappelle que ce n'était pas au mois d'avril ou de mai, mais que c'était au mois de mars »?

Maintenant, il a dit qu'à ce moment-là je l'avais gêné dans son enquête sur Esterhazy, et que je l'avais empêché de faire des enquêtes d'un autre côté.

Pour expliquer son compte rendu tardif, il disait qu'il ne m'avait rendu compte qu'au mois de septembre, parce qu'il avait besoin de se renseigner très exactement et de faire beaucoup d'enquêtes pour être sûr de la culpabilité d'Esterhazy, ce qui est assez singulier, attendu que, dans les affaires précédentes, il avait marché avec une précipitation très grande.

Ainsi, il y a un fait que je puis signaler au Conseil, qui est accessoire, mais enfin qui est assez singulier : c'est le cas d'un nommé Schwartz, qui a été arrêté et condamné pour affaire d'espionnage.

Quand il a fait arrêter Schwartz, il n'avait aucune preuve de sa culpabilité; c'est au moment où on l'a arrêté qu'on a trouvé, dans son gilet, un reçu de la poste d'une lettre que Schwartz avait adressée au chef de l'espionnage de Strasbourg, et qui a mis sur la trace de l'individu. On avait marché très vite, mais enfin on a eu la chance de tomber sur cette preuve.

Une deuxième affaire pareille est celle du nommé Stubenrauch, arrêté également, dans des conditions extrêmement rapides, tellement rapides qu'on ne trouvait aucune preuve contre lui, et le juge d'instruction qui était chargé de l'enquête avait demandé, d'une façon toute spéciale, qu'on rendît un non-lieu.

Picquart ne voulut pas faire rendre ce non-lieu, le juge insista, mais Picquart continua à refuser. Bref, l'accusé passa devant le Tribunal, il fut acquitté : c'était fait avec une précipitation singulière.

Après avoir été très pressé, très rapide, après s'être précipité d'une façon exagérée dans ces affaires-là, dans l'affaire Esterhazy, il ne m'en rendait pas compte ou il ne m'en rendait compte que tout à fait *in extremis*, et cependant quand je lui ai parlé de son *petit bleu*, je lui ai dit quel était mon sentiment : le *petit bleu* n'avait pas de valeur, pas d'authenticité, pas de vraisemblance.

Il n'avait pas de valeur, parce qu'il n'avait pas été mis à la poste; il n'avait pas d'authenticité, parce qu'il ne semblait pas que son écriture ressemblât à aucune écriture que nous connaissions et parce qu'elle n'avait aucun rapport avec l'écriture du personnage auquel on voulait l'attribuer.

Et, quant à la vraisemblance, il n'en avait pas non plus, attendu que ce personnage se plaçait généralement très haut et qu'il paraissait contraire à ses habitudes de correspondre par lettres anonymes avec un individu qui faisait de l'espionnage.

Par conséquent, le *petit bleu* n'avait aucun des caractères que l'on peut attribuer à une correspondance véritable et sérieuse.

Maintenant, Picquart a dit encore, dans sa déposition, que je l'avais empêché de faire ses enquêtes, par conséquent que je l'avais gêné, et que même, autant que je m'en souvienne, il avait côtoyé un précipice.

Nous ne l'avons jamais empêché de faire ses enquêtes. Personnellement, je ne l'en ai jamais empêché; et je crois que personne ne l'en a empêché. Il a fait beaucoup d'enquêtes, beaucoup d'instructions, beaucoup de démarches, sans en rendre compte à personne.

Je ne vous citerai qu'un fait, et je ne veux pas vous en citer davantage, parce que cela fatiguerait évidemment le Conseil.

En face d'une ambassade à Paris — je ne citerai pas le nom — il y avait un logement où nous avions accès. Au-dessous, les attachés de cette ambassade avaient loué les pièces du rez-de-chaussée, où déjeunaient ceux d'entre eux qui étaient garçons, et la concierge faisait la cuisine de ces messieurs. Le logement se composait d'une salle qui servait de salle à manger, et d'une autre salle qui servait de fumoir et où on prenait le café.

Le colonel Picquart fit truquer l'appartement supérieur, fit descendre dans la cheminée de cet appartement des cornets acoustiques et installer à l'étage supérieur un meuble sur lequel on pouvait se placer et se servir des acoustiques qui prenaient le son dans la cheminée.

Il fit venir dans cet appartement un agent à lui, que je ne connaissais pas, et cet agent venait tous les jours écouter les conversations dont il devait rendre compte à sept heures du soir.

Cela a duré je ne sais combien de temps. Je demande si des démarches de cette nature, faites vis-à-vis de personnes appartenant à des ambassades, si ces démarches sont régulières et si on doit faire cela sans en rendre compte à ses supérieurs.

Maintenant le colonel Picquart dit qu'on a fait disparaître beaucoup de pièces. Il y a des pièces qui ont disparu.

Ce sont les rapports de son agent.

Nous ne les avons jamais eus. Nous ne les avons jamais connus.

Quand le colonel est parti en mission, en 1896, j'ai connu ce renseignement; après avoir rendu compte au ministre, j'ai fait retirer ces appareils et boucher les trous. J'ai écrit au colonel Picquart. Il m'a répondu par une lettre, que je ne me permettrai pas de qualifier de très humble, mais enfin dans laquelle il s'excusait vis-à-vis de moi. Et aujourd'hui, au lieu de s'excuser, il me traîne dans la boue.

J'ai donné ce renseignement au Conseil parce qu'il est caractéristique.

Voilà un officier qui se plaint qu'on l'a empêché de faire ce qu'il avait à faire et qui, au contraire, a fait des choses extraordinaires sans en rendre compte et fait disparaître toutes les traces de la surveillance qu'il avait faite à ce moment. Cela me dispense de contester les autres allégations du colonel Picquart.

Cependant, je dirai autre chose. C'est que les conversations qu'il m'a prêtées sont absolument erronées, et comme il fait des erreurs continuelles de dates, qu'il change à tout instant, qu'il fuit, qu'après avoir dit telle chose à tel procès, aujourd'hui il dit autre chose, moi je n'attache pas plus d'importance que cela à ses dires en ce qui me concerne.

Maintenant, il attache beaucoup d'importance à l'entrevue de Richard Cuers, qui s'est faite à Bâle.

Cela n'a pas de valeur.

Nous avons toujours considéré cet individu comme ayant été un agent qui nous a été lancé dans les jambes par l'étranger.

On n'a jamais rien pu tirer de lui. Il n'a donné aucune espèce de renseignements autres que des renseignements généraux. C'est un individu qui s'était fait disgracier dans son service, qui était venu seulement pour parler de l'affaire Dreyfus et qui a raconté qu'il y avait un chef de bataillon qui trahissait.

Il ne dit pas le nom. Il ne dit pas de quel chef de bataillon il s'agit.

Est-ce un chef de bataillon d'infanterie? Est-ce un chef de bataillon du génie? Est-ce un chef de bataillon de l'artillerie à pied!

Car enfin il y a beaucoup de bataillons un peu partout. Ces messieurs de la statistique vous en parleront. Dès maintenant, je puis dire au Conseil que cette entrevue n'avait aucune espèce d'importance.

Il s'agissait d'un de ces individus qu'on nous jette dans les jambes pour faire une besogne quelconque, pas très avouable, et il n'a absolument rien donné.

Ces messieurs du service des renseignements vous en parleront tout à fait en détail.

Maintenant je vous parlerai pendant quelques instants de ce qu'on appelle le « faux Henry ».

Le colonel Picquart a insinué que pour faire ce faux il avait besoin du dossier secret, que je lui ai repris.

Après avoir dit que je le lui avais repris à la fin d'octobre, il ne dit plus rien et il accepte la date du 10 novembre, que j'avais donnée au procès Zola, et j'avais insisté pour cette date. Le défenseur lui a demandé s'il avait quelque chose à dire. Il a répondu qu'il n'avait rien à dire. Donc, il acceptait cette date du 10 novembre. Le faux est du 1er novembre, il faut le retenir. Il prétend qu'il avait besoin d'une pièce du dossier. La pièce dont il parle n'y était pas. C'est une pièce en bleu qui n'y a jamais été. J'appelle sur ce point l'attention du Conseil.

Quant au faux Henry proprement dit, dont on vous a parlé et qu'on a voulu mettre sur le compte des uns et des autres, le colonel Picquart a insinué que j'y étais pour quelque chose.

Le faux Henry est évidemment un fait extrêmement regrettable, tout à fait malheureux et fâcheux, mais enfin il faut en laisser la responsabilité à celui qui l'a fait.

Messieurs, j'ai connu le faux huit jours au moins avant qu'Henry ne l'avouât. Le général Roget m'en a parlé. Nous avons été ensemble l'objet de préoccupations très grandes. Il a autorisé le commandant Cuignet à s'expliquer exactement sur quoi il basait sa conviction ; mais pour ce qui est du faux, je l'ai connu huit jours avant.

Si j'avais été le complice d'Henry, j'aurais trouvé une explication absolument normale. Cette explication toute simple me serait venue à la tête et elle est la suivante, j'aurais dit : « Ce sont des papiers que j'ai mélangés. Au lieu de les reconstituer à leur date, je les avais oubliés. Je me suis trompé. » La chose aurait pu être racontée ainsi, et personne n'y aurait rien vu si j'avais été le complice d'Henry.

Je n'insisterais pas là-dessus. J'aurais donné cette explication et l'affaire aurait été arrangée.

Au lieu de cela, je n'ai rien dit, comme c'était mon devoir, et l'affaire a suivi son cours.

Voilà tout ce que je tiens à dire au Conseil.

J'aurais bien d'autres choses à lui dire, mais véritablement je ne voudrais pas abuser de son attention, car il doit être fatigué.

LE LIEUTENANT-COLONEL BRONGNIART. — Mon général, savez-vous si les documents relatifs aux troupes de couverture sont restés pendant vingt-quatre heures entre les mains de l'accusé, depuis le moment où il les avait portés au service intérieur, jusqu'au moment où il les a portés au service géographique ?

LE GÉNÉRAL GONSE. — Je ne le sais pas directement, parce que je n'avais pas le 3e bureau sous mes ordres. Je l'ai entendu dire.

LE LIEUTENANT-COLONEL BRONGNIART. — Qui pourra nous renseigner à ce sujet ?

LE GÉNÉRAL GONSE. — Un officier du 3e bureau. On pourrait avertir M. le commandant Déprez, qui pourrait vous renseigner à ce sujet. Je ne peux vous dire que ce que je sais de seconde main pour l'avoir moi-même entendu dire.

LE LIEUTENANT-COLONEL BRONGNIART. — Quand on a eu des soupçons sur l'accusé, savez-vous si on a fait des travaux fantaisistes et si ces travaux ont ensuite été connus à l'étranger ?

LE GÉNÉRAL GONSE. — Je n'en sais rien.

LE LIEUTENANT-COLONEL BRONGNIART. — Savez-vous si l'on a appris que les documents énoncés au bordereau sont parvenus à destination ?

LE GÉNÉRAL GONSE. — On l'a toujours supposé, puisqu'ils sont annoncés dans la lettre missive. Il n'y a donc pas lieu de supposer qu'ils ne soient pas parvenus.

Le Président. — Est-ce que le service de contre-espionnage a fait connaître si ces documents étaient parvenus ?

Le général Gonse — On n'en a pas de preuves directes.

Un membre du Conseil de Guerre. — Lorsque M. Picquart vous a fait part de ses recherches, est-ce que vous n'avez pas laissé voir que vous croyiez qu'il était possible qu'on se soit trompé et que Dreyfus fût innocent ?

Le général Gonse. — Jamais de la vie. Il a raconté lui-même cette histoire. Mais, en réalité, je lui ai toujours dit de séparer les deux affaires.

C'est encore là une question que je dois élucider devant vous.

On a beaucoup parlé de mes lettres. M. Picquart m'a écrit plusieurs fois. Je lui ai répondu et j'ai fini enfin par ne plus lui écrire ; cette affaire m'ennuyait, mais je lui ai toujours dit : « Séparez les deux affaires, ne mélangez pas Dreyfus avec Esterhazy. Esterhazy peut être coupable ; je n'en sais rien et, jusqu'à présent, il n'y a pas grand'chose de prouvé. Mais cela ne fait pas que Dreyfus soit innocent, et par conséquent ne mélangeons pas les deux affaires.

D'ailleurs, M. Picquart a reconnu, a dit d'une façon générale ce que je lui avais répondu, mais ensuite il a interprété mes gestes, il les a travestis et il a cherché à faire croire que j'avais été persuadé de l'innocence de Dreyfus.

Un membre du Conseil de Guerre. — Est-ce que Henry vous a paru ému après sa première visite à M. Bertulus?

Le général Gonse. — En aucune façon. Voici comment cela s'est passé.

C'était le 18 juillet, je crois. J'étais encore au ministère. Henry vint et me dit : « J'ai été voir M. Bertulus, il m'a très bien reçu, mais il est très ennuyé de ne voir personne du ministère, et il voudrait bien que quelqu'un prît connaissance de sa procédure. Il se trouve un peu trop livré à lui-même et il serait très heureux que M. le général Roget vînt prendre connaissance de son instruction. »

Henry me dit cela d'une façon toute naturelle. Je ne remarquai pas qu'il fût ému et il ne me faisait pas l'effet d'un homme ému.

Je lui répondis : « Ce que vous me dites est très intéressant ; allons tout de suite chez M. le général Roget », et je le menais moi-même au cabinet du ministre.

Il m'a raconté cela et en a donné connaissance au général Roget d'une façon également détachée, et j'ai été excessivement surpris quand j'ai vu les dépositions faites devant la Cour de cassation et ici-même, relativement à la scène que M. Bertulus raconte qu'il a eue avec Henry.

Je me suis dit : Comment se fait-il qu'un homme qui aurait eu cette scène avec un magistrat aille, si peu de temps après, insister comme il l'a fait auprès de moi d'abord, et auprès du général Roget ensuite, pour le faire venir ? Cela me paraît singulier.

UN MEMBRE DU CONSEIL DE GUERRE. — Lorsque la pièce qu'on appelle le « faux Henry » a été fabriquée, le colonel Henry n'a-t-il pas insisté vivement auprès de vous pour que cette pièce restât entre vous et lui, sans être communiquée à personne ?

LE GÉNÉRAL GONSE. — Henry m'a remis cette pièce, mais comme Picquart devait partir, je l'ai gardée. Henry m'a seulement dit : « Cette pièce sera mieux chez vous que chez moi. » Mais il ne m'a pas demandé d'une façon spéciale de ne la faire voir à personne.

Je dois dire, cependant, qu'il a insisté pour que je ne la montre pas à Picquart. C'était d'ailleurs notre sentiment comme ç'a été celui du ministre.

Il a dit simplement, quand la pièce a été lue à la tribune par M. Cavaignac : « Le ministre aurait mieux fait de ne pas lire ces lettres ! » Mais ce n'était pas précisément pour cette pièce qu'il faisait cette réflexion. Il la faisait d'une façon générale.

UN AUTRE MEMBRE DU CONSEIL DE GUERRE. — Vous avez dit que de mai 1894 à août 1896 aucune indiscrétion n'avait été commise relativement au dossier secret, et que ce n'est qu'en septembre 1896 que commencent les indiscrétions. Pourriez-vous nous fixer à ce sujet ?

LE GÉNÉRAL GONSE. — Le dossier secret ! Moi, je ne l'ai connu qu'en 1896. Je ne l'ai pas connu avant. Tout au moins je ne l'ai pas eu à ma disposition avant.

Il a été remis entre les mains du colonel Sandherr, qui l'a gardé dans son armoire ; puis il a été remis au colonel Picquart, sur sa demande, pendant une absence d'Henry en 1896.

C'est à partir de ce moment que les indiscrétions ont commencé dans les journaux.

Cela m'a paru extrêmement singulier.

Tant que le dossier est resté entre les mains de ces messieurs, on n'en a jamais parlé ; on n'a rien dit dans les journaux, et puis, à partir du moment où Picquart l'a entre les mains, les indiscrétions commencent.

Alors cela m'a paru singulier. Voilà la chose. Je n'ai pas d'autres renseignements à donner là-dessus.

Un membre du Conseil de Guerre. — Avez-vous entendu dire, mon général, que M. Leblois venait quelquefois voir M. Picquart?

Le général Gonse. — Je l'ai entendu dire après. Mais à ce moment je ne le savais pas. Ces messieurs de la statistique pourront vous dire combien de fois il venait. Moi, je ne le savais pas.

D'abord Picquart ne m'en rendait pas compte, et d'un autre côté je n'avais pas à interroger les officiers sur les agissements de leur chef. Je n'ai pas demandé à ces messieurs : Qui le colonel reçoit-il? Je ne l'ai su qu'après. Mais je sais qu'il est venu souvent.

Me Demange. — Voulez-vous demander à M. le général Gonse comment il a conçu dans son esprit qu'on pût séparer l'affaire Esterhazy de l'affaire Dreyfus puisque les pièces qui devaient être apportées par M. le colonel Picquart étaient précisément de l'écriture d'Esterhazy et démontraient à M. le général Gonse l'identité avec le bordereau, et comment M. le général Gonse pouvait-il supposer qu'en poursuivant Esterhazy on pouvait séparer de l'affaire Dreyfus la base de l'accusation, qui était également le bordereau?

Le Président. — Vous avez entendu la question?

Le général Gonse. — Parfaitement. Pour moi le bordereau n'était pas la base de l'accusation. Le bordereau restait à la charge de Dreyfus, et Esterhazy pouvait être coupable de forfaire en dehors du bordereau.

Je ne parle pas d'histoires d'écritures, je n'ai pas qualité, je ne suis pas expert en écritures.

Je lui ai dit, dans une de mes lettres, malheureusement je me suis mal expliqué, si j'avais pensé que mes lettres dussent passer à la postérité, je me serais expliqué autrement.

Picquart se basait sur son petit bleu. Il apportait également des spécimens d'écritures, je le veux bien; mais je n'ai pas qualité pour parler d'écritures, alors je lui ai dit :

« Séparons les deux affaires, laissons le bordereau à la charge de Dreyfus, puisqu'il y est, et prenons simplement les charges qui peuvent résulter pour Esterhazy du petit bleu ou d'autres pièces qui pourraient se présenter. Vous me dites qu'il a apporté des documents, ceci, cela, eh bien! interrogez les officiers, les secrétaires. » Voilà ce que j'ai dit.

Me Demange. — Autre question. Au moment où M. le général Gonse a reçu cette communication de M. le colonel Picquart, et lui a montré l'écriture d'Esterhazy, le général Gonse a comparé les deux écritures, celle d'Esterhazy avec celle du bordereau. A ce moment-là, n'a-t-il pas conçu la pensée qu'il pouvait y avoir erreur sur

Dreyfus, puisque encore une fois la base de l'accusation c'était l'écriture, et qu'on lui apportait une écriture bien ressemblante, sinon identique à celle du bordereau?

LE GÉNÉRAL GONSE — Je n'avais pas à me prononcer sur une question d'écriture, d'abord parce que je ne suis pas expert, par conséquent je ne m'en occupais pas.

D'un autre côté, le jugement de 1894 avait mis le bordereau à la charge de Dreyfus; par conséquent, je n'avais pas à changer, je n'ai pas changé, j'ai dit à Picquart : « Ne marchons pas sur les écritures. »

Me DEMANGE. — Le général Gonse n'a-t-il pas, à ce moment, conçu la pensée qu'il pouvait y avoir eu une erreur en 1894?

LE GÉNÉRAL GONSE. — Du tout! (*Rumeurs.*)

Me DEMANGE. — Du tout? Alors, en voyant l'écriture d'Esterhazy identique à celle du bordereau, cela n'a causé aucune impression à M. le général Gonse?

LE PRÉSIDENT. — Avez-vous reconnu une ressemblance?

LE GÉNÉRAL GONSE. — Évidemment, il y a une ressemblance. Tout le monde la verra. Mais il y a bien d'autres écritures qui ont une ressemblance très grande avec celle-là.

Me DEMANGE. — Voyons, je vais bien préciser. Nous sommes en 1896 comme nous étions en 1894. Depuis 1894, ou plutôt depuis 1895, la date est fixée par M. le général Gonse lui-même, on a fait une nouvelle enquête. Mais, à ce moment-là, c'est-à-dire en 1896, nous étions comme en 1894.

Or, il n'y avait à ce moment-là, dans le dossier judiciaire, que l'écriture. C'est pour cela que je demande à M. le général Gonse s'il n'avait pas été saisi et frappé, comme l'a été le lieutenant-colonel Picquart, par cette identité d'écriture?

LE GÉNÉRAL GONSE. — Non. (*Mouvements.*)

Me DEMANGE. — Maintenant, monsieur le président, une dernière question. La personne honorable dont le colonel Henry a parlé à l'audience de 1894, et qui a affirmé que le traître était au 2e bureau, était bien cette personne que nous étions convenus, je crois, d'appeler V.

Est-ce bien cette personne que M. Cuignet vous a représentée comme appartenant au grand monde parisien, qui avait été affirmée comme très honorable et qui touchait au service des renseignements, quand elle apportait des indications, une somme soi-disant pour ses frais?

LE GÉNÉRAL GONSE. — Non, elle n'apportait pas au bureau des

renseignements; elle faisait parvenir, elle n'apportait pas. Il faut distinguer. Ce n'est pas un agent. Les agents apportent.

Mais cela, ce n'était pas du tout un agent : c'était une personne qui nous renseignait d'une façon tout à fait irrégulière.

Alors, quand elle recevait elle-même des documents, et surtout des renseignements de l'extérieur, elle nous les faisait parvenir. Elle rémunérait des agents qui y allaient pour son compte, qui voyageaient. Ce n'était pas du tout les appointements d'un individu auquel on paye grassement et grossement, c'était une personne qui voulait bien se charger d'avoir des renseignements en Europe et même hors de l'Europe.

Je n'ai pas à dire quel genre de renseignements elle nous donnait, mais enfin, elle faisait voyager des individus. Cette personne ne pouvait cependant pas payer de sa poche les trois, quatre, cinq à six cents francs que coûtait le voyage.

Me Demange. — Est-ce que vous ne considérez pas qu'une personne qui envoie comme cela des agents à l'étranger ne ressemble pas à un chef du service des renseignements ?

Est-ce que M. le général Gonse ne sait pas que cette personne a souhaité la Légion d'honneur et qu'elle n'a pas pu l'obtenir à cause de l'intervention du ministère de la Guerre ?

Le général Gonse. — Non, jamais.

Le capitaine Dreyfus. — Je répondrai directement au nommé Ferret quand il viendra ici. Mais je m'étonne qu'un officier général apporte le témoignage de cet homme, lorsqu'il sait quelles difficultés il y a à introduire un étranger au ministère. C'est une chose absolument impossible.

Le général Gonse. — Évidemment, c'est difficile ; mais ce n'est pas impossible.

J'attendais l'objection.

Il y a au 4e bureau des ingénieurs, des agents de chemin de fer qui sont connus et qui, par conséquent, y entrent et qui ont des laissez-passer. On peut, par un procédé quelconque, faire passer un individu comme ingénieur. Cela n'est pas impossible.

D'un autre côté, c'était à une heure de la journée où il n'y avait pas beaucoup de surveillance à la porte, et le garde républicain qui est à la porte peut parfaitement laisser passer quelqu'un.

Je dis qu'on peut faire entrer assez facilement à certaines heures de la journée au ministère, et je dis que Dreyfus pouvait le savoir.

Le capitaine Dreyfus. — Je répondrai au témoin quand il viendra ; je lui dirai que c'est un mensonge.

Quand au fait que cite le général, je puis répondre ceci : Chaque fois que des amis ou quelqu'un venaient me voir au ministère, j'ai toujours été obligé de descendre en bas, dans une salle publique.

Jamais un de mes amis — et à ce moment j'avais des députés que je connaissais — n'a pu pénétrer dans le ministère quand il venait me demander.

En effet, il est absolument impossible, dans les conditions ordinaires, à un officier subalterne de faire pénétrer quelqu'un dans l'intérieur du ministère.

Le Président. — Qu'est-ce qui se passe quand une personne vient demander un officier ?

Le général Gonse. — Elle demande au chef de service si elle peut voir cet officier, mais on ne contrôle pas. On peut lui donner un laissez-passer.

Je ne dis pas que la chose soit courante, mais elle est facile. Elle est possible et facile.

Me Demange. — M. le général Gonse, conciliant les deux expressions, a dit : « Ce n'est pas impossible », et il vient de dire maintenant : « C'est facile. »

Le général Gonse. — Je dis que le laissez-passer est facile à obtenir et qu'un officier peut entrer pour une raison quelconque, et même une autre personne.

J'ai expliqué au Conseil qu'il y a dans les bureaux des agents de chemins de fer du réseau de l'Est, par exemple. Quand ces messieurs ont besoin de voir les inspecteurs du chemin de fer, on ne les fait pas attendre indéfiniment à la porte.

Quand ils viennent, ce n'est pas pour causer de la pluie ou du beau temps. On cherche à faciliter leur entrée le plus possible.

Il y en a qui ont des laissez-passer permanents et alors cela va de soi.

Mais pour faire entrer un ami au 4e bureau avec un laissez-passer, c'est facile en raison de ce qu'il y a des employés de chemins de fer qui viennent fréquemment au ministère.

Le Président. — Est-ce que ces laissez-passer permanents ont des photographies ?

Est-ce qu'il n'y a pas de cartes d'identité ?

Le général Gonse. — Ce sont des laissez-passer permanents. Je crois que les laissez-passer du ministère de la guerre sont des laissez-passer sans photographie.

Le capitaine Dreyfus. — Encore fallait-il avoir demandé un laissez-passer, et j'affirme que je n'en ai jamais demandé pour personne.

Le général Gonse. — On peut parfaitement laisser entrer quelqu'un sans laissez-passer, et cela est très facile.

Le capitaine Dreyfus. — Dans ces conditions, on peut faire entrer tout ce qu'on veut. Il n'y a pas de discussion possible.

Le lieutenant-colonel Picquart. — Le général Roget a émis diverses allégations au sujet de la manière dont je faisais mon service. Sans vouloir prendre les moments très précieux du Conseil, je désire répondre deux mots très brièvement sur ce sujet.

Le Président. — Soyez bref.

Le lieutenant-colonel Picquart. — En faisant cela, je ne fais que défendre la valeur de mes témoignages antérieurs. Car il est évident que si l'on prend des questions tout à fait en dehors de l'affaire Dreyfus, questions qui ne peuvent pas être discutées en détail ici, ce ne peut être que pour infirmer la valeur morale de mon témoignage.

Eh bien, voici les deux seuls points que je relèverai.

Premièrement la question Schwartz.

Il est inexact que j'aie fait arrêter le nommé Schwartz sans aucune preuve ; Schwartz qui était un espion chargé à Paris de trahir les Alsaciens-Lorrains et de les dénoncer quand ils rentraient dans leur pays, a été arrêté par ordre du général Zurlinden, lorsque j'ai eu la preuve de ses abominables machinations, lorsque j'ai eu la preuve que cet homme venait de surveiller un de nos agents qui avait été arrêté peu de temps avant à Cologne.

Ces preuves consistaient dans sa correspondance saisie à la préfecture de police ; M. Lépine, M. Puybaraud et même M. Bertillon, qui a ouvert les lettres, peuvent être cités comme temoins.

Sur le second point relatif à cette maison où se seraient passees des choses extraordinaires, je dois dire que le logement, dont a parlé le général Gonse, a été loué par mon prédécesseur et que tout un service y a été installé par lui.

Jamais je n'aurais parlé de ce détail, mais puisque M. le général Gonse en a parlé et qu'il est connu maintenant des intéressés, je puis en dire deux mots.

On a eu la naïveté de pratiquer des ouvertures dans les volets et toute personne qui passait dans la rue ou entrant dans le local était photographiée.

J'ai fait cesser tout cela.

Lorsque l'agent qui était à poste fixe dans ce logement m'a démontré l'intérêt qu'il y aurait à avoir un autre moyen de savoir ce qui se passait dans la maison, il m'a fait à cet égard des propositions que j'ai acceptées.

Je n'ai jamais pris part personnellement à ce qu'il a fait. Je n'ai fait que lui donner des indications et des autorisations et pour ma part, pendant une année que j'ai été chef du service des renseignements, j'ai pénétré une seule fois dans cette maison et un instant seulement, pour me rendre compte que tout ce qu'on me disait était vrai. Voilà tout ce que j'avais à dire, mon colonel.

Le Président. — Cela n'infirme pas ce que disait le général : la maison était munie des appareils en question.

Le lieutenant-colonel Picquart. — Oui, mais l'installation a été faite par mon prédécesseur.

Le Président. — L'installation des appareils ?

Le lieutenant-colonel Picquart. — Non, l'installation de la surveillance.

Le général Gonse. — C'est ce que j'ai dit.

Ce n'était pas absolument la chose sur laquelle j'appelais l'attention du Conseil. Ce que je disais, c'est que toutes ces installations ont été faites sans m'en rendre compte et qu'il y avait un agent, le nommé Durand (pour ne pas le nommer) que je ne connaissais pas, et que je n'ai connu qu'après le départ du colonel Picquart du ministère, qui venait lui rendre compte, chaque fois qu'il était allé là-bas, de ce qui s'y passait et qui lui fournissait des rapports.

Le Président. — Et sur la deuxième question ?

Le général Gonse. — Schwartz a été arrêté, mais il est incontestable qu'il n'y avait pas de preuves bien certaines ni bien sérieuses.

Le lieutenant-colonel Picquart. — Je n'ai pas fait l'enquête.

Le Président. — Cette question est d'ailleurs incidente et à côté de la principale. Le défenseur n'a-t-il pas d'observations à faire?

Me Demange. — Je vais profiter de ce que le lieutenant-colonel Picquart est là pour éclaircir un point...

Le Conseil a entendu tout à l'heure M. le général de Boisdeffre dire qu'aujourd'hui il estimait qu'en septembre 1896 la famille Dreyfus pouvait être déjà entrée en relations avec le colonel Picquart. Par conséquent, il y a un lien et une action réflexes de l'une sur l'autre affaire.

Eh bien ! hier, je n'ai pas entendu le colonel Picquart répondre à une indication qu'a donnée M. le général Roget sur une question d'argent. Je voudrais qu'il s'expliquât.

Les questions d'argent, c'est tout ce qu'il y a de plus délicat. Le Conseil a entendu le général Roget parler de cent mille francs.

Cela pourrait laisser planer sur le colonel Picquart des doutes. Je voudrais qu'il nous donnât des indications.

Le lieutenant-colonel Picquart. — Je répéterai ce que j'ai dit à l'enquête de la Cour de cassation.

Lorsque le général Billot a pris le ministère de la Guerre, il a jugé utile de procéder à une autre répartition des fonds secrets et mon service a été diminué de huit mille francs par mois.

A ce moment, des négociations d'une importance très grande étaient en cours, et je voyais devant moi une série de dépenses d'environ cent mille francs qui étaient engagées d'avance dans l'espace d'un an, à peu près.

Cette diminution de crédit m'eût empêché de suivre la question extrêmement intéressante que j'avais engagée alors. J'ai fait un mémoire dans lequel je demandai un crédit supplémentaire de cent mille francs. Ce mémoire a été soumis au Conseil des ministres. Les cent mille francs ont été accordés pour la section de statistique.

Lorsque ces cent mille francs sont arrivés à la caisse du ministère, le général Billot en a fait la répartition qu'il a jugée convenable. Il a versé vingt mille francs à la section de statistique et a ordonné que le reste serait maintenu à la caisse du ministère et ne sortirait pas sans son ordre.

Donc, j'ai été obligé d'assurer, avec la réserve qui me restait dans mon service, les dépenses engagées dont je vous ai parlé, et le tout forme, en somme, pour mon service, un découvert d'environ cent mille francs.

Aucune espèce de dépense extraordinaire n'a été faite pour les enquêtes Esterhazy.

Il n'y a pas d'enquête qui ait coûté moins cher.

Je sais que dans une note qui a été envoyée par le général Zurlinden au garde des sceaux, au mois de septembre 1896, on a dit que j'employais pour surveiller Esterhazy les agents ordinaires du service, des agents spéciaux, et que je m'étais même adressé à des agences, à ces agences qui surveillent les personnes.

En fait d'agents du service, j'en ai employé un, et ce n'est que tout à fait à la fin de novembre, que pour un seul jour, il a pris un suppléant.

En ce qui concerne mes agents particuliers, j'ai envoyé un jour à cet unique agent une lettre par une personne à moi. Eh bien! le fait d'avoir porté à l'agent qui surveillait Esterhazy une lettre, comme eût fait un facteur, on l'a appelé dans cette note un service d'agent particulier.

Enfin la dernière question, la question des agences, est plutôt un peu ridicule. L'unique agent qui surveillait Esterhazy s'était fait faire des cartes, à un moment donné, pour voyager en France, pour prendre divers renseignements, et il prenait le titre d'agent d'affaires.

C'est cette carte épinglée dans le dossier Esterhazy qui a fait croire, car on a parlé de ces choses d'une façon extrêmement superficielle, qu'Esterhazy était surveillé par une agence, et c'était seulement l'unique agent, l'agent que vous entendrez, c'est Desvernines.

Le général Billot. — Je demande à dire un mot et je prie M. Picquart de rester là.

— Je suis très heureux que M. Picquart ait soulevé cette question des fonds secrets, elle a été portée devant la Cour de cassation.

Les fonds secrets sont les fonds secrets, je devrais, pour respecter la destination à laquelle ils sont affectés, n'en pas dire un mot. Je m'efforcerai de ne rien dire de ce qui doit rester secret. Les fonds secrets son mis à la disposition du ministre pour un service d'Etat, et il n'en doit compte qu'au président de la République seul.

Le Président de la République contrôle, vérifie et liquide les fonds secrets.

M. Picquart, chef du bureau des renseignements, recevant non pas du ministre, mais du chef d'État-major à qui le ministre délègue les fonds qu'il juge nécessaires, s'est considéré comme chef, et, à l'entendre, c'est lui qui aurait donné au ministre huit mille francs par mois.

C'est le ministre, au contraire, qui juge des besoins du service et qui répartit les fonds secrets, avec l'approbation du Président de la République. C'est lui qui, comme on l'avait fait pendant trente ans, avant son arrivée au ministère, comme il l'avait fait pendant les deux ministères précédents, allouait 32,000 francs par mois au chef d'État-major, pas au bureau des renseignements, pour ses services.

Quant aux dépenses faites au crédit de 100,000 francs qui a été demandé, non pas, comme le croit M. Picquart, pour le service des renseignements, il a été demandé sur le rapport de M. de Boisdeffre, et non pas sur le rapport de Picquart, pour le service général des fonds secrets de la guerre.

Les fonds secrets ont été dépensés, comme l'a dit M. Picquart, à raison de 20,000 francs par lui et, comme l'a dit hier M. le général

Roget, 20,000 francs en 1896 et de 20,000 en 1897 par le général Gonse.

Il restait 40,000 francs à la disposition de mon successeur, et M. de Freycinet a fait liquider cette somme par M. le Président Loubet.

Je ne dirai pas un mot de plus, mais je tiens à relever l'insinuation perfide portée devant la Cour de cassation et qui était de nature à atteindre la délicatesse, la loyauté et l'honorabilité du ministre (*Applaudissements*).

LE PRÉSIDENT. — Les débats sont suspendus. Il seront repris lundi matin, à six heures et demie.

L'audience est levée à onze heures trente-cinq.

HUITIÈME AUDIENCE

Lundi 21 août 1899.

L'audience est ouverte à 6 *h*. 30.

Le Président. — Faites entrer le premier témoin, le général Fabre.

DIX-HUITIÈME TÉMOIN

M. LE GÉNÉRAL FABRE

Le témoin est introduit.

Le Président. — Vos nom et prénoms ?

Le général Fabre. — Fabre, Pierre-Élie.

Le Président. — Votre âge ?

Le général Fabre. — 55 ans.

Le Président. — Votre situation militaire ?

Le général Fabre. — Général commandant la 57e brigade d'infanterie à Nice.

Le Président. — Connaissiez-vous l'accusé avant les faits qui lui sont reprochés ?

Le général Fabre. — Je l'ai eu sous mes ordres à la fin de 1893.

Le Président. — Vous avez été appelé, en qualité de chef du 4e bureau, à faire une comparaison d'écritures entre une pièce photographiée qui vous a été remise, et l'écriture des officiers sous vos ordres. Veuillez nous dire ce que vous avez constaté à ce sujet.

Le général Fabre. — Vers la fin de 1893, au milieu de novembre, j'ai pris les fonctions de chef du 4e bureau de l'État-major de l'armée, c'est-à-dire du service des chemins de fer.

Six officiers, parmi lesquels le capitaine Dreyfus, s'y trouvaient à ce moment pour accomplir leur stage, qui avait commencé le 1er juillet et devait se terminer le 31 décembre de la même année. Chacun d'eux était attaché à la commission d'un grand réseau ; le capitaine Dreyfus l'était à celle de l'Est.

A mon arrivée je me suis fait présenter ces officiers, et me suis fait renseigner sur leur compte par leurs chefs directs.

D'après les renseignements qu'on me fournit ainsi, cinq d'entre eux étaient considérés comme très bons ; le sixième au contraire, le capitaine Dreyfus, était considéré comme un officier sur lequel on ne pouvait compter.

Pendant les quelques semaines qu'il est resté sous mes ordres, j'ai pu constater la justesse de ces appréciations; c'était un officier n'ayant pas cette franchise d'allures à laquelle nous sommes accoutumés, prétentieux, aussi peu sympathique à ses camarades qu'à ses chefs, furetant dans tous les coins, cherchant surtout à s'assimiler les dispositions les plus importantes prises sur les réseaux, notamment sur celui de l'Est, et apportant, au contraire, une nonchalance dont se plaignait son chef dans l'exécution des travaux de moindre importance.

Dans son interrogatoire, il a dit, paraît-il, qu'il ne cherchait qu'à s'instruire; il s'instruisait, en effet, il s'instruisait même trop, mais ne faisait pas son métier. Le 31 décembre 1893 arrivé, c'est-à-dire la période de stage étant terminée, j'ai eu à noter les officiers qui quittaient mon bureau pour passer au 2e bureau pour continuer la série de leur instruction. J'ai demandé à ce moment leurs notes écrites à leur chef direct et au lieutenant-colonel sous-chef de bureau, qui était plus particulièrement chargé de diriger l'instruction de ces stagiaires et de les classer. C'est autant d'après ces notes écrites que d'après mes remarques, que j'ai formulé sur le capitaine Dreyfus l'appréciation suivante : « Officier très intelligent, mais ne remplissant, au point de vue du caractère, ni à celui de la conscience, les conditions requises pour un officier à employer à l'État-major de l'armée. » Pendant son stage, à la commission du réseau de l'Est, le capitaine Dreyfus a eu en mains le journal de la mobilisation du réseau, sur lequel sont consignées, jour par jour, les opérations de la concentration. Il se l'est assimilé au point que, lorsque le capitaine Boullenger, à son arrivée au service, a eu à prendre connaissance lui-même de ce document, non seulement le capitaine Dreyfus a pu le renseigner sur tous les points qu'il ne saisissait pas bien, mais encore il a fait ressortir toutes les parties intéressantes de ce journal et lui a commenté les cartes de concentration qui étaient jointes à ce journal de mobilisation, en lui faisant remarquer combien la concentration réelle différait des concentrations théoriques indiquées comme possibles dans les différents cours de l'école de guerre. Le capitaine Boullenger déposera sur ce point.

Il résulte de ces faits que Dreyfus était parfaitement à même de donner tous les renseignements, si confidenteils qu'ils fussent, sur le réseau de l'Est et sur les dispositions secrètes qui étaient prévues en 1893, et qu'il a pu également très bien se rendre compte de la répercussion qu'ont pu avoir sur les transports les nouvelles répartitions de troupes en 1894 dont il a pu avoir connaissance dans le deuxième semestre de 1894, lorsqu'il était entré au troisième bureau.

Dreyfus, dans son interrogatoire, vous a dit que, pendant son séjour au quatrième bureau, il n'avait fait d'autre travail que l'étude de transports fictifs. Ce n'est pas vrai : il en a fait d'autres. Il a eu à établir le dossier d'une gare régulatrice, travail très important, et dans le détail duquel je ne veux pas entrer ici. Ce travail existait quand j'ai quitté le quatrième bureau en 1895, et il est probable qu'il existe encore aujourd'hui ; on y voyait à chaque page l'écriture du capitaine Dreyfus et on y voyait de sa main l'indication des points de débarquement. Vous voyez donc, messieurs, que sur ce point, comme sur tant d'autres, s'écroule son système de dénégations.

Ainsi que je vous l'ai dit, le capitaine Dreyfus a quitté le quatrième bureau pour passer au deuxième bureau, et j'ai moi-même passé du deuxième au troisième bureau ; je n'ai plus eu de relations avec lui. Le 26 septembre 1894, M. le général Renouard qui faisait alors fonction de chef d'État-major en remplacement du titulaire, en l'absence du général de Boisdeffre, nous montra une lettre sans signature qui avait été saisie, ce qu'on a appelé depuis le bordereau, lui paraissant émaner certainement d'un officier d'artillerie appartenant ou ayant appartenu à l'État-major de l'armée, afin que nous voyions si nous en connaissions l'écriture. J'ai examiné cette pièce en même temps que mes camarades, et je l'ai rendue après cet examen rapide au général Renouard en lui disant que non, que les officiers sous mes ordres n'étaient pas soupçonnables, que cette écriture ne me rappelait rien.

Quelques jours après, le 4 octobre, le général Renouard me fit remettre à moi ainsi qu'aux autres chefs des bureaux de l'Etat-major et aux différents chefs des services du ministère, notamment à ceux de la direction de l'artillerie, un exemplaire photographique de ce bordereau, afin de savoir si cette épreuve photographique nous mettrait sur une piste quelconque. Dès le lendemain, 6 octobre, le chef de bureau qui était le lieutenant-colonel d'Aboville rentra de permission. Je le mis au courant de l'incident survenu pendant son absence. Je lui montrai ce bordereau en lui demandant si cette écriture lui rappelait quelque chose. Quand le colonel d'Aboville eut lu le bordereau, il me dit que cette écriture ne lui disait rien. En lisant ce bordereau, en en discutant les termes, en le raisonnant en un mot, nous étions tombés d'accord que ce bordereau, étant données les questions de service technique d'artillerie qui y étaient indiquées, ne pouvaient émaner que d'un officier d'artillerie ayant passé par le 4e bureau d'Etat-major, c'est-à-dire par un stagiaire d'État-major. En nous remémorant tous les stagiaires d'artillerie qui avaient passé par les bureaux, le nom de Dreyfus nous rappela que c'était le seul qui avait laissé un mauvais souvenir parmi nous et qui fût mal noté. De là cependant à soupçonner le capitaine Dreyfus d'être un traître, il y avait loin. Aussi ne fut-ce que par curiosité que nous eûmes l'idée de comparer son écriture à celle du bordereau. J'avais précédemment dans le tiroir de ma table sa feuille d'inspection en 1893 sur l'en-tête de laquelle étaient indiqués les nom, prénoms, qualités et indications d'état-civil. Cela avait été rempli de sa main. Nous fûmes stupéfaits en reconnaissant que le mot *artillerie* qui était sur cette feuille et qui était également sur le bordereau était écrit d'une façon toute particulière. L'I central était sensiblement descendue au-dessous de la ligne horizontale formée par les autres lettres. L'I final suivi d'un petit jambage était écrit de la même façon sur la feuille d'inspection.

Très ému de cette découverte, je me rendis au réseau de l'Est dans lequel Dreyfus avait été employé et je demandai des spécimens de son écriture. En l'absence du commissaire de l'Est, le commandant était en tournée, son premier adjoint, le capitaine du génie Bretaud, me rendit le copie de lettres du réseau sur lequel étaient décalquées plusieurs lettres écrites de la main de Dreyfus. Cette inspection du copie de lettres nous permit de faire d'autres comparaisons et confirma nos présomptions émanées de ces éléments de comparaison.

Dès lors, muni de ces éléments de comparaison, je montai immédiatement rendre compte au sous-chef d'État-major, le général Gonse. Après avoir vu ces pièces, il me mena au cabinet du général de Boisdeffre qui était à ce moment-là avec le général Renouard. Le général de Boisdeffre, très ému comme nous, prescrivit au général Gonse de continuer jusqu'à son retour au ministère son épreuve comparative, de ne pas ébruiter la chose et d'agir très prudemment en raison de la gravité de l'affaire. Le général Gonse, de retour dans son bureau, fit appeler le colonel Sandherr, le colonel Lefort et le colonel Bouchez, prescrivant au premier d'apporter l'original du bordereau, et aux colonels Lefort et Bouchez d'apporter des spécimens d'écriture de Dreyfus, c'est-à-dire les travaux écrits par lui pendant son séjour dans leurs bureaux respectifs. Le colonel Sandherr, dès qu'il connut le nom de l'officier incriminé, dit que ce nom ne l'étonnait qu'à moitié attendu que, quoique ne le connaissant pas, il l'avait vu rôder autour de lui à diverses reprises pour lui demander des renseignements et lui poser des questions auxquelles il n'avait pas répondu d'ailleurs, sur le service des renseignements. Le colonel Lefort, chef du 1er bureau, fit une réflexion analogue ; il apporta comme spécimen d'écriture un travail de Dreyfus pendant son séjour au 1er bureau ; le colonel Bouchez apporta un travail de Dreyfus sur un projet d'instruction de manœuvres de cadres dans lequel ce mot *manœuvres* écrit sur le bordereau se retrouvait fréquemment. Nous continuâmes ensemble des comparaisons qui ne firent encore une fois que confirmer nos appréciations et lorsque, entre 5 et 6 heures du soir, le général de Boisdeffre revint au ministère, le ministre fut informé.

Tel a été le début de cette affaire. Je n'ai plus été mêlé ensuite à la marche qu'elle a suivie, mais aujourd'hui comme au premier jour je suis convaincu que c'est la même main qui a tracé sur les notes et sur le bordereau le mot « artillerie », calligraphié d'une façon si typique, que pour moi l'identité de ce mot sur les deux pièces équivaut à l'identité d'une signature.

Me Demange. — Voudriez-vous bien demander à M. le général Fabre à quelle époque il a pris la direction du 4e bureau en 1893 ?

Le général Fabre. — J'ai dit tout à l'heure vers le milieu de novembre 1893.

Me Demange. — Dreyfus était au bureau depuis le 1er juillet.

Voudriez-vous demander au témoin pourquoi, en 1894, il n'a pas formulé à l'instruction et à l'audience les appréciations qu'il vient de formuler aujourd'hui sur le compte de Dreyfus ?

Le général Fabre. — Je n'ai pas le souvenir précis des dépositions que j'ai faites en 1894, mais je suis convaincu que j'ai déposé exactement dans le même sens et à peu près dans les mêmes termes.

Me Demange. — Voulez-vous demander au témoin s'il n'avait pas indiqué en 1894 que les renseignements qu'il fournissait sur Dreyfus venaient de M. le commandant Bertin, son chef direct, et de M. le colonel Roget ?

Le général Fabre. — Je viens de le dire. Je dis que lorsque je suis arrivé au bureau en 1893, vers le milieu de novembre, je me suis fait présenter les officiers qui y étaient; que ces officiers stagiaires étaient attachés à une commission de réseau et que le capitaine Dreyfus était à la commission de l'Est; que le commissaire de l'Est était le commandant Bertin, son chef direct; que son chef au 2e degré était le lieutenant-colonel Roget, sous-chef de bureau. J'ai dit également qu'à la fin du stage, c'est-à-dire le 31 décembre 1893, j'ai demandé, ainsi qu'il est d'habitude parmi nous, et c'est absolument correct, des notes écrites sur chacun des officiers à leur chef direct, c'est-à-dire au commandant Bertin et au lieutenant-colonel chargé de les suivre, de surveiller leur instruction, qui était le lieutenant-colonel Roget. J'ai dit encore que c'était d'après ces notes écrites et d'après mon impression personnelle que j'ai formulé mon appréciation.

Me Demange. — J'ai lu, dans la déposition de 1894, que l'idée était venue au colonel Fabre de comparer la photographie du bordereau avec l'écriture d'un officier stagiaire qui avait passé l'année précédente par le bureau et n'avait pas produit une bonne impression sur ses camarades et sur ses chefs: « A telle enseigne, dit le colonel Fabre, qu'ayant eu à noter cet officier, le capitaine Dreyfus, d'après les renseignements fournis sur son compte par le commandant Bertin, son chef direct, et par le lieutenant-colonel Roget, à cette époque sous-chef de bureau, je l'avais signalé sur son folio personnel comme ne remplissant pas les conditions voulues pour être employé à l'État-major de l'armée. »

Je voulais signaler qu'en 1894 le colonel Fabre n'avait pas formulé d'opinion personnelle.

Le général Fabre. — Pardon, il y a eu une différence. Pendant six semaines, j'ai eu le temps de me former une impression personnelle; j'en ai causé avec ses chefs et à ses camarades et de tous ces renseignements il est résulté l'impression personnelle que j'ai conçue.

Le Président. — Dreyfus, avez-vous quelque chose à dire?

Le capitaine Dreyfus. — Le dossier d'une gare régulatrice existait bien avant mon entrée au bureau; ce n'est pas moi qui l'ai créé; il avait été créé par un de mes prédécesseurs; je l'ai simplement tenu au courant, c'était dans mon service.

Le général Fabre. — Si le capitaine Dreyfus ne l'a pas établi, il l'a tenu au courant et, par conséquent, il le connaissait dans tous ses points, et je maintiens qu'il y avait de son écriture à toutes les pages de ce dossier.

Le capitaine Dreyfus. — Je dis bien que je l'ai tenu au courant.

Le Président. — Et vous lui avez apporté les modifications voulues.

Le capitaine Dreyfus. — Pour la concentration, je la connaissais. Ce dont j'ai parlé avec le capitaine Boullenger, c'est des lignes de transport que je connaissais. Je connaissais également les départements de corps d'armée dans le réseau de l'Est. Si mes souvenirs sont exacts, chaque section était chargée du transport d'un certain nombre de corps d'armée; par conséquent je connaissais les transports de corps d'armée dont la section de l'Est était chargée.

Le Président. — Mon général, n'avez-vous rien à ajouter à votre déposition?

Le général Fabre. — Rien.

Le Président. — Faites venir un autre témoin.

DIX-NEUVIÈME TÉMOIN

M. LE COLONEL D'ABOVILLE

M. d'Aboville, *Albert-Marie-Henri, colonel au 131e de ligne, âgé de 51 ans, prête serment.*

Le Président. — Connaissiez-vous l'accusé avant les faits qui lui sont reprochés?

Le colonel d'Aboville. — Oui, monsieur le président; je l'ai connu pendant son stage fait au 4e bureau en 1893.

Le Président. — Vous n'êtes ni son parent ni son allié?

Le colonel d'Aboville. — Non, monsieur le président.

Le Président. — Vous n'êtes pas à son service ni lui au vôtre?

Le colonel d'Aboville. — Non, monsieur le président.

Le Président. — Vous étiez sous-chef du 4e bureau pendant que le capitaine Dreyfus y était employé?

Le colonel d'Aboville. — J'étais d'abord commissaire de réseau, lui était stagiaire.

Le Président. — En tout cas, vous étiez au 4e bureau lorsqu'on a fait des recherches comparatives au sujet de certaines pièces communiquées aux différents chefs de bureau. Veuillez nous dire ce que vous avez constaté, ce qui s'est passé à ce moment-là.

Vous pouvez vous asseoir si vous le désirez.

Le colonel d'Aboville. — J'ai été appelé aux fonctions de sous-chef de bureau après le départ de M. le colonel Roget dans le courant de septembre 1893; mais, en réalité, je n'ai pris mon service qu'à ma rentrée d'une permission, le 5 octobre. Le lendemain, 6 octobre, je me trouvais dans le bureau de mon chef, le colonel Fabre, lorsque le lieutenant-colonel Boucher, chef du 3e bureau, vint lui parler, je ne sais pas pour quel motif.

Dans la conversation, il fut question d'indiscrétions nombreuses remarquées depuis peu au ministère; et à ce sujet il fit allusion ou il parla même d'un document secret important qui avait été intercepté par le service des renseignements. Comme je ne savais pas de quoi il s'agissait, puisque je venais d'arriver, craignant d'autre part d'être indiscret, ne sachant pas jusqu'à quel point je pouvais assister à cette conversation, je repassai dans mon bureau, contigu à celui du colonel Fabre, en en fermant la porte.

Aussitôt après le départ du colonel Boucher, le colonel Fabre m'appela et me dit : « Puisque maintenant vous êtes sous-chef, il faut que je vous montre le document auquel le colonel Boucher vient de faire allusion. »

Il me remit alors deux feuilles de papier, — c'étaient des photographies, — en me demandant si j'en connaissais l'écriture.

Je lus avec soin ce document et l'examinai, et voici comment il était : Sur chacune des feuilles se trouvait la photographie du recto, et du verso de ce qu'on a depuis appelé le bordereau. L'écriture en était alors fort nette, très noire; elle a passé depuis. On remarquait la trace des bandes qui avaient servi à unir les différents morceaux du bordereau. On voyait également par transparence l'écriture portée au verso sur l'original.

Le colonel Fabre ajouta que la photographie de cette pièce venait de lui être remise ainsi qu'aux autres chefs du bureau de l'État-major de l'armée.

Je lui demandai si l'on avait trouvé quelque chose dans les autres bureaux; au quatrième bureau on lui avait répondu : « Non ». Après y avoir réfléchi, je dis : « Ce n'est pourtant pas bien difficile de trouver l'auteur de cette pièce, et si j'en étais chargé, je crois que j'y arriverais assez facilement. — Comment? — Je répondis : Il est évident que l'auteur du bordereau est un officier d'artillerie extrêmement versé dans les questions techniques. — Pourquoi? — J'avais été au commencement de l'année chargé de la rédaction de la consigne, c'est-à-dire du règlement pour l'embarquement de la batterie de 120 court qui venait d'être ou allait être attribuée aux formations de campagne. J'avais été envoyé à Bourges pour procéder à la rédaction de la consigne et à l'embarquement d'une batterie de 120 court. J'avais emmené avec moi deux officiers; M. le colonel Roget, alors sous-chef de bureau, avait bien voulu m'accompagner. Désirant profiter de mon voyage pour visiter la fonderie, je m'étais muni de l'autorisation indispensable du général directeur de l'artillerie.

Après avoir terminé ma mission, nous allâmes, le colonel Roget, les officiers et moi, visiter la fonderie. Nous fûmes très bien reçus; nous avions d'ailleurs été annoncés par une lettre du directeur de l'artillerie. On nous fit voir des choses intéressantes, notamment la fabrication du projectile du canon de 120, ce nouveau matériel d'artillerie. Mais lorsque je demandai des détails à l'officier qui nous guidait et que je connaissais d'ailleurs pour avoir appartenu en même temps que lui à un régiment d'artillerie de Vincennes, il me répondit : « Il m'est impossible de vous en donner, le frein du canon de 120 est absolument secret. » En voyant que l'auteur du bordereau avait parlé du frein, j'en conclus qu'il était très versé dans les questions techniques. D'autre part, il était évident qu'il avait eu des relations avec la troisième direction, puisqu'il possédait le nouveau Manuel du tir d'artillerie; avec le premier bureau, puisqu'il parlait des nouvelles formations de campagne; avec le deuxième ou le troisième bureau, à cause de la note sur Madagascar; enfin il avait eu des relations de toute sorte avec le troisième bureau, puisqu'il parlait des troupes de couverture, et qu'il était à même d'indiquer que des modifications seraient apportées à ces troupes par le nouveau plan.

Donc, le cercle des recherches se resserrait singulièrement; il n'y avait qu'un stagiaire — j'insiste sur ce mot — et un stagiaire appartenant à l'arme de l'artillerie qui fût à même de fournir l'ensemble des documents figurant sur la pièce. En effet, les officiers des bureaux permanents de l'État-major de l'armée n'ont que très peu de relations entre eux; il nous était expressément recommandé de ne pas parler des questions que nous avions à traiter, même à nos collaborateurs en dehors de notre bureau, à plus forte raison aux officiers appartenant aux autres bureaux de l'État-major de l'armée. Ainsi, au quatrième bureau, ce qui se passait au deuxième, au troisième ou au premier ne nous était connu que par la répercussion qui en résultait pour le service des chemins de fer. Toutes les fois qu'un bureau veut communiquer officiellement avec un autre bureau, il doit rédiger une note qui est soumise au visa du sous-chef d'État-major de l'armée, et renvoyée par lui au bureau compétent. Cette transmission demande quatre jours.

Ceci explique comment j'ai été amené à penser qu'il s'agissait d'un stagiaire plutô que d'un autre officier qui n'aurait pas été à même, à moins d'indiscrétion coupable émanant d'autres officiers, de connaître l'ensemble des documents figurant au bordereau.

Ceci fait, nous passâmes en revue, nous discutâmes les différents officiers d'artillerie appartenant à l'École de guerre qui faisaient alors leur stage au ministère. Nos recherches avaient été faites au quatrième bureau, on avait procédé à la comparaison d'écritures et on n'avait rien trouvé. Au quatrième bureau, il y avait, je crois, ma mémoire n'est pas bien présente, quatre ou cinq capitaines d'artillerie qui y avaient fait leur stage. Il y avait, je me le rappelle, le capitaine Putz, je me rappelle également le capitaine Souriau, parce que je l'avais eu comme stagiaire adjoint à mon réseau, le réseau d'Orléans; il y avait encore le capitaine Dreyfus.

Après les avoir discutées, ainsi que je l'ai dit, le colonel Fabre me parla des notes données, toutes excellentes, à l'exception de celles du capitaine Dreyfus, au sujet duquel il avait fait des réserves, Je répondis que le capitaine Dreyfus avait un caractère sournois, qu'il était peu aimé de ses camarades, qu'il avait une curiosité indiscrète qui avait été remarquée de tout le monde. Mais enfin on peut avoir tout cela, tous ces défauts, sans pour cela être un traître. Il fallait autre chose pour nous déterminer.

Il nous manquait l'écriture : le colonel Fabre me fit remarquer que nous avions sous la main, au bureau, la minute des feuilles d'inspections écrites en 1893, qu'il avait conservées. Au ministère, les minutes de feuilles de notes d'inspections générales sont remises aux officiers qui sont chargés d'en remplir la première partie, État-civil et positions diverses. Nous ouvrîmes alors le tiroir de gauche de son bureau; il me remit le dossier d'inspections et mon attention fut attirée immédiatement par la feuille du capitaine Dreyfus. Au premier examen, une ressemblance frappante apparut entre l'écriture du bordereau et celle de la feuille de notes. Je plaçai à la fenêtre le bordereau, en mettant au-dessus la feuille de notes; les deux mots d'« artillerie » me parurent se reproduire identiquement l'un sur l'autre. Cela n'était pas suffisant encore.

Cette conversation et cette recherche avaient duré fort longtemps; je voulus aller chercher des documents de comparaison au réseau de l'Est, mais tout le monde était parti pour déjeuner. Je revins l'après-midi pour continuer mes investigations. A une heure et demie, en rentrant, j'allai au réseau de l'Est; le commandant Bertin était absent, en tournée de réseau, et il était remplacé par le capitaine Bret. Au réseau de l'Est, comme dans plusieurs autres réseaux, toute la correspondance de service spécial est enregistrée sur un copie de lettres pour éviter la nécessité de faire des minutes, et d'autre part, comme nous n'avons pas de secrétaires pour les recopier, il en résulte une plus grande facilité pour le travail. En outre, cela a l'avantage de conserver pour chaque officier, pour le cas où des contestations viendraient à se produire, les documents qui ont servi d'originaux. Sous un prétexte quelconque, de manière à ne pas attirer son attention, je me renseignai auprès du capitaine Bretaud au sujet de différentes écritures figurant au registre du deuxième semestre.

Je me fis donc dire par le capitaine Bretaud de qui étaient les différentes écritures des documents du deuxième semestre et lorsque je fus renseigné à ce sujet j'allai porter le registre dans le bureau du colonel Fabre, et là nous procédâmes à de nouvelles recherches.

Je dois dire que nous retrouvâmes presque tous les mots du bordereau dans les copies de lettres. Les résultats parurent tels que le colonel alla en rendre compte au général Gonse et que celui-ci en prévint le général de Boisdeffre. Lorsque le colonel Fabre rentra au bureau, il me dit que le général de Boisdeffre en avait parlé au ministre de la Guerre.

Il me parla alors du bordereau, il me dit qu'il provenait d'une ambassade étrangère qu'il me nomma et m'apprit qu'un grand nombre de documents intéressants nous étaient parvenus par la même voie que le bordereau. Il me dit que le général Gonse en avait informé le colonel Lefort, alors chef du premier bureau, et le lieutenant-colonel Sandherr, chef du service des renseignements.

Le colonel Sandherr, en apprenant que les soupçons se portaient sur le capitaine Dreyfus, s'était frappé le front en disant : « J'aurais dû m'en douter. »

Il est à remarquer, et je tiens à dire cela parce que c'est en contradiction avec des bruits qui ont été mis en circulation, que ce n'est pas par la comparaison d'écritures que nos soupçons se sont portés sur Dreyfus, c'est parce que nous avons déterminé d'abord certaines catégories dans lesquelles il fallait chercher le coupable; cette catégorie étant réduite à quatre ou cinq officiers, il n'y avait plus alors qu'à faire une comparaison avec l'écriture des quatre ou cinq officiers en question pour savoir de qui était le bordereau.

D'autre part il ne pouvait venir à l'idée de personne, pas plus à cette époque que maintenant encore, que les documents mentionnés au bordereau pussent venir d'une source étrangère au ministère.

Il est bien certain qu'en ce qui concerne l'artillerie par exemple, certaines écoles d'artillerie ou certains établissements d'artillerie pouvaient avoir connaissance desdits renseignements; en ce qui concerne Madagascar, on pouvait également avoir eu connaissance de la note faite par le ministère; mais il n'en était pas de même pour les troupes de couverture.

Aucun officier étranger au ministère de la Guerre ne pouvait à ce moment savoir que des modifications seraient apportées au nouveau plan et aux troupes de couverture; et en dehors du troisième et du quatrième bureaux, aucun officier ne pouvait le savoir.

Ceci posé, vous connaissez la suite, je n'ai pas à y revenir; mais il y a un incident que je dois rappeler.

Le 14 octobre je fus appelé, — c'était un dimanche, — je fus appelé, dans l'après-midi, au bureau de M. le général de Boisdeffre, chef d'État-major général de l'armée. J'y trouvai le colonel Sandherr. Le colonel Sandherr me raconta à ce sujet, — il n'est plus là d'ailleurs pour le dire, et c'est pourquoi je le fais, — il me dit qu'à diverses reprises il avait été frappé de l'indiscrétion du capitaine Dreyfus. Ce dernier l'attendait au Pont de la Concorde et, là, le rencontrant comme par hasard, il l'accompagnait jusqu'au ministère de la Guerre. Il lui aurait dit un jour : « Votre service est bien intéressant; mais, comment faites-vous donc pour entretenir vos relations avec nos agents à l'étranger? » Sandherr lui répondit : « Ça, ça ne vous regarde pas... » Et, pour qui connaisssait la rondeur de Sandherr, on peut se rendre parfaitement compte du reste de la scène. Je me suis rappelé de l'affaire, parce que j'avais été frappé de l'indiscrétion de la demande d'une part, et de la brièveté de la réponse d'autre part. Maintenant, c'est à peu près là tout ce que je sais de l'affaire; je dirai que je n'ai pas à rapporter, en effet, des choses que je n'ai apprises que par ouï dire et dont les témoins cités après moi auront à déposer. Je crois donc avoir terminé, et je me tiens à la disposition du Conseil pour les questions qu'il pourrait avoir à me poser.

Me Demange. — Voudriez-vous demander à M. le colonel d'Aboville si, en effet, en 1894, il avait indiqué qu'il était nécessaire de chercher l'auteur du bordereau parmi des officiers d'artillerie et ensuite parmi des officiers des bureaux de l'État-major de l'armée, sans d'ailleurs indiquer les stagiaires, et pourquoi il a dit qu'il fallait les chercher parmi les officiers ayant fait partie d'un voyage d'État-major en juin, juillet 1894.

Le colonel d'Aboville. — Il m'est facile de répondre. Je ne me rappelle pas exactement ma déposition de 1894 ; je serais bien heureux qu'on m'en donnât lecture.

Me DEMANGE. — Elle est imprimée page 748, 2e volume, 747 au bas de la page.

LE GREFFIER COUPOIS *donne lecture de cette déposition :*

« D. — Veuillez nous dire ce que vous savez au sujet de l'affaire du capitaine Dreyfus.

« R. — Dans les premiers jours d'octobre 1894, mon chef, le colonel Fabre, me communiqua, à raison de mes fonctions, la photographie d'une lettre anonyme, dont l'auteur annonçait à une tierce personne, évidemment étrangère à l'armée, l'envoi de documents confidentiels. On désirait savoir si l'examen de l'écriture me permettait d'en désigner l'auteur.

« Je répondis que, selon moi, l'auteur ne pouvait être qu'un officier d'artillerie appartenant à l'Etat-major de l'armée, les documents dont il était question dans la lettre dénotant des relations de celui qui l'avait écrite avec la direction de l'artillerie et avec deux, au moins, des bureaux de l'État-major de l'armée. En outre, il fallait chercher l'auteur parmi les officiers ayant fait partie d'un voyage de l'Etat-major aux mois de juin et juillet 1894. Le colonel Fabre eut alors l'idée de consulter la feuille d'inscription de 1894 du capitaine Dreyfus, dont l'en-tête était de la main de l'officier. La situation de ce dernier répondait assez aux conditions que je venais d'énumérer. A notre grand étonnement, nous trouvâmes une ressemblance frappante entre l'écriture du capitaine Dreyfus et celle de la lettre anonyme. Des recherches faites parmi les minutes écrites de la main de cet officier ne firent que confirmer nos soupçons, dont le colonel Fabre rendit compte à M. le général Gonse. »

Me DEMANGE. — Eh bien, monsieur le président, c'est sur cette phrase : « En outre il fallait chercher l'auteur parmi les officiers ayant fait partie d'un voyage d'État-major » que je voulais attirer l'attention de M. le colonel d'Aboville.

LE COLONEL D'ABOVILLE. — Il m'est facile de répondre à cette question. Je vous ai dit, monsieur le président, que la conversation avait duré fort longtemps ; en effet, cette partie m'avait échappé. Lorsque je demandai des détails sur le bordereau au colonel Fabre, je lui demandai à propos de cette phrase : « Je vais partir en manœuvres » : « Quels sont les officiers qui ont été aux manœuvres. » Il me répondit : « Il s'agit d'un voyage d'État-major qui a eu lieu cette année, dans l'Est, au mois de juillet ; il paraît que le capitaine Dreyfus avait été à ce voyage d'État-major. »

Me DEMANGE. — Par conséquent, monsieur le Président, quand on a découvert le bordereau, à l'État-major, on traduisait le mot manœuvre par « voyage d'État-major » !

Le colonel d'Aboville. — C'est la même chose. Il y a les manœuvres avec troupes, et les manœuvres avec cadre; or, le voyage d'État-major auquel le chef d'État-major présidait chaque année peut être rangé dans la catégorie des manœuvres avec cadre; cela n'a rien d'extraordinaire.

Me Demange. — Monsieur le Président comprend pourquoi je faisais l'observation : parce que vous savez que devant la Cour de Cassation il y a eu, sur le mot *manœuvre*, des observations présentées par M. Cavaignac et M. le général Roget; mais je voulais préciser ce point: en 1894, quand on a examiné le bordereau, on a pensé que le mot manœuvre s'appliquait aux manœuvres d'État-major de juillet.

Le colonel d'Aboville. — C'est au mois de juillet que les manœuvres ont eu lieu.

Le Président. — Accusé, avez-vous des observations à présenter?

Le capitaine Dreyfus. — Le colonel Sandherr, je ne me souviens absolument pas de lui avoir tenu une des conversations qu'on relate. Je connaissais si peu le colonel Sandherr qu'un jour, rentrant au bureau et me trouvant sous le porche du ministère de la Guerre, il m'a salué d'un nom qui n'était pas le mien.

Le colonel d'Aboville. — Voulez-vous me permettre d'adresser une demande au Conseil. Mon régiment doit être inspecté par un inspecteur d'armée et je serais heureux d'assister à cette inspection; je demanderai donc au Conseil de vouloir bien me donner l'autorisation d'aller à Paris présenter mon régiment.

Le Président. — Vous pouvez vous retirer, en ayant soin de laisser votre adresse exacte et de vous tenir prêt à revenir, le cas échéant.

Le colonel d'Aboville. — Je reviendrai.

Me Demange. — Bien entendu; quant à moi, c'est toujours dans les mêmes conditions: le colonel pourra s'absenter tout le temps qu'il voudra, sauf si on le rappelle.

VINGTIÈME TÉMOIN

M. COCHEFERT

On introduit le témoin suivant, M. Cochefert, *Armand-Constant,* 49 *ans, chef de la Sûreté à Paris.*

Le Président. — Vous jurez de parler sans haine et sans crainte, de dire la vérité, toute la vérité?

M. Cochefert. — Sous les réserves nécessaires à la sauvegarde de la sûreté extérieure de l'État, je le jure.

Le Président. — Connaissiez-vous l'accusé avant les faits qui lui sont reprochés?

M. Cochefert. — Jamais.

Le Président. — Vous avez été chargé d'aider le commandant du Paty de Clam dans son instruction sommaire en 1894; par conséquent vous devez connaître les circonstances qui ont accompagné l'arrestation du capitaine Dreyfus, je vous prie de vouloir bien donner au Conseil des indications à ce sujet.

M. Cochefert. — Monsieur le Président, je ne connaissais pas du tout l'affaire Dreyfus, je n'en connaissais pas le premier mot lorsque M. le général Mercier, alors ministre de la Guerre, me fit appeler un jour à son cabinet. Je m'y suis rendu. Là, M. le ministre de la Guerre m'a fait connaître que des documents appartenant aux archives de l'État-major étaient sortis des archives et qu'il existait la preuve qu'ils avaient été à un moment donné aux mains d'un agent étranger. M. le ministre de la Guerre m'a dit qu'il avait de fortes présomptions contre un officier stagiaire de l'État-major, et, après m'avoir recommandé la plus grande discrétion, me fit connaître que ses présomptions pesaient sur le capitaine Dreyfus.

Je ne savais rien du tout et je n'avais pas à connaître de quoi se composaient ces présomptions. Ce n'est que peu de temps après qu'on m'a dit que ce qu'on a appelé le bordereau devait émaner de lui, mais qu'on attendait la preuve que c'était bien là son écriture. Des experts étaient saisis; M. Bertillon devait se prononcer dans un très court délai, et on attendait son affirmation pour agir. Le jour où j'ai eu cette première entrevue avec M. le général Mercier se place tout au plus quatre jours avant l'arrestation qui eut lieu le lundi. M. le général Mercier m'a demandé quelques conseils au point de vue de la procédure exceptionnelle qui pourrait être suivie, étant donné qu'il y avait là des circonstances qui ne s'étaient encore jamais produites. Je lui dis qu'au moment de l'arrestation je pourrais intervenir et de quelle façon il fallait s'y prendre au point de vue de la réquisition ministérielle qui pourrait me mettre en mouvement.

Mon intervention pouvait s'expliquer dès le début, en ce sens que s'il résultait de l'interrogatoire du capitaine Dreyfus qu'il y avait eu une participation civile, nous devenions compétents; dans le cas contraire l'autorité militaire restait seule saisie, par conséquent mon intervention n'avait plus sa raison d'être. Je devais cependant donner mon concours pour les perquisitions qu'il pourrait être nécessaire d'opérer soit au domicile de Dreyfus, soit à tout autre domicile où la présence d'une écharpe était nécessaire. Après cette entrevue au cours de laquelle j'avais été mis en rapport avec le colonel du Paty de Clam, avec le colonel Sandherr, et avec le commandant Henry, je me suis retiré et, pendant trois ou quatre jours, je ne me suis plus occupé de cette affaire. Cependant dans l'intervalle je revis le commandant du Paty de Clam qui, à ce moment, venait souvent à la Préfecture de police, au cabinet du Préfet, au mien et il me fit part du plan d'ensemble qu'il avait arrêté en prévision d'un événement qui paraissait devoir se réaliser très prochainement. En effet, le vendredi ou le samedi, M. Bertillon remettait son rapport. Il y avait bien identité entre les deux écritures : celle du capitaine Dreyfus et celle du bordereau. A partir de ce moment l'arrestation était absolument décidée et je suis allé au ministère de la Guerre le samedi. Là, je me suis mis en rapport avec le colonel du Paty de Clam à qui j'ai dicté la réquisition ministérielle qui devait me mettre en mouvement. L'arrestation fut décidée pour le lundi. Il fut convenu qu'à 9 heures le capitaine Dreyfus se présenterait et qu'on l'interrogerait, qu'on lui ferait subir les épreuves nécessaires et que j'assisterais, dans le cabinet du général de Boisdeffre qui était alors absent, à l'entretien qui aurait lieu. Je me rendis donc au ministère à 9 heures. Dans le cabinet du général de Boisdeffre, il y avait M. du Paty de Clam, l'archiviste Gribelin et moi. L'archiviste Gribelin avait, je crois, une tenue civile pour ne pas éveiller les soupçons et moi je consultais une carte sur la table comme un officier qui serait venu là pour prendre des renseignements. Le capitaine Dreyfus fut soumis aux épreuves que vous savez, le colonel du Paty de Clam, après lui avoir fait remplir une fiche sur laquelle figurait un questionnaire, lui a dicté une lettre. A un certain moment le colonel du Paty a cru s'apercevoir qu'une très grande émotion se révélait chez le capitaine Dreyfus. J'ai eu la même impression.

Le Président. — Vous avez eu la même impression?

M. Cochefert. — Absolument, monsieur le président, j'ai eu la même impression. Je me souviens qu'à la première observation que lui avait faite le commandant du Paty de Clam, le capitaine Dreyfus avait manifesté une inquiétude apparente. La dictée s'est continuée encore quelques mots et le commandant du Paty de Clam qui était tout près de lui, à sa portée, lui a posé la main sur l'épaule et lui a dit : « Capitaine Dreyfus, au nom de M. le ministre de la Guerre, je vous arrête ! »

En présence du fait accompli, je n'avais plus qu'à attendre mon tour d'intervention. Il entrait dans les vues de M. le ministre de la Guerre que nous devions essayer de connaître quelle était la somme du mal que le capitaine Dreyfus avait fait, quels étaient les documents qu'il avait pu livrer, et à partir de ce moment-là, quand on aurait eu acquis la certitude qu'il était seul, on devait lui laisser le choix de se juger lui-même : un revolver avait été placé à sa portée et il l'a vu.

Au premier interrogatoire que le commandant du Paty de Clam lui a fait subir, il s'est d'abord indigné, mais d'une façon très contenue, il était très maître de lui. Puis il a protesté d'une façon très violente, produisant des effets scéniques; j'ai eu à ce moment l'impression qu'il pouvait être coupable.

Quand mon tour d'intervenir est arrivé, je n'avais plus grand'-chose à lui demander puisque le commandant du Paty de Clam avait fait lui-même un long interrogatoire. Je me suis borné à lui poser deux questions : la première sur l'inculpation dont il était l'objet, la seconde sur la possibilité qu'il y avait eu pour lui de commettre une imprudence, de livrer quelques documents dont il aurait été le détenteur à un moment donné.

Mon interrogatoire s'est borné là. Quand il a eu pris fin, le commandant du Paty de Clam a entr'ouvert la porte du cabinet du général de Boisdeffre et, s'avançant dans le couloir, il a prié le commandant qui se trouvait là d'intervenir à son tour en lui disant : « Commandant, vous n'avez plus qu'à conduire le capitaine Dreyfus au Cherche-Midi; il est en état d'arrestation. »

Aussitôt après l'arrestation et les interrogatoires, nous sommes partis immédiatement, M. du Paty de Clam, M. Gribelin et mon secrétaire, en perquisition chez le capitaine Dreyfus. Là, je me suis borné tout simplement à perquisitionner, j'ai laissé le commandant du Paty de Clam agir en personne, je me suis borné, au point de vue de la procédure, à placer les pièces sous scellés réguliers dont j'ai fait signer les étiquettes indicatrices par Mme Dreyfus. Je me suis borné à confectionner les scellés que j'ai remis à M. du Paty de Clam qui était l'officier instructeur.

Ensuite, je suis allé au domicile de M. Hadamard où j'ai opéré dans les mêmes conditions et je me suis rendu au cabinet de M. le ministre de la Guerre. J'ai rendu compte au ministre de la Guerre des opérations que nous avions faites; et en présence du fait accompli, il m'a demandé quelle était mon impression. Je sentais qu'il voulait rassurer sa conscience. (*Mouvement.*) Je savais combien avaient été grandes ses préoccupations dès la première heure et je dois dire que j'ai reconnu très nettement que mon impression avait été que le capitaine Dreyfus pouvait être coupable.

Cette impression, je dois le dire aussi, s'inspirait de la conviction que j'avais que le capitaine Dreyfus était bien l'auteur du bordereau, en présence d'une affirmation aussi nette et aussi formelle que celle de M. Bertillon et aussi par la conviction que j'avais qu'une longue enquête (ce sont les termes dont je me suis servi dans une de mes questions et la Cour de Cassation en a parlé) qu'une longue enquête avait été faite par le service des renseignements. Je croyais qu'il existait aussi d'autres documents à la charge du capitaine Dreyfus que le bordereau lui-même, car, dans un court entretien que j'avais eu avec le colonel Sandherr, il m'avait parlé d'un autre papier où le nom de Dreyfus était prononcé par un agent étranger. Cette double conviction m'était suggérée par l'attitude du capitaine Dreyfus pendant le court délai durant lequel je l'avais observé; mais je dois dire que ce n'était pas la conviction que j'ai habituellement quand je me trouve en présence d'inculpés que j'interroge longuement pendant des heures, pendant des journées; c'était — je le répète — une impression.

Maintenant, monsieur le Président, si vous avez des questions spéciales à me poser, je suis prêt à vous répondre.

Le Président. — Si vous avez connu des faits qui puissent être utiles à faire connaître pour la découverte de la vérité, je vous prierai de le dire.

M. Cochefert.— En dehors de tout ce que je viens de vous dire, je ne me suis plus occupé, à aucun moment, de l'affaire Dreyfus. Jamais je n'ai été appelé à fournir une ligne d'écriture pour le compte de mon service ni pour mon propre compte à l'occasion de cette affaire; elle m'a complètement échappé à partir du moment où l'autorité militaire a été saisie. Je me suis occupé plus tard de l'affaire Esterhazy, mais en ce qui concerne cette affaire-ci, je ne m'en suis plus occupé.

Le Président. — Votre impression personnelle ne s'est-elle pas modifiée?

M. Cochefert. — Monsieur le président, je dois simplement dire, et c'est un devoir d'honnête homme que j'accomplis, que l'impression que j'ai eue, et qui ne s'inspirait que de l'authenticité de l'origine du bordereau qui était attribué à Dreyfus, s'est sensiblement modifiée, en ce sens que si, à l'époque de ma première intervention, j'avais connu l'écriture du commandant Esterhazy, je n'aurais pas manqué d'appeler l'attention du ministre de la Guerre sur la similitude qui existe entre cette écriture et celle du bordereau, et je l'aurais peut-être retenu dans son premier élan. (*Sensation prolongée.*)

Me Demange. — M. le chef de la sûreté Cochefert a dit tout à l'heure que l'impression qu'il avait conçue de la culpabilité du capitaine Dreyfus était née de ce qu'il croyait à une longue enquête et de ce que le colonel Sandherr avait parlé d'une pièce où le nom de Dreyfus était prononcé. A quelle pièce spéciale voulait-il faire allusion ?

Le Président. — Savez-vous à quelle pièce le colonel Sandherr avait fait allusion?

M. Cochefert. — Mes souvenirs sont trop vagues pour que je puisse rapporter rien de précis. Je crois qu'il s'agissait de la pièce où l'on trouve les mots *ce canaille de D...*; mais, je le répète, mes souvenirs sont trop vagues pour que je puisse préciser.

Le Président. — Connaissiez-vous l'accusé avant les faits qui lui sont reprochés?

M. Cochefert. — Pas du tout.

Le Président. — Dreyfus, avez-vous quelques observations à faire ?

Le capitaine Dreyfus. — La scène qui s'est passée dans le cabinet du chef d'État-major et où était le lieutenant-colonel Du Paty de Clam a été souvent racontée. J'espère que le jour où M. Du Paty de Clam sera ici, nous la définirons plus nettement.

VINGT ET UNIÈME TÉMOIN

M. GRIBELIN

M. Gribelin Félix, 45 ans, archiviste principal de 2e classe au ministère de la Guerre, prête serment.

Le Président. — Connaissiez-vous l'accusé avant les faits qui lui sont reprochés?

M. Gribelin. — Je l'ai vu pour la première fois le jour de son arrestation en 1894.

Le Président. — Vous n'êtes ni son parent, ni son allié, vous n'êtes pas à son service et il n'est pas au vôtre ?

M. Gribelin. — Non, monsieur le Président.

Le Président. — Vous avez été mêlé en plusieurs points à l'affaire Dreyfus. Voulez-vous dire au Conseil ce que vous savez à ce sujet.

M. Gribelin. — J'ai été entendu comme témoin par le Conseil de guerre de 1894. Je crois devoir reproduire la déposition verbale que j'ai faite à ce moment devant le Conseil. J'ai affirmé en 1894 ma conviction de la culpabilité du capitaine Dreyfus, et j'ai basé cette conviction sur trois ordres d'idées : son attitude au moment où on l'a arrêté, l'impression qu'il m'a produite pendant l'instruction préliminaire, et enfin sa conduite privée.

Au moment de son arrestation et alors que le commandant du Paty lui avait dit qu'il l'arrêtait pour crime de haute trahison, le capitaine Dreyfus s'est écrié : « Je n'ai jamais eu de relations avec aucun agent étranger. J'ai une femme et des enfants, j'ai trente mille livres de rente. Voici mes clefs, prenez-les, fouillez chez moi, vous ne trouverez rien. »

J'ai eu à ce moment le sentiment très net qu'il jouait une comédie, et que son arrestation était une éventualité qu'il avait envisagée, à laquelle il s'était préparé, parce que, pendant qu'il parlait, il se regardait complaisamment dans une glace placée à l'autre extrémité de la pièce. (*Murmures.*) Pendant l'instruction préliminaire, le capitaine Dreyfus s'est refusé constamment à discuter aucune des charges qui pesaient sur lui. Il s'est tenu en quelque sorte dans un système de dénégations systématiques. Il niait les choses les plus évidentes, les choses les moins importantes, les choses que tout officier du ministère de la Guerre doit savoir.

En ce qui concerne sa conduite privée, j'ai dit, d'après un renseignement, qu'aujourd'hui encore je n'ai pas pu mettre en doute, que le capitaine Dreyfus avait offert à une demi-mondaine, la femme Caron (?), demeurant dans le quartier de l'Europe, de lui louer un appartement de 4,000 francs par an. Cette femme a déclaré à l'agent qui l'avait interrogée qu'elle n'acceptait pas ou qu'elle n'avait pas accepté les propositions du capitaine Dreyfus, parce qu'il était marié, et que, comme tel, il n'offrait pas de garantie suffisante au point de vue de la durée de la liaison qu'il proposait. Ce renseignement avait pour moi d'autant plus de valeur, que M. Mathieu Dreyfus, dans une entrevue que nous eûmes avec lui chez Mme Dreyfus, nous a déclaré spontanément que quelque temps avant le mariage de son frère, il avait été obligé de le retirer des griffes d'une demi-mondaine qui habitait le quartier des Champs-Élysées. Je crois qu'il a parlé de la femme Bodson.

D'autre part, à l'instruction criminelle, le capitaine Dreyfus a reconnu avoir eu des relations et avoir donné des rendez-vous à une femme Deny, demeurant 1, rue Bizet. Enfin, j'ai appris, depuis une déclaration du général Lebelin de Dionne, que la vie privée du capitaine Dreyfus, pendant qu'il était à l'École de guerre, avait donné lieu à des remarques fâcheuses pour lui.

Je maintiens donc ma déposition de 1894. Si, en 1894, je n'ai pas parlé à ce moment des autres faits qui étaient à ma connaissance comme archiviste du service des renseignements, c'est que le commandant Henry représentait le service des renseignements devant le Conseil de guerre, et qu'il était mieux qualifié que moi pour le faire. Quelque temps avant l'arrivée du bordereau au service des renseignements, en 1893 et 1894, on avait appris, par ce que j'appellerai la voie ordinaire, que des fuites nombreuses se produisaient, que des documents importants, des renseignements intéressants avaient été communiqués à une puissance étrangère. Le colonel Sandherr fit surveiller à cette époque le personnel subalterne du ministère de la Guerre et le suivit de très près. La surveillance n'aboutit à rien, et l'on désespérait de rien trouver lorsqu'une personnalité diplomatique fit connaître à un agent du service des renseignements, dans des conversations, qu'il fallait chercher plus haut et que c'était un officier étant ou ayant été au deuxième bureau, qui trahissait. L'information était grave, elle n'a pas été accueillie sans examen. C'est à ce propos, je crois, que le commandant Henry est entré en relations directes avec la personne dont je parle. Les officiers du ministère de la Guerre ont été eux-mêmes soumis à une surveillance étroite. Quelques-uns d'entre eux vous diront qu'ils s'en sont aperçus malgré la discrétion qu'on y a mise. On n'a rien trouvé, et on désespérait absolument de rien trouver lorsque le bordereau est arrivé au service des renseignements. Il n'a pas été imputé de prime abord au capitaine Dreyfus. On a cherché partout, et c'est tout à fait par hasard que les soupçons se sont portés sur lui. Le bordereau est arrivé au service des renseignements par la voie ordinaire; je n'ai pas besoin de dire au Conseil ce que c'est que la voie ordinaire; il doit le savoir. L'agent qui a apporté le bordereau est un agent en qui l'on a toute confiance; il a produit d'autres pièces très importantes, non seulement du dossier secret, mais des pièces d'un ordre technique, des rapports et des documents absolument sérieux.

Il a été dit, dans une déposition précédente, qu'il était possible que ce soit l'agent intermédiaire de la voie ordinaire qui ait apporté le bordereau. Eh bien! cela n'est pas possible, parce que, dès 1893, à la suite d'une affaire d'espionnage, l'agent que j'appellerai dans ma discussion Dupont, — ce n'est pas son nom, mais cela n'a pas d'importance, — avait été brûlé, et il était absolument impossible qu'il servît d'intermédiaire entre le bureau des renseignements et la voie ordinaire, sans risquer de brûler celle-ci. Or, elle nous fournissait des renseignements tellement importants, qu'on ne voulait pas la laisser tomber. Le colonel Sandherr examina les deux cas, soit recourir à un intermédiaire, soit avoir des relations directes avec elle; on s'arrêta à ce dernier moyen. Et c'est le prédécesseur du commandant Henry, qui a créé ces relations directes et non pas le colonel Henry lui-même. Il est de toute impossibilité que ce soit l'agent le plus intelligent, l'agent Dupont, qui ait apporté le bordereau. A ce propos, je dois indiquer au Conseil une démarche faite dernièrement par un fonctionnaire de la police spéciale des chemins de fer, M. Tomps. Il s'est présenté chez l'agent Dupont le 26 ou le 27 juillet, à 6 heures du matin, sous prétexte de lui demander son concours pour une mission à Belfort; il s'est présenté sans mandat du ministère de la Guerre. Je me refuse à croire qu'il en avait un. L'agent Dupont, qui est un agent très intelligent, très dévoué, désintéressé, d'un patriotisme allant jusqu'au fanatisme, a immédiatement rendu compte de la démarche dont il avait été l'objet, sur laquelle il ne s'est pas mépris, et on lui a conseillé d'accepter un rendez-vous de M. Tomps, qui a été fixé pour 6 heures du soir; mais on lui a dit : vous n'accepterez pas le dîner que M. Tomps vous a offert. L'agent Dupont s'est présenté au rendez-vous, et, là, au lieu de lui parler de la mission dont il avait été question, on lui a parlé de la manière dont le bordereau était arrivé au service des renseignements. L'agent n'a pas voulu continuer la conversation sur ce sujet, et il a dit : « Je ne tiens pas à aller à Belfort. Je vais aller en Suisse et si j'ai besoin d'aller de là en Alsace, je le ferai de Suisse ». L'agent Dupont n'est pas allé en Suisse du tout, bien que le colonel Picquart l'ait dit. Il n'a pas quitté Paris. Je n'apprécierai pas cette démarche de cet agent, de ce fonctionnaire, cela ne me regarde pas, mais je l'ai indiquée au Conseil, qui en tirera la conclusion qu'il croira devoir en tirer.

Je connais beaucoup d'autres choses, mais il est inutile que je ressasse devant le Conseil les choses qui lui sont dites depuis huit jours. Je ne parlerai pas des pièces. Je base ma conviction de la culpabilité de Dreyfus sur tout ce qu'on a dit au Conseil depuis huit jours.

Je dirai seulement que je tiens à prouver que, sous le couvert de l'immunité diplomatique, les agents A... et B... se livraient à un véritable espionnage et qu'ils étaient, en France, les chefs d'un service d'espionnage dirigé contre notre pays. Je citerai l'affaire

Boutonnet. Il est parfaitement avéré que Boutonnet a été vu sur un banc de l'avenue Friedland remettant des papiers à l'agent A... Naturellement, l'agent a nié, mais Boutonnet a avoué, et il est avéré qu'il était en relations directes avec l'agent A...

Il y a encore l'affaire Greiner, celle-là est typique, en ce sens que Greiner a bien fait des offres de services à l'agent A..., mais qu'il n'est pas entré en relations avec lui, c'est un agent que j'appellerai D..., qui s'y est trouvé. Greiner s'est présenté chez l'agent A... qui l'a éconduit, et quelques jours après, il recevait la visite d'un autre agent qui demandait à lui fournir des renseignements sur la marine. C'est par la voie ordinaire que nous l'avons appris ; que des renseignements confidentiels venant du ministère de la Marine étaient entre les mains de l'agent A... On surveillait cet agent A... et on ne trouvait rien. Naturellement, puisqu'il n'était pas en relations avec l'espion ; c'est une note de frais découverte chez l'agent A..., payée à l'agent B... qui a fait voir d'où venait le document de la Marine On a fait sur l'agent B... et on a établi les relations qui avaient lieu avec Greiner. Celui-ci a été arrêté en plein jour, devant la porte de l'agent D..., porteur du document confidentiel ; il a d'ailleurs avoué et il était parfaitement connu que les agents A... et B... étaient en relations avec lui.

Je parlerai ensuite de la dépêche adressée par le chef hiérarchique de l'agent A. à cet agent au commencement de 1895. J'en parle pour mémoire et pour faire voir sur quel point je base ma conviction.

Il est pour moi tout à fait typique, en ce sens que le chef hiérarchique de l'agent A, éprouve le besoin de se transporter dans son pays, d'expliquer les démarches qu'il a faites, et il écrit à son agent : « On trouve que j'ai bien agi. »

Je parlerai d'un rapport de 1897 de l'agent C., rapport démenti comme vous le savez. Je sais que le service des renseignements a foi dans cette pièce comme dans les autres, et pour moi le démenti officieux fourni à ce sujet est sans fondement.

Si je parle de cette pièce, c'est pour signaler qu'il y est question d'une agence de renseignements à Bruxelles. Or, parmi les pièces provenant de la voie ordinaire, se trouve une petite note qui parle d'un nommé Apfelbaum qui ferait des voyages entre Paris et Bruxelles. D'un autre côté en 1897, le service des renseignements de Nancy signalait, au service des renseignements de Paris, un sieur Paumier ayant été domestique à l'ambassade de Bruxelles.

Paumier est un Alsacien-Lorrain annexé qui a fait son service en

Allemagne. Il a déclaré, étant à l'hôpital, à un infirmier que pendant le temps qu'il faisait son service militaire, il avait vu sur la table de son maître des papiers se rapportant à l'affaire Dreyfus et que s'il avait osé il les aurait apportés au gouvernement français.

On fit rechercher Paumier par le service, et on trouva son adresse à Paris, avenue Daumesnil. On fit immédiatement prendre des renseignements sur son compte par la préfecture de police, et quelque temps après, celle-ci répondit qu'elle n'avait pas trouvé Paumier; l'affaire en resta là.

On chercha à savoir par l'infirmier ce que Paumier avait dit exactement; l'infirmier était mort; sa femme se rappelait bien que son mari lui avait parlé de quelque chose, mais sans pouvoir rien préciser.

Ce qu'il y a de grave, c'est que la préfecture de police ait dit qu'elle n'avait pas trouvé Paumier, alors qu'il est parfaitement avéré qu'elle l'a trouvé et interrogé. C'est un agent chargé de rechercher Paumier qui l'a dit un an après au ministre de la Guerre.

Je me demande en outre pourquoi, si Paumier ne sait rien comme on l'a prétendu, la préfecture de police n'a pas communiqué le renseignement qu'on lui avait demandé. On n'a pas trouvé Paumier, et il est établi qu'il n'a pas quitté son logement depuis qu'il est à Paris.

Je vais parler maintenant de la lettre écrite par Dreyfus au capitaine Rémusat pour lui demander des renseignements,

Je ne veux pas rentrer dans les questions techniques et, si j'en parle, c'est parce que le renseignement m'a été apporté à moi personnellement par le frère du capitaine Rémusat; et c'est moi qui ai fait préciser ce renseignement, l'ai porté à la connaissance de mes chefs. Si j'ai insisté sur ce point, c'est parce que Dreyfus écrivait au capitaine Rémusat qu'il avait besoin de ce renseignement pour en faire part à ses professeurs. Or, je savais, et tout le monde sait, que quand les professeurs d'artillerie à l'École de guerre ont besoin de renseignements quelconques, ils savent où les prendre; ils n'ont qu'à se rendre au ministère de la Guerre ou bien à Saint-Thomas-d'Aquin, et là ils obtiendront tout ce qu'il est possible d'avoir.

Je me demande seulement pourquoi le capitaine Dreyfus avait besoin de ce renseignement et pourquoi il a appuyé sa demande de l'autorité de ses professeurs.

Le capitaine Rémusat ne lui a pas répondu; mais il n'en est pas moins avéré que Dreyfus a demandé le renseignement, et que l'obus Robin a été livré aux Allemands.

J'aurai encore un mot à dire. Il a été beaucoup question des fonds secrets.

J'en ai été le caissier pendant sept ans, et, si je ne puis pas me permettre de critiquer la façon dont on les emploie, je dirai ceci : lorsque le colonel Picquart a pris le service des renseignements, le colonel Sandherr lui a passé au service de réserve cent quinze mille francs et au service courant dix mille cinq cents francs.

Pendant les seize mois que le colonel Picquart a géré les fonds du service des renseignements, il a touché comme allocation mensuelle 32,000 francs. M. Cavaignac, pendant qu'il était ministre de la Guerre, lui donnait 8,000 francs de plus par mois, pendant cinq mois, soit la somme de 40,000 francs. Le général Billot lui a donné 20,000 francs sur un crédit ouvert. Le capitaine Picquart a donc eu à sa disposition, en plus des frais ordinaires, une somme de 175,000 francs. Quand il est parti du service il restait 12,000 francs. Il y avait donc une dépense de 163,000 francs. J'ai été appelé à disséquer ces 163,000 francs et à en indiquer l'emploi. En tout, cent et quelques mille francs ont été occupés à l'achat de documents et 60,000 francs environ employés à des mesures de police en dehors des mesures de police normale. C'est cette somme de 60,000 francs qui a fait dire que le colonel Picquart avait gaspillé les fonds secrets. Il est certain que ces 60,000 francs ont été employés pour des mesures de police pour lesquelles les fonds normaux devaient suffire.

On m'a aussi reproché d'avoir fait embarquer pour le Brésil un nommé Lajoux, ancien agent du service des renseignements. Eh bien! c'est exact. Je suis allé à Anvers au mois d'août ou septembre 97 embarquer l'agent, mais c'est sur ses instances pressantes. Il y avait longtemps qu'on ne lui donnait plus rien, lorsqu'il écrivit qu'il n'avait plus rien, et il demandait simplement qu'on lui payât le prix de son transport.

Le colonel Henry d'abord refusa. Mais, en raison des services qu'il avait rendus autrefois, on décida qu'on lui paierait son passage. Je me rendis à Anvers, je négociai le passage de Lajoux, et je versai entre les mains d'un agent d'émigration la somme de 170 francs. Quelques jours après il me dit que Lajoux avait 500 kilos de bagages à embarquer, cela ne suffisait pas; je lui envoyai 50 francs de plus en disant :

« Vous remettrez le surplus à M. Lajoux. » Celui-ci partit le

25 septembre, cela se passait le 14; dans l'intervalle il nous a accablé de demandes. On décida de lui faire remettre seulement sur le paquebot une somme qui lui permettrait de vivre sur le paquebot, et, en arrivant au Brésil, on lui a remis 300 francs. Lajoux a donc touché à peu près 500 francs.

Le Président. — Voulez-vous me dire ce qui s'est passé au moment où le bordereau a été apporté au service des renseignements par le commandant Henry, à qui il a été montré et comment il est arrivé.

M. Gribelin. — Le bordereau est arrivé au service fin septembre 1894. Un matin, le commandant Henry était au bureau avant mon arrivée, ce qui était assez rare (*Mouvement*), l'archiviste arrivant le premier et les officiers à 9 heures. Le commandant Henry m'appela et me dit : « Voyez donc ce que j'ai trouvé, cette fois j'espère bien qu'on va le pincer. » Nous regardions le bordereau quand le commandant Lauth est arrivé. Il a été étonné, et nous n'avons pas hésité une seconde à l'attribuer à un officier d'État-major et à un officier d'artillerie.

Je suis sorti un moment du bureau du commandant Henry et quand je rentrai il y avait les commandants Lauth et Matton qui avaient vu le bordereau. Je n'ai plus vu le bordereau que le 15 octobre suivant, lorsque j'en ai été en quelque sorte le gardien pour les poursuites judiciaires.

Le Président. — A quel moment a-t-il été présenté au colonel Sandherr?

M. Gribelin. — Il a dû être présenté le même jour.

Le Président. — C'est bien la pièce que voici qui lui a été apportée par le colonel Henry?

Il lui fait passer le bordereau.

M. Gribelin. — Oui, c'est cela, je le reconnais comme l'ayant eu entre les mains.

Le Président. — Veuillez me dire également ce que vous savez au sujet d'une pièce connue sous le nom de *petit bleu*, pièce qui serait parvenue au service des renseignements par la voie ordinaire, et qui aurait été reconstituée dans ce service?

M. Gribelin. — Je n'ai jamais vu le *petit bleu* que par des photographies.

Le Président. — Vous n'avez pas connu son arrivée au ministère?

M. Gribelin. — Je n'ai pas connu son arrivée, mais c'est certainement parce qu'il a été présenté comme provenant de la voie ordinaire, qu'il n'a pas été frappé de suspicion. On a pris le document Henry pour un document authentique parce qu'il venait par la voie ordinaire et que tout ce qui venait par cette voie pouvait être considéré comme authentique.

Le Président. — Que s'est-il passé ? On a photographié le document? Donnez-nous des renseignements à ce sujet?

M. Gribelin. — Le capitaine Junck et le commandant Lauth...

Le Président. — Veuillez nous dire tout ce qui s'est passé au sujet de cette pièce.

M. Gribelin. — On parlait beaucoup de cette pièce au bureau, on disait : « Mais enfin qu'est-ce que c'est que cela? » C'est à ce propos que j'ai un jour rapporté une phrase d'une demande du colonel Picquart qui voulait savoir si je pouvais obtenir de la poste un cachet antérieur à la date à apposer sur une lettre, à une date antérieure à son envoi; j'avais refusé, le colonel Picquart ne m'en a jamais reparlé et je ne lui en ai jamais reparlé ; c'est seulement quand le commandant Henry m'a dit : « Mais ce petit bleu n'a pas le cachet de la poste, il faudrait qu'il y eût un cachet pour montrer qu'il a touché le destinataire ! » que je me suis rappelé le propos du colonel Picquart.

Le Président. — Au sujet de l'authenticité des écritures, n'y a-t-il pas eu des discussions?

M. Gribelin. — Oui, le commandant Lauth a raconté un jour que le colonel Picquart voulait qu'il certifiât que l'écriture était de l'agent A : « Jamais de la vie, avait-il répondu. » En effet, cela ne ressemble pas à cette écriture.

Le Président. — Vous qui connaissiez l'écriture, qu'avez-vous dit?

M. Gribelin. — Je ne connaissais pas beaucoup l'écriture des agents; j'avais seulement les pièces communiquées. Je ne pouvais pas donner mon appréciation sur la différence entre l'écriture du *petit bleu* et l'écriture de la personne à qui on l'attribuait.

Le Président. — On ne vous a pas demandé de mettre le cachet de la poste sur cette pièce?

M. Gribelin. — Pas du tout, on ne m'a pas parlé du *petit bleu*.

Un membre du Conseil de guerre. — Vous avez parlé d'une note de l'agent C du 30 novembre 1897; vous vous êtes trompé, ce me semble : le 30 novembre 1897, c'est la date d'arrivée au service.

M. Gribelin. — Je crois que la date est celle à laquelle est arrivée la note ; ces pièces-là n'ont pas de date de la main de la personne qui les écrit; je crois qu'en général les dates qui sont sur les pièces sont les dates d'arrivée au service.

Le même membre du Conseil de guerre. — Esterhazy a-t-il jamais, à votre connaissance, été employé par le service des renseignements pendant qu'il était en garnison à Rouen, de 1892 à 1894?

M. Gribelin. — Je suis rentré au service des renseignements en 1891 et j'y suis resté jusqu'en 1898. Je n'avais jamais vu Esterhazy, je ne le connaissais pas avant le mois d'octobre 1897, je ne l'avais jamais vu. Je ne savais pas qu'il y eut un officier de ce nom dans l'armée française ; il y a pour moi une chose topique qui démontre qu'il n'a pas pu être au service des renseignements : tout le monde sait que le commandant Esterhazy était un besoigneux; que s'il avait rendu des services, il aurait fallu le payer; or, jamais on ne lui a donné un sou, et jamais il n'est sorti un sou du service sans que j'aie su à qui on le donnait; par conséquent, je puis affirmer que jamais Esterhazy n'a été au service des renseignements et qu'il n'a jamais reçu un subside du bureau des renseignements.

Le même membre du Conseil de guerre. — Est-ce qu'on a offert à Lajoux une pension de 200 francs par mois?

M. Gribelin. — Pas pendant que j'étais au service des renseignements; mais, je le sais par ce qui a été dit, je savais que Lajoux devait avoir une pension et qu'on l'a liquidée. Quand on l'a embarqué j'ai été chargé de la mission de l'embarquement, mais je ne le connaissais pas, comme agent du service des renseignements.

Le même membre du Conseil de guerre. — Vous ne savez pas si on lui a donné 200 francs par mois?

M. Gribelin. — Je crois qu'il y a eu quelque chose comme cela, mais je n'ai pas été mêlé directement à cette affaire et je ne pourrais en parler que de deuxième ou troisième main; je crois que le commandant Rollin pourrait vous donner des explications plus précises que je ne pourrais faire.

Un autre membre du Conseil de guerre. — Vous avez parlé tout à l'heure de l'emploi des dépenses du service des renseignements. Dans sa déposition, le colonel Picquart a dit qu'aucune autre surveillance n'avait coûté moins cher que celle d'Esterhazy; pouvez-vous dire quelque chose à ce sujet?

M. Gribelin. — La surveillance d'Esterhazy n'a certainement pas coûté cher : elle a été faite par un agent payé au mois et auquel on remboursait ses frais; c'est une surveillance qui, si elle a coûté cinq ou six mille francs, c'est tout ; et encore l'agent, en faisant cette surveillance, faisait autre chose. A ma connaissance, la surveillance d'Esterhazy n'a pas ce qu'on appelle coûté cher, car une somme de 5 ou 6,000 francs n'est pas une grosse somme pour une surveillance.

Un membre du Conseil de guerre. — Vous avez assisté à la scène de la dictée. Je voudrais vous entendre dire l'impression produite sur Dreyfus au moment de cette dictée. Comment cette dictée s'est-elle arrêtée? S'est-elle arrêtée d'elle-même, le capitaine Dreyfus ne pouvant plus écrire, ou bien est-ce le commandant du Paty de Clam qui l'a arrêtée?

M. Gribelin. — Quand le capitaine Dreyfus est arrivé, le commandant du Paty lui a dit : « Voulez-vous écrire un petit mot en attendant? »

J'étais assez loin; j'ai cependant entendu la dictée et à un moment donné, le commandant du Paty a dit : « Qu'est-ce que vous avez, vous tremblez? » Dreyfus a répondu : « J'ai froid aux doigts. » Je ne sais pas si Dreyfus tremblait, j'étais trop loin pour le voir ; mais il pouvait avoir très difficilement froid aux doigts car nous étions au 15 octobre et que la température était normale, qu'il était arrivé au ministère ganté, et qu'il y avait dans le bureau un très grand feu; quoi qu'il en soit, j'ai bien entendu l'observation : « Qu'est-ce que vous avez, vous tremblez? », mais je ne sais pas s'il a tremblé.

Un membre du Conseil de guerre. — J'ai plusieurs questions à vous poser. Il a été dit souvent que M. Leblois passait au bureau et dans une de vos dépositions vous avez dit l'avoir vu. Un soir d'automne, en 1896, il serait arrivé alors que le colonel Picquart avait un dossier sous les yeux. On agita la question autour de ce dossier: Etait-ce un dossier secret ou un dossier administratif? Ce dossier secret ou administratif était dans une armoire. Le colonel Picquart avait la clé du coffre-fort. Comment pouvez-vous admettre la présence de M. Leblois dans le bureau et la présence du dossier secret ou administratif sur la table?

M. Gribelin. — Il y avait une double clé du coffre-fort renfermant l'argent. Je n'ai jamais dit que le dossier secret était renfermé dans une armoire dont j'avais la clé extérieure. Je reprends ma déposition.

Un membre du Conseil de guerre. — Veuillez déposer sur la présence de M. Leblois dans le bureau du colonel Picquart et sur ce qui s'est passé entre lui et Picquart le jour où vous avez constaté sa présence. C'est bien ce point qu'il s'agit d'établir.

Le Président. — Faites votre déposition. Dites si vous avez vu M. Leblois et ce que vous avez constaté le jour de sa présence.

M. Gribelin. — Parfaitement, monsieur le président. J'ai vu M. Leblois venir de nombreuses fois au bureau. Cela gênait le service car on avait besoin de causer au colonel Picquart. Il était 6 heures ou 6 h. 1/2 du soir. C'était allumé. Le dossier secret était dans son enveloppe et le dossier des pigeons voyageurs était aussi dans sa chemise. Quand j'ai vu M. Leblois à l'automne 1896 dans le bureau du colonel Picquart, il n'y avait aucun dossier ouvert sur la table. Il y avait le dossier secret que je connaissais pour l'avoir remis au colonel Picquart au mois d'août de la même année. Il y avait le dossier des pigeons voyageurs que j'avais remis aussi au colonel Picquart. M. Leblois et le colonel Picquart étaient tous les deux dans la salle ; mais ils n'examinaient pas les dossiers. Ceux-ci étaient sur la table, mais ils n'étaient pas ouverts.

Le Président. — Le dossier secret était sous enveloppe cachetée ou bien sous simple chemise?

M. Gribelin. — L'enveloppe n'était pas fermée.

Le Président. — Par conséquent, il n'était pas sous scellé, il n'était pas cacheté? Quand vous l'avez vu sur la table, l'enveloppe était ouverte?

M. Gribelin. — Forcément, puisqu'il consultait le dossier.

Le capitaine Beauvais. — C'était en automne 1896, vous ne pouvez pas préciser la date?

M. Gribelin.— Non. Tout ce que je sais c'est qu'il était 6 heures ou 6 h. 1/2 du soir et que c'était au moment où je partais du bureau.

Le capitaine Beauvais. — Vous avez dit aussi, dans une de vos dépositions au sujet de la deuxième brochure Lazare, que vous aviez constaté des indiscrétions sur l'agent Dachet? Or, vous disiez qu'à ce moment-là le colonel Picquart était seul au courant de cette question.

M. Gribelin. — Le colonel Picquart et le colonel Henry la connaissaient. Et, somme toute, l'indiscrétion était due à un nombre de personnes très restreint. Comme cette surveillance était secrète par elle-même et qu'elle était connue de peu de gens, j'ai été très étonné de ces indiscrétions, j'en ai été très frappé.

Le capitaine Beauvais. — Pouvez-vous nous dire ce que vous pensez du document dit libérateur et du commandant Esterhazy à ce sujet?

M. Gribelin. — On aurait dû lui mettre la main au collet.

Le capitaine Beauvais. — Vous causiez quelquefois avec le colonel Henry de l'affaire du *petit bleu*. Vous rappelez-vous que le colonel

Henry vous ait dit qu'il avait fait un triage sérieux des pièces et qu'il n'avait pas vu le *petit bleu*?

M. Gribelin. — Oui. Le colonel Henry m'a toujours dit qu'il n'avait pas vu le *petit bleu* et que cela l'étonnait beaucoup.

En effet le colonel Henry s'occupait plus spécialement des documents écrits en français, laissant de côté les documents en langue étrangère.

Le capitaine Beauvais. — Parmi les pièces il y avait un télégramme signé Robert, je crois ; connaissez-vous ce télégramme?

M. Gribelin. — Parfaitement, je l'ai envoyé moi-même.

Le capitaine Beauvais. — Vous l'avez envoyé vous-même, mais n'y en a-t-il pas un autre dont l'écriture est déguisée?

M. Gribelin. — C'est le colonel Picquart qui a envoyé ce télégramme.

Le capitaine Beauvais. — Est-ce que le colonel Picquart vous a dit quelquefois de déguiser votre écriture?

M. Gribelin. — Je crois que c'est le colonel Picquart qui a vu ce télégramme. J'étais chargé de la correspondance. Un jour le colonel Picquart m'a dit : « Vous devriez bien déguiser votre écriture sur les enveloppes ». En effet je l'ai fait.

Le commissaire du Gouvernement. — M. Gribelin avait la garde du dossier secret pendant une certaine période de temps. Je le prie de vouloir bien expliquer au Conseil pendant quelle période de temps il a gardé le dossier secret, dans quelle mesure il en avait la responsabilité et dans quelles circonstances il en a été déchargé.

M. Gribelin. — Lorsque le commandant Henry est parti en permission en août 1896, il m'a remis ses clefs; je connaissais le classement de tous ses dossiers ; je travaillais spécialement avec lui, il m'a dit : « Voilà les clefs, lorsqu'on demandera un dossier vous serez au courant. » J'étais donc, à partir du départ du commandant Henry en permission, en quelque sorte le gardien de ce dossier secret; je l'avais vu déposer par le commandant Henry à la place où il se trouvait en 1894; je ne l'avais pas vu depuis, mais je savais où il était; quand le colonel Picquart me l'a demandé vers la fin d'août ou le commencement de septembre 1896, je suis allé le prendre pour ainsi dire les yeux fermés. Depuis je n'ai pas revu ce dossier.

Me Demange. —Monsieur le Président, voudriez-vous demander à M. Gribelin ceci : lorsqu'on a décidé qu'on remettrait de l'argent à Lajoux pour qu'il allât au Brésil, pourquoi ne lui a-t-on pas envoyé cet argent, pourquoi a-t-on chargé M. Gribelin de le lui remettre?

M. Gribelin. — Lajoux nous avait tiré déjà de nombreuses carottes : on lui avait envoyé de l'argent pour partir et il ne partait pas. Cette fois-là, on a décidé qu'on lui donnerait de l'argent mais qu'on s'assurerait de son départ. En effet, je me suis transporté à Anvers où Lajoux m'a tiré une première carotte en me disant qu'il y avait un paquebot en partance pour le 14 septembre; il y avait bien un paquebot en partance pour cette date, mais c'était un paquebot pour le transport des marchandises; celui devant transporter les voyageurs était indiqué pour le 25 septembre. C'est pour éviter tous ces inconvénients qu'on s'est transporté chez lui et qu'on a commencé par remettre 25 ou 30 francs à Lajoux pour lui permettre de manger et une cinquantaine de francs à sa femme qui mourait de faim.

Me Demange. — Pourquoi tenait-on à ce que Lajoux partît pour le Brésil?

M. Gribelin. — Il venait de nous dire : « J'ai trouvé une place à San Paulo, venez-moi en aide, je vous ai rendu des services. » Ce qui est vrai, car il a fait arrêter quatre ou cinq espions. Quel que soit le sentiment que nous avions pour Lajoux, que nous tenions pour une parfaite canaille, nous tenions à nous en servir, et, de plus, il nous montrait une lettre de la maison Bérenger de San Paulo le demandant comme employé dans cette maison. D'ailleurs, aussitôt arrivé à San Paulo, il s'est présenté au président de la colonie pour lui offrir ses services...

Me Demange. — Lorsque le frère de M. de Rémusat est venu indiquer à M. Gribelin qu'il avait eu une lettre du capitaine Dreyfus à propos de l'obus Robin, est-ce qu'à ce moment-là le frère de M. de Rémusat a montré à M. Gribelin la lettre du capitaine Dreyfus?

M. Gribelin. — Non.

Me Demange. — Ma troisième question est celle-ci. M. Gribelin n'a-t-il pas été associé aux démarches de M. du Paty de Clam auprès du commandant Esterhazy, et peut-il nous donner des explications sur ce qui s'est passé?

M. Gribelin. — J'ai donné des explications à ce sujet à la Cour de cassation. Vers le milieu d'octobre 1897, le lieutenant-colonel Henry me fit demander l'adresse de la compagne du commandant Esterhazy. Je n'avais jamais été mêlé à la surveillance du commandant Esterhazy, et je n'avais pas exactement cette adresse. Il me l'envoya chercher chez l'agent qui avait fait la surveillance. Je l'allai chercher et la lui rapportai.

Quelques jours après, le colonel Henry m'a dit : « Je voudrais voir le commandant Esterhazy; il faudrait bien le prévenir. Voulez-vous lui porter une lettre? » Cela ne m'allait pas beaucoup d'aller porter une lettre au commandant Esterhazy; je ne le connaissais pas de vue, mais je le connaissais moralement beaucoup. Je me suis néanmoins rendu au cercle où l'on m'a dit : « M. Esterhazy vient bien prendre ici sa correspondance, mais il n'y loge pas. »

Je rendis compte de ma mission au colonel Henry. Il me donna alors l'adresse 49, rue de Douai, en ne me cachant pas que c'était l'adresse de la maîtresse du commandant Esterhazy, et en me disant d'y porter la lettre. J'avoue que j'ai beaucoup hésité. Le colonel Henry me dit : « Prenez donc des lunettes et une fausse barbe. » Je n'avais pas de lunettes, j'ai acheté une paire de conserves.

Le commandant Esterhazy n'était pas rentré, on ne savait pas s'il rentrerait avant la nuit. Je suis revenu une seconde fois rendre compte de ma mission au colonel Henry qui me dit : « Il faut absolument qu'il ait cette lettre demain matin. » J'y retournai le lendemain matin. Le concierge monta à l'appartement. Il en redescendit bientôt et me dit : « Il va descendre. » Je n'avais pas de raison pour attendre qu'il descendît et je suis parti.

Le colonel Henry me dit dans la journée : « Il faudrait aller ce soir avec du Paty, à Montsouris, assister à l'entrevue qu'il doit avoir avec Esterhazy; Esterhazy me connaît (*Mouvement*) et du Paty cause beaucoup; il est capable de s'emballer, s'il s'emballe, secouez-le par le pardessus. »

Je dois vous dire en passant que, pour dire ce que nous avons dit à Esterhazy à l'entrevue, il eût été beaucoup plus simple de le faire venir au ministère de la Guerre.

Je suis allé à Montsouris. On a fait subir au commandant Esterhazy une sorte d'interrogatoire, on l'a questionné et mon impression a été que, du moment que l'on savait qu'il était sous le coup d'une sorte de dénonciation de Mathieu Dreyfus, il eût été plus simple de le faire venir au ministère de la Guerre.

Me Demange. — M. Gribelin vient de dire que l'on savait qu'à ce moment le commandant Esterhazy était sous le coup d'une dénonciation de M. Mathieu Dreyfus. La dénonciation de M. Mathieu Dreyfus est du 14 novembre, et l'entrevue dont il vient d'être question se place entre le 18 et le 20 octobre.

M. Gribelin. — Le 23.

Me Demange. — Mettons le 23... Comment savait-on au ministère de la Guerre qu'il y aurait une dénonciation de M. Mathieu Dreyfus le 14 novembre?

M. Gribelin. — Je sais qu'on le savait; mais comment M. du Paty de Clam et le colonel Henry le savaient-ils, je n'en sais rien. On savait que le commandant Esterhazy allait être l'objet de quelques attaques; appelez cela dénonciation de Mathieu Dreyfus, appelez-le comme vous voudrez... et on l'a prévenu.

Me Demange. — Seulement, je demanderai, et ce sera ma dernière question, pourquoi on a eu recours aux lunettes bleues, puisque les relations étaient si simples, si naturelles?

M. Gribelin. — Vous pourrez demander cela au colonel du Paty de Clam, qui m'a donné l'ordre. Cela m'a étonné beaucoup de sa part.

Le Président. — Accusé, levez-vous. (*Au témoin.*) C'est bien de l'accusé ici présent que vous avez entendu parler?

M. Gribelin. — Oui, mon colonel.

Le Président, *s'adressant au capitaine Dreyfus.* — Avez-vous une observation à présenter au sujet de la déposition?

Le capitaine Dreyfus. — Quant aux insinuations qui ont été faites par le témoin aussi bien contre mon frère que contre moi, je les dédaigne, je ne veux pas y répondre.

Un des membres du Conseil a soulevé la question de la dictée; permettez-moi de faire une observation à ce sujet. Quand le commandant du Paty de Clam m'a fait la dictée, au bout d'un certain nombre de mots, il m'a demandé : « Qu'avez-vous? Vous tremblez? » Je ne tremblais pas du tout. L'interpellation m'a paru tout à fait insolite. Faites une interpellation pareille à quelqu'un qui est en train d'écrire, et vous verrez.

L'interpellation m'a donc paru insolite. J'ai cherché dans mon esprit pourquoi cette interpellation. Je me suis dit : « Il est probable que c'est parce que j'écris lentement, et en effet, j'avais les doigts raidis. Il faisait froid dehors; c'était le 15 octobre, et il faisait si froid qu'il y avait, il faut bien vous le rappeler, un très grand feu allumé dans le cabinet du chef d'État-major. Je pensais que l'interpellation provenait de ce que j'avais écrit lentement, et c'est précisément parce que j'avais les doigts raidis. C'est pour cela que j'ai répondu : « J'ai froid aux doigts », mais l'interpellation me paraissait tout à fait insolite.

Le Président. — A quel moment de la dictée le commandant du Paty de Clam vous a-t-il dit : « Vous tremblez? »

Le capitaine Dreyfus. — Je ne m'en souviens plus, mon colonel.

Le Président. — Vous ne savez plus où vous en étiez de la dictée?

LE CAPITAINE DREYFUS. — Non, mon colonel.

Me DEMANGE. — Voulez-vous me permettre une dernière question?

Je ne peux pas poser de questions au sujet, du *petit bleu*, puisque, moi, je suis absolument étranger à l'affaire Picquart; cependant, il y a quelque chose qui m'a frappé, et sur quoi je prierais monsieur le président de vouloir bien interroger le témoin.

J'ai entendu dire par le général de Boisdeffre, je crois, et en tout cas il résulte de l'instruction que, lorsque le colonel Picquart est parti en mission, on considérait à ce moment qu'il était hypnotisé par l'affaire Dreyfus, mais qu'on ne se doutait pas, qu'on ne pensait pas à ce moment-là qu'il y ait eu des relations entre lui et la famille Dreyfus. Il est donc parti toujours avec l'estime de ses chefs.

J'ai vu d'autre part dans l'instruction, cela résulte de la déposition de M. le colonel Picquart, qu'il y a une lettre *Spéranza*, une fausse lettre qui serait arrivée au ministère de la Guerre, à l'adresse du colonel Picquart, qui ne lui est pas parvenue; et il a été indiqué qu'on ouvrait à cette époque, décembre 1896, toute la correspondance du colonel Picquart. Je voudrais, puisque M. Gribelin était au service des renseignements, qu'il veuille bien nous dire pourquoi, d'une part, on ouvrait la correspondance du colonel Picquart, et pourquoi, d'autre part, cette lettre *Speranza*, reconnue depuis comme une lettre fausse, ne lui est pas parvenue?

LE PRÉSIDENT. — Vous avez entendu la question?

M. GRIBELIN. — Je n'ai jamais ouvert de lettres au colonel Picquart. Il m'avait chargé de lui envoyer ses lettres; je les lui ai toujours envoyées très scrupuleusement. Pendant les deux premiers jours, son ordonnance m'a apporté des lettres adressées rue Yvon-Villarceau, Je ne crois pas qu'à ce moment-là on ait ouvert des lettres du colonel Picquart, moi, je n'ai jamais rien fait de semblable.

LE PRÉSIDENT. — Vous n'avez jamais eu connaissance que ces lettres aient été ouvertes au bureau des renseignements?

M. GRIBELIN. — Non.

Me DEMANGE. — Sur la lettre *Speranza*, le témoin ne sait rien?

M. GRIBELIN. — J'ai su qu'il y avait une lettre *Speranza* bien après qu'elle était arrivée.

Me DEMANGE. — Le témoin a-t-il su qu'elle avait été ouverte et gardée au ministère de la Guerre.

M. GRIBELIN. — Puisqu'on l'avait...

Me Demange. — N'était-elle pas adressée au colonel Picquart?

Le Président. — Quel était le destinataire?

Me Demange. — Monsieur le président pose la question mieux que moi.

M. Gribelin. — Elle était adressée au colonel Picquart.

Me Demange. — Est-elle restée au bureau des renseignements?

M. Gribelin. — Cela, je n'en sais rien; c'est qu'elle ne m'a pas été remise pour lui être envoyée.

Me Demange. — Elle n'a pas été remise à M. Gribelin, c'est entendu, et M. Gribelin ne sait pas pourquoi on l'avait gardée, ni pourquoi on l'a ouverte.

Le Président. — C'est tout ce que vous désirez demander?

Le colonel Picquart. — Je désirerais être entendu sur deux ou trois points et être confronté avec M. Gribelin.

(*Le colonel Picquart est appelé à la barre.*)

Le lieutenant-colonel Picquart. — Je désirerais éclaircir d'un mot cette question des lettres; si vous le voulez bien, ce sera fait en un instant. Lorsque j'ai quitté le ministère, il était convenu que Gribelin me ferait parvenir les lettres qui m'étaient adressées, parce que lui seul connaissait mes adresses successives dans le cours de ma mission. De l'enquête du général de Pellieux, il résulte que deux lettres ont été ouvertes : la première est une lettre d'un de mes amis dans laquelle se trouve le nom de demi-dieu. Elle m'a été réexpédiée fermée, de telle sorte que je n'ai su qu'elle avait été ouverte que dans l'enquête de Pellieux. La seconde est une lettre du 15 décembre 1896, c'est la lettre Speranza, qui a été ouverte également et gardée au ministère de la Guerre. Je n'en ai pas eu connaissance à ce moment et je n'ai connu son existence que lorsque le général de Pellieux me l'a reprochée à son enquête. Comme c'est Gribelin qui recevait des mains du concierge du ministère ou de mon ordonnance les lettres qui m'étaient destinées et que c'était lui qui était chargé d'y mettre ma nouvelle adresse, je désirerais qu'on demandât à Gribelin s'il n'a pas reçu de ses chefs l'ordre de leur remettre tout ou partie des lettres qui m'étaient adressées.

Le Président, *au témoin*. — Avez-vous reçu de vos chefs l'ordre de leur remettre tout ou partie des lettres à l'adresse du colonel Picquart qui vous étaient remises par le concierge du ministère, soit par son ordonnance.

M. Gribelin. — Non, mon colonel.

Le lieutenant-colonel Picquart. — Alors, je constate seulement que deux lettres de ma correspondance ont été ouvertes par les procédés du cabinet noir. L'une m'a été renvoyée fermée, elle a servi plus tard à faire le faux où il est question du demi-dieu. L'autre, la lettre Speranza, a été ouverte et retenue au service des renseignements.

Maintenant je demanderai la permission de dire un seul mot, messieurs, sur cette question d'argent : je trouve extraordinaire qu'à propos de l'affaire Dreyfus on parle constamment de ma gestion du service des renseignements, gestion qui n'a rien à voir dans cette affaire...

LE PRÉSIDENT. — Il a été dit beaucoup de choses à côté de la question, c'est vrai, mais vous êtes vous-même un peu tombé dans ce défaut, vous ne pouvez donc faire ce reproche à d'autres témoins.

LE LIEUTENANT-COLONEL PICQUART. — Je n'ai fait que répondre, monsieur le président, avec votre autorisation.

Je vais demander aujourd'hui même à M. le ministre de la Guerre d'ouvrir une enquête sur ma gestion au service des renseignements, et cette enquête, je l'attends le front haut. Mais je suis heureux que, par une question qui a été posée par un des membres du conseil, il soit établi aujourd'hui que les fameux 100,000 francs employés à des dépenses de police se réduisent à 60,000 francs et qu'ensuite l'enquête Esterhazy a coûté une somme minime... M. Gribelin lui-même indique 6,000 francs; l'enquête montrera que c'est beaucoup moins.

J'ai une seconde question à élucider, c'est la question Daché. M. Gribelin a dit qu'un nommé Daché, ou une personne dont le nom commence par un D, — je peux la nommer, — avait été suspecté comme l'un des auteurs d'une indiscrétion attribuée à Dreyfus, d'un acte de trahison attribué à Dreyfus et qu'il avait été surveillé, mais que personne ne connaissait cette surveillance, hors le chef de bureau. M. Gribelin, dix mois plus tard, m'a raconté cette affaire, c'est vrai, mais il oublie que le personnel de surveillance avait posé des questions à diverses personnes au sujet de Daché et que par conséquent bien du monde était en éveil.

On m'a fait un reproche à l'instruction Fabre au sujet des renseignements parvenus à M. Bernard Lazare relativement à Daché, et cette instruction a démontré que M. Bernard Lazare avait précisément obtenu ces renseignements par la voie des agents de surveillance et, dans le cas particulier, c'était l'agent Guénée. Voilà le fait qu'on avait complètement oublié.

Ensuite, le troisième point que j'aborderai est le suivant : la question de M. Leblois et du dossier secret. Tant que j'ai eu le dossier secret Dreyfus entre mes mains, M. Leblois ne s'est pas assis à ma table. Il est venu une seule fois au ministère après cela, le 10 novembre environ ; il a été absent de Paris auparavant et il l'a prouvé aux instructions qui ont abouti à un non-lieu en sa faveur pour les actes d'indiscrétion qui m'étaient reprochés, ainsi qu'à lui. Il a été absent de Paris du 5 août 1896 au 7 novembre de la même année. Or, je prétends que le 7 novembre j'avais déjà rendu le dossier secret au général Gonse et que si Gribelin a cru voir Leblois à ma table à ce moment, c'est une erreur, ce devait être soit M. Hennion, soit M. Mittelhausser. Je dois faire remarquer encore ceci, c'est qu'aucune pièce de ce dossier secret n'a jamais été divulguée sauf ce qui concerne la pièce *ce Canaille de D*... Or, quelles sont les deux divulgations qui ont eu lieu à propos de cette pièce ? c'est : 1° l'article de l'*Éclair* où l'initiale a été remplacée par le mot Dreyfus et qui ne peut pas émaner des amis de Dreyfus. La seconde divulgation, c'est la remise entre les mains d'Esterhazy du document dit libérateur, et la remise de ce document a eu pour but d'exercer un chantage indigne sur le gouvernement ; je n'entrerai pas dans le détail sur cette question de chantage, la Cour de cassation a fait pleine lumière à ce point de vue.

Me Demange. — Je voulais simplement dire, monsieur le président, que vous avez fait une observation absolument juste lorsque vous avez dit au colonel Picquart de se renfermer strictement dans l'affaire Dreyfus. C'est précisément la remarque que je me faisais depuis deux jours, notamment lorsque M. le général Roget nous a parlé des affaires Schwartz et autres. Je crois qu'il serait bon en effet de nous en tenir à l'affaire Dreyfus et de ne pas nous occuper du service des renseignements du colonel Picquart.

VINGT-DEUXIÈME TÉMOIN

M. LE COMMANDANT LAUTH

Le Président. — Vos nom et prénoms ?

Le commandant Lauth. — Lauth, Jules-Maximilien.

Le Président. — Votre âge?

Le commandant Lauth. — 44 ans.

Le Président. — Votre grade, votre régiment ?

Le commandant Lauth. — Chef d'escadrons au 28e dragons.

Le Président. — Vous avez été mêlé à l'affaire Dreyfus, veuillez nous dire tout ce que vous en savez.

Le commandant Lauth. — Les faits auxquels j'ai été mêlé sont : d'abord la découverte du bordereau, puis les questions relatives à la découverte du *petit bleu*, l'entrevue de Bâle et un certain nombre de petits détails au sujet des dépositions qui ont déjà été faites. Pour ce qui concerne la découverte du bordereau, je dois donner quelques détails sur la manière dont fonctionnait le service.

Le commandant Henry avait été nommé à la section de statistique au mois de mai 1893 ; son prédécesseur, le capitaine Rollin, avait été versé pour son stage dans un des régiments de Paris et venait encore au bureau tous les jours, presque jusque vers la fin de l'année 1893, pour mettre Henry au courant du service.

Moi-même j'avais été nommé à ce bureau au mois d'août, et un autre de mes camarades l'avait été au mois de juillet; de sorte que, sur cinq officiers de la section, nous étions trois tout récemment arrivés et deux anciens, le colonel Sandherr, chef de bureau, et le colonel Cordier qui faisait fonction de sous-chef.

On se servait à cette époque à la section de statistique d'un agent qui était là depuis très longtemps, et que je désignerai sous le pseudonyme de M. Pierre ; il avait déjà servi sous le prédécesseur du colonel Sandherr et servait à la section au moins depuis dix ans.

Ce M. Pierre était entré en relations à une époque que je ne me rappelle plus exactement, 1888 ou 1889, je crois, avec un autre agent que j'appellerai M. Félix, lequel était à même de nous procurer des pièces très importantes dans le genre de celles dont vous avez eu de nombreux exemplaires sous les yeux lors de la communication du dossier secret.

M. Félix fournissait ses documents à M. Pierre, qui les livrait aux officiers du bureau.

Vers la fin de 1893 il y eut un incident. M. Pierre était quelquefois un peu bavard, d'autres fois il se laissait aller.

Il était lié avec une certaine personne, marchande d'antiquités, avec laquelle il avait aussi une agence matrimoniale.

Ils eurent des discussions et comme il avait été souvent bavard, la brave dame en question, qu'on appelait Mme Milescamp, voulut, lorsqu'elle fut brouillée avec lui, le faire chanter un peu. Elle alla raconter, dans des endroits qu'il n'aurait pas fallu, que M. Pierre avait un certain nombre de documents et qu'il s'en servait de telle ou telle façon.

Lorsque le procès Milescamp eut lieu, Mme Milescamp fut condamnée pour les relations qu'elle n'avait pas le droit d'avoir; le colonel Sandherr jugea qu'il était inutile de séparer les deux personnes, MM. Pierre et Félix, et celui-ci, très ennuyé de cette décision, déclara qu'il ne continuerait pas à fournir de documents, si ces documents devaient encore passer par l'intermédiaire de M. Pierre. Le capitaine Rollin, quoique n'étant plus de service au bureau, fut chargé d'expliquer à M. Pierre que la source de ces renseignements était connue, par suite de l'imprudence qu'il avait commise, qu'il avait été abusé et qu'il n'eût plus de relations avec M. Félix. M. Pierre fut convaincu que la source était tarie et il n'en fut plus question. Le capitaine Rollin arrangea les choses de cette façon et présenta quelque temps après le commandant Henry, qui devait rester seul au bureau, à M. Félix. C'est de cette façon que les relations furent rendues directes entre M. Félix et l'un ou l'autre des officiers du bureau. Quant à M. Pierre, comme c'était un vieil agent de bureau, on ne lui rogna absolument rien de ses allocations; on le dirigea sur une autre voie et il n'y perdit rien. Par conséquent, il est absolument inexact de dire que peut-être plus tard il a voulu rentrer en grâce par le papier qui s'appelle *bordereau*, chercher à rattraper les émoluments qu'il aurait dû perdre. Le registre du bureau montre qu'il n'a pas perdu un centime de cette façon. Il servait le bureau depuis quinze ans, et ce n'est pas pour une imprudence qui était passagère, qu'il fallait le punir et le priver de sa situation. Voilà donc le commandant Henry qui arrive à rester seul avec l'agent. Les relations avec cet agent?... Chaque fois que l'agent devait livrer des documents, c'était lui qui prévenait et il fallait toujours vingt-quatre sinon quarante-huit heures, pour avoir un rendez-vous avec lui. Pour une bonne raison : l'agent prévenait et il donnait un rendez-vous à longue échéance, et quand on voulait avoir un rendez-vous avec lui, il fallait le prévenir à l'avance, et c'est ainsi qu'il fixait un rendez-vous, en réponse. Il fallait échanger une lettre, un télégramme durant au moins vingt-quatre heures ; je ne crois pas que jamais un rendez-vous ait eu lieu en moins de vingt-quatre heures. Le capitaine Rollin disparut et Henry resta seul avec l'agent Félix ; c'est ainsi qu'en avril ou mai 1894 arriva au bureau la pièce qualifiée *ce canaille de D...* Cette pièce, à un moment donné, on a fixé son arrivée au bureau, — pas ici, mais dans la déposition à la Cour de cassation, — bien avant le procès d'un nommé Greiner; or, le procès du nommé Greiner a eu lieu en 1892, sous le ministère de M. de Freycinet, il est impossible que cette pièce, portant la date d'avril 1894, soit arrivée deux ans auparavant au bureau, bien avant l'affaire Greiner.

J'en arrive maintenant à septembre 1894, au moment où est arrivé le bordereau. Vers la fin de septembre, dans la deuxième quinzaine (d'après les calculs que j'ai dû faire, cela doit être du 22 au 25, 26), j'arrivais un matin au bureau. En général (déjà, à cette époque, il y avait plus d'un an que je me trouvais avec Henry), nous montions à cheval tous les jours ensemble; en partant de mon logement, j'allais passer devant le sien et nous partions pour le Bois de Boulogne. Ce jour-là, je ne l'avais pas trouvé devant chez lui en y passant. Nous n'étions pas montés à cheval ensemble; en arrivant au bureau, au moment où j'avais franchi la première porte, la sonnette électrique qui la ferme marcha, et je vis le commandant Henry à une certaine distance dans un couloir, qui avait sorti la tête pour voir qui arrivait; il vit que c'était moi, il m'appela et me dit : « Venez voir ce que j'ai trouvé. »

Il me fit entrer dans son bureau, et, quelques minutes après, une, deux ou trois minutes, arriva de la même façon que moi, un autre collègue, le capitaine Matton. Il nous montra alors un papier qu'il tenait à la main; sur la table se trouvaient d'autres petits paquets, contenant des morceaux de papier avec des déchirures et qui étaient informes; mais le papier qu'il tenait à la main et qui avait été en plusieurs morceaux, était recollé, il n'était plus fragile, il était absolument sec. Il nous montra donc le papier qui depuis est devenu le bordereau. Nous nous sommes mis près de la fenêtre, et nous avons lu ensemble le papier en disant : « D'où cela peut-il venir? Qu'est-ce que cela peut être? Quel peut être l'auteur de ce papier? D'où peuvent provenir les indiscrétions? Où a pu être pris le document? » Bref, pendant quatre ou cinq minutes, nous avons causé sur ce papier.

Quelques instants après est arrivé M. Gribelin, dont le bureau était vis-à-vis celui du colonel Henry; il a pris part également à la conversation.

Après cela, nous nous sommes rendus chacun dans notre bureau, et il n'en a plus été question. Dans la journée, sinon dans la matinée, le colonel Henry a dû montrer le papier au colonel Sandherr, et depuis on n'en a plus entendu parler.

Je dis que c'est vers le 20 ou le 25 septembre, entre ces deux dates probablement, parce que, par suite de circonstances de famille, je suis parti le 4 octobre; par conséquent, c'est donc vers la fin de septembre, entre le 20 et le 30; et c'était probablement un lundi, généralement les rendez-vous du commandant Henry avec M. Félix avaient lieu le samedi soir ; il est donc fort probable que ce devait être un lundi matin ; maintenant ce serait un mardi, un mercredi ou un jeudi, que ce pourrait être exact.

Il a été également dit dans une déposition antérieure que certainement ni le capitaine Matton ni moi n'avions eu connaissance du bordereau qu'après l'arrestation du capitaine Dreyfus, qui a eu lieu le 15. Je m'élève contre cela : nous avons connu le bordereau avant, un matin ; je suis parti brusquement en permission : le colonel Cordier, qui était en permission depuis le 13 septembre, n'est rentré que le 8 octobre, après mon départ ; je ne l'ai revu qu'à la fin d'octobre, il est donc tout naturel qu'il ait pu croire que nous n'avions pas été au courant par la bonne raison que je n'ai pas pu causer avec lui et lui dire ce que je savais. Néanmoins, quand, après l'arrestation, vers le 20 octobre, je suis venu passer une journée à Paris pour faire des courses, et que j'ai été passer une heure ou une demi-heure au bureau pour voir ce qui se passait, j'ai demandé au commandant Henry : que devient cette affaire de l'autre jour ? ce papier que vous avez trouvé ? a-t-on des traces ? Il m'a répondu : « N'en dites rien, il y a trois ou quatre jours, j'ai conduit un officier au Cherche-Midi, mais on cherche à tenir la chose secrète, n'en parlez pas encore, jusqu'à ce que cela soit connu du public. » Effectivement, on a trouvé moyen de cacher la chose pendant une dizaine ou une douzaine de jours,

Pour ce qui concerne la suite, je n'ai été mêlé ni à l'instruction, ni au procès lui-même, sauf un petit incident : à un moment donné, n'étant pas témoin, j'ai été désigné pour faire la navette entre l'État-major du ministère et le Cherche-Midi, et pendant deux jours j'ai stationné dans un petit coin de la salle des témoins pour porter au ministère des lettres fermées du colonel Picquart au chef d'État-major et au ministre, lettres dans lesquelles il notait ce qui se passait au procès ; je n'ai jamais su ce que contenaient les lettres, je n'ai fait que l'office de courrier, et je n'ai été mêlé en rien au procès de 1894.

Je désire revenir encore un instant sur la question du bordereau. On a laissé entendre que le bordereau pourrait bien avoir été trouvé par le commandant Henry, lequel n'aurait pas pu nous le cacher. C'est absolument inexact : la manière dont les paquets étaient placés sur la table, la manière dont il nous a appelés, nous a fait venir, le voulant bien, le faisant exprès, tout montre qu'il avait vu ce bordereau à l'avance, qu'il savait parfaitement bien à quoi s'en tenir sur le bordereau, et que si nous l'avons vu, ce n'est pas par l'effet du hasard, mais parce qu'il voulait nous le montrer. Par conséquent, si ce bordereau avait été écrit par quelqu'un qui fût son complice, si ce bordereau mentionnait des choses auxquelles il avait été mêlé, il lui était excessivement facile, puisqu'il avait eu les paquets la veille au soir, d'en cacher les morceaux. Il nous l'a montré parce qu'il le voulait bien, parce que l'écriture ne l'avait pas frappé, n'émanait certainement pas d'une personne connue de lui. Cela prouve qu'il ne connaissait pas suffisamment le commandant Esterhazy pour reconnaître dans le bordereau l'écriture d'un complice ou d'une personne avec laquelle, en somme, il aurait eu des relations absolument suivies.

D'autre part, on a laissé entendre que le bordereau ne devait pas provenir de ce paquet parce que les morceaux en étaient trop gros. J'ai reçu ces paquets pendant quatre ou cinq ans. Il y en avait de toutes les dimensions. Il m'est même arrivé d'avoir des lettres entières qui n'étaient pas déchirées. Autant que je puisse me rappeler, cette lettre qu'on appelle la lettre des forts de la Meuse avait disparu. Elle a été retrouvée récemment. Elle était en pièces. Elle a été reproduite depuis 1894. En tout cas il y a beaucoup d'autres lettres qui furent trouvées déchirées en quatre. Par conséquent l'argument qui consiste à dire que le bordereau était en morceaux trop gros pour être arrivé par cette voie est un argument absolument vide. Pour en finir avec M. Pierre qui est toujours employé au bureau de la statistique, je crois devoir signaler un fait, qui est le suivant :

Il a été l'objet de la part d'un commissaire spécial, agent officiel du Gouvernement, d'une tentative : on a cherché à le circonvenir. Cette tentative a été faite par M. Tomps qui était commissaire à Dunkerque et qui est arrivé récemment à Paris, je ne sais pourquoi. Il est allé trouver M. Pierre et il l'a interrogé au sujet du bordereau. M. Pierre ne voulut pas entrer dans la voie de M. Tomps et il lui répondit que cela ne l'intéressait pas et qu'il devait faire un voyage en Suisse.

On pourra faire venir M. Pierre pour qu'il dépose devant vous. On vous a dit qu'il n'y avait qu'à aller le chercher en Suisse. Or, je puis vous signaler cette coïncidence que cet agent n'est jamais allé en Suisse et qu'il n'y a jamais mis les pieds. Le voyage en Suisse était une défaite. En ce qui concerne les rapports que le commandant Henry avait pu avoir avec le commandant Esterhazy, je me rappelle parfaitement pendant quatre années passées ensemble, avoir entendu dire que le commandant Henry connut le commandant Esterhazy. Ils se connaissaient depuis 1879 et il se sont rencontrés comme lieutenants à l'ancien bureau des renseignements. Ils ont peut-être pu se rencontrer également en Tunisie. Mais depuis un certain temps, le colonel Henry ne devait plus avoir de relations avec Esterhazy.

Je puis en effet vous signaler un fait qui me semble assez probant. Au mois de mai 1895, très peu de temps avant la maladie du colonel Sandherr et le changement de direction des bureaux, j'étais parti un matin pour prendre le train à la gare du Nord, pour aller à Senlis, pour voir un cheval, qu'il voulait acheter. J'étais avec le colonel Henry. En passant rue Lafayette, à la hauteur du faubourg Montmartre, à un endroit où il y a très souvent de la foule, notre voiture fut obligée de s'arrêter un moment. Il était 8 h. 1/2 du matin. Il y avait pas mal de circulation. J'ai vu un commandant d'infanterie assez grand, maigre, qui marchait assez vivement sur le trottoir et qui bousculait les personnes qu'il rencontrait pour se frayer un passage. Je dis alors : « Voilà un commandant qui a l'air un peu agité. Il bouscule tout le monde. » Le colonel Henry a regardé et il m'a dit : « Tiens, cela doit être Esterhazy. Il a bien vieilli. »

Voilà un fait que je vous signale. A ce moment, il n'était question de rien. Il semble donc que le colonel Henry n'avait pas revu Esterhazy depuis pas mal de temps.

Au commencement de l'année 1895 arrive un changement dans la direction du bureau. Il a été à plusieurs reprises ici question d'une pièce du 2 juillet qui aurait été apportée au bureau, cette pièce ne concernait pas mon service; en tout cas je n'en ai jamais entendu parler, je n'en ai non plus jamais entendu parler par le commandant Henry; il s'agit de cette pièce venue d'une étrangère, la maîtresse d'un officier italien qui aurait dit qu'elle avait vu deux lettres dans le tiroir du personnage avec lequel elle se trouvait, deux lettres parlant du capitaine Dreyfus. Je certifie que je n'en ai jamais entendu parler par le commandant Henry qui, certainement, aurait dû en entendre parler, car cela rentrait dans son service. Je n'en ai jamais entendu parler, c'est tout naturel, car cela ne rentrait pas dans mon service.

Je passe maintenant à la question du dénommé Lajoux. Le dénommé Lajoux est entré en relations avec le service des renseignements dans le courant de 1890, en tout cas, après la nomination du général de Miribel comme chef d'État-major. C'était un ancien sous-officier qui avait fait la campagne de Tunisie, qui se trouvait en 1890 sans métier et était, je ne sais par quel hasard, à Bruxelles. A Bruxelles, en roulant d'un café à l'autre, il fit un beau jour la connaissance d'un monsieur qui trouva le moyen de le revoir pendant deux jours et qui, finalement, lui laissa entendre que, puisque lui, Lajoux, ne gagnait guère d'argent, il pourrait trouver le moyen de lui procurer une situation assez lucrative.

Lajoux était à ce moment-là encore un peu honnête, il écouta néanmoins le personnage qui s'est trouvé par suite être une personne dont on a beaucoup parlé, le nommé R. C. L'autre lui expliqua qu'il était chef d'espionnage pour le réseau du nord-est de la France, et que, s'il voulait entrer à son service, il en serait amplement récompensé. Lajoux, qui était encore assez honnête, écrivit immédiatement une lettre au ministre de la Guerre dans laquelle il racontait ce qui se passait : « Si vous le désirez, je me mettrai en relations avec cet individu, j'écouterai cet individu; j'écouterai ce qu'il me dira, ce qu'il me demandera, et peut-être pourrez-vous vous servir de moi à l'État-major de l'armée. » La chose fut ainsi faite.

Le général de Miribel autorisa à se servir de cet agent, et Lajoux fut mis au service de la section de statistique en même temps qu'il se mettait au service de R. C. Peu de temps après, Lajoux reçut des questionnaires venus de Berlin dans lequel on lui demandait toutes sortes de choses plus ou moins faciles sur les organisations, sur les fortifications; et un officier du service des renseignements préparait les réponses après les avoir soumises au chef et au sous-chef de l'État-major. Cela a duré à peu près trois ans, les questionnaires arrivaient presque toutes les semaines et si cela a duré trois ans dans ces conditions-là, je crois qu'en somme on ne peut pas dire que le bureau des renseignements a rendu peu de services, attendu que nous avons roulé de la façon la plus merveilleuse nos collègues de l'autre côté.

Si l'on voulait additionner les mensualités qu'a reçues Lajoux et quatre ou cinq de ses collègues qu'il nous avait procurés après coup, et qui étaient entrés également au service de ce Cuers, cela se chiffrerait par plus de cent mille francs.

Lajoux, comme tous les gens de son espèce, s'est un peu gâté, et au commencement de 1894, lorsque j'arrivai au bureau, le colonel Sandherr commençait déjà à en être assez mécontent. Lajoux n'était jamais content, les mensualités qu'on lui donnait n'étaient jamais suffisantes, il cherchait toujours à augmenter les frais de service ou de voyage qu'il avait faits, bref, il était devenu excessivement gourmand; comme on lui abandonnait d'autre part tout ce qui lui était donné par nos collègues d'au delà des montagnes, on trouvait que cela allait un peu loin. C'est un homme qui arrivait certainement à se faire 8 à 10,000 francs par an ; on trouvait que c'était suffisant pour ce qu'il faisait. Comme, d'un autre côté, le questionnaire était arrivé à se circonscrire de plus en plus et qu'il contenait des questions de plus en plus précises, il arriva qu'il devenait de plus en plus difficile de répondre à côté, on était obligé de donner des réponses plus précises également et ils en arrivaient à voir de l'autre côté qu'ils étaient trompés.

Qu'est-il arrivé? c'est que Lajoux s'est entendu avec Cuers et a continué à faire des questionnaires pour nous, mais il n'en recevait plus de l'autre côté. Nous nous en sommes aperçus au bout de peu de temps. Il serait simple de faire venir les copies de lettres que nous avons au bureau des renseignements; on y verrait les lettres qu'on écrivit à Lajoux en 1894 ; on lui faisait savoir qu'à bref délai il faudrait qu'il se cherchât une autre situation, qu'il était brûlé, qu'il avait tiré sur la poule aux œufs d'or, et que nous ne pouvions lui remplacer ce qui allait lui manquer.

1894 se passe. Le colonel Sandherr, qui tenait grand cas à Lajoux des services qu'il avait rendus pendant trois ans, au point même qu'à ce moment on l'a prêté à une puissance étrangère avec laquelle nous étions en excellentes relations, le colonel Sandherr ne voulait pas le liquider du jour au lendemain.

1894 s'est passé et, au commencement de 1895, on était décidé à en finir... Je le répète encore, les copies de lettres existent, il n'y a qu'à les demander pour voir la façon dont les choses se sont passées.

En 1895, le colonel Sandherr tombe malade en juin. Au moment du changement du chef de notre bureau, Lajoux était déjà complètement abandonné. Il avait crié plusieurs fois et on lui avait envoyé 100 ou 150 francs pour ne pas le laisser dans une misère trop atroce, mais il était complètement abandonné.

Lorsque le colonel Picquart a pris le bureau des renseignements, je ne sais pas si Lajoux a su que le chef du service avait changé, mais il y a eu une recrudescence de criailleries et de lettres. C'étaient des réclamations, des plaintes, et quelquefois des injures. Il écrivait à tout le monde : au commandant Henry, au chef d'État-major, au ministre, au Président de la République. Dans une lettre dont je me rappelle, il dit : « J'ai été agent du service, je n'ai plus de situation, on m'abandonne, qu'est-ce que cela signifie?... Quand je pense à la différence qu'il y a entre ma situation actuelle et celle que j'avais dans le temps! Alors ces messieurs étaient bons pour moi; il y en a même un qui m'a dit : « La croix que je porte, c'est à vous que je la dois. » Un autre m'a dit : « Vous avez rendu autant de service qu'un général de division, presque autant qu'un général de corps d'armée. » La lettre est là, vous pouvez la voir; elle vous montrera l'état d'esprit du personnage.

Eh bien, au commencement de 1895, quand le colonel Picquart est arrivé, il y a eu une recrudescence. Lajoux a été jusqu'à écrire des cartes-lettres ouvertes à M. Cavaignac, ministre de la Guerre. Dans l'une d'elles il disait « qu'il ne comprenait pas qu'on ne s'intéressât pas à lui, Lajoux, et à sa femme, Mme Lajoux, qui était aussi honnête femme que Mme Cavaignac. »

Des cartes lettres ouvertes, il en pleuvait! il en arrivait tous les quatre jours.

Les choses ont été tellement loin que le colonel Picquart a reçu du ministre et du chef d'État-major l'ordre de se débarrasser de cet homme. Il s'est servi vis-à-vis de lui d'un moyen que je suis loin de blâmer avec des canailles telles que Lajoux; mais comme on a essayé depuis de rejeter la chose sur le colonel Henry, je crois devoir le dégager.

Eh bien! Lajoux avait trouvé moyen de garder de nombreuses correspondances des officiers du bureau, correspondances qui n'avaient rien de compromettant. C'étaient tout simplement des instructions. On lui écrivait à Bruxelles : « Vous avez reçu tel jour une lettre de Berlin, vous avez répondu ceci; faites cela, et dans telle circonstance, vous répondrez dans tel sens, vous ferez cela, etc. » C'étaient des lettres de l'écriture du capitaine Rollin, de mon prédécesseur Burckhardt, peut-être du colonel Gendron, qui viendra ici, peut-être de mon écriture, quelques-unes de l'écriture du commandant Henry, bref les écritures de tous les officiers du bureau. Évidemment on ne tenait pas à ce que cela traînât partout; mais quant à des choses compromettantes, il n'y en avait absolument pas. Néanmoins, on a trouvé nécessaire de ne pas les lui laisser.

J'ai dit que Mme Lajoux est une personnne fort peu recommandable. On s'est servi du moyen suivant; encore une fois, je ne le blâme pas, ce moyen : avec des canailles comme Lajoux, il faut user de ces moyens. Il a été entendu, non pas par le commandant Henry, mais cela a été arrangé par le colonel Picquart, par le chef de la Sûreté, à ce moment-là M. Poirson, par M. Hennion, qui est ici, qu'on enverrait un homme, un nommé Dubert (?) qui peut venir, qui reste à Bruxelles, qui trouverait moyen d'enivrer Mme Lajoux, et une fois qu'elle serait endormie chez elle, forcerait son secrétaire et rapporterait les papiers.

Les choses ont été faites comme cela. Le nommé Dubert (?) reçut de ce fait une somme de mille francs. Je ne blâme pas le procédé avec une canaille comme Lajoux. Seulement ce n'est pas le commandant Henry qui a fait cela, c'est le colonel Picquart, et je trouve qu'il a eu parfaitement raison.

Lajoux, une fois ses papiers pris, a été furieux ; et il a continué à écrire. A la fin de l'année 1893, on l'a complètement abandonné. On n'avait plus entendu parler de lui, lorsque, dans le courant de l'année 1897, un beau jour, il a envoyé une lettre suppliante, disant qu'il mourait de faim, qu'il était à Bruxelles, qu'il n'avait plus rien, qu'on lui offrait une situation de surveillant, je crois, dans une exploitation au Brésil et qu'il demandait comme dernière charité — la lettre est également là — qu'on voulût bien lui payer son voyage pour aller au Brésil.

On a fait faire une petite enquête à Bruxelles, on a vu que réellement il était dans la dernière misère. On s'est dit : laissons-le aller là-bas, on ne peut pas le condamner à mourir de faim. Mais, comme chaque fois qu'on lui envoyait des subsides il les avait bus au lieu de les manger, on s'était dit qu'il fallait prendre des précautions et il avait été convenu qu'on irait à Bruxelles et à Anvers, qu'on lui prendrait son billet pour lui et sa famille, qu'on le lui donnerait sur le bateau et on a remis au Consul d'Anvers une petite somme, deux ou trois cents francs pour l'argent de poche de Lajoux, qui lui a été remise un quart d'heure après le départ du bateau parce qu'on se disait qu'il irait la boire et qu'il arriverait au Brésil n'ayant plus un sou. Depuis cette époque, je n'ai plus entendu parler de Lajoux ; il paraît qu'il est revenu en Italie, je ne sais pas ce qu'il veut faire. Du chantage ? Je ne crois pas qu'il puisse faire de chantage, car il n'y avait rien de compromettant dans les lettres qui lui ont été remises et jamais je n'ai su à un point de vue quelconque qu'on ait, comme on a eu l'air de le dire, essayé de lui acheter un silence quelconque. Lui a-t-on donné de l'argent de nouveau, je n'en sais rien. Il y a dix-huit mois que j'ai quitté le ministère, je ne sais pas ce qui a pu s'y passer depuis. Tous ceux qui à l'époque du colonel Henry étaient au bureau de la statistique l'ont quitté bien avant que Lajoux soit revenu sur l'eau. M. le capitaine Junck l'a quitté depuis sept ou huit mois, M. Gribelin l'a quitté également, le commandant Henry est mort. Personne d'entre nous ne pourrait donc vous renseigner à ce sujet, il faudrait donc s'adresser au chef actuel de la statistique, M. le commandant Rollin. Si on a rendu à Lajoux ses mensualités, je ne peux pas dire pourquoi.

J'en arrive au *petit bleu*. La fin de l'année 1895 s'était passée; le système des cornets et des paquets continuait. Au commencement de 1896 il a continué encore. Nous arrivons au mois de juin. On a beaucoup discuté pour savoir à quelle date *le petit bleu* avait pu arriver. Je n'ai pas revu mes dépositions devant les différentes instances devant lesquelles j'ai déjà comparu sept ou huit fois au sujet de cette affaire. Elles datent d'il y a dix-huit mois. Le colonel Picquart les a eues entre les mains, il les a regardées avec un grand soin et il a fait un mémoire avec cinq colonnes pour indiquer les mots qui pouvaient différencier telle où telle de mes dépositions. Je serais curieux de voir aussi toutes les dépositions du colonel Picquart et je crois que si l'on faisait un mémoire en cinq colonnes avec toutes les différences que l'on y rencontrerait, on en relèverait certainement plus que dans les miennes.

Je n'ai pu avoir toutes ces pièces et ces dépositions sous les yeux, je ne les connais que de souvenir. Il paraît donc que j'ai dit à l'instruction du général de Pellieux la première fois, quand on m'a demandé de quand datait le *petit bleu*, qu'il datait de la fin de l'année 1895; il me semble avoir vu dans les journaux que j'avais dit que c'était du mois de novembre.

Il y a une chose bien simple : d'abord quand j'ai comparu devant le général de Pellieux, j'ai été abasourdi de voir qu'il savait ce que c'était que le *petit bleu*, sa provenance, etc.; j'ai été très surpris, je n'étais pas préparé à une pareille question, il s'était écoulé une année, ou même dix-huit mois entre les histoires du *petit bleu* et l'enquête du général de Pellieux, et, d'un autre côté, le point matériel qui me servait à me remémorer l'époque à laquelle j'avais eu à m'en occuper, c'est que j'étais sûr d'avoir tripoté ces petits papiers à un moment où le bureau était chauffé; j'avais fait sécher mes clichés auprès d'un poêle qui se trouvait dans notre bureau. Eh bien, j'ai dit que c'était de novembre, de la fin de 1895, parce que je me souvenais que c'était l'hiver. Quand je suis sorti du bureau du général de Pellieux, que j'ai eu rassemblé mes souvenirs, dès la seconde fois, j'ai dit que c'était au printemps de 1896. Depuis, évidemment, j'ai pu m'enquérir à droite et à gauche et je puis fixer une date très exacte, qui correspond du reste à la date que le colonel Picquart admet aujourd'hui. Il a commencé par dire que c'était au mois de mai, il a mis dans le rapport qu'il a adressé au général Gonse que c'était la fin d'avril; non : il est arrivé au bureau dans un paquet qui lui a été remis à lui dans les premiers jours du mois de mars; maintenant, il l'a gardé quelques jours, je l'ai gardé moi-même quelques jours aussi, je le lui ai remis restauré dans le courant du mois de mars, de sorte que nous finissons par être d'accord. Ce que je tenais à établir, c'est que cela provenait du commencement du mois de mars, et je vais l'établir d'une façon bien simple.

Le colonel Henry était le seul qui eût des relations avec l'intermédiaire, il n'y avait que lui qui pouvait voir les papiers. Il est parti le 3 mars assez subitement pour aller à Nancy suivre une question d'un procès Boulot, un employé qui avait livré des dessins à un agent. Il est resté absent jusqu'au 13 mars. Le 13 mars, Mme Henry est venue me trouver au ministère et me dire : « Mais enfin, où est mon mari? » Cela prouve que, quoique le colonel Picquart ait dit que toutes les choses se passaient en famille et devant les domestiques, le colonel Henry cependant était parti pour le procès Boulot et sa femme ne savait pas où il était, elle ignorait son adresse. Je tiens à dire que c'était à peu près la même chose pour nos familles et que nous avertissions, quand nous allions en mission, que s'il arrivait quelque chose on eût à s'adresser au bureau où l'on ferait savoir où nous étions... Cela prouve que les officiers qui étaient sous les ordres du colonel Picquart n'étaient ni aussi négligents ni aussi légers qu'il veut bien le dire.

Mme Henry est venue me trouver au ministère et m'a demandé : « Où est mon mari? — A Nancy; avez-vous besoin de lui écrire? — Oui, je viens de recevoir une dépêche que sa mère est très malade à Pogny, près de Châlons-sur-Marne, et je voudrais bien pouvoir lui dire qu'il y aille. » Cela est d'autant plus typique que le lendemain le planton du colonel Sandherr avec son caractère de vieux grognard me l'a reproché en ayant l'air de me dire : « Qu'est-ce que cela signifie d'avoir parlé à Mme Henry quand son mari n'était pas là... » Il trouvait très extraordinaire que j'aie parlé à Mme Henry quand son mari n'était pas là. (*Mouvement.*)

Le colonel Henry a été averti le 13 mars que sa mère était très malade. Il est parti pour Pogny, il y est resté une journée ; sa mère, qui était sur le point de mourir, désirait voir sa belle-fille et son petit-fils. Il a pris un train venant de Châlons, qui l'a amené à Paris à une heure vingt-deux.

Il a passé la soirée à Paris et est reparti avec sa femme et son enfant le lendemain matin à dix heures.

Or M. Picquart a dit qu'il se rappelait (c'est la première fois qu'il se rappelle de cela depuis toutes ses dépositions) qu'à cette époque-là Henry a dû toucher des paquets.

Eh bien, non, il ne le pouvait pas, pour une bonne raison : c'est que l'agent exigeait qu'on le prévînt d'abord et c'est lui qui assignait les rendez-vous.

Henry n'a donc pu avoir de rendez-vous, puisqu'il n'était libre que depuis une heure jusqu'à dix heures le lendemain matin. C'était le 28 mars.

Il n'est revenu qu'après la mort de sa mère, aux premiers jours d'avril. Or, pendant les premiers jours d'avril, j'étais absent, en permission de dix jours que j'avais demandée pour aller à la campagne. Je suis revenu le 7 avril, et entre le 7 et le moment où le colonel Picquart a eu les pièces il s'était écoulé trop peu de temps pour qu'Henry ait pu me donner les paquets, pour qu'on les ait constitués et qu'on les lui ait rendus.

Il a donc touché les paquets le 3 ; ils sont restés quelques jours dans mon tiroir, et ils ont pu rester quelques jours dans le tiroir du colonel Picquart.

Le fait est que je lui ai certainement remis le *petit bleu* reconstitué, avant mon départ en permission, c'est-à-dire avant le 26 mars. Le lui ai-je remis le 15, le 20? Je n'en sais rien. En tout cas, c'est dans le courant du mois de mars.

Lorsque j'ai eu reconstitué les fragments du *petit bleu* qui étaient dans un cornet à moi remis par le colonel Picquart, je n'ai pas été trouver le commandant Henry comme j'en avais l'habitude ; pourquoi? Précisément parce qu'il était absent.

La manière dont était organisé le service à la suite de la brouille de M. Pierre et de M. Félix faisait que c'est moi qui traduisais les pièces au commandant Henry, à la suite du départ du capitaine Rollin ; et comme Henry ne connaissait pas les langues étrangères, il m'avait dit : « Vous vous chargerez de cette partie-là. » Mais je considérais toujours cette partie spéciale comme étant sous les ordres du colonel Henry. Je lui passais les pièces traduites, et c'est lui qui les montrait au chef du service. Je ne voulais pas qu'on vît Henry arriver d'un côté avec les documents en français, et moi d'un autre côté. J'accomplissais auprès du colonel Henry une action mécanique en lui traduisant les pièces.

J'ai donc été porter les pièces directement à mon chef, le colonel Picquart. Je lui dis : « C'est extraordinaire cette pièce, y en aurait-il encore un ? » Je voulais dire par là : « Y aurait-il encore un traître ? »

Le colonel Picquart regarda la pièce de tous les côtés et je n'en entendis plus parler pendant quelques jours.

Enfin il me la donna pour que je la photographie. Il n'y avait pas longtemps que je faisais de la photographie, c'était pour mon plaisir, en amateur, et je ne croyais pas pouvoir mettre au service du bureau le peu de talent que je possédais. J'apportai donc diverses épreuves successives mais le colonel Picquart me dit : « Ce n'est pas cela. Vous ne pourriez pas faire disparaître les traces de déchirure? » Je répondis que j'allais essayer, quoique n'étant pas très expert.

Le capitaine Junck, qui était mon collègue, m'aida. Nous restaurâmes les clichés aussi bien que possible, mais nous n'étions pas des professionnels et nous ne réussissions pas. Un beau jour que je lui apportais des épreuves, et impatienté que j'étais de voir que je n'arrivais à aucun résultat, je lui dis : « Mais enfin, mon colonel, pourquoi désirez-vous tant faire disparaître les traces de déchirure ? » il me répondit : « C'est pour pouvoir dire là-haut que je l'ai intercepté à la poste. »

J'eus un mouvement et lui dis : « Il n'y a pas de cachet. »

Il me répondit : « On pourrait peut-être en faire mettre un. » Il ne m'a pas proposé que j'en fasse mettre un. Et si cela avait été intercepté, cela détruirait toute valeur, car cela n'aurait pas d'authenticité, parce que c'est adressé à M. Esterhazy, c'est vrai, mais cela pouvait être d'une personne quelconque, cela pouvait venir d'un rastaquouère quelconque. Mais cela ne prouverait plus rien. Alors, il me dit : « Mais vous serez là pour certifier que c'est l'écriture d'Un Tel » qu'on a désigné sous le nom de A.

« — Ah ! par exemple, non, je ne certifierai pas cela ; jamais de la vie, c'est une écriture que je ne connais pas. »

Le colonel Picquart, en faisant le mémoire pour expliquer les dépositions, peut les comparer ; je crois qu'on pourrait comparer, attendu qu'au procès Zola il a parfaitement admis que c'était l'écriture d'Un Tel; maintenant il n'y a plus que l'origine; or, je n'avais pas à certifier la provenance. Il m'a dit : « Mais, vous auriez été là pour certifier devant une juridiction quelconque l'origine » ; mais ce n'était pas à moi à certifier, cela aurait été au commandant Henry, c'est lui qui avait pris livraison du paquet. Je pouvais moins que tout autre certifier que cela provenait de A. ; on m'aurait demandé à ce moment d'où provient le paquet? J'aurais répondu : « Pour moi, il provient de l'ambassade. » Et j'en suis encore convaincu actuellement.

S'il m'avait dit simplement : « Vous serez là pour certifier l'origine », je n'aurais rien eu à expliquer. On m'aurait dit : « D'où provient le *petit bleu ?* » J'étais forcé de certifier qu'il sortait du paquet, je n'ai jamais dit le contraire, seulement, je ne voulais pas certifier que c'était l'écriture d'Un Tel, d'autant plus qu'il dit qu'il n'a pas reconnu cette écriture quand, quelques jours auparavant, il a eu entre les mains un document où il y avait six ou huit lignes de l'écriture de A. en français, document annoté de sa main, où il y a des corrections, — pas sur le document, sur la traduction...

Il a dit, à ce propos, je peux le citer, il a dit : « Cette source du *petit bleu* n'a jamais donné grand'chose. » Eh bien il avait traduit, arrangé un document, une quinzaine de jours auparavant; il sortait du même paquet que le *petit bleu ;* c'était un rapport de six pages où l'attaché faisait toutes ses observations et où il expliquait l'impression que pouvait produire en France, sur l'étranger, l'arrivée de M. Cavaignac au ministère de la Guerre, et il y avait des appréciations très curieuses.

Une fois que j'avais fait cette réponse que je ne certifierais pas que le *petit bleu* était de l'écriture d'Un Tel, je sortis du bureau et je retrouvais mes collègues, le capitaine Valdant, le capitaine Junck, qui me dit : « Qu'est-ce que vous venez d'avoir? Vous venez de discuter avec le chef? »

J'ignore si la porte était ouverte ou fermée, je n'en sais rien. En tout cas mes camarades m'ont entendu et je leur ai raconté la chose immédiatement. Est-ce le même jour, dans la soirée, si cette chose a eu lieu le matin, ou le lendemain, si elle a eu lieu le soir? Toujours est-il que le colonel Picquart est revenu dans notre bureau, et que devant le capitaine Junck, et devant moi, a encore parlé de cette question d'apposition officielle du cachet de la poste sur l'écriture du *petit bleu.* Il paraît, je ne sais plus très bien ce fait-là, qu'il aurait dit au capitaine Junck et c'est très possible : « Je veux leur dire cela, parce que je leur ai dit l'autre jour, là-haut, que la source était tarie. » Je ne me rappelle plus très bien les détails pour une bonne raison; c'est que j'avais dit une fois et nettement que je ne voulais pas certifier, que j'avais montré que cette chose-là ne cadrait pas avec mes idées; et, quand le colonel Picquart est revenu une seconde fois dans le bureau, j'ai continué mon travail et j'ai fait plus ou moins attention, le *petit bleu* a servi ; ensuite je ne l'ai plus revu.

Il y a encore une ou deux petites questions. Le colonel Picquart a dit qu'au mois d'avril ou de mai, quand le commandant Henry avait vu le *petit bleu*, il n'avait manifesté aucun étonnement. C'est très compréhensible, par la bonne raison qu'il a connu l'existence du *petit bleu* par moi et d'une façon bien simple : c'est que quand le colonel Henry était revenu après le deuil de sa mère, il était entré dans notre bureau où nous travaillions; il a vu des clichés photographiques qui séchaient sur le fourneau et il nous a dit : « Qu'est-ce que vous faites là ? » — « Nous photographions le *petit bleu*. » — « Quel *petit bleu ?* Je n'avais pas été averti de cela. »

Le colonel Henry avait donc été averti de cette façon, de sorte que quand le colonel Picquart lui en a parlé trois ou quatre jours après, il savait ce que c'était et il n'avait pas d'étonnement spécial à manifester.

Il n'y a plus rien d'intéressant, et j'en arrive maintenant à l'entrevue de Bâle. Il y a également des choses inexactes qui vous ont été racontées au point de vue de l'entrevue de Bâle. Nous avions été, le colonel Picquart et moi, à la fin du mois de juin et au commencement du mois de juillet 1896 en voyage d'État-major. Au bout de quelques jours, j'ai appris que le colonel Picquart était parti brusquement pour Paris, rappelé pour affaires de service. J'ai été moi-même averti quelques jours plus tard, par le colonel Boucher, que je devais rentrer au bureau avant la fin du voyage d'État-major. J'ai fait mes paquets et suis rentré à Paris. Le colonel Picquart me dit alors que j'aurais, à bref délai, à aller en mission à Bâle; je me suis tenu prêt. Par suite de différentes circonstances, ce voyage à Bâle a été retardé jusqu'au commencement du mois d'août. Bref, le 5 août, le colonel Picquart me dit que je devrais partir pour aller à Bâle pour avoir une entrevue avec un agent étranger. Il me dit *grosso modo* qu'il avait reçu d'une personne qu'on a appelée M. F..., résidant en pays étranger, une lettre lui disant qu'un individu, Richard Cuers, s'était présenté à lui et lui avait dit qu'il avait été renvoyé par ses patrons; qu'il se trouvait plus ou moins à la côte, qu'il avait des choses intéressantes pour notre service à raconter, qu'entre autres choses il croyait qu'on s'était trompé en France, que le procès Dreyfus avait été engagé à mauvais escient et que, quant à lui, il ne savait qu'une chose : c'est qu'il croyait que son État-major à lui était en relations avec une autre personnalité, un commandant plus ou moins âgé, entre 40 et 45 ans, et qui avait fourni un certain nombre de pièces; mais il n'avait pas dit quelles pièces. C'est sur ces données que je suis allé à Bâle, et je dois dire que j'étais plus ou moins perplexe. Le colonel Picquart me dit : « Vous verrez ce qu'on peut en tirer. »

Je lui ai fait remarquer, à ce moment-là, que le nommé Richard Cuers était une vieille connaissance du bureau, qu'il y avait déjà longtemps qu'on le connaissait, que ç'avait été l'initiateur d'un agent qui était devenu son ami, et qu'ils avaient probablement tripoté bien des choses ensemble, qu'à bien des reprises — et les registres du bureau sont encore là pour en faire foi — on avait été non pas en correspondance avec Richard Cuers, mais sur le point d'entamer des négociations et sur le point d'entrer en relations avec lui, qu'à plusieurs reprises même on lui avait avancé des fonds soi-disant pour venir dans une ville neutre et que toujours, au dernier moment, il s'était dérobé, que les essais pour entrer en relations avec lui n'avaient jamais réussi, que deux ans auparavant il y avait eu une entrevue entre un de mes prédécesseurs, le capitaine Burckhardt et le commandant Rollin — qui viendra ici tout à l'heure — en Belgique, avec des agents de l'étranger qui étaient venus un peu de la même façon que Richard Cuers, et avaient proposé de raconter bien des choses sur l'organisation du service de nos adversaires, et que ces deux messieurs y étaient allés tout seuls.

Un mois et demi après, nous avons reçu au bureau des renseignements, par un de nos agents, très fidèles à l'étranger, une lettre ministérielle du gouvernement dont je parle, dans laquelle on donnait le signalement du capitaine Bartout.

On disait :

« Nous savons que le capitaine Burckhardt, connaissant parfaitement l'armée allemande, très au courant des questions d'organisation, se livre à un espionnage effréné; nous prévenons nos agents de police et nos commandants de corps d'armée d'avoir à veiller d'une façon toute spéciale à ce que le capitaine Burckhardt ne puisse pénétrer ni en Allemagne ni en Alsace-Lorraine. »

On signalait à côté le capitaine Rollin, mais d'une façon peu précise.

Averti, par ce fait, je dis au colonel Picquart : « Richard Cuers est un homme dont il faut se méfier; je ne veux pas aller jouer le rôle de jobard comme Burckardt. Je veux que l'entrevue soit surveillée. Je voudrais d'abord emmener des camarades et de plus des inspecteurs de police, de façon à nous garantir et à organiser l'entrevue comme je l'entends. »

Le colonel Picquart a dit : « J'ai adjoint au commandant Lauth M. Tomps. » Non, ce n'est pas tout à fait exact. Il m'a donné M. Tomps parce que je l'ai réclamé. Il m'a donné également les deux inspecteurs, parce que je les ai réclamés. Je lui ai laissé entendre que dans le service des renseignements, on ne pouvait pas agir de la même façon qu'à l'ordinaire, et que je n'irais pas à Bâle sans un camarade.

Il n'y avait que deux personnes qui pouvaient venir : c'était le commandant Henry et le capitaine Junck. Je ne me rappelle pas avoir proposé l'un ou l'autre. Si c'est le commandant Henry qui est venu, c'est probablement parce que le capitaine Junck était en voyage à ce moment.

A une certaine époque de l'année, surtout en été, — comme on est obligé de partir souvent en voyage, — tous les quinze jours, il faut répartir la besogne, surtout lorsqu'il y a deux ou trois jours à passer en chemin de fer et que l'entrevue est fatigante.

Je puis ajouter que les choses auraient tourné de la même façon et que le résultat serait le même, que ce soit Henry ou Junck. La suspicion qu'on cherche à jeter sur nous serait la même ; attendu que je suis allé en Luxembourg revoir le même Richard Cuers, et que la seconde entrevue est aussi suspecte que la première. En effet, tous ceux qui auraient eu des entrevues avec Richard Cuers et qui n'auraient pas rapporté ce qu'on aurait voulu de lui, tous ceux-là seraient suspects au même titre.

Nous sommes allés à Bâle.

L'entrevue a été fixée de la façon suivante : je ne voulais pas me mettre dans la rue dès le début, avant d'être fixé sur la manière dont il allait agir. On lui avait donné rendez-vous, à côté d'une église, je crois, on lui avait envoyé un inspecteur de police qui savait parler un peu l'allemand, mais qui ne pouvait pas soutenir une conversation en allemand.

M. Richard Cuers avait, pour ce motif, demandé quelqu'un qui sût la langue, car la conversation devait avoir lieu en allemand, c'est pour cela que le colonel Picquart m'avait choisi. Pendant ce temps, M. Tomps avait la mission de se tenir à une certaine distance afin de surveiller les deux personnes qui causaient ensemble. C'était le seul rôle que devaient avoir les deux agents que j'avais réclamés. Ils s'y sont maintenus.

Eh bien ! M. Tomps est venu dire ensuite : « Moi, j'aurais peut-être pu faire quelque chose. »

Je serais très curieux de savoir ce que l'on m'aurait dit si j'étais revenu, moi qu'on avait chargé des négociations, en disant : « J'ai laissé M. Tomps et c'est M. Tomps qui a reçu les déclarations de M. Richard Cuers. » On m'aurait certainement répondu : « C'est vous qu'on a chargé des négociations, ce n'est pas Tomps. » Quant à notre conversation, elle dura depuis le matin à huit heures et je suis resté jusqu'à midi. On a essayé de lui tirer tout ce qu'on a pu.

Au déjeuner, on a encore causé, l'après-midi également et, finalement, le commandant Henry qui, à plusieurs reprises, s'était fâché, a dit : « Enfin, c'est ridicule, on n'arrive à rien tirer de vous ; chaque fois qu'on vous pousse à bout par des questions, vous vous arrêtez ! » Et Henry est parti et m'a laissé seul avec lui.

J'ai continué jusqu'au soir, et le lendemain, quand je suis arrivé à Paris, j'ai consigné le résultat de cette entrevue dans deux notes, dont l'une à la demande du colonel Picquart, qui était spéciale à l'agent qui aurait travaillé avec M. A. à Paris, note qui était faite pour être dans l'intérieur du bureau : la manière dont elle est établie, assez négligemment, le prouve bien. Cette note contient en substance que M. A., ayant été en relations pendant un certain temps avec un major — que j'ai indiqué dans ma note, tantôt comme chef de bataillon, tantôt comme commandant, — qui lui a donné, entre autres choses, un rapport sur l'école de tir du camp de Châlons et un rapport sur des essais de canons à tir rapide en essai en France, puis des détails sur les fortifications de Toul et les fortifications des environs de Nancy.

Bref, nous l'avons poussé de toutes les façons; il n'a jamais voulu dire le nom du major.

J'ai fait une deuxième note qui comprenait un tas de questions ne se rapportant pas à cette affaire. Nous avions cherché à savoir comment était organisé le service, nous avions cherché à savoir les noms de leurs agents qui opéraient en France ; nous n'avons rien pu tirer.

Néanmoins, j'ai fait une petite note qui existe encore au bureau, dans laquelle j'ai résumé ce qu'il nous a dit. La plupart des faits qui n'ont pas grande valeur ne signifient rien, quelques-uns étaient justes, mais c'étaient des faits que nous connaissions déjà et qui ne concernaient que le recrutement ; quelques autres étaient notoirement faux et une grande quantité ne signifiaient pas grand'chose.

Si on regarde bien la position de M. Richard Cuers, on peut le comparer à celle qu'avait dans nos bureaux Gribelin ; c'était un secrétaire civil qui était absolument au courant de tous leurs rouages.

« J'ai été renvoyé, disait-il, par mon patron qui m'a mis à la porte, je suis sur le pavé avec ma femme et mes enfants, je n'ai pas de fortune, je n'ai plus de ressources ; je désire me venger des injustices qu'on m'a faites, eh bien! je puis révéler certaines choses au gouvernement français. » Or, cet homme qui arrive pour se venger, qui est sur le pavé, qui n'a pas de ressources, quand nous lui avons offert des émoluments, des mensualités pour nous servir, et finalement quand, voyant qu'il ne voulait pas entrer dans nos vues, ni entrer au service définitif de la France, je lui ai offert à titre gracieux une certaine somme — je lui aurais donné deux ou trois billets de cent francs, — il n'a jamais voulu accepter, il a accepté juste le prix de son voyage, aller et retour, à Berlin, plus dix ou quinze francs, car je lui ai donné la somme sous la forme d'un billet.

Eh bien, je crois (je suis toujours, jusqu'à plus ample informé, dans les mêmes idées) que cet homme était absolument un provocateur, qu'il nous a été envoyé pour nous distiller une petite histoire faite d'avance par nos confrères d'au delà, qui désiraient jeter une certaine semence. C'est un provocateur, parce qu'il n'a rien accepté. S'il avait été un homme réellement à la côte, il n'avait qu'à accepter ce que je voulais lui donner, car cela ne l'engageait à quoi que ce soit; mais il n'avait pas besoin de cela, puisqu'il était encore bien avec ses patrons. Du reste, il y a un fait qui prouve bien que R. C. est arrivé comme un provocateur et je ne vois pas qu'il y ait lieu de tenir compte de ce qu'il a dit; en effet, ou bien il est venu sans l'assentiment de ses patrons et alors, comment se fait-il, — puisque ses patrons ne savent pas ce qui est relevé dans mon rapport, — comment se fait-il que cet homme-là, qui est d'un pays où on n'y va pas par quatre chemins en ce qui concerne les agents, soit encore dans les rues de Berlin? Il est encore libre à l'heure qu'il est, et le gouvernement allemand, qui sait le rôle qu'il a voulu jouer auprès de nous, le laisse encore libre à l'heure qu'il est, personne ne lui a jamais rien demandé.

Voilà donc l'affaire. En rentrant, j'ai fait mon rapport.

On a encore dit qu'en rentrant à Berlin, Richard Cuers était allé se plaindre près de M. F. de ce qu'il avait eu une entrevue avec deux messieurs dont l'un, gros, rouge, l'avait bousculé, l'empêchant tout le temps de parler.

Je me demande d'abord comment, en bousculant quelqu'un, on peut l'empêcher de parler. On peut nous accuser, le commandant Henry et moi, d'avoir reçu des confidences de M. Richard Cuers et de ne pas les avoir rapportées, mais comment aurions-nous pu l'empêcher de parler? D'autant plus que M. Richard Cuers, en rentrant là-bas, a vu M. F. et s'est plaint à lui qu'on l'avait bousculé et empêché de parler. Il pouvait alors dire à M. F. ce que nous l'avions empêché de nous dire; il l'a vu plusieurs fois, il pouvait le lui dire; il pouvait aussi le lui écrire sur du papier, et lui remettre le papier qui aurait été en toute sûreté.

Du reste, je crois qu'on a interrogé M. F., et que M. F. a fait un rapport qu'il a mis sous les yeux du colonel Picquart. Eh bien, moi aussi, je m'associe au colonel Picquart et demande que M. F. soit appelé; je voudrais entendre de sa bouche si Richard Cuers lui a dit que nous l'avions bousculé pour l'empêcher de parler. Oui, nous l'avons bousculé, mais pour lui faire sortir ce qu'il ne voulait pas dire et non pour l'empêcher de parler.

Le colonel Picquart n'a pas été satisfait du résultat de la mission. Il a engagé de nouvelles négociations pour avoir une nouvelle entrevue avec Richard Cuers. Par suite de plusieurs événements, l'entrevue n'a pas pu avoir lieu avant le départ du colonel Picquart, elle n'a eu lieu que plus tard.

L'entrevue a eu lieu à Luxembourg; il n'y avait plus le commandant Henry; le capitaine Junck, mon collègue, m'accompagnait.

Cette deuxième entrevue a été encore plus désastreuse que la première. Non seulement il n'a pas voulu soutenir ce qu'il avait dit dans la première, mais il s'est maintenu dans des généralités. L'entrevue a été aussi moins longue. Nous sommes restés deux heures ou deux heures et demie avec lui; quand nous avons vu qu'il ne voulait rien dire, nous nous sommes séparés et il est reparti.

J'ajouterai que c'est un alcoolique au dernier degré; je ne serais pas étonné qu'un jour ou l'autre nous apprenions qu'il est mort du *delirium tremens*.

Voilà donc l'entrevue de Bâle.

Je demande maintenant à répondre bien brièvement à deux ou trois petites dépositions qui vous ont été faites.

Le colonel Picquart, entre autres, dans une, a déclaré qu'au mois d'octobre 1896, — j'étais en permission à ce moment, j'étais parti depuis le 16, j'étais en permission aux environs de Paris, à Senlis, à un endroit où je vais tous les ans, où j'avais été en 1893, en 1894, en 1895, et où j'étais retourné en 1896; je demandai ma permission de trente jours très tard, pour pouvoir profiter des premières chasses à courre d'octobre et de novembre. J'étais donc en permission depuis le 16 octobre... — Le colonel Picquart expose donc qu'un beau jour, arrivant dans le bureau du colonel Henry, il nous avait trouvés tous les deux en grande conférence, et qu'à son entrée nous nous étions subitement arrêtés.

Il fixe cela au 27 octobre ou bien au 28 ou au 29, enfin à l'un des derniers jours du mois d'octobre, et il ajoute que c'est quelques jours avant le faux Henry. Il n'est pas besoin de regarder de très près pour comprendre que dans cette conférence, où il nous a surpris, évidemment nous préparions le faux du colonel Henry, et que, par conséquent, c'est moi qui devais être l'instigateur du faux Henry : c'est ce qu'il a dit ici l'autre jour.

Dans l'enquête du capitaine Tavernier, à propos de l'affaire du Paty de Clam, ce n'était pas la même chose; ce jour-là, il a dit qu'il croyait devoir signaler au capitaine Tavernier que le colonel Henry était incapable, matériellement, d'avoir écrit lui-même son faux, et que, parmi les personnes qu'il croyait devoir citer comme pouvant avoir fait la chose matériellement, il croyait devoir citer le colonel du Paty et le commandant Lauth; de sorte qu'ici j'ai inspiré le faux; devant le capitaine Tavernier, je l'ai fait; alors je l'ai inspiré et fait; c'est moi qui ai tout fait. Eh bien, je déclare que si j'en avais donné l'inspiration ou si, matériellement, j'avais pris part en quoi que ce soit au travail ou au faux du colonel Henry, le jour où le colonel Henry l'a avoué, a été arrêté et s'est tué, moi j'aurais été le déclarer et j'aurais été me faire voir. Je n'ai pas encore peur ni du rasoir, ni du lacet de Lemercier-Picard, ni même d'une omelette au verre pilé. Si j'avais, en quoi que ce soit, collaboré à cela, à l'heure qu'il est je serais sous les verrous, ou j'aurais rejoint le colonel Henry.

Du reste, pour ce qui est de l'affirmation du colonel Picquart, je désirerais bien qu'il prouve que je suis venu dans les derniers jours du mois d'octobre; tandis que moi je vais lui montrer que je suis venu, mais venu avant. En effet, le colonel Picquart fut désigné le 27 octobre, par lettre officielle, pour aller remplir une mission dans l'Est. C'était une manière plus ou moins détournée de lui faire quitter le ministère. Je suis venu à Paris, mais j'y suis venu avant le 27; évidemment j'ai pu collaborer et inspirer le faux Henry avant le 27, c'est encore vrai; mais j'y suis venu certainement avant le 27, pour une bonne raison, c'est que si j'y étais venu dans les derniers jours du mois d'octobre, Gribelin ou le commandant Henry n'auraient pas manqué, comme nous causions toujours des questions à l'ordre du jour, et que l'envoi du chef de service dans l'Est était une grosse question à l'ordre du jour, ils n'auraient pas manqué de me le dire.

Je suis venu passer quelques heures à Paris beaucoup plus tôt que le 27, attendu que je n'ai su l'envoi du colonel Picquart dans l'Est, — et la lettre ministérielle est du 27 octobre, — que vers le 10 novembre, et je l'ai su par M. Gribelin qui me disait : « Oui, et deux ou trois jours après il a été absent du bureau pendant trois jours, la veille de la Toussaint, le dimanche, le lundi de la Toussaint et le mardi matin; et nous avons tous cru au bureau qu'il était parti sans tambour ni trompette pour sa mission, lorsque le mardi soir, tout à coup, je le vois rentrer. » Gribelin nous a raconté cela, le même jour qu'il avait reçu sa lettre, le 27, et que ce fait était arrivé. Par conséquent, je ne l'ai pas su le 27, je ne l'ai su que vers le 10 novembre; je n'étais pas venu auparavant.

Le colonel Picquart s'étonne que j'aie fait preuve d'un pareil zèle en venant prendre l'air du bureau pendant que j'étais en congé. Je crois qu'il a bien mal regardé l'année précédente; il était déjà chef du service, et tous nos camarades peuvent témoigner que, quand j'étais en permission à Senlis, je venais tous les dix ou onze jours faire des courses à Paris et que j'allais toujours passer une demi-heure au bureau.

J'ai fait cela en 1893, je l'ai fait en 1894, je l'ai fait en 1895, alors que le colonel Picquart était déjà là. Mais peut-être ne m'a-t-il pas vu à ce moment-là. Il y a encore deux ou trois petites rectifications à faire. Le colonel Picquart dit que le colonel Henry aurait été perquisitionner chez lui, rue Yvon-Villarceau, sur l'ordre du général de Pellieux. C'est absolument faux, c'est inexact, le colonel Henry n'a pas mis les pieds rue Yvon-Villarceau. Celui qui a fait la perquisition, sur l'ordre du général de Pellieux, c'est M. Aymard, sous-chef de la Sûreté.

Il a été question, dans la déposition du général Gonse, d'une affaire Schwartz. Le général Gonse aurait dit que le colonel Picquart s'était un peu pressé de faire arrêter cet espion, et le colonel Picquart a répondu que l'on avait des preuves matérielles contre lui quand on l'a arrêté. Ce n'est pas exact. C'est moi qui ai été avec M. Cochefert arrêter le nommé Schwartz. Nous savions que Schwartz et sa femme avaient fait des enquêtes très louches qui ne rimaient à rien auprès d'un de nos agents qui habitait Paris et qui, à ce moment, était dans une situation délicate. Cela avait éveillé notre attention. Nous savions qu'il avait une correspondance avec des personnes non définies, qu'il recevait de l'étranger des lettres qui n'étaient pas signées et qu'il avait reçu notamment une lettre avec le timbre de Strasbourg, dans laquelle on lui demandait :

« Avez-vous des renseignements sur un tel? » Je ne crois pas que, devant un tribunal, des preuves comme celles-là auraient pu entraîner une condamnation. Néanmoins, il a été arrêté et, lorsqu'on l'a fouillé, nous avons trouvé sur lui deux papiers que moi, qui étais au courant des choses, j'ai reconnus comme très importants. C'étaient deux talons de la poste qui montraient que Schwartz avait expédié à Strasbourg, à une personne qui n'est autre que le grand commissaire criminel, deux paquets recommandés, avec le nom et la rue en toutes lettres. Le surlendemain, alors que l'instruction était en cours, on interceptait à la poste une lettre — c'est M. Puybaraud qui m'a fait appeler dans le cabinet du juge d'instruction pour me la remettre — dans laquelle on le priait de prendre de nouveaux renseignements, et on lui envoyait deux cents francs. Ce sont là les preuves qui ont servi à faire condamner Schwartz; mais je ne pense pas que le tribunal aurait condamné un homme uniquement parce qu'il était le représentant à Paris d'un agent plus ou moins louche. Il n'est donc pas exact de dire que nous avions des preuves matérielles contre lui.

A propos de la publication de l'article de l'*Éclair* de 1896, le colonel Picquart dit que le commandant Henry était au mieux avec la rédaction du *Petit Journal*. Je prétends qu'en 1896, comme en 1897, le colonel Henry ne connaissait absolument personne au *Petit Journal*, ni directement ni indirectement. Il a pu faire connaissance avec des personnages du *Petit Journal* après coup, mais à ce moment, il ne connaissait personne.

LE PRÉSIDENT. — L'audience est suspendue pendant 20 minutes. M. le commandant Lauth continuera sa déposition à la reprise.

L'audience est reprise à 10 h. 15.

LE PRÉSIDENT. — Voulez-vous introduire de nouveau le commandant Lauth.

Le commandant Lauth se présente à la barre.

LE PRÉSIDENT. — Vous n'avez rien à ajouter à la déposition que vous avez faite avant la reprise de la séance?

Avez-vous entendu le colonel Picquart tenir le propos suivant :

« Ils ne veulent pas marcher, les autres, mais je saurai bien leur forcer la main! »

LE COMMANDANT LAUTH. — Oui, mon colonel, j'en ai déjà parlé; c'est une question assez indépendante de la question Dreyfus; ce propos, je ne peux pas en fixer la date exacte, mais c'est la veille, je crois, du jour de mon départ à Bâle, ou le lendemain de mon retour.

Je suis parti à Bâle un soir à 8 h. 20; j'étais seul à Paris ce jour-là, ma famille était à la campagne. Lorsque je pars en voyage, c'est généralement par un train du soir, par la gare de l'Est ou du Nord, et je dîne dans un restaurant des environs d'une de ces gares. Comme je ne tiens pas à y rester très longtemps, je reste tard au bureau. Le 5 août, je suis resté au bureau assez tard, jusqu'à 6 heures et demie ou 7 heures, et ce serait ce jour-là que le colonel Picquart aurait eu une entrevue dans une voiture entre la gare de Lyon et l'hôtel de Sens, avec le général de Boisdeffre.

Il est possible qu'il soit rentré au bureau avant que je ne parte. Mais le jour où je suis parti pour Bâle, j'ai quitté le bureau tard; le soir généralement, quand je partais en voyage, je faisais porter ma valise au bureau pour aller directement à la gare. Est-ce ce jour-là que le colonel Picquart, étant rentré, a eu son entrevue avec le général de Boisdeffre, ou le lendemain, je ne peux pas vous fixer, c'est dans ces environs. En tout cas, ce que je puis dire, c'est que, dans mon esprit, il a fait cette réflexion debout, presque à l'entrée de notre bureau et d'une petite armoire fermée qui nous servait de cabinet de toilette, dans laquelle je me lavais les mains. Nous avons entendu, le capitaine Junck et moi, ce propos, M. Picquart l'a dit en se promenant les mains dans les poches : « S'ils ne veulent pas marcher, je saurai bien les y forcer. » Nous, qui avions l'esprit tendu à faire ces recherches sur la question Esterhazy, nous avons rapporté cette expression à cette affaire-là, mais il est possible que cela se rapporte à une autre; dans tous les cas, j'ai entendu la réflexion en elle-même.

Le lieutenant-colonel conseiller. — Mon commandant, ayant été au service des renseignements, jusqu'en 1898, vous connaissez les pièces du dossier secret?

Le commandant Lauth. — Je les connais toutes; j'ai eu à recoller la plupart d'entre elles. Je ne les ai plus dans l'esprit, mais pour n'importe quelle pièce, je pourrais vous dire si j'ai eu à la recoller et à quelle époque.

Le lieutenant-colonel conseiller. — Quelle est, pour vous, l'authenticité de la pièce de l'agent B. écrite en italien, datée du 10 novembre 1894?

Le commandant Lauth. — Je n'ai pas eu à m'occuper de cette pièce, parce que c'était un texte italien, et c'est le colonel Matton qui s'en est occupé.

Le lieutenant-colonel conseiller. — Alors, ne parlons pas de celle-là. Croyez-vous à l'authenticité de la lettre non datée qui est arrivée au service des renseignements le 30 novembre 1897?

Le commandant Lauth. — Absolument, mon colonel, c'est moi qui l'ai recollée. Je dois ajouter que c'est une des sources vers laquelle a été dirigé celui que j'ai appelé l'agent Pierre; il avait été aiguillé de ce côté et elle provenait de lui. J'en ai eu de nombreux exemples; il y a eu la pièce intéressant la marine, la pièce où il est question du toast le jour où l'agent A a quitté Paris.

Le Président. — Cette pièce n'est pas déchirée?

Le commandant Lauth. — Non, mon colonel, peut-être cependant y a-t-il une petite déchirure,

Le lieutenant-colonel Brongniart, *membre du Conseil de guerre.* — Avez-vous remarqué que le *petit bleu* aurait été gratté et gommé?

Le commandant Lauth. — Je n'ai jamais fait attention. On me l'a montré à l'enquête Tavernier, il y a des fragments qui ont été mâchurés.

Le lieutenant-colonel Brongniart. — Aurait-il été changé depuis qu'il vous a passé par les mains?

Le commandant Lauth. — Absolument pas. Il est possible que, au *verso*, une des bandelettes gommées se soit détachée, et que je l'aie recollée; mais la gomme se décompose après un certain temps, comme on peut le voir sur les pièces du dossier secret, qui datent de deux ou trois ans, mais je n'y ai jamais touché pour arrondir des lettres ou en remplacer.

Le Président. — Quand vous l'avez revu après, vous a-t-il semblé qu'il avait été modifié comme apparence?

Le commandant Lauth. — Le capitaine Tavernier me l'a montré, je l'ai eu sous les yeux une seconde. Sur le dernier des clichés, il me semblait qu'il y avait une certaine ligne qui n'existait plus, mais je n'ai jamais remarqué qu'il y ait eu un grattage, par exemple, une adresse ou un mot gratté et remplacé.

Le commandant Profillet. — Il a été dit, à propos du bordereau, que le colonel Henry ne pouvait pas le modifier parce que le bordereau avait été lu par la personne qui le lui avait apporté ou pouvait avoir été lu par elle. Vous avez dit, je crois, que l'agent était lettré.

Le commandant Lauth. — Il n'avait pas grande instruction, mais il savait à peu près lire, mais selon moi l'agent ne devait jamais regarder les papiers qu'il se procurait: on ne l'a jamais interrogé sur les papiers qu'il avait fournis, et je crois que si on le faisait il répondrait que cela ne l'intéressait pas. Il ramassait ces papiers, les mettait dans un journal, et nous les passait. Je ne considère donc pas cette observation comme valable.

Le capitaine Beauvais. — Relativement au *petit bleu*, que vous avez reconstitué, je ne me rappelle pas que vous ayez dans votre déposition fait mention du propos que vous auriez tenu au colonel Picquart : « Y en aurait-il encore un ? »

Le commandant Lauth. — Je crois l'avoir dit tout à l'heure. (*Mouvement.*)

Le capitaine Beauvais. — Qu'a-t-il répondu ?

Le commandant Lauth. — Il ne m'a pas répondu ; il a pris le *petit bleu*, y a jeté un coup d'œil et l'a conservé pour l'examiner à tête reposée.

Le capitaine Beauvais. — Il n'a fait aucune réponse d'aucune sorte ?

Le commandant Lauth. — Non, aucune.

Le Président. — Monsieur le commissaire du Gouvernement et le défenseur ont-ils des questions à poser ?

Me Demange. — Je désirerais demander au commandant Lauth pourquoi, ayant, au retour de l'entrevue de Bâle, l'impression que R. C. était un agent provocateur, il y est retourné une seconde fois ?

Le commandant Lauth. — Mais c'est bien simple ; l'entrevue avait été préparée à l'avance par le colonel, on avait fait des démarches pour la seconde entrevue, il ne fallait pas, vis-à-vis de lui, avoir l'air de reculer. D'un autre côté cet agent ne m'avait rien dit, qui sait si, en répondant une seconde fois, on n'arriverait pas à le tenter, s'il n'était provocateur que momentanément, et qui sait s'il ne se laisserait pas aller, à un moment donné, à passer dans le camp opposé ?

Me Demange. — Monsieur le Président, ma seconde question est celle-ci : Il a été dit dans les journaux, dans le *Gaulois* notamment, je crois, qu'il y avait eu une photographie au bureau du Service des renseignements de M. Picquart se promenant à Carlsbad avec M. de Schwartzkoppen ?

Le commandant Lauth. — Jamais de la vie, jamais je n'ai jamais entendu parler de cela.

Me Demange. — Pardon ! cela a été mis dans les journaux, le *Gaulois* et le *Jour*, et je ne pense pas que vous puissiez comprendre que ces journaux prennent leur inspiration de la famille Dreyfus. C'est plutôt le contraire.

Le commandant Lauth. — Oh ! non, mais on a dit tant de choses !

Me Demange. — Est-ce que le commandant Henry a jamais entretenu M. le commandant Lauth de la pièce que l'on a, par la suite, découverte être fausse? Lui en a-t-il parlé?

LE PRÉSIDENT. — Avez-vous connaissance de cette lettre?

LE COMMANDANT LAUTH. — Non, mon colonel.

Justement ce jour-là, quand je suis revenu, vers le 10 novembre, je suis rentré à Paris, étant en permission, et je suis venu passer une heure au bureau ; il y avait donc dix ou onze jours que la pièce était faite ; elle était déjà entre les mains de M. le général Gonse. C'est le jour où Gribelin me dit : « Le colonel a reçu une lettre de service pour aller dans l'Est. Il a été absent trois jours. »

Ce jour-là Henry m'a dit : « Vous ne savez pas que l'autre jour, j'ai eu une pièce extraordinaire, du reste le colonel Picquart n'était pas là pendant trois jours et je l'ai donnée directement au général Gonse. » Il m'en a fait la description, et cette pièce je ne l'ai vue que dans les derniers mois de 1897, trois ou quatre mois avant le procès Zola, quand on me l'a donnée pour la photographier ; Henry m'en avait donné le texte.

Me DEMANGE. — Le commandant Lauth n'a pas été frappé en voyant la pièce par la différence de couleur des morceaux?

LE COMMANDANT LAUTH. — Non, non, mon colonel, absolument pas; quand je l'ai vue, je la trouvais merveilleuse comme communication. (*Rumeurs.*)

Me DEMANGE. — Une question relative à une des questions posées tout à l'heure par un des membres du Conseil. La pièce du 30 novembre 1897 ; il a demandé au témoin s'il la tenait pour authentique. « La pièce est venue, nous a dit le commandant, par Pierre, mais elle n'est pas venue par l'ambassade de l'agent A. » Voulez-vous demander au commandant si, au point de vue de l'écriture, il sait que c'est l'écriture de la personne à laquelle on attribue la pièce?

LE COMMANDANT LAUTH. — Oh! parfaitement. Sûrement.

Me DEMANGE. — Monsieur le Président, une dernière question, mais pour cela je vous demanderai de prier M. le colonel Picquart de s'avancer. C'est au sujet du grattage.

Si vous voulez faire venir le colonel, je le prierai de répondre à cette préoccupation, de vouloir bien préciser ce qu'il a vu.

LE PRÉSIDENT. — Monsieur le colonel Picquart, voulez-vous avancer? Vous avez entendu la question, il s'agit de savoir l'adresse de ce *petit bleu*, le nom d'Esterhazy qui vous a semblé avoir été gommé.

LE LIEUTENANT-COLONEL PICQUART. — La dernière fois que j'ai eu le *petit bleu* entre les mains, c'est-à-dire, je crois, le jour de mon départ en mission, il était absolument dans l'état dans lequel le commandant Lauth me l'avait remis lorsqu'il avait terminé ses photographies ; mais, lorsque le général de Pellieux me l'a montré un instant lors de son enquête en novembre 1897 (je ne l'ai pas eu entre les mains, mais il me l'a montré à distance), il m'a semblé que l'écriture était un peu brouillée, et je lui ai dit : « Il me semble que c'est cette pièce, mais il me semble aussi que l'écriture était autrefois plus homogène. »

A l'instruction Tavernier, je me suis aperçu, par contre, que le *petit bleu* avait été l'objet d'altérations tout à fait graves qui étaient de nature à faire croire que le mot « Esterhazy » de l'adresse avait été écrit après coup remplaçant un autre mot primitivement gratté. En effet, ayant eu entre les mains le *petit bleu*, ayant eu surtout des reproductions photographiques faites à une très grande échelle et qui sont très intéressantes à ce point de vue-là, j'ai constaté et j'estime que tout le monde pourrait se rendre compte que tous les intervalles du mot Esterhazy avaient été grattés et grattés profondément, et que ce grattage avait enlevé la ligne qui est marquée sur les cartes-télégrammes pour faciliter l'inscription de l'adresse. De plus, un grand nombre de lettres, presque toutes les lettres, je crois, du mot Esterhazy avaient été grattées et rétablies après coup.

Ce qui a facilité la découverte de cette supercherie, c'est l'expertise chimique qui a montré que l'encre qui avait servi à écrire le *petit bleu* et l'adresse primitive était de l'encre à la noix de Galles, tandis que l'encre qui avait servi à faire les surcharges était de l'encre au bois de campêche.

Maintenant, il y a une chose qui est regrettable : c'est que le commandant Lauth ait détruit les premiers clichés du *petit bleu*, parce que, dans les seconds clichés, on voit déjà qu'il y a une petite surcharge, je crois qu'il n'y en a qu'une; il y en a une à l'E du mot Esterhazy; cet E étant sur le passage d'une déchirure a été altéré et il semble qu'avec de l'encre on ait rétabli cette lettre, voilà ce que l'examen du cliché a permis de reconnaître.

Ainsi donc, je me résume : on n'a pas eu les premiers clichés, mais on a eu les seconds; ces seconds clichés ont montré qu'il y avait eu une petite surcharge à l'encre au bois de campêche; et puis, en considérant le *petit bleu* dans l'état où il était au moment où on a instruit le procès et dans l'état dans lequel il est, on a vu que dans la période intermédiaire il y avait eu de très graves grattages et de très grosses surcharges.

Voilà ce que j'ai à dire au sujet de cette pièce.

J'ai pourtant un mot à ajouter encore. Je crois que c'est ce grattage qui a dû amener le général Zurlinden à me poursuivre pour falsification du *petit bleu*. Certainement cette falsification devait exister au mois de mai 1898, puisqu'elle a frappé le général Roget, mais il faut croire qu'elle n'a pas frappé le général Gonse puisqu'il a dit : « Je ne me suis pas aperçu des falsifications du *petit bleu* et je dois dire que mon attention n'a pas été attirée sur ce point. »

Il y a donc une petite contradiction entre le général Gonse et le général Roget. Voilà tout ce qu'il y a, je crois, à dire sur la question du grattage du *petit bleu*.

Le Président, *au commandant Lauth*. — Vous avez vu le *petit bleu*, vous l'avez revu à l'instruction Tavernier, avez-vous constaté des différences ?

Le commandant Lauth. — Si on ne me les avait pas signalées, je les aurais complètement ignorées. Il est très regrettable que je n'aie pas les premiers clichés, mais j'en avais fait 20 ou 25 sur le *petit bleu*. Au mois de mai, le jour où les essais ont été finis, j'ai rendu au colonel Picquart le *petit bleu* et j'ai gardé les derniers clichés que je considérais comme les meilleurs. J'ai détruit les premiers qui étaient imparfaits, pour ne pas embarrasser mon armoire personnelle, car c'était une affaire spéciale, en sorte qu'il ne reste plus que 5 ou 6 clichés, les derniers que je voulais garder en sûreté.

Me Demange. — Puisque ces deux messieurs ont pris part à l'instruction Tavernier, voulez-vous, monsieur le président, leur poser la question suivante : « Est-ce qu'il n'y a pas une expertise faite à la suite de laquelle il a été établi que le *petit bleu* tel qu'il est sorti des mains du colonel Picquart n'était pas gratté et que, au contraire, lorsqu'il a été apporté au général Roget, il portait un grattage. Est-ce que le commandant rapporteur ne vous a pas donné connaissance de l'expertise ? »

Le commandant Lauth. — J'ai rendu *le petit bleu* au mois de mai au colonel Picquart, et, à ce moment, il l'a rendu au général Gonse.

Me Demange. — Et quand il est sorti des mains du commandant ?

Le commandant Lauth. — Je n'ai rien remarqué.

Me Demange. — Voulez-vous demander au colonel Picquart si, lorsque *le petit bleu* a été versé à l'instruction, il n'était pas gratté, d'après l'expertise ?

Le lieutenant-colonel Picquart. — Il était gratté.

Le Président. — Il y a donc eu une expertise de faite ?

Le lieutenant-colonel Picquart. — Oui, il y a eu une expertise très probante et très complète.

Le greffier Coupois. — Elle est versée aux débats.

Me Demange. — Ah! très bien, elle est versée aux débats!

Le Président. — Le dossier Tavernier est arrivé au dernier moment.

Le commissaire du Gouvernement. — Il serait intéressant d'éclaircir un désaccord qui s'est produit dans les deux dépositions de ces messieurs au sujet de l'entrevue de Bâle. M. Picquart a dit que le commandant Lauth, à la suite de sa mission à Bâle, ne lui en avait pas rendu compte. Or, il semble que le commandant Lauth nous a dit qu'il avait fait un rapport à la suite de sa mission.

Où est la vérité dans ces deux affirmations qui ne concordent pas exactement?

Le commandant Lauth. — J'ai fait un rapport qui a été produit à la Cour de cassation, où j'ai rapporté ce que nous avons fait avec M. Richard Cuers. Ce rapport est d'autant plus authentique que le colonel Picquart a écrit dans un petit coin : « entrevue de Lauth à Bâle. »

Le lieutenant-colonel Picquart. — Je crois qu'il y a erreur de la part de M. le commissaire du Gouvernement, je n'ai pas dit que M. le commandant Lauth n'avait pas fait de rapport.

Le commissaire du Gouvernement. — J'avais compris que M. le colonel Picquart n'avait pas eu de rapport.

Le lieutenant-colonel Picquart. — Il y a autre chose que je tiens à dire. C'est que je ne me souviens en aucune façon d'avoir organisé une seconde entrevue. Je trouve même extraordinaire que — pour une entrevue qui aurait été organisée de mon temps — ce soient les dispositions que j'aurais prises au mois d'octobre ou de novembre qui auraient été les dispositions appliquées en janvier.

Le Président. — Comment expliquez-vous que les officiers du service aient eu une entrevue avec les agents étrangers, sans que vous en soyez informé?

Le lieutenant-colonel Picquart. — J'étais parti le 16 novembre 1896.

Le Président. — A quelle date a eu lieu l'entrevue?

Le commandant Lauth. — Le 17 janvier 1897.

Le Président. — Qui est-ce qui a donné l'ordre?

Le commandant Lauth. — C'est le colonel Picquart qui l'avait organisée parce qu'il n'était pas satisfait de la première. J'étais en permission du 16 octobre au 16 novembre. On pourrait consulter à cet égard le capitaine de Pouydraguin. C'est le colonel Picquart qui a donné le brouillon de la lettre qu'on écrivait à Cuers. C'est lui qui l'a organisée.

Le Président. — Par qui ont été donnés les derniers ordres?

Le commandant Lauth. — C'est le commandant Henry qui les a donnés, mais l'entrevue avait été préparée par le colonel Picquart. (*Rumeurs.*)

Le lieutenant-colonel Picquart. — Je tiens à protester d'un mot...

Le Président. — La chose n'a qu'un intérêt très indirect avec l'affaire qui nous occupe.

Le lieutenant-colonel Picquart. — Mon colonel, c'est à propos de l'affaire Lajoux.

Je tiens seulement à protester par un mot contre l'accusation de cambriolage.

Le Président. — Cela n'a pas un intérêt direct à l'affaire.

Le lieutenant-colonel Picquart. — Sur cette question des papiers de Lajoux, je n'ai jamais organisé de cambriolage.

Le Président. — Il n'est pas question de cela.

Le lieutenant-colonel Picquart. — Lorsque nous nous sommes privés des services de Lajoux, nous savions qu'il avait des papiers chez lui ; j'en ai averti le service de la Sûreté générale qui a pris les mesures qu'il jugeait utiles ; je n'ai pas eu à entrer dans le détail. Si ensuite un agent du service de la Sûreté a fait un acte du genre de celui dont a parlé le commandant Lauth, ce n'est en tout cas pas M. Hennion, ici présent, car, en aucun cas, M. Hennion n'a été mêlé en cette affaire.

Le Président. — C'est entendu.

(*S'adressant à Dreyfus.*) — Avez-vous des observations à faire sur la déposition du témoin?

Dreyfus. — Aucune.

VINGT-TROISIÈME TÉMOIN

LE CAPITAINE JUNCK

M. Junck, Alphonse-Eugène, 37 ans, capitaine breveté du génie, attaché à l'État-major de l'armée.

Après prestation de serment, le témoin ajoute : J'ai été avec Dreyfus à l'École de guerre et j'ai fait avec lui mon stage à l'État-major de l'armée.

Le Président. — Vous avez fait votre stage à l'État-major de l'armée, et vous l'avez suivi de bureau en bureau?

Le capitaine Junck. — Oui.

Le Président. — Qu'avez-vous remarqué dans ses allures et dans sa manière d'être en général?

Le capitaine Junck. — La déposition portera sur deux séries de faits : la première relative à la période pendant laquelle nous avons accompli ensemble notre stage à l'État-major; la seconde est relative aux faits qui sont parvenus à ma connaissance pendant que j'ai été attaché au service des renseignements. Je vais d'abord parler de la première série, mais pour débarrasser tout de suite la partie purement militaire de ma déposition, je vais citer immédiatement trois faits d'ordre privé.

Pendant mes deux années de l'École de guerre, j'ai peu connu Dreyfus, n'étant pas du même groupe que lui; pendant la durée de notre stage, au contraire, je me suis trouvé très longuement avec lui dans différents bureaux où nous avons travaillé, et j'ai eu l'occasion d'avoir avec lui de très longues causeries.

J'ai appris de lui le fait suivant. Il était question à ce moment d'un certain monsieur dont je ne prononcerai pas le nom; Dreyfus me dit qu'il l'avait beaucoup connu au Mans où ils fréquentaient le même cercle; il raconta une histoire de jeu et ajouta que lui aussi avait un jour fait une très grosse perte, qu'il avait dû écrire à sa famille, que son frère était venu payer, mais qu'il l'avait prévenu que ce fait ne devait pas se renouveler, parce qu'on le forcerait à donner sa démission.

Autre fait. En 1894, au moment du Concours hippique, je me rendis un jour au Concours hippique avec Dreyfus, nous arrivâmes vers la fin, et à l'entrée nous croisâmes trois femmes qu'à leurs toilettes on devinait être des demi-mondaines; il y en avait deux jeunes et une autre d'un âge indéfinissable. En passant à côté de nous, elles nous saluèrent. Dreyfus répondit en soulevant son chapeau et avait l'air embarrassé. Je lui fis naïvement cette observation : « Pour un père de famille, vous avez de jolies connaissances.» Il me répondit: «Ce sont d'anciennes connaissances d'avant mon mariage. » J'ajoutai : « Si vous ne les aviez pas revues depuis trois ans, elles ne vous reconnaîtraient pas en public. » Il me dit alors que la femme qui était de l'autre côté était la Valtesse, qui recevait chez elle, qui avait un hôtel qui lui avait été offert, et il ajouta qu'elle donnait chez elle des fêtes, qu'elle y recevait de jolies femmes et qu'on y donnait à jouer.

Je passe maintenant aux conditions dans lesquelles s'est accompli notre stage d'État-major. Nous sommes arrivés à l'État-major le 4 janvier 1893, nous étions douze stagiaires, nous avons été divisés en deux groupes; Dreyfus et moi, nous appartenions au même groupe; on commença par le premier bureau. A notre arrivée, le chef du premier bureau nous prévint que nous passerions successivement par les différentes sections de ce bureau, que nous devions nous efforcer de bien nous pénétrer de la mobilisation de l'armée, que toutes facilités nous seraient données à cet effet, et qu'à la fin de notre stage nous passerions un examen devant le sous-chef de l'État-major. Mais avant de commencer dans les différentes sections nous restâmes pendant quelques jours à la disposition d'un officier supérieur qui nous fit des conférences sur le fonctionnement du bureau, et ce n'est qu'après que nous avons été versés, les uns et les autres, dans les différentes sections.

Au cours de ce passage de six mois dans l'État-major, j'ai collaboré avec Dreyfus à la confection et à la surveillance du tirage de l'ordre de bataille des armées; il y avait pour chacune des armées un fascicule donnant l'ordre de bataille de l'armée et quelques renseignements sommaires sur la constitution de cette armée.

Ces fascicules étaient faits par nous-mêmes, ils étaient copiés à l'encre autographique en notre présence, près de nous, par un secrétaire; nous allions porter à l'autographie du service intérieur les feuilles à autographier; nous assistions au tirage; nous faisions poncer les pierres devant nous et nous rapportions au bureau le nombre d'exemplaires nécessaires.

En juillet 1893, nous passâmes au 4e bureau, Dreyfus avait été affecté, sur sa demande, au réseau de l'Est.

Au cours des six mois que nous avons passés au 4e bureau, nous avons fait un travail de transport. Chacun de nous avait un certain nombre de lignes de transport, et on mettait à notre disposition les documents en vogue alors pour nous servir de guide.

A cette occasion nous avons fait un voyage d'étude sur ces lignes de transport; à ce voyage assistaient également le capitaine Putz et Dreyfus. Nous avons fait ce voyage dans la région de l'Ouest; nous sommes allés le terminer dans l'Est, dans la région des départements frontière.

A la fin de ce stage, les officiers du bureau et les commissions militaires, — en particulier le commissaire de l'Est, — nous ont fait des conférences sur les transports de l'armée et leur fonctionnement au moment de la mobilisation. Dans ces conférences, le colonel Bertin, notamment, a parlé des corps de couverture et de la façon dont ils étaient organisés.

A ce propos, je dois dire que Dreyfus connaissait très bien la concentration; il était capable de la dessiner sur une carte quelconque du réseau de l'Est. Je sais même qu'à ce moment, en 1894, le capitaine Putz m'a dit qu'en entrant de la salle du réseau du Nord à celle de l'Est, il avait trouvé Dreyfus faisant avec des crayons de couleur le schema de la concentration. Depuis, j'ai appris par un officier qui appartenait au 39e de ligne, au moment où Dreyfus y est venu faire son stage en octobre 1894, que dans une conversation avec le colonel de son régiment, où il était question des points de débarquement, le colonel ayant dit : « Je ne connais pas les points de la région dans laquelle nous irons, » Dreyfus avait répondu : « Je pourrais peut-être, mon colonel, vous les dire », et après quelques instants de réflexion il désigna trois stations en disant : « C'est dans un de ces trois points-là que vous irez. »

Après le stage au 4e bureau, nous passons, au 1er janvier 1894, au 2e bureau. Dreyfus et moi nous sommes affectés à la section allemande. Nous étions installés dans une petite pièce qui se trouvait entre la section allemande proprement dite et la section autrichienne. Notre travail consistait à lire le matin les journaux allemands, à les dépouiller; le soir nous devions nous mettre au courant de l'armée allemande, étudier les différents documents qui existaient au 2e bureau.

Au bout d'un certain temps, nous fûmes même chargés, chacun, de faire un travail spécial, travail d'étude. Le travail donné à Dreyfus était une étude sur l'artillerie allemande avec comparaison avec l'organisation française.

Pour faire cette comparaison, Dreyfus eut des renseignements au 1er bureau sur l'organisation de notre artillerie. D'ailleurs, dans notre passage au 1er bureau, nous connaissions toute la mobilisation et l'organisation de l'artillerie; et, à ce propos, un jour en arrivant au bureau dans l'après-midi, Dreyfus me dit qu'il venait de faire le trajet entre la place de l'Alma jusque chez lui avec le colonel Lefort, à ce moment chef du 1er bureau; c'était quelque temps après la suppression des deux régiments de pontonniers et leur remplacement par deux régiments d'artillerie. Dreyfus me dit que le colonel Lefort lui avait donné des détails sur l'organisation et la mobilisation nouvelles des troupes d'artillerie. Il ajouta même cette réflexion que je me rappelle très bien, que le colonel Lefort aimait décidément les choses compliquées, puisqu'il avait ajouté : « Je veux bien être pendu cette fois si les... (en désignant une puissance étrangère) y reconnaissent quelque chose! »

Au moment de notre passage au 2e bureau, dès notre arrivée,

je me rappelle aussi que Dreyfus demanda au capitaine d'Astorg, qui était à ce moment à la section allemande, à avoir communication du dossier des rapports de notre attaché militaire auprès d'une puissance étrangère. Egalement, pendant que nous étions au 2e bureau, nous avons été appelés un jour à un travail qui se faisait sous la direction du commandant Picquart, qui était alors au 3e bureau. Il s'agissait de constituer des dossiers de mobilisation des armées. Il y avait, au 3e bureau, un officier titulaire pour chaque armée, qui était chargé de réunir en temps de paix tous les papiers dont on aurait besoin dès les premiers jours de la mobilisation. A ce titulaire se trouvait adjoint un stagiaire. Le travail se fit dans une après-midi. Nous étions tous réunis dans la salle des maréchaux, et c'était le commandant Picquart qui surveillait ce travail

Après le 1er juillet 1894, nous passons au 3e bureau. Jusqu'alors, les stagiaires, pendant leur passage au 3e bureau, ne contribuaient pas au service courant de ce bureau ; ils étaient réunis dans des salles spéciales où on leur donnait des travaux à part. Lorsque nous arrivâmes, le chef du 3e bureau venait d'être changé, et il fut décidé que nous participerions au service courant. Dreyfus fut affecté à la section des manœuvres, pendant qu'un autre de nos camarades était affecté à la section du plan ; moi-même j'étais à la section des côtes. Pendant ce passage au 3e bureau, Dreyfus fut chargé de surveiller le tirage des instructions sur la couverture. Croyant, — lui-même me raconta l'incident le lendemain matin, — croyant que ce tirage devait se faire dans les mêmes conditions que celui que nous avions surveillé l'année précédente, au 1er bureau, il se rendit à la lithographie du service intérieur ; mais ce tirage aurait dû se faire au service géographique, où une presse avait été immobilisée à cet effet. Le directeur du service géographique se plaignit et, le lendemain matin, le sous-chef du 3e bureau qui était alors le commandant Picquart, demanda des explications. Il dit à Dreyfus : « C'est vous qui avez fait la bêtise, allez vous expliquer avec le général de La Noé. Vous recevrez ses reproches. »

Notre stage au 3e bureau ne dura que trois mois, il fut interrompu au mois d'octobre. Nous partîmes du ministère pour faire un stage de troupe en octobre, novembre et décembre. Les années précédentes, les stagiaires de l'État-major de l'armée faisaient leur stage réglementaire de troupe à l'époque des manœuvres, et au lieu de le faire pendant une période de trois mois, ils le faisaient un mois seulement. En 1894, il fut décidé que dorénavant les stagiaires de l'État-major de l'armée seraient soumis à la loi commune. Cette décision nous fut communiquée pendant le premier semestre de l'année 1894. Cependant il restait encore pour nous, stagiaires de seconde année, qui avions bénéficié l'année précédente des anciennes dispositions, la possibilité d'aller aux manœuvres comme officiers d'État-major, c'est-à-dire comme détachés dans un État-major de brigade, de division, de corps d'armée ou même d'armée, et de suivre ainsi les manœuvres pendant quelques jours au moins. La plupart d'entre nous avaient cet espoir, et même deux d'entre nous, les capitaines Jeannin et de Pouydraguin sont allés aux manœuvres comme officiers d'État-major attachés aux commissaires généraux des chemins de fer pendant la période des transports. Moi-même, j'espérais pouvoir y aller, et ce n'est qu'au dernier moment que j'ai su qu'un autre de mes camarades partirait comme adjoint au commissaire du réseau de l'Est. Je partis en permission le 1er septembre au soir, avec une permission datée du 3, et je rentrai le 18. C'était en effet le seul moment où je pouvais partir en permission, et comme je n'allais pas aux manœuvres, j'en profitai pour prendre ma permission.

Le Président. — A quelle époque avez-vous su exactement que vous n'iriez pas aux manœuvres?

Le capitaine Junck. — A la fin du mois d'août. La demande de permission était une formalité excessivement courte; il suffisait d'avoir l'autorisation du chef de bureau, et comme il n'y avait pas besoin de demande écrite, il n'y avait point de délai de transmission.

Le Président. — Ainsi, jusqu'à la fin d'août, vous espériez aller aux manœuvres?

Le capitaine Junck. — Jusqu'à la fin d'août, on nous a interrogés sur les corps de troupes dans lesquels nous devions faire nos stages pendant la période des manœuvres. Ce n'est donc qu'à ce moment que nous avons su que nous irions faire le stage dans les corps de troupes, et nous avions pu garder, pour la plupart d'entre nous, l'espoir d'aller aux manœuvres comme officiers d'État-major.

Au sujet des documents énumérés dans le bordereau, je dois également faire une déclaration au sujet de « la note sur Madagascar », et voici ce que j'ai à dire à ce sujet.

A la fin de l'année 1893, un matin, on nous demanda au 4e bureau quels étaient les officiers qui désiraient faire partie de l'État-major d'un corps expéditionnaire pour le Siam. Beaucoup d'entre nous s'inscrivirent, et quelque temps après, au commencement de l'année 1894, au 2e bureau, nous parlions un jour avec Dreyfus de cette question de l'expédition de Siam. Il me dit que, lui aussi aurait bien voulu faire partie de cette expédition, mais il ajouta qu'il y aurait bientôt une autre occasion. « Je sais bien, dit-il, qu'on va faire une expédition à Madagascar, qu'elle s'impose, et j'ai là-dessus des renseignements très précieux qui m'ont été donnés par un de mes cousins qui est attaché aux Affaires étrangères. Au ministère des Affaires étrangères, on considère l'expédition comme s'imposant absolument. »

Au sujet du Manuel de tir également, je sais qu'en 1894, l'attaché militaire d'une puissance étrangère avait demandé officiellement au 2e bureau à voir le Manuel de tir. On lui répondit qu'on ne pouvait pas lui donner ce document, qui était confidentiel. La même année, quelques mois après, un officier du 2e bureau, le capitaine D..., était chargé de conduire au Ministère la compagnie des attachés militaires étrangers. L'attaché militaire dont je viens de parler nous dit : « Vous n'êtes pas gentils au 2e bureau, vous me mettez constamment dans des situations très difficiles et vous m'empêchez de répondre aux questions que m'adresse mon gouvernement. » Cet officier lui répondit : « Mais ce manuel de tir que vous nous avez demandé, on ne pouvait pas vous le donner, parce qu'il était confidentiel. » L'attaché militaire ne pouvait pas le croire et il dit : « Vous nous racontez des histoires. » Le capitaine lui dit : « Eh bien! puisqu'il en est ainsi, nous allons nous approcher de la première batterie, nous allons demander au capitaine d'artillerie ce qu'il sait au sujet du Manuel de tir. Ils allèrent tous les deux vers le capitaine, ils lui demandèrent s'il avait un Manuel de tir et celui-ci répondit : « Je n'en ai qu'un pour les officiers de ma batterie et j'en suis responsable. »

D'une manière générale, au sujet des documents qui sont énumérés au bordereau, on a voulu prétendre que ces documents auraient pu être fournis par le lieutenant-colonel Henry. Eh bien, après avoir fait mon stage, pendant deux ans, à l'État-major de l'armée, j'ai appartenu au service des renseignements pendant trois ans. J'ai rempli, pendant quelques mois, les fonctions de chef. Jamais au service des renseignements, les officiers n'ont une connaissance quelconque de ce qui se passe au point de vue de la mobilisation, de la concentration, dans les autres bureaux. Leur bureau est séparé des bureaux de l'État-major, ils n'ont avec ces bureaux que des communications officielles, et, pour avoir des documents de la nature de ceux qui sont énumérés au bordereau, il leur aurait fallu aller les demander aux officiers chargés de traiter ces questions. Ces officiers ne les leur auraient pas donnés, ils leur auraient dit de s'adresser à leur chef de section ou à leur chef de bureau.

En 1894, quelques jours après la condamnation de Dreyfus, je me trouvais à la fête de l'Arbre de Noël donnée par la Société générale d'Alsace-Lorraine. Quelques moments avant de commencer cette fête, il y avait un certain nombre de personnes groupées autour du sapin. Parmi elles, se trouvait M. Kœchlin, un grand industriel alsacien, qui avait déposé comme témoin à décharge dans le procès de 1894, et il racontait à plusieurs personnes qui l'environnaient quelle avait été sa déposition. Une des personnes présentes fit l'observation suivante : « Puisqu'on déclare cet officier de notre armée coupable, je dois m'incliner, mais il y a quelque chose qui m'étonne, ce sont les mobiles que je ne comprends pas. » M. Kœchlin répondit alors : « Vous savez bien que pour peu qu'on fréquente à Paris certains milieux, on ne s'aperçoit pas de la rapidité avec laquelle les billets de mille vous passent par les mains. » Cette conversation m'avait beaucoup frappé à ce moment, et je crois qu'il est de mon devoir de la répéter ici.

J'arrive maintenant à la partie de ma déposition qui a trait à la période pendant laquelle j'ai appartenu au service des renseignements. Je suis entré au service en décembre 1895, à la suite des démarches incessantes de M. Picquart et malgré l'opposition du président du comité du Génie sous les ordres duquel je me trouvais depuis quelques mois.

J'ai commencé mon service vers le milieu de novembre 1895, et dès le début j'ai été frappé des visites que faisait M. Leblois au ministère. Je connaissais M. Leblois pour lui avoir été présenté en ville. La première fois que je l'aperçus au bureau des renseignements, je demandai à mon camarade, le capitaine Lauth, ce que ce monsieur venait y faire, il me répondit que c'était un ami de notre chef, le commandant Picquart, et qu'il venait assez souvent.

Ses visites se sont répétées pendant l'année 1896, mais je ne puis dire exactement les périodes auxquelles elles ont eu lieu, et la date à laquelle elles ont cessé.

Nous voici au mois d'avril 1896, au moment où je fus chargé d'aider le commandant Lauth dans la photographie du document qu'on a appelé le *petit bleu*.

Le Président. — Dites-nous tout ce que vous savez à ce sujet.

Le capitaine Junck. — Le commandant Lauth avait reconstitué, à l'aide de nombreux fragments, une carte-télégramme et l'avait présentée ensuite à notre chef de service, qui, au bout d'un certain temps l'avait chargé d'en faire des photographies et d'essayer d'obtenir des épreuves ne présentant plus de traces de déchirures; le commandant Lauth demanda à notre chef l'autorisation de se faire aider dans ce travail par moi. Je pris les clichés qu'il avait obtenus, et j'essayai de les retoucher de manière à faire disparaître les déchirures et la trace des bandes gommées.

Le travail était très long, et d'autant plus difficile que nous étions très mal outillés au point de vue photographique.

Nous avons fini par arriver à des épreuves sur lesquelles les traces de déchirures étaient très faibles, mais qui cependant ne paraissaient pas remplir le but cherché.

Le commandant Lauth, après avoir soumis une première série d'épreuves à notre chef, lui dit que cela ne donnait pas grand'-chose et qu'il vaudrait peut-être mieux suspendre ces essais. Il eut à ce sujet une discussion avec le commandant Picquart, et, en sortant du bureau de celui-ci, au moment où il allait rentrer dans la pièce où nous travaillons, je l'entendis dire : « Ça, jamais de la vie. »

Je lui demandai ce qui s'était passé.

Il me répondit qu'il venait d'avoir une discussion avec le chef au sujet de ce télégramme et le commandant avait déclaré que lui, Lauth, serait toujours là pour témoigner d'où venait le télégramme.

Les essais continuèrent. C'est alors que nous fûmes amenés à employer d'autres procédés.

En particulier pour le côté de l'adresse, on avait pris une carte-télégramme neuve dans laquelle on avait découpé des fenêtres correspondant à la suscription de la carte-télégramme; en appliquant ces deux cartes l'une sur l'autre on arrivait à photographier les deux, la carte neuve n° 1, en même temps que la suscription de l'adresse du *petit bleu* original, il ne restait plus que, par une retouche facile, à faire disparaître les bords de ces fenêtres.

Pour le côté intérieur, le côté de l'écriture, le travail était plus difficile, puisqu'on risquait d'atteindre l'écriture et de changer les caractères de cette écriture. Nous avons continué ces essais pendant un certain temps et, finalement, nous avons renoncé à aller plus loin. Un jour, je dis au capitaine Lauth : « Il est difficile d'obtenir mieux, à moins de s'adresser à un professionnel. » Le capitaine Lauth alla rendre compte au chef de service qui, quelques moments après, vint dans la pièce où nous travaillions et regarda les dernières épreuves que nous avions obtenues, et c'est alors qu'eut lieu l'incident suivant.

Pour entrer dans plus de détails, je décrirai la pièce dans

laquelle nous travaillions : il y avait deux tables ; cette pièce était éclairée par deux fenêtres et, devant chacune des fenêtres se trouvait une table ; les deux tables se faisaient face et, perpendiculairement aux deux tables, il y avait un meuble à cartes qui servait à déposer des papiers et formait en quelque sorte un pupitre. C'est sur ce meuble à cartes que se trouvaient les clichés et quelques épreuves. Lauth était debout derrière sa table, Picquart à côté de lui. J'étais en face. Lauth dit à Picquart : « Mais, mon commandant, je ne comprends pas du tout le but que vous poursuivez, parce qu'enfin le *petit bleu*, il faudra toujours bien le montrer, qu'on en arrive à un procès quelconque, il faudra toujours montrer l'original. » C'est alors que notre chef lui fit cette réponse : « Mais, c'est ceci que je veux précisément éviter. Dans l'affaire Dreyfus, il a été beaucoup trop question du panier, je ne veux pas que ceci se répète ; les journaux en ont beaucoup trop parlé, ont raconté à ce sujet un tas d'histoires. D'ailleurs, j'ai dit là-haut que cette source ne donnait plus rien. »

Le capitaine Lauth, lui, ajouta : « Mais, d'ailleurs, rien ne prouve qu'il a touché la personne, puisqu'il n'a pas passé par la poste ; vous ne pourrez jamais dire que ce télégramme a réellement atteint le destinataire ? »

C'est à ce moment que s'est passée la question du cachet, du timbre de la poste. Le commandant Picquart demanda : « Croyez-vous que l'on pourrait obtenir de la poste l'apposition d'un timbre, d'un cachet ? »

Lauth répondit : « Cela, je n'en sais rien. A la poste, ils ne sont pas toujours complaisants, il faudrait demander à M. Gribelin. »

M. Gribelin était spécialement chargé des relations avec le service de la Poste :

« Et pourquoi ? ajouta Picquart, d'ailleurs vous serez toujours là, vous, Lauth, pour dire que cette carte télégramme a été écrite par A. »

A quoi Lauth répondit : « Jamais, ce n'est pas son écriture ».

Le travail en resta là, nous n'allâmes pas plus loin, et on remit les épreuves que nous avions obtenues au chef de service.

On a prétendu que, depuis 1894, les fuites avaient continué à l'État-major de l'armée, et on en a donné comme exemple la production d'une copie d'un tableau d'effectifs de guerre qui provenait de l'étranger. Je vais à ce sujet entrer dans des détails que je crois absolument nécessaires.

En 1896, à une époque que je ne me rappelle pas d'une manière très précise, mais qui doit être dans le premier semestre, le chef du service des renseignements reçut une lettre d'un étranger lui disant qu'il se trouvait en possession de documents provenant de l'État-major français, qu'il pourrait lui indiquer quels étaient ces documents, et même lui faire connaître par quel moyen ils avaient quitté la France. Cet étranger, pour donner une idée de ce qu'il pouvait fournir, avait envoyé une copie d'un tableau d'effectifs de guerre. Le commandant Picquart me chargea d'aller voir au premier bureau ce que cela signifiait, si ce document était exact et à quelle époque il remontait. J'allai avec cette copie trouver le chef du premier bureau, et l'on trouva que c'était la copie de la première page d'un tableau F, tableau d'effectifs de guerre formant la composition d'un corps d'armée, tableau qui avait été fait en 1894 pour le plan 13. Il contenait certaines indications nouvelles qui ne figuraient pas sur les anciens tableaux d'effectifs de guerre ; mais il y a lieu de remarquer que ces tableaux étaient en préparation au premier bureau de l'état-major de l'armée depuis le mois de mars 1894, et que la première épreuve venue de l'Imprimerie Nationale y est arrivée en mars 1894.

Autre chose encore à remarquer, c'est que, dans sa lettre, l'étranger en question disait que nous ferions bien de vérifier les additions de nos tableaux parce qu'il y avait des erreurs ; ce qui prouve bien que la copie n'avait pas été faite sur l'édition définitive, mais sur l'une des épreuves au courant du tirage qu'on en avait fait, puisqu'on avait fait plusieurs corrections et ajouté peut-être certains éléments.

En tout cas, ces tableaux d'effectifs de guerre sont préparés au premier bureau de l'État-major de l'armée, qui les communique aux directions et services intéressés pour leur demander leur avis, et ce n'est que quand tout ce monde est d'accord que les tableaux sont tirés d'une manière définitive. D'ailleurs ces tableaux d'effectifs de guerre se trouvent dans tous les états-majors de corps d'armée ; le premier bureau en envoie huit exemplaires à chaque état-major et le corps d'armée les distribue ensuite dans ses différents services.

Je passe maintenant à l'année 1897. A la fin du mois de janvier, une entrevue eut lieu à Luxembourg avec l'agent désigné par les lettres R. C. On avait déjà eu avec cet agent une première entrevue à Bâle, et cette première entrevue n'avait donné aucun résultat. A la deuxième entrevue, il en fut absolument de même, le résultat fut nul, malgré toutes les offres qu'on avait faites à cet agent d'entrer à notre service. Il prétexta d'abord qu'il ne pouvait pas quitter Berlin ; il prétexta toute espèce de motifs, il nous dit qu'il avait bien des fois songé à nous rendre quelques petits services, mais que pour le moment il ne pouvait pas accepter les propositions que nous lui faisions.

On a même été jusqu'à lui dire : « Vous n'aurez pas besoin de vous installer en France, vous vous installerez dans une ville de l'étranger, vous toucherez tant par mois, vous dépouillerez les journaux et revues militaires, et vous nous donnerez votre appréciation sur les différents articles. »

Il ne répondit rien et sa seule préoccupation était de savoir si on ne pouvait pas lui nuire auprès de son gouvernement.

Pendant cette entrevue, on parla à un certain moment du service des renseignements de son pays, avec lequel il avait eu une entrevue trois ou quatre jours auparavant. Mon avis était que cet homme nous avait été envoyé soit par le chef du service de renseignements en question, soit par le syndicat. (*Mouvement.*)

Qnelque temps après, dès le dimanche qui a précédé le 14 juillet de cette année, je me trouvais à Vienne pour y voir un de nos agents. J'ai pu recueillir dans le milieu des agents allemands, à Bruxelles, qu'on y était parfaitement au courant de ce qui avait eu lieu et l'on racontait que ce nommé R. C. se vantait de nous avoir roulés. On commençait à dire, dans ce milieu des agents allemands, que bientôt on désignerait le véritable traître et que c'était le major Esterhazy..

Je passe à l'année 1898. Le 26 juillet de cette année, je fus désigné pour aller accompagner le colonel Henry dans le cabinet de M. Bertulus, pour y visiter les papiers qui avaient été saisis chez Mme Pays et chez le commandant Esterhazy. Le commandant Henry me prévint la veille. Nous partîmes vers midi et demi. Nous arrivâmes au Palais de Justice. Le colonel Henry entra dans le cabinet de M. Bertulus, pendant que moi je passais au service anthropométrique où j'avais des renseignements à demander à M. Bertillon. Quand j'arrivai dans le cabinet de M. Bertulus, j'y trouvai Mme Pays, le commandant Esterhazy et Me Tézenas. On avait déjà ouvert les scellés et nous continuâmes la visite de ces divers papiers qu'on avait saisis. Cette visite fut longue. Il faisait une chaleur accablante. Bientôt la conversation prit une tournure assez singulière, j'en ai été très étonné. Si on n'avait pas vu là Me Tézenas, on se serait certainement cru ailleurs que dans un cabinet de juge d'instruction.

M. Bertulus. — Je demande la parole immédiatement.

Le Président. — Je vous prie de vous asseoir, je vous donnerai la parole en temps et lieu.

Le capitaine Junck. — Mme Pays trouvait qu'on étouffait; M. Bertulus lui dit alors : « Vous pouvez ôter votre jaquette, mais peut-être n'avez-vous pas de manches? » Mme Pays lui répondit que non. M. Bertulus lui répliqua : « Je retire alors ma permission, car on pourrait peut-être se livrer à des commentaires. »

Le commandant Esterhazy donna des explications sur les filons diamantifères. M. Bertulus lui dit : « Vous êtes joliment ferré sur cette question. » Esterhazy répondit : « J'ai été assez payé pour être instruit à ce sujet, j'ai perdu assez d'argent. »

A ce moment on fit également circuler une gravure d'une édition des contes de La Fontaine, au sujet de laquelle il y eut un certain nombre de réflexions échangées. Nous arrivâmes enfin au bout de ce dépouillement. Nous n'avions rien trouvé. On parla alors des bruits qui circulaient à l'extérieur. Mme Pays dit : « Ah! cela doit être très curieux d'être en ce moment sur les boulevards, on doit entendre de singuliers cris des camelots pour la vente des journaux. »

Elle donnait des détails sur la manière dont elle était enfermée à la prison. Le commandant Esterhazy lui demanda des renseignements sur sa santé. On parla ensuite de la fin prochaine de cette instruction. M. Bertulus dit qu'il voudrait bien être à Dieppe sur les bords de la mer. « Dans quelques jours j'espère bien y aller. » Le commandant Esterhazy lui dit alors : « Vous serez récompensé, vous aurez la robe rouge. » M. Bertulus répliqua : « Oh! la robe rouge! j'en suis bien loin. » On parla ensuite d'avancement et M. Bertulus lui demanda quand il passerait lieutenant-colonel.

Je suis obligé ici d'entrer dans certains détails. Il s'est passé à un moment le fait suivant :

On parlait toujours de la chaleur, tout le monde s'essuyait et s'épongeait, la conversation tomba naturellement sur les rafraîchissements; quelqu'un prononça le mot de bock, un autre répondit : « Oui, cela ne ferait pas mal d'en avoir quelques-uns ici. » M. Bertulus nous raconta alors que lorsqu'il était à Nice il avait eu à instruire une affaire dans laquelle se trouvaient impliqués des financiers et des capitalistes; que tout d'abord il les avait mis sous le régime de la pistole, qu'ensuite, sur leurs réclamations, il les avait autorisés à faire venir leurs repas du restaurant, et que, bientôt, cela ayant pris des proportions exagérées, il avait dû supprimer cette permission, parce qu'à l'extérieur on l'accusait de vouloir prendre les inculpés par l'ivresse et par le champagne. Mme Pays fit cette observation : « Avez-vous remarqué avec quelle habileté Bertulus a coupé au bock? à propos de bière, il a parlé de champagne. ».

Lorsque vint le moment de s'en aller, le colonel Henry dit à M. Bertulus : « Si on me voit sortir accompagné de quelqu'un et s'il y a des reporters qui se trouvent dans le couloir, on ne manquera pas de dire que le colonel Henry a été arrêté. » Et Mme Pays ajouta même : « Ce serait une belle information à lancer sur le boulevard ce soir. » M. Bertulus dit alors, en s'adressant au colonel Henry : « Mon cher colonel, mon cher ami, qu'à cela ne tienne, je vais vous accompagner jusqu'à l'extrémité de la galerie... » Et il nous accompagna.

A peine étions-nous sortis de l'endroit qui conduit de son cabinet au couloir, qu'il prit le colonel Henry par la taille; il était à côté de lui, à droite, le colonel Henry à gauche, moi, je me trouvais à droite de M. Bertulus ; M. Bertulus tapait sur l'épaule du colonel Henry, et, chemin faisant, avant d'arriver à l'extrémité de la galerie, il lui dit ces mots : « Voyez-vous, on peut reprocher à cet homme-là tout ce qu'on voudra au point de vue de l'honnêteté, au point de vue de l'argent, c'est un rastaquouère ; mais au point de vue de la trahison, il n'y a rien. »

Il nous accompagna jusqu'à l'extrémité de la galerie, nous prîmes congé de lui. Nous ne rentrâmes pas immédiatement au ministère ; en sortant de là, nous sommes allés au service anthropométrique pour voir M. Bertillon que nous n'avons pas rencontré, et ensuite nous sommes allés voir M. Gonse qui était en traitement à l'hospice des frères Saint-Jean-de-Dieu, où nous lui avons rendu compte de ce qui venait de se passer.

J'ajoute que, dans une visite précédente, le colonel Henry avait rapporté deux ou trois pièces qui ont été remises par lui au général Roget, et que j'ai eu occasion plus tard de reprendre dans le carton où elles avaient été déposées. Après le départ du général Roget, je les ai rendues lorsque M. de Freycinet me les a demandées pour les envoyer à la Cour de cassation. Dans ces pièces que j'ai lues il n'y avait rien de grave contre le colonel Henry comme on a bien voulu le dire.

Il y avait là des renseignements que toutes les personnes qui avaient assisté au huis clos du procès Esterhazy avaient entendus.

Ces pièces, je les ai rendues... je les ai données quand on me les a demandées, en octobre ou novembre de l'année dernière.

Après le suicide du colonel Henry, je fus chargé de reprendre la direction du service des renseignements que je conservai jusqu'au mois de janvier de cette année.

J'ai été en relations directes à ce moment avec un agent dont on a beaucoup parlé, l'agent Guénée, au sujet duquel je pourrais donner quelques indications si vous le désirez.

Le Président. — Vous pouvez passer là-dessus.

Le capitaine Junck. — Je dois faire alors une remarque, qui a son importance, à propos des derniers événements passés; c'est que, vers la fin de l'année, j'ai reçu du ministre l'ordre de faire cesser toute relation directe entre les officiers du service des renseignements et les agents qui étaient chargés de surveiller certaines personnes appartenant au monde diplomatique. La raison que l'on me donna fût qu'il fallait pouvoir, le cas échéant, désavouer ces relations.

Je crois, mon colonel, que c'est tout ce que j'avais à dire.

Le lieutenant-colonel conseiller. — Vous a-t-on remis le Manuel de tir lorsque vous étiez stagiaire?

Le capitaine Junck. — Je ne l'ai pas demandé.

Le lieutenant-colonel conseiller. — Avez-vous su qu'il était mis à votre disposition?

Le capitaine Junck. — Je n'étais pas artilleur, je ne m'intéressais pas à ces questions.

Le lieutenant-colonel conseiller. — Savez-vous quelle est l'instruction sur les troupes de couverture que l'accusé a portée au service intérieur pour la faire autographier?

Le capitaine Junck. — Je n'étais pas dans le même service que Dreyfus, j'appartenais à la section des côtes; je ne pourrais pas vous dire.

Le capitaine Beauvais. — Vous est-il arrivé quelquefois d'entrer au ministère et dans votre bureau avec un civil?

Le capitaine Junck. — Au service des renseignements, oui.

Le capitaine Beauvais. — Personnellement?

Le capitaine Junck. — Personnellement, non; mais j'ai vu des officiers en civil n'appartenant pas au ministère y entrer avec leurs camarades.

Le capitaine Beauvais. — Je ne vous parle pas d'officiers en civil, je vous parle de civils.

Le capitaine Junck. — Cela peut arriver.

Le capitaine Beauvais. — Pour ces tirages que vous étiez chargé de faire, ne vous seriez-vous pas trompé? Personnellement, n'auriez-vous pas été au service intérieur?

Le capitaine Junck. — Je ne sais pas quelles étaient les instructions données à ce moment. Quand j'ai été au premier bureau et qu'on m'a chargé de ce travail, je ne faisais que prendre la succession de Dreyfus. Il me conduisit lui-même au service intérieur. Pendant la première période, au moment où nous étions au premier bnreau, premier semestre...

Le Président. — Cela n'a pas d'importance.

Le capitaine Junck. — A partir de ce moment je ne sais pas quelles ont été les instructions données à Dreyfus par l'officier chargé de ce travail; cet officier était le commandant Déprez, en garnison à Vincennes.

Me Demange. — J'aurais quelques questions à poser sur l'affaire Dreyfus.

Voudriez-vous, monsieur le président, demander au capitaine Junck ceci : En 1894 il connaissait les faits qu'il a énumérés tout à l'heure au sujet de la vie privée de Dreyfus et dont il fait évidemment aujourd'hui une charge contre le capitaine Dreyfus; comment dès lors et pourquoi a-t-il dit à la Cour de cassation (page 294) : « Je me suis trouvé pendant de longs mois travaillant à côté de lui et rien chez lui ne faisait prévoir qu'il pouvait se rendre coupable de trahison. » Comment concilie-t-il cette appréciation avec son attitude d'aujourd'hui?

Le capitaine Junck. — Devant la Cour de cassation j'ai raconté l'incident de la Valtesse... En effet, pendant que je travaillais avec Dreyfus, à l'État-major, je ne l'ai jamais vu faire un travail pouvant me faire supposer qu'il ait trahi. Après cela on m'a demandé ce que je connaissais; je raconte les faits tels qu'ils se sont passés.

Me Demange. — Pourquoi, M. le capitaine Junck n'a-t-il pas raconté à la Cour de cassation le fait qui a trait au cercle du Mans?

Le capitaine Junck. — Parce que je n'y ai pas pensé à ce moment. J'ai déposé très rapidement. Je suis resté à la Cour de cassation jusqu'à 7 heures du soir; quand je suis sorti, je me suis rappelé que j'avais omis de parler de cette question.

Me Demange. — C'était bien au cercle civil du Mans qu'il aurait dit avoir joué?

Le capitaine Junck. — Je n'ai pas précisé, monsieur le défenseur, je n'ai fait que rapporter ce que Dreyfus m'a raconté.

Me Demange. — La seconde question, monsieur le président, est celle-ci. Est-ce que M. le capitaine Junck n'a pas dit et ne pense pas que tous les officiers stagiaires qui étaient avec Dreyfus, dont lui, connaissaient la concentration, et étaient capables, chacun d'eux, de dessiner sur une carte quelconque le tableau de concentration?

LE PRÉSIDENT. — Est-ce que les stagiaires étaient capables de dessiner sur une carte le tableau de concentration?

LE CAPITAINE JUNCK. — A peu près tous, mon colonel.

LE PRÉSIDENT. — Ils étaient capables de le faire de mémoire?

LE CAPITAINE JUNCK. — Nous l'avons eu entre les mains, au quatrième bureau, avec plus ou moins de détails.

Me DEMANGE, — Il n'y avait rien là de particulier à Dreyfus?

LE PRÉSIDENT. — Vous n'avez rien remarqué de particulier à Dreyfus dans la facilité avec laquelle il faisait ce travail?

LE CAPITAINE JUNCK. — Nous avons tous remarqué, nous autres stagiaires, la facilité avec laquelle Dreyfus faisait ce travail et les détails qu'il connaissait. D'ailleurs, c'était naturel, puisqu'au réseau de l'Est où aboutissent tous les transports il avait plus de renseignements que nous qui nous trouvions dans les réseaux d'où partaient les transports.

Me DEMANGE. — Je crois que M. le président ne comprend pas bien la question. J'ai demandé si c'était là un fait spécial à Dreyfus, dont on puisse induire contre lui une charge de culpabilité, ou si, au contraire, comme l'a déclaré le capitaine Junck : « en ce qui concerne la concentration, Dreyfus la connaissait très bien et était capable de la dessiner sur une carte quelconque, comme la plupart de nous d'ailleurs. »

Le capitaine Junck maintient-il sa déposition?

LE CAPITAINE JUNCK. — Oui.

Me DEMANGE. — Bien. La troisième question est celle-ci: elle a trait à ce tableau d'effectif des armées, qui aurait été en 1896 dérobé au ministère, qu'on aurait proposé toutefois de restituer. Le capitaine Junck a fait observer que, dès 1894, on avait commencé le travail au premier bureau. Voulez-vous lui demander où il était en 1894, à quel bureau il était, puisqu'il était avec Dreyfus?

LE PRÉSIDENT. — A quel bureau avez-vous passé en 1894?

LE CAPITAINE JUNCK. — Le premier semestre nous étions au deuxième bureau; par conséquent au 3e trimestre nous étions au troisième bureau.

Me DEMANGE. — Par conséquent, en 1894, c'est-à-dire au moment où au premier bureau on faisait ce travail pour le nouveau plan, ni Dreyfus, ni M. le capitaine Junck n'étaient au premier bureau.

Ma quatrième question est celle-ci; elle a trait à une question posée par un de messieurs les juges. Tout à l'heure, quand un de messieurs les juges a demandé si un civil pouvait entrer au Ministère facilement, M. le capitaine Junck a répondu : « Oui, au bureau des renseignements. » Je demande s'il fait une distinction à ce point de vue entre le bureau des renseignements et les autres bureaux du Ministère?

LE PRÉSIDENT. — Faites-vous une distinction entre les facilités d'accès au bureau des renseignements et aux autres parties du Ministère ?

LE CAPITAINE JUNCK. — Pour entrer d'une façon générale au Ministère, il faut avoir une permission d'entrée.

Pour le service des renseignements, le chef du service a le droit de faire entrer dans une certaine partie du ministère, dans une salle d'attente spéciale au service, ou même dans le service, les personnes qui demandent à lui parler ou qui sont en relations avec le service des renseignements. Il y a à cet effet un téléphone qui relie la loge du concierge au service des renseignements et c'est pour cela que j'ai tenu à faire la distinction.

Me DEMANGE. — Je lis en effet dans la déposition de M. le capitaine Junck : « En effet, lorsque M. Leblois venait au ministère, il était annoncé par le téléphone qui relie la loge du concierge au service des renseignements, c'était le capitaine Valdant ou moi qui répondions le plus souvent à l'appel du téléphone. Me Leblois était introduit ensuite soit dans la salle d'attente, soit directement dans le bureau du chef de service, » Par conséquent, un civil ne pouvait entrer au bureau des renseignements sans prévenir par téléphone ; je demande s'il avait plus facilement accès dans les autres bureaux ?

LE CAPITAINE JUNCK. — J'ai vu plusieurs fois des camarades qui avaient été au ministère ou même qui n'y avaient jamais été, entrer en civil vers deux heures par la porte de la rue Saint-Dominique où la surveillance n'est pas aussi rigoureuse, et où le planton est habitué à laisser passer les officiers en civil.

Me DEMANGE. — Alors, des officiers, dont vous faisiez partie, pratiquaient un usage qui était interdit?

LE CAPITAINE JUNCK. — J'ai vu quelquefois des officiers entrer en bourgeois.

Me DEMANGE. — C'étaient des officiers en bourgeois ?

LE PRÉSIDENT, *au témoin*. — C'est bien de l'accusé ici présent que vous avez entendu parler ?

LE CAPITAINE JUNCK. — Oui, monsieur le président.

LE PRÉSIDENT. — Accusé, levez-vous. Avez-vous des observations à faire ?

LE CAPITAINE DREYFUS. — Je ne rappellerai pas au témoin les confidences d'ordre privé qu'il m'a faites lui-même; je ne le suivrai pas sur ce terrain. Dans cette affaire, j'ai les mains propres et je les garderai propres ! Il y a un ordre de faits que je veux relever; e témoin parle de confidences au point de vue du jeu. Enfin ! voici une accusation précise à cet égard : j'ai joué, dit-on, au cercle du Mans. J'affirme que je ne suis jamais allé au cercle du Mans, que je n'y ai jamais joué; j'ai la conviction que les membres de ce cercle, qui doivent être des personnes parfaitement honorables, viendront e dire. Je vous demande simplement, mon colonel, de faire une enquête, afin de savoir qui dit la vérité.

Second point, les conférences qui ont été faites à l'État-major de l'armée en décembre 1893 au 4e bureau.

J'étais absent au moment de ces conférences; j'étais au lit de mort de mon père, par conséquent je n'y ai pas assisté. Enfin, pour la question des manœuvres, dès le mois de juin 1894, nous étions informés par une circulaire officielle que nous ferions notre stage dans les corps de troupe : les stagiaires de première année, en juillet, août et septembre; les stagiaires de deuxième année, en octobre, novembre et décembre; par conséquent, que nous ferions notre stage dans un corps de troupe à un moment où il n'y aurait pas de manœuvres. Il ne pouvait pas y avoir de doute pour aucun de nous dans notre esprit.

Quant aux deux officiers qui, paraît-il, — je l'ignorais, — ont été employés dans les gares comme commissaires régulateurs au moment de la dislocation des manœuvres, cela ne s'appelle pas aller en manœuvres, c'est une fonction spéciale qui peut durer 48 heures, il ne faut pas jouer sur les mots, il faut préciser. Par conséquent, dès le mois de juin 1894, nous savions, d'une façon définitive, que nous irions dans des corps de troupe en octobre, novembre et décembre, et par conséquent que nous n'irions pas aux manœuvres.

Enfin, je ne sais pas quel propos le témoin a rapporté encore, ce serait une conversation au point de vue du Siam et de Madagascar. Je n'ai pas très bien compris tout cela.

Il est certain que j'eusse très vivement désiré faire partie d'une expédition, c'est tout naturel chez un officier; mais on a parlé d'un cousin que j'aurais eu au Ministère des Affaires Étrangères, or, je n'ai jamais eu de cousin ni là ni ailleurs, et je ne comprends pas ce que le témoin a voulu dire.

On a parlé enfin des tableau d'approvisionnement.

J'étais chargé, concurremment avec tous les autres stagiaires, de surveiller le tirage des tableaux d'approvisionnement des troupes de couverture. A chaque séance, on nous remettait un tableau et c'est ce tableau qui devait être autographié à un certain nombre d'exemplaires. Les stagiaires roulaient pour ce service ; il y en avait un certain nombre, et à chaque séance, nous ne faisions autographier qu'un seul tableau. C'est moi qui ai commencé la série ; j'ai retrouvé la date, c'est le 30 août.

Quand on m'a remis ce premier tableau, je n'ai probablement pas fait attention aux indications qu'on me donnait pour le service géographique; et j'ai fait comme l'année précédente au premier bureau (comme on vous le rappelait tout à l'heure) où toute l'impression des documents se faisait au service intérieur. J'ai donc fait comme l'année précédente et je suis allé tout simplement au service intérieur pour l'impression.

Quand je suis rentré le soir, j'ai remis ces documents et on m'a fait une observation. Il n'y aurait probablement pas eu d'inconvénients à cela; mais au même moment le colonel de la Noé, qui avait fait immobiliser une presse autographique, a réclamé également. Sur cette double observation, on m'a envoyé, comme on vous l'a dit, m'excuser auprès du colonel de la Noé.

On a supprimé probablement cette première autographie, et je suis retourné le 3 septembre au service géographique pour faire autographier le premier tableau d'approvisionnement.

En résumé, je crois que j'ai fait surveiller cette autographie pendant cinq ou six séances. J'aurais donc fait autographier cinq ou six tableaux au service géographique.

Combien y a-t-il de tableaux dans l'ensemble, je n'en sais rien. C'est un fait qu'il y aurait lieu de vérifier. Je crois que la partie que j'ai surveillée dans l'ensemble est bien faible, puisque nous devions tous partager ce travail. Je crois que moi, personnellement, j'ai surveillé en tout l'autographie de cinq ou six tableaux. Je demande donc à vérifier le nombre de tableaux total qu'il y avait à autographier.

Le Président. — M. Bertulus avait demandé la parole.

M. Bertulus *s'avance.*

Une discussion a lieu entre le Président et M. Bertulus qu'il est absolument impossible d'entendre. On entend seulement M. Bertulus disant :

M. Bertulus. — Il y a un moment où le cœur déborde et où l'on n'est plus maître de soi. Maintenant, je suis maître de moi et je serai aussi bref que possible. Je ne ferai pas l'honneur à M. Junck de lui répondre sur les détails qu'il a donnés au Conseil au sujet de la visite qu'il a faite à mon cabinet le 26 juillet. Je me suis sur tous ces points expliqué à la Cour de cassation, toutes chambres réunies. Je suis ici, donc je n'ai pas été frappé, donc les explications que j'ai fournies ont donné pleine satisfaction à MM. de la Cour suprême, comme à moi-même, puisqu'ils sont, je le répète, et les juges suprêmes de la France et les juges au point de vue disciplinaire. Mais il y a deux points qui sont très simples.

Je reconnais que je suis sorti de mon cabinet avec le colonel Henry et le capitaine Junck, je suis sorti par une habitude que j'ai; car, avec le capitaine Junck, que je connaissais depuis longtemps, je m'étais toujours montré courtois, comme avec tous ceux d'ailleurs qui venaient dans mon cabinet à un titre autre que celui d'inculpé. En sortant je les ai accompagnés jusqu'à la porte, jusqu'au bout de la galerie.

J'ai été avec eux dans une certaine limite peut-être (j'accepte la chose) un peu prévenant... Je dis les choses telles qu'elles sont... pourquoi? vous allez le savoir : parce que ma fonction et ma curiosité avaient été attirées d'une façon toute particulière par les recherches que ces deux messieurs étaient venus faire, recherches d'ailleurs qui sont demeurées sans résultat. Et alors, pendant tout le temps de cette longue séance, je me suis demandé, je me demande toujours : « Quelles peuvent donc être ces pièces qu'on cherche avec tant de soin au milieu d'autres qui sont si considérables, elles tenaient dans une valise et dans un carton où l'on mettrait deux ou trois chapeaux de femme? Qu'est-ce que cela peut donc être? »

Je sors donc avec eux parce que le juge d'instruction a le devoir de ne jamais bousculer, comme on l'a dit il y a un instant, celui qu'il veut faire parler. Je voulais savoir, c'est mon devoir, je dois être curieux, c'est ma fonction, et quand on veut faire parler quelqu'un on ne le bouscule pas, on a avec lui les procédés qu'il faut pour le faire parler. Voilà pourquoi je suis sorti avec le colonel Henry, avec le capitaine Junck et voilà pourquoi je voulais arriver à savoir ce que c'était que ces pièces. Je reconnais que ces messieurs ne m'ont rien dit et que je suis arrivé à ne rien leur tirer. J'ai été battu.

Je suis rentré dans mon cabinet, et alors ne pouvant pas et ne devant pas sur ce point m'adresser à Esterhazy, je dis à mon greffier : « Est-ce que, quand j'ai fait ce tri si complètement et avec tant de soin, j'aurais commis une erreur?... » Cela me préoccupait; il était évident que la pièce était très importante, puisque l'on avait recommencé le travail fait par le colonel Henry et que l'on avait envoyé deux officiers pour cela, et alors je demandais à mon greffier : « qu'est-ce que cela peut être? »

Immédiatement Esterhazy répond : « C'est la garde impériale que ces messieurs sont venus chercher... » Je me retournai vers Esterhazy et je lui dis : « Qu'est-ce que c'est que la garde impériale?... » Il n'a jamais voulu me le dire.

Voilà la situation. Voilà par conséquent un point sur lequel s'est élevée une discussion, mais qui vous fait bien comprendre pourquoi je suis sorti avec le colonel Henry et avec le capitaine Junck. C'est absolument exact, je suis sorti avec eux, car j'avais le désir et le devoir de savoir ce qu'ils étaient venus chercher.

Maintenant, un point qui est absolu et sur lequel je déclare que le capitaine Junck a pris son désir pour une réalité, c'est qu'il se trompe, quand il dit que j'ai pu lui dire que je ne croyais pas qu'Esterhazy fût un traître. Mais ma conviction, messieurs, sur ce point, est basée d'une façon très complète, depuis le 12 juillet, jour où je l'ai arrêté. Je l'ai arrêté parce que j'avais au fond du cœur cette conviction que j'étais en présence du traître, du traître unique, que c'était là la clef de tout ce procès dont la France périssait! Voilà pourquoi je l'ai arrêté! Et cette conviction, messieurs, est devenue plus profonde encore à mesure que je suis resté en instruction avec Esterhazy. Et puis, ce que j'ai fait ensuite, mes moindres actes et mes moindres gestes, tout confirme mon opinion; je peux le dire, je me suis jeté presque à l'eau, m'exposant à chaque instant à me noyer. Je n'ai jamais pu dire qu'Esterhazy, dans ma conviction, n'est pas un traître; je dis, parce que je le pense : « Esterhazy est le traître et je le dirai envers et contre tous! » (*Sensation.*)

Le général Gonse. — Je demande la parole pour une minute.

Le Président. — Mon général, veuillez venir.

Le général Gonse. — Monsieur le Président, je ne serais pas intervenu dans ce débat si je n'avais entendu contester la déposition du capitaine Junck. Le capitaine Junck vous a rapporté tout à l'heure la conversation qu'il aurait eue avec M. Bertulus et le colonel Henry dans le corridor du cabinet de M. Bertulus. Cette conversation, comme rapport fait à moi, est absolument exacte : ces messieurs sont venus me trouver immédiatement chez les frères Saint-Jean de Dieu où j'étais en traitement; ils m'ont rapporté la conversation qu'ils avaient eue et tout ce que vient de dire le capitaine Junck. Ils m'ont dit notamment que M. Bertulus les avaient reconduits jusqu'à la porte et que, dans le cours de la marche, il leur avait dit : « Je connais maintenant le commandant Esterhazy, c'est un rastaquouère, c'est un rien du tout, c'est un homme taré, etc., mais au point de vue de la trahison, il n'y a rien. » J'ai été frappé de cette conversation.

Le Président, *à M. Bertulus.* — Avez-vous prononcé ces paroles?

M. Bertulus. — J'affirme et j'atteste le moindre geste, le moindre acte de ma vie tout entière pour dire que M. le capitaine Junck — je ne donne pas de démenti à M. le général Gonse — il n'était pas là — a pris son désir, je prends la formule la plus polie, a pris son désir pour la réalité.

Le capitaine Junck. — Je dois seulement faire observer que M. Bertulus a reporté à la date du 21 juillet l'accompagnement du colonel Henry et de moi jusqu'à l'extrémité de la galerie. Il a dit devant la Cour de Cassation que c'était le 21 juillet. Or, cette scène s'est passée le 26 juillet, devant moi. Cela s'explique par ce fait que le colonel Henry sortant avec moi a fait cette réflexion : « Si on me voit sortir accompagné, on va dire que je suis arrêté moi aussi. » M. Bertulus, du moins devant la Cour de Cassation, n'a jamais parlé de cette scène du 26 juillet.

Le Président. — Henry est allé deux fois au cabinet de M. Bertulus.

M. Bertulus. — Le colonel Henry est venu dans mon cabinet le 18, le 21 et le 26 juillet et aussi dans les premiers jours du mois d'août. Le capitaine Junck a-t-il vu sortir le colonel Henry de mon cabinet le 21?

Le capitaine Junck. — Je ne dis pas le contraire, je ne vous ai pas démenti sur ce point.

Le lieutenant-colonel Picquart. — Je demande à dire un mot.

Sur un geste du Président,

Le lieutenant-colonel Picquart, *ajoute :* Un mot, un seul mot.

Le Président. — Encore? (*Murmures.*)

Le lieutenant-colonel Picquart. — Je tiens à dire un mot au sujet du *petit bleu.* Je dirai seulement ceci : Pour que le Conseil puisse se faire une idée exacte de la valeur du témoignage du capitaine Junck, il n'a qu'à consulter ce qu'a dit le capitaine Junck au sujet du *petit bleu* à l'instruction Ravary, à l'instruction Fabre et à l'instruction Tavernier Il verra, d'une part, des contradictions flagrantes entre les trois dépositions du capitaine Junck; d'autre part, les contradictions qui existent entre ses dépositions et celles du commandant Lauth, et il pourra voir ainsi quelle est la valeur du témoignage de cet officier.

Le Président. — Les débats sont suspendus; ils seront repris demain, à 6 h. 1/2 du matin.

L'audience est levée à 11 h. 50.

TABLE DES MATIÈRES

TOME PREMIER

Pages.

PREMIÈRE AUDIENCE. — 7 *août* 1899.

Interrogatoire du capitaine Dreyfus.

DEUXIÈME AUDIENCE. — 12 *août* 1899.

Audition des témoins.

Pages.

Sceaux. — Imprimerie E. Charaire.

PUBLICATIONS SUR L'AFFAIRE DREYFUS

BERNARD-LAZARE. — **Une erreur judiciaire. — La vérité sur l'affaire Dreyfus.** Une brochure in-18. . . . . 0 50

Premier mémoire exposant les faits qui ont amené la condamnation du capitaine Dreyfus; première publication laissant entrevoir la possibilité de l'idée d'une erreur judiciaire et apprenant que le capitaine avait été condamné sur une preuve unique.

— **Une erreur judiciaire.** — **L'affaire Dreyfus.** (Deuxième mémoire, avec des expertises d'écritures de MM. Crépieux-Jamin, Gustave Bridier, De Rougemont, Paul Moriaud, E. de Marneffe, De Gray-Birch, Th. Gurrin, J.-H. Schooling, D. Carvalho, etc.) Un volume in-8 . . . . 3 50

Mémoire destiné à apporter la démonstration que la seule preuve invoquée par l'accusation contre Dreyfus se retourne contre elle.

— **Comment on condamne un Innocent.** L'acte d'accusation contre le capitaine Dreyfus. Une brochure in-8 . . . . 0 50

Publication de l'acte d'accusation complet du commandant d'Ormescheville, suivi de notes de l'auteur.

— **L'Antisémitisme.** Son histoire et ses causes. Un volume in-18 . . . . 3 50

— **Contre l'Antisémitisme** (Histoire d'une Polémique avec M. Drumont). Une brochure in-18. . . . . 0 50

— **Antisémitisme et Révolution.** Une brochure in-18. 0 10

E. DE HAIME. — **Les Faits acquis à l'histoire.** Lettre de M. Gabriel Monod, *de l'Institut;* introduction de M. Yves Guyot, *ancien ministre.* Avec des lettres et déclarations de MM. Bréal, Duclaux, A. France, Giry, Grimaux, Havet, Meyer, Molinier, Scheurer-Kestner, Trarieux. Ranc, Guyot, E. Zola, Jaurès, Clemenceau, Reinach, Bernard-Lazare, Réville, Séailles, Psichari, etc. Un fort volume de 400 pages 3 50

H.-G. IBELS. — **Allons-y !** — Histoire contemporaine racontée et dessinée par H.-G. IBELS. Un volume petit in-8 colombier orné de 45 dessins sous couverture illustrée en couleurs . . . . 2 »

UNUS. — « **Le Syndicat de trahison** ». Petits portraits. Une brochure in-18. 1 »

PAUL BRULAT. — **Violence et raison.** Préface de G. CLEMENCEAU. Un volume in-18 . . . . 3 50

L'ARCHIVISTE. — **Drumont et Dreyfus.** Etudes sur la *Libre Parole* de 1894 à 1895. Une brochure in-18 . . 0 25

E. VILLANE. — **L'opinion publique et l'affaire Dreyfus.** Une brochure in-18 . . . . 0 50

Imprimerie Géné